FORMAL INDONESIAN

Second Revised Edition

John U. Wolff

Cornell University Southeast Asia Program
Ithaca, New York 14853

FORMAL INDONESIAN

The material reported herein was performed pursuant
to a grant from the Office of Education, United States
Department of Health, Education, and Welfare

PREFACE

This book contains a reference grammar with exercises and a series of reading selections with composition and conversation exercises based on them. It is aimed at students at the advanced level who have completed the book entitled *Beginning Indonesian Through Self-Instruction* or the equivalent (that is, have had some 300 to 400 hours of classroom work). The book is entirely self-contained, and there are recordings to accompany the oral portions of these lessons, available from the Department of Modern Languages, Cornell University. These materials stress active competence in formal styles of Indonesian -- i.e., the kind of Indonesian which would be used in schools, offices, on public occasions, and in writing. they may profitably be used in conjunction with *Indonesian Readings*, which stresses passive reading skills, and *Indonesian Conversations*, which stresses colloquial or informal styles of Indonesian.

The materials contained herein were prepared over the past four years in conjunction with intensive summer training programs at the advanced level held in Malang, East Java. The final revision and preparation for publication was accomplished by a grant from the U.S. Office of Education, Department of Health, Education, and Welfare, to which we owe thanks for making this work possible.

The list of Indonesians involved in preparation and classroom testing of these materials is too long to give in its entirety. The greatest portion of the assistance in material preparation and editing was accomplished by two graduate students from IKIP Malang who worked on these materials over a period of two years at Cornell University: M. Hadie Sudiran and Ismet Fanany. They typed the entire manuscript and made up a good portion of the Indonesian utterances and most of the grammatical exercises. I owe an especial debt of gratitude to them for their loyal assistance and hours of hard work. Others who spent a substantial amount of time in Indonesia in preparation of materials which eventually found their way into this book: Dede Oetomo, formerly a graduate student at IKIP Malang, now a PhD candidate at Cornell University; Drs. Sunaryo, formerly a student and now on the faculty of IKIP Malang; and Wilson Manik, a student at IKIP Malang. Robert Klotz of Cornell University gave considerable aid in preparing the glossary, and Mrs. S. Soebandi of Malang did all the typing in Indonesia and gave many helpful suggestions. To all of these people I owe a debt of gratitude, for they put in the extra effort necessary to produce materials of high quality.

These materials were typed on a computer program with the aim of facilitating changes for the second edition. We would greatly appreciate it if users of these materials could supply us with a list of corrections -- typographical errors, exercises which do not work, stylistic infelicities, explanations which need improvement, or whatever. For all corrections we express our thanks in advance.

Cornell University   JUW
March 1980

PREFACE TO THE SECOND EDITION

The first edition of this work was published with numerous typographical errors and errors in the exercises. These have been removed and the exercises improved. Otherwise this work has not been changed from the first edition.

Cornell University   JUW
May 1986

CONTENTS

INTRODUCTION

This book is in two parts: first, a series of twenty selections from current Indonesian publications together with composition and oral exercises and second, a reference grammar together with a series of exercises which illustrate and provide practice in applying the rules of the grammar. The vocabulary and constructions of all exercises are keyed to the constructions which occur in the reading selections. these two parts are supplemented by a glossary, key to the exercises, and index.

The reading selections are taken from articles which appeared in newspapers, magazines, and scientific journals in the period 1975-78. We chose the articles on the basis of style, intrinsic interest of the content, and relevance to an understanding of issues which will be confronting Indonesia for many years to come. The styles range from light-hearted, somewhat risque treatments of serious subjects with a goodly admixture of purely colloquial forms, to totally earnest and scholarly articles. But in any case, we considered the selections to be good specimens of modern writing, worthy of imitation. They are presented in approximate order of difficulty. They should be studied in order, as there is a tendency for the vocabulary to build from one unit to the next and repeat forms which were emphasized in previous units. However, a certain amount of skipping around will not be harmful.

These materials are meant for students at the advanced level -- that is, students who have finished the book *Beginning Indonesian Through Self-Instruction* (BITSI), or have an equivalent knowledge of Indonesian (or, in other words, have had between three and four hundred hours of classroom instruction). The styles presented in these materials are what we would call *Formal Indonesian* -- that is, the kind of Indonesian which is used in schools, lectures, in offices, on public occasions, and in writing. These styles of formal Indonesian are opposed to styles of colloquial or everyday Indonesian, which are used for everyday interactions or purely social occasions, and which are characterized by a free sentence construction and a use of regionally marked and other forms disallowed in formal styles. We do not advocate that students study only formal Indonesian to the exclusion of colloquial, everyday forms. In fact we recommend that the students at the same time alternate the lessons presented here with the lessons of *Indonesian Conversations*, which deal primarily with informal styles of Indonesian. The materials presented here are drilled and repeated with the aim of developing an active command. There is no attempt to build a vocabulary for passive recognition, nor any attempt to present archaic, poetic, or other literary styles which the student would not be expected to imitate. For such purposes, we recommend that the student use *Indonesian Readings*, and these materials may well be alternated with selections from this book.

What is presented here is self-contained. In the grammar we try to present the total picture and thus describe again the facts presented in BITSI (but more succinctly and in a different context). Most important, we present a great deal of further information of a sort which the students at an earlier stage were not ready to utilize. The grammatical exercises provide examples which further illustrate the grammar rules and basically take up where BITSI leaves off. The rules presented in BITSI are exercised briefly, and the student is led to broaden his control and deepen his understanding. Thus, in theory, students at any stage could make use of these materials, even rank beginners. However, we have found that in the long run the students make far better progress and only learn the language properly if they get a thorough command of the fundamentals before undertaking the more advanced sort of thing which is presented in these lessons.

The most important part of this book and the part which will do the most to leading the student to develop his abilities to manipulate formal Indonesian in an active way is the first part, the reading selections with exercises. The exercises consist of questions, rephrasing exercises, word usage drills, and translation compositions. All of these are directly tied in with the reading selections and make the students repeat and reformulate Indonesian, using the reading selections as their model. In addition, the first fifteen units have an oral translation-interpretation exercise which should be done with a cassette recorder. The questions on the reading have the aim not only of bringing the students to using the forms and constructions found in the readings, but also lead to a better understanding of the contents, particularly to developing an ability to read between the lines -- that is, be aware of nuances, unspoken assumptions and the indirect hints which make up such an important portion of what is normally communicated in the popular Indonesian press.

These materials may profitably be studied in the classroom or together with an Indonesian tutor. Detailed advice on classroom procedure and how to make maximum use of these materials in class is provided in the Indonesian introduction which is to be read by the tutor. Here we provide some general information.

The first and foremost rule is that Indonesian should be the only language of the classroom. We recommend this procedure for the study of Indonesian at all levels, but in any case, by the time students reach the advanced level, there can be absolutely no excuse for any English in the classroom.

All instructions are given in Indonesian, and there is no need for the tutor to know English. Even if he does know English, he will never be called on to use English with students using these materials. For this reason, not everything should necessarily be done in class. Let us outline what can profitably be done in class with the tutor.

The reading selections and exercises to them should be done with a tutor. The student should read the selections on his own at home and thoroughly prepare the exercises to the reading before meeting with his tutor. When he meets with the tutor, he should spend the time directly working through the exercises. The questions should be answered with the book closed, and the atmosphere should be that of an open discussion. We recommend that the tutors treat the question as a basis for a discussion on the contents or the issues raised by the particular selection. The vocabulary exercises also allow for a great deal of freedom, and here the tutor should be most concerned about the niceties of grammar and pronunciation and not veer off on discussions.

The translation-interpretation exercises (*wawancara*) can also be profitably done in the classroom. The students should prepare the interviews in the laboratory or at home with a cassette recorder in accordance with the instructions contained on the cassette. In class the student can play the role of one of the people in the interview, and another student or the tutor play the role of the other person. The students look at the English outline, and the tutor looks at the Indonesian key, given in the back of the book, and corrects the students' pronunciation or grammar.

The other materials in these lessons are not meant to be worked together with a tutor. The student should work the composition exercises at home after he has completed the reading selections and the exercises to them on his own and then turn them to the tutor for written correction. However, we do not recommend that classroom time be expended on going over the compositions with the tutor or discussing the corrections. If there is a competent linguist on the scene, this may be done with the linguist, but not with the tutor.

On the role of the linguist: if a linguist competent to give water-tight explanations is available, he may be used to work through the grammar exercises with the students and give occasional explanations to supplement what the students have read in the book. However, the linguist's role and that of the tutor are entirely separate, and the linguist cannot replace what the tutor is doing. Further, we consider that what the tutor does to be the primary means of furthering practical ability to manipulate the language, and under no circumstances should time be taken from the portions devoted to working over materials with the tutor for the sake of grammar explanations by a linguist. Nor should the tutor deviate from his role as tutor. Normally, the tutor will not be a trained linguist, but even if he is, there should be no temptation to do anything but that which is of primary importance -- the working of the exercises to the readings.

In most cases, users of this book will not have a linguist available. In that case, we recommend that the student read the grammar sections at home and work over the relevant exercises, checking his work with the key. The explanations are meant to be complete and self-contained, and normally the student will find that he is able to understand what is going on without getting further explanation from a linguist. We feel that a linguist is dispensible, and in any case, if there is no linguist on the scene, the students must do without. There should be no thought of asking the tutor to explain, as this can only have deleterious results.

The exercises follow the order of the grammar sections and may be worked in order. However, the vocabulary of certain of the exercises is specifically keyed to the vocabulary of the reading selections. In those cases, it is recommended that those grammar sections be worked at the same time as the relevant reading selection. This procedure will allow for a certain amount of jumping around in the grammar -- leaving a topic and then coming back to it later, a procedure which we have found to be useful in bringing the students to understand difficult principles of the

grammar which are a bit too much to grasp all at once. The
following table gives the grammar exercises which have vocabulary
links to the units:

Unit	Exercises	Unit	Exercises
2	37, 46	8	43
3	76	9	54, 73
4	48, 62	12	53
5	52	14	74, 84, 86, 88
6A	49	15	31, 44, 47, 74
6B	50	17	17

PEMAKAIAN BAHAN INI DI DALAM KELAS

Tujuan dari bahan ini adalah untuk memperkembangkan kemampuan pelajar dalam mempergunakan atau memanipulasikan èlemèn-èlemèn Bahasa Indónésia yang diberikan dalam bacaan ini. Bahan ini diperuntukkan bagi pelajar yang sudah lanjut tingkat pelajaran Bahasa Indónésianya dan yang sudah dapat menggunakan Bahasa Indónésia dengan fasih, atau setidak-tidaknya sudah bisa berbahasa Indónésia tanpa terlalu banyak mengalami kesukaran. Olèh karena itu, kami usulkan supaya semua kegiatan yang bersangkut-paut dengan pemakaian buku ini senantiasa dilakukan dengan menggunakan Bahasa Indónésia sebagai bahasa pengantarnya. Kata-kata bahasa Inggris (ataupun bahasa asing lain) sepatahpun tidak perlu diucapkan di dalam kelas, malah guru atau pamong yang mengajar tidak usah yang mengetahui bahasa asing. Peranan guru di sini adalah untuk membimbing pelaksanaan pelajaran, membawa dan menggiring pelajar ke arah pengungkapan Bahasa Indónésia yang baik dan wajar. Pamong atau guru janganlah memberi penjelasan dan malah sebaiknya jangan mau melayani pertanyaan-pertanyaan muridnya. (Semua penjelasan bagi pelajar sudah lengkap tersedia di dalam bagian Tatabahasa.)

Pelajaran ini terdiri dari dua bagian: pertama, bacaan dengan latihan mengarang dan berbicara yang masing-masing berhubungan dan kedua, tatabahasa dan latihannya. Hanya bagian pertama saja yang perlu dikerjakan di kelas di bawah pimpinan dan asuhan seorang pamong atau guru. Bagian kedua harus dikerjakan olèh si pelajar sendiri di rumah, atau di bawah pengawasan seorang ahli ilmu bahasa. Tatabahasa dan latihannya gampang dikerjakan olèh pelajar sendiri, karena semua latihan tatabahasa diberi kunci, sehingga pelajar bisa mengecèk kembali jawabannya dan bisa mengetahuinya sendiri apakah betul atau salah apa yang telah dikerjakannya terse-but.

Tiap bacaan harus dibaca olèh pelajar sendiri di rumah sebelum menemui gurunya, dan latihannya sebaiknya dikerjakan dan dipersiapkan di rumah sebelum menghadiri kelas. Kalau sudah di kelas, guru memulai dengan pertanyaan-pertanyaan. Pelajar disuruh menutup bukunya, dan pertanyaannya diajukan. Suasana kegiatan bertanya-jawab ini harus informil -- yaitu, sepertinya ada sesuatu hal yang disajikan untuk didiskusikan bersama dengan pelajar. Dan alangkah baiknya jika diadakan pembicaraan/pembahasan secara panjang-lèbar antara pelajar dengan guru mengenai hal-hal yang tersirat di dalam pertanyaannya itu. Latihan pengungkapan kembali (yang diberi nomor II) harus dilakukan dengan lebih membatasi diri padahal yang ada di dalam latihannya. Pelajar bolèh melihat bukunya lagi, dan guru membacakan kalimat yang diberikan sebagai contoh. Pelajar terus mengungkapkan kalimat itu kembali dengan memakai kata-kata yang diberikan. Guru memperbaiki kalimat pelajar yang baru saja diungkapkan, baik tatabahasanya maupun ucapannya dan menyuruh si pelajar untuk mengungkapkannya/mengucapkannya kembali dengan meniru perbaikan yang telah diberikan olèh guru. Pembuatan kalimat dengan memakai kata-kata yang diberikan (nomor III) mendapat prióritas nomor tiga, dan seyógyanya baru dikerjakan kalau bagian I dan II semua sudah rampung dikerjakan. Tiap kalimat yang dikarang olèh pelajar harus diperbaiki, baik ucapan maupun tatabahasanya, dan pelajar harus mengulangi lagi kalimatnya dengan menirukan perbaikan yang telah diberikan olèh guru.

Terjemahan ke dalam Bahasa Indónèsia sebaiknya dikerjakan olèh pelajar sendiri di rumah, dan hasil pekerjaannya tersebut diserahkan kepada gurunya untuk dibetulkan. Sebaiknya karangan atau pekerjaan pelajar dengan pembetulan tersebut dikembalikan kepada merèka secepatnya, selagi masih hangat-hangatnya di dalam ingatan merèka. Tidak ada gunanya untuk mempercakapkan perbaikan itu di kelas. Lebih akan bermanfaat lagi bagi pelajar jika waktu di kelas itu dipergunakan untuk mengerjakan Latihan I, II, III, atau wawancaranya.

Wawancara diberikan pada pelajaran satu sampai dengan limabelas. Wawancara itu harus dipelajari si pelajar di rumah lebih dahulu dengan menggunakan tape ataupun di laboratorium bahasa sebelum merèka masuk kelas. Kalau sudah di kelas, seorang pelajar diberi satu peranan dan seorang lagi (atau guru) mengambil peranan orang kedua. Lantas, pelajar melihat kerangka Inggrisnya yang di buku dan terus mengungkapkannya dengan Bahasa Indónésia, sedangkan guru melihat kunci Bahasa Indónésianya yang terletak di bagian belakang, serta memperbaiki bahasa Indónésia si pelajar, baik tatabahasa maupun ucapannya. Tiap kali pelajar diberi perbaikan, dia harus mengulanginya dan menirukan perbaikan yang diberikan olèh guru.

Sebagai nasihat umum, kami usulkan kepada pihak guru atau pamong supaya guru bisa mengadakan suasana yang ramah dan informil di dalam kelas -- yaitu, seperti halnya suasana di antara beberapa orang teman yang sedang berdiskusi jangan sampai bersikap kaku, kecut, formil, dan kurang akrab. Tapi walaupun demikian, ucapan dan tatabahasa si pelajar harus tetap diperhatikan dan dibetulkan: jangan luput dari memberi perbaikan manakala perlu, dan jangan sampai luput pula untuk menyuruh pelajar untuk mengulangi dan menirukan perbaikan yang diberikan.

Selamat mengajar!

A. BACAAN

Rédaksi Yth: Dua Saran Mohon Perhatian

Kapan kira-kira turis (bukan pedagang maupun penyelundup) Indónésia akan merasa puas kembali ke Tanah Air dari luar negeri tanpa menanggung rugi akibat adanya beban béa masuk?

Pertanyaan ini tentu banyak tercurah dari para turis Indónésia yang punya banyak pengalaman di hadapan petugas-petugas Béa Cukai di pelabuhan-pelabuhan Internasiónal di Indónésia, terutama di lapangan udara Halim Perdanakusumah di Jakarta.

Adalah beban yang terlalu berat bagi seorang turis bila sebuah barang yang dibawanya dari luar negeri sebagai *souvenir* dikenakan béa masuk yang hampir sama besar dengan harga pembelian barang itu sendiri.

Sebagai contoh terjadi terhadap diri saya waktu tiba di Halim Perdanakusumah dari Tókyó Selasa malam, tanggal 1 Juli 1975.   5

Sebuah lukisan dinding yang dihiasi dengan jam milik saya dikenakan béa masuk sebesar Rp 6.775 (enam ribu tujuh ratus tujuh puluh lima rupiah). Harga jam tersebut waktu saya beli dalah 12.000 yèn (kira-kira Rp 16.800). Untuk melepaskan jam tersebut saya berikan uang Rp 7.000 di bagian kasir BC, dengan mengharapkan agar kelebihan uang Rp 225 dapat dikembalikan kepada saya.   10

Tetapi apa lacur, seorang petugas di situ (kelihatan sudah lanjut usia dan menggunakan kaca mata putih) marah-marah kepada saya sambil menunjukkan hampir semua uang kas dengan menandaskan, "Nih, tidak ada uang rècèh. Sudah biasa begini." Kemudian saya bersitegang, kalau kas tidak mempunyai uang kecil, bikin saja kwitansi sebesar Rp 7.000 karena saya lebih senang sisa uang saya itu masuk kas negara daripada ke kantong oknum di situ.

Saya kemudian diperintahkan si oknum berkaca mata itu untuk mencari uang pas. Saya dapatkan! Dan saya bayarkan béa jam itu pas sesuai dengan kwitansi dengan mengatakan, "Maaf, saya bukan pedagang." Oknum itu menangkis, "Saya juga bukan pedagang uang rècèh."   15

Yang menjadi tanda tanya bagi saya malam itu ialah, mengapa kasir tidak menyediakan uang kecil untuk kembalian, dan mendiamkan begitu saja bila tidak ditanya? *What a bloody trick*! Sungguh mendongkolkan hati saya karena hal seperti ini tidak pernah terjadi di pelabuhan-pelabuhan udara di luar negeri yang pernah saya kunjungi.   20

1

Akhirnya saya mohon perhatian Menteri Keuangan dan Dirjèn BC: 1)
dapat kiranya meninjau kembali macam-macam béa masuk bagi
barang-barang tertentu yang memberatkan bagi seseorang yang bukan
pedagang; dan 2) memberi pelajaran kepada oknum-oknum BC yang belum
tahu bagaimana cara yang sebaik-baiknya (ramah tamah) menghadapi
turis.

Prabudi Said
Wartawan Mèdan yang
sedang cuti di Jakarta
Kompas 6 Agustus 1975

B. LATIHAN UNTUK BACAAN

I. *Jawablah secara lisan dengan buku tertutup.*

1. Apa bèdanya antara pedagang dengan turis terhadap béa cukai
yang dikenakan? 2. Mengapa béa masuk itu dikatakan beban?
3. Apa sebabnya Mas Prabudi Said itu menanggung rugi ketika
kembali ke Tanah Air dari luar negeri? 4. Pertanyaan apa yang
banyak terucap olèh para turis Indónésia yang banyak
berpengalaman di pelabuhan-pelabuhan internasiónal? 5. Di mana
Mas Prabudi Said mendapat pengalaman yang pahit? 6. Kalau béa
cukai itu sedikit saja tidak apa-apa, kan? Mengapa Mas Prabudi
Said itu mengeluh dan menamakan cukainya sebagai beban yang
terlalu berat bagi seorang turis? 7. Apa contoh yang diambil
olèh Pak Said untuk menjelaskan ketidakadilan sistém béa cukai
di pelabuhan Indónésia? 8. Apa sebenarnya barang yang dibawa
dari Jepang itu? Lukisan atau jam? 9. Mengapa Pak Said memberi
yang lebih kepada kasir? 10. Apa harapan Mas Prabudi Said
waktu menyerahkan uangnya kepada kasir? 11. Mengapa oknum di
BC itu marah-marah? 12. Mengapa Mas Prabudi Said minta
kwitansi sebesar Rp 7.000 padahal béa cukai yang diwajibkan
hanya Rp 6.775? 13. Apa yang diperintahkan olèh oknum dari BC
itu dan mengapa? 14. Apa Mas Prabudi Said membayar uangnya
dengan senang hati? Apa yang dikatakannya sambil menyerahkan
uangnya? 15. Mengapa sesudah pulang Mas Prabudi Said merasa
gelisah? Apa yang mendongkolkan hatinya? 16. Apa bèdanya
antara pelabuhan Indónésia dengan pelabuhan-pelabuhan lain
yang pernah dikunjungi Mas Prabudi Said? 17. Apa yang masih
menjadi tanda tanya bagi Mas Said?

II. *Ungkapkanlah kembali kalimat-kalimat berikut dengan mengisi
titik-titik yang disediakan:*

1. Kapan kira-kira turis (bukan pedagang atau penyelundup)
Indónésia akan merasa puas kembali ke Tanah Air dari luar
negeri tanpa menanggung rugi akibat adanya beban béa masuk?

Walaupun turis yang kembali ke Tanah Air itu bukan
pedagang ataupun penyelundup, dia ... karena ...
Karena kerugian yang ditanggungnya, ...

2. Pertanyaan ini tentu banyak diucapkan oléh para turis
Indónésia yang punya banyak pengalaman di hadapan
petugas-petugas Béa Cukai di pelabuhan-pelabuhan
internasiónal di Indónésia, terutama di lapangan udara
Halim Perdanakusumah.

Turis Indónésia yang punya banyak pengalaman ...
Pengalaman turis Indónésia yang kembali ke Tanah Air
melalui Halim Perdanakusumah ...
Halim Perdanakusumah ...

3. Bila seseorang kena béa masuk yang besarnya hampir sebesar
harga barang itu sendiri, itu merupakan beban yang terlalu
berat baginya.

Béa masuk merupakan beban yang terlalu berat bila ...
Karena béa masuk ... maka ...
Harga barang itu sendiri ... sehingga ...

4. Saya beri kasir BC uang Rp 7000 dengan harapan dapat
kembali kelebihannya. Tapi oknum itu mengatakan dengan
tandas bahwa tidak ada uang rècèh tersedia untuk kembalian.

Harapan saya tidak terpenuhi karena ...
Perkataan oknum itu bahwa kembalian ... menyebabkan
kembalian yang saya ...

5. Yang bikin hati saya dongkol ialah bahwa dia diam saja
mengenai uang yang harus dikembalikan itu.

Hati saya mendongkol ...
Uang yang harus ... karena itu ...

II. *Buatlah permyataan dengan ungkapan-ungkapan berikut:*

kapan kira-kira	terjadi terhadap
menanggung rugi	béa sebesar
bukan ... maupun ...	sewaktu
akibat adanya	pas sesuai
terucap	menjadi tanda tanya
beban yang terlalu berat	kiranya
dikenakan béa	bagi seseorang yang
sama besar dengan	apa lacur
harga pembelian	menandaskan

IV. *Terujemahkan ke dalam bahasa Indónésia:*

1. As a result of what happened to Mr. Said at the airport in
Jakarta, he wrote a letter to the Minister of Finance with
two suggestions: (1) review the duties which are levied
against the tourists, and (2) give a lesson to the people
in the customs who do not know to deal with the public in a
proper way.

2. He suffered a terrible loss because the clock which he
brought back from Japan was charged duties almost as great
as the price he paid for it.

3. It is really too much of a burden if it takes nearly seven thousand rupiahs to release a painting ornamented by a small clock.
4. If he had not asked him to make a receipt for seven thousand, he would just have kept quiet about the two hundred rupiahs change he had coming.
5. What really irked me was that that person had to parry my question with a question of his own. I should have hoped that he would return the money to me.

C. WAWANCARA

Di Kantor Imigrasi

INI 1: Dengarkanlah kasèt INI 1 dan isilah jawaban di lowongan yang tersedia. Sesudah wawancara ini dikerjakan seluruhnya baru kuncinya bolèh didengarkan. Sesudah kunci didengarkan kerjakan lagi kaset ini dan perbaiki bagian-bagian yang perlu diperbaiki. Sesudah pekerjaan lab bahasa ini selesai, ulang lagi wawancara ini dengan guru anda. Dia akan memainkan peranan orang-orang Indónésia yang diwawancarai dan anda akan memainkan peranan orang asing. Nanti kalau telah dikerjakan dengan guru sebagai orang Indónésia, coba kerjakan lagi dengan anda memainkan peranan orang-orang Indónésia dan guru atau teman mahasiswa lain sebagai orang asing.

In this conversation pretend that you (Y) are in the immigration office trying to arrange your KIM card (*Kartu Izin Menetap*).

Y: You see a lady (B) at the entrance desk. Greet her.
B: Good morning.
Y: Ask her where you go to arrange your KIM card.
B: Oh yes. Usually the one who takes care of that, ... The best thing for you to do is to go see Mr. Yanto. Go into the left door.
Y: Thank her and take your leave.
B: She says good-bye.
Y: After going into the room that the lady pointed out to you, you ask a clerk (C) sitting at the desk if this is Pak Yanto's office.
C: Oh yes, this is Mr. Yanto's office. He invites you to take a seat while you wait for Mr. Yanto to come.
Y: Ask if Mr. Yanto is going to be long coming.
C: Oh, he will be here in a minute. Usually he is already here at around this time.
Y: You express an understanding of what he said. Then you explain that your problem is that you want to get a KIM card to stay in Malang. Then you ask if Pak Yanto is the only one who can take care of that matter.
C: It does not have to be Mr. Yanto. Mr. Makso, the one whose office is on the second floor, also can take care of the KIM card.

Y: You say that in that case the best thing would be for you to go to see Mr. Makso.
C: OK.
Y: You go into Mr. Makso's office. Ask if it is his office.
D: Oh, yes. This is Mr. Makso's office.
Y: You explain that your problem is that you want to get a KIM card to stay in Malang.
D: Oh yes. You mean you want to get a card for permission to stay permanently.
Y: You say yes. Then you ask if you may meet Mr. Makso for that purpose.
D: Oh sure, you may.
Y: You ask if there are any requirements that you need to fulfill before you go to see Mr. Makso.
D: Well, yes, there are. The best thing would be for you to buy a form downstairs. Then fill it out before you go see Mr. Makso.
Y: Ask the clerk where the place is that you have to get the forms from.
D: Just go downstairs. Then turn left at the door and go to room number three. There is a window where one gets those forms.
Y: Ask if there is anything else which is required.
D: Oh, yes. In addition to the forms, you must turn in two passport photos four by six.
Y: You go down to the place where you buy the forms. Then at the window you ask the clerk (E) if this is really the place to buy the forms.
E: The clerk affirms that it is.
Y: You ask how much the forms cost.
E: For each form, you pay a hundred.
Y: Ask how many copies you have to fill the forms out in.
E: He asks if it is for an extension or for obtaining your KIM for the first time.
Y: Say to get your KIM card.
E: Oh, in that case, in three copies.
Y: Say that in that case you want to buy three forms. You turn over a Rp 500 note but you only get Rp 100 back. So you ask surprisedly why you only get Rp 100 back.
E: She confirms that is what she did. You gave 500, and the forms are 300. Then there is one hundred for administrative costs.
Y: Ask if it is obligatory.
E: Yes it is. Those are the rules.
Y: You say OK, but you want a receipt.
E: Of course.
Y: You thank the clerk.
E: She answers appropriately.
Y: Ask for two pieces of carbon paper so that you can fill all three forms out at one time.

A. BACAAN

Jakarta Kota Penuh Kontras

Sebuah gedung mèwah di tengah perkampungan rakyat biasa. Sekeliling dipagar tinggi, memisahkan penghuninya dari masyarakat sekitarnya. Masyarakat petani kecil buah-buahan dengan pondok-pondok merèka yang serba sederhana. Gedung mèwah demikian
5 tidak sendiri. Dia dibangun bersèrak-sèrak di antara kebun dan rumah penduduk, rakyat kecil.

Pemilik tanah yang telah hidup di atas tanahnya berketurunan mendapat pemberitahuan supaya menjual tanahnya menurut harga yang ditetapkan badan pembèbasan tanah, yang lebih rendah dari harga pasar. Tanahnya dan tanah puluhan atau ratusan tetangganya hendak diolah sebuah perusahaan swasta menjadi pusat perumahan, perkantoran, *supermarket*, atau hotèl bertaraf internasiónal. Demi untuk perkembangan Jakarta, maka pemilik-pemilik tanah harus menyingkir. Selangkah demi selangkah penduduk pemilik tanah demikian digusur, pindah ke daèrah pinggiran kota. Dan perusahaan swasta yang mengambil alih tanah merèka yang membuat keuntungan
10 berlipat ganda dari harga tanah yang merèka bayar.

Mengapa pemilik tanah tidak diikut-sertakan dalam ikut kebagian keuntungan besar dari perusahaan *real estate* di Jakarta?

Jakarta adalah kota untuk orang yang punya mobil. Orang yang naik sepèda atau berjalan kaki hampir-hampir tidak diakui kehadirannya di jalan-jalan raya kota ini. *Trotoir* sudah kehilangan
15 fungsinya. Orang berjalan kaki tidak mendapat bagian jalan yang layak baginya. Pohon-pohon yang rindang banyak yang sudah ditebangi, hingga berjalan kaki di bawah terik sinar matahari merupakan satu siksaan di kota Jakarta ini. Yang tidak punya móbil atau sepèda motor bergerak di kota Jakarta atas risikó sendiri. Naik bis berhimpitan, belum bahaya kena copèt. Naik oplèt, hèlicak, minicar, bajaj harus tawar-menawar tiap kali kalau hendak dibawa ke arah khusus. Naik taksi terlalu mahal bagi kebanyakan orang, dan juga banyak supir taksi yang nakal, memasang tarif sendiri di luar
20 mèteran.

Jakarta adalah pusat birókrasi Républik Indónésia. Orang berurusan dengan birókrasi ini kalau tidak pandai mengatur nafas, mudah dapat serangan jantung atau darah tinggi. Meskipun jumlah pembesar birókrasi ini ribuan banyaknya di Jakarta, tetapi sangat sukar menemui merèka. Merèka selalu sibuk dengan rapat, dengan
25 sèminar, dengan *workshop* ini dan itu. Bapak masih rapat, harap bapak tunggu adalah ucapan sekretaris atau sekretarèse yang menyambut tamu, telah ada janji terlebih dahulu. Atau: silahkan bapak téléfón kembali. Bapak tidak dapat meninggalkan ruang rapat.

Jakarta adalah juga pusat perdagangan dan keuangan Républik Indónésia. Di sini kantor-kantor pemerintah dan kantor-kantor perdagangan serta pengusaha bahu-membahu. Penguasa dan pengusaha juga saling campur-aduk, dan sering kita bingung pada suatu ketika -- apa kita lagi menghadapi penguasa atau kita lagi menghadapi pengusaha?

Hidup kemahasiswaan di Jakarta tidak pernah menjemuhkan.[30] Senantiasa penuh tantangan dan godaan, serta segala rupa kemungkinan. Ada mahasiswa yang kaya, tetapi ada pula yang miskin. Di Jakarta watak mereka mengalami pembinaan. Yang berhasil memelihara keutuhan watak mereka, dilengkapi dengan pengetahuan yang mereka pelajari di universitas, pasti akan merupakan sumbangan berharga bagi barisan cendekiawan Indónésia. Sebaliknya yang kalah[35] oléh godaan yang ada, juga mendapat tempat yang layak sebagai serdadu sèwaan.

Yang sangat menarik adalah betapa di kalangan mahasiswa Indónésia di Jakarta senantiasa ada orang yang mendukung cita-cita dan impian perjuangan kemerdèkaan Indónésia yang masih belum terpenuhi. Suara-suara antara mereka, pikiran-pikiran yang disiarkan di dalam penerbitan kampus menunjukkan tali yang mengikat mereka dengan cita-cita perjuangan bangsa mereka dari sejak zaman purbakala.

Mochtar Lubis
Prisma 615
Mei 1977

B. LATIHAN UNTUK BACAAN

I. *Jawablah secara lisan dengan buku tertutup*:

1. Apakah yang dimaksud oléh Mochtar Lubis dengan *kota penuh kontras*? 2. Kenapa orang-orang yang mendiami gedung mèwah di Jakarta terpisah dari rakyat kecil sekelilingnya? 3. Apakah pemilik tanah di situ menjual tanah mereka dengan hati rèla? Kenapa? Dan siapakah yang beroléh laba berlipat ganda dari penjualan tanah itu? 4. Apakah harapan dan keinginan penulis dari perusahaan *real estate* di Jakarta? Menurut saudara apakah hal itu mungkin? Jelaskan! 5. Alasan-alasan apakah yang dikemukakan penulis bahwa si pejalan kaki hampir-hampir tidak diakui kehadirannya? 6. Ceritakan keadaan angkutan umum di Jakarta! Bagaimana nasib orang yang tidak mempunyai mobil? 7. Apa yang dimaksudkan penulis dengan ungkapan *orang harus pandai mengatur nafas*? Apa kesulitan paling utama bila berurusan dengan birókrasi? 8. Apa bèdanya penguasa dan pengusaha? Lalu apakah yang menyebabkan sukar bagi kita membèdakan pengusaha dan penguasa? 9. Bagaimana pendapat Mochtar Lubis tentang mahasiswa Indónésia yang berhasil menghindari gódaan yang terdapat di Jakarta? 10. Apakah sebenarnya yang dimaksud penulis dengan *serdadu sèwaan*? 11. Di tengah anèka ragam kehidupan kota Jakarta, apakah masih ada mahasiswa yang memegang teguh cita-cita dasar perjuangan bangsa? Darimanakah hal itu bisa dilihat? 12. Hal-hal apa sajakah yang dikontraskan Mochtar Lubis dalam tulisannya?

II. *Ungkapkanlah kembali kalimat-kalimat berikut dengan mengisi titik-titik yang disediakan:*

1. Sebuah gedung mèwah di tengah perkampungan rakyat biasa. Sekelilingnya dipagar tinggi, memisahkan penghuninya dari masyarakat sekitarnya.
   Penghuni sebuah gedung mèwah ... karena ...

2. Pemilik tanah yang telah hidup di atas tanahnya berketurunan mendapat pemberitaan supaya menjual tanahnya menurut harga yang ditetapkan badan pembèbasan tanah, yang lebih rendah dari harga pasar.
   Setelah hidup berketurunan ...
   Penjualan tanah ...
   Harga yang ditetapkan ...
   Pemerintah ... supaya menjual tanahnya menurut ...

3. Selangkah demi selangkah penduduk pemilik tanah demikian digusur, pindah ke daèrah pinggiran kota. Dan perusahaan swasta yang mengambil alih tanah merèka yang membuat keuntungan berganda dari harga tanah yang mereka bayar.
   Penggusuran menyebabkan ... dan ...
   Dari pengambillihan tanah, ...

4. Pohon-pohon yang rindang banyak yang sudah ditebangi, hingga berjalan kaki di bawah terik sinar matahari merupakan satu siksaan di kota Jakarta ini.
   Sinar matahari di Jakarta sangat terik karena ... sehingga ...

5. Orang yang naik sepèda atau berjalan kaki hampir-hampir tidak diakui kehadirannya di jalan-jalan raya kota ini. *Trotoir* sudah kehilangan fungsinya. Orang yang berjalan kaki tidak mendapat bagian jalan yang layak baginya.
   Fungsi *trotoir* itu adalah ...
   Fungsi itu mèmang sudah ... karena pejalan kaki ...

III. *Buatlah pernyataan dengan ungkapan-ungkapan berikut*

memisahkan	campur-aduk
berketurunan	menjemukan
diolah	watak
bertaraf	sebaliknya
diikut-sertakan	betapa
siksaan	cita-cita
berhimpitan	mengikat

IV. *Terjemahkanlah ke bahasa Indónésia:*

1. The rich have constructed numerous mansions of luxurious quality, surrounded by high walls to separate them from the decrepit shacks of their poor neighbors.

2. These landowners have lived on their land for generations, and now the Municipal Land Clearance Board has determined that they should sell it at a price far below what they could normally obtain.

3. Because of the great growth in the number of private cars, the right of bicycle riders and pedestrians is hardly acknowledged in any way.
4. Despite the fact that there are large numbers of government employees, it is next to impossible to take care of one's affairs in a reasonable length of time.
5. One often does not know whether he is dealing with a businessman or a government official.
6. Students who succeed in maintaining their integrity of character and in providing themselves with knowledge while in college will surely prove a valuable asset to the ranks of Indonesian intellectuals.

C. WAWANCARA

Di Kantor Gubernur

INI 2: Kerjakan wawancara ini di laboratorium bahasa.

This conversation is between you (Y) and a lady (L) in the governor's office.

Y: Pretend that you are going to the governor's office to ask for permission to conduct your research in your particular province. You see a lady at the desk and you ask where you must go if you are to ask for permission as a foreigner to conduct research in Indonesia.
L: Oh, for research, the best thing would be for you to meet Mr. Marto in the next room. If I am not mistaken in room three. Please go to see Mr. Marto, sir.
Y: You thank the lady and you go to the place designated and see another lady. Excuse youself for disturbing her and ask if this is Mr. Marto's office.
L: Oh yes, this is Mr. Marto's office.
Y: Ask if he is there.
L: Mr. Marto hasn't arrived yet.
Y: You ask at what time he usually comes.
L: He is usually there at seven, but I am surprised that he isn't here yet. Maybe there is something I don't know about.
Y: Ask if he doesn't usually let them know or send a message if he doesn't come.
L: If Mr. Marto doesn't come or if there is something the matter, he is sure to inform us, but today he didn't send any word.
Y: Tell her that to be brutally frank, you are a foreigner who wants to do research in this province.
T: Yes.
Y: Ask if there is anyone else who could take care of this problem.
L: In order to get permission for research, whether it is a foreigner or an Indonesian ... only Mr. Marto has the right to give permission for that.
Y: You ask what happens in the event that Mr. Marto doesn't show up.

L: If through force of circumstances Mr. Marto cannot show up, your documents could be turned over to me and I will put your name down in the list. You will then be taken care of in accordance with the number which was given to you.

Y: You indicate that you understand, and then you ask her what documents are required in order to get the permission to undertake research.

L: The normal procedure is that whoever wants to undertake research must show his research outline (*desain risetnya*) or turn over a copy of his proposal and a letter of permission from LIPI.

Y: Say that you understand and it so happens that you have brought your research proposal and your various letters, including a letter of introduction from LIPI. You give it to her.

L: You may turn over your proposal to me so that I can list you down in my book and then pass it on to Mr. Marto.

Y: You ask what number you get.

L: For today you get the first number, but there still are some left over from yesterday whom they couldn't take care of.

Y: You complain that in that case you will have to wait until yesterday's applicants are all taken care of.

L: Oh, no! If they come after you today, they will have to be served later.

Y: You say that you understand. Say that in that case you had better just wait right there. Ask her if she wouldn't be bothered if you wait there.

L: That would be all right. Then she notices that Mr. Marto is coming. She tells you to go right in to Mr. Marto's room.

Y: You enter Mr. Marto's room and greet him.

M: He greets you and asks if this is your research proposal.

Y: Say that it is.

M: What would you like to find out or what would you like to do with this research program?

Y: It is this way. It happens that I am a foreign student, from America.

M: You mean, from America.

Y: Explain that before you came here you studied family planning administration. Now in order to get some concrete data you would like to study how family planning programs are working out in rural areas, with particular reference to the Malang area.

M: Oh, yes. I understand. But then after looking at the program he notes that you are going to work cooperatively with the Malang branch of the Family Planning office (*PLKB Cabang Malang*), and you do not have a letter of agreement from this institution.

Y: Explain that you understand. You explain that you really haven't gotten the documents which he requests, and you ask him if it would not be possible for you just to send them up from Malang afterwards, and you will turn in the papers which you have.

M: He says that in that case he cannot take care of it. In order to take care of it, you must bring the letter of agreement with you. You must have that before you can be taken care of.

Y: You say that you understand but ask if you couldn't just do it by mail, the problem being that it is a lot of trouble to keep going back and forth from Malang to Surabaya.

M: You can send it by post. But there is another problem which you
   would like to ask him: and that is if you have any plans of
   using staff from PLKB in Malang.
Y: You say that according to your research proposal you have no
   intention of using staff from PLKB. Ask him if you have to come
   here for the letter of permission from the governor when it is
   ready and furthermore if there are any other requirements to
   meet.
M: You should come it here yourself. But as regards the copies, you
   can send them to the relevant offices.
Y: Ask if it wouldn't just be possible for him to send it, so that
   you wouldn't have to come up to get it. Make sure to preface
   your remarks with a request for pardon.
M: If you want to do it that way, it would be entirely possible so
   long as you can add the administrative costs and also the costs
   of the postage in order to send the letter of permission.
Y: You thank him for making that decision, and ask how much you
   have to pay.

UNIT THREE

A. BACAAN

Pisang Tanaman Multikultur Jambi
yang Sulit Pemasarannya

Kebun pisang merimbun, menghijau sepanjang dua tepian sungai Batanghari membawa suatu masalah bagi pemerintah daèrah própinsi Jambi! Hasilnya melimpah melebihi kebutuhan daèrah itu. Tapi sulit dipasarkan ke daèrah lain.

Angkutan jadi hambatan utama. Sarana yang tersedia serba [5] terbatas, semuanya melalui sungai dan membutuhkan waktu lama pula. Hendak diangkut ke daèrah lain di wilayah Indónésia, harganya tidak seimbang dengan biaya angkutan. Daèrah pemasaran terdekat ialah Singapura, yang jauhnya hanya sekira sepuluh jam perjalanan dari Nipah Panjang atau Muara Sabak, yang terletak di pesisir Timur Jambi.

Belum berhasil! Percobaan pemasaran pertama gagal! Yang kedua [10] juga gagal! Kómèntar gubernur Jambi, Jamaluddin Tambunan, dari Jakarta Rabu lalu.

Namun gubernur menambahkan bahwa usaha pemasaran akan dilancarkan terus sampai berhasil, bekerja sama dengan konsulat [15] Indónésia di Singapura. Untuk perbaikan nasib rakyat Jambi.

Luas Própinsi Jambi 53.244 km dengan penduduk sekitar 1,1 juta jiwa. Kepadatan rata-rata 19 orang tiap km2. Namun dengan pertambahan lèwat transmigrasi, peningkatan penduduk setiap tahun selama sepuluh tahun terakhir sekitar 3,1 persèn. Distribusi penduduk di daèrah pegunungan Kerinci dan daèrah pasang surut [20] Tanjung Jabung tidak seimbang dengan yang berada di kota Jambi. Di Jambi yang berpenduduk sekitar 158.599 orang (tahun 1971) tercatat kepadatan 1.115 orang per km2. Sedang di Kerinci dengan penduduk 186.615 tercapai kepadatan 47 orang per km2 dan di Tanjung Jabung dengan penduduk 215.496 orang tercapai kepadatan hanya 26 orang per km2. Daèrah lain yang kurang penduduk ialah Bunga Tèbo yang berpenduduk 141.981 orang dengan kepadatan 11 orang dan Sarolangun Bangko dengan penduduk sebanyak 143.357 orang dengan kepadatan sepuluh orang setiap km2.

Dari semuanya itu penduduk yang tinggal di kota-kota hanya sekitar 29 persèn. Dengan kedatangan transmigran, Tanjung Jabung [25] menduduki paling tinggi, yaitu 6,2 persèn tiap tahun.

Hampir 80 persèn dari penduduk hidup dari pertanian karèt. Hingga dengan merosotnya harga karèt di awal 1974, mayóritas penduduk itu terancam lapangan hidupnya.

Para transmigran membawa cara-cara pertanian baru Pemerintah Jambi hendak menamamkan empat program dalam usaha mengembangkan [30] rakyatnya. Tiap transmigran yang masuk ke Jambi hendak dijadikan sumber penghasilan. Dalam rencana itu, dalam Pelita 11, Jambi hendak menyerap 50.510 sampai 84.000 kepala keluarga transmigran.

Program pertama menekankan usaha pengembangan kebutuhan pangan. Untuk tahun 1975-76 diusahakan daèrah Bimas sebanyak 40.000 ha. Kedua: meremajakan tanaman tradisiónil di Jambi yang meliputi [35] karèt, kelapa, kopi, dengan bantuan Bank Dunia, Ketiga:

12

divèrsifikasi tanaman dari mónókultur karèt menjadi multikultur. Antaranya dikembangkan cengkèh, kulit manis, dan macam-macam tanaman lain. Menurut gubernur Tambunan, untuk membina tani kuat, setiap rakyat diberi jatah mengolah lima ha tanah pertanian, dua ha untuk tanaman kebutuhan sehari-hari (seperti padi) dan tiga ha lainnya ditanami yang dapat dièkspor (seperti kelapa, cengkèh, kopi, atau karèt.) Distribusi tanaman itu ditetapkan pemerintah. Program keempat ialah peternakan sapi dan kerbau di kabupatèn Sarolangun Bangko. Sebab sekarang kebutuhan daging daèrah Jambi masih didatangkan dari luar. ⁴⁰

Keempat program itu dimaksudkan untuk mendewasakan Jambi berdiri sendiri, tidak selalu tergantung dari luar.

Toh timbul èksès. Dalam kenyataan beberapa próduk melebihi kebutuhan, padahal sulit dipasarkan. Seperti pisang di atas. Sekarang disusul dengan pemasaran kacang kedelé, jagung, nanas. Semuanya hasil divèrsifikasi tanaman para transmigran. Kini pemerintah Jambi memikirkan pula kemungkinan pemasaran próduksi lain di masa mendatang, yang sejalan dengan sarana angkutan yang tersedia.

Kompas November 1975

B. LATIHAN UNTUK BACAAN

I. *Jawablah secara lisan dengan buku tertutup*:

1. Mengapa banyaknya penghasilan pisang itu menjadi-jadi? 2. Mengapa próduksi pisang itu menjadi masalah bagi pemerintah Jambi? 3. Apa yang menghambat pemasaran pisang itu dan mengapa begitu? Kalau Jawa kurang pisang, mengapa tidak dipasarkan ke Jawa saja? 4. Apa tindakan yang sudah pernah diambil pemerintah Jambi untuk mencari pasaran baru bagi próduksi pisang? 5. Mengapa pemerintah campur tangan dalam pemasaran pisang? 6. Apakah kelebihan penduduk menjadi masalah bagi pemerintah Jambi? Lha kenapa dikatakan penduduk masih menjadi masalah? 7. Mengapa jumlah penduduk cepat bertambah selama sepuluh tahun terakhir ini? 8. Apa yang jadi ancaman bagi tingkat kehidupan penduduk Jambi? Apa yang harus dilaksanakan supaya ancaman yang begitu dapat terhindar? 9. Bagaimana keadaan kebun-kebun tanaman tradisiónal seperti karèt? Mengapa memerlukan módal dari Bank Dunia? 10. Apakah penghasilan bahan pangan mencukupi kebutuhan penduduk petani sendiri? Bagaimana próduksi daging? 11. Apa yang harus direncanakan dengan lebih teliti supaya hasil divèrsifikasi tanaman itu suksès?

II. *Ungkapkanlah kembali kalimat-kalimat berikut dengan mengisi titik-titik yang disediakan*:

1. Sungai Batanghari, kedua tepiannya penuh dengan kebun pisang yang rupanya hijau karena daun-daunnya.

Kedua tepian sungai Batanghari ...
Daun-daun pisang yang hijau ...
2. Meskipun hasil pisang itu lebih daripada kebutuhan penduduk setempat, melimpahnya pisang itu menimbulkan masalah untuk pemerintah.
Kebun-kebun pisang ... tetapi ...
Penduduk setempat mendapatkan ... namun ...
3. Biaya pengangkutan menghambat pemasaran pisang, karena penjualan tidak memadai harga pembelian ditambah biaya pengangkutan.
Pengangkutan yang ..., karena ...
Harga penjualan ... sehingga ...
4. Pemasaran pisang paling dekat ke Jambi ialah Singapura.
Pisang itu dapat ..., yaitu Singapura.
5. Jarak antara Singapura dan Jambi dapat dijalani dalam kira-kira sepuluh jam.
Dari Singapura ke Jambi ...
Diperlukan sepuluh jam ...
Jarak tempuh ...
6. Meskipun percobaan untuk memasarkan pisang di Singapura yang telah tiga kali dilakukan belum pernah berhasil, Gubernur Jambi tetap mau mengusahakan terus memasarkan pisang itu, dengan pertolongan dari Konsulat di Singapura. Usaha ini untuk kebaikan rakyat Jambi.
Demi ... Gubernur Jambi bermaksud ..., walaupun ...
Pemasaran pisang telah ... namun belum ... meskipun demikian ... demi: ...
7. Kepadatan penduduk masih rendah sekali, tetapi akibat transmigrasi, jumlah penduduk bertambah 3,1 persèn dalam sepuluh tahun terakhir.
Adanya transmigrasi ..., walaupun kepadatan ...
Penduduk Jambi ...
8. Kepadatan penduduk di daèrah kota lebih tinggi daripada di pegunungan Kerinci.
Jumlah penduduk ...
Kota Jambi ..,
Pegunungan Kerinci ...
9. Pemerintah menentukan pembagian tanah yang diberikan kepada tiap transmigran: yaitu lima ha dibagikan kepada tiap rakyat, dua yang ditanami dengan kebutuhan sehari-hari seperti padi, dan yang tiga lagi untuk penanaman bahan èkspor seperti kopi dan sebagainya.
Tanah ... menurut ...
Tiap transmigran ...
10. Yang harus dipikirkan pemerintah sekarang adalah mengembangkan penghasilan tanaman yang dapat tertampung olèh sarana angkutan yang sudah ada.
Pemerintah harus ... bagaimana ...

III. *Buatlah pernyataan dengan ungkapan-ungkapan berikut:*

sulit pemasarannya	sumber penghasilan
merimbun, menghijau	menekankan pengembangan
melimpah	kebutuhan pangan
melebihi kebutuhan	diusahakan
usaha pemasaran	meremajakan
ditanamkan, ditanami	membina
bekerja sama	ditetapkan
kepadatan	dalam kenyataan
menyerap 50.000 keluarga	jatah

IV. *Terjemahkan ke bahasa Indónésia:*

1. All along the edges of Batanghari river we can see the leafy green of banana plantations, which bring a number of problems to the government.
2. Far more bananas are produced than can be consumed locally, but because the cost of transportation to Java is more than the market price, producers of bananas are endeavoring to market them in Singapore.
3. However, all attempts heretofore to market bananas in Singapore have failed.
4. The population in the various parts of the province is unevenly distributed. The city itself has a population of more than a thousand per square kilometer, but the mountain regions have as few as twenty persons per square kilometer.
5. Most of the population of the province lives from planting rubber. The drop in the world price of rubber has threatened the high living standard of the population.
6. The province of Jambi will absorb more than 50,000 people in the next five years, so that the government has to think of ways to raise production in order to enable each inhabitant to become a contributing mem ber of society.
7. The traditional items of production have to be rejuvenated; the production of basic food crops has to be increased to meet the growth of population; and crops must be diversified. Furthermore, Jambi must be made self sufficient in meat.
8. It turned out that the government did not think through clearly the problem of increasing banana production, because they did not think of how the produce is to be marketed in view of the transportation facilities which exist.

C. WAWANCARA

Pemasaran Pisang di Jambi

INI 3: Kerjakan sebagaimana biasa!

This is a conversation between you (Y) as Mr./Ms. Brown and an employee (P) of the office of Rural Extension services, Jambi branch.

Y: You take the role of Brown. Tell about your trip on a boat along the Batangtoru. Tell how you saw the banana plantations like a jungle along the edges of the river and found it quite impressive. Ask him about the result of the production of these bananas.

P: Yes, you are right, Mr. Brown. The area of Jambi really is an area which produces a good crop of bananas. Apparently, not only is the output enough to fill the needs of the local population but in fact it even surpasses the needs of our people here. But as the result of the large production of bananas, there is a problem which arises, Mr. Brown.

Y: You ask why it should raise problems if banana production exceeds local needs. Say that it would seem that with a huge production like that it would be a boon for the local population. Ask what sort of difficulties he is talking about.

P: Oh yes, of course, you are right, Mr. Brown. Because there is an abundant production, we obviously expect that the people would get a better income. The problem lies with the difficulties of marketing.

Y: Say that now you understand: it's the problem of marketing. Ask what the obstacles there are to marketing: ask if it is that the bananas don't sell, or because facilities are lacking, or if there are other problems.

P: It is like this, Mr. Brown. In this area the facilities for mass transportation are what make the greatest difficulties because they are on a limited scale. Our transport must be through the waterways.

Y: Remark that in your opinion going by water would take too much time, whereas bananas don't keep long.

P: Yes, that is indeed the case. Especially since the distance between one area and another is quite great. But actually the problems of transportation facilities can be overcome. Only now there rises another problem: that is, the problem of the cost of transport, which for the local region, that is to say in the region of Jambi, is one of the obstacles that is most keenly felt.

Y: Remark on this. Say that, in other words, the purchase price plus cost of transport is more than the selling price. So, roughly speaking, there is no profit after the bananas have been sold.

P: Yes, that is indeed the case, for they have to be marketed outside of the local area, at some distance; and because transportation facilities are limited, the cost has to be high.

Even if the bananas could be purchased at a low price, that, together with the transport, is not enough to cover the selling price. So that the profit can only be small, or in fact there is none at all. That is our problem.

Y: Ask if there haven't been new ideas, as for example, to market the bananas to another area -- e.g. to Singapore. Remark that Singapore is the market area which is the closest. In fact, it is only ten hours by boat from Jambi to Singapore.

P: Yes, it is true, Mr. Brown. Thank you very much for your suggestion, Mr. Brown. Actually we have already tried this. To be perfectly frank, the government of Jambi, i.e. the local government, has already tried that. But apparently up until now this endeavor has met with failure. They tried once, and it failed. They tried a second time, and it failed again. And until now the same story has repeated itself.

Y: You suggest that the government of Jambi could set up some sort of affiliation with the Indonesian Consulate in Singapore. That is for the improvement of the lot of the people of Jambi, isn't it? Further, say that, as far as you remember, the price of bananas in Singapore is quite high. So if they are marketed there, clearly they are going to yield a satisfactory revenue.

P: Yes. That is the case, Mr. Brown. That is the case. The governor of Jambi is really determined to continue his attempts to further the marketing of bananas abroad until it really succeeds.

Y: Say that you think that that is an endeavor which is good and healthy. But say also that from another point of view, you see other problems concerning the population of the Jambi area. Jambi is still an area with a shortage of population. Ask if they have carried out transmigration or any other similar efforts.

P: Yes. Oh yes, Mr. Brown. That is also true. Some fact that you might like to know is that for the past ten years, Jambi has been experiencing an increase of inhabitants at the rate of 3.1 percent per annum. But with the increase of inhabitants of 3.1 percent we are concerned about the population density of Jambi.

Y: Ask if, in other words, he fears that with an increase in inhabitants of this sort, the population density will be too concentrated. Ask about the population distribution in the Jambi region. Ask if there are areas which are still lacking in population.

P: There is a lack of balance in population distribution between the rural and urban regions. Lack of balance in connection with the problem of population is quite a problem for us. Also there are problems of agriculture which we must heed.

Y: Ask if the majority of the population still live from rubber production.

P: Yes. That is so, Mr. Brown. Eighty percent of the inhabitants of Jambi live from rubber. In short, their livelihood is from rubber planting.

Y: Remark that you consider 80% a pretty high percentage. Say that this was a connection with the rubber market, which you notice in recent times has been falling considerably in the last couple of years.

P: Yes.
Y: Ask if that does not endanger the standard of living of the inhabitants.
P: Yes, Mr. Brown. It is true that we very much feel and fear this development -- a drop of the price of rubber. And for that reason the government of Jambi is planning various programs, among them a program to diversify agricultural production.
Y: Say that this is perhaps only one of several steps which the government of Jambi can take. Another step which could be taken is the rejuvenation of the rubber plantations themselves.
P: Yes, that is really so. Rejuvenation of the rubber plantations indeed has to be carried out. Besides that, clearly, in the effort to rejuvenate the rubber plantations, we must also increase the varieties of plants. That is, the monocultural system must be replaced by a multicutural system. Y: Ask what has been done to make Jambi self-sufficient in food production.
P: I am sorry that we cannot discuss this matter at this time, because I have an appointment at eleven. Maybe we can take this up at another time.
Y: In that case you express your thanks for his willingness to talk with you and take leave.

A. BACAAN

Gaya Hidup Discó di Jakarta

Discó-discó dan tempat pertemuan sósial lainnya sebagai *pubs*, "klab malam", bar-bar gaya Amérika atau Erópa, dan rèstoran-rèstoran yang kadang-kadang mengingatkan kita pada zaman kólónial, tidak saja berfungsi sebagai tempat bersantai dan bersenang-senang, tetapi juga telah menjadi tempat memamèrkan gaya konsumsi Barat. Cara konsumsi ini sekarang telah terjalin dalam gaya hidup beberapa golongan masyarakat Indónésia dan dapat disamakan dengan peletusan nuklir, dalam pengertian akibat-akibat bersantainya dalam bidang konsumsi.

Satu dari syarat-syarat utama untuk mendapat kehormatan dalam kota kosmópólitan Jakarta adalah umpamanya memiliki mobil (walaupun harus diakui, bahwa mobil menjadi suatu kebutuhan dalam pengangkutan umum). Karena jelas tidaklah menghèrankan sekiranya anggota masyarakat discó melengkapi dirinya dengan mobil sebagai status sósialnya dan jangan sampai tertinggal olèh sesamanya. Di tempat seperti ini, tidaklah menghèrankan jika kita melihat mobil-mobil yang sangat mèwah menurut ukuran Amérika atau Erópa berdèrèt-dèrèt, walaupun peraturan bèa cukai melarang pemasukan mobil-mobil jenis ini. 5

Syarat kedua untuk mempertahankan status sósial adalah cara berpakaian. Discó-discó dan sejenisnya adalah ciptaan gaya hidup Barat dan dengan sendirinya membawa keharusan berbusana secara Barat pula. Pergaulan sósial di tempat-tempat ini seakan-akan menghalangi pengunjung-pengunjung berbusana seperti orang-orang Indónésia umumnya. Sandal-sandal dan sepatu-sepatu buatan setempat untuk pria tidak dapat ditampilkan, sebagaimana pula pakaian tradisiónil Indónésia. Sarung yang indah dan tradisiónil, juga tidak dianggap serasi dengan kebudayaan discó. Meréka yang melanggar undang-undang tidak tertulis ini segera menjadi bahan 10 tertawaan atau lelucon. Ada semacam tekanan sósial dalam discó yang mewajibkan meréka mengikuti móde Barat yang diiklankan dalam berbagai koran dan majalah dan yang membanjir di kota-kota besar. Orang-orang memakai sepatu bót, celana *jean* yang melèbar ke bawah atau yang ketat, kemèja pria atau wanita móde paling mutakhir yang dibuat dari bahan halus dan diimpor dari Perancis atau Itali.

Kadang-kadang kita dihadapkan pada keadaan-keadaan yang irónis, di mana kita melihat lapisan-lapisan atas masyarakat discó -- bagian inti dan lapisan luarnya yang dinamakan *jet society*, jauh mengatasi dan melebihi orang-orang Erópa dan Amérika dalam penerapan móde Barat. Móde yang belum tampil secara menyeluruh di Barat, lebih dulu tersebar di Jakarta dan baru kemudian merupakan móde busana umum di Barat, hal mana dimungkinkan olèh dana-dana 15 yang melimpah dan juga alat-alat transpor módèren yang tersedia.

Gambaran yang ketiga yang diperolèh dari discó-discó dan tempat-tempat yang serupa, ialah barang-barang pelengkap yang disebut *accessories*. Telah merupakan hal yang sangat lumrah kalau orang mempunyai korèk api mahal, menghisap rokok impor, memakai

kalung dan medali seperti Barat, memakai alat kosmétik Paris,
mempertontonkan jam èlèktrónik atau jam-jam Swiss dan Jepang yang
sangat mahal, menggunakan kamera luar negeri yang terbaik, dan
sebagainya. Dengan sendirinya ada berbagai tingkatan tempat untuk
paméran sósial seperti ini. Ada beberapa orang yang dalam
pengertian kekayaan berada di lapisan atas dan hanya mengunjungi
tempat-tempat yang tertentu saja. Tetapi toh tingkah laku meréka
20 tidak berbèda dengan masyarakat discó umumnya, yakni diilhami olèh
keinginan meniru.

Gaya hidup discó memerlukan berbagai peralatan dan jasa serta
berbagai kebutuhan lain untuk membiayainya. Lagu-lagu dan musik
gaya baru mendorong pembelian *tape recorders* dan *pick ups*. Dékórasi
dan discó-discó merangsang keinginan yang sama dalam rumah tangga,
seperti perabot yang módèren atau tiruan barang antik. Alat-alat
penyejuk udara di tempat pertemuan gaya Barat telah menjadi
keharusan bagi rumah tangga maupun mobil pribadi, begitu pula *tape
recorders* sudah menjadi keharusan untuk mobil orang "módèren".

Akibat-akibat berantai dalam bidang konsumsi ini tentu tidak
25 dapat diselaraskan dengan cara hidup kebanyakan orang Indónésia.
Penghasilan dasar orang Indónésia berkisar antara Rp 15.000 sampai
Rp 250.000 sebulan. Pembelian barang-barang yang merupakan
kebutuhan masyarakat discó bergerak dari Rp 100.000 (harga satu sèt
stéréó) sampai enam, tujuh, atau delapan juta rupiah, yakni harga
satu móbil mèwah. Jelaslah bahwa gaya hidup discó berada di luar
jangkauan penghasilan yang normal. Walaupun demikian, gaya hidup
ini terlihat di tengah-tengah masyarakat Indónésia cenderung
30 terus-menerus. Tidaklah sulit memperkirakan dari mana diperolèh
sumber pembiayaan untuk gaya hidup ini.

Akibat-akibat sósial dari kebudayaan discó ini secara rélatif
tidak akan terlalu mempengaruhi kehidupan sósial dan ékónómis
Indónésia, kalau saja gaya hidup ini hanya terbatas pada golongan
minóritas yang mempraktèkkan nilai-nilai dan ukuran-ukuran Barat.
Tetapi dalam kenyataannya, gaya hidup ini terus meluas dan menjalar
ke sekitarnya. Penduduk di daèrah pertanian dan golongan menengah
tampaknya tidak bisa membèbaskan diri dari gaya hidup ini, baik
melalui film, radió maupun televisi. Dengan demikian nilai-nilai
tradisiónal mengenai pengertian cinta, kehidupan, keluarga dan
masyarakat, kegiatan prófèsiónil dan unsur lain dalam kehidupan
meréka bisa tergusur sampai ke akar-akarnya.

Sepanjang jalan menuju kebudayaan discó tersebar berbagai
perangkap: iklan, hotèl-hotèl mèwah, móbil mèwah dengan *air
condition*, peralatan èlèktrónik mutakhir, liburan-liburan mahal,
perumahan módèren yang memberikan segala kesenangan, sport yang
35 menelan biaya -- golf misalnya, dan sebagainya. Tekanan sósial dan
móril melalui barang-barang dan jasa ini bisa membawa kita kepada
ledakan nafsu konsumsi. Atau akan melahirkan satu letusan ke dalam,
dari frustasinya, karena terbentur pada ketiadaan kemungkinan

memenuhi keinginan-keinginannya. Sebagai suatu negara yang belum
lagi sampai pada taraf industrialisasi, peniruan cara hidup Barat
itu hanya akan membawa kita kepada "jalan buntu". Di sini réaksi-
réaksi yang timbul karena dorongan perasaan "kemurnian" atau
keinginan merubah keadaan secara révólusiónèr bisa saja muncul.
Barangkali ada baiknya kita ingat, bahwa di antara réaksi-réaksi
yang biasa kita sebut "èkstrim" di masa-masa lalu, salah satunya
justru bertujuan menghancurkan tempat-tempat bersantai ala Barat
ini.

Érwin Ramedhan
Prisma VI
Juni 1977

B. LATIHAN UNTUK BACAAN

I. *Jawablah secara lisan dengan buku tertutu*p:

1. Apa sebenarnya fungsi *pubs*, klab malam serta bar-bar itu?
Bagaimana dengan di Jakarta? 2. Menurut hèmat pengarang, apa
syarat-syarat utama agar mendapat kehormatan di kota
kosmópólitan Jakarta? Tepatkah pendapatnya itu? 3. Apa
gerangan maksud ungkapan "mengingatkan kita pada zaman
kólónial"? 4. Kenapa bèa cukai melarang pemasukan móbil-móbil
mèwah? 5. Apa maksudnya discó membawa keharusan berbusana
secara Barat? Apa yang akan terjadi bila pelanggar hukum tidak
mengetahui hal itu? 6. Dari mana merèka tahu móde mana yang
harus merèka ikuti? 7. Apa itu "jet society"? Dalam hal mana
jet society Indónésia berbèda dengan saudaranya di Barat? Apa
yang menunjukkan hal yang seperti itu berlaku? 8. Apa saja
ciri-ciri barang-barang *accessories* (atau pelengkap) yang
menyolok dalam "masyarakat discó"? Pantaskah hal seperti itu
terjadi? 9. Lapisan paling atas, yang jumlahnya tentu terbatas
sekali dan hanya mengunjungi tempat-tempat yang tertentu saja,
dikatakan sama saja dengan jet society biasa. Mengapa? 10. Apa
rangsangan-rangsangan yang timbul pada masyarakat dengan
adanya gaya hidup discó itu? 11. Mengapa akibat-akibat bidang
konsumsi "kediscóan" itu tidak dapat diselaraskan dengan cara
hidup Indónésia? 12. Walaupun gaya hidup discó di luar
jangkauan penghasilan normal, gaya hidup ini toh cenderung
terus-menerus meluas dan menjalar di tengah-tengah masyarakat
Indónésia. Mengapa begitu? 15. Mengapa penulis menjuluki
iklan, hotèl mèwah, móbil mèwah dengan air condition dan
lain-lainnya itu sebagai perangkap? 16.Ledakan apa yang bisa
timbul dengan adanya barang-barang serta jasa-jasa seperti di
atas? Mengapa itu terjadi? 17. Menurut penulis apa sebetulnya
tujuan dari réaksi-réaksi atau gerakan yang biasa disebut
"èkstrim" itu? 18. Cobalah gambarkan jalan pikiran sipengarang
dalam cara melukiskan Jakarta, ibukota Républik ini!

II. *Ungkapkanlah kembali kalimat-kalimat berikut dengan mengisi titik-titik yang disediakan:*

1. Discó tidak saja berfungsi sebagai tempat-tempat bersantai dan bersenang-senang, tetapi juga telah menjadi tempat-tempat memamèrkan gaya konsumsi Barat.
   Fungsi ...
   Pemamèran ...
2. Satu dari syarat-syarat utama untuk mendapat kehormatan dalam kota kosmópólitan Jakarta adalah umpamanya memiliki mobil. Tanpa mobil ...
   Orang yang tidak memiliki mobil ... Untuk mempertahankan ...
3. Mobil menjadi suatu kebutuhan mengingat jarak-jarak jauh yang harus ditempuh dan kekurangan-kekurangan dalam pengangkutan umum.
   Pengangkutan umum ... dan ..., sehingga orang cenderung untuk menganggap mobil ...
   Di Jakarta mobil sangat ...
4. Tidaklah menghèrankan sekiranya anggota masyarakat discó melengkapi dirinya dengan mobil sebagai status sósialnya, dan agar jangan sampai tertinggal olèh sesamanya.
   Mobil melambangkan ...
   Mobil ialah syarat utama bagi orang yang mau ...
5. Discó-discó dan sejenisnya adalah ciptaan gaya hidup Barat dan dengan sendirinya membawa keharusan berbusana secara Barat pula.
   Berhubung ... maka ...
   Orang merasa bahwa ...
6. Sepatu dan sandal-sandal buatan setempat untuk pria tidak dapat ditampilkan di tempat ini. Sarung yang indah dan tradisiónil juga tidak dianggap serasi dengan kebudayaan disicó.
   Penampilan ...
   Kebudayaan disicó tidak membolèhkan ...
7. Merèka yang melanggar undang-undang tidak tertulis ini akan segera menjadi bahan tertawaan atau lelucon.
   Orang yang tidak mau ... harus ...
   Untuk mempertahankan ...
   Walaupun tidak tertulis ...
8. Móde yang belum tampil secara menyeluruh di Barat lebih dahulu tersebar di Jakarta dan baru kemudian merupakan móde busana umum di Barat, hal mana dimungkinkan olèh dana-dana yang melimpah dan juga alat-alat transpor módèren yang tersedia.
   Berkat adanya ..., orang Jakarta ...
   Sebelum ..., telah ..., karena ...
   Sebelumnya mode-mode itu ..., baru kemudian ...
9. Telah merupakan hal sangat lumrah kalau orang mempunyai korèk api mahal, mengisap rokok impor, mempertontonkan jam èlèktrónik, dan sebagainya.
   Bagi masyarakat disicó pemakaian ...
   Pemakaian ... sudah ...

10. Toh tingkah laku meréka tidak berbéda dengan masyarakat
    discó umumnya, yakni diilhami oléh keinginan meniru.
    Seperti masyarakat discó biasa, golongan yang paling
    atas ...
    Umumnya masyarakat discó ...
11. Dékórasi dalam discó-discó merangsang keinginan menciptakan
    lingkungan yang sama dalam rumah tangga, seperti perabot
    módèren, atau tiruan barang antik.
    Lingkungan rumah tangga ...
    Perabot módèren dan tiruan barang antik ...
12. Akibat-akibat berantai dalam bidang konsumsi ini, tentu
    tidak dapat diselaraskan dengan cara hidup kebanyakan orang
    Indónésia.
    Cara hidup ...
    Tidak ada keselarasan antara ...
13. Akibat-akibat sósial dari "kebudayaan disco" ini tidak akan
    terlalu mempengaruhi kehidupan sósial dan ékónómi
    Indónésia, kalau saja gaya hidup ini hanya terbatas pada
    golongan minóritas yang mempraktékkan nilai-nilai dan
    ukuran Barat.
    Seandainya yang menganut ...
    Bukan saja golongan minoritas itu yang ...
14. Penduduk di daèrah pertanian dan golongan menengah
    tampaknya tak bisa membèbaskan diri dari gaya hidup ini,
    baik melalui film, radió, maupun televisi.
    Gaya hidup ini ...
    Film, radió, dan televisi semuanya ...
15. Sepanjang jalan menuju kebudayaan discó terdapat berbagai
    perangkap: iklan, hotèl-hotèl, mobil-mobil mèwah,
    barang-barang luks serta perhiasan mahal, dan sebagainya.
    Perangkap yang ...
    Iklan itu adalah salah satu ...
16. Tekanan sósial dan móril melalui barang-barang dan
    jasa-jasa ini membawa masyarakat kepada ledakan nafsu
    konsumsi atau melahirkan ledakan ke dalam karena terbentur
    pada ketiadaan.
    Kemungkinan memenuhi ledakan ke dalam bisa ...
    keinginan-keinginannya.
    Karena tidak mungkin ...
17. Sebagai suatu negara yang belum lagi sampai pada taraf
    industrialisasi, peniruan cara hidup Barat itu hanya akan
    membawa kita kepada "jalan buntu".
    Dengan meniru ...
    Cara hidup Barat ...
    Taraf industrialisasi ...

III. *Buatlah pernyataan dengan-ungkapan-ungkapan berikut:*

    mempertahankan status   tidak tertinggal oléh
    sósial   sesamanya
    mengingat kekurangan   jarak-jarak jauh yang
    menurut ukuran   harus ditempuh
    paling mutakhir   berbusana secara

secara menyeluruh   membawa keharusan
diilhami   paméran sósial
terbentur pada   merangsang
akibat-akibat berantai   kalau saja
dalam kenyataan

IV. *Terjemahkanlah ke bahasa Indónésia:*

1. In view of the lack of good public transportation we must
   admit that an automobile is a virtual necessity in Jakarta.
   However, members of the disco set buy cars which are
   expensive even by Western standards, and it is clear that
   they do so only to keep up with their neighbors.
2. One may not show up in Indonesian dress in a disco -- that
   is, unless one wants to be an object of ridicule.
3. They try to imitate the Westerners and, in fact, far outdo
   them, for they feel the need to dress in the latest styles.
   Fashions which have just begun to appear in Europe
   penetrate the disco society from the top to the bottom.
   This is possible because its members have unlimited access
   to funds.
4. It is the desire to imitate the West that motivates all
   levels of society, from the highest to the lowest.
5. This chain of effects would not be harmful if the desire to
   imitate were confined to the small group of urban elite. In
   fact, however, it reaches to all sectors of Indonesian
   society.
6. There is no way that the inhabitants of the cities can
   escape the various entertainment which line the streets --
   advertisements, and the like. But these enticements only
   give rise to desires which cannot be fulfilled. They lead
   to nothing but a dead end.

C. WAWANCARA

Wawancara dengan Ketua Jurusan Indonesia

INI 4: Interview between Robert Johnson (R) and Pak Imaduddin (I),
ketua Jurusan Indonesia IKIP Malang. This interview is to be done
after doing Reading Ten in *Indonesian Reading.*

R: Say that in your opinion the Department of Indonesian Studies
   should be the most important department in the university, at
   least among the language departments.
I: Yes, in the sense that this is the department which should be
   the most active in carrying out research and which has the
   greatest attraction to students.
R: Say that you notice that in fact not many students enroll in the
   Indonesian program. Ask him what he supposes the reason for that
   to be.

I: He says that probably society believes that chances for employment for people who have gone through the Indonesian program are very small, that this program does not have all that great a hope of providing the graduate with chances for gainful profit, and does not have a great amount of prestige.

R: Compare this situation with that of the graduate English programs, for example. Say that not only do they have an easier time in finding jobs, but also they have much greater prestige because they can speak English, at least to some extent. In fact, you notice that those from this institute can indeed speak English very well.

I: It is probably true that all literature departments in Indonesia, whether private institutions or public institutions, have a department of English, but not all private faculties are interested in having a department of Indonesian. Every year thousands of potential students express a desire to become students of English, but not of Indonesian.

R: Ask if this is because they have dreams of becoming experts in English language and literature.

I: He says that we can be sure that they are interested mainly in learning to speak and understand English.

R: Ask what sort of work they do when they graduate.

I: For the majority, after they graduate, it is good enough for them to try to make a living by teaching conversation courses or being tourist guides.

R: You say that since they are BA's, should they not feel an obligation to use their knowledge to develop the Indonesian language and literature.

I: Well, it is because they are graduates of an English program, that they do not feel any sort of obligation to trouble their heads with problems concerning the Indonesian language.

R: Say that you know that the lack of ability in English has been a great hindrance for students enrolled in the Indonesian program to develop Indonesian language and literature.

I: A small number of graduates of the Indonesian department can overcome this great lack, but they can only do so by making an extreme effort.

R: Ask about the administrative hindrances to the development of Indonesian programs.

I: He says that each department or faculty has its own staff of teachers and administrators, but the English department is the wealthiest because of the factor of the number of students and the foreign aid which is given to English programs.

R: Express the opinion that if Indonesia wishes to think of the development of its language and literature, you need scholars with a broad background and an understanding of the problems which concern the Indonesian language and Indonesian literature.

I: I am one hundred percent in agreement with you. What suggestions can you make to overcome these problems?

R: How about dividing the departments, not according to language but according to the subject matter. In that way there would be a department of language and linguistics and a department of literature, but no department of Indonesian and English.

I: Perhaps this new way of dividing our programs might succeed in overcoming these shortcomings which now afflict the two departments. But how would you teach spoken language skills?

R: Say that for those who wish to learn foreign languages, it would probably be sufficient to have outside courses and academies which serve the needs of all sectors of society.

UNIT FIVE

A. BACAAN

Pulau Bawéan

Yang pertama-tama menarik pandangan pendatang yang menuju pulau ini adalah banyaknya kapal dan perahu kayu yang bertebar di tengah laut sekitar dua jam sebelum perahu masuk Bawèan. Di situlah ikan paling banyak didapat, sehingga perahu-perahu dan para pencari ikan dari Gresik, Tuban, Surabaya, bahkan Jakarta pada berdatangan. Bawèan dikelilingi laut dangkal yang berbatu karang. Pulaunya berbukit-bukit, sehingga penduduk hanya mengisi sepanjang pantai pesisir saja.

Dan yang segera menyolok dari keadaan alam ini adalah orang[5] Bawèan mencari nafkah. Nelayan dan pelaut adalah yang utama. Petani tersingkir. Tidak seperti penduduk yang bertebar di pulau Jawa yang memiliki ikatan mati dengan tanah, dèsa atau tanah kelahiran, penduduk Bawèan sudah terbiasa olèh alamnya untuk tidak punya ikatan dengan tanah, dèsa. Merantau adalah próduk alam yang wajar dari pulau ini.

Bukan hanya alam saja yang longgar ikatannya dengan penduduk[10] pulau itu. Kompósisi penduduknya sendiripun menunjang naluri yang sama. Orang Bawèan asli hampir tidak bisa ditemukan jejaknya. Hanya jelas bahwa dari penduduknya yang 60 ribu itu sepuluh prósèn adalah orang Madura, lima prósèn Jawa dan sekian bagian lagi pendatang dari Bugis, Banjar, Sumbawa dan lain-lain dan membentuk satu ketunggalan penduduk yang disebut Bawèan sejak beberapa puluh tahun yang silam. Ketunggalan ètnis yang cair itu dengan sendirinya tidak bisa memperkuat rasa kepingin tinggal di pulau untuk lebih kerasan lagi. *Minggat* adalah dorongan yang wajar dari keadaan semacam itu.[15]

Tanjungpinang, Singapura, Malaysia, Bliton atau Surabaya atau Jakarta adalah pilihan tempat mereka merantau. Sebagai pekerja kasar, kuli, supir dan terbanyak dalam bidang-bidang perkapalan dan pelayaran. Perantauan di jaman sebelum perang, dari kisah orang-orang tua Bawèan, tampak lebih gemilang dibanding perantauan masa Républik. Apalagi akhir-akhir ini. Merantau ke Singapura artinya adalah menyelundup sebagai pekerja gelap di sana. Sedang[20] dengan merosotnya harga karèt dan hasil-hasil perkebunan di Tanjung, Mèdan dan sekitarnya, maka bekerja sebagai kuli di perkebunan bukan lagi kerja yang mendatangkan uang.

Daya tarik merantau tidak memperlihatkan grafik yang naik. Tapi daya dorong untuk meninggalkan kampung halaman tetap pada tekanannya yang abadi. Dorongan alam! Terdorong untuk tidak betah tinggal di dèsa, tapi tanah perantauan adalah tanah yang kurus atau terlarang. Sehingga modèl perantauan Bawèan terakhir hampir mirip[25] saja dengan warna urbanisasi pada umumnya yang lajim melanda dèsa-dèsa pulau Jawa. Alam yang kikir di dèsa mengusir warga dèsa untuk menjadi warga yang tersia-sia di kota-kota yang tampaknya bermandikan uang dan kemèwahan tapi juga tak kalah kikirnya terhadap warga dèsa yang datang cuma dengan kemauan dan tangan kosong itu.

30   Garis-tengah pulau ini cuma 25 km. Melingkari pulau sepanjang pantai tak lebih dari 55 km. Tanahnya berbukit-bukit. Tidak cocok untuk pertanian. Sebab tak ada sumber air untuk pengairan. Tanah garapan hanya cocok untuk sawah tadah-hujan. Sumber air yang lumayan cuma ada di dekat satusatunya gunung di Bawèan yang disebut Gunung Besar dan terdapat pula danau khas Toba. Danau ini bisa mengairi daèrah pertanian di dèsa-dèsa sekitar dan di kaki gunung
35 tersebut.

    Fasilitas hubungan sejak jaman purbakala agaknya tidak pernah berubah. Jalan yang ada adalah jalan bekas jaman kólónial dahulu. Keadaannya sekarang sempurna hancur. Tak ada kendaraan umum yang menghubungkan dèsa satu dengan lainnya. Dokar sebagai alat
40 penghubung utama bakal tidak mampu menempuh jarak lima atau sepuluh kilómèter ke luar dari ibukota kecamatan yang disebut Sangkapura. Sepèda motor ada kira-kira 30-an buah. Dengan agak sulit bisa disèwa. Dan ada satu kendaraan umum yang *unik*, sebuah jeep milik seorang anggota DPRD. Untuk jarak kira-kira sepuluh km., biayanya
45 tidak bakal kurang dari Rp 750. Tarip inipun masih bisa naik lagi tergantung pada ada-tidaknya penumpang yang lain. Untuk jurusan Sangkapura sampai kota kecamatan di ujung pulau, Tambak, maka uang Rp 2.500 harus keluar dari kantong.

    Lumayan mahal untuk kantong kota. Apalagi untuk rakyat Bawèan. Sehingga rakyat biasa mempergunakan angkutan laut, dengan perahu-perahu yang ratusan jumlahnya di pulau itu. Hanya dengan catatan, bahwa perahu yang digerakkan olèh angin itu tidak jarang
50 memerlukan waktu yang berjam-jam untuk menempuh jarak lima km. Apalagi kalau tertimpa angin nakal, setengah mati harus menggergaji angin.

    Ada seorang pemuda, Kemas Aman namanya. Orang tuanya campuran Palèmbang dan Bawèan. Dididik-besarkan di pondok pesantrèn Gontor,
55 Ponorogo. Dialah yang menjadi piónir memecahkan isólasi pulau ini dengan memperkenalkan motorisasi kapal kayu. Sebab dengan terhentinya lin tetap KPM, maka hubungan dari pulau ini dengan pulau Jawa hanya terjalin dengan perahu layar yang 100 prósèn tergantung angin, sehingga tidak jarang untuk jarak Gresik - Sangkapura diperlukan waktu berhari-hari atau salah-salah bisa berminggu-minggu jika angin lagi buruk.

    Merasakan bahwa dia adalah próduk yang sah dari tanah dan bumi Bawèan, dan melihat kemajuan yang hampir nol dari tanah tumpah darahnya itu, maka dengan nada yang agak geram dia menggebrak mèja: "Apa sih yang dikerjakan olèh aparat pemerintah di pulau ini?" Dan karena saya baru beberapa jam di pulau ini, maka saya ganti tanya, "Apa?" "Mungkin hanya sebagai pulau buangan", katanya sakit. Pejabat pemerintah kabupatèn Gresik yang tak terpakai lagi di
60 tempat lain dibuang ke Bawèan. Entah itu camat, entah polisi, entah tentara. Mungkin Kemas Aman tidak terlalu melèsèt. Dia sudah terlalu mengenal alam lingkungannya. Tapi meskipun sebagai tempat pembuangan pejabat yang tak terpakai, Bawèan tetap menarik. Bawèan sebagai contoh sebuah masyarakat dèsa yang mandeg, terpencil dan hampir putus asa hanyalah salah satu tipe dari beribu dèsa di tempat lain di Indónésia.

*Kompa*s 9 Juni 1976

B. LATIHAN UNTUK BACAAN

I. *Jawablah secara lisan dengan buku tertutup*

1. Dari mana datangnya kapal-kapal yang dapat kita lihat jika kita hampir sampai ke Bawèan? Untuk apa merèka berdatangan ke sana? 2. Mengapa cara orang Bawèan mencari nafkah dikatakan hal yang segera menyolok dalam pandangan kita? 3. Apa maksudnya ikatan alam Bawèan longgar dengan penduduknya? 4. Dalam hal apa saja penduduk pulau Bawèan berbeda dengan penduduk pulau Jawa? 5. Apa peranan tanah pulau Bawèan dalam menentukan ikatan penduduk dengan pulau itu? 6. Gambarkan kompósisi masyarakat Bawèan dalam hal asal usulnya! 7. Apa perbèdaan antara suku bangsa ini dengan suku bangsa lain? 8. Apakah orang Bawèan sudah lama mulai merantau? Bandingkanlah perantauan yang kini dengan perantauan sebelum perang. 9. Apa sebabnya dèwasa ini keuntungan ékónómi di perantauan merosot? 10. Cobalah gambarkan kekecèwaan serta penderitaan penduduk Bawèan itu! 11. Sebutkan ciri-ciri tempat yang dituju olèh perantau pulau Bawèan! Sambutan yang bagaimana yang diterima olèh orang Bawèan sesudah merèka sampai di tempat perantauan itu? 12. Berbèdakah perantauan dari pulau Bawèan dengan arus urbanisasi dari pedèsaan pulau Jawa ke Jakarta? 13. Jenis pertanian apa yang ada di pulau Bawèan? Mengapa terbatas? 14. Cobalah gambarkan sistém angkutan yang terdapat di pulau Bawèan! 15. Bagaimana pemeliharaan jalan-jalan di pulau itu? 16. Apa kerugian penggunaan kapal layar sebagai alat angkutan? 17. Dengan cara apa Pak Kemas Aman merubah kehidupan penduduk pulau Bawèan? 18. Pengaruh apa yang timbul sebagai akibat dari terhentinya pelayaran KPM? 19. Bagaimana pendapat Kemas Aman tentang pemerintahan yang ada di pulau Bawèan? 20. Apa maksud Kemas Aman menyebut pulau itu sebagai pulau buangan? 21. Satu contoh dèsa Indónésia yang macam mana Bawèan itu? 22. Kompas berkata, bahwa meskipun pulau itu sebagai tempat pembuangan, Bawean tetap menarik. Mengapa?

II. *Ungkapkanlah kembali kalimat-kalimat berikut dengan mengisi titik-titik yang disediakan*

1. Yang pertama-tama menarik pandangan pendatang yang menuju pulau ini adalah banyaknya kapal dan perahu kayu yang bertebar di tengah laut sekitar dua jam sebelum perahu masuk Bawèan.
   Banyak ...
2. Pulaunya berbukit-bukit, sehingga penduduk hanya mengisi sepanjang pantai pesisir saja.
   Bagian yang terisi ..., karena ...
3. Tidak seperti penduduk yang bertebar di pulau Jawa yang memiliki ikatan mati dengan tanah dèsa atau tanah kelahiran, penduduk Bawèan sudah terbiasa, dibiasakan olèh alamnya, untuk tidak punya ikatan dengan tanah, dèsa.

Penduduk Jawa terikat ... Lain halnya dengan penduduk
Bawean, yang...

4. *Minggat* adalah dorongan yang wajar dari keadaan semacam
   itu.
   Keadaan semacam itu ...

5. Sedang dengan merosotnya harga karèt dan hasil-hasil
   perkebunan di Tanjung, Mèdan dan sekitarnya, maka bekerja
   sebagai kuli di perkebunan bukan lagi kerja yang
   mendatangkan uang.
   Perkulian ...
   Berhubung harga karèt ...

6. Daya tarik merantau tidak memperlihatkan grafik yang naik.
   Tapi daya dorong untuk meninggalkan kampung tetap pada
   tekanannya yang abadi.
   Dalam tahun-tahun terakhir ini jumlah penduduk
   Bawèan yang merantau ...
   Tetapi ...

7. Terdorong untuk tidak betah tinggal di dèsa, tapi tanah
   perantauan adalah tanah yang kurus dan terlarang.
   Sekalipun harus ..., tapi karena ..., maka ...

8. Modèl perantauan Bawèan terakhir hampir mirip saja dengan
   warna urbanisasi pada umumnya yang lajim melanda dèsa-dèsa
   pulau Jawa.
   Módèl perantauan Bawèan terakhir tidak ...

9. Alam yang kikir di dèsa mengusir warga dèsa untuk menjadi
   warga yang tersia-sia di kota-kota besar yang tampaknya
   bermandikan uang dan kemèwahan, tapi juga tak kalah
   kikirnya terhadap warga dèsa yang datang cuma dengan
   kemauan dan tangan yang kosong itu.
   Orang dèsa meninggalkan kampung halamannya karena ...
   Kota tampaknya ..., tetapi ternyata ...

10. Tak ada kendaraan umum yang menghubungkan dèsa satu dengan
    lainnya. Dokar sebagai alat penghubung utama tidak bakal
    mampu menempuh jarak lima atau sepuluh kilómèter ke luar
    dari ibukota kecamatan yang disebut Sangkapura.
    Kalau mau pergi dari ibukota kecamatan itu harus ...
    karena ...

11 Ongkosnya lumayan mahal untuk kantong kota. Apalagi untuk
   rakyat Bawèan.
   Orang kota sendiri sudah ..., apalagi ...

12. Tanjungpinang, Singapura, atau Jakarta adalah pilihan
    tempat mereka merantau.
    Mereka ...

13. Dialah yang memecahkan isólasi pulau ini dengan
    memperkenalkan motorisasi kapal kayu.
    Berkat usahanya memperkenalkan motorisasi kapal kayu ...

14. Dengan terhentinya lin tetap KPM, maka hubungan dari pulau
    ini dengan pulau Jawa hanya terjalin dengan perahu layar
    yang 100 prósèn tergantung angin.
    Karena lin tetap KPM ...

15. Bawèan sebagai contoh sebuah masyarakat dèsa yang mandeg,
    terpencil, dan hampir putus asa, hanyalah salah satu tipe
    dari beribu dèsa di tempat lain di Indónésia.
    Tipe masyarakat Bawèan mencontohkan ...

III. *Buatlah pernyataan dengan ungkapan-ungkapan berikut*

menarik pandangan
mengisi sepanjang
menyolok
tersingkir
ikatan mati
longgar ikatannya
ketunggalan
kelahiran
lumayan mahal
salah-salah
memperkuat rasa
menyelundupkan

memperlihatkan grafik
terlarang
menunjang
tanah garapan
agaknya
ada-tidaknya
tertimpa
pulau buangan
tak terpakai
entah... entah...
dengan catatan
nada geram

IV. *Terjemahkanlah ke bahasa Indónésia*

1. Approximately two hours before your boat enters the harbor, the colorful houses which line the shore will catch your sight.
2. One is struck by how agricultural activity has given way to fishing as a way of life for the inhabitants of Bawean.
3. It is only natural that the people of Bawean should have no strong bonds with their land of birth, for the harsh nature of the land has forced them to emigrate in large numbers.
4. Singapore is one of the places to which they choose to emigrate, but the streets which they had thought were paved with gold and luxury turn out to offer only a meager existence, and for those who come only with bare hands anxious for work, Singapore offers only a neglected and forgotten life, no less difficult than the life they had left behind in their home villages.
5. But the pressure to emigrate remains as strong as it ever was. The stream of emigration from Bawean is no different in character from that which has overtaken the entire area of Java.
6. Because of the infertility of the soil and the scarcity of water for irrigation, agriculture is not a viable means of livelihood for the Baweaners.
7. To be sure, there are motorcycles, but only thirty or so, and it takes some doing to rent one. The usual means of transportation is the horse-cart, but how far can you go over those terrible roads in one of those?
8. To go for only a short distance, you have to fork over two-thousand five-hundred. If that is expensive for those of us from Jakarta, how much more so for the poverty-stricken natives. That is why most of the transportation is one-hundred percent dependent on wind..
9. Kemas Aman is entitled to complain about the way the government has used Bawean as a place to discard government employees who have proven to be useless in other places.

C. WAWANCARA

Mengenai Transmigras

INI 5: Bacalah Bab 16A dalam *Indonesian Readings*, "Transmigrasi Khusus". Setelah itu kerjakan wawancara ini sebagaimana biasa.

In this conversation you (D) discuss problems of transmigration from Jakarta with Mr. Badu (B), an officer of the bureau of transmigration.

D: Ask Pak Badu what the situation is here in Jakarta with respect to population.

B: Yes, Jakarta is quite overcrowded now. Every year sees another increase, mostly through urbanization.

D: Remark that probably there are problems of unemployment in such a population.

B: Many newcomers from outside the city can't find work. And lots of them become what we call *gelandang*gan, vagabonds. In 1972 there were about 70,000 *gelandangan* in Jakarta.

D: Say that if the problem is of that sort, what has the government of Jakarta done to stem the flow of urbanization?

B: Formerly Jakarta was declared a closed city. But this did not work. A large portion or thousands of the *gelandangan* do not have a place to live, and many of them also are unemployed. This raises some complicated problems.

D: Ask him what steps the Indonesian government has taken to overcome the problems of the vagabonds.

B: A step the government of Indonesia has taken is transmi gration. For Jakarta, what has been undertaken has been called "special transmigration". The plan is to send 15,000 transmigrants to the area of Kendari, Southeast Sulawesi.

D: You ask, why is it called "special transmigration". Is it because they come from the Special Territory of Jakarta?

B: No, it is not because they come from the Metropolitan Capital Area (DKI), but because they don't come directly from the rural areas. So that they think like city people. After taking up residence in the city, they know more about the world, so that it is necessary to give them training and study their background.

D: Ask him if there is a way other than transmigration to overcome the problem of the vagabonds and others like them.

B: Yes, actually there is. For example, subject them to roundups and forcefully return them to their places of origin. But this has had no effect whatsoever.

D: You say that usually this is because they cannot stand life in the villages from which they come. Then you ask what is being done about that matter.

B: True. After they have spent some time at home, they come back to Jakarta. It is a real problem.

D: Say that you think that perhaps they are happier living in Jakarta than staying permanently in the rural areas.

B: Yes, it really is difficult. The government is now trying a new remedy. The homeless are rounded up, then placed in dormitories in the Institution for Potential Transmigrants, Metropolitan Jakarta, so that there they may be given some sort of preparation prior to being sent off to the areas of transmigration.

D: If you carry out razzias, that is not completely right. You can imagine that yourself. They are the same as we are but wouldn't you think that this impedes their right to free choice?

B: Yes, that's true. Yes, if you call it a round-up it is certainly a most improper action. But I think that it is nevertheless acceptable. If we bear in mind the future of the homeless and jobless themselves, these reception centers are a good method of channeling them.

D: Add that it is perhaps acceptable from the point of view of security in the city and from the point of view of social problems.

B: It is difficult to lead and organize these *gelandangan*, you know. They have a special form of leadership.

D: Say that may be that is why they are called special transmigrants. Ask what the characteristics of the leadership are.

B: They have a type of group leadership. The authority of those group leaders is more effective than that of the transmigration officials.

D: Say that in that case the best thing would be to set up a cooperative program between the leadership of their group and the officials of the Department of Transmigration.

B: In fact, that is what is being done.

D: Say that that is one way to overcome several problems. But add that that is only your opinion. Ask him if there are any other problems which arise in connection with putting this transmigration from the capital into effect.

B: Yes, there is. For example, because they have been in Jakarta for a long time, they do not have the same spirit or desire to farm as they may formerly have had.

D: Remark that this is the case, whereas in the area to which they are transmigrated, farming is the only livelihood available.

B: That is it! It is after they get there that they have a hard time.

D: You remark that that is because they have lost the knowledge of agriculture. It is a real problem.

B: Yes, it is difficult. And there is also another problem, for example: the transmigrants from the city are quicker to react if they meet disappointment.

D: You say that in that case it would not be wrong if they were to be given guidance after they reach the area of transmigration. They have to be guided at the earliest stages.

A. BACAAN

Cerita Minta

Minta (kita tak tahu berapa umurnya) harus buru-buru ke Kali Sentiong, beberapa puluh mèter dari rumahnya. Mancing pagi? Bukan. Istilah dia: setor. Warga ibukota yang tinggal di bilangan Tangsi Penggorèngan (Tanah Tinggi) ini sudah tak perlu mengeluh lagi, karena bersama tetangga sekitarnya, merèka belum juga mampu membuat kakus umum di lingkungan RT, bahkan kawasan RW merèka. Soalnya:
5akan dibangun di mana? Beberapa kali rapat RT maupun RW untuk membujuk salah seorang atau beberapa orang warga agar bersedia memotong belakang atau samping rumahnya untuk kakus bersama, tak berhasil. Soalnya lagi: siapa mau menyerahkan tanah siapa jika setiap jengkal tanah sudah tertutup olèh bangunan rumah?

Untung Kali Sentiong selalu mengalir, walaupun tersendat-sendat. Bahkan ketika pihak DKI mengeruk gunung sampah yang sudah bertahun-tahun membingungkan aliran airnya, toh sisa-sisa peti
10sabun masih tercogok di tepinya. Dalam bentuk kakus. Dengan empat buah kaki menancap di sungai dan dua untai rantai sepèda tua sebagai penguat, warga sekitar itupun dengan nyaman memasukinya setiap hendak membuang hajat.

Di situ Minta punya kebanggaan yang anèh. Partisipasi, katanya. Sebab setiap kali ia memasuki kotak kakus itu berarti ia telah
15menambah jumlah tinja yang terbuang di ibukota républik ini. Suatu ketika ia iseng tanya kepada kenalannya yang bekerja dalam bidang pertinjaan di DKI: "Berapa banyak, ya, anu di Jakarta setiap harinya?" Temannya mungkin pernah dengar dari atas -- menjawab sambil mengunyah kuè bolu: "Setiap hari tak kurang dari 660.000 m3 tinja tertumpah di Jakarta ini." Jumlah ini berasal dari sekitar 700.000 rumah yang ada. Sayang bahwa di antara jumlah rumah itu hanya sekitar 160.000 buah saja yang mempunyai *septic tank*, memenuhi persyaratan maupun tidak. Adapun Minta dan para tetangganya termasuk di antara 540.000 unit rumah yang membuang
20tinja begitu saja: di sungai, di selokan maupun lapangan terbuka.

Minta tak sanggup membayangkan bila tumpukan tinja itu menguap bersama-sama di ibukota ini, terhirup dengan lancarnya memasuki rongga paru-paru. Juga paru-paru asal Subang yang berada dalam tubuh Minta, buruh pabrik paku itu.

Cerita Janda Haji Musa

Hari Jumat berkucur hujan bulan lalu merupakan permulaan hari-hari murung bagi keluarga Haji Musa. Hari itu Haji Musa yang belum begitu tua meninggal dunia di rumah sakit umum wilayah, setelah hampir dua minggu sakit paru-parinya kambuh dengan hèbat.

Bagi Nyonya Musa kesulitan pertama segera muncul, begitu almarhum dimasukkan ke kamar mayat: ongkos perawatan suaminya
5selama sakit. Ia belum siap menerima kematian itu. Sejak sang suami dirawat, warung di depan rumah praktis tak menghasilkam apa-apa.

Bahkan jika ada, habis untuk ongkos mundar-mandir menèngok sang
suami. Anak-anak merèka belum ada yang mampu membantu: Sutar belum
tiga bulan kawin dan masih berstatus kenèk sementara truk
pengangkut pasir Cikarang. Mardi masih kursus montir radió, sedang
si Ipih masih belajar di madrasah tingkat ibtidaiyah kelas tiga.
     Apa bolèh buat, sepasang gelang emas Nyonya Musa terjual Rp ₁₀
45.000 pada inang-inang di kawasan Senèn. Uang ini hanya tersisa Rp
3.000 lagi ketika ia menerima kwitansi perawatan almarhum di rumah
sakit. Soal berikutnya, ambulans pengangkut jenazah. Setelah Mardi
lobiing kiri-kanan petugas RS membisikkan: "Kebetulan ada ambulans
ngangur, tapi karena supirnya sakit terpaksa memakai supir
cadangan." Dengan supir cadangan ini jenazah dapat diangkut sampai
di rumah dengan tarif Rp 10.000. Baiklah. Sebab, fikir Nyonya Musa, ₁₅
ditambah kiri-kanan toh di rumah nanti akan terkumpul juga jumlah
itu. Dan benar, masih ada simpanan beberapa ribu rupiah lagi. Tapi
karena supir cadangan ambulans itu masih meminta uang bènsin plus
uang tolong bagi pembantunya, habislah semua uang di rumah Nyonya
Musa.
     Kematian Haji Musa masih terus dibuntuti kesulitan yang harus
segera dipecahkan keluarganya. Persiapan pemakaman. Mula-mula
muncul Ketua RT bersama dengan dua orang berpakaian Hansip dari
kantor kelurahan. Surat-surat tanda lapor kematian, izin
penguburan, lalu permohonan menggunakan tanah pemakaman harus
segera diurus. "Ongkosnya tanyakan pada kedua Hansip itu," kata ₂₀
Ketua RT kepada Sutar yang baru saja muncul bersama istrinya. Ini
itu semuanya bertotal Rp 4.500. Tentu digenapkan menjadi Rp 5.000. ₂₅
Sutar lapor kepada ibunya. "Duilah! Apa itu sudah termasuk untuk
tanah kuburan dan tètèk-bengèk lainnya?" tanya si Nyonya. "Tentu
belum," jawab si Hansip. Hitung-hitung untuk yang terakhir ini Rp
21.000, *all in*. Artinya termasuk papan-papan, penggali kubur dan
sèwa tanah itu untuk tiga tahun pertama.   ₃₀
     Tak lama berpikir, Nyonya Musa menarik tangan anaknya yang
tertua ke dalam kamar. Seuntai rantai emas di lèhèr, sepasang
giwang di telinga nyonya itu dilepasnya. Yang tersisa hanya cincin
kawin. Tentu ini kenang-kenangan paling berharga bagi nyonya itu
dari almarhum suaminya. Sutar segera berlari ke pasar terdekat,
menjualkan semua perhiasan itu. Tapi sementara itu ketika menemui
beberapa orang tetangga pengelawat, Nyonya Musa sempat melirik ke ₃₅
dua waskom tempat meletakkan uang bèlasungkawa di dekat pintu.
Matanya sempat menangkap beberapa lembar ratusan dan beberapa buah
uang logam di kedua tempat itu. Mudah-mudahan cukup untuk selamatan
malam nanti, fikir wanita itu.
     Ketika Sutar menyodorkan uang Rp 32.500, pada waktu yang sama
seorang pengelawat menanyakan soal kain kafan, wangi-wangian dan
tukang memandikan jenazah. Semua meliputi hampir Rp 8.000. Wajah
nyonya Musa tak berubah. Tapi ketika di sóré hari yang basah itu
jenazah sudah ditelan bumi, di BH janda haji itu hanya tersisa uang ₄₀
Rp 1.100. Ia tertegun di sisi kuburan suaminya, waktu seorang laki-
laki berpayung mendekat: "Uang doanya, nyonya," kata orang itu.
"Berapa?" tanya Mardi setengah tak percaya. "Berapa saja, karena
saya mendoakan almarhum karena Allah semata-mata." Nyonya Musa ₄₅
mengeluarkan lembaran uang Rp 500. Tapi orang itu tak mau
menerimanya: "Untuk saya saja biasanya Rp 1.000, belum untuk juru
kunci kuburan yang mengizinkan saya beroperasi di sini." Seperti

terharu pada dirinya sendiri, Nyonya Musa mengeluarkan semua uang
yang tergulung di sela kutangnya. Ia serahkan semua.
    Dalam perjalanan pulang janda itu merasa tubuhnya amat ringan.
Tapi tiba-tiba ia merasa ngeri untuk mati. Ia tahu ongkos mati di
⁵⁰Jakarta ini tak semahal itu. Namun saat-saat duka seperti ini
selalu dimanfaatkan berbagai pihak. Semua dengan alasan tanah
kuburan susah, bahkan "sebetulnya tempat pemakaman di sana sudah
penuh tapi ada yang bisa menolong." Mèmang janda Haji faham,
tempat-tempat pemakaman beberapa tahun terakhir ini banyak ditutup,
digusur dan dipindahkan ke pinggiran kota. Bekas-bekas kuburan
banyak yang sudah diganti dengan bangunan gedung untuk orang-orang
yang masih hidup. Ia juga tahu sistim tindih yang mulai berlaku:
⁵⁵tiap kuburan yang melèwati waktu tiga tahun tak diurus akan
dinyatakan hilang untuk ditempati jenazah baru. Semua ini
berpangkal pada tanah yang semakin ciut di Jakarta ini.

Tèmpó VII. 17
hal. 51, 53-54

B. LATIHAN UNTUK BACAAN

I. *Jawablah secara lisan dengan buku tertutup*

1. Untuk apa sebenarnya si Minta buru-buru ke kali? 2. Mengapa
RT-RW tempat si Minta tinggal tidak pernah berhasil membangun
kakus umum? Mengapa semua usaha untuk membujuk orang gagal? 3.
Kakus Minta letaknya di mana? Mengapa kali itu sudah mengalir
lagi? 4. Mengapa Minta merasa bangga? Mengapa pula
kebanggaannya anèh? 5. Dalam kalimat *Berapa banyak, ya, anu di
Jakarta setiap harinya*? (paragraf tiga), apa arti *anu*? 6.
Bagaimana keadaan sanitasi di kota Jakarta, apabila kita
simpulkan dari paragraf tiga? 7. Secara keseluruhan, hal apa
yang diperbincangkan cerita tentang si Minta? 8. Minta berasal
dari mana? Dia di Jakarta mendapat pekerjaan yang bagaimana?
9. Apakah Haji Musa meninggal karena sakit paru-paru yang baru
pertama kali dideritanya? Kalau bukan, coba terangkan sebab
meninggalnya Pak Haji ini. 10. Mengapa Nyonya Musa mengalami
kesulitan membayar ongkos perawatan suaminya selama sakit?
Sebutkan beberapa sebab. Bagaimana dia dapat melunasi
utangnya? 11. Apa yang sebenarnya dilakukan Mardi dengan
lobiing kiri kanannya? 12. Dari mana ia memperolèh uang untuk
membayar ongkos ambulans? Apakah ongkos ambulans hanya Rp
10.000 pada akhirnya? Mengapa demikian? 13. Apa tugas seorang
ketua RT kalau ada kematian? 14. Nyonya Musa terperanjat
dengan ongkos Rp 4.500 yang digenapkan jadi Rp 5.000. Apa
biaya itu sudah menutupi semua keperluan? Bagaimana dia
membayar sisanya? 15. Apa guna dua waskom yang diletakkan
dekat pintu rumah itu? Apa rencana Nyonya Musa dengan itu? 16.
Apakah si tukang doa itu benar-benar tulus ikhlas? Mana
buktinya? 17. Mengapa Bu Musa ngeri untuk mati? Apakah karena
ongkos resmi untuk mengurus orang mati di Jakarta mèmang

mahal? Kalau tidak, mengapa? 18. Coba jelaskan apa yang dimaksud dengan *sistim tindih* pada paragraf terakhir? Mengapa ini harus dilakukan? 19. Kesulitan orang Jakarta manakah yang digambarkan dalam cerita tentang janda Haji Musa ini?

II. *Ungkapkanlah kembali kalimat-kalimat berikut dengan mengisi titik-titik Yang disediakan*

1. Minta harus buru-buru ke Kali Sentiong, beberapa puluh mèter dari rumahnya. Mancing pagi? Bukan. Isti lah dia: setor.
   Bukan untuk ..., melainkan ...
   Kalau Minta ..., itu bukan ..., tetapi ...
2. Warga ibukota yang tinggal di bilangan Tangsi Penggorèngan ini sudah tak perlu mengeluh lagi, bahwa bersama tetangga sekitarnya, merèka belum juga mampu membuat kakus umum di lingkungan RT merèka.
   Tidak ada alasan maka ...
   Warga ... tidak beralasan mengeluarkan ..., kalau ...
3. Untung Kali Sentiong selalu mengalir, walaupun tersendat-sendat.
   Untung aliran ...
   Walaupun ada ...
4. Bahkan ketika pihak DKI mengeruk sungai ini dan menggusur gunung sampah yang sudah bertahun-tahun membingungkan aliran sungai, toh sisa-sisa peti sabun masih tercogok di tepinya.
   Bahkan ketika pihak DKI mengadakan ...
   Malah meski pihak DKI telah ..., masih ada ...
5. Minta tak sanggup membayangkan bila tumpukan tinja itu menguap bersama-sama di udara ibukota ini, terhirup dengan lancarnya memasuki rongga paru-paru.
   Rongga paru-paru ...
   Uap dari ...
6. Bagi Nyonya Musa kesulitan pertama segera muncul begitu almarhum dimasukkan ke kamar mayat: ongkos perawatan suaminya.
   Segera sesudah ..., maka ...
   Ongkos perawatan suaminya ...
7. Sejak sang suami dirawat, warung di depan rumah praktis tidak menghasilkan apa-apa. Bahkan jika ada, habis untuk ongkos mundar-mandir menèngok sang suami.
   Praktis tak ada ... sejak ...
   Penghasilkan dari warung dihabiskan pada ...
8. Apa bolèh buat, sepasang gelang emas Nyonya Musa terjual Rp 45.000 pada inang-inang di kawasan Senèn.
   Nyonya Musa ...
9. Kematian Haji Musa masih terus dibuntuti kesulitan yang harus segera dipecahkan keluarganya.
   Keluarga Haji Musa ...
   Banyak kesulitan ...

10. Tiap kuburan yang melèwati waktu tiga tahun tak diurus akan
    dinyatakan hilang untuk ditempati jenazah baru.
        Selèwat ...
        Bila tak diurus ...

III. *Buatlah pernyataan dengan ungkapan-ungkapan berikut:*

istilah dia   kawasan
bilangan   cadangan
setiap jengkal tanah   ini-itu
kakus bersama   duilah
menggusur   tètèk bengèk
membuang hajat   almarhum
iseng   pengelawat
kambuh   ciut

IV. *Terjemahkanlah ke bahasa Indónésia*

1. Minta could be said to be a typical inhabitant of Jakarta.
   Each morning he hurries to the river not far from his
   house, just as thousands of other Jakartans do.
2. He does not go to the river to fish, but rather to do his
   daily duty. The neighborhood in which he lives has never
   been able to build a public toilet, so that the people have
   to use the river.
3. According to one of Minta's friends, in Jakarta alone as
   many as 540,000 households have no toilet, and of the
   160,000 households that have one, some are not equipped
   with a septic tank that meets standards.
4. Haji Musa's widow was faced with one of the many problems
   that haunt Jakarta: space to bury the dead.
5. It cost her Rp 21,000 to bury her husband after he suffered
   a severe relapse of his lung desease.
6. That sum only pays for three years' rent. Unless she renews
   it, her husband's grave will be certified abandoned and its
   place taken by another grave, without further ado.

C. WAWANCARA

Pakèt 9 April

INI 6: Bacalah Bab 15A dalam *Indonesian Readings*, lalu kerjakanlah
kasèt wawancara ini.

This is an interview between you as Sam (S) and Mr. Indra, an
industrialist (I), concerning the Package of April Ninth and local
industry.

S: You say that you notice that the textile industry in Indonesia
   is somewhat weak. Say you would like to know what sort of

decisions the government has taken to overcome these weaknesses.
I: Yes, I agree. At this time a weakness has arisen in the textile
   industry in Indonesia. For this purpose the Indonesian
   government has taken a decision which in its broadest outlines
   covers the restrictions of textile imports. Cloth will only be
   imported by the government amd purely for the sake of
   establishing a national reserve. The government will grant the
   importers a subsidy on the importation of cotton.
S: Say that you still do not have a clear picture of how this
   subsidy is going to be carried out and how the restriction of
   textile imports will be carried out.
I: In brief, the importation of textiles will be restricted by
   prohibiting merchant letters of credit in the importation of
   textiles.
S: Say that if this is carried out, in your opinion there will be
   bad side effects which result from carrying out the decisions.
I: Yes, that is so. Just as you think. If, in fact, the import of
   textiles is enthusiastically carried out, clearly smuggling is
   going to be on the increase.
S: You allow as how this, in fact, might just hit the local
   industry harder.
I: Yes indeed. And during this time we also have to think about the
   imbalance which exists in government protection to various
   industries. Until now the assembling industry has been well
   protected by the government -- that is to say, the industries
   such as the motor vehicle assembly industry, the electronic
   industry, the radio, TV, and other electronic equipment
   industries.
S: You ask if this means that these things may not be imported to
   Indonesia already assembled.
I: These things may not be imported.
S: Ask about the decisions which have been made concerning
   industries such as publishing and the like which depend on
   imported raw materials. Perhaps these industries require a
   lightening of the burden of import duties so that they can
   compete with products of a similar nature which are imported.
I: These indeed are the decisions which have been taken.
S: Say that probably what Mr. Indra was talking about has a close
   connection with what is called the "Package of April Ninth". Say
   that actually you are a little unclear as to what the Package of
   April Ninth really covers.
I: Well, in its broadest outlines, the Package of April Ninth
   actually contains the regulations which concern the fields of
   monetary, fiscal, and trade policy.
S: You mean that April 9 package focuses on the restriction of
   credit?
I: Yes. At this time, many Indonesian industrialists are inclined
   to the opinion that the Package of April Ninth is only aimed at
   restricting credit. They forget that actually the ultimate aim
   of the package of April Ninth is to balance the amount of money
   in circulation and the goods available in this country.

S: You say that their opinion actually has some basis in fact. For the time that the Package of April Ninth has been in force, what has been achieved is the reduction in the amount of money in circulation.

I: This is actually true because the government cannot be successful in stimulating internal production.

S: Say that you think that this is really a complicated problem. What must be heeded most carefully is the influence of the monetary regulations on the structure of the national economy. For example, you have heard opinions expressed that the Indonesian economy could stand to have an increase in the amount of money in circulation. Ask Mr. Indra what he thinks about the truth of this opinion.

I: Excuse me, but I myself cannot answer that question for that covers the questions of the economy in general. We are going to have to examine that problem.

S: Agree that this is indeed quite a difficult problem. We require a great deal of data on this problem.

I: Yes, that is so. But I myself cannot provide it.

S: Say that you would think that in your opinion the best thing would be to look at the provisions of the package of April Ninth itself. We have to take another look at it, to see how far it can be accomodated to the other economic decisions that have been taken.

I: Yes, I think there are other elements which have to be adjusted to conform to current development. Also we have to make adjustments to conform to the world economic situation.

S: Say that you agree because what happens in Indonesia happens throughout the world. You think that the economic situation in Indonesia cannot be separated from the context of the world economy.

I: Yes I think it is that way too.

S: Thank Mr. Indra for his interview and express hope that you can meet again.

I: Mr. Indra expresses similar hopes. He thanks you for the criticisms or opinions which you have put forward concerning problems of the Indonesian economy.

S: Thank him in return.

A. BACAAN

Sinabang Minus Hiburan

Sinabang terletak di pulau Simeulué, 107 mil dari kota Meulaboh, Kabupatèn Acèh Barat. Dulu terbilang kota kewedanaan saja, tapi kini berobah statusnya jadi ibukota Perwakilan Pemda Acèh Barat. Mèmang layak, sebab sebagai kota kecil di teluk pulau terpencil itu, Sinabang merupakan satu-satunya pilihan. Lagipula bukan baru sekarang Sinabang dipandang sebagai kawasan penting. Di zaman pemerintahan Belanda dulu, sudah jadi tempat kedudukan dua maskapai Belanda yang penting pula. Yaitu maskapai di bidang perkayuan [5] (balok) dan maskapai kelapa (kopra). Itulah sebabnya Sinabang (Simeulué) tak bernasib seperti halnya Siberut, Pagai atau Mentawai -- pulau-pulau yang sama-sama mendekam di Samudera Indónésia, yaitu bernasib tak diacuhkan olèh pihak yang berwenang. Di aram Indónésia merdèka ini, Sinabang makin jadi kerlingan orang-orang pemerintah dan usaha karena hasil cengkèhnya. Hingga seperti halnya dulu Kepulauan Riau, orang pun menyebutnya sebagai "negeri dolar". Dan dua tahun terakhir ini, panèn cengkèh di sana cukup menakjubkan, [10] menyebabkan orang yang datang berusaha ke sana akan kembali dengan penuh senyum, pertanda usahanya berhasil. Tentu saja kas Pemda Acèh Barat pun banyak dijejali uang penghasilan daèrah pulau Simeulué itu.

Free Sex

Pèndèknya pulau Simeulué kelebihan duit. Tapi tak berarti segala kebutuhan penduduknya terpenuhi. Perkara hiburan misalnya. Sebagai [15] pulau terpencil yang kerap diganggu keganasan pasang laut, soal hiburan amat langka. Meski angin dan derai daun nyiur serta keindahan pantainya bak kemolèkan panórama pulau-pulau Hawaii, tak berarti menutup hajat penduduk akan hiburan. Hingga kabarnya, rasa kesepian pun senantiasa menyesaki dada para warga pulau Simeulué. Terutama para muda-mudinya. Apalagi gadis-gadis Sinabang mèmang cantik-cantik bak dara-dara Hawaii. Nah, jalan pelepasan rasa [20] kesepian satu-satunya kabarnya hanyalah -- maaf -- permainan sèks. Dan tempat *rendezvous* yang paling sip ialah sela-sela pohon nyiur itu. Itulah sebabnya peristiwa yang lazim disebut skandal sèks nyaris jadi lumrah di sana. Apakah itu diperbuat seorang babah dengan nyonya Indónésia, oknum dengan seorang dara atau petugas pelabuhan dengan isteri orang lain. Atau pendatang dengan pribumi setempat. Dan agaknya apa yang dikenal sebagai *free sex* di kalangan [25] muda-mudi, sudah lama dikenal di sana. Polah seperti itu, ada yang menghubungkan dengan peristiwa kebakaran pertengahan Mèi lalu yang meludeskan 54 bangunan termasuk tókó dan gudang béa cukai dan menèwaskan seorang pemuda. Yakni sebagai "kutukan Tuhan". Tentu saja sukar dipercaya, sebab yang jadi lantaran ialah api kulkas minyak tanah seorang penduduk. Ditambah lagi, tak sebiji pun alat pemadam kebakaran.

Tèmpó 3 Juli 1976
halaman 22 - 23

B. LATIHAN UNTUK BACAAN

I. *Jawablah secara lisan dengan buku tertutup*:

1. Sinabang adalah kota kecil di teluk pulau yang letaknya jauh dari dunia megah. Toh layak juga dijadikan ibukota Acèh Barat. Mengapa demikian? 2. Bagaimana keadaan dan status kota Sinabang di jaman Belanda dulu? 3. Bagaimana pulau Simeulué berbèda nasibnya dengan pulau-pulau lainnya yang sama-sama mengapung di Samudera Indónésia? 4. Mengapa banyak usahawan mengerlingkan matanya ke arah Sinabang? 5. Senyum yang terlintas di wajah orang yang berdatangan ke sana, apa lantarannya? 6. Kok bisa uang berjejal-jejal di kas pemerintah Daèrah itu? 7. Sudah kelebihan duit, kok masih belum juga terpenuhi kebutuhan penduduknya? 8. Apa yang menyebabkan maka hiburan amat langka di daèrah sana itu? 9. Tetapi penduduk setempat toh berhasil untuk menemui jalan pelepas kesepian. Apa gerangan itu? 10. Mengapa orang menganggap tempat itu dilimpahi dengan kutukan Tuhan?

II. *Ungkapkanlah kembali kalimat-kalimat berikut dengan mengisi titik-titik yang disediakan*:

1. Sinabang dulu terbilang kota kewedanaan saja, tapi kini berobah statusnya jadi ibukota perwakilan Pemda Acèh Barat. Memang layak, sebab sebagai kota kecil di teluk pulau terpencil itu, Sinabang merupakan satu-satunya pilihan.
   Sebab tidak ada ...
2. Lagi pula bukan baru sekarang Sinabang dipandang sebagai kawasan penting. Di zaman pemerintahan Belanda dulu sudah jadi tempat kedudukan dua maskapai Belanda yang penting pula. Itulah sebabnya Sinabang tak bernasib seperti halnya Siberut -- yaitu bernasib tak diacuhkan fihak yang berwenang.
   Olèh karena sejak zaman Belanda dulu ... maka fihak berwenang ...
3. Di alam Indónésia merdèka ini, Sinabang makin jadi kerlingan orang-orang pemerintah dan usaha karena hasil cengkèhnya.
   Cengkèhnya banyak ... sehingga ...

4. Dua tahun terakhir ini panèn cengkèh di sana cukup menakjubkan, menyebabkan orang yang datang berusaha ke sana akan kembali dengan penuh senyum, pertanda usahanya berhasil. Tentu saja kas Pemda Acèh Barat pun banyak dijejali uang penghasilan daèrah pulau Simeulué itu.

> Olèh karena panèn cengkèh di ...
> Usaha orang di Simeulué itu pada umumnya ... satu hal yang ditandakan ...
> Uang yang masuk kas Pemda Acèh Barat ... akibat ...

5. Sebagai pulau kecil yang kerap diganggu keganasan pasang laut, soal hiburan amat langka. Meski angin laut dan derai daun nyiur serta keindahan pantainya bak kemolèkan panórama pulau-pulau Hawaii, tapi tak berarti menutup hajat penduduk akan hiburan.

> Akibat letaknya di laut yang ...
> Pantai pulau itu ...
> Hiburan ...

6. Hingga kabarnya, rasa kesepian pun senantiasa menyesaki dada para warga pulau Simeulué, terutama para muda-mudinya. Apalagi gadis-gadis Sinabang mèmang cantik-cantik bak dara-dara Hawaii.

> Warga pulau itu senantiasa ...
> Gadis-gadis Sinabang kecantikannya ...

7. Nah, jalan pelepas rasa kesepian satu-satunya kabarnya hanyalah -- maaf -- permainan sèks. Dan tempat *rendezvous* yang paling sip ialah sela-sela pohon nyiur itu.

> Di pulau itu, kebun kelapa sudah dijadikan -- maaf -- ...
> Bagi orang yang merasa sepi di pulau itu hanya ...

8. Itulah sebabnya peristiwa yang lazim disebut skandal sèks nyaris jadi lumrah di sana, apakah itu diperbuat seorang babah dengan nyonya Indónésia, oknum dengan seorang dara, atau petugas pelabuhan dengan isteri orang lain.

> Baik babah ...
> Sudah bukan hal yang langka lagi ...

9. Polah seperti itu ada yang menghubungkan dengan peristiwa kebakaran pertengahan Mèi lalu yang meludèskan 54 bangunan termasuk tókó dan gudang bèa cukai dan menèwaskan seorang pemuda -- yakni sebagai "kutukan Tuhan".

> Gedung béa cukai terbakar ...
> Olèh karena polah yang seperti itu, Tuhan ...
> Ada yang menganggap bahwa ...

10. Sebab yang jadi lantaran ialah api kulkas minyak tanah seorang penduduk. Ditambah lagi, tak sebijipun alat pemadam kebakaran.

> Tidak adanya sebiji pun alat pemadam kebakaran ...
> Yang dituduh sebagai lantaran kebakaran tersebut bukanlah ...

III. *Buatlah pernyataan dengan ungkapan-ungkapan berikut:*

terbilang	pertanda
satu-satunya pilihan	dijejali [=disesaki]

bukan baru sekarang	kelebihan duit
sama-sama [verb]	perkara [noun]
jadi kerlingan	bak
menutup hajat	tak berarti

IV. *Terjemahkanlah ke bahasa Indónésia.*

1. Formerly Sinabang was only counted as a village, but now it has been made the capital of Western Aceh.
2. Sinabang has not suffered the same fate as its sister islands which lie off the west coast of Sumatra.
3. Because clove production has been amazingly good, the provincial treasury is bursting with cash. Furthermore, almost anyone who goes there on business is sure to come home all smiles.
4. There is no shortage of money on that island, but there is not much in the way of recreation. The beautiful beaches with their coconut groves, which compare favorably with the well-known beaches of Hawaii, do not offer all that much by way of excitement. As a result free sex, if you will pardon the expression, has become just about the only way to kill time.
5. There are some who see a connection between the disaster which struck Sinabang last May and all that sort of carryings-on, but that seems difficult to believe. Rather, the real cause seems to have been a kerosene refrigerator which belonged to someone in that place -- or perhaps it was the fact that there was not even a single fire truck available.

C. WAWANCARA

Wawancara Ngalor-Ngidul

INI 7: Wawancara ini merupakan ulangan dari *Units 1-6*. Kerjakan wawancara ini sebagaimana biasa.

You take the role of an American scholar, Mr. Picolo (Y), visiting the office of the Governor of West Java for the purpose of getting permission to carry out your research.

Y: You enter an office which has a sign "Research Section" and greet the receptionist. You would like to meet Mr. Makso, and ask if he is in.
B: There is no Mr. Makso here.
Y: Ask if that means that Mr. Makso does not work there.
B: No.
Y: Ask if this is in fact the place that one goes to obtain permission to carry out research.
B: Oh, you want to carry out research?
Y: Say yes.

B: Oh, yes. Everyone who wants to carry out research in West Java has to come here to get permission.

Y: Ask the name of the head of this office.

B: The one that is here is Mr. Marto. Have a seat.

Y: Ask if it is Mr. Marto who is going to take care of you.

B: Yes. Please have a seat.

Y: Ask if you may wait in the room next door.

B: Certainly. All the other people that are there are waiting for Mr. Marto to come.

Y: Express surprise that he is not there yet. Ask if it is usual for him not to have arrived by this time.

B: Oh usually he is here at this time. He will be here in just a little while.

Y: Ask if you have to wait for all the people that are waiting outside to be served before your turn comes up.

B: Oh, I'll ask Mr. Marto if you cannot be taken care of ahead of them.

Y: Thank her. At this point you move to the next room and take a seat next to a young man. Ask him if you may sit there.

M: Certainly. Have a seat.

Y: Ask him if he is also waiting for Mr. Marto to ask for permission to do research.

M: Yes I am. I am going to study transmigration to Bandung.

Y: Ask him if he would mind giving you information about the procedure. Ask him how one goes about getting the permission -- what documents are required, for example, and the like.

M: Here is list of the requirements which my school the Bandung Institute of Technology (ITB) has compiled. Here.

Y: Thank him. You see the words "research design". Ask if he thinks it has to be in Indonesian.

M: I don't really know. But I think they no doubt can understand it if it is in English.

Y: Say that it also mentions concurrence from institutions which have an interest. Say that you have a letter from LIPI that states that you will work cooperatively with the Bandung Institute of Technology. Ask if he thinks that you need to have a letter of agreement from that institute.

M: May I see it for a second? Yes. In this case, the insti tute which is concerned is ITB. But I think it would not be difficult to go see the rector and get a letter of approval from him.

Y: Say that the problem is that you don't have one yet. Ask how it would be if you just turn in the letters which you have already in your posession, and then turn in the rest which are still needed at a later point. Ask if you think that would be allowed.

M: Yes, that's the way they usually do it. If the letters are not all there, you can turn them in later. For example, I have already come here five times, but I still have not gotten permission.

Y: Ask if it is always necessary to wait for such a long time.

M: God, yes! And sometimes, Mr. Marto does not come at all.

Y: Ask what about if Mr. Marto does not come. Isn't there anyone else that can take care of you? Or is he the only one who can take care of research proposals?

M: There isn't, except the governor himself.

Y: Ask what happens supposing Mr. Marto does not show up.

M: What can you do? You have to come back another day.

Y: Express your discomfiture. Say that in your opinion, maybe if you add to the administrative costs, they can take care of you a bit quicker. Then, changing the subject, ask what he is going to investigate in Bandung.

M: Well, in addition to taking courses at ITB I am an employee of TKTK.

Y: Ask what that is. Ask if it is the abbreviation for the Department of Labor.

M: Uh-huh. The Department of Labor, Transmigration, and Cooperation. I am in the *Gelandangan Section*.

Y: So you work in the section which deals with the unemployed inhabitants who are resident in Bandung!

M: Yes. We want to take steps to overcome the problems which arise because of the rise in the population here.

Y: You agree that the city of Bandung is very thickly populated. Ask how it would be if the city of Bandung were just to be declared a closed city.

M: They already tried that, but they have not been successful.

Y: Ask why they do not just conduct round-ups. For example if there is someone who does not have a residence permit, that person should just be returned to the village from which he came.

M: But if you look at it from the point of view of umm ...

Y: Finish the sentence for him: viewed from the point of view of humanitarianism or from the point of view of freedom of choice, you would think that it is in fact somehow not quite right. But if one looks at it from the point of view of the future of those people themselves, that is the only method that is going to work.

M: Well, it still doesn't work, because they keep coming right back.

Y: And transmigration also does not work, because most of those homeless people do not have farming any longer. One could say that their enthusiasm for farming in a place far from where they were born is not very intense.

M: A lot of them only meet with disappointment in their area of transmigration.

Y: Venture the opinion that that is the way it has got to be if they do not have proper leadership in the area to which they have been transmigrated.

M: You seem to know quite a bit about the problems which a developing country like Indonesia faces.

Y: Deny this (as you should always properly do whenever complimented). But in any case, you admit that you studied at Cornell University where you received a good quality of education.

M: Oh, yes. What is your opinion about the system of instruction which has been put into effect in Indonesia?

Y: Say that you have a good opinion of it, but ask for forgiveness if you say something which is too frank.

M: Oh, that's quite all right. What is your impression of our system of education?

Y: Say that you think Indonesia's education system is very fine, but that you are surprised that Indonesian is not so very much emphasized. Say that you get the impression that English receives more attention than Indonesian, and this is in its own country.

M: That is true. The English Departments are the ones that get the most money, that give the most opportunities to work, and which attract the most applicants.

Y: Say that you think that they are not attracted to become experts in the English language and literature, but most of them just want to learn how to read and speak English.

M: That is so. I am a hundred percent in agreement with you.

Y: Say that you as a foreigner really do not have a right to comment on matters which are in reality not your business.

M: Oh, no! Absolutely not! We have to be aware of the shortcomings of our system, so that we can overcome them.

Y: Yes. How else could we overcome short-comings except by getting criticism.

M: I see in your proposal that you are an expert in economics.

Y: Deny this (as usual). Say that you have just begun.

M: May I ask your opinion of the package of April 15 which they have just recently announced?

Y: Say that that is exactly what you happen to be studying while you are in Indonesia.

M: Well, what is your opinion in this matter?

Y: Explain how it is: the package in its broad outlines has the function of limiting the import of textiles so that internal production can be competetive.

M: Yes, I have noticed that local industry has undergone a period of weakness, especially the textile industry.

Y: Say that that is why the Indonesian government was forced to take some measures to overcome this problem.

M: What method could be employed to lessen the import of textile materials? According to what I have read in the papers, it is going to be carried out by forbidding the use of merchant letters of credit.

Y: Say if that is the only method that is going to be employed, in your opinion it is not going to succeed. In addition to restricting credit, they have also got to subsidize the import of cotton.

M: Are there any other problems which might arise?

Y: Oh yes. Most certainly there are. If the restriction on the import of textiles is carried out with some energy, clearly smuggling is going to increase accordingly. And this will certainly be another blow for the local textile industry.

M: This is interesting. But excuse me. They are calling my name.

Y: Say good-by and that after he has his interview you all can talk again. You still have lots of things to discuss.

M: Yes, indeed. All right. Bye.

A. BACAAN

Ramai-Ramai Membajak Buku di Manila

Dengan menggunakan dalih berlakunya undang-undang darurat, penerbit-penerbit Filipina sekarang ini sedang beramai-ramai membajak buku-buku *bestseller* dari AS, dari buku-buku seperti *The Joy of Sex* sampai *The God of War*.

Sehingga dengan itu, tidak mustahil bahwa dalam waktu dekat Manila akan menyaingi Taiwan dalam perdagangan besar-besaran buku-buku bajakan.

Pembeli buku di Manila bisa memperolèh *The Joy of Sex* yang bersampul tipis -- minus gambar-gambar yang ada pada buku aslinya -- dengan harga sekitar Rp 550. Atau kira-kira seperempat dari harga aslinya di AS.

Kelanjutan buku itu, *More Joy*, dengan fótó-fótó asli tetapi alat-alat itunya ditutupi, dijual dengan harga sekitar 800 rupiah, sedangkan di AS buku itu dengan harga lebih dari 5.000 rupiah.

[5]Menurut iklan-iklan yang sudah mulai muncul di sana, segera pula akan terbit buku bajakan *Breach of Faith* tulisan Theodore White.

Dr. Gerardo Sicat, dirèktur dari badan pengembangan ékónómi nasiónal Filipina, mengatakan bahwa dengan "kebijaksanaan buku murah" seperti ini, *textbook* yang tadinya tak terbeli karena harganya mahal-mahal, sekarang menjadi barang biasa buat mahasiswa-mahasiswa yang kebanyakan tidak berduit.

Dengan pembajakan-pembajakan yang terjadi sekarang, "kitab suci" mahasiswa Ékónómi, *Economics*, tulisan Dr. Paul Samuelson dapat dibeli dengan harga di bawah seribu rupiah. Sedangkan édisi murah [10]cètakan Jepang saja harganya sudah sekitar 8.500 rupiah di Manila. Dan harga buku aslinya di AS berkisar lima ribu rupiah.

Akibat yang segera terlihat dari sikap pemerintah untuk menutup mata terhadap pembajakan buku-buku yang dilakukan olèh penerbit-penerbit Manila ini, pasaran buku-buku impor jadi merosot hèbat.

Seorang *salesman* dari penerbit internasiónal yang besar (tak mau disebut namanya) mengatakan bahwa dia sekarang tidak lagi keluyuran mendatangi universitas-universitas seperti yang dilakukannya dulu. Dia juga mengatakan, tak hèran kalau sebentar lagi buku-buku bajakan terbitan Manila itu juga akan segera muncul di pasaran negara-negara Asia Tenggara tetangga-tetangga Filipina, meskipun dalam buku bajakan itu jelas-jelas disebutkan, bahwa buku itu dicètak (tanpa ijin penulis atau pencètak aslinya) tidak untuk dièkspor.

[15]Membayar, katanya

Mèmang sudah sejak Marcos mengeluarkan perundangan darurat 1973 buku-buku *textbook* membanjir dari penerbit-penerbit dalam negeri. Akan tetapi munculnya *bestseller* barulah akhir-akhir ini. Dan sejak *bestseller* pertama muncul di rak tókó buku Manila, sampai sekarang

sudah dapat dijumpai sekitar 300 judul, semuanya hasil bajakan.
Hanya tak dapat diketahui berapa jumlah buku yang dicètak.

Impor buku-buku pelajaran untuk sekolah-sekolah menengah turun
menjadi hanya 43.921 dollar AS selama lima bulan tahun ini,
dibanding dengan 131.668 dollar tahun lalu, dan 428.972 dollar
untuk tahun 1973. Demikianlah angka-angka resmi dari Bank Sèntral. [20]

Para pendukung kebijaksanaan buku murah ini membantah bahwa yang
merèka lakukan adalah pembajakan besar-besaran. Merèka menunjuk
pada peraturan, penulis asing yang bukunya diterbitkan secara itu
di Manila akan diberi pembayaran.

Dalam peraturan itu disebutkan bahwa para penerbit dan penulis
yang bukunya dibajak, bolèh mendapatkan tiga persèn dari harga
ècèran buku itu, bila merèka mau datang dan mengambil sendiri
jumlah uang itu di Manila. Dengan keterangan tambahan, bahwa jumlah
uang yang diambil itu harus dalam bentuk mata uang pésos, dan harus [25]
dihabiskan di Filipina.

Karena peraturan yang berbunyi jelas seènaknya itu, Léo Albert,
dirèktur dari Prentice-Hall International dan The International
Trade Committee of the American Association of Publishers, menemui
Marcos untuk memprótès. Karena prótès itu, Marcos setuju untuk
mengadakan perobahan-perobahan. Menurut peraturan yang berlaku
sampai sekarang, penerbit dan penulis yang bukunya dibajak diberi
hak untuk mendapatkan dua persèn dari harga ècèran buku itu di luar
negeri, dan bolèh menarik jumlah uang itu dalam mata uang apa pun,
bila merèka mengajukan permintaan merèka kepada perpustakaan
nasiónal Pilipina duabelas bulan setelah buku itu diterbitkan di
Manila.

Rupanya sebagai konsèsi terhadap perobahan ini, Prentice Hall
kemudian menerbitkan "kitab suci" Marcos-isme, *Democratic*
Revolution in the Philippines, Démókrasi a la Marcos. [30]

Dipotong lagi

Akan tetapi peraturan itupun ternyata tak begitu menguntungkan
merèka yang bukunya dibajak, karena pembayaran yang berhak diterima
olèh penulis atau penerbit kemudian masih harus dipotong pajak 35
persèn.

Di Amérika Serikat, seorang penulis menerima bersih antara
sepuluh sampai 15 persèn dari harga ècèran buku itu di pasaran.
Penerbitnya mengantongi sekitar 40 persèn.

Banyak kalangan penerbit asing di Manila merasa pahit terhadap
peraturan yang katanya sudah diperbaiki itu, karena perobahan yang
dilakukan hampir-hampir tidak menyisakan uang lagi buat penerbit [35]
dan penulis.

Sebagai contoh dikemukakan *textbook Organic Chemistry* édisi
ketiga, olèh profèsor T. Morrison dan Robert N. Boyd, dua mahaguru
universitas New York. Allyn and Bacon Incorporated menerbitkan buku
itu dengan harga 15,95 dolar AS. Sebuah penerbit di Manila mencètak [40]
buku itu lagi dengan harga 35 pesos, atau sekitar 4,55 dolar.

Dari harga buku itu, penerbit dapat mengantongi untung 18 pesos
setiap buka (2,34 dollar) bila buku itu dicètak sekitar 5.000
èksemplar. Sehingga penerbit Manila itu bisa mendapatkan untung
total 11.700 dollar.

Penerbit aslinya serta penulisnya sendiri harus berbagi 31 sèn dollar per buku, dikurangi lagi dengan pajak 35 persèn. Sehingga jumlah akhir tidak akan lebih banyak dari 1.000 dollar, yang harus dibagi antara penerbit dan penulis. Penulisnya dua orang, jadi sisa bagian masih harus dibagi dua lagi!

Disarikan dari Arnold Zeitlin-AP

B. LATIHAN UNTUK BACAAN

I. *Jawablah secara lisan dengan buku tertutup*:

1. Sejak kapan penerbit-penerbit Filipina mulai membajak buku terbitan América? Mula-mula pembajakan itu terbatas apa tidak? Terbatas pada apa? Lalu, untuk apa kebijaksanaan buku murah itu diambil? 2. Bicarakanlah manfaat kebijaksanaan buku murah seperti yang dilakukan di Filipina itu bagi suatu negara yang baru berkembang atau untuk pembangunan nasiónal. Mengapa dapat disangsikan bahwa kebijaksanaan tersebut diambil bukan untuk guna pembangunan nasiónal, melainkan untuk menguntungkan para penerbit buku di Filipina, dan mungkin termasuk juga Sang Présidèn sendiri? Jelaskanlah! 3. Bagaimana buku *Joy of Sex* berbèda dengan buku aslinya? Bagaimana kelanjutan buku itu? 4. Kesimpulan yang dapat kita ambil dari penjelasan yang diberikan olèh Dr. Sicat itu adalah sebagai berikut: seorang mahasiswa yang dulu tidak mampu membeli buku seperti *The Joy of Sex* karena harganya yang mahal sekali, sekarang sudah bisa membeli buku itu. Betulkah demikian? Bicarakanlah! 5. Kebijaksanaan tersebut sudah berakibat bagaimana di pasaran buku Filipina? Lalu bagaimana kelak akibatnya pada pasaran buku di luar Filipina? 6. Bicarakanlah hal adil-tidaknya pembajakan buku. 7. Bagaimana kebijaksanaan tersebut pernah didukung olèh tokoh-tokoh pemerintah Manila? 8. Mengapa Prentice-Hall International mau juga menerbitkan buku própaganda karangan Marcos itu? Ceritakanlah apa yang terjadi! 9. Mengapa penerbit buku asing mengeluhkan perobahan dalam undang-undang yang dilakukan olèh Présidèn Marcos?

II. *Ungkapkanlah kembali kalimat-kalimat berikut dengan mengisi titik-titik yang disediakan*:

1. Penerbit buku di Filipina banyak sekarang yang memanfaatkan berlakunya undang-undang darurat sebagai alasan untuk menerbitkan buku-buku bajakan.
   Penerbit buku-buku bajakan yang banyak ...
   Undang-undang darurat sering ...
   Alasan untuk ...
2. Jumlah buku bajakan yang diperdagangkan di Manila mungkin sekali tidak akan lama lagi menyaingi jumlah buku bajakan yang diperdagangkan di Taiwan.

Perdagangan buku bajakan di Manila ...
Manila ...

3. Untuk membeli *The Joy of Sex* kita hanya harus membayar seperempat dari harga aslinya.
   Harga yang harus ...
   Harga asli ...
   Harga *The Joy of Sex* yang bajakan ...

4. Kebijaksanaan itu memungkinkan *textbook* yang dulu tidak dapat dibeli olèh mahasiswa-mahasiswa karena terlalu mahal, sekarang sudah dapat dibeli.
   Sekarang para mahasiswa ...
   Kebijaksanaan itu menurunkan ... sehingga ...
   Karena adanya ... para mahasiswa ...

5. Karena pemerintah bersikap menutup mata terhadap pembajakan buku, maka jumlah orang yang membeli buku-buku impor sudah kendor sekali.
   Pembelian ... sebab ...
   Sikap ... mengakibatkan ...
   Mengendornya ... disebabkan ...

6. Kalau umpamanya buku seorang penulis dibajak, dia dapat hak untuk menerima dua persèn dari harga ècèran buku itu di luar negeri, asal dia mengirim permohonan kepada Perpustakaan Nasiónal dua belas bulan sesudah buku itu diterbitkan di Manila.
   Dengan syarat ..., seorang penulis yang ...
   Permohonan kepada Perpustakaan ... merupakan ...

7. Tapi orang yang menulis buku yang dibajak di Manila tidak mendapat begitu banyak untung, karena pembayaran yang sepatutnya diterima olèh si penulis itu kena potongan lagi.
   Pemotongan terhadap ... menyebabkan ...
   Penerimaan ... sehingga tidak banyak ...

8. Olèh karena potongan yang dikenakan pada pembayaran, hampir-hampir tidak ada sisa lagi buat penerbit dan penulis.
   Potongan yang ... tidak ... uang ...
   Penerbit dan penulis ... karena pembayarannya ...

III. *Buatlah pernyataan dengan ungkapan-ungkapan berikut*:

tidak mustahil
dijual dengan harga
tak terbeli karena
bajakan
dibajak
cètakan
dicètak

menutup ... terhadap
pasaran
barulah akhir-akhir
mengantongi
menyisakan
alat-alat itunya
menunjuk pada

IV. *Terjemahkanlah ke bahasa Indonesia*:

1. In all likelihood it will not be long before you can buy *The Joy of Sex* at a quarter of the price you would have had to pay for it originally.

2. Manila rivals Taiwan in the number of titles which have been pirated, although it is unknown how many copies of the books have been printed in all.
3. Formerly textbooks were much too expensive for the majority of students, who were quite poor, but thanks to the regulation which allows piracy, they are within easy reach of all but the poorest students.
4. You can buy the "Bible" of economics for less than a thousand rupiahs, whereas the Bible of Marcos-ism is practically free. But the original editions in the United States run to around five thousand rupiahs.
5. As a result of the collapse of the market for imported books, salesmen are not seen regularly on the campuses of universities.
6. Textbooks have been flooding the market since the inception of Martial Law, but the best sellers have just begun to appear.
7. They deny that what they are doing is selling at a price below the retail price in America.
8. A man whose books are pirated should protest if the royalties he receives are less than he has a right to.

C. WAWANCARA

Wawancara dengan Perwakilan Allyn Bacon

INI 8: An interview with a representative of Allyn and Bacon Incorporated by a journalist from Kompas (K). You play the role of the representative (A).

K: We are interested in why it is that in the Philippines books are so much cheaper than they are in America, when in fact you get the very same books in the Philippines as in America.
A: The answer is quite simple: the Philippines has become a center for book piracy which makes Manila Taiwan's closest competitor in pirated books.
K: How is it that the Philippines has been able to get into the book piracy business?
A: The excuse has been Martial Law, as for everything in the Philippines.
K: The best-seller "The Joy of Sex" I hear costs only about 550 rupiahs.
A: True. That is approximately only one-fourth of the original price in the States -- but it is paper-back and is minus the pictures which spice up the original book.
K: But the continuation "More Joy" does have the photos.
A: True, but you-know-what (alat-alat itunya) is covered. This sells for 800 rupiahs while the original ran to 5,000 rupiahs.
K: How can the Philippines regime defend such blatant injustice?
A: This is a regulation which has, not surprisingly, proven quite popular among the Philippine people, for text-books which formerly students could scarcely afford because of their high

prices are now within the reach of ordinary students; and, as you know, students in the Philippines rarely have much money.

K: That is to say, the government has closed its eyes to text-book piracy. This must have had an effect on the book market.

A: Indeed it has. The market for imported books has declined drastically. One of our salesman who used to go around visiting the universities regularly has stopped doing so.

K: I note that it stipulates in each book that it is published not for export.

A: Yes, that is so, but what is to stop book sellers from exporting it? So it certainly will not be surprising if within a short time it will appear on the market in other countries of Southeast Asia.

K: As a former poor student I have a certain sympathy for the practice of piracy of text-books. There is no other way for students from the developing countries to get hold of books, for the governments are not prepared to grant subsides to imported books. On the contrary, they are taxed heavily.

A: Yes, but the piracy has by no means been confined to text-books. In fact the majority of the titles you can find on the shelves of book stores in Manila are, in fact, best-sellers.

K: How many best-sellers have been printed?

A: No one knows how many pirated books have been printed. We only know that since best-sellers first appeared on the shelves of book stores in Manila up to now about 300 titles have appeared. They are all pirated books.

K: The supporters of this cheap book policy deny that what they are doing is big-time piracy. They point to the regulation which requires them to make a payment to the author.

A: But it is meaningless. It is stated in the regulations that he gets three percent of the retail price; what is more, he has to come to the Philippines himself to get it; on top of that, it is in pesos and has to be used up (while he is there).

K: What kind of regulation is this? Haven't the foreign publishers protested?

A: Indeed they have. The president of Prentice Hall International requested a meeting with Marcos, and as a result of this protest, Marcos agreed to some changes in the regulation.

K: In what way were the regulations changed?

A: With the new regulations the author now may receive his money abroad and in any currency he wishes. But this concession was not without its quid pro quo.

K: Of course, Marcos does not grant concessions without getting something in return.

A: Well, I do not think that it was a coincidence that shortly after these concessions were granted Prentice Hall came out with the Bible of Marcos-ism "The Democratic Revolution in the Philippines" or Democracy a la Marcos.

K: Well, at least the authors got a little bit.

A: Don't be too quick to draw conclusions. Marcos is not without his wiles. As it turns out, even this regulation does not bring much benefit to those whose books are pirated.

K: How can that be?

A: Well, the payment to which the author is entitled is subject to

a tax of thirty-five percent. So, with the new regulations there
is nothing left for the author or publisher.

K: How can that be?

A: Well, I won't go into the arithmetic, but as an example I can
give you the textbook on organic chemistry which is widely used
and which made no less than 11,700 dollars for the Philippine
publisher. For the original publisher and author it made a grand
total two dollars and thirty-four cents, to be divided among
them.

K: Now I understand why foreign book publishers are quite bitter.

A: Indeed we are, and thank you for your sympathy. But there is
little that we can do.

A. BACAAN

Bantuan RRC kepada Dunia Ketiga

Meskipun keadaan di dalam negerinya sendiri masih morat-marit, RRC merasa perlu untuk membantu negara-negara berkembang di bidang ékónómi dan tèhnik. Mulai pertengahan dasawarsa limapuluh, dibantunya negara-negara tetangga yang terdekat yakni Móngólia, Kóréa Utara dan Viètnam Utara. Lalu pada dasawarsa berikutnya diperhatikan Aljazair, Tanzania dan Ghana di benua Afrika. Pada giliran selanjutnya datang Kambója, Mesir, Sri Langka, Yaman. Akhirnya barulah Pakistan dan Indónésia sampai kudéta tahun 1965. [5]

Selama berkobarnya révólusi kebudayaan di RRC, bantuannya kepada negara-negara berkembang terpaksa dikurangi dengan drastis. Tetapi mulai tahun 1970 terjadi penggiatan lagi yang mengagumkan dunia, sampai Rusia pada tahun 1972 dalam itu dapat dikalahkannya. Dalam périóde 1970-1974 jumlah bantuan dari Cina menjadi dua kali lipat jika dibandingkan dengan yang périóde 1955-1970.

Dalam 20 tahun terakhir ini seluruh bantuan yang mengalir dari Cina dalam anèka bentuk sudah mencatat nilai yang jika diukur dengan mata uang kita ada sebesar 1.500 milyar rupiah.

Dua alasan memberi bantuan

Willy Wagemans, kolumnis majalah *Onze Wereld* terbitan NOVIB (14 Mèi 1976) menulis demikian: Cina membantu Dunia Ketiga berdasarkan [10] dua alasan. Pertama, Cina membantu bangsa-bangsa di sana supaya berdikari di bidang ékónómi dan tèhnik, hal yang terus saja dihalang-halangi olèh negara-negara imperialis. Keduanya, Dunia Ketiga (RCC sendiri juga termasuk di dalamnya) bersama dengan Dunia Kedua (Éropah Barat dan Jepang) harus membèbaskan diri dari ancaman dari dua raksasa dunia, yakni Amérika Serikat dan Sóvyèt Rusia.

Menurut pandangan Cina, dua imperialis itu tak akan segan-segan menggunakan senjata merèka untuk menghancurkan Dunia Ketiga dan Dunia Kedua jika perlu. Sejak Amérika menderita kekalahan di Asia Tenggara dengan jatuhnya Viètnam Selatan, maka bagi Cina musuh yang terbesar adalah Rusia, yang kini dijulukinya dengan sebutan "imperialis-sósial".

Nilai èfèktif lebih besar

Menurut penilaian Bartke, seorang ahli perkembangan dari Jerman Barat, nilai èfèktif dari bantuan Cina kepada berbagai negara [15] berkembang secara rélatif lebih besar dibandingkan dengan bantuan yang datang dari negara-negara Barat maupun sosialis. Orang Cina sebagai tenaga yang diperbantukan menerima gaji yang sama besarnya dengan yang berlaku setempat. Sebaliknya seorang ahli dari negara Barat, gajinya disesuaikan dengan taraf hidup yang ada di negerinya sana. Masih lagi itu menikmati berbagai fasilitas di samping tak kena tarikan macam-macam pajak.

Ditambahkannya pula bahwa seluruh jumlah bantuan dari Cina kepada Dunia Ketiga selama periode 1955-1975 bukannya hanya 1.500 milyar rupiah, melainkan paling sedikit 25 persen di atasnya. Jika tak dihitung bantuan kepada negara-negara seperti Korea Utara, [20]Vietnam Utara dan Albania, maka Pakistan telah mendapatkan sebanyak 13 persen dari seluruh jatah bantuan berasal Cina.

Tetapi berdasarkan proyek, maka proyek jalan kereta api di Tanzania (proyek Tanzam) tergolong yang terbesar. Hampir 15 persen dari pinjaman Cina kepada luar negeri diinvestasikan di Afrika dengan perincian: sepuluh persen di Tanzania dan lima persen di Zambia. Bagi Cina, proyek Tanzam merupakan proyek prestise karena dengan begitu ingin dibuktikannya bahwa ejekan dari Bank Dunia yang mengatakan bahwa proyek tersebut tak rendabel, benar-benar salah.

Cina ingin menonjolkan kepada dunia umum, bahwa proyek yang diberikan itu lebih cepat selesainya, lebih murah harganya dan tak mengandung ikatan apa-apa. Tentang cepat dan murahnya memang betul, [25]tetapi tentang yang ketiga itu masih banyak fihak yang meragukannya.

Dalam tahun-tahun terakhir ini mengalir bantuan Cina kepada Somali, Sri Langka, Siria, Aljazair dan Suriah dan 30 sampai 40 negara lain di Asia, Afrika dan Amérika Latin. Belum lagi bantuannya kepada gerakan pembebasan seperti PLO yang berpusat di Libanon.

Solidaritas dengan bangsa-bangsa lemah?

Tulis Wagemans lanjut: meskipun bantuan luar negeri yang diberikan oleh Cina sebagian bermotivasikan politik, itu tak benar seluruhnya. Maka sebagian besar bantuannya harus dipandang sebagai suatu bentuk solidaritas dengan bangsa-bangsa yang sedang diperas [30]oleh imperialis sosial dan imperialis kapital. Istilah "bantuan" pun tak pernah dipakai oleh Cina. Cina menyebutnya kerja sama di bidang ekonomi dan politik dengan negara-negara berkembang. Adapun alasannya, bagaimana Cina sebagai suatu negara yang sedang berkembang dapat membantu negara lain yang senasib! Di samping itu, karena pelaksanaannya sangat berlainan dari yang umum berlaku. Negara-negara Barat ataupun sosialis dalam memberikan bantuan [35]masih juga mencari keuntungan, meski persentasenya kecil saja; juga ada ikatan yang tak jelas semulanya. Sebaliknya Cina berpendirian bahwa selama ada keinginan mencari keuntungan, meski hanya sedikit saja, itu tak boleh disebut bantuan apalagi kerjasama. Tentang itu diajukan bukti-bukti sebagai berikut: Dari seluruh kerjasama dengan negara berkembang non-sosialis, dalam periode 1956-1973, 89 persennya berupa pinjaman yang tak menarik bunga sama sekali. Yang sembilan persen direlakan oleh Cina sebagai semacam hadiah dan yang dua persen dikenakan bunga ringan sekali yaitu 2,5 persen. Umumnya jangka waktu mengangsur pinjaman tersebut amat lama dan selalu disesuaikan dengan situasi negara peminjam.

Pemikiran di belakang strategi

Rose Terrill dalam bukunya *800 000,000 The Real China*, Bab 19, "How Do the Chinese See the World?" menguraikan kunci pemikiran Cina mengenai strategi mereka di dunia, demikian: kuncinya bukan pemikiran blok sebagaimana yang dipakai oleh Rusia, melainkan pemikiran front persatuan. [40]

Blok itu seperti tinju kaku yang tugasnya melulu untuk memukul, tetapi front persatuan melambangkan tangan dengan jari-jari yang terbuka. Masing-masing jari masih mempunyai kebebasan untuk menangani tugasnya yang cocok. Dalam blok, partner kerja tak mungkin lain, kecuali negara sesama sosialis, tetapi dalam front persatuan partner dapat dari fihak mana saja.

Sejarah partai komunis Cina jelas menunjukkan itu. Pada tahun 1930 ketika Jepang merupakan target perjuangan, kaum Komunis [45] merangkul kaum Kuomintang, yang kemudian ditentangnya dan ditendang ke Taiwan. Memang kawan kini dapat saja menjadi lawan nanti.

Contoh konkrit tentang perbedaan antara berpikir blok dan berpikir front persatuan masih ada. Chou En-lai berkata kepada Terrill, "Péking merangkul Sihanouk dengan mesra ketika Moskwa mengakui pemerintahan Lon Nol. Sihanouk itu orang baik; dari seorang pangeran, budis, dan pasifis ia menjadi pejuang melawan imperialis, padahal ia bukan seorang marxis,

Sebenarnya, penjelasan yang paling jitu itu adalah yang dari Mao [50] Tse-tung sendiri demikian: anda harus ingat pemain piano. Semua sepuluh jari harus digunakannya untuk mencapai efek yang maksimum. Tetapi ini tak berarti bahwa dalam ketika ia memukulkan jari itu. Seni mainnya justru terletak di sini: bagaimana ia menggunakan jari yang tepat pada saat yang tepat, dalam rangka mengikuti partitur musik!

N. Daldjoeni
Kompas, Juli 1976

B. LATIHAN UNTUK BACAAN

I. *Jawablah secara lisan dengan buku tertutup*:

1. Aneh juga kalau Cina berani membantu negara lain, padahal dia sendiri sedang morat-marit. Bagaimana hal itu mungkin? 2. Apa yang terjadi maka bantuan Cina kepada negara-negara berkembang terpaksa dikurangi secara drastis? 3. Bagaimana reaksi dunia terhadap pemberian bantuan kembali oleh Cina setelah révolusi kebudayaan berhenti? 4. Alasan-alasan apa yang mendorong Cina membantu negara-negara berkembang menurut para pengamat luar negeri? 5. Bahaya apa yang mengancam dunia dari kedua negara raksasa itu? 6. Kenapa Cina hanya menakuti Rusia, padahal Amérika juga adalah saingannya? 7. Apa sebabnya maka pemberian Cina itu dianggap lebih bernilai dibanding dengan pemberian negara-negara Barat walaupun jumlahnya sebenarnya sama? 8. Bandingkanlah cara hidup orang Cina dengan

orang Barat yang sama-sama diperbantukan di negara asing. 9. Bagaimana pandangan Bank Dunia terhadap invèstasi Cina untuk proyèk jalan kerèta api Tanzam? 10. Mengapa dunia luar masih meragukan keikhlasan Cina dalam membantu sesama negara-negara berkembang?   11.   Mengapa   Cina   tidak   menamakan sumbangan-sumbangan   serta   dukungan-dukungannya   itu   sebagai bantuan; toh sifatnya membantu, bukan? 12. Menurut Cina, harus bagai mana pinjaman itu baru bisa dinamakan "bantuan"? 13. Lha di mana letak kebenaran Cina bahwa bantuan merèka sama sekali berbèda dengan yang diberikan olèh negara-negara lain? 14. Apa bèda antara front dan blok menurut keterangan Mao Tse-tung? 15. Apa buktinya bahwa kawan kini bisa jadi lawan di kemudian hari?

II. *Ungkapkanlah kembali kalimat-kalimat berikut dengan mengisi titik-titik yang disediakan*:

1. Meskipun   keadaan   di   dalam   negerinya   sendiri   masih morat-marit, RRC merasa perlu untuk membantu negara-negara berkembang di bidang ékónómi dan tèhnik.
      Sebenarnya RRC mengalami ..., namun keadaan itu tidak menghalanginya ...
2. Selama berkobarnya révólusi kebudayaan di RRC, bantuannya kepada negara-negara berkembang terpaksa dikurangi dengan drastis. Tetapi mulai tahun 1970 terjadi penggiatan lagi yang mengagumkan dunia, sampai Rusia pada tahun 1972 dalam itu dapat dikalahkannya.
      Mèmang bantuan RRC kepada ... akibat dari ...
      Namun negara itu mulai 1970 ...
      Pada tahun 1972 bantuan ...
3. Dalam 20 tahun terakhir ini seluruh bantuan yang mengalir dari Cina dalam anèka bentuk sudah mencapai nilai yang jika diukur dengan mata uang kita ada sebesar 1.500 milyar rupiah.
      Nilai anèka bentuk bantuan dari RRC ...
      Cina memberi bantuan ...
4. Cina membantu bangsa-bangsa di sana supaya berdikari di bidang   ékónómi   dan   tèhnik,   hal   yang   terus   saja dihalang-halangi olèh negara-negara imperialis.
      Usaha menghalang-halangi olèh negara-negara imperialis terhadap   negara-negara   miskin   supaya   ...   membuat Cina ...
      Terdorong olèh hasrat agar bangsa-bangsa yang terhalang olèh negara-negara imperialis dapat berdikari, maka Cina ...
5. Menurut   pandangan   Cina   dua   imperialis   itu   tak   akan segan-segan menggunakan senjata merèka untuk menghancurkan Dunia Ketiga dan Dunia Kedua jika perlu.
      Tiongkok merasa terancam ...
6. Sejak Amérika menderita kekalahan di Asia Tenggara dengan jatuhnya Vietnam Selatan, maka bagi Cina musuh yang terbesar adalah Rusia, yang kini dijulukinya dengan sebutan "imperialis sósial".

Jatuhnya Viètnam Selatan ...
Maka itu Cina berpendapat bahwa meréka tidak lagi ...

7. Nilai èfèktif dari bantuan Cina kepada berbagai negara berkembang secara rélatif lebih besar dibandingkan dengan bantuan yang datang dari negara-negara Barat maupun Sósialis.
   Bantuan berupa uang dari negara-negara baik Barat maupun Sósialis melebihi jumlah yang diberikan oleh Cina, tapi pada hakèkatnya ...

8. Orang Cina sebagai tenaga yang diperbantukan menerima gaji yang sama besarnya dengan yang berlaku setempat. Sebaliknya seorang ahli dari Barat, gajinya disesuaikan dengan taraf hidup yang ada di negerinya sana.
   Gaji yang diterima pegawai Cina yang dipekerjakan di luar negeri tidak ... sedangkan ...
   Taraf hidup tenaga Cina ...

9. Masih lagi orang-orang Barat itu menikmati berbagai fasilitas di samping tak kena tarikan macam-macam pajak.
   Lagi pula fasilitas ...
   Pajak tidak ...

10. Bagi Cina, proyèk Tanzam merupakan proyèk prèstisè karena dengan begitu ingin dibuktikannya bahwa èjèkan dari Bank Dunia yang mengatakan bahwa proyèk tersebut tak rèndabel, benar-benar salah.
    Menurut Bank Dunia proyèk Kerèta Api Tanzam itu tidak pernah akan ...
    Maka itu, Cina berusaha menyelesaikannya dengan ongkos murah supaya ...

11. Cina ingin membuktikan kepada dunia umum, bahwa proyèk yang diberikan itu lebih cepat selesainya, lebih murah harganya dan tak mempunyai ikatan apa-apa.
    Dengan proyèk itu Cina ingin membuktikan bahwa ...
    Próyèk itu diberikan tanpa ...

12. Meskipun bantuan yang diberikan olèh Cina sebagian bermótivasikan politik, itu tidak benar seluruhnya. Maka sebagian besar dari bantuannya harus dipandang sebagai suatu bentuk sólidaritas dengan bangsa-bangsa yang sedang diperas olèh imperialis sósial dan imperialis kapital.
    Tentu saja mótivasi Cina ...
    Namun demikian ...

13. Istilah "bantuan" pun tak pernah dipakai olèh Cina. Cina menyebutnya sebagai kerjasama di bidang ékónómi dan pólitik dengan negara-negara berkembang. Adapun alasannya, bagaimana Cina sebagai suatu negara yang juga sedang berkembang dapat membantu negara lain yang senasib! Di samping itu, karena pelaksanaannya sangat berlainan dari yang umum berlaku.
    Benar juga kalau Cina menamakan bantuannya sebagai kerjasama di bidang ékónómi dan pólitik, sebab ...
    Istilahnya lain karena ...

14. Cina berpendirian bahwa selama ada keinginan mencari keuntungan, meski prosèntasenya kecil saja, itu tak bolèh disebut bantuan apalagi kerja sama.

Menurut Cina, bantuan maupun kerja sama tidak bolèh ...
Asal si pemberi menarik keuntungan ...   ·

15. Blok itu seperti tinju kaku yang tugasnya melulu untuk
    memukul, tetapi front persatuan melambangkan tangan dengan
    jari terbuka.
    Kalau dibandingkan dengan blok, fron persatuan jauh
    lebih ...
    Perbedaan antara blok dan front persatuan ...

16. Dalam blok, partner kerja tak mungkin lain, kecuali negara
    sesama sósialis, tetapi dalam front persatuan partner kerja
    dapat dari pihak mana saja.
    Negara blok hanya bisa ...
    Front persatuan bisa ...

17. Pada tahun 1930 ketika Jepang merupakan targèt perjuangan,
    kaum komunis merangkul kaum kuomintang, yang kemudian
    ditentangnya dan ditendang ke Taiwan. Mèmang kawan kini
    dapat saja menjadi lawan nanti.
    Kaum komunis karena mendapat serangan yang hèbat dari
    Jepang ...
    Hal ini membuktikan bahwa kawan hari ini, kemudian
    hari ...

18. Péking merangkul Sihanouk dengan mesra, ketika Moskwa
    mengakui pemerintahan Lon Nol. Sihanouk itu orang baik;
    dari seorang pangèran, budis dan pasifis, dia menjadi
    pejuang melawan imperialis, padahal ia bukan marxis.
    Biarpun Sihanouk bukan marxis, toh mau juga dia ...
    Sikap Moskwa terhadap Sihanouk ...

III. *Buatlah pernyataan dengan ungkapan-ungkapan berikut:*

morat-marit	lanjut
barulah	kegiatan
berkobarnya	perincian
nilai yang jika diukur	mengangsur
ada sebesar	kunci pemikiran
membèbaskan diri dari	partner kerja
ancaman	negara sesama
nilai èfèktif	berlaku setempat
diperbantukan	paling jitu
kena tarikan	umum berlaku
ingin dibuktikannya	

IV. *Terjemahkanlah ke dalam bahasa Indónésia:*

1. The cultural revolution caused China to curtail her foreign
   aid program drastically, although people have been shaking
   their heads in wonderment that a country which itself is
   still dirt poor can give aid in an amount even greater than
   Russia gave.

2. Last year the Chinese gave twice the amount of aid that
   they had given in the previous decade. They gave more than
   a billion rupiahs in present day currency.

3. The two super powers would have no qualms about using their weapons in order to prevent the third-world countries from becoming self sufficient.
4. Because of the defeat which America suffered with the loss of South Vietnam, China considers Russia to be the greatest menace.
5. Chinese who are sent to work on foreign aid projects are paid at the wage rates which prevail in the countries where they work, whereas the wages of other nationalities are approximately those which they would get back home or more, not to mention the various other advantages which they enjoy, for example freedom from taxation.
6. It is not entirely true that China's aid programs are entirely politically motivated, but there are still plenty of people who doubt that China gives aid entirely without strings attached.
7. The Chinese do not call their aid by the term "aid", but rather call it "cooperative projects" because they do in fact give their aid with absolutely no interest, even of an insignificant amount, and if they make a loan at all, it is always on the easiest terms -- always long-term on conditions which are well-adapted to the conditions in the borrowing country.
8. The Chinese do not form what is called "blocks" but rather "popular fronts". The difference in the two lies in the following: whereas a block can only be formed together with a fellow-socialist country, popular fronts may be formed with anyone at all. The friend of today may become the foe of tomorrow.

C. WAWANCARA

Bantuan Luar Negeri

INI 9: Interview between Drs. Tamsil (T) and Dr. McGregor Jones, an expert on China who happens to be able to speak Indonesian well and is on a visit to Indonesia. You play the role of the good doctor.

T: You are an expert in the field of Chinese politics. I would like to interview you on recent Chinese foreign policy and its influence on the world.
J: I would be happy to answer your questions. What would you like to ask?
T: It is rather strange, sir. Even though they are still desperately poor, the Chinese still feel it incumbent on themselves to help the developing nations.
J: That is true, especially in the economic and technical fields.
T: What influence did the cultural revolution have on their foreign policy?
J: During the time that the Cultural Revolution was in effect in China, their foreign aid program had to be curtailed drastically.

T: How long was this curtailment in effect?

J: Until 1970. Beginning with 1970 they started up again in a manner which surprised the world. In the period 1970-74 the total amount of aid which China gave was double in comparison to the period 1955-70. C: What reasons are impelling them to give foreign aid on such a grand scale?

J: There are two reasons. First is the ideological factor. China wishes to help the countries of the Third World to become self-sufficient in their economy.

T: Oh yes. The communists always have felt that the imperialist nations are impeding this process.

J: Also, another factor is that China fears the threats which the superpowers pose to the whole world.

T: Yes. I have heard that. According to the Chinese view, the two imperialists super-powers would have no qualms about using their weapons to destroy this world.

J: That is really so. China views Russia as an imperialist power as much as America. In fact, China now has given Russia the name "socialist imperialist".

T: Probably after the US suffered their bitter defeat in SE Asia with the fall of Vietnam, China considered Russia as her greatest enemy.

J: That is still speculative, but in all probability you are right.

T: Furthermore, I would like to know a little about the efficiency of Chinese aid. What is your opinion on that subject?

J: Well, without question the total value of the aid which China has given out in its program of foreign aid is much greater than that which either the Western or the Socialist nations have provided.

T: Why should that be?

J: Well, the Chinese have much lower infra-structure costs. For example, Chinese citizens are invariably paid at the local rate whereas Westerners are paid at the wages which prevail in their home countries.

T: This is so. And furthermore, I note that they always enjoy various facilities, and further they are excused from various taxes.

J: In this way we may reckon that the total aid which China has furnished is not only 1,500 billion, but actually at least twenty-five percent more than that.

T: Certainly the biggest project which China has undertaken is the Tan-Zam railroad project in Tanzania. What is China's motive in undertaking this project?

J: I believe that this is mainly a matter of prestige. According to their own statement, they wish to show that they can undertake projects more cheaply, quickly, and without any strings attached.

T: I have read a statement from the World Bank that this project is completely uneconomical.

J: That is one of their points. They wish to prove this to be false.

T: In your opinion are they completely sincere in their boasts?

J: Well, I do believe that they can give aid more efficiently than is possible for countries from other parts of the world, but I am still very much in doubt about whether or not China has ulterior motives with her aid.

T: What is your opinion? Do you think that this aid is entirely politically motivated, or is it motivated by a feeling of solidarity with other oppressed nations?

J: I certainly do think that their motivation is not entirely political. They don't call it aid, you know, but rather economic and political cooperation with the developing nations.

T: But certainly China derives benefits from her aid, just like the Western powers.

J: That is the difference between aid from Western nations and Chinese aid. China feels that as long as there is the desire for profit, small though it might be, it cannot be called aid, much less cooperation.

T: Can this be proven?

J: The proof is in this: in the period 1956-73 her total foreign aid to developing nations of the non-socialist world was eighty-nine percent in the form of interest-free loans. Another nine percent was a gift, free and clear.

T: So there is interest on only two percent.

J: Yes. What's more, the interest is very small, and in general the time to repay the loan is very long and always arranged according to the situation which prevails in the borrowing nation.

T: China often speaks of a "front" as opposed to a "block". What does this mean?

J: That is true. China attempts to form a united front, whereas Russia forms a block. In a front, the members of the front can be obtained from anywhere, but in a block, the members of the block can be nothing but other socialist nations.

T: Just as it was back in 1930, when the Communists joined up with the Kuomintang.

J: Which the communists opposed and kicked out to Taiwan! Truly, today's friend can be tomorrow's enemy.

T: Maybe you know, sir, Mao Tse-tung's famous simile, in which he says that a nation is like a piano player. All ten fingers have to be used to attain the maximum effect, but this does not mean that all ten fingers have to be used at the same moment, or all at one time.

J: Yes, there is an art to playing. He said, "The right finger has to be used for the right job, at the right time, in time with the song and the rhythm of the music."

T: Thank you, sir for your willingness to answer my questions. From this interview I have obtained a better knowledge of matters concerning China.

J: Thank you.

A. BACAAN

Daya Tarik Kota Besar

Meskipun merèka miskin, para migran ke kota pada umumnya
bernasib lebih baik daripada ketika merèka masih berada di daèrah
pedèsaan: pendapatan merèka dilaporkan meningkat dua-pertiga (Tabèl
2). Di tahun 1971, sebelum beberapa kebijaksanaan pemerintah
mempengaruhi pendapatan dua kelompok utama, laporan pendapatan para
migran nyaris berganda. Mèmang diakui bahwa sejumlah biaya hidup di
kota besar adalah lebih tinggi, terutama pada pos transpor.
(Nampaknya perumahan hanya mengambil pendapatan sehari atau dua
5 hari, menurut Tabèl 1. Di kota, biaya makanan diperkirakan agak
tinggi, sedangkan biaya sandang agak rendah.) Tetapi laporan
obyèktif dari pendapatan rata-rata di kota tetap lebih tinggi
daripada pendapatan di pedèsaan.

Rangsangan migrasi semakin kuat sebab di kalangan penduduk
miskin dalam semua bidang pekerjaan terdapat orang-orang yang
berhasil. Bahkan pun beberapa pengumpul puntung dan kertas buangan
yang mewakili kelompok pendatang paling bawah dilaporkan mempunyai
pendapatan maksimum lebih dari Rp 400 per hari. Bagi semua kategori
di dalam sampel (kecuali bagi penyemir sepatu yang sebagian
besarnya masih berumur belasan) setidak-tidaknya satu orang
10 melaporkan mempunyai pendapatan Rp 400 sehari. Itu akan memberi
merèka pendapatan tahunan kira-kira tiga kali lipat daripada
pendapatan merèka sebelum migrasi.

Perbèdaan-perbèdaan sesungguhnya mungkin jauh lebih besar
daripada perbèdaan-perbèdaan yang dilaporkan, sebab banyak migran
dalam tèst awal yang kemungkinan lupa akan pendapatan merèka
sebelumnya di dèsa. Menurut suatu studi pedèsaan, D. Penny dan M.
Singarimbun, "Penelitian Kasus Kemiskinan Pedèsaan", *Bulletin of
Indonesian Economic Studies*, Maret 1972, rata-rata upah harian di
tahun 1967-1970 di daèrah dekat Yogyakarta yang disurvéi hanya
15 sebesar Rp 30. Dua-pertiga dari rèspondèn bekerja kurang dari 80
hari dalam 180 hari. Bila merèka yang dijadikan sampel mendapatkan
pekerjaan sebanyak itu selama sisa tahun, maka pendapatan merèka
dalam setahun akan kurang dari Rp 5.000. Mungkin benar bahwa lebih
banyak anggota keluarga yang bisa memperolèh pekerjaan dan
pendapatan di pedèsaan daripada di kota-kota besar, namun pelbagai
pekerjaan sambilan di kota-kota besar, misalnya menyemir sepatu,
memperolèh bayaran yang jauh lebih baik. Tak bisa dibantah bahwa
umumnya banyak barang dan jasa yang lebih murah di dèsa, meskipun
20 harga beras di Yogyakarta hampir sama saja dengan yang di Jakarta,
tetapi ini tidaklah mempengaruhi perbèdaan pendapatan. Untuk
mendapatkan gambaran beratnya tekanan ékónómis yang menimbulkan
urbanisasi, kita hanya perlu membandingkan gaji harian pencari
nafkah utama di kalangan penduduk miskin di pedèsaan yang
katakanlah Rp 40 (dengan memperhitungkan sekian kenaikan harga ara

thun-tahun 1976-1970 dan 1972) dengan pencari nafkah utama di
kalangan penduduk miskin di kota yang Rp 250, atau perkiraan
pendapatan tahunan penduduk miskin pedèsaan yang Rp 5.600 dengan
yang Rp 75.000 bagi penduduk miskin di kota bocar.

Lapangan pekerjaan lebih banyak tersedia di kota. Kenyataan yang
menarik ialah bahwa hampir seperlima dari penduduk kota yang
disaring sekenanya dalam survéi berskalapenuh bekerja bagi
pemerintah, hampir separuhnya di bidang perdagangan dan jasa, [25]
sementara dua kelompok lainnya ialah pekerja bangunan dan buruh.
Bidang industri dan domèstik bukanlah penampung tenaga kerja yang
besar di tahun 1972. Begitu industri berkembang dan jumlah kepala
rumah tangga yang berpendapatan lebih tinggi berkembang,
pekerjaan-pekerjaan tambahanpun akan tersedia sehingga daya tarik
kota juga semakin meningkat, kecuali jika pendapatan di pedèsaan
turut meningkat dengan kepesatan yang sebanding.

Ringkasnya, tanpa berhitung dengan pendapatan yang mutlak rendah
dari penduduk miskin di kota, pendapatan rata-rata dari para migran
jauh lebih tinggi daripada pendapatan penduduk miskin di pedèsaan,
dan di samping itu para migran punya kesempatan yang wajar bahwa
pendapatan mereka akan menjadi jauh lebih tinggi. Bagi bujangan
dengan pendapatan yang rélatif mantap serta bagi pelacur, [30]
pendapatan sudah cukup tinggi menurut ukuran orang Indónésia.
Seperti diutarakan olèh seorang pengumpul puntung, "Di dèsa saya
sering lapar. Tapi di sini, saya selalu bisa mengisi perut."
Jelaslah bahwa rangsangan ékónómi langsung bagi terciptanya
urbanisasi mèmang sangat kuat.

Tentu saja kota masih memiliki sekian daya tarik lagi. Lepas
dari apa yang disebut lampu-lampu gemerlapan, hiburan-hiburan dan
sebagainya, masih ada lagi kemungkinan pendidikan yang lebih baik
bagi anak-anak. Hampir dua-pertiga dari mereka yang diwawancarai
memasukkan anak-anaknya ke berbagai sekolah. Olèh karena sejumlah
rèspondèn tidak mempunyai anak yang sudah mencapai usia sekolah, [35]
persèntase tersebut jauh lebih tinggi dibanding persèntase
keseluruhan di Indónésia, dan sesungguhnya persèntase ini agak luar
biasa bagi penduduk miskin. (Ada 32 juta anak-anak yang berumur
antara 5-14 tahun di Indónésia di tahun 1971, namun hanya 15 juta
yang berada di bangku-bangku sekolah dasar sampai menengah.)
Tambahan pula, sekolah-sekolah di Jakarta biasanya dinilai yang
terbaik di seluruh Indónésia.

Prisma, Februari 1976
Halaman 66

B. LATIHAN UNTUK BACAAN

I. *Jawablah secara lisan dengan buku tertutup*:

1. Mengapa para migran ke kota dikatakan bernasib baik,
padahal mereka masih miskin? 2. Apa akibat dari beberapa
kebijaksanaan yang diambil pemerintah sejak tahun 1971? 3.
Biaya hidup di kota besar lebih tinggi daripada di dèsa. Pada

khususnya apa yang menyebabkan keadaan yang begitu? 4. Apa akibat dari berhasilnya migrasi ke kota terhadap orang-orang miskin yang masih tinggal di dèsa? 5. Cobalah ceritakan sedikit dengan kata-katamu sendiri tentang hasil studi pedèsaan yang diadakan di daèrah dekat Yogyakarta! 6. Katanya lebih mudah dapat pekerjaan di dèsa, tapi mana yang lebih menguntungkan? Kenapa? 7. Ada perbèdaan harga antara dèsa dan kota. Misalnya jenis barang apa saja? Apakah ada pengaruhnya terhadap perbèdaan pendapatan? 8. Berikanlah sedikit gambaran sebenarnya mengenai ékónómi yang mendesak urbanisasi! 9. Dalam survéi tentang penghidupan penduduk kota itu bagaimana caranya memilih rèspondèn? Kenyataan apa yang muncul? 10. Dengan meluasnya kesempatan untuk bekerja, daya tarik kota juga semakin meningkat. Tindakan apa yang harus diambil pemerintah supaya daya tarik kota itu tidak meningkat terus? 11. Mengapa orang yang sudah mantap pekerjaannya bolèh dikatakan tidak puas? 12. Apa saja daya tarik kota yang memikat orang-orang dari pedèsaan? 13. Rangsangan apa yang paling kuat menciptakan urbanisasi? 14. Bagaimana kesempatan untuk bersekolah dibandingkan dengan kota besar? Lalu pada tempatnya bagaimana persekolahan anak dèsa dibandingkan dengan anak Jakarta?

II. *Ungkapkanlah kembali kalimat-kalimat berikut dengan mengisi titik-titik yang disediakan:*

1. Dilaporkan bahwa pendapatan migran ke kota lebih tinggi dibandingkan sewaktu masih di dèsa. Jadi nasib migran ke kota umumnya lebih baik, biarpun mereka miskin.
   Biasanya, migran ...
   Meskipun mereka miskin, ... karena ...
2. Ada beberapa kebijaksanaan pemerintah yang mempengaruhi pendapatan kedua kelompok utama. Padahal sebelum peraturan ini keluar, pendapatan para migran nyaris berganda.
   Sebelum pemerintah ...
   Pendapatan kedua kelompok utama ...
3. Rangsangan migrasi semakin kuat sebab di kalangan penduduk miskin terdapat orang-orang yang berhasil.
   Karena banyak penduduk miskin yang berhasil, maka migrasi ...
   Berhasilnya kalangan penduduk miskin di kota menyebabkan ...
   Banyak orang-orang yang berhasil di kota membuat ...
4. Anggota keluarga lebih mudah memperolèh pekerjaan di dèsa daripada di kota, tetapi di kota orang bisa mendapat pelbagai sambilan dengan mudah.
   Kalau dibandingkan dengan kota, dèsa lebih banyak ...
   Namun demikian, di kota orang miskin lebih baik pendapatannya, karena ...
5. Kenyataan yang menarik ialah bahwa seperlima dari penduduk kota yang disaring sekenanya bekerja bagi pemerintah.
   Kenyataan bahwa ...
   Pemerintah adalah ...

6. Umumnya banyak barang dan jasa yang lebih murah di dèsa. Harga beras di Yogyakarta dan Jakarta kadang-kadang sama. Semuanya ini tidak mempengaruhi perbèdaan pendapatan.
   Meskipun biaya hidup ...
7. Bidang industri dan domèstik bukanlah penampung tenaga kerja yang besar di tahun 1972.
   Di tahun 1972 bidang industri sedikit saja ...
   Tenaga kerja tidak banyak yang ...
8. Begitu industri berkembang dan jumlah kepala rumah tangga yang berpendapatan tinggi berkembang, pekerjaan-pekerjaan tambahanpun semakin meningkat, sehingga daya tarik kota juga meningkat.
   Kecuali jika di pedèsaan pendapatan turut meningkat dengan kecepatan yang sebanding, perkembangan industri ...
   Daya tarik kota semakin meningkat akibat ...
   Kalau pendapatan orang dèsa tidak ...
9. Pendapatan para bujangan di Jakarta sudah cukup tinggi untuk ukuran Indónésia.
   Ukuran pendapatan ini ...
10. Yang paring kuat menciptakan urbanisasi ialah rangsangan ékónómi langsung.
    Rangsangan ékónómi langsunglah ...
    Terciptanya urbanisasi ...
11. Kota memiliki sekian daya tarik. Lepas dari lampu-lampu gemerlapan, hiburan-hiburan dan sebagainya, juga kemungkinan pendidikan yang lebih baik bagi anak-anak.
    Baik hiburan, lampu-lampu gemerlapan dan sebagainya, maupun ...
    Orang dèsa banyak yang tertarik ke kota akibat ...
12. Olèh karena sejumlah rèspondèn belum mempunyai anak yang sudah mencapai usia sekolah, persèntase tersebut jauh lebih tinggi dibanding persèntase keseluruhan di Indónésia.
    Karena banyaknya ... maka ...
    Persèntase anak yang diberi kesempatan bersekolah ...

III. *Buatlah pernyataan dengan ungkapan-ungkapan berikut:*

begitu ... pun ...	rangsangan ékónómis
nyaris berganda	bersamaan dengan
nampaknya	disaring sekenanya
setidak-tidaknya	bahkan ... pun ...
kepesatan yang sebanding	kenyataannya
pekerjaan tambahan	sekian banyak
biarpun ... namun ...	lepas dari
terciptanya	tambahan pula

IV. *Terjemahkanlah ke dalam bahasa Indónésia:*

1. The success which some of the migrants to the city have is a factor in attracting large numbers of poor villagers to the urban areas.

2. It is clear that the price of goods and services is far higher in urban areas; nevertheless, even taking into account the higher prices, urban migrants earn more than they did at the time they lived in rural areas.
3. In short, the full-scale survey indicates that there indeed are more jobs available in urban areas.
4. Two-thirds of the people in the sample reported an increase of almost 100 percent a year after they had migrated.
5. Certainly big cities offer more than just glamor, modern amenities and better income; the best schools and universities of the nation are located there.

C. WAWANCARA

Daya Tarik Kota Besar

INI 10: This is an interview between you (Y) and a certain Pak Hartono (H) from HUMAS (Hubungan Masyarakat), who can give you some information on this subject.

Y: Tell Pak Hartono that you would like to obtain some information about the life of the poor people in Jakarta. For example, why they are drawn to the city despite the fact that it is full of trials and tribulations.
H: He says that is rather difficult to answer your question. He says that based on research which has been carried out, it is clear that the poor people apparently feel better off (more prosperous) after they get to the city, even though they continue to live rather poorly.
Y: Say that you think that that sounds strange. Ask about what research has discovered about the income of poor people. Can they live in Jakarta, a city which is full of problems and economic pressures?
H: He says for you to see for yourself. After they have arrived in the city, their income rises by two thirds. In 1971, before certain governmental decrees were passed down, their income nearly doubled.
Y: You say that however this may be, although their income could be called greater, it still is not proportionate to the cost of living in Jakarta.
H: Yes, the cost of living in the city is very much higher, but objectively, their income in the city is on the average far higher than in the country.
Y: Say that apparently from year to year the flow of urbani zation grows ever more rapidly. Ask if it is because income has been rising or if there are other contributing factors.
H: Yes, it is this way because many of them are successful after they get to the city. Imagine, even by gathering butts and scraps of papers they may obtain as much as 400 rupiahs a day. Their annual income can reach three times their income prior to migration. This is what makes them all the more desirous of migrating.

Y: Say that you have seen research results of village studies in the area of Yogya. According to these reports, the average daily wage in the years 1967-1970 was as much as thirty rupiahs.

H: My! That is very low!

Y: And further, that is not all. Actually for a family it is easier to find work in the country, for example, by farming together. In fact they might be able to attain an income like the one in town. Why, then, is there that tendency to move to the city?

H: Because in the city they can get all sorts of extra jobs, which can give them a better wage. I: Say there is another fact which has to be considered. A lot of goods and services are, on the whole, a great deal cheaper in rural areas. For example, rice, vegetables, fruits, and the like. Say that this also influences the divergence in income.

H: He says that it is not all that influential. To make a long story short: just compare the wages of a wage earner in the village, which, let's say, is at the least forty rupiahs where as in the city it is 250. So that if we compare the annual wage it is 5,600 versus 75,000. Clearly, it is much better in the city, especially since sometimes the costs are exactly the same in rural areas and in the city.

Y: Say that you know that there are numerous opportunities for work in the city. Say that you would like to have a picture of the spread of jobs among the inhabitants of Jakarta. What sorts of jobs do people work at the most?

H: Yes, that really is interesting, because from the results of the survey, almost half of the jobs are in the field of trade and services.

Y: Say that apparently the industrial and domestic fields do not absorb a large portion of labor force.

H: That is not the case. Because as industry develops, at the same time the number of people with a good income rises and sidelines become available, increasing the opportunities. This is what makes the city become ever more attractive.

Y: Say that that is true. But also, unless income in the city and in the rural areas does not grow at an equal rate, the flow of urbanization will not decrease. Ask if there are any other advantages which the city poor have over the country poor.

H: Yes, there are. What is clear is that the income of migrants is very much higher than the poor people in the country. Further, migrants have the opportunity to increase their income even more.

Y: Say that you once met with a gatherer of cigarette butts. He said that he went hungry back home, but here he could always fill his stomach. Say that apparently it is this kind of economic stimulation which causes urbanization to be achieved more quickly.

H: True, that is the thing. For by Indonesian standards, the income of a single person in the city is already satisfactory.

Y: Say that the facts show that there are so many attractions in the city. Not only are the amusements, bright lights, and the like attractive but, what is most basic, the problem of

schooling. In general they get a better chance to educate their
children in the city. Ask what program the government has set up
to overcome this situation.

H: That is the rub. The problems of education are really very basic
as well. Especially since in the public mind, the schools in
Jakarta are considered the best in all Indonesia. This really is
a problem.

Y: Say that you think that the thing the government should do would
be to raise the standards of rural education. Then thank Pak
Hartono for his willingness to submit to questioning.

H: And I thank you too for your interest in the problems which face
Indonesia.

A. BACAAN

Perbatasan Malaysia Muangthai

Akhirnya pasukan keamanan Malaysia ditarik dari Betong, sebuah kota kecil Muangthai pada perbatasannya dengan Malaysia. Mereka ini sekarang ditempatkan di kota kecil Kroh dalam wilayah Malaysia, yang berhadapan letaknya dengan Betong.

Kedua kota itu dihubungkan satu sama lain dengan jalan beraspal yang lebarnya kurang lebih empat meter, menembus pegunungan berhutan belantara di perbatasan Malaysia-Muangthai, yang sudah lama dijadikan kubu-kubu gerilyawan komunis.

Untuk memberantas gerilyawan komunis yang jumlahnya lebih kurang tiga ribu orang itulah, dua belas tahun yang lalu diadakan[5] perjanjian perbatasan Malaysia-Muangthai. Sesuai dengan persetujuan ini, diadakan óperasi bersama, penempatan pasukan keamanan Malaysia di Betong yang jumlahnya sekitar tiga ratus orang, dan pasukan keamanan kedua belah pihak bisa melakukan pengejaran terhadap gerilyawan melèwati perbatasan masing-masing negara.

Penarikan pasukan keamanan Malaysia dari Betong hari Minggu yang lalu itu adalah akibat tekanan-tekanan démonstrasi penduduk Betong, yang menuduh pasukan Malaysia melakukan pemboman dan penèmbakan terhadap rumah-rumah penduduk biasa, dalam usaha meréka mengejar para gerilyawan komunis. Peristiwa ini katanya terjadi tanggal 17 April yang lalu.

Meskipun pihak Malaysia menolak tuduhan itu, tetapi penduduk Betong tetap menuntut, agar penarikan pasukan Malaysia dilakukan paling lambat tanggal 6 Juni.

Meskipun menurut rencana akan diadakan perjanjian perbatasan yang baru antara kedua negara, tetapi kecil sekalilah kemungkinannya bahwa Muangthai akan mengijinkan lagi penempatan[10] pasukan keamanan Malaysia di wilayahnya.

Jelas, prihatinlah Malaysia karena terpaksa menarik pasukan keamanannya dari Betong itu. Keprihatinan itu disuarakan antara lain olèh Mentri Dalam Negeri Malaysia Tan Sri Ghazali Shafie dan Brigjèn Jaafar Onn, panglima Brigade Infantri II, yang bertanggung jawab atas keamanan di wilayah Kroh dan wilayah-wilayah lainnya seputar Betong.

Tan Sri Ghazali mengemukakan, ia khawatir akan terjadinya dominasi komunis di wilayah Betong, kalau pasukan Muangthai tidak dikerahkan untuk menggantikan pasukan keamanan Malaysia. Dan Brigjèn Jaafar Onn memperkirakan, bahwa kegiatan gerilya komunis di wilayah Betong akan lebih terorganisir dan lebih bernafsu perang.

Dilihat dari sudut Malaysia, nampaknya Muangthai tidak mempunyai[15] perhatian terhadap bahaya komunis di wilayahnya bagian tenggara. Padahal bagi Malaysia, terbèbasnya daèrah itu dari para gerilyawan komunis merupakan syarat mutlak berhasilnya usaha pembinaan keamanan di dalam negerinya.

Bagi Muangthai, rupanya perlawanan terhadap gerilyawan Muslim di wilayahnya sebelah selatanlah yang dianggap lebih penting.

Perbèdaan sudut pandangan itu tercermin juga dalam berita-berita
sekitar kunjungan Menlu Muangthai Bichai Rattakul ke Kuala Lumpur
bulan yang lalu. Menurut berita ini, Bichai mengusulkan sebagai
berikut dalam rangka persetujuan perbatasan yang baru: baik pasukan
Malaysia maupun Muangthai bolèh melakukan pengejaran terhadap para
gerilyawan melèwati perbatasan negara tetangganya sampai sejauh
sepuluh mil. Tetapi ia menginginkan agar pengejaran itu dibatasi
[20]sampai daèrah-daèrah sekitar própinsi Narathiwat di Muangthai
Selatan, dan sekitar Kelantan di Malaysia.
 Dengan demikian, kata berita *Reuter* tersebut, pasukan-pasukan
Malaysia akan dapat mengejar gerilyawan komunis yang berópèrasi di
wilayah Kelantan dengan basisnya di própinsi Narathiwat, sedangkan
pasukan-pasukan Muangthai dapat mengejar gerilyawan-gerilyawan
Muslim dari Muangthai Selatan yang lari ke Kelantan.
 Meskipun sampai taraf sekarang ini sulit nampaknya memadukan
sudut pandangan kedua belah pihak, namun kita harapkan mereka akan
berusaha terus mencari pendekatan. Mungkin negara-negara anggota
Asèan lainnya dapat memberikan jasa-jasa baiknya pula.

Kompas, 9 Juni 1976

B. LATIHAN UNTUK BACAAN

I. *Jawablah secara lisan dengan buku tertutup*:

1. Mengapa Kroh dijadikan tempat penempatan pasukan keamanan
Malaysia yang di tarik dari Betong? Dan mengapa pula pasukan
keamanan Malaysia ditarik mundur? 2. Mengapa daèrah perbatasan
Malaysia layak dijadikan kubu-kubu gerilyawan komunis? 3.
Mengapa sejak 12 tahun yang lalu pasukan keamanan Malaysia
ditempatkan di wilayah Muangthai? 4. Tindakan apa saja yang
diambil supaya baik pasukan Malaysia maupun pasukan Thai bisa
seènaknya mengejar gerilyawan di kubu-kubunya. 5. Apa yang
terjadi maka pasukan Malaysia terpaksa ditarik dari wilayah
Muangthai? 6. Bagaimana bisa terjadi hal yang semacam itu?
Apakah diakui olèh pemerintah Malaysia? 7. Bagaimana hari
depan tentara-tentara Malaysia yang ingin pulang ke Betong
menemui bininya yang masih tertinggal di sana? 8. Bagaimana
sikap Brigjèn Jaafar Onn dan tokoh-tokoh lain yang bertanggung
jawab atas keamanan di wilayah perbatasan itu terhadap
penarikan pasukan Malaysia dari wilayah Muangthai? 9.
Bagaimana perkiraan Brigjèn Onn mengenai hari depan keamanan
di daèrah itu. 10. Apa yang diusulkan olèh Tan Sri Ghazali
supaya keamanan daèrah itu masih dapat dijamin? 11. Apakah
keamanan wilayah perbatasan itu hanya menyangkut wilayah itu
saja? 12. Bagaimana perbèdaan antara kepentingan negara
Muangthai dengan kepentingan Malaysia? Apa yang dipentingkan
olèh Muangthai, dan mengapa itu tidak dipeduli kan Malaysia?
13. Mengapa kira-kira pihak Muangthai menginginkan agar
óperasi terhadap gerilyawan dibatasi pada própinsi Narathiwat
saja, sedangkan pihak Malaysia menginginkan agar dapat

beróperasi di seluruh wilayah pada perbatasan itu? 14. Rupanya ada dua macam gerilyawan yang beróperasi di Muangthai selatan. Betul apa tidak? 15. Apa usul redaksi *Kompas* agar persoalan perselisihan pendapat ini dapat dipecahkan?

II. *Ungkapkanlah kembali kalimat-kalimat berikut dengan mengisi titik-titik yang disediakan*:

1. Kota Kroh terletak pada perbatasan Muangthai. Kota Muangthai yang menghadap Kroh ialah Betong.
   Jadi, Kroh letaknya...
2. Kedua kota itu dihubungkan satu sama lain dengan jalan beraspal yang lebarnya kurang lebih empat mèter.
   Jalan beraspal yang lebarnya kurang lebih empat mèter...
   Hubungan antara kedua kota itu...
3. Sesuai dengan persetujuan ini diadakanlah óperasi bersama penempatan pasukan keamanan Malaysia di Betong yang jumlahnya sekitar 300 orang.
   Menurut persetujuan yang dicapai, pasukan keamanan Malaysia...
4. Pasukan keamanan kedua belah pihak bisa melakukan pengejaran terhadap gerilyawan melèwati perbatasan masing-masing negara.
   Supaya gerilyawan dapat dengan mudah...
   Perbatasan masing-masing negara...
5. Penarikan pasukan keamanan Malaysia dari Betong hari Minggu yang lalu itu adalah akibat tekanan-tekanan demonstrasi penduduk Betong, yang menuduh pasukan Malaysia melakukan pemboman dan penèmbakan terhadap rumah-rumah penduduk biasa, dalam usaha mereka mengejar para gerilyawan komunis.
   Penduduk Betong berdémonstrasi menuntut supaya...
   Akibat dari usaha pasukan Malaysia mengejar para gerilyawan komunis, banyak rumah di Betong yang hancur...
6. Kecil sekalilah kemungkinannya Muangthai akan mengijinkan lagi penempatan pasukan keamanan Malaysia di wilayahnya.
   Tidak mungkin pasukan keamanan Malaysia akan dapat...
7. Tan Sri Ghazali mengemukakan, ia khawatir akan terjadi dóminasi komunis di wilayah Betong kalau pasukan Muangthai tidak dikerahkan untuk menggantikan pasukan keamanan Malaysia.
   Tan Sri Ghazali khawatir bahwa gerilyawan komunis dapat...
   Pasukan keamanan Malaysia harus...supaya gerilyawan komunis tidak...
8. Nampaknya Muangthai tidak mempunyai perhatian terhadap bahaya komunis di wilayahnya bagian tenggara. Padahal bagi Malaysia, terbèbasnya daèrah itu dari para gerilyawan komunis merupakan syarat mutlak berhasilnya usaha pembinaan keamanan di dalam negerinya.

Nampaknya bahaya komunis di wilayah bagian tenggara
Muangthai tidak...
Padahal keamanan dalam negeri Malaysia sama sekali tidak
dapat...kalau...

9. Bagi Muangthai rupanya perlawanan terhadap gerilyawan
Muslim di wilayahnya sebelah selatanlah yang dianggap lebih
penting.
Yang dipentingkan olèh pemerintah Muangthai adalah
usahanya untuk...
Perlawanan terhadap gerilyawan Muslim yang di...

10. Perbèdaan sudut pandangan itu tercermin juga dalam
berita-berita sekitar kunjungan Menlu Muangthai ke Kuala
Lumpur bulan yang lalu.
Berita-berita sekitar kunjungan Menlu Muangthai ke
Kuala Lumpur bulan yang lalu memperlihatkan bahwa...

III. *Buatlah pernyataan dengan ungkapan-ungkapan berikut*:

berhadapan letaknya	agar penarikan dilakukan
dihubungkan	kecil kemungkinannya
dihubungi	menyuarakan keprihatinan
jalan yang panjangnya	bertanggung jawab atas
orang yang tingginya	dianggap lebih penting
kedua belah pihak	akibat tekanan-tekanan
dijadikan	pembatasan pengejaran
melakukan pengejaran	memadukan sudut pandangan
sampai sejauh	dalam rangka persetujuan
memperkirakan	terbèbasnya
merupakan syarat mutlak	

IV. *Terjemahkanlah ke dalam bahasa Indónésia*:

1. Malaysian security forces have been withdrawn from the town
of Betong situated on Thai territory on the border of
Malaysia.
2. The guerrillas have long used the mountains covered with
dense jungle growth on the border between Malaysia and
Thailand as a base for their operations.
3. The purpose of the border agreement which was implemented
twelve years ago was to allow troops to cross the border
freely in order to pursue the guerrillas.
4. The Malaysian forces which are stationed near Betong were
accused by the residents of that town of having bombarded
their town in operations aimed at the guerillas.
5. It is very doubtful that the Thais will permit Malaysian
forces to be stationed in this region again.
6. Unless the Thai government assigns forces to replace the
Malaysian troops which were withdrawn from the border
region, it is unlikely that internal security can be
achieved by Malaysia, for it is a necessary condition for
internal security that the border regions be free of
communist influence.

7. The Malaysian government puts more importance to the communist threat than to the Muslim insurgents from Thailand which operate freely over the borders in Malaysia.
8. The news reports about the new border agreement clearly reflect the divergence in the points of view held by the two countries.
9. We hope that the two parties can find a way of narrowing the differences in their points of view.

C. WAWANCARA

Perbatasan Malaysia Muangthai

INI 11: Mr. Thomas (T) and General Abdul Fatah (F) discuss the frontier between Malaysia and Thailand. You are Thomas.

T: Ask General Fatah about the skirmishes which have been fought in the area of Betong and Kroh. Ask if it is true that Malaysian security forces have been removed from Betong.

A: Actually I am not allowed to discuss matters of this sort with journalists, but just for your information, I will do so. Yes, what was broadcast is true: the Malaysian forces have been withdrawn and are now stationed in Kroh. This city is located directly across the border from Betong.

T: Ask about the connections between the two towns. Ask if it is not possible for infringements to take place because they are located very close to one another.

A: True. Both cities are located in the mountains which are covered with the forests and are joined by a black-top road four meters wide. But we do not expect any violations because we have forestalled them.

T: Say that you are still confused. How did this all start in the beginning? How has it come about that the Malaysian forces were allowed to enter Thailand? Was that not considered an infringement of Thai sovereignty?

A: Well, first it was like this: in the border regions there were communist guerillas around three thousand strong. In order to stamp out the guerillas we made an agreement to carry out joint operations. The Malaysian forces were stationed in Betong.

T: Say that you have also heard that according to that agreement the forces of both countries can cross each other's borders in their pursuit of the guerillas. So why did they withdraw their forces from Malaysia last week? Was there some violation of the agreement between the two sides?

A: Oh, no. It is not a matter of border violations or failure to meet agreements, but because of the pressure of the demonstrations in Betong. They accused our forces of carrying out bombings and shootings at the houses of the inhabitants at the time we were pursuing the guerillas.

T: Oh, so that is the case! Ask what the reaction of the Malaysian government was to these accusations. Why did they withdraw their forces immediately?

A: To be frank, we have rejected those accusations. But because the inhabitants of Betong continued to press their demands, we had to put this withdrawal into effect. We are very concerned about this matter, and this has already been expressed by Mr. Tan Sri Ghazali and Brigadier General Jaafar Onn.

T: Well, are there steps which both governments will take, such as making a border agreement? I think this is necessary because if the Communists succeed in dominating the area of Betong, and Thai forces do not replace Malaysian forces, it will surely cause problems.

A: That is so. Unfortunately there is very little chance that Thailand will permit the stationing of our troops on her territory. Mr. Jaafar Onn has reckoned that the guerilla activities of the Communists are going to be better organized and will be more eager to engage in battle. This will certainly make for problems, as you have suggested. That is bad.

T: Say that you notice that the Thai do not pay attention to the Communist menace in the Southeastern part of their country. However, for Malaysia herself, it is a necessary condition for success in achieving security if the area is to be freed from Communist guerillas.

A: Yes, that is so. Thailand puts more importance to its struggle against the Muslim guerillas in its southern areas. It is also differences in point of view of this sort which make the situation all the more difficult.

T: Yes. It is also reflected especially in the suggestion of the Minister for Foreign Affairs of Thailand concerning the new border agreement. He suggests that the forces of both countries can pursue the enemy for ten miles into the neighboring territory, but this pursuit must be confined to the area around the provinces of Narathiwat in Southern Thailand and in Kelantan in Malaysia. Ask what the solution to this is.

A: Yes. Up to now there hasn't been any of any sort. We are still continuing discussions on it. Look how smart Thailand is. If this agreement is put into effect, the Malaysian forces will be able to pursue the Communist guerillas in the area of Kelantan which borders on Narathiwat, whereas Thai forces will be able to pursue the Muslim guerillas from Southern Thailand who escape into Kelantan. Isn't that so?

T: That is where the difficulty lies -- in the efforts to unify the divergent points of view. My suggestion is this: it would be good if both countries ask for the good offices of the other nations of ASEAN. Say that you think this is enough for now and thank him for his readiness to serve you. Say good-bye.

A: I also thank you for your thoughts. Thank you.

UNIT TWELVE

A. BACAAN

Normalisasi Kampus
tidak Menyempitkan Aktivitas Mahasiswa

Menteri P dan K (Pendidikan dan Kebudayaan) Daoed Joesoef menegaskan, konsèpnya mengenai normalisasi kampus tidak menyempitkan aktivitas mahasiswa, tetapi bahkan memperluasnya. Sebab dalam konsèp itu digariskan bahwa mahasiswa bertugas memperkuat penalaran individuil, sedangkan pikiran itu sesuatu hal yang paling luas. "Seluruh jagad raya ini terbuka untuk alam pikiran dan tidak bisa dikuasai siapapun juga!" tegasnya.

Pendapat ini dikemukakannya menjawab pertanyaan pèrs mengenai pendapat beberapa mahasiswa yang menilai, bahwa normalisasi kampus[5] merupakan instruksi dan mempersempit aktivitas merèka.

Menteri Daoed Joesoef "dicegat" wartawan setelah selesai menyerahkan medali bagi para pemenang Regional Graphic Design Competition yang diselenggarakan UNÉSCÓ, bertempat di ruang sidang departemèn Senin siang.

Tantangan

Menurut Menteri, masalahnya sekarang hanyalah soal berani atau tidaknya mahasiswa menghadapi tantangan yang diajukannya. Ia mengatakan, jika mahasiswa hendak memperbaharui masyarakat, maka merèka harus melakukannya dengan memperkuat penalaran individuilnya.

"Merèka ini masih bodoh dan perlu dididik. Di lingkungan[10] universitas siapa yang paling lemah pengetahuannya? Mahasiswa, kan?" kata Menteri. Selanjutnya ia minta, agar para mahasiswa menyadari kenyataan itu walaupun mèmang pahit. Bahkan Menteri mengetengahkan kisah karya Hans Christian Andersen mengenai seorang raja yang ditakuti, tapi ternyata si raja itu telanjang.

"Selama ini mahasiswa diagungkan masyarakat yang tidak tahu. Dan sekarang saya katakan kepada merèka, bahwa kalian ini sebenarnya telanjang!" Demikian Menteri.   [15]

Mengenai sikap beberapa universitas yang nampaknya mempertahankan lembaga kemahasiswaan yang lama, Menteri tegas-tegas menyatakan akan menindaknya. Ia tetap akan melaksanakan normalisasi kampus dan akan menindak rèktor atau dosèn yang tidak melaksanakannya.

"Merèka itu pegawai negeri yang harus melaksanakan kebijaksanaan pemerintah," tambahnya. Sedangkan para mahasiswa yang membèlot akan[20] dikenai tindakan administratif sesuai dengan jenjangnya. Menteri menilai, bahwa sikap mahasiswa itu sebenarnya hanyalah siasat bagaimana harus mundur tanpa kehilangan muka. Ia menyarankan agar mahasiswa sebagai generasi muda jangan memikirkan muka, tetapi sebaiknya memikirkan otak terlebih dahulu.

Menurut pendapatnya, mahasiswa sebenarnya punya sifat égósèntris. Pada asasnya mereka setuju dengan konsèp normali-sasi, asal tetap ada Dèwan Mahasiswa. Sikap ini dinilainya égósèntris.
30 "Dèwan merupakan kasus mahasiswa. Jika Dèwan berteriak demi masyarakat, maka sebenarnya hanya demi merèka sendiri! Ini égósèntris, saya mau jangan égósèntris." Demikian Menteri.

Idé asli

Menjawab pertanyaan pèrs, Daoed Joesoef menolak bahwa konsèpnya mengenai pembaharuan pendidikan serupa dengan Taman Siswa. Ditegaskannya, bahwa konsèp itu ia cari sendiri dengan jalan belajar di perpustakaan dan tidak minta konsèp dari siapapun. Jika kemudian konsèpnya itu ternyata sesuai dengan idé atau konsèp salah satu lembaga atau seseorang, maka itu hanyalah merupakan kebetulan.

Maksimal 15 orang

Menjawab pertanyaan mengenai tugas Komisi Pembaharuan Pendidikan yang hendak dibentuknya, Menteri menegaskan, bahwa komisi ini hanya
35 bersifat sementara. Komisi akan segera dibubarkan manakala tugasnya selesai. Menurut rencananya, anggota komisi itu nanti maksimal berjumlah 15 orang, terdiri dari para ahli yang berdasarkan tulisan-tulisannya ternyata memikirkan masalah pendidikan. Merèka ini akan merumuskan konsèp berdasarkan kerangka yang telah ia tetapkan. Ia memperkirakan awal Agustus mendatang komisi ini sudah dapat mulai bekerja.

Tidak perlu

Pada awal tanya-jawab dengan wartawan, Menteri menolak tegas anggapan bahwa idé merobah tahun ajaran sekolah diambilnya dari keputusan sidang Kebudayaan ASÉAN. Dikatakannya, sejak mulai masuk Departemèn P dan K ia sudah memutuskan bahwa segala sesuatu yang
40 berhubungan dengan pendidikan dan perkembangan kebudayaan haruslah dihasilkan olèh otak orang Indónésia sendiri. "Saya tidak perlu konsultasi dari negara manapun, mengenai apapun!" tegasnya. Ia menambahkan, bahwa sikapnya ini tidak berarti bahwa ia akan menutup pendapat orang lain.
"Saya cukup banyak membaca, tetapi saya memilih apa yang harus dijalankan di negeri ini."

Kompas, 11 Juli 1978

B. LATIHAN UNTUK BACAAN

I. *Jawablah secara lisan dengan buku tertutup*:

1. Konsèp apa yang dicetuskan olèh Menteri P dan K? 2. Menurut
Menteri P dan K, apa tugas utama seorang mahasiswa? 3. Menurut
beliau bagaimana cara yang paling baik bagi seorang mahasiswa
untuk memperbaharui masyarakat? 4. Bagaimana pendapat Menteri
tentang pósisi mahasiswa di lingkungan kampus? Sehubungan
dengan hal itu, apa yang diharapkannya dari mahasiswa? 5.
Ceritakan hubungan antara gambaran mahasiswa di mata Menteri
dengan cerita yang dikutipnya. 6. Apakah semua perguruan
tinggi patuh pada pemerintah untuk melaksanakan normalisasi
tersebut? Apa kira-kira yang tercantum dalam gagasan
normalisasi itu? 7. Bagaimana pendapat Menteri tentang réaksi
sementara rèktor dan dosèn terhadap peraturan normalisasi
tersebut dan apa alasan yang dikemukakannya? 8. Ancaman apa
pula yang dilontarkan pada mahasiswa yang tidak patuh? 9.
Mengapa menurut Menteri mahasiswa membèlot saja? 10. Kenapa
Menteri menuduh mahasiswa bersifat égósèntris? 11. Bagaiamana
pendapat Menteri mengenai hubungan antara konsèpnya itu dengan
konsèp pendidikan Taman Siswa dan konsèp-konsèp lainnya? 12.
Bagaimana sifat komisi yang hendak dibentuk Menteri? Siapakah
angota-anggotanya dan apa tugas merèka? 13. Jelaskan pendirian
Menteri sejak pertama kali ia masuk Departemèn P dan K!

II. *Ungkapkanlah kembali kalimat-kalimat berikut dengan mengisi
titik-titik yang disediakan*:

1. Menteri P dan K Daoed Joesoef menegaskan, konsèpsinya
   mengenai normalisasi kampus tidak menyempitkan aktivitas
   mahasiswa, tapi bahkan memperluasnya.
      Aktivitas mahasiswa, menurut Daoed Joesoef ...
      Menurut mahasiswa ..., tapi Menteri P dan K menegaskan
   bahwa aktivitas merèka malah ...
2. Normalisasi kampus memperluas aktivitas mahasiswa, sebab
   dalam konsèp itu digariskan bahwa mahasiswa bertugas
   memperkuat penalaran individuil, sedangkan pikiran itu
   sesuatu hal yang paling luas.
      Tugas mahasiswa menurut ...
      Berkat normalisasi kampus ...
3. Ia mengatakan, jika mahasiswa hendak memperbaharui
   masyarakat, maka merèka harus melakukannya dengan
   memperkuat penalaran individunya.
      Pembaruan masyarakat ...
      Memperkuat penalaran individu ...
      Penalaran individu harus ...
4. "Di lingkungan universitas, siapa yang paling lemah
   pengetahuannya? Mahasiswa, kan?" kata Menteri. Selanjutnya
   ia minta agar mahasiswa menyadari kenyataan itu walaupun
   mèmang pahit.

      Menurut Menteri ... dan kenyataan itu ...
      Adalah satu kenyataan bahwa ...
      Pengetahuan mahasiswa kalah ... Hal itu perlu ...

5. Ia akan tetap melaksanakan normalisasi kampus dan akan menindak rèktor atau dosèn yang tidak melaksanakannya.
      Normalisasi kampus ... dan rèktor atau dosèn ...
      Rèktor atau dosèn harus ... Kalau tidak ...
      Penindakan terhadap ...

6. Menteri menilai bahwa sikap mahasiswa itu sebenarnya hanya siasat bagaimana harus mundur tanpa kehilangan muka.
      Menurut ..., mahasiswa hanya bersikap ..., karena ...
      Menteri menilai bahwa mahasiswa bersedia untuk ..., tapi ...

7. Menteri menolak bahwa konsèpnya mengenai pembaharuan pendidikan serupa dengan Taman Siswa.
      Konsèp Taman Siswa ...
      Pendidikan nanti akan ... menurut ...

8. Anggota komisi ini nanti terdiri dari para ahli yang berdasarkan tulisan-tulisannya ternyata memikirkan masalah pendidikan.
      Tulisan-tulisan para anggota komisi itu yang ...
      Dari tulisan-tulisan para anggota komisi itu dapat ...
      Hanya meréka yang ... akan dijadikan ...

9. Segala sesuatu yang berhubungan dengan pendidikan dan pengembangan kebudayaan haruslah dihasilkan olèh otak orang Indónésia sendiri.
      Hendaklah orang Indónésia sendiri ...
      Pendidikan dan perkembangan kebudayaan Indónésia harus ...

III. *Buatlah pernyataan dengan ungkapan-ungkapan berikut:*

menyempitkan	tetapi bahkan
penalaran individu	menilai
mengetengahkan	kehilangan muka
tantangan yang diajukannya	pada asasnya
menyadari	demi
kenyataan yang pahit	manakala
diagungkan	ternyata sesuai
mempertahankan	memperkirakan
sesuai dengan jenjangnya	

IV. *Terjemahkanlah ke bahasa Indónésia:*

1. The Secretary underlined the fact that it is the rector's duty to carry out normalization on the campus.
2. The students who judge that normalization will lessen their chances to broaden their powers of reasoning are unintelligent and need further education.
3. It is a bitter truth that the king, whom society had glorified, had in fact been naked the whole time.

4. We will take action against any person who tries to find a way to keep from losing face.
5. These new regulations are for the benefit of the students themselves -- in fact for the benefit of the whole society.
6. It is merely coincidental that this concept which formulated after long study in the library is exactly the same concept as that formulated by the Minister of Education.
7. If we look only at his writings, it turns out that he has never thought about problems related to cultural development.
8. He is not closed to other people's ideas. In fact he never takes action without consulting with others first.

C. WAWANCARA

Wawancara dengan Menteri P dan K

INI 12: An interview between the Minister of Education (M) and a reporter (R) from Associated Press. You are the reporter.

R: Would you be willing to answer a question from a foreign correspondent, Mr. Minister?
M: Why not?
R: I have heard several references to the term "normalization" in this press conference, but as a foreigner I am not too clear on what exactly is meant by this term.
M: It means exactly what the term implies: a return to normalcy.
R: May be I had better frame my question more clearly: I have heard that the old student organizations have to be abolished and that as a result, the scope of student activities has greatly narrowed.
M: There are some who have this opinion, but I should underline the fact that they are totally mistaken.
R: Yes. I have heard it said that this concept of normalization, in fact, widens the scope of student activity in those areas in which they should be active.
M: Yes. Their job is to strengthen their individual powers of reasoning, because they are still ignorant and require further education.
R: I think that it is a great challenge which you have presented to them, Mr. Minister. If they wish to renew society, it is by this means, by strengthening their individual powers of reasoning, that they can do so.
M: Society may glorify the students, but I can tell you that they are naked like the emperor in Andersen's fairy tale.
R: Indeed! In the universities who is it that has the least knowledge? It is the students, is it not? This is a fact, and they should be aware of it, however bitter a pill it may be to swallow.
M: You have a good grasp of the problem, my good fellow.

R: But it seems that there are some universities that are striving to maintain the old student institutions. Are you prepared to take action, Mr. Minister?

M: I am. I am going to take action against any rector or professor who is unwilling to carry out the program of normalization.

R: Of course. They are government appointees, and as such they are obliged to carry out the orders of the government, are they not? And I hope that you also will take action against individual students in accordance with their status.

M: For that reason, I suggest to the students that they use their heads a bit.

R: If you would excuse me for being brash, I believe that basically they are in agreement with your program. Their demands to maintain the student councils are only a device to avoid losing face. How would you judge this, Mr. Minister?

M: I call that egocentric. I don't want any more of this egocentricism.

R: May I change the subject to the revisions in the educational system which you are developing?

M: Of course.

R: I have heard that the concept which you are proposing are rather similar to the concept of the *Taman Siswa*.

M: I deny that categorically. I got the idea all by myself by studying in libraries and reading. I did not ask anyone to formulate this concept.

R: In short, if it turns out that the concept which you are developing is rather similar to something proposed by some other institution or some other person, it is a mere coincidence.

M: I read quite a good bit, but I decide for myself what is going to be done in this country.

R: I certainly agree that anything which has to do with education and cultural development must be the product of Indonesian thinking and not an imitation of foreign ideas.

M: I do not need consultation from any other country about any matter.

R: Does that mean that you are closed to other people's opinions?

M: Of course not. I plan to form a commission for the revision of the educational system, which will consists maximally of fifteen people.

R: Is this going to be a permanent commission or a temporary one which will be dissolved upon completion of their duties?

M: I have not made that decision yet. But I estimate that at the beginning of this coming August they can already begin their work.

R: I presume that the commission will consist of experts who, based on their writings, have proven to have given careful consideration to problems of education.

M: I am not prepared to publicize the make-up of this commission at this time.

R: I think I should give some other reporters an opportunity to pose questions, Mr. Minister. Thank you for your kindness in answering the questions.

M: My pleasure.

A. BACAAN

Dwiabad Kemerdékaan AS

Apakah yang mengesankan dari prèstasi bangsa Amérika pada ulang tahun kemerdèkaannya yang ke 200? Pendaratannya di bulan dan kini usahanya berlabuh di planit Mars? Kemakmuran rakyatnya? Kekuatan nuklirnya? Semua itu prèstasi besar. Namun yang paling mengesankan [5] adalah kemampuan bangsa itu untuk berdialóg dengan dirinya secara terbuka, secara tuntas, secara pahit-pahitan. Kekalahan di Viètnam, Watergate, adalah puncak-puncak dari périóde-périóde penghinaan, yang tiada kurang hèbat dari "day of infamy", tatkala Jepang secara mendadak menyerang Pearl Harbour.

Kita gèlèng-gèlèng kepala. Namun kita lebih tercengang lagi akan kemampuan dan keberanian mórilnya untuk mengorèksi présidèn Nixon[10] secara konstitusiónil. Akan keberanian mórilnya untuk mawas diri secara mendalam dan menyeluruh setelah kesurutannya. yang mengecutkan dari Indócina.

Semua lembaga dan praktèknya diperiksa secara terbuka termasuk lembaga intelijènnya. Di negara lain, teriakan "kepentingan nasiónal" pasti akan membungkam pembongkaran praktèk-praktèk buruk dari dinas rahasia tersebut di negara-negara lain. Tidaklah demikian di sana. Mawas diri, korèksi diri, dialóg total dan terbuka berjalan terus. Kekuasaan ditundukkan pada hukum, tidak[15] setengah-setengah tapi hampir tuntas.

Kita sependapat dengan Dr. Ruslan Abdulgani. Di sinilah kekuatan ketahanan nasiónal bangsa Amérika. Semua bangsa, semua pemimpin, berbuat salah. Tetapi ada keberanian dan ketahanan jiwa, ada mèkanisme lembaga, yang setiap kali mampu mengorèksi. Dan semua[20] itu, sekalipun seringkali kita dibuat menahan nafas atas cara-caranya, toh berlangsung tanpa menggoncangkan élemèn-élemèn orde nasiónal, tanpa menimbulkan ketakstabilan. Itu pertanda suatu kematangan jiwa dan lembaga.

Kemampuan dan keberanian berdialóg dengan dirinya sendiri secara tuntas dan terbuka, bukankah itu pangkal dari kesanggupan régenerasi, èmbrió dari pótènsi renaissance!

Apakah yang kita harapkan dari bangsa Amérika sebagai sesama keluarga umat manusia? Agar prosès mawas diri tidak hanya pada[25] skala nasiónal, juga mondial. Peranan apa hendak dimainkan olèh AS dengan segala kemampuan tèknólógi, ékónómi, kejiwaan dan dèklarasi kemerdèkaannya?

Adalah McNamara sendiri, salah seorang pembuka cakrawala baru. Peta bumi umat manusia. Utara-Selatan. Bangsa-bangsa hidup mèwah, bangsa-bangsa hidup melarat. Duapertiga umat manusia,[30] perikehidupannya semakin ditinggalkan olèh kelimpahruahan bangsa-bangsa industri.

Mèmang ada jurang tèknólógi, ada jurang akumulasi modal, ada jurang kesanggupan-kesanggupan tèknólógi, ada hambatan-hambatan nilai budaya di sana-sini. Tetapi sebab pokok bukan di sana. Sumber pokok adalah tatahubungan ékónómi yang belum berubah secara fundaméntil, yang masih meneruskan pola hubungan ékónómi kólónial dan imperial, hanya disertai berbagai révisi sana-sini.

Inilah peranan baru yang kita harapkan dari Amérika Šerikat, [35]memasuki abad ketiga déklarasi kemerdékaannya. Agar yang memperoléh kehidupan layak, yang bébas merdéka, yang berbahagia sejahtera bukan hanya bangsa Amérika dan bangsa-bangsa industri, tapi seluruh umat manusia. Agar bangsa-bangsa dari negara-negara sedang membangun, yang pernah mereka éksploatir secara pólitik, ékónómi, kulturil, militér, diberi kesempatan wajar dan adil untuk mengejar ketinggalannya.

Dan untuk semua itu, bukan lagi hanya idé atau konsépsi yang diperlukan. Idé sudah lama ada. Yang dibutuhkan amat mendesak oléh kita dari negara-negara sedang membangun sekarang adalah sikap prógrèsif AS di forum-forum dialóg Utara-Selatan seperti di Nairobi, di Paris, di PBB. Inilah gejolak suara hati umat manusia [40]sekarang.

Untuk menjatuhkan keputusan yang prógrèsif, diperlukan móbilisasi pendapat umum bangsa Amérika. Dibutuhkan dukungan dan tekanan rakyat AS pada para wakil mereka dalam Konggrès, dalam pemerintahan dan lèwat média massa. Diperlukan mawas diri secara tuntas pula!

Martabat manusia, dengan segala hak-hak asasinya yang dibawa sejak kelahirannya, merupakan fikiran sèntral pada Déklarasi [45]Kemerdékaan Amérika. Untuk mengembangkan martabat manusia itu, bangsa-bangsa berjoang untuk kemerdekaan, nasiónalnya.

Karena berbagai kepentingannya, tidak selalu AS berada pada fihak perjoangan bangsa-bangsa untuk kemerdekaan nasiónalnya. Pandangannya terhadap arus sejarah ada kalanya melèsèt. Barangkali karena keaslian jiwa Dèklarasi dikaburkan oléh berbagai kepentingan kelompok kapital di sana.

Seringkali kita dibuat kecèwa, karena bangsa itu tidak memihak pada perjoangan dan usaha besar untuk mempertahankan dan mengembangkan kehidupan manusia yang layak, yang bèbas, yang mengusahakan kesejahteraan.

[50]Usaha históris ini masih tetap gegap-gempita sekarang juga. Kita saksikan suatu kóinsidènsi besar pada bangsa Amérika dèwasa ini. Mereka sedang berada dalam prosès mawas diri dan régenerasi itu, tatkala mereka juga merayakan dua abad kemerdèkaannya.

Kali ini mudah-mudahan lebih berhasil pula bangsa Amérika ikut menjawab tantangan sejarah, yaitu membagi kehidupannya yang layak, bèbas, sejahtera dengan bangsa-bangsa lain. Ikut aktif menghapuskan segala sisa orde lama dalam tata dunia, yang menghambat usaha maju bangsa-bangsa sedang membangun.

Kompas, Senin, 5 Juli 1976

B. LATIHAN UNTUK BACAAN

I. *Jawablah secara lisan dengan buku tertutup:*

1. Bagaimanakah tajuk rencana *Kompas* menggambarkan kekalahan Amérika di Viètnam? 2. Kemampuan berdialóg macam apakah yang bisa dilakukan oléh masyarakat Amérika? 3. Apakah akibat yang paling mengesankan dari kekalahan yang diderita Amérika di Viètnam? 4. Apakah hubungan antara kekuasaan dan tegaknya hukum di Amérika menurut tajuk rencana di *Kompas*? 5. Bagaimanakah dinas-dinas rahasia berhasil membungkam kritik-kritik terhadap merèka di banyak negara? 6. Menurut pandangan Dr. Abdulgani di manakah letak kekuatan Amérika? 7. Apakah bahayanya dialóg terbuka yang tuntas dan kenapa hal ini membuat redaksi *Kompas* kadang-kadang harus menahan nafas? 8. Apakah manfaat dialóg terbuka semacam ini? 9. Alasan apakah yang mendasari Amérika untuk merasa wajib melibatkan diri dalam prosès mawas diri pada skala internasiónal? 10. Apakah yang dibicarakan tentang perbèdaan dalam taraf kehidupan antara orang-orang dari negara-negara industri dan duapertiga bagian dunia yang lain? 11. Apakah alasan utama tentang meluasnya jurang pemisah ini? 12. Apakah alasan-alasan lain yang menyebabkan jurang pemisah antara negara-negara industri dan negara-negara lain makin melèbar? 13. Peranan apakah yang dipunyai negara-negara berkembang dalam pemakmuran negara-negara industri? 14. Tindakan-tindakan apakah yang harus diambil Amérika pada saat ini untuk memakmurkan negara-negara yang masih belum makmur? 15. Apakah peranan pendapat umum masyarakat Amérika dalam menyejahterakan negara-negara terbelakang? 16. Apakah idé pokok dari Dèklarasi Kemerdèkaan Anérika? 17. Apakah yang selalu menghindarkan Amérika Serikat dari pemihakan dengan kekuatan-kekuatan pembèbasan nasiónal? 18. Dalam bacaan terlihat seolah-olah Amérika menjadi tumpuan harapan akan kesejahteraan dunia. Bagaimana pendapatmu akan hal itu, dan sikap yang bagaimana yang dibutuhkan Amérika dari bangsa lain? 19. Gambarkanlah secara ringkas dan terang wajah Amérika Serikat di mata asing, misalnya Indónésia! 20. Menurut pendapatmu, apakah ada sesuatu yang seharusnya dibicarakan dalam tajuk rencana ini tetapi sama sekali dibuang begitu saja?

II. *Ungkapkanlah kembali kalimat-kalimat berikut dengan mengisi titik-titik yang disediakan:*

1. Apakah yang mengesankan dari prèstasi bangsa Amérika pada ulang tahun kemerdèkaannya yang ke 200? Pendaratannya di bulan? Kemakmuran rakyatnya?
   Prèstasi Amérika mengesankan karena Amérika pernah berhasil ...
2. Namun yang paling mengesankan adalah kemampuan bangsa itu untuk berdialóg dengan dirinya secara terbuka, secara tuntas, secara pahit-pahitan.

Dialóg ...
3. Kekalahan di Viètnam, adalah puncak dari "day of infamy", tatkala Jepang secara mendadak menyerang Pearl Harbour.
    Karena Amérika dikalahkan ...
4. Kita gèlèng-gèlèng kepala. Namun kita lebih tercengang lagi akan kemampuan dan keberanian mórilnya untuk mengorèksi Présidèn Nixon secara konstitusiónil.
    Korèksi secara konstitusiónil terhadap Présidèn Nixon ...
5. Kita gèlèng-gèlèng kepala akan keberanian mórilnya untuk mawas diri secara mendalam dan menyeluruh setelah kesurutannya yang mengecutkan dari Indócina.
    Kesurutannya yang mengecutkan dari Indócina ...
6. Di negara lain, teriakan "kepentingan nasiónal" pasti akan membungkam praktèk-praktèk buruk dari dinas rahasia tersebut di negara-negara lain.
    Di negara lain praktèk-praktèk buruk dari dinas rahasia tentu ...
7. Kekuasaan ditundukkan pada hukum, tidak setengah-setengah tapi hampir-hampir tuntas.
    Betapapun besarnya kekuasaan seseorang, masih harus ...
8. Kita sependapat dengan Dr. Ruslan Abdulgani.
    Pendapat Dr. Ruslan Abdulgani ...
9. Dan semua itu toh berlangsung tanpa menggoncangkan élemèn-élemèn orde nasiónal, tanpa menimbulkan ketakstabilan. Sekalipun seringkali kita dibuat menaham nafas atas cara-caranya.
    Cara-caranya seringkali ... Namun ketakstabilan negara ...
10. Kemampuan dan keberanian berdialóg dengan dirinya sendiri secara tuntas dan terbuka, bukankah itu pangkal dari kesanggupan régenerasi, èmbrió dari pótènsi renaissance!
    Sebuah masyarakat baru mencapai régenerasi ...
11. Kita harapkan dari bangsa Amérika sebagai sesama keluarga umat manusia agar prosès mawas diri tidak hanya pada skala nasiónal, tapi juga mondial.
    Prosès mawas diri itu tidak hanya dibatasi ...
12. Duapertiga umat manusia, perikehidupannya semakin ditinggalkan olèh kelimpahruahan bangsa-bangsa industri.
    Jurang antara bangsa-bangsa industri dan duapertiga umat manusia yang belum mencapai tingkat industri ...
13. Sumber pokok adalah tatahubungan ékónómi yang belum berobah secara fundamèntil, yang masih meneruskan pola hubungan ékónómi kólónial dan imperial.
    Syarat mutlak untuk menghilangkan jurang pemisah antara negara industri dan non industri ialah ...
14. Agar bangsa-bangsa dari negara-negara yang sedang membangun diberi kesempatan wajar dan adil untuk mengejar ketinggalannya.
    Bangsa-bangsa dari negara-negara yang sedang membangun ditinggalkan olèh ... Kita harapkan agar bangsa-bangsa itu ...
15. Yang dibutuhkan amat mendesak olèh kita dari negara sedang membangun sekarang adalah sikap prógrèsif AS di forum-forum

dialóg Utara-Selatan seperti di Nairobi, di Paris, di PBB.
Inilah gejolak suara hati umat manusia sekarang.
Umat manusia sekarang menuntut agar ...
16. Untuk menjatuhkan keputusan yang prógrèsif, diperlukan
móbilisasi pendapat umum bangsa Amérika. Dibutuhkan
dukungan dan tekanan rakyat AS pada para wakil merèka dalam
Konggrès.
Diharapkan dan dibutuhkan agar rakyat Amérika
Serikat ...
17. Pandangan terhadap arus sejarah ada kalanya melèsèt.
Barangkali karena keaslian jiwa Dèklarasi dikaburkan olèh
berbagai kepentingan kelompok kapital.
Ada kalanya kepentingan kelompok kapital menyebabkan
pemerintah Amérika ...
18. Kali ini mudah-mudahan lebih berhasil pula Amérika ikut
menjawab tantangan sejarah, yaitu membagi kehidupannya yang
bèbas, sejahtera dengan bangsa-bangsa lain.
Sejarah menantang Amérika Serikat untuk ...
19. Ikut aktif menghapuskan segala sisa orde lama dalam tata
dunia, yang menghambat usaha maju bangsa-bangsa sedang
membangun.
Bangsa-bangsa sedang membangun mengalami hambatan
dari ...

III. *Buatlah pernyataan dengan ungkapan-ungkapan berikut*:

mawas diri	secara menyeluruh
tak kalah hèbatnya	peri kehidupan
ditinggalkan	kelimpahruahan
sebagai sesama	sekalipun ..., toh ...
mengejar ketinggalannya	pendapat umum
ada kalanya	keaslian jiwa
gegap-gempita	mengusahakan kesejahteraan
memihak pada	

IV. *Terjemahkanlah ke dalam bahasa Indónésia*:

1. America's ability to engage in an open dialogue with no
holds barred is even more impressive than her success in
landing on the moon.
2. In America no institution is free from public criticism.
Even the intelligence agencies must bow to the law.
3. Self correction is the source for the power of
regeneration.
4. The gap between the industrialized and developing nations
grow wider with each passing year.
5. The basic reason is not the technological or the capital
gap.
6. The basic reason is that the economic relations still
follow the old colonial patterns and have not undergone the

fundamental change which is necessary if the gap between the industrialized and the developing nations is to be closed.

7. It is only right that the developing nations be given the opportunity to catch up, since they were the source of the prosperity which the industrialized nations now enjoy.

8. Public opinion in America must be aroused to support the demands of the developing nations and to put pressure on their representatives

9. Because of the private interest of the capitalist sector, the American government has not been steadfast in its support of the rights of man.

C. WAWANCARA

Mengenai AS

INI 13: This interview is an interview between J. Thomas (T) and Prof. Hank Lapihan (L), a professor of Philosophical Politics in the University of Indonesia. You are the American.

T: Ask Professor Lapihan what the most impressive thing about the US for Indonesian intellectuals is. Is it our success in sending people to the moon and landing on Mars?

L: Actually these sorts of things give America a great feeling of pride, but in my opinion the most impressive thing is the ability of the American people to carry on a discussion in a completely free, open, and thorough-going way.

T: Say that the Indonesian people certainly must have been taken aback by the Watergate scandal. Also the defeat in Vietnam is a source of shame, equal, if not greater, than the shame of the infamous attack on Pearl Harbor.

L: In truth, we shake our heads. However we are even more taken aback by their ability to correct President Nixon in a constitutional way and their moral courage in doing so.

T: Say that it was a difficult struggle and for many months you personally wondered if power was not somehow above the law -- if law could not be bent to meet the special interests of power.

V: All nations, all leaders, commit errors. However, in the US there is courage and strength of spirit; there is an institutional mechanism which is able to correct them at all times.

T: Say that the methods of self-correction must surely arouse apprehension among people of other countries (make people hold their breath). Especially the way every institution and practice, not even the intelligence services excepted, is subject to public review.

J: In other countries, the cry of national interest would surely be enough to silence an exposition of evil practices on the part of the secret services. But not in America.

T: Say that we are especially proud because all of this is able to take place without threatening the national order and without upsetting internal stability.

V: Their ability and courage in holding a dialogue with themselves in a completely thorough and open way -- is this not the starting point for all powers of regeneration?

T: Say that America as a member of the world community of man also has obligations. America with all her technology, economy, and spirit has an important role to play.

L: Yes. We live in world where one third of society lives in conditions of overflowing wealth, whereas the other two thirds live in conditions of desolate poverty.

T: Say you agree. With each passing year the gap between the industrialized countries and the third world grows. There is a great gap in technological capability, a gap in capital accumulation, and endless cultural obstacles.

L: That is not the basic reason, however.

T: Ask what in Professor Lapihan's opinion the basic reason is for the ever-widening gap in the standard of living between the developing and the already developed nations.

L: The basic problem is that the economic system has not changed fundamentally. It still keeps to the pattern of colonial and imperial economic relationships.

T: Say you agree. The original economic order is still on the whole intact. However, it has been, here and there, subject to revisions.

L: Industrial countries have a moral obligation to aid developing countries to attain a prosperous and happy life for their community.

T: Say you agree, especially since the industrialized world has accumulated its wealth largely by means of exploitation of the underdeveloped countries. Now they must give them a fair and equal chance to catch up.

L: But for all these things, we need more than ideas or concepts. The ideas have long been there. What the developing nations urgently need is a progressive attitude on the part of the US in the forums of the North-South Dialogue, such as in Nairobi, in Paris, and in the UN. This is what the inner voice of the masses of mankind is demanding.

T: Say that we need more support from public opinion in America. Public opinion must be mobilized so that it may put pressure on the representatives in Congress and other branches of the government.

L: Sometimes we are disappointed because the American people do not take the side of the struggles and the great efforts which strive after prosperity and strive to defend human life.

T: Say that in America business interests are sometimes allowed to overshadow human tights. As a result America is not always on the side of the people who are fighting for their national independence.

L: Yes, that is true. Human dignity and the basic inborn rights of man are the central thoughts of the American Declaration of Independence.

T: Say that it was in order to develop this human dignity that nations have fought for their national independence.

UNIT FOURTEEN

A. BACAAN

Pengalaman Jénderal Nasution

Adalah Lètjèn (Lètnan Jènderal, Marinir) Ali Sadikin yang mula pertama nyeletuk, agar óperasi tertib dimulai dari atas. Dan sehari kemudian Laksamana Sudomo menjawab, "Dari bawah, sebab pungli (pungutan liar) di bawah banyak dirasakan olèh masyarakat luas." Lalu, sekitar dua bulan kemudian, ketika Jènderal (Purnawirawan) A.H. Nasution menyatakan bahwa Opstib (Operasi Tertib) tanpa sistim 5dan konsèpsi, Sudomo kontan menanggapi. Keras, tapi kemudian ia bertamu ke rumah Nasution di jalan Teuku Umar, Jakarta.

Di situ Nasution akhirnya memahami tèkad-bulat Sudomo. "Keberanian dan tèkad-bulat lebih penting dari segala macam konsèpsi," kata Nasution. "Karena itu saya berikan dukungan móril kepadanya." Dalam wawancara khusus dengan pembantu lepas TÉMPÓ Acin Yassien, Jènderal itu bahkan menyatakan, bahwa wewenangnya dulu di tahun 1957 sebagai KSAD (Kepala Staf Angkatan Darat) yang menggunakan SOB (*Staat van Oorlog en Beleg*) "bagaikan liliput dibanding wewenang Kopkamtib (Komandó Óperasi Pemulihan Keamanan dan Ketertiban) yang berdasarkan TAP MPR (Ketetapan Majelis 10Permusyawaratan Rakyat) No. X-MPR-1973." Dengan demikian, "Alhamdulillah, rintangan-rintangan yang dulu saya alami, sekarang tak ada lagi," tambahnya.

Di tahun 1957 Nasution berusaha agar pejabat dan bekas pejabat mendaftarkan harta kekayaannya. Tapi karena dasar hukumnya kurang kuat, penindakan secara hukum agak sulit, meskipun Kejaksaan Agung membantu sepenuhnya. Akhirnya kabinèt mengambil alih urusan 15tersebut. Namun urusan jadi berlarut-larut karena negara dilanda pemberontakan PRRI-Permèsta (Pemerintahan Révólusionèr Républik Indónésia-Perjuangan Semèsta). "Éksistènsi Républik terancam olèh pemberontakan-pemberontakan, disertai intervènsi tertutup negara-negara besar Barat. Saya harus menyelamatkan èksistènsi Républik. Sedang soal antikórupsi, waktu itu tak seimbang dengan pertaruhan èksistènsi Républik," ujarnya.

20 Tahun 1964, sekali lagi Nasution tampil mencanangkan anti-korupsinya. "Tapi ketika itu lebih sulit lagi. Sebab sebagai Menkó Hankam-Kasab (Menteri Kóordinator Pertahanan dan Keamanan-Kepala Staf Angkatan Bersenjata) saya tidak memiliki wewenang kómando lagi," katanya. Ketika itu Kómando berada di tangan Présidèn-Pangti ABRI (Panglima Tertinggi Angkatan Bersenjata Républik Indónésia) 25dibantu Staf Kóti (Kómandó Tertinggi) yang langsung membawahi keempat angkatan. "Pósisi saya terbatas pada kóordinasi saja," tambahnya.

Meskipun begitu, Nasution membentuk PARAN (Panitia Rituling Aparatur Negara), yang salah satu lembaga óperasinya disebut "Óperasi Budhi". Tapi ketika mengusut seorang pejabat tinggi yang dekat dengan Présidèn Soekarno, Nasution dipanggil ke Istana bersama Ketua Mahkamah Agung dan ketiga Waperdam (Wakil Perdana Menteri). Soekarno menegaskan, bahwa "prèstise" Présidèn lebih tinggi. Kemudian PARAN dibubarkan, lalu dibentuk KÓTRAR (Kómandó

Tertinggi Rituling Aparatur Révólusi). Tapi KÓTRAR tidak meneruskan[30]
Óperasi Budhi," kata Nasution. Óperasi Budhi sendiri, meski baru
bekerja tiga bulan, menurut Nasution telah berhasil menyelamatkan
uang negara sebanyak Rp 11 milyar.

Lebih sulit lagi bagi Nasution, karena suasana 1964 adalah
suasana "konfrontasi dengan Malaysia". Kewenangan keadaan darurat
pun bukan pula berada di tangannya sebagai Menkó Hankam, melainkan
di tangan Présidèn sebagai Pangti ABRI-KOTI. "Sehingga banyak[35]
sedikitnya saya harus menggunakan wibawa pribadi saja," tuturnya.

3 Ia juga pernah kebentur Ibnu Sutowo. "Karena intervènsi Présidèn
Soekarno, Pertamina (Pertambangan Minyak Nasiónal) tak bisa saya
capai," katanya. "Tapi kemudian datang utusan membawa surat bahwa
Dirut (Dirèktur Utama) Pertamina diperintahkan olèh Présidèn ke
luar negeri dan sudah berangkat," Nasution bercerita.

Mungkin karena itu Nasution merasa bahwa di tahun 1964 ia sudah[40]
sampai pada batas kemampuan. Untuk terus, secara obyèktif hanya
terbuka satu jalan: yaitu dengan menyingkirkan Présidèn. Tapi "saya
tak bertèkad sekian jauh."

Mayoritas ABRI ketika itu pun kata Nasution, tak membiarkan kup.
Nasution pun ketika itu toh bukan dalam posisi bisa berbuat
demikian, karena saya tidak lagi memegang komandó, hanya kóordinasi
saja."

Tèmpo, 1 Október 1977

B. LATIHAN UNTUK BACAAN

I. *Jawablah secara lisan dengan buku tertutup*:

1. Apa yang dimaksud Ali Sadikin dengan pernyataan agar
óperasi tertib dimulai dari atas? 2. Bagaimana pendapat Sudomo
tentang pernyataan Ali Sadikin itu? Apa alasan Sudomo sehingga
dia berpendapat bahwa óperas tertib harus dimulai dari bawah?
3. Apa yang dikatakan olèh Nasution tentang Opstib tersebut?
Bagaimana réaksi Sudomo? 4. Mengapa Nasution berpendapat bahwa
Opstib itu pantas diberi dukungan móril dan mengapa pula
menjamin baik óperasi tersebut dapat berhasil? 5. Apa
rintangan-rintangan yang dulu dialami olèh Nasution dalam
memberantas korupsi? 6. Apakah usaha Nasution itu setelah
diambil-alih olèh kabinèt dapat berjalan lancar? Apa sebabnya?
7. Kesulitan apa yang dialami Nasution ketika ia sekali lagi
mencanangkan gagasan anti-korupsinya pada tahun 1964? Mengapa
demikian? 8. Bagaimana sikap Présidèn Soekarno terhadap usaha
Nasution melalui PARAN untuk menindak seorang pejabat tinggi?
9. Apakah semua usaha Nasution dalam óperasi Budhi itu tanpa
hasil? 10. Atas alasan apa maka Soekarno bisa merebut semua
wewenang ke tangannya sendiri pada waktu Nasution menjabat
sebagai Menkó Hankam? 11. Ketika mau mengusut Ibnu Sutowo
sekali lagi Nasution mengalami kegagalan. Apa sebabnya, dan
bagaimana Ibnu Sutowo dapat lolos dari pemeriksaan Nasution
atas dirinya? 12. Untuk meneruskan usahanya menentang korupsi,

menurut Nasution hanya ada satu jalan. Apa itu? 13. Alasan-alasan apakah yang membuat Nasution tidak bertèkad untuk maksud itu?

II. *Ungkapkanlah kembali kalimat-kalimat berikut dengan mengisi titik-titik yang disediakan:*

1. Ketika Jènderal A.H. Nasution menyatakan bahwa Opstib dilancarkan tanpa sistim dan konsèpsi, Sudomo kontan menanggapi. Keras, tapi kemudian ia bertamu ke rumah Nasution.
   Dengan keras ...
   Walaupun ..., akan tetapi ...
   Pernyataan ...
2. Karena dasar hukumnya kurang kuat, penindakan secara hukum agak sulit.
   Nasution dulu nèkat ...
   Sulitnya ... disebabkan olèh ...
3. Keberanian dan tèkad-bulat lebih penting dari segala macam konsèpsi.
   Pentingnya ...
   Dengan konsèpsi saja korupsi tidak dapat diberantas ...
4. Éksistènsi Républik terancam olèh pemberontakan-pemberontakan disertai intervènsi tertutup negara-negara besar Barat.
   Olèh karena ...
   Baik ... maupun ..., keduanya ...
5. Jènderal itu bahkan menyatakan bahwa wewenangnya dulu di tahun 1957 bagaikan liliput dibanding wewenang Kopkamtib.
   Kopkamtib jauh lebih ...
   Wewenang ...
6. Sedang soal anti-korupsi waktu itu tidak seimbang dengan pertaruhan èksistènsi Républik.
   Karena èksistènsi Républik waktu itu ..., maka ...
   Éksistènsi Républik dianggap jauh lebih ...
7. Tahun 1964, sekali lagi Nasution tampil mencanangkan antikorupsinya.
   Pencanangan ...
   Penampilan ...
8. Ketika mengusut seorang pejabat tinggi yang dekat dengan Présidèn Soekarno, Nasution dipanggil ke Istana.
   Pengusutan ... menyebabkan ...
   Présidèn Soekarno ..., karena ...
9. Kemudian PARAN dibubarkan, lalu dibentuk KÓTRAR.
   Pembubaran ...
   KÓTRAR yang ...
10. Óperasi Budhi sendiri meski baru bekerja tiga bulam, menurut Nasution, telah berhasil menyelamatkan uang negara sebanyak Rp 11 milyar.
    Sebanyak ...
    Berkat Óperasi Budhi, ...
    Walaupun baru tiga bulan ...

11. Kewenangan keadaan darurat pun bukan pula berada di tangannya, melainkan di tangan Présidèn.
    Karena keadaan darurat Présidèn diberi ...
    Bukan Nasution yang ...
12. Karena intervènsi Présidèn Soekarno, Pertamina tak bisa saya capai.
    Présidèn Soekarno ..., sehingga ...
    Intervènsi ...
    Nasution tidak berhasil ...
13. Untuk terus, secara obyèktif hanya terbuka satu jalan: dengan menyingkirkan Présidèn.
    Penyingkiran ...
    Satu-satunya jalan untuk ...

III. *Buatlah pernyataan dengan ungkapan-ungkapan berikut:*

mula pertama   menyelamatkan èksistènsi
kontan menanggapi   pertaruhan èksistènsi
dukungan móril   tampil mencanangkan
tèkad-bulat   langsung membawahi
bagaikan liliput   kewenangan keadaan daru-
mengambil alih   rat
berlarut-larut   berada di tangannya
intervènsi tertutup   wibawa pribadi
kebentur   hanya terbuka satu jalan
batas kemampuan

IV. *Terjemahkanlah ke bahasa Indónésia:*

1. Sudomo has shown his determination to take legal action against those officials who continue to extract unauthorized fees, especially at the lower levels, for it is this type of corruption which is most widely felt throughout society.
2. The matter dragged on for years because the existence of the Republic was at stake with the outbreak of the rebellion, aided by the covert intervention of the Western powers, and the safety of the republic had to take precedence over efforts to stamp out corruption.
3. The operation which Sudomo launched is not likely to encounter the obstacles which Nasution encountered, for when Nasution was given the charge of investigating corruption, he had no power to take action.
4. Relying entirely on personal influence and in spite of the intervention of Soekarno himself, Nasution was able to salvage as much as eleven billion rupiahs of government funds.
5. All power was in the hands of the President, and Nasution felt that he had reached the limits of his ability to take action.

C. WAWANCARA

Wawancara dengan Jenderal Nasution

INI 14: This is an interview between an American student of political science, Rupert Edelweiss (R) and General Nasution (N). You take the role of Rupert.

R: Tell the general that you are happy to be able to interview him after having spent so many years studying his career.

N: I feel happy to see that there is an American who is interested in the recent history of Indonesia.

R: Yes. Because the issues of yesteryear are still very much alive today -- for instance, the problem of corruption to which you have devoted so much of your career.

N: Yes it is very much a problem, so much so that I criti cized "operation peace" which was launched by Sudomo last year.

R: Oh, yes I remember that very well. You said that this operation was launched without any system and conception, to which criticism Sudomo reacted sharply.

N: Yes, but when he came to my house to explain the operation more fully, I realized that Sudomo was completely determined to carry this through.

R: Yes, for Sudomo said that the operation should begin at the lowest echelons because it is at the bottom that the public feels it the most.

N: However, I incline to the view of Ali Sadikin, who suggested that this operation begin at the very top.

R: You probably are correct, but you also said that complete determination and daring is far more important than any sort of new idea.

N: Oh, I know that from my own experience. I should tell you frankly that I never felt successful in any of the various operations to cut down corruption which were taken under my direction, and the main reason was that there was no determination or daring to eliminate it on the part of the seat of power -- that is, President Soekarno himself.

R: Yes, you certainly did face a great number of obstacles, and not the least of these was that the power which was entrusted to you was insufficient to do the job.

N: Well, if you compare it to the power of the Commander for the Return of Peace and Security (KOPKAMTIB) which is based on a resolution of the Congress (TAP MPR), I should say that the obstacles which I encountered at that time have, for all intents and purposes, been eliminated.

R: I know that your efforts to have the officeholders and ex-officeholders declare their wealth came to naught because there was no law in effect to help you carry out your orders.

N: I had the complete help of the Office of the Attorney General, but nothing came of it; and in the end, in this case the cabinet took over.

R: If I remember correctly this was about the time of the PRRl-Permesta rebellion. This rebellion threatened the existence of the republic, especially since there was secret intervention on the part of the Western Powers, so that I doubt that very much could be done about corruption.

N: The very existence of the republic was at stake and the problem of corruption simply did not have the same sort of priority as the matter of saving the state.

R: What exactly was your position when you launched a new anti-corruption drive?

N: At that time I was given the title of Menko Hankam-KASAB, but I had very little authority, because I was no longer in a position of command. The command was in the hands of the President, and my duties were confined to mere coordination.

R: Yes, but at that time you were able to form PARAN and set into motion Operasi Budhi, in which you were able to investigate a very high official.

N: Without much success, I should add, because I was immediately called to the Presidential Palace together with the Chief Justice of the Supreme Court and told in no uncertain terms that the prestige of the President is more important.

R: Oh, so that is what happened when PARAN was dissolved and replaced with KOTRAR. .

N: But unfortunately under KOTRAR, Operasi Budhi was not continued.

R: That is unfortunate because in three months Operasi Budhi was able to save the country as much as eleven billion rupiahs. But we must not forget that this was the time of confrontation with Malaysia. Therefore, emergency powers were not vested in you as Menko Hankam but in the Presi dent.

N: I could only get something accomplished by the force of personal prestige.

R: What were the reasons that you were unable to touch Ibnu Sutowo?

N: Oh, it was clearly the President's intervention. He was once even given notice so that he could prepare for an inspection, and finally when I arrived on the scene to make the inspection, he was out of the country.

R: Do you feel that by 1964 you reached the limits of your ability to accomplish anything?

N: I most emphatically did feel that way.

R: The only objective conclusion to draw is that there was only one way to accomplish anything -- that is, by getting rid of the President.

N: Believe me, I thought of that more than once.

R: But you never were too determined to carry this out.

N: Don't forget I was not on the command staff any more -- just a coordinator.

R: And the majority of the armed forces were not prepared to permit a coup to take place.

N: I am afraid that that was the case. I would love to get on with this interview, but I am afraid ...

R: Oh yes. It is getting late, and I should be leaving. Thank you for your kind interview.

N: Thank you for coming. Goodbye.

UNIT FIFTEEN

A. BACAAN

Suka Duka Bakul Jamu
Wanita yang tidak Mengeluh

Tak semua orang merantau karena miskin. Apa sebenarnya yang melintas dalam fikiran kita, bila seorang bakul jamu lèwat? Dia menyeruduk, menyelinap dengan halus tetapi gesit, dalam keributan Jakarta misalnya. Dandanannya rapi, air mukanya bèrès, sèpak terjangnya sopan. Kalau disapa akan banyak senyum dan ngomong
5 dengan manis. Adakah wanita-wanita yang berasal dari Sala -- daèrah yang terkenal érótis itu -- hanya mengenakan selubung untuk kerja yang lain?

Banyak orang bilang ya. Tapi wanita-wanita itu selalu bilang tidak. Barangkali dibutuhkan seorang pólisi kalau mau menguntit jejak mereka. Satu dua orang sempat kita dengar menuturkan pengalamannya yang rómantis dalam hal ini. Tetapi melihat angka-angka yang dituturkan si bakul jamu yang bermodal sekitar Rp
10 500 itu, kita jadi sangsi. Angka itu bisa menjadi bengkak sampai Rp 5.000 sehari -- sehingga tidak menghèrankan, seorang bakul jamu bisa mengirimkan uang Rp 750 ribu ke udik setelah dua tahun bekerja. Dengan pendapatan begini, apa merèka masih tergoda untuk melakukan jalan bèngkok?

Marah sambil ketawa

"Emangnya ada juga teman yang bisa dipesen. Tapi kalau saya,
15 nggak bisa," jawab Mulyati, yang telah lima tahun di Jakarta. Cèwèk ini beróperasi di daèrah Mèntèng. Sementara sejawatnya Suyati, yang bekerja di daèrah Galur Cempaka Putih, membenarkan adanya banyak tukang jamu yang bisa dipesen. Terutama yang berada di daèrah Senèn dan Bina Ria. Sambil tertawa genit ia bilang, "Pura-puranya sih beli jamu, tahunya ngajak ngamar"

"Potrèt diri"

Mulyati ini, yang siapa tahu cinta pada warna hijau -- menilik kebaya hijau pupus yang dipakainya -- setiap kali menggèndong
20 delapan buah botol bekas whisky. Di bakulnya ada dua buah gelas, sedang di tangannya èmbèr plastik. Ini mèmang "potrèt diri" para bakul jamu. Perkara merias diri, ia mengaku sudah dóyan sekali sejak kecil. Jadi mungkin bakat bakul jamu sudah panggilan
25 darahnya. "Nggak ènak kalau nggak dandan." Pakai bibir mèrah sedikit biar seger-seger," katanya sambil senyum centil. Ia berpendidikan SD (Sekolah Dasar) sampai kelas enam. "Habis, lulus di Sala itu, nggak dikasih sekolah lagi sama ibu. Jadi, ya ikut
30 kakak ke sini jualan," ucapnya.

Waktu masuk Jakarta, ia mungkin masih bimbang. Tapi sekarang ia
berani mengatakan lebih ènak di Jakarta. Karena uang banyak, hidup
senang. Jual jamu mèmang tidak memerlukan keahlian apa-apa, kecuali
tenaga dan senyum tentu -- plus keberanian ala kadarnya. Wanita ini
toh merasa tidak cukup tenang kalau tidak menambahinya lagi dengan
usaha jualan kain, selèndang dan angkin. Tiga bulan sekali, bila [35]
dia mudik ke Sala, kembalinya membawa dagangan. Dièdarkan pada
orang-orang gedongan di Mèntèng -- tapi yang tidur di bagian
belakang alias para "Inem-Inem". Jual langsung atau pakai sistim
krédit.

Jadi sambil menggèndong jamu, masih juga membawa kain yang
dibungkus sebuah serbèt besar. Bayangkan: kalau di Sala satu kodi
hanya Rp 35 ribu, Mulyati bisa mengkrèditkannya sampai Rp 65 ribu. [40]
Untung yang lumayan ini dikumpulkannya untuk beli baju, emas atau
dikirim ke orang tua buat beli tanah. Jadi anak ini kaya juga,
meskipun tidak pakai kalung emas. "Emas saya disimpan di rumah
dong. Temen saya ada yang dijambrèt di Senayan waktu lagi jualan,
jadi saya tidak pakai lagi." Nah kalau mau merampok, silakan ke
rumahnya saja.   [45]

Jam lima pagi Mulyati harus sudah menumbuk ramu-ramuan. Ini
diulangi lagi pada jam dua siang untuk óperasi sóré. Demikianlah
jamu selalu masih hangat dan segar. Bahan-bahan jamu seperti
kedaung, lempayung, kayu manis, didatangkan dari Sala. Khasiatnya
macam-macam dah. Cabé puyang misalnya, menurut Mulyati, untuk [50]
melenyapkan pegal dan lemas. Beras kencur bikin sèhat dan berisi.
Sedang paitan untuk yang kurang darah.

Khusus bagi yang hampir ambruk, ada jamu cap orang tua, untuk
bikin "stèrek". "Sópir-sópir yang suka minum kan badanya
gedé-gedé. Kuat. Itu lhó stèrek." Mulyati juga punya langganan [55]
gedongan. Isteri seorang dokter, misalnya "Ibu dokter Jalan Jambu
tiap hari beli. Nyonya yang di Jalan Tanjung juga," tuturnya sambil
menguap. Bukan capèk, karena dia juga minum jamu sebelum berangkat. [60]

Mulyati seorang yang sederhana, dan tampak bahagia. Jualannya
laku terus, tak pernah sisa. Belum kawin. Disuruh juga tidak mau.
"Énakan nggak punya," katanya tegas. Tak tahu kenapa. Di sekitar [65]
rumahnya di Bendungan Udik, tidak kurang 70 orang bakul jamu
mangkal. Mulai dari gadis, yang sudah bersuami, sampai janda. Kakak
Mulyati sendiri, yang sudah beranak lima, juga seorang bakul jamu.
Dapatkah anda bayangkan berapa orang kira-kira bakul jamu sekarang
di Jakarta saja? Tak tahu apakah merèka memiliki kartu penduduk. [70]
Tapi barangkali ini sekedar gambaran bahwa wanita pribumi mèmang
benar tidak gemar ongkang-ongkang.

Biar tètèknya bancar

Lihat pulalah Suyati. Berusia 20 tahun, juga asal Sala,
beróperasi di sekitar daèrah Galur Cempaka Putih. Dengan modal Rp
300 untuk sekali jualan, ia sempat mengumpulkan Rp 600 sampai Rp [75]
700, bersih. Harganya juga amat murah. Ia menjual Rp 10 sampai Rp
15 per gelas -- kalau yang beli anak kecil. Ternyata uang sekian
juga masih bisa mendapatkan sesuatu yang baik untuk kesèhatan.
"Habis suka kasihan sama anak kecil," ujarnya.

Dengan bedak mèrek anu seharga Rp 50 dan lipstik yang bisa
80 dibeli dengan Rp 200, Suyati menggèndong empat botol jamunya.
Kebanyakan langganannya wanita. Mungkin karena antara jamunya ada
jamu lempuyang untuk orang perempuan -- "biar tètèknya bancar," itu
khasiatnya. Maksudnya kalau menètèki, air susu keluar bagus. Dengan
suami seorang tukang baksó, wanita yang sudah dua tahun menghuni
Jakarta ini tidak suka mengeluh -- sama seperti bakul-bakul jamu
yang lain. Mukanya kelihatan berseri, entah ini termasuk tèknik
berjualan atau Jakarta mèmang tak mampu membetotnya jadi keras.
85 Suyati juga senang di ibukota. Ia hanya pulang setahun sekali.
Kebutuhannya tak banyak. Paling merias diri. Lipstiknya ganti dua
bulan sekali, sedang bedak sebulan dua kali. Ia hanya berjualan
90 sóré hari.
     "Lhó, kenapa hanya sóré?"
     "Kalau pagi ngerjain orang laki."
     "Jadi bisa dipesen?"
     "Lhó, saya ini sudah punya suami. Jadi, pagi itu ladèni suami,
nyuci, masak."

                                        Tèmpó VII: 17, h. 36-37
                                                  25 Juni 1977

B. LATIHAN UNTUK BACAAN

I. *Jawablah secara lisan dengan buku tertutup*:

1. Apakah hubungan antara kalimat "Tak semua orang merantau
karena miskin" dengan keadaan perékónómian para bakul jamu?
2. Apakah benar bahwa semua bakul jamu itu berjualan jamu
hanya sebagai selubung untuk kerja yang lain? 3. Apakah yang
dimaksud dengan *jalan bèngkok* pada kalimat terakhir paragraf
kedua? Mengapa si pengarang menyampaikan hal tersebut? 4. Coba
jelaskan gambaran khas seorang bakul jamu! 5. Atas dasar
apakah penulis bacaan menduga bahwa Mulyati cinta pada warna
hijau? 6.Mengapa Mulyati ikut kakaknya ke Jakarta? 7. Pada
mulanya, apakah Mulyati lebih senang berada di Jakarta?
Bagaimana perasaannya sekarang? Mengapa? 8. Apakah keahlian
diperlukan untuk berjualan jamu? Kalau tidak, apa-apa sajakah
yang diperlukan seorang wanita untuk itu? 9. Bagaimana seorang
bakul jamu seperti Mbak Mulyati itu dapat menambah
penghasilannya tanpa harus melakukan sesuatu yang dinilai
kurang baik? Siapa saja yang menjadi pembeli dagangan
sampingan itu? Dagangan itu dapatnya dari mana, dan jualnya di
mana? 10. Mengapakah Mulyati mempunyai perhiasan? Dia kok
nolak memakainya pada waktu berjualan? 11. Apa sebenarnya
stèrek itu? Dan apa pula arti *langganan gedongan* dalam
paragraf delapan? 12. Bagaimana pendapat si penulis mengenai
kesediaan wanita Indónésia untuk bekerja keras? Mana buktinya?
13. Karena apakah kebanyakan langganan Suyati itu wanita?
14. Mengapakah Suyati hanya berjualan pada sóré hari?

II. *Ungkapkanlah kembali kalimat-kalimat berikut dengan mengisi titik-titik yang disediakan:*

1. Tidak semua orang merantau karena miskin.
   Kemiskinan ...
   Ada orang ...
2. Satu dua orang sempat kita dengar menuturkan pengalamannya yang rómantis dalam hal ini.
   Sempat kita dengar dari ...
   Kita sempat ...
3. Sementara sejawatnya, Suyati, membenarkan adanya banyak tukang jamu yang bisa dipesen.
   Menurut Mbak Suyati, ...
   Kalau ingin ..., banyak yang mau.
4. Perkara merias diri, ia mengaku sudah dóyan sejak kecil.
   Mbak Mulyati tidak menyangkal bahwa ...
   Sejak kecil ...
5. Habis, lulus di Sala itu, nggak dikasi sekolah sama ibu. Jadi, ya ikut kakak ke sini, jualan.
   Mbak Mulyati ke Jakarta ..., karena ...
   Ibu ..., maka saya ...
6. Jual jamu memang tidak memerlukan keahlian apa-apa, kecuali tenaga dan senyum tentu -- plus keberanian ala kadarnya.
   Untuk menjual jamu ...
   Orang mèmang ...
   Yang ... untuk ...
7. Jam lima pagi harus sudah menumbuk ramu-ramuan. Ini diulangi lagi pada jam dua siang untuk óperasi sóré. Demikianlah jamu selalu masih hangat dan segar.
   Penumbukan ramu-ramuan dilakukan ... supaya ...
   Untuk mendapatkan ...
8. Mukanya kelihatan berseri entah ini termasuk tèknik berjualan atau Jakarta mèmang tak mampu membetotnya jadi keras.
   Mukanya ... entah sebagai ... atau karena ...
   Entah karena ..., atau mungkin ..., tapi selalu kelihatan ...

III. *Buatlah pernyataan dengan ungkapan-ungkapan berikut:*

melintas dalam fikiran	panggilan darah
sèpak terjang	ala kadarnya
selubung	toh
menguntit jejak	gedongan
menuturkan	bakul jamu mangkal
pura-puranya	ongkang-ongkang
sekedar gambaran	habis ...
mengkréditkan	paling merias
perkara merias diri	

IV. *Terjemahkanlah ke dalam bahasa Indónésia:*

1. What actually comes to mind when you see. a seller of medicinal drinks pass by? Do these women who come from an area famous for its eroticism, just use this as a disguise for some other kind of work?
2. From information about income which I received from these ladies themselves I tend to doubt that they are tempted to engage in shady activities.
3. No wonder they can save such a large amount. With only 500 rupiahs capital they can end up with 5,000 rupiahs.
4. Mulyati carries on her back a basket with eight bottles of tonic and two glasses. And in her hand she carries a plastic bucket with water in it. She is what we consider a typical tonic seller.
5. In addition to her tonic, she also carries several pieces of material wrapped in a large piece of cloth. These she can sell on credit for a handsome profit, which allows her to buy gold or land.
6. Mulyati makes her round twice a day, once in the morning and once in the evening. Each time she grinds her ingredients anew, so that her tonic is always warm and fresh.
7. Now let us consider Suyati. Most of her customers are women, perhaps because they find among her wares *lempuyang* tonic, which is excellent for stimulating milk flow.

C. WAWANCARA

Wawancara mengenai Pelbagai Masalah
di Indonesia dan di Seluruh Dunia

INI 15: Wawancara ini merupakan ulangan dari *Units 8-14*.

An American named Todd is interviewed by a certain Mr. Dadap (D) about various problems which Indonesia faces. You play the role of Todd (T).

D: I am interested in your research on urbanization -- the movement of populations to the city. What has your research shown about the income of people who are struggling in the city?
T: Actually, I have not conducted any deep or thorough-going research as of yet. But in a random sample of 1,000 inhabitants, it turns out that their income is two-thirds greater than what they had at the time that they left their native villages.
D: Seeing how great the gap between the wealthy and the poor in the city is, I tend to doubt whether they really live on a better scale than they did in their home villages.
T: I myself sometimes tend to have that opinion, bearing in mind that many goods and services are actually cheaper in the country

than in the city. Life in the city is really far more expensive than in the country, especially transportation. But on the other hand, costs of food and clothing are cheaper in the city.

D: How about the matter of employment opportunities in the city?

T: That is where the attraction of the city lies. According to official data which I received from the government of metropolitan Jakarta, the average daily wage in Jakarta is approximately three times the daily wage in rural areas.

D: Is the majority of employment in industry?

T: No. In 1975 industry was not a large source of employment for the labor force. Most employment was in the field of services.

D: Is it true, or not, that income has on the average maintained its upward incline?

T: It is true. If the income in the rural areas does not rise at the same speed at which the income in urban areas is rising, it is going to be very difficult to check the flow of urbanization.

D: What about the problems of urbanization from the point of view of the villagers themselves?

T: I think that that would be the most useful way to look at the problem. I can take the village of Karang Garing in the Kidul Mountains as an example. Population in this area is no less dense than in Yogya, and the population increase has reached the rate of five per cent.

D: Is the government aware of the situation in that area?

T: They are aware, to be sure, but every effort which the government made to develop the area of Karang Garing has failed.

D: What are the most important products of that area?

T: The whole area of the Kidul Mountains is famous for its agricultural products. The production of cassava, in fact, surpasses the needs of the area itself. Unfortunately, it is difficult to market that cassava production.

D: How can that be?

T: The greatest obstacle is the lack of transport facilities. There is, to be sure, a paved highway which connects Karang Garing with the outside world, but the costs of transport are far exceed the market price of the cassava itself. Because of the halt in bus service, it now takes hours and hours just to go ten miles. With the decrease in the price of cassava, in time, farming has come to produce an insufficient income and is being relegated to a secondary role.

D: It is surprising that the inhabitants still stay in an area which is so poor.

T: It is indeed surprising. Indeed, emigration is the natural product of this unproductive environment.

D: Where do they usually emigrate to?

T: Usually Jakarta and Surabaya are the places they choose to emigrate to. But a not insignificant number also emigrate to Yogya.

D: It really is clear that that is a forgotten area.

T: With each passing year, the gap between the prosperous areas and the Kidul Mountains grows ever wider. And unfortunately, the inhabitants of the villages never are given a proper opportunity to catch up.

D: So, what is the influence of the guerilla operations in this area?

T: The rise in guerilla activities has strengthened the incentive to emigrate. We have placed around 300 members of the armed forces in the village of Karang Garing itself, and this contingent is free to carry out pursuit of the guerillas in whatever area is necessary.

D: This is very dangerous for the agricultural production of that area.

T: Yes, it is dangerous, but it is a necessary condition for this area to be free of Communist guerillas if peace is to be achieved throughout the nation.

D: Whose opinion is that? Is that your opinion or is it that the opinion of the Indonesian government?

T: True, up to now the guerilla activities are still confined to the areas around the village of Karang Garing, but guerilla activity has recently increased drastically, to the point that it has been quite a surprise to government officials.

D: I heard Admiral Soedomo express the opinion that even though the increase in guerilla activity has been surprising, it still is not viewed as a danger.

T: I am convinced that that guerilla activity does not in any way pose a threat to the existence of the state. Besides there is covert intervention by the Communists.

D: I believe that the problem of illicit taxes is far more pressing.

T: Yes, indeed. I am in agreement with the opinion of Mr. Domo, that the anticorruption operations which have been carried out must start at the very bottom, because that is where corruption is most keenly felt.

D: I believe that the anticorruption operation which Soedomo is carrying out is the same as the operation which Mr. Nasution carried out during Soekarno's times.

T: The biggest obstacle which Mr. Nasution faced was Soekarno himself, because Soekarno did not have the determination nor the daring to take action against high ranking officials.

D: But because of the personal prestige which Nasution possessed, he was able to succeed to a certain degree.

T: But it was really quite limited, because in the year 1964 Nasution achieved what he viewed as the limits of his abilities, and in fact he even drew the conclusion that there was only one way open for him to follow, and that was to replace the President. But he did not have the determination to go that far, especially since the majority of the armed forces at that time would not have allowed a coup.

D: Speaking of determination, I am surprised at the determination of the Minister of Education to take action against the students who reject the program of normalization.

T: Yes. The duty of a student is to strengthen his individual powers of reasoning, because they are still ignorant and have need of further education.

D: I think that it was very much to the point when the Minister compared the students with the emperor in Andersen's fairy tale.

T: Yes, indeed. Although it may be a bitter pill to swallow, they do have to accept the fact that in the university it is the educator who is the more informed.

D: They wish to renew society, and what is clear, they are strongly influenced by Chinese propaganda.

T: Yes, Chinese propaganda is very effective, but Chinese activities are very much influenced by their fear of the super powers. In China's view, the super-powers would have no qualms about using their weapons to destroy the nations of the Third World if this proves necessary.

D: It is quite impossible that China is acting open and above board. I believe that one of her most potent weapons is her foreign aid program.

T: China herself has emphasized that the aid which she gives does not have any strings attached of any sort, but there are still many who tend to doubt that.

D: I myself have tendencies to doubt it. There is nothing that China does that does not have politics as a motivation.

T: They do not deny their political motivation in giving aid, because they have said very explicitly that their aid, or to use the term which they prefer, their self-help projects, are given to help the developing nations become self sufficient; for these efforts are consistently blocked by the imperialist nations.

D: They have stated that their foreign aid projects are something entirely different from that which are given by the Western nations or the Socialist nations. Is this true, or is it just another name for this aid of theirs?

T: Yes I would agree that their aid is of a different sort. At least the way they carry it out is very different from what is usually done.

D: In which way is it different?

T: One thing is that 90 per cent of their loans are completely interest free, and even if they do charge interest, they charge only one or two percent and usually on a long term basis.

D: At least one could say that China gives loans on soft terms.

T: Yes, clearly so. And also recently foreign aid flowing from China showed a sharp rise. In the period from 1970-74 the total aid from China was twice as much as that which had been given in the previous fifteen years. China's aid in toto, in terms of present day currency, has amounted to 1,500 billion rupiahs.

D: But don't think that China is motivated by pure and simple generosity!

T: No, but their ultimate aim is to shape the prosperity of the entire community of mankind, whereas the aid which flows from the West is for the most part given out of a desire to serve the interests of capitalism.

D: But to be perfectly frank, I would rather live in America than in China.

T: Clearly. Even though America sometimes does not take the side of other nations for the sake of freedom, nevertheless America also has given signs that she is aware of her duties as a member of the community of mankind.

D: I am really amazed at the system of American government. Because in America everyone is liable to prosecution, no matter how high or powerful his position is.

T: The removal of President Nixon from office is a proof that in America power is subject to the law. In America there are means to free oneself from corruption, even though sometimes we are made breathless at the way it is carried out.

D: America is a great land because it is loyal to the basis of her institutions.

T: The Constitution of the United States has as its basis the dignity of mankind and on the basic inborn rights of man.

A. BACAAN

Nasib Meréka Berjalan Kaki

Kabupatèn Nias jangan dikira hanya terdiri dari Gunung Sitoli. Kota Gunung Sitoli hanya ibukota Kabupatèn Nias, salah satu daèrah tingkat II di Sumatera Utara. Kabupatèn ini terdiri dari 13 kecamatan, 12 di antaranya berada di Pulau Nias. Selebihnya berupa himpunan dari pulau-pulau Batu yang terdiri tak kurang dari 131 buah pulau kecil.

Sejak Menteri Perhubungan (ketika itu Émil Salim) meresmikan lapangan terbang perintis Binaka di Gunung Sitoli April 1976, ₅ tiba-tiba saja jarak antara Mèdan-Gunung Sitoli menjadi dekat. Sebelumnya jarak terdekat ke ibukota Kabupatèn Nias ini dari daratan Sumatera melalui Sibolga dengan kapal. Bila cuaca sedang baik, artinya ombak dan badai Samudera Indónésia sedang jinak, jarak yang hanya 80 mil itu akan menelan waktu tempuh 12 hingga 15 jam. Sekarang dengan pesawat Merpati tiga kali seminggu, Mèdan-Gunung Sitoli dapat ditempuh dalam waktu satu jam.

Kesulitan perhubungan antar pulau-pulau itu satu gambaran dari wajah Kabupatèn Nias secara keseluruhan. Tapi lebih dari itu, adalah sarana perhubungan di Pulau Nias sendiri. Jika akhir-akhir ini petani Nias mulai beralih ke tanaman nilam tak salah lagi, ini ₁₀ erat hubungannya dengan keadaan jalan di sana. "Mereka merasa lebih untung bertanam nilam," kata Bupati Nias, Dalimend, kepada Amran Nasution dari TÉMPÓ.

Sebab dengan menanam padi, berarti meréka membuat penderitaan besar. Untuk memasarkan satu karung padi, sama artinya dengan harus memikulnya berpuluh-puluh kilómèter, dengan hasil uang tak seberapa. Sedangkan dengan menjinjing tiga kg minyak nilam saja ke kota terdekat, penduduk pedalaman sudah mendapat hasil lumayan. Di gunung Sitoli sekarang, tiga kg minyak nilam berharga Rp 8.000. ₁₅

Rp 450 per jumba

Tapi beralihnya penduduk Nias ke tanaman nilam tak menggembirakan Bupati Dalimend. Selain harga minyak nilam sering tak stabil, juga akhir-akhir ini kabupatèn itu harus mendapat suntikan beras ratusan ton tiap minggu. Beras itu dimasukkan pedagang-pedagang dari Sibolga. Namun persoalannya akan menjadi semakin ruwet ketika sampai pada giliran beras-beras itu harus diangkut ke pedalaman: lagi-lagi karena sarana perhubungan yang ₂₀ buruk. Akibat lanjutannya, sedikit saja beras terlambat masuk, harga dapat membubung mencapai Rp 450 per jumba (satu jumba = kira-kira dua kg.)

Di zaman penjajahan dulu pemerintah Belanda pernah membangun jalan (*ring road*) sepanjang 367 km di Pulau Nias. Karenanya pernah ada tiga jalur jalan dari Gunung Sitoli yang dapat dilalui móbil ke seluruh ibukota kecamatan. Satu jalur menyusur pantai ke selatan ₂₅ menuju daèrah pariwisata Telók Dalam melalui Kecamatan Idano Gawo,

sepanjang 102 km. Satu jalur lagi dari Telók Dalam ke daèrah Nias
Tengah. Jalur jalan ketiga adalah dari Gunung Sitoli ke utara
melalui Tuhemberua menyusur pantai sampai Lahewa di ujung utara
pulau. Karena jalur-jalur jalan itu menyusur pantai, maka
perkembangan kota-kota Nias umumnya berada di sepanjang pantai.
Bagian tengah pulau masih diselimuti hutan tanpa manusia.

30 Sampai 1966 jalan buatan Belanda itu hanya tinggal 50 km saja
yang masih dapat dilalui móbil. Selebihnya hancur total. Di masa
Pelita ternyata juga tak banyak kemajuan. Jangankan membuat jalur
yang baru, untuk memulihkan yang pernah ada saja tak kunjung bèrès.
Menurut Dalimend, melalui APBD (Anggaran Pendapatan dan Belanja
Daèrah) Sumatera Utara jalan peninggalan Belanda yang digolongkan
jalan própinsi itu (lèbar tiga mèter) baru berhasil diréhabilitir
sepanjang 145 km. Karena itu jika dari Gunung Sitoli hendak
berkendaraan móbil hanya mampu mencapai Tuhemberua di utara dan
Idano Gawo di Selatan.

35 Pemda (Pemerintah Daèrah) Kabupatèn Nias sendiri mèmang turut
merancang sejalur jalan kabupatèn sepanjang 650 km. Yaitu jalan
penghubung dèsa-dèsa dengan ibukota-ibukota kecamatan. Tapi karena
APBD daèrah ini hanya berkisar Rp 480 juta tiap tahun, maka biaya
itu sebagian besar habis untuk ongkos rutin. Karena itu rencana
pembangunan jalan kabupatèn itu sampai sekarang hanya terlaksana 50
km saja. Akibatnya sampai sekarang tak kurang dari delapan kota
kecamatan yang masih terkurung (di luar Pulau-pulau Batu), yaitu
40Lahewa, Alasa, Gomo. Lahusa, Mandrehe, Sirombu, Lolowan, dan Telók
Dalam. Belum lagi jalan ke dèsa-dèsa. Karena itu tak heran jika
wabah muntah-bèrak yang menyerang daèrah ini dua bulan lalu menelan
korban cukup banyak. Karena pertolongan sulit diberikan untuk
menyusur dèsa-dèsa nun di pedalaman sana dengan kaki atau naik
sepèda.

Sampai sekarang agaknya warga Nias harus menerima nasib yang
ditakdirkan sebagai pejalan kaki yang patuh. Warga Lahea misalnya,
jika hendak ke Gunung Sitoli harus menempuh jarak 80 km, 35 km di
45antaranya dapat dilalui dengan móbil. Selebihnya tak ada pilihan
lain: berjalan kaki. Dan inipun, apa bolèh buat, harus merèka
tempuh, lebih-lebih bila hendak menjualkan hasil pertanian merèka.
Artinya dengan berjalan kaki puruhan km itu, di kepala atau di
punggung merèka terjunjung belasan kiló barang dagangan. Belum
lagi, harus naik turun bukit dan menyeberang sungai, karena semua
jembatan telah hancur.

Mengapa tak memakai kuda? "Bisa menimbulkan ketegangan antar
50suku," jawab Bupati Dalimend. Sebab jika seèkor kuda sedikit saja
merusak tanaman orang lain, maka akan timbul perkelahian yang
menyèrèt suku atau marga. Ternak kuda tak pópulèr di sini, kecuali
babi yang rupanya cukup subur.

Gadis-gadis Nias cantik-cantik. Berkulit kuning langsat. Ciri
55khasnya: betis merèka berotot menonjol seperti pemain bolakaki.
Tentu saja, karena sejak kecil merèka terlatih berjalan kaki
berpuluh-puluh kilómèter.

Tèmpó, 24 Juni 1978

B. LATIHAN UNTUK BACAAN

I. *Jawablah secara lisan dengan buku tertutup*:

1. Kok bisa jarak yang dulu jauh sekarang jadi dekat? Apakah jarak yang hanya 80 mil itu sungguh-sungguh jauh? 2. Alasan-alasan apakah yang menyebabkan petani-petani Nias beralih ke tanaman nilam? 3. Mengapa menanam padi menyebabkan penderitaan bagi petani di sana? 4. Bupati Dalimend tak begitu gembira dengan beralihnya penduduk Nias ke tanaman nilam. Mengapa bisa begitu? 5. Apa sebabnya harga beras di Nias kadang-kadang sampai Rp 450 per jumba? 6. Mengapa kota-kota di Nias pada umumnya terletak di sepanjang pantai? Adakah kota-kota yang terletak di Nias bagian tengah? Apakah jalan-jalan yang dibuat pemerintah Belanda itu masih baik hingga sekarang? Bagaimana sejarah jalan-jalan tersebut? 8. Jalan peninggalan Belanda tersebut baru berhasil diréhabilitir oléh Dalimend sepanjang 145 km. Dari mana Dalimend dapat biaya untuk itu? 9. Apa rencana Pemda Nias untuk memecahkan kesulitan mengenai sarana perhubungan ini? Sudahkah rencana tersebut terlaksana? Mengapa? 10. Hal-hal apakah yang menyebabkan wabah muntah-bèrak di pedalaman Pulau Nias menelan korban cukup banyak? 11. Coba jelaskan apa maksud ungkapan, "warga Nias harus menerima nasib yang ditakdirkan sebagai pejalan kaki yang patuh". Berikan contohnya! 12. Mengapa meréka tidak menggunakan kuda saja daripada berjalan kaki? Mengapa bisa terjadi demikian? 13. Gadis Nias walaupun cantik pada umumnya betisnya seperti pemain bolakaki. Mengapa begitu?

II. *Ungkapkanlah kembali kalimat-kalimat berikut dengan mengisi titik-titik yang disediakan*:

1. Kabupatèn Nias jangan dikira hanya terdiri dari Gunung Sitoli saja. Kota Gunung Sitoli hanya ibukota Kabupatèn Nias, salah satu daèrah tingkat II di Sumatera Utara.
   Janganlah mengira ... karena ...
   Kota Gunung Sitoli bukanlah ..., melainkan ...
   Selain kota Gunung Sitoli, ...
2. Kabupatèn ini terdiri dari 13 kecamatan, 12 di antaranya berada di Pulau Nias. Selebihnya berupa himpunan dari Pulau-pulau Batu yang terdiri tak kurang dari 131 buah pulau kecil.
   12 dari 13 kecamatan ..., sedangkan ...
   Himpunan dari ...
3. Sejak Mentri Perhubungan meresmikan lapangan terbang perintis Binaka di Gunung Sitoli April 1976, tiba-tiba saja jarak antara Mèdan-Gunung Sitoli menjadi dekat.
   Berkat ..., jarak antara Mèdan dan Gunung Sitoli tidak ...
   Akibat dari ...
4. Akhir-akhir ini petani Nias mulai beralih ke tanaman nilam. Ini erat hubungannya dengan keadaan jalan di sana.

Peralihan ...
Terdapat hubungan yang ...
Keadaan jalan di sana ...

5. Kesulitan perhubungan antara pulau-pulau itu ·satu gambaran dari wajah Kabupatèn Nias secara keseluruhan.
   Perhubungan antara pulau-pulau ... Demikian pula ...
   Perhubungan yang ... digambarkan olèh ...

6. Untuk memasarkan satu karung padi, sama artinya dengan harus memikulnya berpuluh-puluh kilómèter dengan hasil uang yang tak seberapa.
   Pemasaran padi terpaksa ...
   Sedikit saja uang ..., tapi ...

7. Beralihnya penduduk Nias ke tanaman nilam tak menggembirakan Bupati Dalimend.
   Bupati Dalimend tidak ..., karena ...
   Penduduk Nias tidak lagi ...

8. Beralihnya penduduk Nias ke tanaman nilam selain menyebabkan harga minyak nilam sering tidak stabil, juga akhir-akhir ini kabupatèn itu harus mendapat suntikan beras ratusan ton tiap minggu.
   Penyebab ... adalah karena ...
   Tiap minggu ...
   Harga minyak nilam ...

9. Persoalannya akan menjadi semakin ruwet ketika sampai pada giliran beras-beras itu harus diangkut ke pedalaman: lagi-lagi karena sarana perhubungan yang buruk.
   Keburukan ...
   Pengangkutan ...
   Keharusan mengangkut ...
   Lagi-lagi ... karena ...

10. Akibat lanjutannya, sedikit saja beras terlambat masuk, harga dapat membubung mencapai Rp 450 per jumba.
    Keterlambatan ...
    Karena beras ..., maka ...
    Membubungnya harga ... merupakan ...

11. Karena jalur-jalur jalan itu menyusur pantai, maka perkembangan kota-kota di Nias umumnya berada di sepanjang pantai.
    Kota-kota Nias ...
    Menyusurnya ... menyebabkan ...

12. Sampai 1966 jalan buatan Belanda itu hanya tinggal 150 km saja yang masih dapat dilalui móbil.
    Móbil hanya dapat ...
    Hanya tinggal ...

13. Jangankan membuat jalur yang baru, untuk memulihkan yang pernah ada saja tak kunjung bèrès.
    Pemulihan ...
    Jalur jalan yang pernah ada saja ..., apalagi ...
    Pembuatan ..., karena ...

14. Jalan peninggalan Belanda itu baru berhasil diréhabilitasi sepanjang 145 km. Karena itu jika dari Gunung Sitoli hendak berkendaraan móbil, hanya mampu mencapai Tuhemberua di utara dan Idano Gawo di selatan.

Réhabilitasi ..., sehingga ...
Karena ..., maka ...
Baru ..., karena itu ...
Belanda ..., tapi ...

15. Pemda Kabupatèn Nias sendiri mèmang telah merancang sebuah jalur kabupatèn sepanjang 650 km. Yaitu jalan penghubung dèsa-dèsa dengan ibukota kecamatan.
Jalur-jalur yang dirancang untuk ...
Memang telah ... sebagai ...
Ada rancangan untuk ...

16. Rencana pembangunan jalan kabupatèn itu sampai sekarang hanya terlaksana 50 km saja. Akibatnya sampai sekarang tak kurang dari delapan kota kecamatan yang masih terkurung.
Baru 50 km saja dari ...
Andaikata seluruh rencana pembangunan jalan telah terlaksana, maka ...
Jalur jalan sepanjang 50 km saja belum cukup untuk ...

17. Jika seèkor kuda sedikit saja merusak tanaman orang lain, maka akan timbul perkelahian yang menyèrèt suku atau marga.
Kerusakan yang sedikit saja ...
Sebagai akibat dari ...
Tanaman ...
Suku atau marga bisa tersèrèt ...

III. *Buatlah pernyataan dengan ungkapan-ungkapan berikut:*

jangan dikira	sedikit saja terlambat
selebihnya	jangankan ... saja
merintis	tak kunjung
menelan waktu	belum lagi
gambaran	tak hèran jika
tak salah lagi	ditakdirkan
bertanam	pilihan
lanjutannya	menjualkan

IV. *Terjemahkanlah ke bahasa Indónésia:*

1. Don't think that just because Nias is only eighty miles from the Sumatra mainland, that the journey can be accomplished in less than twelve hours. In fact it can take as much as fifteen hours.
2. You are not mistaken if you think that there is a connection between the poor condition of the roads and the products which the farmers have chosen to plant.
3. The government has not even been able to rehabilitate the roads which the Dutch left, much less carry to compeletion the plan for new road construction.
4. It is not surprising that the development of cities in Nias took place along the coast, for that is where the Dutch built roads. As a result, the villages in the interior of the island are isolated and surrounded by forests devoid of human habitation.

A. BACAAN

Patung-Patung Ampah: Punah

Perburuan barang anèh di Kalimantan Tengah kini memasuki babak baru. Bukan cuma kéramik dan perunggu Cina yang dicari -- untuk dilégó ke luar negeri dengan harga mahal -- tapi juga karya suku Dayak sendiri. Khususnya patung-patung kayu ulin, buatan para penganut agama Kaharingan dalam upacara adat meréka.

Salah satu pusat perburuan patung antik itu adalah dèsa Ampah, ibukota kecamatan Dusun Tengah, kabupatèn Baritó Timur, Kalimantan
5Tengah. Dèsa ini (9.000 jiwa) terletak 380 km sebelah Utara Banjarmasin. Dulu pusat kebudayaan suku Dayak Lawangan. Dari sini tersebar patung ulin, rumah adat untuk ibadah Kaharingan, *sandung* (rumah-rumahan kecil untuk tempat sesajèn), serta *keriring* (peti mati di atas tiang tinggi tempat menyimpan sejumlah tengkorak panglima-panglima Dayak sekaligus.) Bahkan ada satu dèsa sebelum Ampah, Patung namanya. Di dèsa itu tinggal seorang pemahat patung yang sudah tua, Idut, pencipta sebagian besar patung di dèsa Patung.

Larangan Sylvanus

Karena lebih mudah dicapai dari Banjarmasin ketimbang pusat kebudayaan suku Dayak Kalimantan Tengah lainnya, banyak orang asing
10dan pribumi datang ke Ampah mencari patung ulin. Karyawan Pertamina dan Union Oil -- yang pernah lama berusaha mencari minyak di kawasan hulu sungai Barito -- dikabarkan sudah banyak memborong patung itu. Ini cukup mengganggu penduduk, apalagi masyarakat Dayaknya sendiri yang kebanyakan masih beragama Kaharingan.

Yang paling menghèbohkan belakangan ini adalah dua orang pedagang pribumi yang mengaku berasal dari Sumatera. Meréka berusaha memborong puluhan patung ulin dari Ampah dan sekitarnya. Penduduk mengadukan kedua orang itu pada pólisi. Gubernur
15Kalimantan Reinot Sylvanus melarang diangkutnya benda-benda budaya Dayak yang bersejarah itu ke luar dari daèrahnya.

"Di daèrah ini orang-orang Sumatera itu berhasil menyikat 200 patung ulin," ujar Nempel Kiki, seorang anggota Wanra (Perlawanan Rakyat) di dèsa Patung pada wartawan TÉMPÓ G.Y. Adicondro. Di rumah Kiki sendiri ada sebuah patung wanita sudah rada "módèrn", mengenakan celana dalam. Patung ini milik kepala kampung Patung yang disitanya dari tangan pemburu patung Dayak. Tapi Nempel
20bersedia menjual patung itu seharga Rp 15 ribu untuk sebuah patung.

Djaèn, pemuda yang mengorganisir pencurian patung itu, kini dikucilkan olèh masyarakat. Dia tidak diserahkan pada polisi, sebab masyarakat di sini agak takut juga padanya. Soalnya, dia pernah
25masuk tentara, dan dipecat karena tidak disiplin. Orangnya suka berkelahi. Namun penduduk, yang tahu bahwa Djaèn sekedar alat dari para pedagang patung, menuntut pada pólisi supaya orang-orang Sumatera itu diusir dari sini.

Matahari terbenam

Berbèda dengan di Bali misalnya, orang-orang Dayak itu mèmang belum memahat patung untuk diperjual-belikan. Patung-patung yang dipahat beramai-ramai dari batang pohon ulin (kayu besi) untuh itu, didirikan sebagai tempat menambatkan kerbau. Kerbau itu dibantai beramai-ramai olèh para lelaki, dalam rangka pèsta adat (aruh) Kaharingan.

Dari arah patung itu menghadap, dapat diketahui patung itu didirikan selama pesta apa. Patung yang didirikan untuk upacara[30] penguburan pemuka masyarakat, menghadap ke arah matahari terbenam. Wujudnya, lelaki atau perempuan, merupakan penggambaran dari tokoh yang baru saja meninggal. Akibat pengaruh masuknya tentara Belanda ke belantara Kalimantan, panglima Dayak yang meninggal itu ada yang digambarkan dalam seragam opsir Belanda: bertopi yang tinggi, sepatu bót, duduk di kursi.

Sebaliknya, kalau patung atau beluntang itu menghadap ke arah matahari terbit, itu tandanya peristiwanya gembira: pèsta pernikahan atau kenduri untuk mohon berkat bagi seisi dèsa. Kenduri itu disebut *buntang*.   [35]

"DUPPA"

Dulu, keriring didirikan dekat atau di depan rumah adat dari beberapa puak yang berdekatan. Tapi kini keriring yang dihiasi ukiran kepala kerbau, mirip seperti tradisi Toraja di Sulawesi Selatan, terisólir di tengah hutan kelapa. Ada juga yang tegak di samping sekolah dasar. Namun di dèsa Pakali, 36 km dari Ampah, masih ada satu rumah adat yang lengkap dengan keriringnya. Tapi[40] bangunan itu kini terlantar. Anak suku Dayak Lawangan Bawuh yang dulu tinggal di situ sudah menyingkir terus ke hulu, dengan datangnya masyarakat Banjar dari Kalimantan Selatan. Dan beluntang yang ada di Pakali tertinggal begitu saja.

Untung Dinas Purbakala sudah masuk ke daèrah itu guna melindungi mónumèn Dayak yang mudah hancur itu. Terbukti dari pengelompokan sejumlah patung-patung di Ampah, serta inskripsi tanggal meninggalnya tokoh yang bersangkutan serta tanggal pendirian beluntangnya. Lengkap dengan inskripsi "DUPPA" di bawah inskripsi[45] tanggal sebagai bukti datangnya para arkéólóg ke sana. Hanya sayang, dari puluhan patung Dayak yang bertebaran di hutan, bukit, padang dan pekarangan rumah penduduk asli, baru segelintir kecil yang sudah diregistratér dan "dimeterai" olèh Dinas Purbakala di Jakarta. Sebagian besar masih terancam kelanjutan hidupnya olèh iklim dan manusia.

Tempó, 14 Mèi 1977

B. LATIHAN UNTUK BACAAN

I. *Jawablah secara lisan dengan buku tertutup*:

1. Apa bèdanya perburuan barang anèh di Kalimantan Tengah dulu dan kini? 2. Kenapa gerangan dèsa Ampah menjadi salah satu pusat perburuan patung itu? Dan apakah *keriring* itu? 3. Apa pekerjaan pendatang dari Sumatera yang diceritakan di sini? 4. Apa yang menyebabkan masyarakat Dayak merasa cukup terganggu? 5. Dari mana patung wanita itu diperolèh Kiki? Mengapa ukiran itu dikatakan rada modèren? 6. Bagaimana komentar penduduk lain tentang pencurian 200 patung itu? Dan bagaimana sebenarnya menurut merèka? 7. Apa peranan Djaèn dalam pencurian patung itu? Dan apa tindakan masyarakat terhadap dirinya? 8. Apa perbèdaan antara letak keriring dahulu dan sekarang? Bagaimana perbèdaan itu bisa dijelaskan? 9. Kenapa rumah adat di Ampah beserta keriringnya kini terlantar? 10. Apa jasa Dinas Purbakala dalam usaha untuk memelihara mónumèn Dayak itu? 11. Bagaimana kira-kira hari depan peninggalan-peninggalan Dayak yang kini masih tersebar di sana sini?

II. *Ungkapkanlah kembali kalimat-kalimat berikut dengan mengisi titik-titik yang disediakan*:

1. Bukan cuma keramik dan perunggu Cina yang dicari untuk dilégó ke luar negeri tetapi juga karya suku Dayak sendiri.
   Di samping ...
   Hasil karya suku Dayak ...
2. Di dèsa itu tinggal seorang pemahat yang sudah tua, Indut, pencipta sebagian besar patung di dèsa Patung.
   Sebagian besar patung ...
   Indut ...
3. Karena lebih mudah dicapai dari Banjarmasin ketimbang pusat kebudayaan suku Dayak lainnya, banyak orang asing dan pribumi datang ke Ampah mencari patung ulin.
   Pencari patung ulin ...
   Karena pusat kebudayaan suku Dayak lainnya ...
   Banyaknya orang asing dan pribumi berdatangan ke Ampah ...
4. Merèka berusaha memborong puluhan patung ulin dari Anpah dan sekitarnya. Penduduk mengadukan kedua orang itu pada Pólisi.
   Usaha pemborongan ...
   Pengaduan penduduk pada pólisi ...
5. Djaèn, pemuda yang mengorganisir pencurian patung itu, kini dikucilkan olèh masyarakat. Dia tidak diserahkan pada pólisi, sebab masyarakat di sini agak takut juga padanya.
   Djaèn agak ... masyarakat. Karena itu ...
   Pencurian patung itu ...
6. Penduduk yang tahu bahwa Djaèn sekedar alat dari para pedagang patung menuntut pada pólisi supaya orang-orang

Sumatera itu diusir dari sini.
    Para pedagang itu ...
    Pólisi ...
7. Orang-orang Dayak itu belum memahat patung untuk diperjual-belikan. Patung-patung itu didirikan sebagai tempat menambatkan kerbau yang akan dibantai dalam rangka pèsta adat Kaharingan.
    Pemahatan patung ...
    Kerbau yang ... dibantai dalam rangka pèsta adat Kaharingan.
    Pembantaian kerbau yang ... ke patung ...
8. Wujudnya merupakan penggambaran dari tokoh yang baru saja meninggal.
    Patung itu ...
    Tokoh yang baru saja meninggal ...
9. Dulu keriring didirikan dekat atau di depan rumah adat dari beberapa puak yang berdekatan.
    Rumah adat dari beberapa puak yang berdekatan ...
    Tempat pendirian keriring ...
10. Anak suku Dayak Lawangan Bawah yang dulu tinggal di situ sudah menyingkir terus ke hulu, dengan datangnya masyarakat Banjarmasin dari Kalimantan Selatan.
    Kedatangan masyarakat Banjarmasin ...
    Masyarakat Banjarmasin ... Karena itu ...
    Menyingkirnya anak suku Dayak ...
11. Untung, Dinas Purbakala sudah masuk ke daèrah itu guna melindungi mónumèn yang mudah hancur itu.
    Untung, mónumèn Dayak yang mudah hancur itu ...
    Untung, perlindungan ...
12. Sebagian besar masih terancam kelanjutan hidupnya olèh iklim dan manusia.
    Iklim dan manusia masih merupakan ...
    Mungkin sekali sebagian besar dari patung tersebut tidak bisa ... karena ...

III. *Buatlah pernyataan dengan ungkapan-ungkapan berikut*:

khususnya	mirip
ketimbang	guna meN-
dikabarkan	terbukti
mengenakan	segelintir kecil
berhasil meN-	pengelompokan
akibat pengaruh	kelompok
sekedar alat	bersangkutan
beramai-ramai	

IV. *Terjemahkanlah ke bahasa Indónésia*:

1. The search for antiques to sell abroad at inflated prices has proven to be quite disruptive to the local community, especially since the Dayaks themselves still practice their ancient religion.

2. Although it is forbidden to take any of the historical objects out of the area, it is doubtful whether it would be possible to free the area of grave robbers because there are buyers who are willing to offer Rp 25,000 for a single statue.

3. He was fired for organizing the stealing of statues on a large scale.

4. These statues, or *beluntang*, as they are called in the local language, depict the chief who died. To these *beluntang* a buffalo is tied, which is then slaughtered by the participants in the funeral ceremony acting together in a group.

5. As part of the effort to preserve these statues which are an easy prey to the elements, the Department of Antiquities has gathered statues which were formerly scattered throughout the area into one place and inscribed on them a notation of the place that the statue was erected and the date of the death of the person whom the statue depicts.

A. BACAAN

Kartika yang Hitam

Pencarian Kartika dalam hitam putih berkelanjutan di Balai Budaya, Jakarta, 22 s/d 28 April yang lalu. Lebih berhasil dari paméran hitam putih di TIM (Taman Ismail Marzuki) beberapa waktu yang lalu. Kartika di sini sudah sempat melupakan Bali yang begitu dia puja. Dia pergi ke daérah Kalimantan dan Sumatera. Menangkap kehidupan rakyat Batak dan wajah Dayak. 5

Kartika, yang begitu ngebet memenuhi kanvas dengan garis dan bidang émósiónal, tak terduga mampu juga menampilkan satu dua kanvas yang terkendali. Dalam lukisan *Rumah Adat Di Kaban Jahé* misalnya, terasa ada ruang karena putih kanvas ikut berbicara. Kómpósisi memperlihatkan munculnya akal sèhat yang kawin manis sekali dengan inspirasi. Di sana kita melihat sudut pandangan pada obyèk yang dramatis. Kita berhadapan dengan sebuah rumah adat yang menjulang ke langit dengan awan bergulung. Sementara ke samping, jèjèran rumah-rumah yang sama, mengecil dan hilang di horison. Ini 10 keterampilan yang sebetulnya milik Kartika, tetapi sering tercècèr.

Kelentèng

Pada judul *Warung Kopi Lelaki*, *Penginapan*, kita melihat pelukisan suasana yang sama sekali tidak didramatisir tetapi dramatik. Kartika mèmang suka sekali memelarat-melaratkan tokoh, menghangat-hangatkan atau membikin-bikin suasana bergolak, tapi dalam kedua lukisan ini tidak. Dengan mantap ia menangkap suasana. 15 Ia menjadi réalistis. Sementara garis-garisnya meliuk dengan terkendali, tidak diobral sebagai biasanya.

Sayang itu hanya sebagian dari banyak hasil hitam putihnya yang tetap mengulang kesukaan-kesukaannya dahulu. Misalnya pada obyèk Bali, obyèk manusia, obyèk kelentèng, obyèk perahu, Kartika menjadi ahli lalu kering. Lukisan-lukisannya mèmang sibuk dan bergerak, 20 tetapi tidak berjiwa. Tenaga puisi dari ruang kosong, unsur ikut sertanya batin penonton, telah dijègal. Inspirasi mèmang sesuatu yang mustahil bagi seorang yang ulet, ènerjètik dan gemar bekerja seperti Kartika. Tetapi kalau inspirasi tidak ikut menonjok lahirnya sebuah lukisan, meskipun lukisan bisa saja jadi kontemplatif dan indah, ia tidak mempunyai daya pukau. Kartika sering melukis tanpa inspirasi.

Satu hal yang menarik adalah lèbar pandangan lukisan wanita ini. 25 Dia begitu lahap menangkap skup besar kehidupan. Dia sangat bernafsu meraihnya sebanyak mungkin. Perhatiannya pada sudut-sudut yang berantakan kadangkala memunculkan perasaan kemanusiaannya yang tebal. Maka terlihatlah *Perkampungan Nelayan*, *Rumah Adat Karó*, *Rumah Adat di Lingga* yang menangkap interior rumah-rumah tersebut sasananya yang khas. Kartika tetap bersemangat. Kali ini kita bolèh 30 menghargai bahwa semangatnya cukup didukung olèh ketajaman garis, kepekaan kompósisi serta polèsan bidang-bidang yang émósiónal.

Wanita Macam Kuda

Kartika, putri pelukis Affandi, lahir 27 Nópèmber 1934 di Jakarta. Setelah bertempur sengit, bercerai dari suaminya pelukis ₃₅Saptohudoyo. Hidup sendirian, empat orang anak berusia 23-17 tahun. Berdagang barang-barang antik dan mengusahakan penginapan, di samping terus melukis. Di bawah ini wawancara dalam ruang pamèran di Balai Budaya.

Tanya: Mengapa anda melukis hitam putih sekarang?

Jawab: Mungkin itu rèflèksi dari jiwa saya kini. Dengan hitam ₄₀putih saya ingin mendapat èfèk yang sama dengan warna. Orang bilang hitam putih hanya untuk skèts. Saya ingin membuktikan melukis juga bisa hitam putih, tanpa kehilangan bobot.

Tanya: Ada pengaruh perceraian anda dari suami dalam lukisan?

Jawab: Ya. Pada permulaan menyendiri, banyak kawan tidak mau dekat lagi, saya seperti terisólir. Saya tidak mengharap lagi ₄₅lukisan saya menjadi pajangan muséum-muséum terkenal. Saya sangat benci lelaki. Saya hanya mengharap, dalam keadaan terjepit karena harus mengurus anak-anak -- saya hanya minta dinilai bahwa saya mampu menjalankan fungsi seorang bapak. Mèmang itu menyebabkan saya seperti kehilangan kewanitaan. Lalu saya berkenalan dengan seorang dramawan dari Jerman, yang banyak mengritik lukisan saya yang sangat mirip dengan lukisaan bapak.

Tanya: Apakah anda punya cita-cita mengangkat derajat wanita ₅₀dengan lukisan anda?

Jawab: Ya. Saya menyokong sekali *Woman's Lib*. Saya melihat banyak sekali kekurangan dalam dunia wanita terutama di pedalaman. Merèka itu kayaknya, seperti kuda. Mending kalau kuda tunggangan ₅₅saja. Ya, tak habis-habisnya merèka bekerja. Wanita Batak Karó, misalnya, di tempat di mana saya melukis sebagian besar isi pamèran ini. Pagi-pagi, sesudah mempersiapkan makanan untuk siang hari, merèka terus menggèndong anak dan berangkat ke ladang untuk bekerja. Sementara suami-suami pada duduk santai dalam warung. Itu sebabnya timbul lukisan *Warung Lelaki* -- di mana semua ₆₀pengunjungnya lelaki, termasuk yang melayani, karena semua isteri bekerja di ladang. Waktu saya tanyakan kepada lelakinya, kenapa itu terjadi, merèka menjawab, "Kan ènak duduk-duduk." Padahal merèka muda-muda, lhó. Lalu saya tanyakan kepada wanitanya. Merèka menjawab, "Kalau kita nggak kerja, tidak ada yang mengawini." Saya ₆₅kira itu sebabnya juga di sana angka kematian besar. Dari sembilan anak, yang hidup hanya empat.

Tanya: Apa anda tidak berambisi lagi menjadi pelukis hèbat?

Jawab: Ya masih. Itu saya lakukan dengan bekerja banyak, kerja ₈₀keras, dan banyak pamèran. Nggak laku nggak apa. Yang penting sebanyak-banyaknya melukis. Tapi saya tidak merasa lukisan saya komersil, karena tidak tergantung ukuran dan mótif. Lihat, ini saja tidak ada yang laku.

₇₅ *Tanya*: Apakah anda menderita?

Jawab: Tidak. Saya bahagia sekarang.

Putu Wijaya
Tèmpó, 14 Mèi 1977

B. LATIHAN UNTUK BACAAN

I. A. *Jawablah secara lisan dengan buku tertutup, mengenai "Kartika Yang Hitam"*:

1. Menurut saudara apa maksud ungkapan "pencarian Kartika dalam hitam putih berkelanjutan di Balai Budaya" dalam artikel di atas? 2. Bagaimana kesan penulis tentang pamèran Kartika di Balai Budaya itu? 3. Apa kira-kira yang menjadi téma lukisan-lukisan Kartika dulu di TIM? Dan sekarang témanya apa? 4. Apa perbèdaan antara *Rumah Adat di Kaban Jahé* dengan kebanyakan hasil lukisan Kartika? 5. Apa sebenarnya yang dilukiskan dalam lukisan *Rumah Adat di Kaban Jahé*? 6. Pada lukisan yang berjudul *Warung Kopi Lelaki* dan *Penginapan* terdapat kelainan bila dibandingkan dengan lukisan-lukisan Kartika pada umumnya. Di mana letak kelainannya? 7. Bagaimana penilaian si penulis terhadap kebanyakan dari lukisan Kartika dalam pamèran ini? 8. Mengapa Kartika kurang berinspirasi? 9. Peranan apa yang dimainkan inspirasi dalam pelahiran suatu lukisan? 10. Apakah ciri Kartika yang terlihat menonjol pada lukisannya?

B. *Jawablah secara lisan dengan buku tertutup, mengenai "Wanita Macam Kuda"*:

1. Apa yang dikerjakan Kartika setelah bercerai dengan suaminya? 2. Kesan apa yang ingin diperolèh Kartika dengan lukisan hitam putihnya? Bagaimana tanggapan orang pada umumnya mengenai lukisan hitam putih? 3. Bagaimana pengaruh perceraian Kartika terhadap jiwanya? 4. Setelah bercerai dengan suaminya Kartika tidak berharap lagi agar lukisan-lukisannya dipamèrkan di musèum-musèum terkenal. Mengapa? Lalu apa yang diharapkannya dalam keadaan seperti itu? 5. Bagaimana pendapat Kartika mengenai hidup seèkor kuda dibandingkan dengan hidup wanita di pedèsaan? 6. Kesan apa yang pertama kali terlihat dalam lukisan Kartika yang berjudul *Warung Lelaki*? Latar belakang apa yang ingin ditampilkan olèh Kartika dengan lukisannya itu? 7. Bagaimana dugaan Kartika mengenai angka kematian yang begitu besar di lingkungan Batak Karó? Apa sebabnya wanita-wanita di sana harus bekerja keras? Adakah merèka takut kelaparan? 8. Mengapa Kartika menyatakan lukisannya tidak komèrsil?

II. *Ungkapkanlah kembali kalimat-kalimat berikut dengan mengisi titik-titik yang disediakan*:

1. Kartika di sini sudah dapat melupakan Bali yang begitu dia puja.
   Dia begitu ... tetapi ...
   Bali ...

2. Kartika, yang begitu ngebet memenuhi kanvas dengan garis
   dan bidang-bidang émósiónal, tak terduga mampu juga
   menampilkan satu dua kanvas yang terkendali.
   > Satu dua kanvas yang terkendali ...
   > Kemampuan Kartika ... namun ...
3. Dalam lukisan *Rumah Adat di Kaban Jahé*, misalnya, terasa
   ada ruang karena putih kanvas ikut berbicara.
   > Adanya ... menyebabkan ...
   > Seakan-akan ...
4. Kómpósisi memperlihatkan munculnya akal sèhat yang kawin
   manis sekali dengan inspirasi.
   > Pemunculan ...
   > Akal sèhat ...
5. Kita berhadapan dengan rumah adat yang menjulang ke langit,
   sementara ke samping, jèjèran rumah-rumah yang sama,
   mengecil dan hilang di horison.
   > Di samping rumah adat yang menjulang ke langit ...
   > Berbèda dengan jèjèran rumah tempat tinggal rakyat, ...
6. Ini ketrampilan yang sebetulnya milik Kartika tetapi sering
   tercecèr.
   > Kartika ...
   > Walaupun ketrampilan itu terasa dalam lukisan ...
   > Kartika, namun ...
7. Pada judul *Warung Kopi Lelaki*, *Penginapan*, kita melihat
   pelukisan suasana yang sama sekali tidak didramatisir
   tetapi dramatik.
   > Pelukisan ...
   > Bahwa ... bukanlah merupakan pendramatisiran ...
8. Kartika mèmang suka sekali memelarat-melaratkan tokoh,
   menghangat-hangatkan atau bikin suasana bergolak, tapi
   dalam kedua lukisan ini tidak.
   > Kesukaan ...
   > Tidak terlihat ...
   > Tokoh ...
9. Hanya sebagian dari banyak hasil hitam putihnya tetap
   mengulang kesukaan-kesukaannya dahulu.
   > Kebanyakan ...
   > Hasil ...
   > Pengulangan ...
10. Inspirasi mèmang sesuatu yang mustahil bagi seorang yang
    ulet, ènèrgetik dan gemar bekerja seperti Kartika.
    > Mustahil ...
    > Seperti halnya Kartika, bagi orang ...
11. Tetapi kalau inspirasi tidak ikut menonjok lahirnya sebuah
    lukisan, ia tidak mempunyai daya pukau.
    > Sebuah lukisan ...
    > Untuk mempunyai daya pukau ...
12. Perhatiannya pada sudut-sudut yang berantakan kadang-kadang
    memunculkan perasaan kemanusiaannya yang tebal.
    > Perasaan kemanusiaannya yang tebal ...
    > Ketebalan perasaan ... dari ...
13. Setelah bertempur sengit, bercerai dari suaminya pelukis
    Saptohudoyo.

Kesudahan dari: ...
Pertempuran yang ... mengakibatkan ...
14. Meréka itu kayaknya seperti kuda. Mending kalau kuda
tunggangan saja. Ya, tak habis-habisnya meréka bekerja.
Pekerjaan ... sehingga ...
Dibandingkan dengan kuda tunggangan ...

III. *Buatlah pernyataan dengan ungkapan-ungkapkan berikut.*

berkelanjutan	tercécèr
tak terduga	terkendali, tidak diobral
menampilkan	ikut serta
kawin manis sekali	bernafsu
jèjèran	mendapatkan èfèk
mengecil	menyendiri
kewanitaan	mending kalau
mirip	pada duduk

IV. *Terjemahkanlah ke dalam bahasa Indónésia:*

1. Although the majority of the scenes which Kartika paints
   are dramatic and full of emotion, nevertheless in two of
   the paintings which are being shown in her current
   exhibition she quite unexpectedly demonstrates that she is
   capable of presenting restrained scenes.
2. Although all of her paintings present well thought out
   ideas, unfortunately only a few also show inspiration. And
   without inspiration, the work becomes dry and spiritless,
   lacking in enchantment, contemplative or beautiful though
   it may be.
3. Kartika has proven that with black and white it is possible
   to create a work of art of poetic inspiration and which
   gives rise to a feeling of humanism.
4. Kartika is a strong supporter of *Women's Lib* because after
   her divorce she lived many years alone in straightened
   condition. But this does not mean that she has lost her
   femininity.
5. In the Karo areas where Kartika created some of her most
   inspired works in black and white, the women are no better
   off than horses -- in fact riding horses are a bit better
   off.

UNIT NINETEEN

A. BACAAN

Opelét, Kecutan Téknólógi?

ITB (Institut Tèknólógi Bandung) mau mengadakan kejutan tèknólógi, namun di bidang perakitan móbil yang terjadi ialah kecutan tèknólógi. Alias putar sekrup.

Indónésia sering menghendaki yang hèbat-hèbat mulai dari bom atóm, pembangkit listrik nuklir, jalan raya Sumatera, padi unggul, Palapa dan lain-lain, namun kebanyakan rakyat hanya kebagian dengarnya atau bayarnya saja tanpa mengerti dan menikmati yang hèbat-hèbat tersebut.

5 Di hampir seluruh kota dan dèsa Indónésia terdapat opelèt. Perkembangannya dan daya tahannya cukup mengejutkan. Umumnya opelèt terdiri dari móbil-móbil tua yang umurnya dari sudut tèknólógi telah uzur, bahkan menurut hukum perusahaan seharusnya telah puluhan tahun apkir alias masuk kubur.

Tapi mungkin di seluruh dunia cuma di Indónésia terdapat keajaiban opelèt. Bayangkan, umur mesinnya 25-30 tahun, bahkan ada yang lebih. Dari pabrik aslinya ketika masih baru diperuntukkan mengangkut 4-5 orang, tetapi setelah menjadi opelèt dapat 10mengangkut sepuluh orang. Karósèrinya benar-benar *made in Indonesia*, memakai kayu dan sèng, dan tanpa pabrik rakitan. Pemiliknya rata-rata orang miskin dan umumnya pribumi lagi. Merèka tidak pernah cerèwèt meminta apalagi menyelèwèngkan krédit. Merèka mudah diatur dan setia bayar segala macam rétribusi dan "pungli" 15(pungutan liar). Pemilik opelèt sekaligus merangkap supir, kasir, kenèk, montir. Opelèt jarang ngebut karena umumnya mèmang tidak dapat lari kencang alias aman untuk lalu lintas.

Asal-usul nama opelèt mèmang anèh, walau umumnya mèrek opelèt terdiri dari Austin atau Morris namun tetap dijuluki Opelèt, yang asal-usulnya dari Opel kecil, mèrek móbil Opel dari Jerman.

Hampir semua rakyat kecil kota Jakarta pernah naik opelèt. Naik opelèt ada seninya. Supirnya yang merangkap kenèk jarang cerèwèt 20apalagi bentak-bentak. Taripnya tidak terlalu mahal dan semua penumpang dapat tempat duduk. Rutenya tetap dan setia. Kalau kebetulan tidak ada cukup uang sesuai dengan tarip, dapat minta maaf dan o.k. Opelèt juga dapat berhenti di mana saja yang disukai, cukup dengan pesan "minggir".

Di balik kehèbatan tersebut di atas, pemerintah sering lupa bahwa pemilikan opelèt bukanlah untuk cari kaya, tetapi untuk 25periuk nasi pemiliknya. Opelèt betul-betul berakar bagi masyarakat Indónésia, mulai dari pemiliknya, penumpangnya, tetapi paling penting lagi tèknólóginya yang menjadi sumber hidup bagi ribuan tukang kecil yang secara mikró ikut menggerakkan ékónómi rakyat mulai dari menyerut kayu, mengetok dan menggunting sèng. Opelèt secara tidak langsung menyokong roda kehidupan masyarakat, tanpa banyak cincong dan tanpa banyak menyelèwèngkan krédit.

Módèl tèknólógi opelèt perlu direnungkan. Mungkin módèl ini dapat dikembangkan sekaligus menjembatani tèknólógi "putar sekrup" ke arah yang konkrit dan menguntungkan bagi Indónésia baik dilihat

dari segi penyediaan lapangan kerja, penghèmatan dévisa dan paling
penting lagi perataan pemilikan. Sekaligus mengurangi cekikan modal[30]
raksasa dan sistim mónópólinya.

   Alangkah sayangnya kalau usaha peropelètan harus dihapuskan demi
memberi tempat kepada pengusaha kaya yang nota bènè umumnya pinjam
krédit dan banyak tingkah lagi.

   Pemilik opelèt adalah orang ulet, tabah dan wira usaha ukuran
mini. Daripada menghalau mereka ini, apakah tidak lebih baik
membimbing mereka meningkatkan usaha opelètnya? Kepada mereka dapat
ditawarkan semacam krédit BIMAS (Bimbingan Massa) dan INPRÉS
(Instruksi Prèsiden) yang pasti hasilnya konkrit, dan besar harapan[35]
krédit akan kembali. Kita harus sadar bahwa walau banyak orang yang
punya móbil pribadi, tetapi lebih banyak yang tidak punya. Lagipula
diban-dingkan dengan naik bis, naik opelèt lebih nyaman dan aman.
Dan tak rèpot parkir.

Témpó, 1 Október 1977

B. LATIHAN UNTUK BACAAN

   I. *Jawablah secara lisan dengan buku tertutup*:

   1. Bagaimana pendapat penulis tentang industri perakitan móbil
di Indónésia? 2. Bagaimana pendapat penulis tentang kehendak
Indónésia untuk memiliki tèknólógi yang hèbat? 3. Apakah yang
didapat rakyat banyak dari tèknólógi modèrn yang hèbat-hèbat?
Adilkah itu? Mengapa? 4. Apa yang dikatakan cukup mengejutkan
mengenai opelèt itu? Apa ada lagi keistimèwaannya yang lain?
5. Perobahan-perobahan apakah yang dialami sebuah opelèt
semenjak ia mulai bernama opelèt 25-30 tahun sebelumnya? 6.
Bagaimana hal pemilikan opelèt dibandingkan dengan sarana
pengangkutan yang lain di Indónésia? 7. Mengapa opelèt itu
jarang ngebut? 8. Mengapa naik opelèt lebih ènak daripada naik
bis, umpamanya? Masih ada juga orang yang mau naik bis.
Kira-kira apa sebabnya? 9. Apakah fungsi opelèt bagi si
pemiliknya? 10. Kenapa bisa dikatakan bahwa opelèt benar-benar
berakar dalam masyarakat Indónésia? 11. Dalam hal apa industri
opelèt unggul dibandingkan dengan industri lain yang
menggerakkan atau menyejahterakan ékónómi rakyat? 12. Untuk
apakah módèl tèknólógi opelèt perlu direnungkan? 13. Apakah
kira-kira ada rencana untuk menghapuskan usaha peropelètan?
Apa alasannya untuk melaksanakan rencana yang demikian? 14.
Menurut penulis, apakah yang seyogyanya dilakukan pemerintah
terhadap para pemilik opelèt? Mengapa begitu? 15. Apakah
keunggulan opelèt ketimbang bis? Dan kalau diban-dingkan
dengan móbil pribadi?

II. *Ungkapkanlah kembali kalimat-kalimat berikut dengan mengisi titik-titik yang disediakan:*

1. Indónésia sering menghendaki yang hèbat-hèbat, namun kebanyakan rakyat hanya kebagian dengarnya atau bayarnya saja tanpa mengerti dan menikmati yang hèbat-hèbat tersebut.
   Kebanyakan rakyat hanya ...
   Tèknólógi yang hèbat-hèbat itu ... Rakyat banyak hanya ...
   Bagi kebanyakan rakyat, ...
2. Umumnya opelèt terdiri dari móbil-móbil tua yang umurnya dari sudut tèknólógi telah uzur, bahkan menurut hukum perusahaan seharusnya telah puluhan tahun apkir alias masuk kubur.
   Seharusnya ..., karena ...
   Keuzuran opelèt-opelèt ...
3. Dari pabrik aslinya ketika masih baru diperuntukkan mengangkut 4-5 orang, tetapi setelah menjadi opelèt dapat mengangkut sepuluh orang.
   Walaupun asalnya ..., namun ...
   Setelah jadi opelèt ..., padahal ...
4. Opelèt jarang ngebut karena umumnya mèmang tidak dapat lari kencang alias aman untuk lalu lintas.
   Karena tidak dapat lari kencang, ...
   Jarang sekali ...
5. Di balik kehèbatan tersebut di atas, pemerintah sering lupa bahwa pemilikan opelèt bukanlah untuk cari kaya, tetapi untuk periuk nasi pemiliknya.
   Yang sering ...
   Hasil dari ...
   Dengan ... orang hanya cukup pendapatannya sekedar ...
6. Opelèt betul-betul berakar bagi masyarakat Indónésia, tetapi paling penting lagi, tèknólóginya yang menjadi sumber hidup bagi ribuan tukang kecil yang secara mikró ikut menggerakkan ékónómi rakyat.
   Ribuan tukang kecil ...
   Masyarakat Indónésia ...
7. Mungkin módel ini dapat dikembangkan sekaligus menuntun tèknólógi "putar sekrup" ke arah yang konkrit dan menguntungkan bagi Indónésia baik dari segi penyediaan lapangan kerja, penghèmatan dévisa dan paling penting lagi perataan pemilikan.
   Módèl tèknólógi opelèt menguntungkan bagi
   Indónésia karena: (1) ..., (2) ... atau (3) ...
   Pengembangan ... sekaligus merupakan ...
8. Alangkah sayangnya kalau usaha peropelètan harus dihapuskan demi memberi tempat kepada pengusaha kaya.
   Penghapusan ...
   Pemberian ...
9. Kepada meréka dapat ditawarkan semacam krédit BIMAS dan INPRÉS yang pasti hasilnya konkrit.

Merèka ...
Krédit ...
Jika semacam krédit BIMAS ...

III. *Buatlah pernyataan dengan ungkapan-ungkapan berikut:*

namun	alias
kebagian dengarnya saja	dijuluki
dari sudut	cukup dengan
telah uzur	berakar
apkir	roda kehidupan
bahkan ada	secara tidak langsung
diperuntukkan	banyak cingcong
di balik	baik dilihat
pribumi lagi	cekikan, mencekik
menyelèwèngkan	banyak tingkah
pungli	ukuran mini
daya ... nya	demi memberi
merangkap	

IV. *Terjemahkanlah ke bahasa Indónésia:*

1. Although Indonesia has developed technology on a grand scale, the people only get the chance to hear about it, not to enjoy it.
2. If we go by the manufacturer's expectations, these cars should have been retired years ago -- i.e., assigned to the junk yard.
3. The owner functions as the cook, waiter, cashier and bell boy -- all at the same time. Just imagine there are some that have no help of any sort!
4. The owners of these food shops are for the most part ordinary people and all of them natives, not foreigners.
5. They rarely ask for outside help, much less ask for massive infusions of government help. They do their job without a lot of fuss and bother.
6. They don't invest in large enterprises to get rich, but they do participate in the economy in a small way.
7. It should be a terrible shame if for the sake of conserving foreign exchange these small businesses were to be abolished; for indirectly they provide multiple opportunities for employment.
8. Let us consider this further. I have high hopes that it will be possible to equalize the distribution of property without creating the opportunities for massive malversations of funds.

A. BACAAN

Féstival Jakarta

Pembukaan Fèstival Jakarta '78 Kamis malam di Taman Fatahillah, mendapat perhatian ribuan rakyat biasa. Terasa suasana akrab antara penonton, seniman-seniwati dengan para pejabat yang ditokohi Wakil Présidèn Adam Malik. Ini selaras dengan jenis kesenian yang dipèntaskan selama Fèstival: kesenian tradisiónil. Dan tujuan Fèstival mèmang untuk ikut serta menggali serta membina kelestarian kesenian tradisiónil dari berbagai daèrah.

Kesenian tradisiónil umumnya lebih mudah dihayati olèh rakyat sederhana, sebab merupakan sarana untuk mengèksprèsikan gerak
₅kehidupan kemasyarakatan maupun persónal yang dekat dengan hati merèka. Makanya getaran-getaran manusiawi terasa pula dalam berbagai jenis kesenian daèrah.

Mèmang peranan seniman-seniwati yang menampilkannya sangat menentukan. Semakin baik kwalitas tèknisnya dan semakin dalam penghayatannya, akan menjadi semakin hidup dan menariklah karya seni yang diperankannya.

Itulah sebabnya usaha melestarikan kesenian tradisiónil dan membinanya, harus dibarengi pula dengan usaha "menghidupkan" para seniman-seniwati tradisiónil. Maksudnya, tidak saja meningkatkan kemampuan merèka sebagai seniman-seniwati, tetapi juga sepadan
₁₀dalam memberikan penghargaan dan kesempatan kepada merèka.

Fèstival Jakarta '78 merupakan salah satu pintu gerbang yang cukup lèbar untuk semakin memberi kesempatan dan penghargaan itu. Berbagai jenis kesenian daèrah yang semula terpendam dan malahan dianggap sudah hilang, bisa dimunculkan. Dengan demikian memasyarakat pulalah para seniman-seni watinya.

Tetapi untuk menjadikan Fèstival semacam itu kontinyu atau bisa ajek diadakan setiap tahun dengan partisipasi yang makin hangat, pembinaan kesenian tradisiónil beserta seniman-seniwatinya perlu dilakukan terus-menerus. Salah satu caranya ialah, memberi kesempatan tampilnya kesenian tradisiónil dalam setiap perayaan
₁₅umum, dan yang tidak kalah pentingnya, memasukkan kesenian tradisiónil dalam kurikulum sekolah.

Dengan demikian akan dapat ditumbuhkanlah aprésiasi anak-anak kita pada karya seni bangsanya sendiri, di samping merèka akan lebih memahami pula berbagai unsur yang membentuk bangsanya. Imbalan yang wajar perlu diberikan kepada para pengajar kesenian tradisiónil di sekolah-sekolah. Janganlah merèka hanya dinilai dari ijazah merèka yang formil dari sekolah-umum, tetapi terutama nilailah kemampuan merèka sebagai seniman-seniwati.

Dengan dilakukannya usaha-usaha itu, maka Fèstival Jakarta pasti akan jadi lebih bermutu dan makin meluas serta menghangat peminatnya. Dengan demikian akan lebih mudah berhasil pula usaha untuk memasukkan Fèstival Jakarta dalam kalènder fèstival-fèstival internasiónal.

Kompas 1 Juli 1978

B. LATIHAN UNTUK BACAAN

I. *Jawablah secara lisan dengan buku tertutup*:

1. Mengapa si penulis tajuk berkata bahwa suasana malam pembukaan fèstival tersebut selaras dengan jenis kesenian yang dipèntaskan selama fèstival? 2. Apa maksud "untuk ikut-serta menggali serta membina kelestarian kesenian tradisiónil dari berbagai daèrah"? Apa pula yang dimaksudkan dengan "kelestarian" kesenian tradisiónil? 3. Mengapa rakyat sederhana dapat lebih mudah menghayati kesenian tradisiónil dari pada kaum èlite? Perlukah pemisahan yang begitu? 4. Mengapa mutu penampilan karya seni tradisiónil para seniman sangat penting bagi penggalian dan pembinaan kesenian tradisiónil tersebut? 5. Mengapa kaum seniman pantas dihargai dan diberi imbalan yang sepadan dengan kemampuan seninya? 6. Di samping ganjaran finansiil, apa pula yang layak disediakan bagi seorang seniman tradisiónil? 7. Bagaimana caranya menjadikan Fèstival Jakarta sebagai pintu gerbang untuk menghidupkan para seniman-seniwati? Pada hèmat saudara, apakah kesempatan seperti ini mengandung risikó? 8. Apa kira-kira yang menjadi rintangan untuk mengajekkan dan mengadakan Fèstival Jakarta secara kontinyu? 9. Bagaimana cara untuk mengusahakan keajekkan dan kontinuitasnya? 10. Mengapa menurut gagasan penulis kesenian tradisiónil sebaiknya dimasukkan dalam kurikulum sekolah? 11. Menurut penulis, apa yang harus diutamakan bagi seorang pengajar seni di sekolah? 12. Adakah kemungkinan Fèstival Jakarta disertakan dalam kalènder fèstival-fèstival internasiónal? Syarat apa yang harus dipenuhi sehingga kemungkinan tersebut dapat terwujud?

II. *Ungkapkanlah kembali kalimat-kalimat berikut dengan mengisi titik-titik yang disediakan*:

1. Tujuan fèstival mèmang untuk ikut serta membina kelestarian kesenian tradisiónil dari berbagai daèrah.
    Melalui fèstival ini ...
    Kesenian ...
2. Kesenian tradisiónil umumnya lebih mudah dihayati olèh rakyat sederhana, sebab merupakan sarana untuk mengèksprèsikan gerak-kehidudpan kemasyarakatan maupun personal yang "dekat dengan hati merèka".
    Gerak-kehidupan yang dekat dengan hati masyarakat ...
    sarana yang baik untuk ...
    Rakyat biasa lebih mudah ..., karena ...
3. Semakin baik kwalitas tèknisnya dan semakin dalam penghayatannya, akan menjadi semakin hidup dan menariklah karya seni yang diperankannya.
    Daya tarik sebuah karya seni yang dipèntaskan ditentukan ...
    Penghayatan yang dalam dan kwalitas tèknis ...

4. Maksudnya, usaha yang perlu ditempuh bukan hanya
   meningkatkan kemampuan mereka sebagai seniman-seniwati
   tradisiónil, tetapi usaha itu harus juga sepadan dalam
   pemberian penghargaan dan kesempatan kepada mereka.
   > Usaha untuk meningkatkan kemampuan seniman tradisiónil
   > harus ...
   > Kesempatan dan penghargaan yang diberikan pada seniman
   > tradisiónil ...

5. Itulah sebabnya usaha melestarikan kesenian tradisiónil dan
   membinanya harus dibarengi pula dengan usaha "menghidupkan"
   seniman-seniwati tradisiónil.
   > Berbarengan dengan ...
   > Tanpa adanya usaha ...
   > Di samping ...

6. Fèstival Jakarta '78 merupakan salah satu pintu gerbang
   yang cukup lèbar untuk semakin memberikan kesempatan dan
   penghargaan itu. Berbagai jenis kesenian daèrah yang semula
   terpendam dan malahan dianggap sudah hilang, bisa
   dimunculkan.
   > Penghargaan ... sehingga bisa ...
   > Berkat adanya fèstival seperti Fèstival Jakarta ini, ...

7. Tetapi untuk menjadikan fèstival semacam itu kontinyu atau
   bisa ajek diadakan setiap tahun dengan partisipasi yang
   makin hangat, pembinaan kesenian tradisiónil beserta
   seniman-seniwatinya perlu dilakukan terus-menerus.
   > Setelah ... barulah ...
   > Pelaksanaan fèstival semacam ini secara kontinyu ...

8. Dengan demikian akan dapatlah ditumbuhkan aprésiasi
   anak-anak kita pada karya seni bangsanya sendiri, di
   samping mereka akan lebih memahami pula berbagai unsur yang
   membentuk bangsanya.
   > Pemahaman anak-anak ...
   > Usaha demikian dapat ...

9. Janganlah mereka hanya dinilai dari ijazah mereka yang
   formal dari sekolah-umum, tetapi terutama nilailah
   kemampuan mereka sebagai seniman-seniwati.
   > Kemampuan mereka sebagai seniman ...
   > Formalitas ijazah ...

10. Dengan dilakukannya usaha-usaha itu, maka Fèstival Jakarta
    pasti akan jadi lebih bermutu dan makin meluas serta
    menghangat peminatnya.
    > Usaha-usaha itu pasti akan ...
    > Mutu fèstival ...
    > Meluasnya peminat Fèstival Jakarta ...

III. *Buatlah pernyataan dengan ungkapan-ungkapan berikut*:

ditokohi	sepadan dengan
selaras dengan	sepadan dalam
ikut serta	memasyarakat
kelestarian	yang tidak kalah pentingnya
menampilkan	ditumbuhkan
menjadi semakin	imbalan yang wajar

menentukan   menghangat peminatnya
melestarikan   menghangatkan peminatnya
dibarengi
kemampuan ... sebagai

IV. *Terjemahkanlah ke bahasa Indónésia*:

1. A folk-arts festival was held in Jakarta last week, the purpose of which was to explore and develop traditional arts in their pristine form. Appropriately enough this festival was the object of special attention on the part of the Vice President.
2. The greater the effort on the part of the government to improve the quality of the performance, the more interesting they will be for the public and the more they will be valued.
3. Not only do the performers need to be recompensed in conformance with their efforts and with their ability to arouse public interest, but also they need the opportunity to perform at regular intervals.
4. The performers must have the opportunity to develop their art, but it is no less important for the younger generation to develop their appreciation for these arts.
5. If folk arts are made a part of the normal curriculum in the schools, the younger generation will develop an understanding of the elements which make up the national culture, and performances themselves will obtain an ever-widening and ever more enthusiastic audience.

A. Syntax and Word Usage

A.1 Make-up of the sentence

What we say about the make-up of the Indonesian sentence here repeats what is presented in *Beginning Indonesian through Self-Instruction* (BITSI), Lessons 1-5, and is given merely for review. Students who need exercise on this material are urged to go through the exercises in that book. Here we continue where BITSI leaves off and deal only with a few selected points which offer difficulty for the learner.

A.11 Subject and predicate

The Indonesian sentence is composed of a *predicate* plus optionally a *subject* and optionally other types of modifiers which will be discussed later in Sec. A.123. In a sentence the predicate is the essential part of the statement which is being made (the new information which is given). The subject is the thing about which the predicate is stated (the information already shared by both interlocutors). In a sentence which asks a question, the predicate is the question which is being asked and the subject is the thing about which the predicate is being asked. In the following examples (and in all of the examples of this section) the predicate will be in italics and the subject will be in Roman face.

1   Saya *orang AMÉRIKA.* "I *am an American.*"
2   Orangnya *sudah TUA.* "He is an old sort of person (Lit. The man *is already old.*)"
3   Saya *dua HARI* di Surabaya. "I was in Surabaya *for two days.*
4   Jon *belajar bahasa INDÓNÉSIA.* "John *is studying Indonesian.*"
5   Yang bisa bahasa Indónésia itu *adik SAYA.* "The one who can speak Indonesian *is my younger sister.*"
6   Belajarnya *dua TAHUN.* "He studied for two years. (Lit. His studying *was for two years*)."

As we stated above the subject is optional. In context the subject may well be dropped because the subject is not new information: the subject is usually something which is known to the interlocutor, and the new information is given in the predicate. Thus sentence number one must be said in a context where one is talking about *saya* (me), and in a context in which this is perfectly clear the form *saya* can be dropped. E.g., in response to a question *Bapak orang mana?* "Where are you from?" The response may well be:

7   *Orang AMÉRIKA.* "*From America.*"

Similarly the subjects can be dropped in the other examples: e.g.
in response to a question like Yang *bisa berbahasa Indónésia itu
SIAPA?* "Who is it that can speak Indonesian?" the answer might be
instead of with a complete subject as in number 5, just the
following:

8   *Adik SAYA. "My little sister."*

Often times not just the subject is dropped but modifying or
non-essential parts of the predicate are also dropped -- just the
central or main portion of the predicate is expressed. Thus in
response to a question like *Berapa LAMA di Surabaya?* "How long were
(you) in Surabaya?" the answer would be, not sentence number 3
above, but just:

9   *Dua HARI. "Two days."*

Similarly, in answer to the question Jon *belajar APA?* "*What* is John
studying?" most likely one would say not number 4, but just:

10   *Bahasa INDONÉSIA. "Indonesian."*

The word order of the subject and predicate is free. The
subject may precede the predicate, as in the above examples, and
this is the unmarked word order -- i.e., the order which would be
found in the normal, unemotional, unemphatic statement. The word
order predicate followed by the subject is also used, but this
order is marked for some sort of special emphasis or effect.
Reversing the above examples:

1a. *Orang AMÉRIKA saya. "I am an American."*
2a. *Sudah TUA orangnya. "He is already an old man."*
3a. *Dua HARI di Surabaya saya. "I was in Surabaya for two
    days."*
4a. *Belajar Bahasa INDÓNÉSIA Jon. "John is studying
    Indonesian."*
5a. *Adik SAYA yang bisa bahasa Indónésia. "It is my
    younger sister that can speak Indonesian."*
6a. *Dua TAHUN belajarnya. "He studied for two years"*

The order predicate-subject somehow draws attention to the
predicate and downplays the subject. Thus, 1a would be in a context
where the speaker thought his interlocutor might doubt his
citizenship. Sentence 2a might be said in a context where the
interlocutor may have been unaware of the characteristic of the
person as old -- e.g., he may have suggested that the referred to
person engage in something which older people cannot engage in, or
the like. Sentence 2 would be uttered in a context such as when one
is describing what the subject was like (so that he could be
recognized or the like). Sentence 3a clearly downplays *saya*. The
interlocutor clearly knows who it was who spent two days in
Surabaya, and the speaker is far more interested in attracting
attention to the fact that it was two days. Sentence 4a again
emphasizes the studying of Indonesian and downplays the one who

does it. It might be uttered in a context in which the speaker
believes that the interlocutor has a misconception of what John is
studying. Sentence 5a emphasizes that it is the younger sister, and
both the speaker and the interlocutor are interested in the subject
as it is well known to them. Sentence 5 in which the subject comes
first, would probably be uttered in a context in which the speaker
is mechanically repeating a question or contrasting the subject
yang belajar Bahasa Indónésia itu "the one who is studying
Indonesian" with someone else. Again in 6a the subject is very
clear in the minds of both speaker and interlocutor and is
downplayed. It might be uttered in a context in which there was
some doubt on the part of the interlocutor as to the number of
years.

If the sentence contains an interrogative word, the
interrogative is always part of the center of the predicate.
Interrogative words are words like *siapa* "who", *apa* "what", *mana*
"which", *bagaimana* "how", *kapan* "when", *mengapa* "why" and forms of
similar meaning.

11   *KAPAN* perginya (= perginya *KAPAN*?) "When did he go?
(Lit. "*When* was his going?")
12   Di *MANA* orang itu? (= Orang itu *di MANA*?) "*Where* is
that man?"

Sentence stress is on the last word of the central phrase of
the predicate. In the above examples, the stressed word is written
with capital letters. Note that it is the last word in the phrase
which receives the sentence stress. Thus, modifying words which
come at the end of the central part of the predicate and are still
part of it are given the stress. That is, forms like *juga* "also",
saja "only", *lagi* "more, again", *sekali* "very", *melulu* "only" and
others of similar meaning are placed at the end of the phrase they
modify, but these modifiers are still considered an essential part
of the predicate, and therefore they get the stress:

13   Saya *orang Amérika JUGA* (= *Orang Amérika JUGA* saya).
"I am *an American as well.*
14   Orangnya *sudah tua SEKALI* (= *Sudah tua SEKALI*
orangnya). "He *is already a very old man.*"
15   Saya *dua hari SAJA* di Surabaya. (= *Dua hari SAJA* di
Surabaya saya). "I *was no more than two days* in
Surabaya."
16   Jon *belajar bahasa Indónésia LAGI*. (= *Belajar bahasa
Indónésia LAGI* Jon). "John *is studying Indonesian
again.*"
17   *Kapan LAGI* perginya (= *Perginya kapan LAGI*)? "Well,
when is he going to go?"

Also the recipient of the action of active verbs (Sec. A.25) is
normally stressed, as it comes at the end of the predicate.

18   Dia *membeli dua BUKU.* "He *bought two books.*"
19   Dia *mencuri uang SAYA.* "He *stole my money.*"

And so is any essential part of the predicate which comes at the end of it:

> 20   Dia *mau pergi dengan SAYA.* "He wants to go with me."
> 21   Dia *mau sama suaminya SAJA.* "She *just wants to be with her husband.*"

For the placement of stress, do Exercise 5.

A.111 The make-up of the subject

The subject must be a nominal (with the exceptions to be discussed in Sec. A.112, below). By nominal we mean any noun, pronoun, numeral (including numbers and words meaning "all"), or any phrase introduced by *yang* "the one who". The following sentences exemplify various kinds of nominals which are used as subjects. (The portion of the sentence not italics is the subject.)

> 22   Dia *abang SAYA.* "He *is my elder brother.*"
> 23   KAPAN itu? *"When was that?"*
> 24   Seorang di antaranya *mengambil DOMPÉTNYA.* "One of the people among them *took his wallet.*"
> 25   Jon *tidak datang LAGI.* "John *is not coming again.*"
> 26   Yang mau datang lagi *angkat TANGAN.* "Those who want to come again, *raise your* hands."[1]
> 27   Makanan itu *ènak SEKALI.* "The food *was delicious.*"
> 28   *Jauh SEKALI* rumah Mustafa. "Mustafa's house *is very far away.*"
> 29   PENIPU semuanya. "All of them *are cheaters.*"
> 30   BEGITULAH manusia. "Mankind *is like that.*"
> 31   Masakan Jawa *banyak memakai GULA.* "Javanese cooking *uses a lot of sugar.*
> 32   Si pembaca *dapat merasakan kesusahan hidup di jaman JEPANG.* "The reader *can feel how difficult life was during Japanese times.*"

The subject must be specific. By specific we mean that one of the following conditions is in effect: (1) it is a proper name or title or a pronoun (as in examples 22, 23, and 25 above); or (2) it is modified by *itu, ini, -nya* "this, that, the" or a noun with *peN-* preceded by *si* "the one who does", or (3) it is modified by a genitive (noun or pronoun which refers to the possessor -- Sec. A.13, below) (as in example 28, above); or (4) it is a phrase introduced by *yang* (as in example 26, above); or (5) it is a numeral phrase (a phrase introduced by a number or a word meaning "all", "a few", and the like) (as in examples 24 and 29); or (6) it

---

[1] Here *lagi* does not modify the predicate and therefore it does not receive sentence stress.

must be a generic noun -- that is, the name of a class of things which can be referred to as a class (as in examples 30 and 31, above).

Phrases which mean "the action of doing (so-and-so)" may also be used as subjects of a generic sort, and sentences with such subjects mean "it is [predicate] to do [subject]".

33   Sukar SEKALI mencari pekerjaan jaman ini. "It is very difficult to find work these days."
34   DILARANG kencing di sini. "It is forbidden to urinate here."

Do Exercise 5 for the identification of the subject and for word order and sentence stress.

A.112 Subjects which consist of clauses

The list of subject types discussed in A.111 does not exhaust everything which may occur as a subject. In certain types of sentences the subject may also consist of a phrase which has the make-up of a sentence itself -- i.e., it consists of nominal phrase followed by (occasionally preceded by) a phrase which refers to an action or a state, and the nominal phrase is the thing which performs the action (the agent) or the thing which is in the state, or, if the verb is passive, the thing affected by the action. Such phrases we call *clauses*. Thus, in the following sentence the subject is a clause as it consists of *datang* "come" (a word which refers to a state or action) and *dia* "she" (a word which refers to the one who performs the action). The subject is in **bold face**.

35   *KAPAN* **dia datang?** "*When* is she coming?"

Sentences which may have this type of subject have a predicate which refers to time, place, manner.[2] Other examples with a variety of clause types as subject and phrases which refer to time, place or manner as predicate:

36   *Berapa lama LAGI* **dia di sini?** "*How much longer* (will) he be here?"
37   Apakah *di SINI* **rumahnya dibangun** nanti? "*Is it going to be here* that they will build the house?"
38   Kok *pagi BETUL* **dia berangkat?** "How come he is leaving *so terribly early?*"

---

[2] Sentences with a clause subject (except those clause subjects preceded by a conjunction -- see A. 113 below) occur only with predicates of time, place, and manner.

The modals (Sec. A.23) also refer to manner and may be used as predicate:

> 39   *Bisa SAJA* **sepèdanya dicuri orang nanti.** *"It will be quite possible* for his bike to get stolen."

As in the case of other sentences, the word order of this type may be subject followed by a predicate:

> 35a. **Dia datang** *KAPAN?* *"When* is she coming?"
> 36a. **Dia di sini** *berapa lama LAGI?* *"How much longer* will she be here?"
> 37a. **Apakah rumahnya dibangun** *di SINI* nanti? "Will the house be built *here*?"
> 38a. **Kok dia berangkat** *pagi BETUL?* "How come he is leaving *so early*?"
> 39a. **Sepèdanya dicuri orang,** *bisa SAJA* nanti. *"It is quite possible* for his bike to get stolen."

A.113 Clauses which are introduced by a conjunction used as subject

Clauses which are introduced by a conjunction *bahwa* "that", *kalau* "if, whether", and *apakah* "whether", may function as the subject. (They also may function as modifiers to the sentence, complement, and so forth, as do the analogous constructions in English.)

> 40   Tidak menghèrankan **kalau merèka sudah bisa berbahasa Indónésia.** "It is not surprising if they can already speak Indonesian."

A.12 Topics

In addition to the predicates and subjects discussed above, sentences may also contain other modifiers. One type of such modifier is a form which we call the *topic*, a form which has the function of stating what the sentence is about. Topics have the same make-up as subjects (i.e., they are composed of the same forms which are listed in Sec. A.111 above) or they are expressions which refer to specific time, place or condition. The following sentences exemplify topics. The topics are written with capital letters and bold face. The predicate is italicized and the stressed word is in capital italics.

> 41   **ROKOK ITU,** *BERAPA* harganya? "How much are those cigarettes? (Lit. "Those cigarettes, how much is their price)?"
> 42   **KE SURABAYA ITU,** *BERAPA* karcisnya? "How much are the tickets to Surabaya? (Lit. "To Surabaya, the tickets are how much?)"

43 **YANG BELAJAR BAHASA INDÓNÉSIA** ITU, namanya *SIAPA* tadi?
    "What was the name of the fellow who was studying
    Indonesian?"

44 **DI JAKARTA**, *GAMPANG* mencari pekerjaan. "In Jakarta, it
    is easy to find work."

When the topic comes at the beginning of the sentence, it is
thematic -- that is, it is brought into prominence and directs the
interlocutor's attention to itself. Topics may also be placed after
the predicate of the sentence (most normally at the end of
sentence). In that case, they are not thematic -- they do not draw
attention to themselves, but rather are given as an afterthought or
clarification. Thus, the above sentences can also be said with the
topics after the predicate (most normally at the end of the
sentence). For example, 42 might be said in a context in which
several places had been mentioned, and then the speaker asks about
Surabaya. However, if it is clearly Surabaya that the speaker has
in mind, and he just adds the fact that it is to Surabaya by way of
clarification the form would be:

42a. *BERAPA* karcisnya ke Surabaya itu?

Similarly, sentence number 43 must be uttered in a context in which
the person who had been studying Indonesian was the topic of
conversation or when there were several people, and the speaker
wishes to ask specifically about the name of the one who was
studying Indonesian. However, if it is clear from the context that
the question is about the man studying Indonesian and this fact is
merely given by way of clarification the word order would be:

43a. Namanya *SIAPA* tadi yang belajar bahasa Indónésia itu?
     "What was his name, the one who was studying
     Indonesian?

Again example 44 was uttered in a context in which Jakarta is being
compared with other places. Otherwise the following order would be
used:

44a. *GAMPANG* mencari pekerjaan di Jakarta. "It is easy to
     find work in Jakarta."

In the above sentences there is one topic. But there is no
limit on the number of topics a sentence might have (except for
limits of clarity), and often sentences may have two or more
topics. The following example has four topics. (The speaker wishes
to point attention to the time "recently", to the fact that it is
being said about his friend, and further that it is about his
friend's children, and he said as an afterthought that it applied
to all of them):

45 **BELAKANGAN INI, TEMAN SAYA ITU, ANAKNYA**, *di KOTA*
    tinggalnya, semuanya. "In the last few months, my
    friend's children all stayed in the city."

Topics are often introduced by *kalau* "as for, when (topic) is the case". However, normally no more than one topic per sentence is introduced by *kalau*. *Kalau* has the function of drawing extra attention to the topic.

>   45a. **BELAKANGAN INI, KALAU TEMAN SAYA ITU, ANAKNYA ITU,** *di KOTA tinggalnya*, semuanya. "The last few months, my friend's children (as opposed to someone else's children) all stayed in the city."

A.13 Forms which modify nouns

Nouns may be modified by other nouns or pronouns which follow them. The nouns which follow a noun and modify it refer to possessor of the noun which is modified. We call a noun or pronoun which modifies a noun in this construction a *genitive*. In the following examples the forms *saya*, *Pak Ali*, and *teman saya* are genitives:

>   46   Rumah saya. "My house."
>   47   Isteri Pak Ali. "Mr. Ali's wife."
>   48   Adik teman saya. "My friend's brother."

The forms *dia* "he", *kau* "you", and *aku* "I" have special genitive forms: *-nya*, *-mu*, and *-ku*.

>   49   Temanmu, rumahku, adiknya. "Your friend, my house, his brother."[3]

Nouns may also be modified by adjectives (Sec. C.11) which are placed immediately following them. In the following examples, *besar* "big", *hijau* "green", and *jauh* "far" are adjectives.

>   50   Rumah besar. "A big house."
>   51   Rumah hijau. "A green house."
>   52   Tempat jauh. "A far place."

Nouns may further be modified by the demonstratives *ini* "this" and *itu* "that" which are placed immediately following them:

>   53   Rumah ini dan rumah itu. "This house and that house."

---

[3] Forms which mean all [number] of: *kedua* "both", *keseribu* "all thousand", *ketiga* "all three", etc. function like nouns. They are followed by the genitive:

>   Keempatnya baik. "All four of them are good."
>   Kelima orang itu orang Amérika. "All five of those people are Americans."

Nouns may also be modified by numerals which are normally placed before them:[4]

>54   Dua buku. "Two books."
>55   Semua rumah. "All houses."

Ordinal numbers are placed following the nouns they modify:

>56   Buku kedua itu jelèk. "The second book is poor."

Note that *itu* and *ini* normally come at the end of the phrases they modify. For example, in the following sentence *itu* comes after all of the other phrases which modify the noun:

>57   Dalam kutipan dari karangan Pramudya yang kita baca *itu*... "In *the* selection from Pramudya's essay which we read..."

The form *ini* cannot be used to refer to something from the past time. For example, in the following example Indonesian uses *itu* whereas English would use "this":

>58   Jaman revólusi hidup susah sekali. Pada jaman *itu*, rakyat banyak yang menderita. "The Revolution was a time of great hardship. During *this* time many people suffered."

Exercise 9 reviews this point.

Adjectives, demonstratives and ordinals which modify nouns may optionally have *yang* placed between them and the noun they modify. The function of the particle *yang* in this case is to indicate specificity: a noun which has [such-and-such] a quality, as opposed to others. Compare the following examples with examples 50, 53, and 56:

>59   Saya pilih rumah yang besar. "I chose a big house (rather than another kind)."
>60   Saya pilih rumah yang besar itu. "I chose the house that was big (rather than another one that was available)."
>61   Bukan rumah yang itu. Yang satu lagi. "Not that house. The other one."
>62   Buku yang kedua yang dipilihnya. "It was the second book (not another one) which he chose."

Nouns may also be modified by verbs, verbal phrases or other kinds of phrases, but in this case there is normally a particle *yang* between the noun and the verb or other kind of form which modifies

---

[4] In colloquial styles numerals may come after the nouns they modify: e.g., *Buku dua* "Two books."

it.[5] Examples of various types of forms other than adjectives which may modify a noun (the *yang* cannot be omitted):

63   Rumah yang saya beli tadi. "The house which I bought before."
64   Orang yang baru membeli rumah. "The man that just bought a house."
65   Buku-buku yang di sini tadi. "The books which were here a while ago."
66   Semua yang ada di sini. "Everything that is here."

Nouns may also be modified and followed by forms which explain them -- appositives and the like. These forms normally are not introduced by *yang*:

67   Buku untuk anak saya. "A book for my son."
68   Buku kepunyaan saya. "A book of my possession."
69   Anak kesayangan ibunya. "A child cherished by his mother."
70   Anak saya, Joni. "My son, Johnny."

Nouns also may be modified and followed by a phrase consisting of *yang* plus a noun suffixed with *-nya* plus a stative or adjective (Sec. C.11) or a number. Such modifiers mean "whose [noun] is [adjective, stative or number]".

71   Rumah yang banyak kamarnya. "A house with lots of rooms (Lit. whose rooms are many)."
72   Orang yang dua isterinya. "A man who has two wives (Lit. whose wives are two)."
73   Pohon yang mèrah daunnya. "A tree whose leaves are red."

The word order within these phrases may also be stative or adjective or number preceding the noun plus *-nya*

71a. Rumah yang kamarnya banyak. "A house with lots of rooms."
72a. Orang yang isterinya dua. "A man who has two wives."
73a. Pohon yang daunnya mèrah. "A tree whose leaves are red."

Finally nouns which refer to a place may be followed by a phrase which consists of *tempat* followed by anything which can be a sentence. Such modifiers mean "where [sentence] is the case."

---

[5] In a few common set expressions a noun is followed directly by a verb which modifies it without any *yang*: *masa mendatang* "future time, *kalimat berikut* "the following sentence," and so forth.

74 Saya mau melihat lagi rumah tempat saya tinggal waktu
    saya masih kecil. "I would like to see the house where
    I used to live when I was small."
75 Saya rasa kamu satu-satunya tempat saya dapat
    meminjam. "I think you are the only one I can borrow
    from. (You are the only one where I can borrow
    money.)"
76 Nyonya Musa sempat melirik ke dua waskom tempat
    meletakkan belasungkawa di dekat pintu. "Mrs. Musa had
    a chance to take a peek at the two basins near the
    door where they put their contributions."

Do Exercise 9 for tempat *and Exercises 6, 7, and 8 for* yang.

A.2 Predicates

Anything which occurs as a subject of the type listed in A.111
also occurs as a predicate. That is, specific nominal phrases of
the type discussed in that section may be the predicate of the
sentence, depending on the meaning which one wishes to express.
Further, phrases of other types of make-up may be the predicate,
and in fact phrases of a make-up other than that listed in Secs.
A.111 and A.112, above, do not occur as subject, and therefore they
must be made the predicate. That is, non-specific nominal phrases,
phrases of other types which are not introduced by *yang*, including
phrases with interrogatives, must be the predicate of the sentence.
The following examples give forms which do not occur as subjects,
and which do occur as predicates (the predicate is italicized):

77 Ini *rumah BESAR*. "This *is a big house*."
78 Ini *ANJING*. "This *is a dog*."
79 *Sudah PERGI* orangnya. "The fellow *is already gone*."
80 Pak Ali *mengajar bahasa Indónésia di CORNÉLL*. "Mr. Ali
    teaches Indonesian at Cornell."
81 *SIAPA* nama gurunya? "What is your teacher's name?"
82 Saya *tinggal di SINI*. "I study *here*."

Examples of forms which occur as subjects and as predicates, but
here used as predicates:

83 *SAYA* yang tinggal di sini. "I am the one who stays
    here."
84 *Pak ALI* yang mengajar bahasa Indónésia di Cornèll.

A.21 Which part of the sentence to make the subject and which part to make the predicate

A problem arises for the language learner in connection with the decision of what portion of that which one wishes to express to make the subject and what portion to make the predicate. There are formal rules of thumb which one can follow: namely, that things which cannot occur as the subject must be made the predicate (e.g. unspecified nominal expressions and interrogatives). However, it is better to go about making this decision on the basis of the meaning of the subject and the meaning of the predicate. We have said some things about the meaning of the predicate in Sec. A.1. Here is some more information: the point which one is making is always put in the predicate. Any statement may be looked at as the answer to a question. The shortest answer to the question is going to be the central part of the predicate and will contain the word with sentence stress (Sec. A.1). This central part of the predicate expresses the heart of the point that one is making.

Now for some examples of making forms predicates which would not have an analogous construction in English. In answer to the question, *Tinggalnya di MANA* "Where do you live?" one might response with sentence number 85:

85   Saya *tinggal di SINI*. "I *live here*."

The shortest possible answer to this question, *di sini* "here", is the central part of the predicate and contains the stressed word. But in answer to the question about who lives here, e.g., *Apa Mahmud yang tinggal di SINI?* "Does Mahmud live here?" one would not give an answer like number 85 above. Rather one might say something like 85a:

85a. Tidak. Dia tinggal di Jalan Maluku. *SAYA* yang tinggal di sini. "No, he lives on Molucca St. *I* live here."

In this case the answer was not sentence 85, but rather sentence 85a -- i.e. the predicate of sentence 85 was nominalized and made specific with *yang* to form the subject of sentence 85a. It would be incongruous to saya *Saya tinggal di SINI* in answer to a question about who. Another example: in response to a question about Pak Ali's job one might answer with sentence 80:

80   Pak Ali *mengajar bahasa Indónésia di CORNÉLL*. "Mr. Ali *teaches Indonesian at Cornell*."

But in response to a question to a question like, *SIAPA nama guru bahasa Indónésia di Cornèll?* "What is the name of the Indonesian teacher at Cornell?", one might give an answer like number 84:

84   *Pak ALI* yang mengajar bahasa Indónésia di Cornèll. "*Mr Ali* is the Indonesian teacher at Cornell."

Sentence 80 would be incongruous in the context of a question about
who it was. What was the predicate in 80 was nominalized by the
particle *yang* and made the subject in sentence 84.

In questions the predicate is the phrase which contains the
interrogative, if there is one. An interrogative is a word meaning
"who, why, when, how, where, or which". The phrase with the
interrogative word is the central part of the predicate and
receives the sentence stress. If the question does not have an
interrogative word, it is grammatically (formally) no different
from a statement except that it may have interrogative intonation
or a question marker (unstressed *apa* or *kah*). Further, the analysis
of what is the subject and the predicate and the placement of
sentence stress in questions with no interrogative word is exactly
the same as that of the statement with which they are formally
alike. In the following sentence, stress is on the phrase which
contains the interrogative, and that is the central part of the
predicate:

86   Mahmud *berapa lama LAGI* di sini? *"How much longer* will
      Mahmud be here?"

In the following sentence there is no question word and the
analysis and placement of sentence stress is the same as that of
the statement with which it is formally identical:

87   Apa Mahmud tinggal *di SINI*? "Does Mahmud *live here*?"

A.22 Modifiers of the predicate and placement of sentence stress

There are two types of things which modify the predicate:
forms which are placed before and forms which are placed after the
predicate. First, there are the postposed forms, forms which come
after the central part of the predicate. When a predicate has one
of these postposed forms, the accent is normally on the last word
in them. Postposed forms which modify the central part of the
predicate and which receive sentence stress are of various types:
complements of verbs and nouns (Sec. A.25) modifiers of the nominal
phrase (Sec. A.13), and modifying particles. Modifying particles
which follow the central part of the predicate and are stressed are
saja, *melulu* "only" (and other words of similar meaning), *juga jua*,
pula "also" and other words of similar meaning; *betul*, *benar*,
sekali "very", *lagi*, *pula* "again". Other forms which are like these
in meaning may have the same property, but the forms which we have
listed here are the common ones in standard Indonesian. The
particles *-lah* "predicate marker" and *pun* "also" and the question
marker *-kah* follow the stressed word of the predicate, but they do
not themselves get the stress.

Examples of various kinds of predicate modifiers which receive
sentence stress are given as follows. First, the genitive is part
of the nominal phrase and follows it (Sec. A.13). It gets the
stress:

88   Itu *teman orang tua isteri SAYA*. "That *is the friend
of my wife's parents*."

Demonstratives and adjectives which follow come at the end of the
nominal phrase and get stress:

89   Pak Mustafa adalah *guru bahasa Indónésia yang saya
bicarakan tadi ITU*. "Mr. Mustafa *is the Indonesian
teacher whom I was discussing a while ago*.

Complements of verbs and adjectives (Sec. A.25) also follow them
and get the sentence stress when they are the predicate:

90   Dia *melihat SAYA*, tapi saya *tidak melihat DIA*. "He *saw
me*, but I *didn't see him*."
91   Saya *tidak bisa berbahasa INDÓNÉSIA*, tapi saya *bisa
berbahasa BELANDA*. "I *cannot speak Indonesian*, but I
can speak Dutch."
92   Daèrah timur *kaya dengan minyak TANAH*. "The eastern
areas *are rich in oil*."

Examples of predicates with modifying particles:

93   Persèntasenya *sedikit SAJA*. "The percentage *is only a
small amount*."
94   Dia *terpaksa makan nasi MELULU*. "He *had to eat rice
without anything else*."
95   RRC *masuk di dalamnya JUGA* (or RRC *juga masuk di
DALAMNYA*). "China *also is part of it*."
96   Itu *membutuhkan waktu lama PULA*. "That *also needs a
long period of time*."
97   Yang dua persèn itu *dikenakan bunga ringan SEKALI*.
"The two percent *is subject to a very light interest*."

Now to discuss modifiers which precede the predicate. There are two
types: (1) those which may modify the whole sentence or may modify
the predicate and (2) the MODALS, those which modify the predicate
alone (to be taken up in Section A.23). In the first group are
forms like *mèmang* "(so-and-so) is indeed the case", *juga* "also"[6]
and words which refer to manner e.g. *sungguh-sungguh* "really".

98   Apa betul-betul kamu *mau BERANGKAT* (= Apa kamu
betul-betul *mau BERANGKAT*)? "Do you really *want to go*?
99   Ya, mèmang saya *mau BERANGKAT* (= Ya, saya mèmang *mau
BERANGKAT*.) "Yes. I do *want to leave*."

The problems which confront the learner of Indonesian in connection
with these modals is the decision of which part of the sentence to
make predicate. Whatever *mèmang*, etc. go with is the predicate. A

---

[6] *Juga* may also be used as a postpositive modifier, as
explained above.

sentence such as the following would not elicit an answer like
sentence 98 above, but rather as follows:

> 98a. "Apa betul-betul *KAMU* yang mau berangkat?" "Ya, mèmang
> *SAYA.*" "Are you really the one that wants to leave?"
> -- "Yes, I am."

*For identification of the subject and predicate do Exercises 3 and
4.*

A.23 The modals

The modals are forms which modify the predicate and precede it.
They are forms like the tense and aspect markers, forms meaning
"can, may, ought, and the like", and others. They are of two types:
those which are never stressed (except when used as a sentence by
themselves) and those which have the potential of being stressed
(i.e., may be stressed when particular emphasis is given by the
process of transformation discussed in Sec. A.26, below). The
unstressed modals are small in number. They are the negatives:
tidak, *bukan*, and *belum* the tense and aspect markets: *sudah*, *telah*
(perfective markers), *lagi*, *sedang*, "in the process of", *baru* "just
now", *akan* "future", *masih* "still", and perhaps a few others. These
modals which have to do with negation, tense, or aspect are not
stressed. The other modals which have more substantial meanings are
not normally stressed, but may be stressed in order to emphasize
them. These are *bisa*, *dapat*, *bolèh* "can, may", *perlu*, *harus*, *mesti*,
(*tidak*) *usah* "must, sure to, not have to", *hampir*, *nyaris* "almost",
perlu "need". These forms have no voice -- that is, they may have
reference to an actor or a patient. For example *bisa* means both
"can" and "be possible":

> 100   Saya *bisa membaca.* "I *can read.*"
> 101   Membaca *juga bisa.* "It is also possible to read."

Similarly *perlu* means "need" or "be needed":

> 102   Saya *perlu buku.* "I *need books.*"
> 103   Buku *tidak perlu.* "Books *are not needed.*"

We include in the class of modals other forms which precede the
predicate and modify the predicate and have this voiceless
characteristic: *susah*, *sukar* "difficult" or "have a difficult
time"; *wajib* "be obligated" or "obligatory". Some of the modals are
forms which occur as verbs in other contexts: e.g., *berhasil*
"manage to", *dilarang* "be forbidden", *terpaksa* "be forced".
   The following sentences illustrate these forms modifying
predicates which consist of a verb plus a complement:.

> 104   Saya *bisa menyelesaikan hal INI.* "I *can finish this
> matter.*"
> 105   Saya *sukar membaca buku ITU.* "I *have a hard time
> reading that book.*"

106   RRC *terpaksa mengurangi BANTUANNYA.* "China *was forced
       to reduce its aid."*
107   Pemda *baru berhasil meréhabilitir jalan sepanjang 30
       km SAJA.* "The local government ha$ only managed to
       rehabilitate 30 kilometers of road so far."

A.24 Stative and verbs followed by several complements compared to predicates modified by a modal

Indonesian has predicates which consist of forms which are
followed by verbal complements. (Verbal complements are discussed
in detail in the following Section A.25.) These predicates in their
make-up look very much like predicates which consist of verb
phrases modified by a modal, as described in the previous section,
A.23. Thus the following sentences have predicates which consist of
the statives *berani* "dare", *takut* "fear", *lupa* "forget", *malu* "be
ashamed to [do]" followed by a verbal complement. These examples
are parallel to those given in Sec. A.23 above to point out the
similarity of the two types of structures. Note that the sentence
stress in both constructions is alike.

104a. Saya *berani menyelesaikan hal INI.* "I *dare to finish
       this thing."*
105a. Saya *lupa membaca buku ITU.* "I *forgot to read that
       book."*
106a. RRC *takut mengurangi BANTUANNYA.* "China *fears to
       reduce her aid"*
107a. Pemda *malu meréhabilitir jalan ITU.* "The regional
       government *is ashamed to rehabilitate that street."*

However, we do not consider this construction to be the same
as that involving modals because these statives and verbs which are
followed by complements do have voice, whereas modals do not. In
the case of the modals, one can passivize the verbs by the process
described in Section B.11, and the meaning of the sentence is
unchanged except for a change in the focus of attention. However,
with statives followed by a verbal complement, it it not possible
to passivize the verb. Thus examples 104 - 107 of section A.23 can
be passivized:

104b. Hal ini *bisa saya SELESAIKAN.* "I *can finish this
       matter."*
105b. Buku itu *sukar saya BACA.* "This book *is difficult for
       me to read."*
106b. Bantuannya *terpaksa dikurangi RRC.* "China *was forced
       to reduced her foreign aid."*
107b. Jalan yang sepanjang 30 km *berhasil diréhabilitir oléh
       PEMDA.* "The regional government *has managed to
       rehabilitate 30 kilometers of road."*

However, sentences 104a - 107a, above cannot be subject to
passivization of this type. The difficulty which the modals and
other forms with verbal complements offer for the learner is the

knowledge of which are modals and can be passivized and which forms are statives and cannot be. This can only be learned from observation. The contrast in the syntax of the two types of constructions comes out in their ability to be incorporated into clauses which modify something introduced by *yang*. For example, there is no problem in translating literally English expression such as "which I succeeded in reading", "which I had a hard time reading", "which I was forced to read," "which can read," "which I am forbidden to read," and the like, for all of Indonesian these English verbs are translated by modals in Indonesian.:

> 104c. Hal yang bisa saya selesaikan. "A matter which I can finish."
> 105c. Buku yang sukar dibaca. "A book which is difficult to read."
> 106c. Bantuan yang terpaksa dikurangi RRC. "Aid which China was forced to reduce."
> 107c. Jalan yang baru berhasil diréhabilitir Pemda. "A road which the local government just succeeded in rehabilitating."

However, it is not possible to translate English forms like "forget", "be ashamed", "dare", "be afraid" and the like in such a way that they can be embedded in modifying clauses, because they only go with active verbs as complements and active verbs plus a word which refers to the agent cannot be embedded in a *yang* clause. Thus English embedded forms of this type have to be expressed by a paraphrase or some other way. For example to translate "The book you forgot to read is long" one is forced into something like:

> 108 Kamu lupa membaca buku yang panjang itu. "You forgot to read that long book."

Or one could express the same idea in two sentences. In any case, it is not possible to embed both *lupa* and its complement into a *yang* phrase.

For passivization of sentences with modals and sentences with other types of complements do Exercises 11 and 12.

A.25 Complements

By the term "complement of a verb" we mean the word or phrase which follows a verb to form a phrase together with it. There are several kinds of complements: one kind of complement is the recipient of the action of an active verb, discussed in B.11, below. This complement refers to the person or thing which is affected by the action and follows an active verb (verb with the prefix *meN-* or a verb from which the prefix *meN-* was dropped -- all this is discussed in Sec. B.11, below). Another kind of complement of a verb is a noun phrase which follows an intransitive verb. This complement does not refer to the thing which is affected by the action, but rather it qualifies the action -- refers to what kind

of action it was. For example, in the following sentences the
phrases at the end of the sentence follow an intransitive verb and
are the complements of an intransitive verb. The complements are
italicized. In the following example, *bahasa Indónésia* qualifies
the intransitive verb *belajar* "study": it tells what kind of
studying (*belajar*) is being done.

109   Saya belajar *bahasa Indónésia.* "I study *Indonesian.*"
      Further examples:
110   Kerja *apa* kamu? *"What* are you doing (Lit. you are
      doing work of what kind)?"
111   Dia tidak bisa berbuat *jelèk.* "He cannot do *evil* (Lit.
      engage in evil-doing)."
112   Saya tidak bisa berbicara *Belanda.* "I cannot speak
      Dutch (do Dutch-speaking)."
113   Merèka bertanam *padi* "They plant *rice* for a living
      (lit. engage in rice-planting)."

The difficulty which nominal complements of transitive verbs offer
to the learner is that they translate into English in the same way
as the complement of transitive verbs, but unlike the transitive
verbs, which can be passivized and therefore can occur in
constructions in which only passive verbs are allowed (as discussed
in Sec. B.11), these complements of intransitive verbs cannot be
passivized and therefore cannot occur in constructions which
require the passive.

Exercise 13 covers this point.

     Another kind of complement is one which consists of verbal
phrase often translated into English by an infinitive or a gerund
(verbal noun with *-ing*) as for example, "begin *to do*", "begin
doing", "ordered me *to go*", and the like. Examples of verbal
complements (italicized):

117   Dia mulai *mengerjakan péèrnya.* "He began *to do his
      homework.*"
115   Saya disuruhnya *membantu orang itu.* "He ordered me *to
      help that man.*"
116   Saya belum coba *memakai bolpoin.* "I haven't tried
      using a ballpoint."

Complements which consist of a verbal phrase may come after a part
of speech other than a verb -- i.e. adjectives, statives and nouns
also may be followed by complements which consist of a verbal
phrase:

117   Saya takut *makan cumi-cumi.* "I am afraid *to eat
      squid.*"
118   Saya melakukan tugas saya *untuk mengawasi saudara.* "I
      am carrying out my duty *to watch you.*"

As example 118 above shows, a complement which consists of a verb phrase may be introduced by the preposition *untuk* "in order to", "for the sake of."

There are several difficulties which complement consisting of a verb phrase offer to the learner: (1) they are similar in structure and similarly translated to a phrase consisting of a modal plus a verb (discussed in Sec. A.24, immediately preceding), but they cannot occur in all of the phrases in which a modal plus verb can occur (see Exercises 11 and 12); (2) not all English phrases which consist of a verb plus an infinitive or a gerund (verbal noun with *-ing*) can be translated by a verb or complement consisting of a verb. Phrases such as the following are normally not translated by verbs followed by a complement consisting of a verb phrase: "wait for someone to do", "stop doing", "avoid doing", "can't help doing", "consider doing", "deny doing", "suggest doing", and some others. In some cases these forms have to be translated by a paraphrase. For example, to express something like "I avoided answering her" in Indonesian one would say something like the following:

> 119   Saya tidak mau menjawab dia. "I would not answer her."
> 120   Jangan berbohong lagi. "Stop telling lies. (Lit. Don't lie any more.)"
> 121   Mau tidak mau saya terpaksa ikut. "I couldn't avoid going along. (Lit. Willy-nilly, I was forced to go along.)"

In other cases these forms have to be translated by a complement which consists of a clause introduced by *supaya*, *bahwa* "that", *apakah* "whether"[7] (Most of these forms are more easily followed by noun complements, and translation with this type is easier.)

> 123   Saya sedang mempertimbangkan apakah saya akan berangkat. "I am now considering whether I am going."
> 124   Saya mengusulkan supaya dia hanya bekerja tiga hari seminggu. "I suggested for him to work only three days a week."
> 125   Saya menyangkal bahwa saya tidak pernah mencuri. "I deny ever having stolen. (Lit. I deny. I never stole.)"

---

[7] If the verb is followed by a recipient which refers to the person told, ordered, asked, and the like, a verbal complement (introduced by *untuk* in some cases) follows it:

> 122   Saya menasihati dia untuk *belajar*. "I advised her *to study*."

However, if the verb is followed by a recipient which is the thing said, then the complement must consist of a clause introduced by *supaya* or *bahwa*, as in example 124, below.

In the case of *menunggu* "wait", this must be followed by a noun complement or a clause referring to time:

126   Saya menunggu sampai dia datang *or* Saya menunggu kedatangannya. "I wait for him to come."

A final difficulty which complements which consist of a verbal phrase offer to the learner is the choice of active versus passive verb. The English infinitive and gerund is sometimes translated by an active and sometimes by a passive, depending on the meaning (as discussed in Sec. B.11, below). For example, the phrase "to repair" in the following sentence is translated first by *diperbaiki* (passive) and then *memperbaiki* (active):

127   Sepèda yang buatannya begitu susah sekali *diper-baiki*. "A bicycle that is made like that is very difficult *to repair*."
128   Tidak ada yang lebih gampang daripada *memperbaiki* sepèda. "There is nothing easier than *to repair* a bicycle.

The choice of passives and actives is exercised in Exercises 20-22.

A.26 Transformation of modifiers into the central part of the predicate

In order to express emphasis or to highlight something, the structure of a sentence may be transformed by making a modifier which refers to time, circumstance, place, or manner the predicate and making the subject a clause of the type described in Sec.A.112, above. In the following example *di Cornell* "at Cornell" is a modifying phrase which refers to the place of the action. (It gets the stress because it is the final word of the predicate and no particular emphasis is being given to *belajar* "study").

129   Dia *belajar di CORNELL.* "He *studies at Cornell.*,

However, this sentence can be transformed into one which expresses special prominence about the fact that the studying was at Cornell by making *di Cornell* the main part of the predicate and the rest of the sentence a subject:

130   Apakah betul-betul *di CORNELL* dia belajar? "Was it really at Cornell that he studied?"

Other examples of modifiers which are made predicate:

131   *Hampir SAJA* saya mati. "I nearly died. (Lit. *It almost happened* that I died.)"
132   Apakah *BETUL* dia belajar di Cornèll? "*Is it true* that he studied at Cornell?"
133   *Baru KEMARÉN* dia berangkat. "He didn't leave until yesterday. (Lit. *It was yesterday* that he left)."

A.3 Word usage

In this section we discuss selected usages which offer difficulty to the learner, which are not taken up in BITSI.

A.31 Prepositions

By prepositions we mean the particles which are followed by nouns to form phrases which refer to location or relations -- particles of the type meaning "between", "at", "on", "for", and the like.

First, we look at the preposition *di*. *Di* is used in phrases which refer to location to precede the word which refers to the location: *di belakang* "in back (of)", *di depan*, *di muka* "in front (of)", *di sebelah* "beside", *di rumah* "at home", and so forth. With the word *dekat* "near, vicinity", *di* is optionally dropped (i.e., *dekat* functions both as a noun meaning "vicinity" and as a preposition meaning "near").

> 134   Ada rèstoran *di dekat* (or *dekat*) hotèl itu. "There is a restaurant *near* that hotèl."

A problem which *di* poses for learners is that *di* is used only in expressions which refer strictly to location. For example with *antara* "between" *di* is used only when referring to physical location.[8] (As in the case of *dekat*, *di* is optionally droppable:)

> 135   Salatiga terletak *di antara* Solo dan Semarang. "Salatiga is located *between* Solo and Semarang."

However, when *antara* refers to metaphorical space, *di* does not precede.

> 136   Perbèdaan *antara* keduanya... "The difference *between* the two of them..." (*Di* cannot be inserted here).

Similarly, *dalam* is optionally preceded by *di* when it refers to physical space, but not when it refers to metaphorical space:

> 137   Uangnya *di dalam* laci. "The money is *in* the drawer."
> 138   *Dalam* ceritera pèndèk Pramoedya... "*In* Pramoedya's short stories..." (*Di* cannot be used.)

Atas must be preceded by *di* when it refers to physical location, but otherwise it is not:

> 139   Uangnya *di atas* méja. "The money is *on top of* the table."

---

[8] For exceptions see footnote 9 below.

140   Saya bangga *atas* kemampuan anak saya. "I am proud *of*
       my son's ability"

English "at", "in", "on" are translated by *di* when they refer to
location, but not when they refer to time. For time[9] one uses *pada*:

141   *Pada* jaman Jepang... "*In* Japanese times..." (According
       to the purists, *di* cannot be used in place of *pada*.)
142   Sikap yang demikian timbul *pada* tahun-tahun dua-
       puluhan. "This attitude arose *in* the Twenties."

Di is also not used to refer to metaphorical location. For
metaphorical location one uses *dalam*:

143   *Dalam* keadaan seperti ini... "*In* a situation such as
       this..."
144   *Dalam* cerita-cerita Pramoedya... "*In* Pramoedya's
       stories..."

The choice of *di* as opposed to *ke* also offers problems: the basic
rule is that *ke* refers specifically to motion, whereas *di* refers to
location at. In the following example *ke* is chosen because the
agent of the action is moving toward the thing referred to in the
object of the preposition:

145   Saya pergi *ke* Yogya. "I went *to* Yogya."

The difficulty is that some roots emphasize not motion but the
final resting place. For example, *letakkan* "place" is usually
followed by *di*:.

146   Letakkan suratnya *di* atas mèja. "Put the letter *on* the
       table."

But *pindah* "move" emphasizes motion:

147   Pindahkan kursi *ke* atas. "Move the chairs upstairs."

A problem also arises because the English verb refers to motion
whereas the Indonesian form which translates the English verb may
refer to location:

148   Bapak sudah datang *di* Surabaya. "Father has already
       arrived *in* Surabaya."

Compare the following sentence:

---

[9] This is the tack taken by the purists. In non-accepted usage
di may be used for time, and this usage is considered poetic. For
example, there is a song called *Solo di waktu malam* "Solo *in* the
evening hours."

148a. Bapak datang *ke* Surabaya tiap hari Minggu. "Father comes *to* Surabaya every Sunday."

The general rule is that forms which refer to motion in English are usually translated into Indonesian with a verb of motion plus *ke*. A small number are translated by a verb plus *di* (and these are usually also the translations of a locational preposition in English): e.g. *simpan* "store", *taruh* "place", *letakkan* "place", and some others.

Other problems which arise with prepositions cannot be classified. Here we will give a list of some of the most common expressions which offer problems:

149 Berbeda *dengan* yang aslinya. "different *from* the original."
150 Terima kasih *atas* kedatangannya. "Thank you for coming."
151 Bangga *atas* kemampuannya. "Proud *of* his ability."
152 *Menurut* pendapat saya. "*In* my opinion."

Do Exercises 15-17.

A.32 Tense and aspectual forms

The forms which refer to tense and aspect, *sudah, belum, baru,* etc., offer problems to learners at the beginning levels. Here we will not repeat what has been described in BITSI Secs. 4.2, 5.1, 8.2 and their subsections. Students who are weak on these forms should review these sections and the exercises to them. (Exercise 1 reviews these forms as well.)

At the advanced level there are further problems which should be considered. The main difficulty which aspect markers *sudah* and *belum* offer to the advanced student is their obligatory use in certain contexts for which there is no English translation. This is the case in sentences which mean "(such-and-such) is the state now, when before it was not". For example, in the following sentences *sudah* "by now" is required, even though in English there is no form which would translate it:

153 Ada jalan dulu, tapi sekarang *sudah* hancur semu- anya. "Although there was a road, now it is entirely in ruins.

The tendency not to use *sudah* also comes in contexts which refer to something which happened after failing to happen for some time:

154 Dia gembira karena *sudah* ketemu barang yang lama dicarinya. "He was happy because he found the thing which he had been looking for for some time."

A.33 *Seorang, seseorang, suatu, sesuatu*

The basic meaning of *seorang* is "one", i.e. the prefix *se*-plus the counter *orang* for people, and thus it is in the series *seorang* "one (person)", *seèkor* "one (animal)", *sebuah* "one (irregular shaped thing)", etc.

155   *Seorang* di antaranya membawa tas. *Seorang* lagi... "*One of them carried a brief bag. Another one...*"

(2) *Seorang* can also mean "a person (the identity of whom is not given but is definitely fixed on)". For example, in the following sentence the form *seorang* refers to the artist who was the subject of the article:

156   Inspirasi mèmang sesuatu yang mustahil bagi *seorang* yang ulet. "For *a person* that creates by sheer perseverance and hard work, inspiration is out of the question."

(3) *Seorang* when modifying another form, can mean "a certain one (in a group)":

157   Ada *seorang* pemuda, Kemas Aman namanya. "There is *a* young man, Kemas Aman, by name."
158   Dari *seorang* pangèran Sihanouk jadi pasifis. "Sihanouk changed to a pacifist from *a* prince."
159   Merèka panggil *seorang* ahli dari Jerman Barat. "They called in *an* expert from West Germany."

Note that "a" or "an" in general definitions is not tranlated by *seorang*:

160   *Trol itu* adalah semacam raksasa yang sangat ditakuti orang. "*A troll* is a giant much feared by people."

Seseorang means "a certain (unknown) one". It is not used to modify, but must stand alone.

161   Ada *seseorang* yang datang tadi pagi. "There was *a person* who came this morning."

When the identity of the person who is referred to by English "a person" or "someone" is not of importance, i.e. when the statement applies to anyone in the category, *seseorang* is used. In the following sentence the regulations are burdensome to anyone in the category, not just to the author. This sentence can be compared to sentence 156 above where the identity of "someone" is clearly understood:

162   Bèa itu memberatkan *bagi seseorang* yang bukan pedagang. "That charge is burdensome if it is levied on *a person* who is not a merchant."

(2) *Seseorang* in negative sentence means "nobody, no person whatsoever.":

163   Saya tidak mengambil idé itu dari salah satu lembaga atau dari *seseorang*. "I did not get that idea from any institution or from *any person whatsoever*."

Suatu and *sesuatu* can be compared to *seorang* in meaning (3) above and *seseorang* respectively. *Suatu* is used modifying another form and means "a certain thing (in a group)":

164   Itu pertanda *suatu* kematangan jiwa... "That is the hallmark of *a certain* maturity of spirit..."
165   Mobil itu menjadi *suatu* kebutuhan. "An automobile has become *a* necessity."

Sesuatu means "a certain (unknown) thing". It is not used to modify, but must stand alone:[10]

167   Inspirasi mèmang *sesuatu* yang mustahil. "Inspiration is *something* which is out of question."

Do Exercise 18.

A.34 *Supaya* and *untuk*

Untuk "for, in order to" precedes a verbal complement.

168   Mereka diberi kesempatan *untuk* mengejar ketinggalannya. "They are given the opportunity *to* catch up."
169   Saya diperintahkan *untuk* mencari uang pas. "I was ordered *to* find exact change."
170   Soal yang Bapak berikan pada kami *untuk* dikerjakan di rumah. "The problems which you gave us *to* work at home."
171   Saya mohon *untuk* diberi kesempatan. "I beg *to* be given as opportunity"

Supaya, on the other hand, precedes a clause:

172   Dia menuntut *supaya* orang-orang Sumatera itu diusir. "They demanded *that* those Sumaterans be expelled."
173   Saya mohon supaya adik saya diberi kesempatan. "I beg *for* my brother to be given a chance-"

---

[10] An exception is the phrase *sesuatu hal*, which is identical in meaning to *suatu hal*.

166   Pikiran itu adalah *sesuatu hal* (= *suatu hal*) yang paling luas. "Thoughts are *something* which is most broad."

Untuk is not followed by a negative. One expresses "not to [do]" by using *supaya* or one of its synonyms plus *tidak*.

> 174   Saya makan *supaya tidak* mati. "I eat in order not to die."

Compare the following sentence where *untuk* should be used because it is positive:

> 175   Saya makan *untuk* hidup. "I eat to live."

A difficulty which *untuk* offers is that it is used preceding a verbal complement in many contexts in which English uses no preposition, as for example the above sentences, where English simply has an infinitive introduced by "to". In some cases the use of *untuk* is optional:

> 176   Kedua imperialis itu tidak akan segan-segan (*untuk*) menggunakan senjata meréka. "The two imperialistic powers are not likely to hesitate *to* use their weapons."

A problem which arises with *supaya* is that it translates into English as "that" in many contexts, and it may be confused with *bahwa*. The rule is that after verbs which refer to wishing, commanding, desiring, and the like a clause is introduced by *supaya*:

> 177   Dia memberi tahu saya *supaya* saya datang. "He let me know *that* I was to come."

Compare the following sentence in which the clause does not come after a verb of asking, ordering, or the like:

> 177a. Dia memberi tahu saya *bahwa* temannya sudah datang. "He informed me *that* his friend has arrived."

A.35 *Malahan* (*malah, bahkan*)

Malahan means "in fact, even...," in a context such as the following: "not just so-and-so, rather, in fact even such-and-such (which is more)." *Malah* and *bahkan* are synonymous. These forms may precede or follow the form which they modify.

> 178   Kesenian yang terpendam dan *malahan* dianggap sudah hilang bisa dihidupkan kembali. "An art which has begun to disappear, and *in fact* which is *even* considered to be lost, can be brought back to life."
>
> 179   Bayangkan, umur mesinnya 25-30 tahun. *Bahkan* ada yang lebih. "Imagine the machine is 25-30 years old. *In fact*, there are *even* some that are older."

180   Tidak menyempitkan aktifitas mahasiswa. *Bahkan*
      memperluasnya. "It does not narrow the students'
      activities. *In fact* it *even* broadens them."
181   Jangan diputar-putar begitu. Nanti *malah* rusak. "Don't
      keep turning it like that. It is just going to get
      broken." (Lit. It is just not going to get better, it
      is in fact even going to get broken.)
182   Saya ke dokter, tapi *malah* lebih sakit jadinya. "I
      went to the docter, but (instead of getting better) I
      in fact even got sicker."

Do Exercise 19.

B. Morphology

In this section we discuss the productive affixes which occur with Indonesian roots. By *productive* we mean that the affix occurs with a large number of roots, and that a new word in the language can be affixed with a productive affix if the root is similar in meaning to others which have this affix. We will first talk about verbal affixation -- that is, the affixes which are added to roots to form verbs. Following this, we will talk about the affixes which form other parts of speech. Indonesian morphology has little by way of *inflectional* affixation -- i.e., affixation of the type of English plurals or past tense morphemes or third person singular endings.[1] In English if we have a verb there is an almost hundred percent chance that there will be a third person singular form of the present and that there will be a past tense form. If we have an English noun we can predict with near certainty that there will be both a singular and a plural form. In Indonesian affixes are *derivational* rather than inflectional -- i.e., given a root, it is not possible to predict with certainty which affixes will go with it (although there are types, such that the affixational patterns are likely, as explained in Section C below). That is, none of the affixes *ber-*, *meN-*, *di-*, *-kan*, *-i*, etc. are addable to all roots of a given class. Rather, these affixes are like English *-ize*, *-ify*, etc. which may be added to a large number of roots, but it is not possible to know in advance which roots these affixes can be added to.[2]

---

[1] There are, however, paradigms in Indonesian, such that if we know of the existence of a given affix with a root, we can predict that other affixes will also occur with it. E.g., if a root occurs with *di-* passive (Sec. B.11), it will also occur with *meN-* active, and almost always occur with *peN-an* noun former (Sec. B.622) and *peN-* noun former (Sec. B.63). Similarly, if a root has *-kan* or *-i* affixed to it, the affixed form also may have *meN-* and the passive *di-* (Sec. B.11).

[2] The suffix *-ize* is added to some adjectives and nouns to form causative verbs as in *rationalize*, *characterize*, etc., and it even may be added to a new root in the language (e.g. *simonize*), but it cannot be added to all adjectives or nouns which it would make a meaningful causative form: e.g. to *liquid* we add *-ify* (with some alteration of the root) to form a causative verb; to *clean* we add nothing to form a causative verb (i.e., the root alone is used as a causative verb); and to adjectives no causative can be formed, although semantically it should be possible: e.g. *English*. (We have to use a paraphrase "translate into English" or the like to express the causative notion.) Indonesian affixes are similar to these in this respect. For example, although *-kan* is a very common affix which can be added to adjectives to form causative verbs, there is no guarantee that a given adjective will in fact take *-kan* (although most do do so -- Sec. B.212).

B.1 *meN-* and *di-*

B.11 Active and passive affixation

Indonesian verbs are of two types: transitive and intransitive. A transitive verb is the active or one of the passive forms. All other verb forms are intransitive. The affix which forms active verbs is *meN-*. The symbol *N-* is a symbol to indicate a number of alternant shapes which the prefix has. These alternant shapes are predictable in terms of the shape of the root, as shown in the following chart:

Before	b	d,j,c	g,h,vowel	r,l,w,y,m n,ng	monosyllabic roots
-N- is	m	n	ng	dropped	dropped

meN- + baca	= membaca	"read"	
meN- + dengar	= mendengar	"hear"	
meN- + jual	= menjual	"sell"	
meN- + cari	= mencari	"look for"	
meN- + ganggu	= mengganggu	"bother"	
meN- + hafal	= menghafal	"memorize"	
meN- + lihat	= melihat	"see"	
meN- + rampas	= merampas	"grab"	
meN- + makan	= memakan	"eat"	
meN- + ulangi	= mengulangi	"repeat"	
meN- + pèl	= mengepèl	"mop"	

Before roots beginning with p, t, s, or k the initial p, s, t, or k is dropped[3] and the -N- represents m, ny, n, or ng respectively.

meN- + pakai	= memakai	"use"	
meN- + tolong	= menolong	"help"	
meN- + sèwa	= menyèwa	"rent"	
meN- + kenal	= mengenal	"recognize"	

In colloquial styles, *meN-* has the alternative shape *N-* (i.e., the *me-* of the resultant form is dropped): e.g. (for- mal) *membaca*, (colloquial) *mbaca* "read"; (formal) *menunggu*, (colloquial) *nunggu* "wait"; (formal) *menyèwa*, (colloquial) *nyèwa* etc. There are three exceptions to this rule in which case the *N-* alone has a different effect from the *N-* in meN-. They are: before r- and l- *N-* has the shape nge-: e.g., (formal) *merokok*, (colloquial) *ngerokok* "smoke";

---

[3] An exception to this is bases which contain the prefix *per-* and with *pengaruhi* "influence" (and other forms as well). In this case *meN-* has the form *mem-* and *p* is retained: *memperolèh* "obtain", *mempengaruhi* "influence". Further, with a few roots beginning with *s*, *meN-* may optionally have shape *men-* and *s* is retained: *mensuksèskan* (=*menyuksèskan*) from *meN-* + *suksèskan* "make successful".

(formal) *melèwati* (colloquial) *ngelèwatin* "pass by."[4] Further, with roots beginning in *c-* *N-* has the shape ny- and the c is dropped: (formal) *mencuci*, (colloquial) *nyuci* "wash something".

In certain areas in colloquial styles *meN-* may be dropped. However, on Java the dropping of *meN-* is not normal speech, and the student should be advised to use *meN-* whenever it belongs (i.e., not to drop *meN-*).

The active-passive affixes are addable not only to roots, but also to bases which contain the affixes *-kan*, *-i*, and *per-* (including those which contain both *per-* and *-kan*, or *per-* and *-i*). Thus *meN-* can be added to *tanyakan*, *penuhi*, *pergunakan*, *perbaiki*, *percepat* to form *menanyakan* "ask about something", *memenuhi* "fill something", *mempergunakan* "use something", *memperbaiki* "repair something", *mempercepat* "speed something up". The active is chosen when the focus of the verb is on the action or the agent of the verb:

1   RRC merasa perlu untuk *membantu* negara-negara berkembang "China feels it necessary *to help* the developing nations."
2   Cina ingin *menonjolkan* kepada dunia umum, bahwa ... "China wishes to *show clearly* to the world in general, that ..."
3   Juru kunci yang *mengizinkan* saya beroperasi di sini "It is the gate keeper who *allows* me to operate here."

The passive consists of the base[5] alone preceded by (1) the first person pronoun if the agent is first person; (2) the second person term of address if the agent is the second person; (3) *di-* if the agent is the third person. If the agent is *he* or *she* or *they* there are alternative forms. For he or she: *di-nya* or *dia* preceding the base. The following chart displays the passive conjugation of the bases *beli* "buy" and *tanyakan* "ask about something"

first person	kubeli	"I bought (will buy, etc.) it"
	saya beli	"I bought it"
second person	kaubeli	"you bought it"
	Ali beli	"you bought it, Ali"
	Tuan beli	"you bought it, Sir"
	Ibu beli	"you bought it, Ma'am"
	etc.	etc.
third person	dibelinya	"he bought it"
	dibeli Ali	"Ali bought it"
	dibeli	"it was bought"

---

[4] The suffix *-i* is replaced by *-in* in colloquial styles as explained in Sec. B.2.

[5] By the term *base* we mean the unaffixed root, or the root affixed with *-kan*, *-i*, *per-* or *per-* plus *-kan* or *-i*. Thus *menanyakan* "ask something" consists of *meN-* plus the base *-tanyakan*; *memperbaiki* "repair" consists of *meN-* plus the base *-perbaiki* ; etc.

first plural	kami beli	"we bought it"
	kita beli	"we bought it"
third plural	dibeli merèka	"they bought it"
	or	
	merèka beli	
first person	kutanyakan	"I asked (will ask, etc.) it"
	saya tanyakan	"I asked it"
second person	kautanyakan	"you asked it"
	Bapak tanyakan	"you asked it, Sir"
	Tuan tanyakan	"you asked it, Sir"
	etc.	etc.
third person	ditanyakannya	"he asked it"
	ditanyakan Ali	"Ali asked it"
	ditanyakan	"it was asked"
first plural	kami tanyakan	"we asked it"
	kita tanyakan	"we asked it"
third plural	ditanyakan merèka	"they asked it"
	or	
	merèka tanyakan	

When the modals (Sec. A.23) are used in a phrase together with the passive verb, the modal is usually placed before the form which refers to the agent:

> 4   Sudah saya beli. "I already bought it."
> 5   Sudah kami tanyakan. "We already asked about it."
> 6   Tidak merèka beli. "They did not buy it."

Compare these examples with the same modals modifying an active verb with *meN-*:

> 7   Saya sudah membelinya. "I already bought it."
> 8   Kami sudah menanyakannya. "We already asked about it."
> 9   Merèka tidak membelinya. "They did not buy it."

The above explanations of the active and passive repeat what is found in most beginning handbooks of Indonesian. For students who are not familiar with these forms and need to practice using them, a review is recommended before proceding with the further explanations and exercises which we give here.[6]

With the passive forms the focus of the action is on the thing or person which is affected by the action. The passive verb states what happened (happens, etc.) to him or it.

> 10   Inilah peranan baru yang *kita harapkan* dari AS. "This is the new role which *we expect* the US to fill.

---

[6] We assume complete familiarity and fluency with and passive forms for users of these materials. If you feel that you need review, we advise you go back to BITSI, and do the grammar sections and exercises in Lesson Nine (starting with Section 9.3).

11   Soalnya, akan *dibangun* di mana? "The problem is, where
     are they *to build* it?" [The sentence refers to the
     public toilet, and why the area does not have one.]

12   Semua lembaga dan praktèknya *diperiksa* secara terbuka.
     "All its institutions and practices are open *to
     inspection*."

13   Saya kemudian *diperintahkan* si oknum berkaca mata itu
     untuk mencari uang pas. "Then (this is what happened
     to me:) that the personage with the glasses *ordered* me
     to look for the exact change.

14   Orang-orang yang berjalan kaki atau naik sepèda
     hampir-hampir tidak *diakui* kehadirannya di jalan-
     jalan raya kota ini. "The presence of bicyclists or
     pedestrians *is* hardly *recognized* on the avenues of
     this city."

Since we must make a choice between active and passive in the
case of verbs which are active or passive, the problem arises as to
when to choose the active and when the passive. A simplified rule
which we give to beginning students and which is presented in
Lesson Nine of BITSI is that the passive is obligatory when the
recipient of the action (the thing which is affected by the action
of the verb, the person or thing to whom the action happens) comes
before the verb. This would account for the passives *kita harapkan*
"we expect", *diperiksa* "be inspected" and *diperintahkan* "be
ordered" in examples 10, 12, and 13 above. A further rule we give
is that in a phrase introduced by *yang*, if there is an agent as
well as a verb within the phrase, a passive is obligatory. This
would account for the form *kita harapkan* in example 10 above.[7]
However, this mechanical rule will not account for all of the
choices which have to be made. (In example 11 above the recipient
of the action, what is to be built -- *dibangun* is never
specifically mentioned). In example 14, the recipient of *diakui* "be
recognized" is *kehadirannya* "their presence", and it is placed
following *diakui* (although it also might be placed preceding the
verb). The rule which is applicable in all cases is that if the
verb refers to what happened (happens or will happen) to someone or
something, then the passive is chosen; and in Indonesian a
transitive verb will not fail to express one of these two meanings.
In many environments both an active and a passive is possible, but
there is always a difference in meaning, even though it may not
come out in the English translation:

15   Saya ke sana untuk *membayar* hutangnya "I went there to
     pay the debt." [The sentence refers to what I went
     there to do.]

---

[7] The reader is advised to review Sec. 9.14ff. of BITSI and
work the accompanying exercises if he is not familiar with this rule.

15a. Saya ke sana supaya dibayar hutangnya "I went there to
     see that the debt got paid." [This sentence refers to
     what I went there about. If I did not go there, the
     debt would not get paid.][8]

In the following example the difference in meaning between the
active and passive forms will not come out in the English
translation, but there is, indeed, a difference in meaning of the
two sentences:.

16 Untuk *melepaskan* jam tersebut saya berikan uang Rp
    7.000 di bagian kasir. "I turned over Rp 7,000 to the
    cashier to *retrieve* that clock." [Here the letter
    writer is telling what happened to him at the customs
    and what he did while he was there.]

17 Supaya *dilepaskan* jam tersebut, saya berikan uang Rp
    7.000 di bagian kasir. "I turned over Rp 7,000 to the
    cashier so that that clock could *be retrieved*." (This
    sentence is not the one that occurs in our text. It
    would be used in a context where attention is to be
    drawn to the clock, rather than to the agent. E.g., if
    the clock was to be retrieved, but something else was
    let go. Or if the letter had been about a clock,
    rather than about what the author had to do to get his
    clock out of customs.]

Another example:

18 Bapak tidak dapat *meninggalkan* ruang rapat. "Father
    cannot leave the meeting." (He is too important at the
    meeting, and the meeting cannot go on without him. It
    would not make sense to focus attention on *ruang rapat*
    "the place of the meeting", because the interest is in
    Father, the agent, not on the recipient.]

On the other hand in the following example, the recipient of the
action is of greater interest than the action or the agent:

19 Tidak dapat *ditinggalkan* sendiri anak itu. Nanti kalau
    dia bangun dia akan menangis. "You cannot *leave* that
    child by himself. When he wakes up he will cry.,

     One rule of thumb is that if the recipient is not specific, a
passive is rarely used. This is a corollary to the rule that the
subject of a sentence must be specific (Sec A.111). Thus, if the
recipient of the action is something general or unspecified, an
active verb is chosen most of the time:

20 Mengapa kasirnya tidak *menyediakan* uang kecil? "Why
    did the cashier not *prepare* change [to give to the

---

[8] The rule for the choice of *supaya* as opposed to *untuk* is
given in A.34.

customers]? [The letter writer questioned the failure on the part of the customs official, and was not interested in particular change.]

However, if the story were about particular change that the cashier did something to (or failed to do something to), a passive could be used -- i.e., if the attention is focused on the change, rather than on the cashier:

21   Mengapa tidak *diserahkan* juga uang kecil itu? "Why *did* he not *turn over* the change as well? (Perhaps he turned something else over, but not the change.]⁹

A problem often arises with the Indonesian equivalent of the English infinitive (the form "to plus verb"). In English there is normally only one infinitive and no distinction is made between active and passive, but in Indonesian a choice must always be made. Therefore the English infinitive may be translated into Indonesian with two different forms -- either active or passive. Thus, when we have a sentence containing English "to read", we must translate into Indonesian with either an active or a passive, and to make the proper choice we must decide on whether we are interested in the thing being read or are interested in the action of reading:

22   Saya memakai kaca mata untuk *membaca* huruf kecil itu. "I use glasses *to read* those small letters."
23   Saya membawa buku untuk *dibaca* di jalan. I bought along a book *to read* on the way." [I brought a book not so that I could do something, but so that I could do something to it.]
24   Pekerjaan di daèrah minus ini, susah sekali *mencarinya*. "It is terribly hard to find work in this poverty-stricken area." [The interest here in on the looking for work in general.]
25   Pekerjaan yang demikian susah sekali *dicari*. "It is very difficult to look for that sort of work." [The interest here is on a particular type of work and what its characteristics are.]

But even if the English equivalent does not have an infinitive, it is often a problem for the English speaker to choose the active or passive because a decision has to be made as to whether the action or the recipient is to be highlighted:

---

⁹ In our text however, the focus of attention is on the failure of the cashier, and the active is used throughout: Mengapa kasir tidak *menyediakan* uang kecil untuk kembalian, dan *mendiamkan* begitu saja bila tidak ditanya? Sungguh *mendongkolkan* hati saya ... "Why didn't the cashier have money ready to give as change, and not say a word about it [the change] if nobody asked him. It really irked me."

26   Bagaimana bisa *menggorèng* gerèh tanpa minyak? "How can
     one *fry* dried fish without oil?" [One is interested in
     the action in this case.]
27   Bagaimana *dimakan* gerèh? *Digorèng* dulu? "How does one
     eat dried fish? Does one fry it first?" [Here one is
     more interested in the dried fish and how it is
     prepared than what one does.]

Do Exercises 20, 21, and 22 for this section.

B.12 Intransitive *meN-*

Verbs which do not have passive forms are intransitive. The
prefix *meN-* may be added to some roots to form intransitive verbs.
The intransitive *meN-*, unlike the transitive *meN-*, is not always
droppable. In many cases dropping the intransitive *meN-* changes the
meaning of the form entirely (cf. exercise 24). The roots to which
the intransitive prefix *meN-* may be added are of several types, and
the meaning which results from the addition of *meN-* depends on the
type of root. First, *meN-* may be added to roots which refer to an
action (discussed in Sec. C.22) to form a verb meaning "do
[so-and-so]". Many of these are verbs which refer to motion amd
others are verbs which refer to speaking, singing, making a sound,
and the like:[10] *mengalir* "flow", *menjalar* "crawl", *mengerang*
"groan", *menyanyi* "sing", *mengeluh* "complain", *menjerit* "scream",
melirik "peep at".
   The intransitive *meN-* is productive with stative and adjective
roots (C.1ff.). With roots of this sort *meN-* forms transitive verbs
which mean "be, come or have come into [such-and-such] a state":
hangat "hot", *menghangat* "get hot"; *dalam* "deep", *mendalam* "become
deep"; *luas* "widespread", *meluas* "spread out widely", *seluruh*
"all", *menyeluruh* "be done in a complete way"; *hijau* "green",
menghijau "be green to the sight". With statives which refer to
motion or a position (C.122) the addition of *meN-* forms a verb
which means "move into [such-and-such] a position": *turun*
"descend", *menurun* "be descending"; *limpah* "overflowing", *melimpah*
"be overflowing in abundance". With nominal roots which are similar
to the statives (Sec. C.34ff.), *meN-* forms verbs which are similar
in meaning to those which are formed to the statives: *uap* "steam",
menguap "give off steam", *rimba* "forest", *merimba* "be a forest";
banjir "flood", *membanjir* "be, have become a flood"; *bèlot*

---

[10] The prefix *meN-* forming intransitive verbs to verb bases is
not highly productive. With verbs the intransitive *meN-* has the
same effect as *ber-* (Sec. B.322), which is far more productive. A
few of the verbs in this group have both *meN-* and *ber-* with no
difference in meaning: *menyanyi* = *bernyanyi* "sing", *mendoa* = *berdoa*
"pray", *menari* = *bertari* "dance", *menyerah* = *berserah* "give in",
etc.

"traitor", *membèlot*[11] "be a traitor". With nominal roots of this
sort which refer to a place the addition of *meN-* forms verb which
means "get or be into [such-and-such] a position": *pihak* "side",
memihak "take the side of"; *seberang* "place across", *menyeberang*
"go to the other side"; *tengah* "place in the middle", *menengah* "be
in the middle"; etc.

With nominal roots the effect of the prefix *meN-* is clear to
the English speaker, and its use offers no difficulty:

> 28 Kesempatan itu selalu dimanfaatkan berbagai *pihak*.
> "Several *parties* always take advantage of that
> occasion."
>
> 29 Bangsa itu tidak selalu *memihak* pada merèka yang
> memperjuangkan kemerdèkaannya. "That nation does not
> always *take the side of* those who are struggling for
> their freedom."
>
> 30 Bayangkan saja bagaimana bila tumpukan tinja itu
> *menguap* bersama-sama. "Just imagine how it is when
> those piles of sewage *give off steam* all together."
>
> 31 Énak mandi *uap* di hawa dingin. "It is a pleasure to
> take a *steam* bath in cold weather."

However, with adjectival and stative roots, the choice of whether
to use the root alone or the root plus *meN-* offers great
difficulties. For one thing, some roots are more likely to have
meN- added to them than others: e.g. *limpah* "overflowing in
abundance" hardly occurs without *meN-* (we almost always get
melimpah), whereas *datang* "come" gets *meN-* attached only in set
phrases. In these cases learning from observation of usage is the
only solution. In some cases the *meN-* has a clearly ascertainable
meaning, but the meaning of the *meN-* is something not expressed by
English: *panjang* "long", *memanjang* "be stretched out along a
length"; *kuning* "yellow", *menguning* "appear yellow to the senses";
etc. Examples of *meN-* with stative and adjective roots as opposed
to its absence:

> 32 Dengan demikian Festival Jakarta akan makin *meluas*
> serta *menghangat* peminatnya. "In this way, the
> Festival of Jakarta will have all the wider and more
> enthusiastic audience (lit. its audience will *spread
> widely* and *be enthusiastic*)."
>
> 33 Festival itu diadakan setiap tahun dengan partisipasi
> yang makin *hangat*. "That festival is put on every year
> with ever more *enthusiastic* participation."
>
> 34 Kebun pisang *merimbun*, *menghijau* sepanjang dua tepian
> sungai Batangtoru. "The banana plantations *are a green
> mass* all along both sides of the Batangtoru (lit. *are
> thick, green*)."
>
> 35 Daun pohon itu *rimbun*. "That tree has *thick* leaves."

---

[11] *Bèlot* is also an intransitive verb (C.22) meaning "be a
traitor" and may occur with *ber-* with no difference in meaning:
membèlot = *berbèlot* = *bèlot* "be a traitor".

>   36   Daun pohon itu *hijau* dan *kuning*. "That tree has *yellow*
>   and *green* leaves."

Do Exercises 23 and 24 for this section.

B.2   *-kan* and *-i*

The affixes *-kan* and *-i* form bases which are transitive verbs
-- that is, they may have the active prefix *meN-* added to them and
may occur as part of passive verbs (Sec. B.11). All verbs which
contain these suffixes are transitive (with the exception discussed
in Sec. B.341).
In the colloquial speech of Jakarta both the suffix *-kan* and
-i have the alternate shape *-in*.

B.21   *-kan*

We find four meanings which the suffix *-kan* may have depending
on the meaning of the root.

B.211   *-kan* **having no meaning other than that of forming a**
transitive verb

In some cases *-kan* has a meaning similar to the English
preposition *about*, *on account of*, etc. in phrases like "ask about",
"laugh about", "keep quiet about", etc. Often the corresponding
English translation is a verb which may be directly followed by
direct object, so that in such cases for the English speaker the
meaning of the suffix *-kan* is difficult to feel. Forms which have
-kan in this meaning are for the most part based on intransitive
verb roots (Sec. C.22): *paham* "understand", *pahamkan* "understand
something"; *berharap* "hope", *harapkan* "expect something"; *bermain*
"play", *mainkan* "play something"; *bekerja* "work", *kerjakan* "do
something"; *ingin* "desire to (do)", *inginkan* "desire something";
bermimpi "dream", *mimpikan* "dream about"; *menanti* "wait", *nantikan*
"wait for"; *mengandung* "be pregnant", *kandungkan* "be pregnant
with"; etc. A large number of the roots which take *-kan* in this
meaning are words which refer to noise, speaking and the like, and
the object is the thing said, noise uttered, etc. This formation
mainly affects intransitive verb roots (C.22): *berkata* "speak",
katakan "say"; *berbisik* "whisper", *bisikkan* "whisper something";
melapor "report", *laporkan* "report something"; *berpikir* "think",
pikirkan "think about", etc. This formation is also formed with
nominal roots of a similar meaning: *suara* "voice", *suarakan* "voice
something"; *isyu* "gossip", *isyukan* "gossip something"; etc.
With statives (C.1) or intransitive verbs (C.22) which refer
to feelings one has about something or to words which mean laugh,
cry, and the like, the suffix *-kan* can be added to form transitive
verbs which mean "feel [so-and-so] about": *ragu* "be in doubt",
ragukan "doubt about"; *takut* "be afraid", *takutkan* "be afraid of";
diam "be quiet", *diamkan* "remain quiet about"; *tertawa* "laugh",
tertawakan "laugh at"; *menyesal* "feel regret", *sesalkan* "regret

something"; *bangga* "be proud", *banggakan* "be proud of"; *peduli* "care", *pedulikan* "care about" etc.[12]

B.212 *-kan* forming causative verbs

The suffix *-kan* can be added to almost all adjective and stative roots (C.1ff.) and a good portion of the nominal roots (C.3ff.) to form verbs which mean "cause something to be [in such-and-such a state]" or "cause to be [such-and-such a thing]". This is a highly productive formation, and there are countless examples in our texts: *kagum* "surprised", *kagumkan* "surprise"; *kalah* "defeated", *kalahkan* "defeat"; *bèbas* "free", *bèbaskan* "free something"; *hancur* "broken into bits", *hancurkan* "break into bits"; etc. With statives referring to place the suffix *-kan* forms a verb which means "bring, take something [to such-and-such a place]": *datang* "come", *datangkan* "import"; *keluar* "go out", *keluarkan* "bring out, put outside". *-kan* is also added to some intransitive verb roots (C.22) to produce a similar meaning: *berkembang* "develop", *kembangkan* "develop something"; *menonjol* "sticking out", *tonjolkan* "bring to the forefront"; *berhenti* "stop", *hentikan* "stop something"; *bermandi* "take a bath", *mandikan* "bathe something"; *bersekolah* "study", *sekolahkan* "send to school"; etc. With nominal roots (Sec. C.3) *-kan* may form verbs which mean "make into [whatever the noun refers to]": *buah* "buah", *buahkan* "make as the product of something"; *rahasia* "secret", *rahasiakan* "make something a secret"; *hadiah* "gift", *hadiahkan* "give away"; *nomor satu* "number one", *nomor satukan* "give top priority to"; *gambar* "picture", *gambarkan* "depict"; and so forth. Although the causative meaning of *-kan* is highly productive with stative roots and somewhat productive with other sorts of roots, it is not always this meaning which *-kan* produces. The *-kan* of B.211, above, also occurs with roots of this kind, and in the following sections we will look at other meanings which *-kan* provides which also may be the case of roots of this kind. Often the same root may take the affix *-kan* in different meanings. E.g. *ingat* "remember" has a causative *-kan*: *ingatkan*, "remind", and a transitive-forming *-kan* (cf. Sec. B.211 above) in *ingatkan* "remember something".

> 37   Restoran mèwah yang *mengingatkan* kita pada zaman kolonial. "Luxurious restaurants which *remind* us of colonial times."
> 38   Berdebar-debar hatinya bila *diingatkannya* cerita-cerita orang bahwa... "Her heart pounded when she *remembered* the stories people told about..."

---

[12] Most statives and verb roots which refer to feelings also take *-kan* in the causative meaning described in Sec. B.212 following.

Bangga "be proud" plus *-kan* forms *banggakan* "be proud of" or "make proud".

39   Saya sangat *membanggakan* hal itu. "I am very proud of that matter."

40   Hal itu sangat *membanggakan*. "That matter makes (me) very proud."

There are two areas of problems which the suffix *-kan* in its causative meaning poses for the learner. First, there are statives and adjectives which form causative verbs without addition of *-kan* (i.e., they are transitive verb roots as well as statives or adjectives -- Sec. C.21): e.g. *buka* "be open" or "open something"; *dapat* "be obtained at hand" or "obtain something", *tambah* (= *bertambah*) "be more" and *tambah* (in passive of *menambah*) "add to", *rusak* "broken" or "break something". Or the root feels like a stative root, even though in fact it is not a stative verb root: e.g. *rubah* "change something", *urus* "arrange something", *atur* "put something in order". (Foreigners have a tendency to add *-kan* to these roots, although these roots do not take *-kan* in forming transitive verbs.) Another source of difficulty is the choice between a stative root alone or an intransitive verb versus the root affixed with *di-kan*: *datang* "come" vs. *didatangkan* "be imported"; *berjalan* "go" vs. *dijalankan* "be made to go"; *wajib* "be obliged" or "be obligatory" vs. *diwajibkan* "be given an obligation" or "be made obligatory"; *hilang* "be lost" vs. *dihilangkan* "be made to disappear". Exercises 25 and 26 will give examples of these forms in sentences and provide practice.

41   Barang-barang itu *datang* dari luar negeri. "Those things *come* from abroad."

42   Barang-barang itu *didatangkan* dari luar negeri. "Those things *are imported* from abroad."

43   Bahasa Perancis tidak *wajib* lagi di S.M.A. "French is no longer *obligatory* in high school."

44   Bahasa Perancis *diwajibkan* pada mereka yang tidak mengambil Latin. "They *make* French *obligatory* for those who do not take Latin."

45   Semua peserta *wajib* menyumbang. Yang tidak mampu *diwajibkan* ikut kerja bakti. "All of the participants *have to* make a contribution. Those who cannot afford it, *will be given the obligation of* joining in work bees."

Do Exercises 25 and 26.

B.2121   *-Kan* added to adjectives to form verbs which mean "consider something as"

The causative meaning of *-kan* may be extended with adjective roots to cover the meaning "consider as": i.e., *-kan* is added to some adjectives to form verbs which mean consider something as [such-and-such]": *agung* "exalted"; *agungkan* "exalt (consider at)"; *aram* "impure", *haramkan* "avoid as impure"; *salah* "wrong", *salahkan* "blame (consider to be wrong)"; *bodoh* "stupid", *bodohkan* "take for stupid".

> 46   Mahasiswa diagung-agungkan olèh masyarakat. "Society puts students up on a pedestal"

B.213 *-kan* in the conveyance meaning

Another productive meaning of *-kan* is what we call the "conveyance" meaning: *-kan* is added to a root to form a verb which refers to the conveying or the placement of something at a point away from where it started out. This affix is productive with all kinds of verbal roots (C.2ff.) and with stative roots which refer to motion (C.122): *masuk* "go in", *masukkan* "put something in something"[13]; *sèwa* "rent", *sèwakan* "rent something out"; *menyerah* "give in", *serahkan* "turn something over"; *pukul* "strike", *pukulkan* "strike something against something"; *lari* "run", *larikan* "run away with"; *sisipkan* "put something in between something"; *letakkan* "put something down"; *hampirkan* "put something near something else"; *invèstasikan* "invest something"; etc. With words which refer to speaking and the like, the verb affixed with *-kan* refers to an object which is the thing said: *ajar* "teach someone", *ajarkan* "teach something"; *suruh* "order someone to do", *suruhkan* "give an order that ..."; etc.

> 47   Saya *diajar* bahasa Jepang olèh guru Jepang. "I *am taught* Japanese by a Japanese teacher."
> 48   Jepang *mengajarkan* benci pada Belanda. "The Japanese *taught* (them) hatred for the Dutch."
> 49   Dia tidak mau kalau *disuruh*. "If *you give her orders*, she won't do it."
> 50   Apa saja yang *disuruhkan* pada dia, mau juga dia mengerjakannya. "Whatever you *give* her *to do*, she is willing to do."

The verbs which refer to speaking discussed in B.21, above, could contain a *-kan* which could be classified here: the recipient is often the thing said: *tanyakan* "ask about something", *bicarakan* "discuss something", *janjikan* "promise something", *èksprèsikan* "express something", *formulasikan* "formulate", etc. Because of the productivity of *-kan* with words of saying, *-kan* can be added to roots with quite different meanings, and the base which contains *-kan* refers to speaking in a way somehow connected with whatever the root refers to: *gariskan* "say in underlining" (from *garis* "scratch, line"), *gorèskan* "say in underlining" (from *gorès* "scratch"), *canangkan* "announce" (from *canang* "small gong used for announcements"):

---

[13] In some of these cases we could analyze the meaning of *-kan* to be causitive (B.212) as well as conveyance, as for example *masukkan* "put inside" or "cause to enter".

51   Dalam konsèp itu *digariskan* bahwa ... "In that
     manuscript *it is underlined* that ..."
52   Sekali   lagi   Nasution   tampil   *mencanangkan*
     antikorupsinya. "Once more Nasution came to the fore
     to announce his anticorruption movement."

The suffix *-kan* in the conveyance meaning can also be added to
some nouns to form verbs which mean "convey [the noun] to, provide
with [noun]": *nama* "name", *namakan* "gave a name to"; *izin*
"permission", *izinkan* "give permission"; *bukti* "proof", *buktikan*
"prove something (provide a proof for)"; *untung* "profit", *untungkan*
"profit someone"; *nasihat* "advice", *nasihatkan* "advise"; etc. With
a small number of nouns the suffix *-kan* in the conveyance meaning
forms a verb which means "convey to or via [noun]": *pakèt*
"package", *pakètkan* "send as a package"; *pos* "post office", *poskan*
"send through the mails"; *dokter* "doctor", *dokterkan* "bring to the
doctor"; *pasar* "market", *pasarkan* "market something".
The suffix *-kan* in its conveyance meaning when added to a root
which is already a transitive verb (C.21) offers problems for the
learner. First, there is the easier case where the unaffixed root
refers to a recipient which is the place or the person to whom the
action is done, whereas the base which contains *-kan* refers to the
thing which is conveyed: *isi* "fill something", *isikan* "fill
something into"; *tambah* "add to", *tambahkan* "add something"; *bayar*
"pay someone", *bayarkan* "give in payment"; *beri* "give to", *berikan*
"give something"; *ajar* "teach someone", *ajarkan* "teach something";
beli "buy", *belikan* "give out in buying"; etc.

53   Berapa yang harus saya *tambahkan*? "How much do I have
     to add?"
54   Apa ini juga harus saya *tambah*? "Do I have *to add to*
     this too?"
55   Bak ini harus *diisi*. "This tank has *to be filled*."
56   Air putih yang *diisikan* ke botol ini. "This bottle is
     to *be filled with* plain water -- i.e., plain water is
     to *be filled into* this bottle."

More difficult are the cases where the English equivalent does not
clearly or obligatorily express the meaning difference: *kirim*
"send", *kirimkan* "get something off (e.g. in the mails)"; *jual*
"sell", *jualkan* "market, get rid of by selling"; *ganti* "replace",
gantikan "be a replacement for"; *tanam* "plant", *tanamkan* "emplant";
kunci "lock something", *kuncikan* "lock something up (in)".

57   Apa bolèh buat. Lebih-lebih jika hendak *menjualkan*
     hasil pertanian merèka. "What can be done about it?
     Especially if they want to *market* their farm
     products."
58   Buku itu dijual dengan harga sekitar 800 rupiah. "That
     book *is sold* for around Rp. 800."
59   Begitu ada perangkónya, surat itu akan saya *kirimkan*.
     "I *will get* this letter *off* as soon as I get stamps
     for it."
60   Saya sudah dua kali *mengirim* surat sama dia. "I have
     sent him a letter two times."

61 Pasukan Muangthai tidak dikerahkan untuk *menggantikan*
    pasukan Malaysia. "They have not gathered a Thai force
    to *replace* the Malaysian forces."
62 Bekas kuburan sudah *diganti* dengan bangunan gedung.
    "What used to be graves *has been replaced* by
    buildings."

This problem is especially difficult because there are roots in
which the unaffixed root and the base which contains -*kan* do have
or may have exactly the same meaning: *titip* = *titipkan* "give to
safekeeping", etc.

Do Exercises 27 and 28.

B.214 -*kan* in the benefactive meaning

The suffix -*kan* may be added to transitive verb roots (C.21)
to form verbs which mean "do [so-and-so] on behalf of or for the
sake of". The recipient of the action of the verb may be
alternatively the person on whose behalf the action is done or the
thing which is affected by the action.

63 Dia *membacakan* saya doa *or* Dia *membacakan* doa untuk
    saya. "He *recited* a prayer *for* me."
64 *Bikinkan* saya kwitansi *or Bikinkan* kwitansi bagi saya.
    "*Make out* a receipt *for* me."

If the person benefitted by the action is not expressed, the verb
with the benefactive -*kan* means "do [so-and-so] as a favor".

65 *Ambilkan* air nanti, ya? "Do me a favor and get (me)
    some water, would you?"

The suffix -*kan* in this meaning can be added to many of the
transitive verb roots. With some roots two kinds of -*kan* can be
added: -*kan* in the benefactive meaning and -*kan* in the conveyance
meaning: *tuliskan* "use to write with" or "write for", *belikan* "buy
for" or "spend in buying", *jualkan* "sell on behalf of" or "market
something", etc.

B.215 -*kan* of other sorts

The above sections describe all of the productive meanings of
-*kan* which forms transitive verbs except those which occur in
conjunction with *per*- (Sec. B.51). With the roots *lihat* "see" and
dengar "hear" -*kan* has special meanings: *dengar* "hear, happen to
hear", *dengarkan* "listen to, hear with intention"; *lihat* "see,
happen to see", *lihatkan* "look at with intention".[14]

---

[14] *Lihatkan* is not very common. It is usually replaced by
pandang "gaze at" or *nonton* "look at a performance".

66   Saya *dengar* dari atasan saya bahwa ... "I *heard* from
      my boss that ..."
67   Saya *mendengarkan* cerita itu. "I *listened to* the
      story."
68   Saya tidak *melihat* kemajuan di sini. "I *see* no
      progress here."
69   Itik-itik itu menggerakan èkornya dan memanjangkan
      lèhèrnya. Abdul Karim *melihatkan* itik-itik ini, dan
      terasa sesuatu yang meloyakan tekaknya. "Those ducks
      wagged their tails and stretched out their necks.
      Abdul Karim *watched* those ducks and got a feeling of
      disgust in his mouth."

Exercises 29-32 are on -kan *and* -i.

B.22 -*i*

The suffix -*i* forms transitive verbs and has various meanings
depending on the meaning of the root. One notion which is present
in a large portion of the meanings of -*i* is the notion of location,
and the recipient of the action can be viewed, or metaphorically
viewed, as the location at which the action takes place, as we
shall see in the succeeding subsections.

B.221 -*i* forming locative verbs

In this meaning -*i* refers to a recipient of the action which
is the place of the action. In this meaning, -*i* may occur with
roots of any sort -- i.e., -*i* in the locative meaning is free to
occur with any class of root.[15] E.g. transitive verb roots: *tanam*
"plant", *tanami* "plant on": *tutup* "close", *tutupi* "cover over,.

70   *Menanam* padi itu pekerjaan raksasa. "It is a gigantic
      job *to plant* rice."
71   Tiga hèktar lainnya *ditanami* tanaman yang dapat
      dièkspor. "The other three hectars *are planted to*
      export crops."
72   Tempat-tempat pemakaman banyak *ditutup*. "Many of the
      cemetaries *have been closed*."
73   Alat-alat itunya *ditutupi*. "Those (you know which)
      parts of the body were *covered over*."

With statives or intransitive verb roots which refer to motion or
location (Sec. C.122 and C.22 or C.23), the suffix -*i* forms a
transitive verb which has a recipient which is the place to which
(or the person at whom) the action is done: e.g., *duduk* "sit",
duduki "sit on"; *berkunjung* "pay a visit", *kunjungi* "visit

---

[15] It is least productive with transitive verb roots (C.21)
because a good number of roots without any suffix refer to a
recipient which can be viewed as the place affected by the
action.(Cf. comment under (3) in the second paragraph of C.21.)

someone"; *bawah* "be below", *bawahi* "be below someone", *lebih* "more", *lebihi* "surpass, be more than"; *berjalan* "walk", *jalani* "walk on"; *jauh* "be far", *jauhi* "keep far from"; etc. Many roots which do not occur unaffixed also occur with -*i* in this meaning (and occur with other affixes as well):

74 *Duduk* di kursi. "Sit in the chair."
75 Kursi yang saya *duduki*. "The chair I *sat in*."
76 Staf KOTI langsung *membawahi* keempat angkatan. "The KOTI staff was directly *underneath* (*subject to*) the four armed services."
77 Beberapa produk *melebihi* kebutuhan padahal sulit dipasarkan. "Several products *surpass* what they need, but these products are difficult to market."

With roots which mean "say, speak", and the like, the form with -*i* refers to a recipient which is the person to whom said: *wawancara* "interview," *wawancarai* "interview someone", *teriaki* "shout at", *ceritai* "tell to", *katai* "say to", etc.

78 Dua pertiga dari mereka yang *diwawancarai*... "Two-thirds of those *interviewed*..."
79 Akhirnya, kerumunan itu *meneriaki* dan *mengejekinya* puas-puas. "Finally, the crowd around him shouted at him and ridiculed him to their hearts' content."

With roots which mean "accompany", the suffix -*i* forms verbs with recipients which are the person or thing accompanied: *ikut* "do along with", *ikuti* "go along with"; *serta* "together with", *sertai* "accompany"; *teman* "one who is together with someone", *temani* "keep someone company"; *buntut* "tail", *buntuti* "accompany from behind"; etc.

80 Pemilik tanah tidak *ikut* kebagian keuntungan besar. "The owner of the land *does* not *share* in getting a portion of the huge profits-"
81 Tekanan sosial mewajibkan mereka untuk *mengikuti* móde Barat. "Social pressures oblige them to *follow* the Western styles."
82 Kematian Haji Musa terus *dibuntuti* beberapa kesulitan lagi. "Several other difficulties *followed close on to* Haji Musa's death."

With nominal roots -*i* in this meaning often forms verbs which have a recipient which the person or thing provided with [noun]: *biaya* "cost", *biayai* "pay the expense for"; *selimut* "blanket", *selimuti* "cover with a blanket"; *batas* "limits", *batasi* "set limits to"; *air* "water", *airi* "irrigate"; *harga* "value", *hargai* value something"; etc.

83 *Biaya* sekolah itu mahal. Kakak saya yang *membiayai* saya. "The *cost* of studying is high. My brother *finances* me."
84 Bagian tengah pulau masih *diselimuti* hutan. "The center of the island is still *covered with* forest."

85 Danau itu bisa *mengairi* daèrah pertanian di dèsa
    sekitar. "The lake can *provide water for* the fields of
    the village surrounding it."

Do Exercise 39.

B.2211 Comparison of locative *-i* with *-kan*

Most of the roots which occur with the locative *-i* suffix
described in B.221, above, also occur with the *-kan* suffix in the
conveyance meaning (B.213). The form with *-i* has a recipient which
is the place of the action, whereas the form with *-kan* has a
recipient which is the thing conveyed: *duduki* "sit on", *dudukkan*
"seat something"; *bawahi* "be below something", *bawahkan* "place
something below"; *jalani* "walk on", *jalankan* "make something go";
jauhi "be far from", *jauhkan* "place something far"; etc. With the
words referring to speaking and the like the form with *-i* has a
recipient which is the person to whom said and the form with *-kan*
has a recipient which is the thing said: *teriaki* "shout at",
teriakkan "shout something"; *katai* "say to", *katakan* "say
something"; *ceritai* "tell to", *ceritakan* "tell something"; etc.
Words which mean "accompany" enter a similar paradigm: *ikuti*
"accompany someone", *ikutkan* "send along as an accompaniment".
Nominal roots rarely enter this paradigm. (i.e., they occur with
the locative *-i*, but not with the conveyance -kan).[16]

Do Exercises 37 and 38 for this section.

B.222 Causative *-i*.

With some stative or adjectival roots, the suffix *-i* forms
verbs which mean "bring into [such-and-such] a state": *penuh*
"full", *penuhi* "fill"; *lengkap* "complete", *lengkapi* "make
complete"; *sesak* "chock-full", *sesaki* "make something chock-full";
keras "tight", *kerasi* "tighten"; *kotor* "dirty", *kotori* "make
something dirty"; etc. With roots meaning "be like, equal", and the

---

[16] As described in Sec. B.213, the suffix *-kan* in the
conveyance meaning when added to nouns forms a verb which means
"convey [noun] to [the recipient]". This meaning is
indistinguishable from the formulation which we make here for *-i*
"provide with [noun]". Some roots occur with *-kan*, some with *-i*;
and some occur with both *-kan* and *-i*, with only a slight difference
in meaning. The following roots take *-kan*: *izinkan* "permit",
untungkan "profit", *bahayakan* "endanger". But the following roots
take *-i*: *tandatangani* "sign", *airi* "irrigate", *batasi* "limit"; etc.
With some roots *-kan* and *-i* both occur with no difference in
meaning: *nasihatkan*, *nasihati* "advise" (however, *nasihati* often has
the connotation of scolding, perhaps under the influence of *marahi*
"scold"); *namai*, *namakan* "call someone something", etc. Exercises
34 and 35 are on this point.

like -*i* forms verbs which mean "be equal to, be like something":
samai "be the same as,, *imbangi* "make something even with something
else", etc. The suffix -*i* in the causative meaning is not as
productive as -*kan* in the causative meaning (Sec. B.212) and most
roots which have -*i* in this meaning, also occur with -*kan* in the
causative meaning, and the form with -*i* and the form with -*kan* are
pretty much the same in meaning. Thus, we also find *penuhkan* "fill
something",[17] *lengkapkan* "make something complete", *sesakkan* "make
something chock-full", *keraskan* "tighten", *kotorkan* "make dirty";
etc. (all of which have only slight difference in meaning from the
root affixed with -*i*).

> 86   Air sumur itu *dikotori* (or *dikotorkan*) dengan sisa
>   makanan yang jatuh ke dalamnya. "The water in the well
>   was *dirtied* by the food remains that fell into it."

Occasionally there is a difference in meaning between the form with
-*kan* and the form with -*i*: e.g., *terang* "(1) clear, (2) bright",
terangkan "clarify, explain", *terangi* "illuminate". With the roots
gugur "fall", *gigil* "tremble", and some others, the suffix -*i* form
a causative combined with plural (Sec. B.225, below) -- i.e.,
gugurkan "cause to fall", *guguri* "cause several things to fall";
gigilkan, cause to tremble", *gigili* "cause to tremble all over."

B.223 -*i* added to roots which refer to personal feelings

Stative and adjective roots which refer to the way a person
feels about something (Sec. C.121) often may occur with the suffix
-*i* to form a verb which has a recipient which is "the reason on
account of which a person feels to be [such-and-such]" or "what it
is that the person feels [so-and-so] about": *nikmat* "pleasurable
feeling", *nikmati* "enjoy"; *gemar* "be fond of", *gemari* "be fond of
something"; *sadar* "be aware", *sadari* "be aware of"; *takut* "be
afraid", *takuti* "be afraid of", *cinta* "love", *cintai* "love
something"; *meratap* "wail", *ratapi* "bewail"; *malu* "be ashamed",
malui "be ashamed of"; etc.

> 87   *Nikmat* sekali makan ès krim di udara panas. "It is
>   very *pleasurable* to eat ice cream in hot weather."
> 88   Merèka tidak dapat *menikmati* fasilitas yang
>   hèbat-hèbat itu. "They cannot enjoy those marvelous
>   facilities."
> 89   Kita harus *sadar* bahwa ... "We have to *be aware* that
>   ..."
> 90   Mahasiswa harus *menyadari* kenyataan itu, walaupun
>   mèmang pahit. "The students have to *be aware of* that
>   fact, bitter though it may be."

This meaning is similar to the meaning of -*kan* discussed in Sec.
B.211, second paragraph, and some roots occur with -*kan* in this
meaning, some with -*i* in this meaning, and some occur with both.

---

[17] Only *penuhi* has the meaning of "fulfill", however.

Words which mean "like, be fond of" and the like tend to occur only
with -*i*: *senangi* "like something,"[18] *sukai* ,like something",
sayangi "love someone", *gemari* "be fond of something", etc. Others
in this group occur with both -*i* and -*kan* with no difference in
meaning: *takuti* = *takutkan* "fear something", *tangisi* = *tangiskan*
"cry about", *sesali* = *sesalkan* "regret". There are also some roots
which occur only with -*kan* in this meaning.

B.224 -*i* as a transitive verb former

With some roots the addition of -*i* does not clearly give a
locational meaning. The addition of -*i* does little more than make a
transitive verb out of an intransitive verb.[19] These verbs to some
extent fall into semantic classes. First, -*i* makes transitive verbs
out of intransitive and stative roots which mean "look at, watch,
study, examine, experience, know, understand, do something to
something to experience it", and the like:[20] *alami* "experience",
rasai "experience", *pelajari* "study something", *selidiki* "examine
something", *awasi* "watch over", *amati* "observe", *kenali* "be
acquainted with", *pahami* "understand something", *ketahui* "know
something", *baui* "smell something", *ciumi*, "sniff something," *cobai*
"try something". Similar in meaning are roots which mean "find" or
"come across something, meet something", where the form with -*i*
refers to a recipient which is the person or thing found or met:
jumpai, *temui* "meet someone," *pergoki* "catch someone (doing
something)", etc.

With roots which refer to a certain role, the suffix -*i* forms
verbs which mean "play [such-and-such] a role in": *wakil*
"representative", *wakili* "represent"; *tokoh* "an important
personage", *tokohi* "be the important personnage in an event";
dalang "the puppeteer, mastermind", *dalangi* "manipulate a
situation, mastermind the events which take place", etc.

---

[18] *Senangkan* may mean "feel happy about" (as well as "make
someone happy" -- Sec. B.212).

91   Hal itu tidak saya *senangkan* "I *don't feel happy* about
     that."
92   Hal itu tidak saya *senangi*. "I don't *like* that
     matter."
93   Hal itu tidak *menyenangkan* "That matter *does* not make
     (me) happy.

[19] The situation here is very much comparable to the
situation in English where some verbs do not take direct objects
but must rather be preceded by a preposition, even though the
preposition has no statable meaning: e.g., look *at*, wait *for*,
depend *on*, listen *to*, etc.

[20] Not all roots which have these meanings have to take -*i* to
form transitives, for some of them are transitive verb roots and
require no affixes: e.g. *lihat*.

94   Terasa suasana akrab antara penonton dan para pejabat
      yang *ditokohi* Présidèn. "There was a clear feeling of
      intimacy between the audience and the functionaries,
      *represented by (the important personage among whom
      was)* the President."
95   CIA yang *mendalangi* komplotan itu. "That plot was
      masterminded by the CIA."

Words which mean "possess, have power over" and the like take
-*i* to form verbs which mean "possess something, have power over":
pengaruhi "influence", *punyai* "possess", *miliki* "possess", *kuasai*
"have power over", *menangi* "get by winning", etc.

Other forms which do not fall into any large semantic
groupings also occur with this transitive forming -*i*: *warisi*,
pusakai "inherit"; *kantongi* "pocket"; *percayai* "believe"; *saingi*
"rival"; *akui* "recognize"; *mulai* "begin" *tanggapi* "react to";
layani, *ladèni* "serve someone."

In some cases -*i* is added to a root which is already a
transitive root, and the meaning of the base with -*i* is the same as
the base alone: *ajar* = *ajari* "teach (someone)", *halang* = *halangi*
"block", *ganggu* = *ganggui* "disturb", etc. In most cases, however,
where the unaffixed root refers to the same recipient of the action
as the base with -*i*, there is a difference of nuance between the
unaffixed form and the affixed form: *tambah* "add, make something
more", *tambahi* "put something to something else as an addition";
peggang "hold, have in one's possession", *pegangi* "hold on to".

96   Kalau tidak *ditambah* uang itu kurang nanti. "If you
      don't *add* more money, it won't be enough."
97   Wanita itu tidak merasa tenang kalau tidak *menambahi*
      penghidupannya dengan jualan kain. "That woman does
      not feel at ease, unless she can *add* another
      livelihood *to* her current one, that of selling cloth."
98   Sebentar kemudian Mbakyu Karto sudah *memegang* cermin
      di muka mulut Mas Karto. "One minute later, Mrs. Karto
      was already *holding* a mirror in front of Mr. Karto's
      mouth."
99   Ibu *memegangi* lenganku dari belakang. "Mother *held on
      to* my arms from behind (as we walked around the dark
      path)."

In many cases the -*i* has a plural meaning (B.225).

For transitive-forming -i *do Exercise 39.*

B.225 -*i* in the plural meaning

The suffix -*i* can form verbs which refer to intensive, usually
plural actions (done by several agents or repetedly). The following
two sentences show this meaning;

100   Pohon-pohon yang rindang banyak yang sudah *ditebangi*.
      "Large numbers of shade trees have been *cut down*."

101   Kenapa pohon itu ditebang? "Why did they cut that tree
       down?"

Similarly, *ulang* "repeat", *ulangi* "do something again on several
occasions". Roots in *Indonesian Readings* which occur with plural
-i: *guguri* "make things fall", *gigili* "make something tremble all
over", *ganyangi* "devour or destroy large quantities of something,"
sahuti "keep answering", *pukuli* "keep hitting", *pandangi* "look at
several things", *lempari* "throw at in quantity", *ciumi* "repeatedly
kiss", *coploki* "uproot in quantity".

Do Exercise 29-39 for -i.

B.226 Comparison of verb with *ber-* **or a root followed by a
preposition and a verb with** *-i* **or** *-kan*

A verb with *-i* or *-kan* in the active (i.e., with *meN-i*, *meN-
kan*) refers to a more intensive or purposeful action than a verb
with *ber-* followed by a preposition or a root alone plus a
preposition. For example, *bertemu* (plus *dengan*) "meet, come
together in a place where both parties have gone to" as opposed to
menemui "go to meet someone"; *datang di* "arrive at", *mendatangi*
"pay a visit to"; *berpikir tentang* "think about (how something is,
and the like)", *memikirkan* "take into consideration, think about
the consequences"; *berpengaruh pada* "be influential on, have an
influence over", *mempengaruhi* "influence something".

102   Contoh-contoh dari orangtua kita berpengaruh besar
       pada perkembangan kita. "Our parents' examples have a
       great deal of influence on our development."
103   Saya tidak bermaksud untuk mempengaruhi anda. Anda
       memutuskan sendiri. "I don't mean to influence you.
       You make the decision yourself."

Do Exercise 48

B.3 *Ber-*

The prefix *ber-* forms verbs which are intransitive (do not
occur with the passive, Sec. B.11). *Ber-* forms verbs which refer to
an action or forms which refer to a state, condition, quality, what
someone or something possesses or uses, and the like. First, we
look at *ber-* forming verbs which refer to a state, condition, or
quality or what something possesses or uses -- the non-action type
of *ber-*.

B.31 Non-action *ber-*.

B.311 *Ber-* **added to noun roots or bases**

Ber- is productively added to nouns to form verbs which mean

"have [so-and-so]": *berduit* "have money", *berguna* "be useful",
bermutu "have a certain quality", *berhak* "have the right to",
berpengetahuan "have knowledge", etc. With words which refer to
vehicles the *ber-* forms verbs which mean "ride [such-and-such] a
vehicle": *bersepéda* "ride a bicycle", with forms referring to
things that can be worn *ber-* forms verbs which mean "wear
[so-and-so]": *bercelana* "wear pants". With nouns which refer to a
quality or quantity, *ber-* forms verbs which mean "be of
[such-and-such] a quantity": *umur* "age", *berumur* "be [so-and-so]
old"; *jumlah* "total", *berjumlah* "be of [such-and-such] a total
number"; *bermacam-macam* "be different kinds"; etc. With nouns which
refer to something produced the prefix *ber-* may form a verb which
means "produce [so-and-so]": *bertelur* "lay eggs", *berbunga* "be in
blossom", etc. With nouns which refer to a relationship *ber-* forms
verbs which mean "be [so-and-so] with one another" (cf. the meaning
of *ber-* of Sec. B.321). *berteman* "be friends", *berkongsi* "be in
partnership", *berbèda* "be different from one another", etc. With
numbers *ber-* forms verbs meaning "do in a group of [so-and-so]
many":

>   104   Mari kita pergi *berempat*. "Let us four go (i.e., let
>   us go *in a group of four*)."

With some nouns *ber-* forms verbs which mean "be characterized by
having [noun]": *seri* "brightness", *berseri* "bright, shining";
bahagia "happiness", *berbahagia* "be happy; *bahaya* "danger",
berbahaya "be dangerous" or "be in danger"; etc. With a few nouns
which refer to instruments, *ber-* forms verbs which mean "be
characterized by the application of [so-and-so]": *gosok* "brush",
bergosok "shining, well brushed"; *seterika* "iron", *berseterika* "be
well ironed", etc. The meaning of these verbs with *ber-* is
analogous to the meanings of verbs with *ber-* added to adjective or
stative bases discussed in Sec. B.312, immediately below.

For ber- *with nouns do Exercise 40. For* ber- *with numbers do
Exercise 41.*

B.312 *Ber-* added to adjective and stative roots

Ber- may be added to some adjectives or statives (forms which
refer to a condition, state, quality, or the like -- Sec. C.1), to
form verbs which mean "be [so-and-so]" or "act in such a way as to
get the feeling or become [so-and-so]". In many of the forms of
this type, the form without *ber-* refers to the quality of a
circumstance, place, or something impersonal, whereas the form with
ber- refers to a person's attributes: *santai* "relaxed (of an
atmosphere)", *bersantai* "relax, take it easy"; *senang* "fun making
one happy", *bersenang* "enjoy oneself"; *sedia* "ready, prepared for
someone's use", *bersedia* "be ready or willing to do something":

105   Uang banyak, hidup *senang*. "There is lots of money and
      life is *easy*."
106   Taman hiburan itu berfungsi sebagai tempat *bersantai*
      dan *bersenang*. "That amusement park is a place to
      relax and have a good time."

In some cases the adjective without *ber-* refers to a condition or
state one happens to be in whereas the form with *ber-* implies that
the person to whom the verb refers has engaged in some sort of
activity to bring himself into that state or is making an effort to
be in that state: *telanjang* "naked", *bertelanjang* "run around
naked, do something while one is naked"; *siap* "ready", *bersiap*
"make preparations"; *gembira* "happy, gay", *bergembira* "act in a gay
and happy way"; *lapar* "be hungry", *berlapar* "go hungry".

107   Pantai Kuta dinyatakan terlarang bagi turis yang suka
      bertelanjang mandi laut. "The beach at Kuta has been
      declared off-limits for tourists who like to bathe
      naked in the sea."
108   Ternyata raja itu *telanjang*. "It turned out that the
      emperor was *naked*."

For ber- with adjectives do Exercises 42, 43.

B.32 *Ber-* forming verbs of action

Now we will look at *ber-* as a former of verbs which refer to
an action. We may divide the action verbs into two types: the
"middle" and the "non-middle". This division will enable us to see
the meaning relationship between *ber-* and other verbal affixes.

Exercises 44 through 55 deal with verbs of action with ber-.

B.321 Middle *ber-*

The term "middle" refers to verb forms in which the agent and
the recipient of the action are the same person or thing: for many
verbs with *ber-* which refer to an action, the agent (i.e., the one
who does or instigates the action or the one who has someone else
do the action) is also the recipient of the action -- i.e., does it
to himself, has someone do it to him, or (for plural agents) do it
mutually to each other. Examples: *bercukur* "shave oneself" or "get
a shave (have someone shave one)", *berubah* "become changed",
berpisah "separate from one another", *berkumpul* "gather together".
Since this is a semantic category not found in English verbs, it is
difficult for the learner to get a feeling for the middle verb with
ber-. However, many roots with the middle *ber-* also occur in
passive forms, and a comparison between the passive and the form
with *ber-* brings out the meaning of the *ber-* clearly. Thus *bercukur*
"get a shave" vs. *dicukur* "be shaved", *berubah* "become changed" vs.
dirubah "be changed", *berpisah* "be separated" vs. *dipisah* "be
separated by" and *dipisahkan* "be put away from something so that it
is separate", *berkumpul* "gather" vs. *dikumpul* or *dikumpulkan* "be

brought together". Other examples: *bertambah* "increase" vs. *ditambah* "be added to"; *berisi* "have a certain content" vs. *diisi* "get something filled into it". Often the middle meaning is not obvious from the English, as in the case of *belajar* "study" vs. *diajar* "be taught". Often the passive member of the paradigm has a suffix, e.g., *berkorban* "sacrifice oneself" vs. *dikorbankan* "be sacrificed up" (also *kumpul* and *pisah*, above), *bertulis* "have something written on it" vs. *ditulisi* "be written on". Examples of these contrasts in sentences:

109   Orang dapat *belajar* apa saja tanpa guru asal mau *belajar* dengan tekun. "A person can *study* whatever he likes without a teacher, as long as he is willing to *study* hard."

110   Merèka *diajar* benci pada orang putih. "They *were taught* to hate white people."

111   Kacang ini tidak *berisi*, bang. Hampa. "These nuts don't have any meat in them. They are empty shells."

112   Gelas itu *diisi* pelan-pelan, supaya airnya tidak tumpah. "*Fill* the glass slowly, so the water doesn"t spill."

113   Tata hubungan ékonomi belum *berubah* secara fundamèntil. "The economic structure has not *changed* in any fundamental way."

114   Pekerjaan ini salah. Harus *dirubah*. "This work is wrong. It has to be *changed*.

In many cases the difference in meaning between the form with the middle *ber-* and the form with a passive affix is great enough to offer no difficulty to the English speaker. For example, with verbs which refer to position or motion, where the form with *ber-* clearly refers to an action which is agent instigated, the passive form refers to an action which the agent is caused to perform: *bergerak* "move" vs. *digerakkan* "be caused to move", *berjalan* "go" vs. *dijalankan* "be put into motion", *bertempat* "be located", vs. *ditempatkan* "be put somewhere", etc.

   This middle category includes forms in which the action is one in which several people must be involved. However, the verb with *ber-* does not necessarily mean "do [so-and-so] to each other" (it may mean this, however): *bersaing* "be in competition", *berjuang* "be engaged in a struggle", *berbicara* "discuss", etc.

   Sometimes the agent of the verb with *ber-* is not viewed as doing anything but rather as being in a certain state. E.g. *bertempat* "be located", *berdiri* "be standing", *berisi* "have contents", etc.

B.3211 Verbs with middle *ber-* which do not enter the passive paradigm

   With some roots *ber-* forms a verb with a middle-type meaning, but the root with passive affixes does not refer to the same recipient of the action as verb with *ber-*. The following forms exemplify this type: *berpegang* "hold on to something (for support)" vs. *memegang* "hold something, touch", *berbantah* "quarrel with one another" vs. *membantah* "deny, contest", *berlawan* "be in opposition" vs. *melawan* "oppose someone", *berbagi* "share" vs. *membagi* "divide up", *berdesak* "shove against each other" vs. *mendesak* "press, *berawas* "be on one's guard" vs. *mengawasi* "watch over", etc.

In some cases of roots with middle *ber-*, there is no passive formed on the root with any sort of comparable meaning: e.g. *berkelahi* "quarrel with one another", *berbaik* "be on good terms with one another", *berteduh* "take shelter", *bergesa* "hurry oneself up". The forms *berkaca* and *bercermin* "look in the mirror" are also in this group.

Do Exercise 55 for ber- *forming middle verbs of action.*

B.322 *Ber-* forming verbs of action which are not middle

Ber- occurs with some roots to form intransitive verbs which do not refer to a middle action -- that is, the action of the verb does not devolve on the agent (and the agent of the verb with *ber-* is not the same as the recipient of the passive verb which contains the same root). A productive group of verbs in this class are those which refer to speaking, making a noise, and the like: *berbohong* "tell a lie", *bertanya* "ask", *berpesan* "put in an order for something", etc. Verbs meaning to think, reckon, and the like belong in this group: *berkira-kira* "calculate", *berhitung* "reckon, do arithmetic", *bermimpi* "dream", *berpikir* "think", etc. This formation is productive with verbs of this meaning[21] and also occurs with noun roots: *berdialóg* "engage in a dialogue", *bercerita* "tell a story", *bercita-cita* "have dreams of doing", etc.

A limited number of verbs referring to actions of other kinds also occur with *ber-*, but these formations are unproductive. In this group are verbs meaning to work, do: *bekerja* "do", *berkrèasi* "create", *beroperasi* "operate", *bertingkah* "put on", etc. Verbs meaning "engage in [such-and-such] an action as an occupation" may have *ber-*: *bertanam* "plant (as an occupation)", *berjual* "sell something as an occupation", *berdagang*, *berniaga* "engage in trade", *berkebun* "work a plantation", etc. A few other forms of high frequency form intransitive verbs with *ber-*: *bermain* "play", *berbuka* "break fast", *berbelanja* "shop", *berkemas*, *berbenah* "put things in order", *berlari* "run".

Exercise 56 deals with ber- *verbs of this type.*

B.33 Dropping of *ber-*

The prefix with *ber-* in a verb containing *ber-* may optionally be dropped in certain cases. The dropping of *ber-* is a stylistic feature of the type of Indonesian spoken on Java (including Jakarta), and in colloquial styles *ber-* is not widely used. Either *ber-* is dropped or another way of expressing the same notion with

---

[21] The suffix *meN-* is used with some roots in the same meaning (Sec. B.12).

another construction is preferred. However, outside Java and in
writing *ber-* is freely and frequently used.

As a general rule, *ber-* may dropped when the root without the
affix does not occur in meanings different from the verbal form
containing *ber-*. For example the *ber-* which forms action verbs not
of a middle type (described in Sec. B.32, above) is in many cases
dropped: *mimpi* = *bermimpi* "dream", *pikir* = *berpikir* "think",
tingkah = *bertingkah* "put on", etc. If the root is a noun, *ber-* is
normally not droppable (an exception is *bohong* = *berbohong* "tell a
lie"). Similarly, where the root occurs alone in quite a different
meaning, the *ber-* is not droppable.[22] E.g. *berbuka* "break fast"
must have a prefix *ber-* (cf. *buka* "open"), *berkemas* "put things in
order" must have *ber-* (cf. *kemas* "be in order"), and similarly for
almost all of the forms described in Secs. B.3111, B.312. In most
cases, the middle prefix *ber-* of Secs. B.321 and B.3211 may be
dropped, again with the exception of roots which are nouns. E.g.
berpisah = *pisah* "separate", *bercukur* = *cukur* "get a shave", but in
berisi "contain" the *ber-* may not be dropped (cf. *isi* "contents").
The prefix *bel-* of *belajar* "study" is not dropped except in
substandard dialects. See footnote 8 to Sec. C.22. In some cases
the form with *ber-* is rare or not in use: e.g. *mandi* is far more
frequent than *bermandi* "bathe". In the case of *pijit* "get a
massage" and *periksa* "get examined", the root alone[23] is used to
replace a form with *ber-* (that is, these roots do not normaly occur
with *ber-*).

B.34 *Ber-* with other affixes

Ber- occurs in conjunction with *-kan,-an* and with doubling.

B.341 *Ber-kan*

The suffix *-kan* (homonymous but of different meaning than the
-kan of Sec. B.21 above) may be added to verbs consisting of *ber-*

---

[22] We give rules specifying when *ber-* is not droppable
implying that *ber-* must occur in certain cases. In fact, however,
in colloquial speech, especially in Java, *ber-* is dropped even in
cases where we say it cannot be dropped.

[23] However, these roots may have a middle meaning -- a fact
not signaled by any existing dictionary. Compare the following
pairs of sentences:

> 115   Saya *periksa* pada Dokter Tan. "I *went to be examined*
> by Dr. Tan."
> 116   Saya bawa anak saya ke Dokter Tan untuk *diperiksa*. "I
> brought my son to Dr. Tan's *to be examined*."
> 117   Saya *pijat* pada Pak Ali. "I have Ali *give me a*
> *massage*."
> 117a. Kaki saya yang keseléo dipijit Pak Ali. "Ali *massaged*
> my sprained foot."

with a noun base (Sec. B.311). Verbs containing *ber-kan* always have a complement and mean "have [complement] as a [noun]". E.g., to the noun *famili* "kin-folk" the prefix *ber-* is added to form a verb *berfamili* "have kin". To this form the suffix *-kan* may be added when the form is used in a sentence which contains a complement as in *berfamilikan orang miskin* "have poor relations".

> 118   Tak pantas kami yang kaya *berfamilikan* orang miskin.
>   "It is not proper for us who were wealthy to *have* poor
>   people *as relations.*

This construction is productive in some dialects, but in Java it is confined to written language, and confined to a small number of roots.

The following forms with *ber-kan* occur in these materi-als and in *Indonesian Readings*: *berdasarkan* "be based upon (have [complement] as a basis)", *bermotivasikan* "have [so-and-so] as a motivation", *berhajatkan* "have [so-and-so] as one's desire", *berisikan* "have [so-and-so] as contents", and *berceritakan* "tell stories about".[24] There is also a form consisting of *ber-kan* added to a verbal root *bermandikan* "bathe in" (figuratively).

For verbs with ber-kan *do Exercises 57 and 58.*

B.342 *Ber-an*

The affixes *ber-an* are added to roots to form verbs with two types of meanings: (a) plural action and (b) mutual action. In the meaning of plural action, *ber-an* is productive with roots which refer to motion or position (mostly stative roots -- Sec. C.1): *berdatangan* "come in quantities", *berlompatan* "jump (plurally)", *bermunculan* "show up (in quantity)", *bertebaran* "be scattered out all over , *beterbangan* "fly in a group", *berterusan* "continue in quantity", *berèdaran* "circulate in quantity", etc. In the plural meaning *ber-an* also occur with verbal roots or with other types of stative roots: *berjualan* "sell (not just one item)", *berlèmparan* "throw in quantity", *berpekikan* "shriek (plurally)", *bermasakan* "be ripe (in quantity)".

With roots which have a meaning consonant with the notion of mutual action *ber-an* forms verbs which refer to mutual action: *berhubungan* "be connected one another", *bersangkutan* "be connected", *berhadapan* "be face to face", *berlainan* "be different from one another", *berdekatan* "be near to one another", *berhimpitan* "be pressing on one another", *berlawanan* "oppose one another", *berpisahan* "part from one another", etc.

Doubling may be combined with *ber-an* to form verbs which mean "do [so-and-so] plurally or to one another without purpose": *berkilau-kilauan* "be flashing", *berkejar-kejaran* "chase one another around", *berangkul-rangkulan* "embrace one another profusely", etc.

---

[24] This form hardly differs in meaning from *menceritakan*, which has replaced it for all intents and purposes in the current language.

The form *bepergian* "be on a trip", is irregular in that it has no meaning of plural or mutual action.

For verbs with ber-an *do Exercise 59.*

B.343 *Ber-* plus doubling

Ber- is added to doubled roots to form verbs which are very similar in meaning to that described in Section B.312. There are two formations: (a) *ber-* added to doubled roots which refer to a quantity, forming verbs which mean "do by the [such-and-such] a quantity": *berhari-hari* "for days on end", *bertong-tong* "by the barrelful", *berjam-jam* "for hours at a time", *beramai-ramai* "in large groups each time", *beribu-ribu* "by the thousands", *berdua-dua* "two at a time", etc.; (b) *ber-* added to doubled roots which refer to a manner of action or a circumstance (Sec. B.64) to form verbs which mean "act completely in [such-and-such] a way" or "totally under the influence of the conditions which exist": *bersungguh-sungguh* "be completely in earnest about what one is doing" (cf. *sungguh-sungguh* "in earnest"), *berbulat-bulat* "completely and without exception" (cf. *bulat-bulat* "do in a complete way"), *bermanis-manis* "give someone sweet talk" (cf. *manis-manis* "sweetly"), *bermuka-muka* "be hypocritical" (cf. *muka-muka* "pretending"), *berbasah-basah* "get oneself completely wet", *berhujan-hujan* "go out in the rain (despite the rain)" (cf. *hujan-hujan* "when it is raining"), *berbukit-bukit* "be all hilly".

119 Gunung sampah sudah *bertahun-tahun* membingungkan aliran sungai itu. "The mountain of garbage has been clogging up the river *for years*."

120 Hukuman berkurung itu dibatalkan dengan usaha dan tuntutan yang *beria-ia* dan *bersungguh-sungguh* olèh Cik Yusuf. "The curfew was lifted through the efforts and *earnest* demands on the part of Mr. Yusuf."

121 Pulau Bawèan itu *berbukit-bukit*. "The island of Bawean is *covered with hills*."

B.4 The potential/accidental affixes[25] *ter-* and *ke-an*

B.41 *Ter-*

The prefix *ter-* may be added to almost all roots which occur in transitive verb forms (Sec. B.11) -- either transitive verb roots (Sec. C.21) or roots to which the suffixes *-kan* or *-i* have been added to form transitive verb bases. Forms with *ter-* have a passive meaning (express something which happened to the form to which they refer) and have one of several sub-meanings: potential

---

[25] The potential/accidental *ter-* is homophonous with but not the same as the superlative prefix *ter-* discussed in Sec. B.75, below.

action -- "can be [so-and-so]-ed", "managed to get [so-and-so-ed]",
or involuntary action -- "[so-and-so] happened without any will or
effort on the part of the agent". Which of these meanings is
present depends on the context (not upon the root). Examples of the
potential meaning:

> 122 Pejabat pemerintah kabupatèn Gresik yang tak *terpakai*
> lagi di tempat lain dibuang ke Bawèan. "Employees of
> the Gresik government who are *no good for* (*not usable*)
> anywhere else are exiled to Bawean."
>
> 123 Akibat yang segera *terlihat* dari sikap pemerintah ini,
> pasaran buku-buku impor jadi merosot hèbat. "A
> consequence of this attitude on the part of the
> government which *can* immediately *be seen* is that the
> market for imported books has suffered a huge
> decline."

In the meaning "manage to be ...":

> 124 Karena itu rencana pembangunan jalan kabupatèn itu
> sampai sekarang hanya *terlaksana* 50 km saja. "For that
> reason, of the total highway construction which has
> been projected, only 50 km *have actually been
> completed* (*have gotten done*)."
>
> 125 Senantiasa ada orang yang mendukung cita-cita dan
> impian perjuangan kemerdèkaan Indónésia yang masih
> belum *terpenuhi* "There are always people who support
> the ideals and the dreams of the struggle for a free
> Indonesia which *have* not yet *been fulfilled.*"

The connotation of *ter-* in its involuntary meaning is not so
much that the agent was unwilling to do the action: the verb
expresses noncomittal or uninterested attitude in whether or not
the agent wanted to do the action. The action is viewed as having
taken place without expressly stating that there was a desire on
the part of the agent for it to have taken place or that it took
place because of something outside of anyone's control.

> 126 Setiap kali ia memasuki kotak kakus itu berarti ia
> telah menambah jumlah tinja yang *terbuang* di ibu kota
> républik ini... Setiap hari tak kurang dari 660.000 m3
> tinja *tertumpah* di Jakarta ini. "Every time he enters
> his outhouse, he adds to the total amount that *is
> defecated* in the capital of our republic... Every day
> no less than 660,000 cubic meters of sewage *pile up*
> here in Jakarta."
>
> 127 Merèka yang melanggar undang-undang tak *tertulis*
> ini... "Those that break this *unwritten* law..."

With stative roots (C.1) forms with *ter-* usually bring out
that the subject got into that state accidentally: *tertidur* "fall
asleep" vs. *tidur* "sleep", *terjatuh* "fall by some accident" vs.
jatuh "fall", *terbiasa* "get accustomed to through some outside
circumstance" vs. *biasa* "be accustomed", *tertumpah* "get
accidentally spilled" vs. *tumpah* "spill", *terdapat* "available,

found" vs. *dapat* "be at hand", *terduduk* "be sitting because of something that happened" vs. *duduk* "sit".

> 128   Dia jatuh *terduduk*. "He fell and wound up in a sitting position."

In a few cases there is a special meaning of the stative with *ter-* as opposed to the unaffixed stative: *terbuka* "open and above board" or "open to one and all", *tertutup* "closed and in secret" or "closed to a certain group" vs. *buka* "open" and *tutup* "closed"[26]

In many cases, the stative with *ter-* and the unaffixed stative are indistingushable in meaning, although usually the two forms do not have complete overlap in their meanings. Thus, both *termasuk* and *masuk* mean "be included in a group" but only *masuk* means "go into a place".

For ter- *added to stative roots do Exercise 60.*

In written styles the prefix *ter-* is productive and frequently used. In colloquial styles there is a tendency to confine *ter-* to set expressions.[27] There is a fairly large number of commonly occuring forms in which the *ter-* is frozen, but it is also clear that these forms originate with *ter-* in the meanings we have described: *terlalu*, *terlampau* "too much (lit. having been gone beyond)", *terjadi* "happen (lit. having been brought about)", *terdiri* "consist of (lit. having been set up or built)", *ternyata* "as it turns out (lit. having been made the case)", *tertentu* "certain (lit. having been set)", *terletak* "located (lit. having been placed)", *terhormat* "respected", *terhadap* "with respect to (lit. having been made to face)", *terserah* "be up to (lit. having been given up)".

When *ter-* is added to roots which are normally suffixed in the passive (i.e. have *-i* or *-kan*) the *-i* or *-kan* is dropped. The following paradigms exemplify this: *terbukti* "proven" vs. *dibuktikan* "proved", *terlaksana* vs. *dilaksanakan* "be carried out", *terletak* "situated" vs. *diletakkan* "be put down", *tertinggal* vs. *ditinggalkan* "be left behind", and so forth. The same rule that the suffix is dropped holds for verbs with *-i*, but *ter-* is only added to a few bases which are suffixed with *-i*[28] *terhormat*, *dihormati*

---

[26] *Terbuka* and *tertutup* also mean "happen to be open, closed". Further *tertutup* also mean "be covered with" (i.e.,the accidental form of *tutupi* "cover over with").

> 129   Setiap jengkal tanah *tertutup* olèh bangunan rumah. "Every inch of land is covered with houses."

[27] In the colloquial style of Jakarta *ke-* substitutes for *ter-*. The difference between *ter-* and *ke-* is purely stylistic, not substantive.

[28] In most cases *ke-an* replaces *ter-* added to a base with *-i* (Sec. B.42).

"be respected"; *termilik, dimiliki* "be possessed"; *terbatas, dibatasi* "be restricted". In some cases the suffix is not dropped, e.g. *terpenuhi* "can be fulfilled". The retention of the suffix *-kan* with *ter-* is productive in some dialects, and often there is a difference in meaning between the form with *ter-* and the form with *ter-kan*: *tersebut* "above mentioned", *tersebutkan* "have been uttered"; *terhindar* "avoid doing something", *terhindarkan* "can be avoided"; *terbayang* "have an image come to one", *terbayangkan* "can be imagined"; *terbayar* "can be paid", *terbayarkan* "can be given out in payment"; and so forth.

130 Anak-anak yang muda tidak *terhindar* dari bahaya ini. "Young children *cannot avoid* this danger."

131 Tabrakan tidak *terhindarkan* lagi. "It was no longer possible to *avoid* a collision."

132 Kata berita Reuter *tersebut* "According to the *above-mentioned* report from Reuter..."

133 Apa hendak dikata, kata sudah *tersebutkan*, janji sudah terbuat. "What could he say about it? He had already let it *slip out*, already made the agreement."

Ter- is occasionally used with active meanings. In colloquial speech this usage is found with roots which refer to an action or state one is in (but not necessarily through one's own volition or action). *Ter-* brings out the accidental nature of the action: *tergelincir* "slip, slide accidentally" (cf. *melincir* "allow oneself to slide"), *terpikir* "happen to think of" (cf. *berpikir* "think"), *terkencing* "wet one's pants" (cf. *kencing* "urinate"), *tertanya-tanya* "have a question arise in one"s mind", etc. (Cf. also *ter-* added to stative roots described above.) In literary styles, *ter-* is found with a few roots as an active prefix (i.e. the agent of the verb with *ter-* is also the subject) e.g. *terbeli* "manage to buy", *terpekik* "let out a shriek":

134 Wan Salèh *terbeli* murah dan kini bèbaslah ia menjual barangnya seharga biasa. "Mr. Saleh managed to buy his things cheaply, and now he was free to sell them at the ordinary price."

135 Seèkor kodok tiba di atas kaki seorang perempuan. Perempuan itu *terpekik*. "A frog jumped onto a lady's foot. The lady *let out a shriek*."

B.411 *Ter-* compared to other suffixes

The choice of prefix *ter-* as opposed to other affixes offers difficulties to the learner of Indonesian. For many roots, forms consisting of the same root affixed with *ber-* and with *ter-* have similar distributions, and the meanings are close. However, the form with *ber-* is usually middle (Sec. B.321) -- i.e., implies that the person to whom the event happened did something so as to make it happen. Examples: *berhenti* "stop", *terhenti* "come to a halt because of some outside influence; *berganti* "change (places or the like)", *terganti* "get exchanged"; *berkumpul* "gather together", *terkumpul* "get heaped up together"; *berendam* "submerge oneself", *terendam* "get submerged"; etc. In cases where the form with *ber-* does not clearly refer to an action which the agent undertook the difference again is that the form with *ter-* has a more accidental notion than the form with *ber-*, but in these cases the difference is best mastered through observation of usage. E.g., *bergantung* "depend on (allow oneself to be dependent)", *tergantung* "be in a hanging position"; *berisi* "have a certain content", *terisi* "happen to contain"; *berburu-buru* "do something hurriedly, *terburu-buru* "be in a hurry (because of some outside event)".

For ber- *vs.* ter- *do Exercise 61, Langkah 4.*

Another difficulty is offered by the choice of *ter-* vs. the passive. The passive implies volition on the part of the agent (i.e., he engaged in the action so that whatever happened to the recipient would happen), whereas *ter-* is noncommital on this point. For example, in the following sentence, the agent voluntarily disturbs (means to disturb) the recipient of the action whereas in the succeeding example, whoever caused the recipient to be disturbed has another purpose in mind when he does it, he does not mean to disturb him.

136 Kalau ada perlu, saya setiap waktu bolèh *diganggu.* "If you need anything, you can come and *interrupt* me at any time."

137 Mudah-mudahan Tuan tidak *terganggu* olèh anak-anak. "I hope the children do (did) not *disturb* you."

In the following example the recipient is forced by circumstances, but in the succeeding example someone forces the recipient:

138 Nyonya Musa *terpaksa* memakai supir cadangan. "Mrs. Musa *was forced* to rely on a temporary driver."

139 Kalau dia tidak mau bekerja, *dipaksa* saja. "If he does not want to work, *force* him to."

In negative sentences, the difference between the passive and the verb with *ter-* is usually the difference between "does not [do]" and "cannot [do]".

140 Pegawai yang tak *terpakai* lagi ... "An employee of no more use ..."

141 Pegawai yang tak *dipakai* lagi... "An employee who they do not make use of..."

For ter- *vs. passives do Exercises 61 and 62.*

B.42 *Ke-an*

The affix[29] *ke-an* forms verbs which have an accidental meaning
and occasionally have a potential meaning. The affix *ke-an* replaces
ter-i (Sec. B.41, second-to-last paragraph) -- i.e., in standard
Indonesian the affix *ter-* is not commonly added to bases with *-i*,
and instead *ke-an* is added to verbs which contain *-i* to form bases
with the accidental meaning. (The affix *-i* is dropped when *ke-an* is
added to a base). E.g., when the accidental affix is added to the
base *masuki* "enter into", we get *kemasukan* "get entered into".
Other examples of this paradigm: *dilindungi* "be protected",
kelindungan "get protected"; *didatangi* "be gone to", *kedatangan*
"have someone to come to one"; *disukai* "be liked", *kesukaan* "get to
be liked"; *didapati* "be found", *kedapatan* "get caught (doing)".
However, not all forms with *-i* are in paradigm with *ke-an* (e.g.
kunjungi "visit").
The affix *ke-an* is not productive or frequent in formal
styles, but in spoken language, thanks to the influence of
Javanese, *ke-an* is very productive and of high occurence,
especially in areas where Javanese is influential; and this usage
is spreading to written styles as well.
The affix *ke-an* is also found in forms which do not occur with
-i. First, almost all stative roots may have *ke-an* added to them
(Sec. C.1), whether or not they occur with *-i*. The affix *ke-an* with
statives means "the subject is affected by [so-and-so]": *habis* "be
gone", *kehabisan* "run out of"; *hilang* "be lost", *kehilangan* "lose",
mati "dead", *kematian* "lose someone through death", and so forth.
Further *ke-an* is added to nouns which refer to meteorological
phenomena or times of the day to form verbs which mean "be affected
by [so-and-so]": *hujan* "rain", *kehujanan* "be caught in the rain";
siang "noon", *kesiangan* "be late (overtaken by noon)"; *banjir*
"flood", *kebanjiran* "be flooded". Also *ke-an* is added to some verb
roots which do not have an *-i* to form verbs which mean "have
[so-and-so] happen to one"; *dicuri* "be stolen", *kecurian* "get
something stolen from one"; *dibagi* "be given a share", *kebagian*
"get a share"; *dilihat* "be seen", *kelihatan* "can be seen", *didengar*
"be heard"; *kedengaran* "can be heard"; and others.
Finally, in a few statives of high frequency, the affix *ke-an*
replaces *ter-* in colloquial speech to form words which bring out
that the subject got into that state accidentally (cf. Sec. B.41,
second paragraph where this meaning of *ter-* is discussed): *tinggal*
"remain", *ketinggalan* "be forgotten, left behind" (formal speech:
tertinggal), *lupa* "forget", *kelupaan* "accidentally forget"; *ingat*
"remember", *keingatan* "happen to remember"; *tidur* "sleep",
ketiduran "oversleep", (vs. *tertidur* "fall asleep"). With some
statives which refer to feelings the form with *ke-an* refers to a
more intensive feeling than the unaffixed root: *lapar* "hungry",
kelaparan "starving"; *dingin* "cold", *kedinginan* "be very cold";
panas "hot", *kepanasan* "be very hot". The form *kebanyakan* "have too

---

[29] The accidental affix *ke-an* is homophonous with but not the
same as the abstract former *ke-an*, discussed in Sec. B.624, below.
It is also homophonous with the intensive adjective former (Sec.
B.74) but not the same as it.

much" (as opposed to *banyak* "have a lot") is in this group. In some cases the form with *ke-an* has approximately the same meaning as the unaffixed root: *kesakitan* (= *sakit*) "be painful" or "feel pain", *kekurangan* (= *kurang*) "lack something", *kekalahan* (= *kalah*) "be defeated".

A form with *ke-an* may not be followed by a specific noun -- i.e., in forms which consist of *ke-an* added to a verb, the form which refers to the recipient of the action of the verb may not be specific. E.g. in the following sentence *perhiasan* "jewelry" is the recipient of the action, and it is not specific:

142   Saya *kecurian* perhiasan. "I had some jewelry *stolen*."

If the thing which was stolen is specific, the form with *ke-an* may not be used. E.g., *kecurian* could not occur in the context of the following sentence:

143   Perhiasan yang dihadiahkan ibu saya *dicuri* orang. "Someone stole the jewelry which my mother gave me.

Similarly, in the case of forms which consist of *ke-an* added to a stative, the form which refers to the person or thing which is in the state may not be specific. E.g., in the following sentence *tamu* "guests" is the form to which the stative *datang* "come" refers, and it is not specific:

144   Saya *kedatangan* tamu dari luar negeri. "I had some visitors from abroad drop in."

On the other hand in contexts in which the visitors are specific, the form with *ke-an* may not be used:

145   Tamu yang sudah lama saya harapkan itu telah *mendatangi* saya (telah datang). "The guests whom I had been expecting for some time, had come to see me (have arrived)."

Do Exercises 63-67 for ke-an.

B.5 Other processes forming verbs

There are two other processes which form verbs: prefixation of *per-* (alone or in conjunction with suffixes *-i* or *-kan*) and doubling.

B.51 *per-*, *per-i*, and *per-kan*

The prefix *per-* alone is added to almost all adjective roots (Sec. C.11) to form verbs which mean "make something more [adjective]": *percepat* "make faster", *perkecil* "make smaller", *perputih* "make whiter", etc. This formation is productive. With the roots *baik* "good" and *baru* "new, *per-i* is added in place of *per-*

alone forming *perbaiki* "repair" and *perbarui* "renew". With the root
dekat "near" *per-* or alternatively *per-kan* may be added forming
perdekat (=*perdekatkan*) "make something nearer". However, it is the
adjective root affixed with *per-* alone which is the productive
formation.

> 146   Mereka itu *mempercepat* langkah, agar dapat berbuka
>   puasa di kampung orang. "They *hastened* their journey
>   so that they could break fast in an inhabited area."

For per- *with adjective roots do Exercise 68.*

The prefixation of *per-* alone to roots other than adjective roots
is totally dead and confined to a small number of roots (although
in archaic styles and classic Malay literature, it is rather widely
found). At the current time it is found only with a few forms such
as *peroleh* "obtain", *perbuat* "do", *peralat* "use as a tool",
pertakut "make afraid", and a few others.

Per-i is also a dead formation. It is found only in three
commonly occuring forms, and in a few other forms of not high
frequency. The commonly occuring forms with *per-i* are *pelajari*
"investigate something" (with *pel-i* replacing *per-i*), *perbaiki*
"repair" and *perbarui* "renew."[30]

Per-kan is more common than *per-i* but not productive. In some
cases the *per-* prefix has no meaning: either (1) the root does not
occur without *per-* when affixed with *-kan* or (2) the *per-* is
droppable (i.e. the root occurs with *-kan* and with *per-kan* and
there is no difference in meaning between the form with *-kan* and
the form with *per-kan*). The following forms in this book and in
Indonesian Readings are in the first group (forms which always have
per- when affixed with *-kan*): *perhatikan* "notice" and *perjuangkan*
"struggle for". In the following forms from our materials the *per-*
may be dropped with no appreciable change in meaning, but the form
with *per-* is far more common than the form without *per-*:
perbantukan "cause to help",[31] *pertontonkan* "show", *peruntukkan*
"set something aside for something, destine something for",
perselisihkan "quarrel about,"[32] *persilakan* "invite", *persiapkan*
"prepare", *percakapkan* "discuss", *perkirakan* "reckon". In the
following forms, the *per-* may be dropped with no appreciable change
in meaning and the form without *per-* occurs as frequently or more
frequently than the form with *per-*: *perhentikan* (= *hentikan*) "cause

---

[30] *Barui* is also used and is the same meaning as *perbarui*. In
Malaysia *baiki* is used as well as *perbaiki*, with no difference in
meaning between *baiki* and *perbaiki*.

[31] The extra *per-* in *perbantukan* probably arose under the
influence of *pekerjakan* "put to work" with a similar meaning.

[32] Almost all forms which have this meaning "speak about,
fight about, quarrel about" get an extra *per-*: e.g. *percakapkan*
"discuss" (cf. *bercakap* "talk"), *pertengkarkan* "quarrel about" (cf.
bertengkar "quarrel"), *permusyawaratkan* "hold a discussion over"
(cf. *bermusyawarat* "discuss"), etc.

to stop", *perdirikan* (= *dirikan)* "establish", *perkenalkan*
(= *kenalkan)* "introduce", *pergunakan* (= *gunakan)* "make use of",
perbolèhkan (= *bolèhkan)* "permit".

In a large number of cases there is a difference in meaning
between the form with *per-kan* and the form with *-kan* alone,
although in most of these cases the form with *-kan* alone may be
used in the same meanings as the form with *per-kan*. (However, such
usages are not common in Indonesia.) Where there is a difference in
meaning between *per-kan* and *-kan*, if the meaning expressed by *per-
kan* is meant, then the form with *per-kan* tends to be chosen E.g.
perlihatkan "show" and *lihatkan* "show" or "watch". In Indonesian
perlihatkan is usually chosen to express "show" (rather than
lihatkan). (*Lihatkan* also means "watch" a meaning which *perlihatkan*
does not have. Therefore, for the meaning "show", *perlihatkan* is
preferred.) Other roots in our materials in which the affixation
with *per-kan* forms a verb which may have a different meaning from
the verb with *-kan*: *pertahankan* "defend, see to it that something
not changed" (cf. *bertahan* "hold back, defend a position"),
tahankan "cause something or someone to endure" (cf. *tahan* "endure,
stand to"); *perhitungkan* "reckon an amount" (cf. *berhitung*
"reckon"), *hitungkan* "count out for someone" (cf. *menghitung*
"count"); *persalahkan* or *salahkan* "blame, say something is wrong"
(cf. *bersalah* "be at fault"), *salahkan* "deny" or "consider
something to be wrong"; *peringatkan* or *ingatkan* "remind, make
someone mindful of something", *ingatkan* "be mindful of"; *perlakukan*
"treat", *lakukan* "carry out"; *perdengarkan* "cause someone to hear",
dengarkan "listen to"; *pekerjakan* "put to work", *kerjakan* "do",
permainkan "play around with, make a fool of", *mainkan* "play
something"; *perbodohkan* "make a fool of", *bodohkan* "consider a
fool"; *pertunjukkan* "show", *tunjukkan* "point out to". A good
portion of the roots which occur with *per-* also occur with *ber-* and
there are semantic connections between the form with *ber-* and with
per- (as shown by the examples), but this is not always the case.

Do Exercises 69-74 for per-.

B.52 Doubling

Doubling forms verbs of two types of meanings: (1) "[do]
so-and-so without purpose, for no good reason" or (2) (usually in
negative sentences: "(not) do [so-and-so] despite expectations that
it should have been done". Examples of the first meaning:.

147   Usaha bangsa dunia ketiga untuk berdikari di bidang
       ékónómi terus saja *dihalang-halangi* olèh negara
       imperialis. "The efforts of the third world nations to
       stand on their own feet economically have always been
       hindered by the imperialist countries."

148   Kartika mèmang suka sekali *memelarat-melaratkan* tokoh,
       menghangat-hangatkan   atau   *membikin-bikin*   suasana
       bergolak, tapi dalam lukisan ini tidak. "Kartika does
       like to make her characters more pitiful than they
       need be, heat up the atmosphere or make it far too
       seething with excitement, but not in these paintings."

The following sentences give an example of doubling in the second
meaning:

149   Sudah lama ditawarkan, mengapa belum *diambil-ambil*
       juga? "It was offered some time ago. How come you
       still haven't taken it?"

Bases consisting of doubled roots take the verbal affixes listed in
the preceding sections. With the affixes *meN-*, *-kan*, and *-i*,
doubling has these meanings. With a form affixed with *ber-an*
doubling emphasizes the plurality of the agents. With a form
affixed with *ber-* and *ter-* doubling has a special meaning. With a
verb form with *ber-* in other meanings doubling has the meaning
described in Sec. B.343. With *ter-* doubling most commonly forms a
verb which refers to manner as does doubling to adjectives -- Sec.
B.72, under rubric (2).

150   Kali   Sentiong   selalu   mengalir,   walaupun
       tersendat-sendat. "The Sentiong still flows, although
       in a rather stagnating way."

A few roots are always doubled when used as verbs. One we have had
is *pura-pura* "pretend".
    A special kind of doubling occurs with many verb roots and
isolated roots of other kinds. In this kind of doubling a prefix
meN- is added to the second of the doubled roots. Such forms refer
to a mutual actions going back and forth between two agents:
kenal-mengenal "know one another", *bahu-membahu* "shoulder to
shoulder", *tolong-menolong* "help one another", *pindah-memindah*
"move back and forth", *tawar-menawar* "bargain back and forth",
terus-menerus "continuing on and on" (lit. "continuing one
another"), *surat-menyurat* "engage in correspondence", etc.

151   Di Jakarta kantor-kantor pemerintah dan kantor-kantor
       perdagangan serta pengusaha *bahu-membahu*. "In Jakarta
       the government offices and offices of businessmen and
       traders are *shoulder to shoulder* (i.e. are in cahoots
       with one another)."
152   Naik oplèt harus *tawar-menawar* tiap kali kalau hendak
       dibawa ke arah khusus. "If you take an oplet, you have
       to *bargain back and forth* each time you want to be
       taken to a special destination."
153   Jika   tidak   diobat   penyakit   matamu   bolèh
       pindah-memindah. "If you don't treat it, your eye
       infection might *spread*."

With a few roots which form transitive verbs with a suffix -*i*, the suffix -*i* is retained in this formation: e.g. *hormat-menghormati* "show respect for one another".

B.6 Noun-forming affixes

There is a small number of highly productive noun-forming affixes: -*nya*, *peN*-, the affixes with -*an* (-*an*, *ke-an*, *per-an*, and *peN-an*) and doubling.

Exercises 87 and 90 cover all aspects of nominal formation. (Other exercises on nominals are listed in the following subsections.)

B.61 -*nya*

A noun may be formed by adding the suffix -*nya* to any stative, adjective, or non-active verb form[33] (verb-forms affixed with

---

[33] Nouns formed by adding -*nya* to active verb forms are not in common use and are very restricted in occurrence. An active verb without -*nya* may be used nominally -- i.e., occur in constructions which are normally occupied by a noun -- e.g., as a modifier of another noun:

> 154   Dengan pekerjaan sambilan, misalnya *menyemir* sepatu, meréka bisa ... "With some extra work, for example, *polishing* shoes, they can ..."
> 155   Usaha *menghidupkan* kembali seni tradisionil yang mulai menghilang ... "The efforts *to revive* traditional arts which have begun to disappear ..."

Or as a subject:

> 156   Salah satu cara ialah *memberi* kesempatan pada ... "One method is *to give* an opportunity to ..."
> 157   Tidaklah sulit *memperkirakan* dari mana memperoléh sumber pembiayaan itu. "It is not difficult to calculate where the money to make those payments comes from."

Or as the object of a preposition:

> 158   Dalam *memberikan* bantuan ... "In the giving of help ..."

These verb forms are similar in meaning to noun forms with *peN-an* (Sec. B.622) (except for *memperkirakan*, for which the corresponding noun is *perkiraan* "calculation" -- a formation discussed in Sec. B.623). That is, the noun forms *penyemiran*, *penghidupan kembali*, *pemberian*, *perkiraan*, and *pemberian* could be substituted in the above sentences without changing the meaning drastically. There is

nothing, *di-*, *ber-*, *ter-*, *-kan*, *-i* or the latter two in conjunction with *di-*). This process is very productive in colloquial styles and has spread to writings, particularly in modern times. With verb bases, *-nya* forms nouns which mean "the action of [do]ing" or "the happening of [so-and-so]".

159 Dengan *berkobarnya* révolusi... "With the *outbreak* of the revolution ..."

160 Rangsangan ékónómi bagi *terciptanya* urbanisasi mèmang sangat kuat. "The economic stimuli for *achieving* urbanization are really very strong."

161 Gubernur Kalimantan melarang *diangkutnya* benda-benda budaya Dayak. "The governor of Kalimantan has prohibited the *carrying off* of artifacts of the Dayak culture."

162 Kebanyakan rakyat hanya kebagian *dengarnya* atau *bayarnya* saja tanpa mengerti dan menikmati yang hèbat-hèbat tersebut. "The majority of the people only get a chance to hear or pay for (lit. are alloted *the hearing* and *the paying*) of these wonderful things without understanding or enjoying them."

With adjective bases the affix *-nya* forms nouns which mean "the quality of [adjective], the [adjective]ness of ...,

163 Untuk mendapatkan gambaran *beratnya* tekanan ékónómis yang menimbulkan urbanisasi ... "In order to get a picture of the *extent* of the economic pressures ..."With stative bases the affix with *-nya* forms nouns which mean "the happening of [stative]":

164 Tarip inipun bisa naik lagi tergantung *ada tidaknya* penumpang yang lain. "Even this fare can go further, depending on *whether or not there are* other passengers."

In colloquial speech this formation is found with phrases as a base. Anything which can occur as a predicate can be nominalized by adding a suffix *-nya*. Such nominalizations mean "the action of doing [whatever the predicate refers to]" or the "state of being whatever the predicate is". In more formal style this

---

a difference in nuance between an active verb and the corresponding noun, much as there is between English infinitive and a nominal derivation (e.g. the difference between *tidak sulit memperkirakan* and *tidak sulit perkiraan* is parallel to the difference between English "it is not difficult to calculate" and "it is not a difficult calculation to make"). Since this is not a matter which offers difficulties to learners at the level of this book, we do not worry further about this matter. The difficulty which the learner faces in using the verb form (whether nominally or as a verb) is whether to choose an active or choose a passive -- a matter which is discussed above in Sec. B.11.

nominalization is accomplished by putting *itu* at the end of the phrase. For example:

> 165   *Di Surabayanya* berapa hari? (= *Di Surabaya itu*, berapa hari)? *"The time you were in Surabaya*, how many days was it?"

The nominal formation which consists of -*nya* affixed to a verb with *ber-* is in many cases similar in meaning to verbs with *per-an* in the meaning described in the first paragraph of Sec. B.623. However, in these cases, the form with *ber-nya* is rare or confined to phrases introduced by *dengan* "with", *akibat* "as a result of" or *tempat* "place where".

> 166   Lautan Nusantara *tempat bertemunya* (= *tempat pertemuan*) lalu lintas antar Asia. "The seas of the Indonesian archipelago, where inter-Asian shipping meets."

Forms with *ber-nya* are more frequent when the root does not occur with *per-an* or the root with *per-an* has a meaning not comparable to the meaning of the root with *ber-nya*: e.g. *berhasilnya* "being successful" (this root does not occur with *per-an*), *berlakunya* "the being in effect" (cf. *perlakuan* "treatment"):

> 167   Syarat mutlak *berhasilnya* usaha pembinaan keamanan. "A prerequisite for the *success* of efforts to achieve peace.
> 168   Dengan menggunakan dalih *berlakunya* undang-undang darurat... "With the excuse that the state of emergency *is still in effect...*"

The nominal formation which consists of an adjective or a stative plus -*nya* is very similar in meaning to the abstract noun which contains the affixes *ke-an* (Sec. B.624) when the abstract noun means "the fact of being [so-and-so], the [so-and-so]ness", and many of the forms in our readings which have *ke-an* in this meaning could have a root alone plus -*nya* substituted for them, and vice-versa.[34] There are, however, constructions in which the form with -*nya* is not normally used, e.g. as object of an active verb. In the following examples, the form quoted is the one which occurs in the corresponding sentence in our text, whereas the form in parentheses is equally possible, although it happens not to be the form which is chosen in our text.

> 169   Penduduk asli terus menyingkir ke hulu dengan *datangnya* (= *kedatangan*) masyarakat Banjar dari Kalimantan Selatan. "The original inhabitants have

---

[34] There are some statives and adjectives roots which are very frequently affixed with *ke-an*, but rarely if ever occur with -*nya*, e.g., *kemerdèkaan* "freedom", and others.

moved further upstream with the *coming* of the
Banjarese people from South Kalimantan."

170   Dengan *kedatangan* (= *datangnya*) transmigran, Tanjung
Jabung mengalami pertambahan penduduk sebanyak 6,2
persèn tiap tahun. "With the *arrival* of transmigrants,
Tanjung Jabung exprienced an increase in inhabitants
to the amount of 6.2 percent a year."

171   AS menderita kekalahan dengan *jatuhnya* (= *kejatuhan*)
Vietnam Selatan. "The US suffered a defeat with *the
fall* of South Vietnam."

For -nya *do Exercises 75-77.*

B.62 Noun formation with -*an*

B.621 -*an*

The suffix -*an* is added to roots which refer to an action to
form nouns which refer to the thing which is to result or results
from the action: the thing which is conveyed, given, put somewhere,
brought, spoken, consumed, and the like: *campuran* "mixture" (cf.
campur "mix"), *bangunan* "building" (cf. *bangun* "build"), *tindakan*
"action taken" (cf. *bertindak* "act"), *pinjaman* "loan" or
"borrowing" (cf. *pinjam* "borrow" and *pinjamkan* "lend"), *sèwaan*
"something rented or rented out" (cf. *sèwa* "rent" and *sèwakan* "rent
out"), *sebutan* "thing mentioned" (cf. *sebut* "mention"), *kunjungan*
"visit paid" (cf. *berkunjung* "pay a visit"), *tertawaan* "something
to laugh at" (cf. *tertawakan* "laugh at"). The noun with -*an* is
usually in a paradigm with an unaffixed transitive verb form (B.11)
or with a verb suffixed with -*kan* in the conveyance meaning
(B.213). But some roots form nouns with -*an* that do not form
transitive verbs unaffixed or with -*kan* (e.g. *kunjung* which forms
kunjungan "visit paid" but has no transitive with -*kan* or with no
affix). In the case of the verbs like *bantu* "help", *tambah* "add
to", *jaga* "watch over", and the like, which refer to a recipient
which is the person to whom the action is done, the noun with -*an*
refers not to the person, but to the means or the result of the
action: *bantuan* "help given", *tambahan* "addition made", *jagaan* "the
watch which is set over someone". In some cases the noun with -*an*
refers to the thing which is used to carry out the action:
rintangan "obstacle" (cf. *rintangi* "obstruct"), *siksaan* "torture
administered" (cf. *siksa* "torture"), *angkutan* "thing used to
transport" or "object which is transported" (cf. *angkut*
"transport"), etc.
Other meanings of the suffix -*an* are not productive and found
only with a set number of forms, which have to be learned from
observation. One meaning found with a substantial number of roots
is the formation of nouns which refer to the place of action:
aliran "place of flow" (cf. *mengalir* "flow"), *kuburan* "the place of
burial" (cf. *kubur* "bury"), *kendaraan* "thing to ride", and so
forth. This formation also occurs with a few noun roots and the
resultant form has a plural meaning: *pinggiran* "edges (lit. where

the *pinggir* is)", *lautan* "seas", *tepian* "banks", *daratan* "land masses", *pasaran* "market (lit. where things are marketed)".

The suffix *-an* forming adjectives will be discussed in Sec. B.73 below. Doubling plus *-an* is discussed in Sec. B.64 below.

Do Exercises 79 and 80 for nouns with -an.

B.622 *peN-an*

The affix *peN-an* may be added to almost any root which occurs with the prefix *meN-* (transitive or intransitive) or *meN-kan* or *meN-i*. This affix forms a noun which means "the action of doing [so-and-so] or "the coming into being of [so-and-so]": *pembébasan* "the freeing of something" (cf. *membébaskan* "freeing something"), *peletusan* "the explosion of something" (cf. *meletus* "explode"), *pendaratan* "the landing" (cf. *mendarat* "land"), *pembaharuan* "the renewal of something" (cf. *membaharui* "renew"), *pembangunan* "the building of something", etc.

The above formation is productive and found with almost every base which occurs with prefix *meN-*, and is closely allied in meaning to the form with *meN-*, (or *meN-kan* or *meN-i*). In a few cases the noun with *peN-an* has other meanings, but these formations are not productive and there is no semantic connection to the root with *meN-*. With a few roots *peN-an* forms nouns which refer to the manner of doing something: *pemikiran* "way of thinking", *penalaran* "way of reasoning", *pembawaan* "the way one carries oneself, the kind of person one is", *pendekatan* "way of approaching", etc. With a few bases the noun with *peN-an* refers to the result of the action: *pendapatan*, *penghasilan* "income", *pemberitahuan* "notice, information". We have two examples of nouns with *peN-an* which refer to a place: *penginapan* "place to spend the night" and *pembuangan* "place of exile".

Do Exercises 81-83 for peN-an.

B.623 *per-an*

The affix *per-an* can be added to most roots which form verbs of action with *ber-* (Sec. B.32ff.). The resultant noun means "the action of becoming or doing [whatever the verb with *ber-* refers to]": *perkembangan* "development undergone" (cf. *berkembang* "develop"), *perobahan* "change" (cf. *berobah* "change"), *perburuan* "hunting" (cf. *berburu* "hunt"), *perjanjian* "agreement made with another" (cf. *berjanji* "to promise", *janji* "a promise"), *perjalanan* "trip" (cf. *berjalan* "go"), etc. This formation is fairly productive. With a few roots *per-an* has an alternative shape *pe-an*, e.g. *pedèsaan* "rural areas". A difficulty for the learner is that forms with *per-an* and with *peN-an* (Sec. B.622, above) are often translated the same into English, although their meaning is quite different: the form with *peN-an* is a transformation of the verb with *meN-*, whereas the form with *per-an* is a transformation of the verb with *ber-*: e.g. *pengembangan* "the action of making something developed" (from *mengembangkan* "develop something") vs. *perkembangan* "the becoming developed" (from *berkembang* "to become developed").

> 172 Program pertama menentukan *pengembangan* kebutuhan pangan. "The first program determines the *development* of food supplies."
>
> 173 *Perkembangan* kota-kota di Nias umumnya berada di sepanjang pantai. "The *development* of cities on Nias has for the most part taken place all along the coast."

Per-an in a few cases forms verbs which refer to the result of an action (replacing the suffix *-an* or *peN-an*): *permulaan* "beginning made", *pertolongan* "help given", *perkawinan* "marriage", *permohonan* "petition", *pertanyaan* "question asked", *pekerjaan* "work done", *percobaan* "trial", etc. With a few roots *per-an* forms nouns which refer to a place: *perhentian* "place to stop", *pelabuhan* "harbor" (place of *berlabuh* "anchor"), *perbatasan* "frontiers", *pedèsaan* "rural areas" (place where the *dèsa* are), *pegunungan* "mountain areas,[35] *perpustakaan* "library" (place of the *pustaka* "book"), etc. With some nouns *per-an* forms a plural: *persyaratan* "all the different conditions", *perkantoran* "set of offices", *perumahan* "housing", etc. This formation is productive to nouns which refer to something which one works with: *perkebunan* "plantation", *perkapalan* "the field of shipping", *peroplètan* "the field of running oplets", *pertinjaan* "the shit-works", etc.

For per-an *vs. other affixes do Exercises 85 and 86.*

B.624 *ke-an*

The most productive use of the affix *ke-an* is with stative and adjective bases to form nouns which refer to a quality. Nouns with *ke-an* in this class mean either (1) "the fact being [so-and-so], the [so-and-so]ness", or (2) "the thing by virtue of which someone or something is [so-and-so]": *kebèbasan* "freedom" (cf. *bèbas* "free"), *kekalahan* "defeat" (cf. *kalah* "lose"), *keberanian* "daring" (cf. *berani* "daring"), *kematian* "death" (cf. *mati* "die"). Examples of the second meaning: *kebanggaan* "source of pride", *keharusan* "force which compels" (cf. *harus* "be compelled"), *kesukaan* "likes (thing which one likes)" (cf. *suka* "like"), *keterangan* "information (thing which makes something clear)". Some abstracts have both meanings depending on the context: *kekuatan* "strength (thing by virtue of which one is strong)" or "strength (fact of being strong)", and others. This does not account for all of the forms with *ke-an* added to stative or adjective bases. A few of them are idiosyncratic and must be learned by observation: e.g., *keadaan* "situation", *kedudukan* "situation" or "place one sits", *kebanyakan*

---

[35] These last two forms show the alternative shape of the affix, *pe-an*.

"majority", *kebijaksanaan* "decision", *kelanjutan* "continuation", *keturunan* "descendant", and others.

Ke-an is also added to some noun roots. The *ke-an* abstract usually has some semantic connection with a quality associated with the noun. E.g. *kemanusiaan* "humanity" (cf. *manusia* "human"), *kejiwaan* "quality of having spirit" (cf. *jiwa* "spirit"), *kemasyarakatan* "having to do with society", *kemahasiswaan* "having to do with students". In a few cases *ke-an* forms plural or mass nouns: *keuangan* "finance, monies", *keuntungan* "profits", *kepulauan* "archipelago", *kepustakaan* "collection of books, bibliography", etc. With nouns which refer to a rank or office the form with *ke-an* refers to the domain ruled over by a person of that rank: *kerajaan* "kingdom", *kecamatan* "area headed by a *camat* (small municipality)", *kelurahan* "area under the charge of *lurah*", etc. *Ke-an* also forms abstract nouns with other sorts of bases: *keinginan, kemauan* "desire", *keputusan* "decision, *kebetulan* "chance, coincidence", *kelakuan* "manner, way of action", and others.

Do Exercises 86 and 88.

B.63 *peN-*

The prefix *peN-* is added to roots to form nouns. These roots are usually roots which are transitive verbs or can form transitive verbs by suffixing[36] *-kan* or *-i*. The resultant noun with *peN-* means "one who does [so-and-so]" or (depending on the context) "the instrument for doing [so-and-so]": *pemilik* "owner" (cf. *memiliki* "possess"), *penguasa* "one who has power" (cf. *kuasai* "have power over"), *penguat* "something to make something else strong" (cf. *kuatkan* "make something strong"), *peminjam* "borrower" (cf. *pinjam* "borrow"), etc.

>   174   Kakus itu berdiri atas empat buah kaki yang menancap
>   di sungai dan dua untai rantai sepèda tua sebagai
>   *penguat*. "The outhouse sits on top of four legs stuck
>   into the river with two bicycle chains to strengthen
>   them."
>   175   *Pembeli* buku di Manila bisa memperolèh ....
>   *"Purchasers* of books in Manila can obtain...."
>   176   Merèka ini mencari uang untuk *pembeli* beras buat sanak
>   saudara. "They are looking for money to *buy* rice *with*
>   for their relatives."

The prefix *peN-* is also used with some stative, adjective, and intransitive verb bases. The meanings which *peN-* has with these bases are idiosyncratic and must be learned by observation. The most productive type is with adjectives or intransitive verbs which refer to personal characteristics with which *peN-* forms nouns which mean "one who habitually does [so-and-so]" or "has [such-and-such] a characteristic]": *pendiam* "one who tends to be quite," *penangis*

---

[36] Also, all roots which take a prefix *meN-* can occur with *peN-*.

"cry-baby", *pengecut* "scaredy-cat", etc. Other examples of idiosyncratic *peN-* which occur in our materials are: *pembesar* "the one who is the big man somewhere", *pemenang* "the winner", *pendatang* "a newcomer somewhere", *penyakit* "sickness."

As the examples above show, when *peN-* is added to a root which takes a suffix *-kan* or *-i* when used as a transitive verb, the *-kan* or *-i* is dropped (*pemilik* "possessor" is semantically related to *miliki* "possess;" *penyejuk* "cooler" is semantically related to *menyejukkan* "make something cool"; etc.). In a few cases the suffix *-kan* may optionally be retained:

> 177   Sedikit saja jadi, bang. *Penghilang-hilangkan* lapar. "Just a little bit would do. *Just something to get rid of* my hunger."

With a few roots *peN-* has the alternative shape *pe-*. These are almost all intransitive verb roots (Sec. C.22) which form verbs of action with *ber-* (B.32) and except for *pekerja* "worker" (cf. *bekerja* "work") the roots begin with dentals (*d*, *j*, *t* and *c*): *pecinta* "one who loves", *pedagang* "merchant" (cf. *berdagang* "engage in trade"), *pejuang* "one who struggles for something" (cf. *berjuang* "struggle"), *petugas* "one who has a certain duty" (cf. *bertugas* "have a duty"), *pejabat* "office holder", *petani* "farmer" (cf. *bertani* "farm"), *pejalan* "walker" (cf. *berjalan* "walk"), *pedansa* "dancer" (cf. *berdansa* "dance"), *pejina* "adulterer" (cf. *berjina* "commit adultery").

Do Exercise 89.

B.64 Doubling

Nouns (roots or forms containing affixes) may be doubled to form a varietal -- i.e., a noun referring to several different types of whatever the noun refers to. It is important to note that the things to which the doubled form refers are not only plural but different from each other in some way:

> 178   Di *dèsa-dèsa* sekitar.... "In the *various villages* in the vicinity."
>
> 179   *Rintangan-rintangan* yang dulu saya alami, sekarang tidak ada lagi. "The *various obstacles* which I experienced formerly are no longer present."

In the following example, *turis* is not doubled (although clearly there were many tourists) because the author is not interested in the fact that they are different, but *petugas* "officials" and *pelabuhan* "ports" are doubled because the author wishes to underline the fact that this complaint goes for all the different ones that there are:

> 180   Pertanyaan ini tentu tercurah dari *turis* Indónésia yang punya banyak pengalaman di hadapan *petugas-petugas*. Bèa Cukai di *pelabuhan-pelabuhan*

> International di Indónésia. "This question has no doubt been expressed by many of the Indonesian *tourists* who have had numerous experiences when facing the various *customs officers* in the various *international ports of entry* in Indonesia."

A few nouns are always doubled -- i.e., they consist of a noun root which is doubled: *tengah-tengah* "middle", *mata-mata* "spy", and others.

With forms which refer to plants or plant products doubling is followed by a suffix *-an*: *buah-buahan* "various fruits", *wangi-wangian* "various fragrances", *pohon-pohonan* "various kinds of trees", *ramu-ramuan* "various kinds of concoctions", *daun-daunan* "leaves of various kinds", *akar-akaran* "roots of various kinds", *bunga-bungaan* "flowers of various kinds", *bau-bauan* "fragrant plants of various kinds", *rumput-rumputan* "grasses of various kinds", *tumbuh-tumbuhan* "plants of various kinds", *sayur-sayuran* "vegetables of various kinds".

With a few nouns which end in *-an*, doubling may optionally be accomplished by doubling the root and adding *-an* after the root: *tarian-tarian* or *tari-tarian* "various dances", *nyanyi-nyanyian* or *nyanyian-nyanyian* "various songs", and a few others.

Most root nouns which refer to things may be doubled followed by a suffix *-an* to form a noun which means "toy [so-and-so]" or "something made to resemble [so-and-so]": *rumah-rumahan* "toy-house", *anjing-anjingan* "toy-dog", *orang-orangan* "effigy" or "scarecrow". This process of affixation is productive.

B.65 Numbers with *ke-*

Ke- may be added to all numbers to form an ordinal. *Ke-* plus a number followed by a genitive means "both, the three, the four, the five, etc. of [genitive]":

> 181 *Keduanya* baik. *Both* of them are good."
> 182 Nyonya Musa sempat melirik ke *kedua* waskom, tempat ... "Mrs. Musa had time to take a peak at *both* the basins, where ..."

When *ke-* plus a number follows the word or is proceded by a *yang*, it means "the first, second, third, fourth, fifth, etc.":

> 183 Tahun kemerdèkaannya yang *kedua ratus*. "The two hundredth year of independence."
> 184 Dunia *Ketiga*. "The Third World."

When *ke-* plus a number precedes a genitive, the number may be doubled. The doubling emphasizes that all of the number are included in the statement:

185   *Ketiga-tiga* waskom itu penuh dengan uang. "*All three*
       of the basins were full of money."

Do Exercise 91.

B.7 Other morphological processes

Other morphological processes form words which are adverbial
or adjectival in semantic content. That is, they form words which
refer to the manner, condition, circumstances, or quality of
something. Most of these formations are discussed and exercised in
BITSI, and what we say here is merely by way of review or for ready
reference. The exercises to these section continue where the
exercises of BITSI leave off.

B.71 Formations with the prefix *se-*

In its basic meaning, and in its etymology as well, *se-* means
"one". This meaning comes out most clearly in words which refer to
measurements and amounts, to which *se-* can be added to form a word
which means "one [measure]". In this group are the words which
refer to length and amounts, e.g. *sehari* "a day", *seribu* "a
thousand", *segerombolan* "a group", *selangkah* "a step", *setètès* "a
drop", and so forth, and also the counter words: *seorang* "a
(person)", *seèkor* "an (animal)", *seuntai* "a (string of)", *sebuah*
"an (irregularly shaped thing)", *segelintir* "a (tiny thing)", and
the like. Also in this group are forms which refer to things which
can be said to contain a certain amount: *sepapan* "a boardful",
sepinggan "a plateful", *sebakul* "a basketful", etc. In all of these
cases *se-* means one, and *dua*, *tiga* "two, three" can be substituted.
We also include in this group forms like *seketika* "for a minute",
sekejap "for a second", and others like them, even though in fact
they only occur with *se-* and never with *dua*, *tiga*, etc.
The meaning of *se-* "one" comes out clearly also in the
following form: the formation of *se-* added to a noun which forms a
word which means "be of the same [noun] as [X],: *senasib* "having
the same fate", *serumah* "living in the same house," *seperjuangan*
"having engaged in the same strugle," *sependapat* "of the same
opinion," *seranjang* "sharing a bed," and so forth. This formation
is productive and may be added to almost any noun of suitable
meaning. The resultant form may function as a modifier or may be
the predicate. The form with *se-* may be followed by a genitive
(Sec. A.13) or by *dengan* plus nouns -- i.e., "to be the same [noun]
as [X]," may be expressed by *se-[noun]* X or *se-[noun] dengan* X:

186   Kita *sependapat dengan* Dr. Ruslan Abdulgani (= Kita
       sependapat Dr. Ruslan Abdulgani). "We are *of the same
       opinion* as Dr. Ruslan

An example of this construction used as a modifier:

> 187 RRC ingin membantu negara lain yang *senasib*. "China wishes to help other countries which *share the same fate*."

Other forms in our materials which have *se-* used in this way are the following forms: *semacam* "of the same sort", *setuju, serasi, sesuai, selaras, sepadan* "in agreement with", *seimbang* "equal in amount to", *sejalan* "in accordance with", *sebanding* "of comparable quality":

> 188 Pemerintah Jambi memikirkan pula kemungkinan pemasaran produksi lain yang *sejalan* dengan sarana angkutan yang tersedia. "The government of Jambi is also thinking of possibilities for other sorts of production which are *in accordance with* the transportation facilities which are available."

The form *setempat* "of local origin" is in this group:

> 189 Sandal-sandal buatan *setempat*. "Sandals of *local origin*."

Also the form *secara* "in [such-and-such] a manner" (lit. "in the same manner as") is in this group:

> 190 Berbusana *secara* Barat. "Be dressed in the Western fashion."

In this same group are words composed of *se-* plus a word of measure which mean "to the amount of", "to the height, distance, extent, etc. of": *sebesar* "to the size of", *sebanyak* "to the amount of", *sejauh* "to the distance of", *setakat* "to the degree that", *seharga* "to the price of", *sebatas* "to the limit of", *sehingga* "to the extent that", *sekedar* "just enough to", and others:

> 191 Pinjaman RRt mencatat nilai yang jika diukur dengan mata uang kita ada *sebesar* 1,500 milyar rupiah. "China's loan, if measured in terms of our currency, has reached *the value of* around one and a half trillion rupiahs."
>
> 192 Pasukan Malaysia bolèh melèwati perbatasan Muang thai *sejauh* sepuluh mil. "Malaysian forces may cross the Thai border *for the distance of* ten miles."

In this group are also the forms *seberapa* in the expression *tidak seberapa* "not so very much" and *sebagaimana* "as it is":

> 193 Kuncinya, bukan pemikiran blok *sebagaimana* yang dipakai olèh Rusia. "The key is not thinking about it in terms of blocks, *in the way that* Russia does."

Closely related to this meaning of *se-* are forms which consist of *se-* plus a root plus *-nya*[37] which mean "as it is (or might be) [so-and-so]": *sebaiknya* "the best thing to do", *sebenarnya* "actually (as it might be true)", *sesungguhnya* "actually (as it is when one is earnest about it)", *seadanya* "as it happens to be", *sekenanya* "at random (as it happens to have been hit)", *sejadinya* "as it happens to turn out", *seyogyanya, sepantasnya* "as would be proper", *seènaknya* "as one would like it", *sekehendaknya* "as one would desire it", *semaunya* "as one wants", *selanjutnya* "as the continuation is", *sekiranya* "as perhaps (as it might be)", *sebaliknya* "on the other hand (as it would be if it were turned around)", *semulanya* "at the beginning (as it began)", and others.

> 194   Penindakan agak sulit, meskipun Kejaksaan Agung membantu *sepenuhnya*. "It was difficult to make measures against them, even though the Supreme Court gave their complete cooperation (lit. helped in the way that was complete)."

For this formation do Exercises 92 and 93.

Similar in meaning is the form which is composed of *se-* added to an adjective which means "be as [adjective] as [X]". This construction consists of *se-* plus adjective plus a genitive -- i.e., to express "be as [adjective] as [X]", is expressed by *se-*[*adjective*] [*X*]:

> 195   Ia tahu ongkos mati tidak *semahal itu*. "She knew that the cost of dying was not as *expensive as that*."

Se- plus a doubled adjective plus *-nya* forms a word which means "as [adjective] as possible": *secepat-cepatnya* "as fast as possible", *sebaik-baiknya* "as good as possible", and the like. This is a productive formation and almost any adjective may occur with these affixes. It is usually used as a sentence modifier which refers to the manner:

> 196   Kerjalah *secepat-cepatnya*. "Work *as fast as possible*."

These forms may also be used to modify a noun:[38]

---

[37] These forms may contain other genitive as well: *sekehendakmu* "as you want", *seènak hatimu* "as you like (as your heart desires)", etc.

[38] In Malaysia a doubled adjective prefixed by *se-* is used without the suffix *-nya* to modify a noun. This formation precedes the noun, and the resulting form means "the most [adjective] possible [noun]":

> 197   Inilah *sebaik-baik* jasa yang dapat dilaksanakan. "This is the *best possible* service which we could render."

198   Cara yang *sebaik-baiknya* menghadapi turis. "the best
       way possible to face tourists."

For a limited number of roots which refer to time, *se-* may be
added to form words which mean "at the time of [so-and-so]". Such
forms are also followed by a genitive: *sesampai*, *setiba* "upon the
arrival of", *sepulang* "upon returning home", *sepeninggal* "upon
leaving", *selagi*, *semasa*, *sewaktu* "while (at the time [so-and-so]
was going on)", *sebelum* "before", *sesudah*, *setelah* "after":

199   *Sepening*gal Togog, jimat ajaib ganti-berganti dibaca
       jin-jin liar. "After Togog *left*, the wild demons read
       the magic formula one after another."

The form *setidak-tidaknya* means "at least":

200   Bagi semua kategori di dalam sampel *setidak-tidaknya*
       satu orang melaporkan mempunyai pendapatan Rp.400
       sehari. "For all the categories in the sample, *at
       least* one person reported an income of 400 rupiahs a
       day."

With some roots the prefix *se-* forms a word which means "all
of [root]": *selama* "through the time of", *seluruh* "throughout",
semua "all", *segala* "all various", *sepanjang* "throughout the length
of", *sekitar* "around", *seisi* "the entire contents of", *seputar* "all
around", *segenap* "all", *sekeluarga* "the whole family", and others.
This formation is productive with names of places: *sedunia* "the
whole world", *se-Jawa* "all of Java", *se-Indónésia* "all of
Indonesia", etc.:

201   Sayembara *se-Asia*. "A contest involving *all of Asia*."

There are a few other forms which contain *se-* which cannot be
classified: *setiap* "each and every one", *selain* "apart from,
besides", *semakin* "all the more", *selebihnya* "the remainder",
semoga (= *moga-moga*) "in the hopes that ..", *sehubungan* "in
connection with", *sesama* "one's fellow [so-and-so]":

202   *Setiap* jengkal tanah sudah tertutup oléh bangunan
       rumah. "*Each and every* single inch of land is taken up
       by buildings."
203   *Selain* harga minyak nilam tidak stabil, juga ...
       "*Apart from the fact that* the price of indigo oil is
       not stable, also ..."
204   Jalan buatan Belanda itu hanya tinggal 50 km saja yang
       masih dapat dilalui mobil. *Selebihnya* hancur total.
       "Of the road which the Dutch built, only 50 km could
       be traversed by automobile. *The rest* was totally
       destroyed."
205   Pemerintah   hendaknya   memperhatikan   juga
       persesuaian-persesuaian upah *sehubungan* dengan
       kenaikan harga beras. "The government should pay

attention to adjusting wage levels, *in connection with*
the rise in the price of rice."

206   Jangan sampai tertinggal olèh *sesamanya*. "Lest he be
outstripped by his *fellow (jet-setter)*."

The forms *semata-mata* "purely, solely", *seakan-akan* or *seolah-olah*
"as if" are probably petrified forms of *se-* forming words which
refer to manner as described above. Other petrified forms with *se-*
are the forms *selamanya* "forever", *selama-lamanya* "for ever and
ever", *sehari-hari* "everyday", *sehari-harian* "all day long" and
semalam-malaman "all night through". The form *semalam* may mean
either "one night" (as described above) or "last night". The prefix
se- is also added to *suatu* "something" and *seorang* "a (person)" to
form *sesuatu* "a certain (unknown) something" and *seseorang* "a
certain (not specified) person".

B.72 Formations involving doubling

Aside from the doubling with nouns and verbs discussed in
Secs. B.52 and B.64, above, there are five other productive
processes of doubling: (1) doubling with any sort of root to form a
sentence modifier which means "when [root] is in effect, the case";
(2) doubling with adjectives or verbs with a prefix *ter-* or *ber-* to
form an expression which refers to manner; (3) doubling with
adjectives to form a word which emphasizes the variety of the
things about which the adjectives refer to a quality; (4) doubling
with adjectives and statives in negative sentences forming
expressions which mean "not be [so-and-so] under any
circumstances". Finally, there is a formation consisting of a
doubled adjective affixed with *ke-an* or *-an*.

First, we discuss doubling of any sort of root forming a word
which refer to circumstances. This construction is more common in
colloquial speech than in literary language. In literary language
it is confined to a few set phrases: *pagi-pagi* "in the morning",
mula-mula "in the beginning", *lama-lama* (= *lama-kelamaan*) "after a
while".

207   *Mula-mula* dia tidak percaya, tapi *lama-lama* dia
percaya juga. "*At first*, she did not believe it, but
later she came to believe it."

In colloquial speech this formation is productive, especially in
Javanese-influenced speech:

208   *Kerja-kerja*, yang baik! "*When you work*, [do it] well!"

209   Enak minum kopi *dingin-dingin* begini. "It is nice to
drink coffee *when it is cold* like this."

Set doubled expression like *tiba-tiba* "suddenly", *lebih-lebih* "all
the more", and others originate in this meaning of doubling.

Doubling of adjectives and verbs to form words which refer to
manner is a highly productive process. Examples:

210   Menteri *tegas-tegas* menyatakan akan menindaknya. "the
      minister *firmly* stated that he was going to take
      action against them."
211   Dalam buku bajakan itu *jelas-jelas* disebutkan bahwa
      buku itu dicètak tidak untuk dièkspor. "In the pirated
      books it is stated *clearly* that these books are not
      printed for export."

This use of doubling accounts for set phrases consisting of doubled
forms which refer to manner: *kadang-kadang* "sometimes", *rata-rata*
"on the average", etc. An example of doubling with a verb form
which refer to manner:

212   Kali   Sentiong   selalu   mengalir,   walaupun
      tersendat-sendat. "The Sentiong River always flows,
      though *in a sluggish manner*."

Doubling with adjectives which modify a noun which refers to a
variety of things emphasizes the various ways in which the quality
applies:

213   Buku yang *tebal-tebal*. "Various books which are *thick*
      (some thicker than others, but all of them are
      thick)."

This contrasts with a phrase like:

214   Buku-buku yang tebal. "Various books which are thick."
      (there are all sorts of books, and they are thick, but
      not necessarily of different thicknesses.)

In negative sentences doubled statives may mean "not do (be)
[so-and-so] despite expectations that it should be so". This
meaning is parallel to doubling with verbs discussed in Sec. B.52,
under rubric (2).

215   Menurut pandangan Cina, dua imperialis itu tak akan
      segan-segan   menggunakan   senjata   merèka   untuk
      menghancurkan Dunia Ketiga jika perlu. "The way China
      looks at it, the two imperialist powers are not going
      to hesitate to use their weapons to destroy the Third
      World if necessary."

Doubled adjectives with a suffix *-an* is an unproductive
formation and currently confined to a small number of forms.
However, under the influence of Javanese its influence is steadily
growing. Examples of forms with this affixation which have appeared
in our materials are the following: *pahit-pahitan* "bitterly", *mati-
matian* "to the death", *besar-besaran* "on a large scale",
kecil-kecilan "on a small scale", *ikut-ikutan* "just tagging along"
untung-untungan "trying one's luck", and *melèk-melèkan* "staying up
all night":

216   Kemampuan   negara   itu   untuk   berdialóg   secara
      pahit-pahitan. "The ability of that nation to hold a
      dialogue with *no holds barred.*"

Doubling with a prefix *ke-an* is productive with adjective roots and
with roots which refer to persons or things with a certain
characteristic.   Such   forms   mean   "rather   [so-and-so]-ish":
kehijau-hijauan   "greenish",   *kekanak-kanakan*   "childish",
kemalu-maluan "ashamed", *kebelanda-belandaan* "kind of Dutch in
manner", etc.

217   Ambang   jendèla   penuh   air   ludah   dan   air   sirih,
      kemèrah-mèrahan seperti buah tomat. "The window sill
      was covered with spit and betel juice, *reddish* like a
      tomato."

B.73 Adjectives with *-an*

The suffix *-an* be added to numbers, statives, and roots of
other types as well to form adjectives meaning "characterized by
being [so-and-so]": *perangkó limabelasan* "fifteen-cent stamps",
tahun tigapuluhan "the thirties", *pekerjaan sambilan* "sideline"
(cf. *sambil* "done at the same time as something else"), *bujangan*
"having to do with being unmarried" (cf. *bujang* "bachelor,
unmarried woman"), *lampu-lampu gemerlapan* "shining lights" (cf.
gemerlap "to shine"), *orang gedongan* "people who live in mansions"
(cf. *gedong* "mansion"), *pahitan* "characterized by bitterness", etc.
   With words which refer to numbers or measures *-an* forms words
which mean "by the [number, measure]": *bulanan* "by the month",
tahunan "by the year", *Harian Rakyat* "the People's Daily", *puluhan*
"by the dozens", *botolan* "by the bottle", *literan* "by the liter",
kilóan "by the kilogram", etc.
   In colloquial speech *-an* may be added to any adjective to form
a word which may have one of two meanings, depending on context:
"do in an [adjective] way", or "more [adjective]": *ènakan* "do in a
delicious way, be more delicious"; *beneran* "more true, do in the
right way":

218   Belum kawin. *Ènakan* nggak punya. "I am not married. It
      is *nicer* not to have one (a husband)."
219   *Beneran* aja dong kamu ini. Pigi piknik kok nggak bawa
      swèmpak. "Oh, come on. Why don't you *do things right*?
      How could you go on a picnic without a bathing suit?"

B.74   *Ke-an* with adjectives forming words meaning "too [adjective]"

In colloquial styles influenced by Javanese the affix *ke-an*
may be added to any adjective to form a word which means "too
[adjective]": *kemahalan* "too expensive", *kebesaran* "too big", and
so forth. These forms in formal speech would be expressed by a

phrase *terlalu* [*adjective*]: *terlalu mahal*, *terlalu besar*, and so
forth.

> 220   Payungnya tidak jadi dibeli. *Kemahalan*. "She ended up
>   not buying the umbrella. *It was too expensive.*"

B.75 Superlatives

Superlatives may be formed in two ways: *paling* plus adjective
or, alternatively, *ter-* plus adjective. There is no difference in
meaning between the two formations. *Paling* is more common in
colloquial speech:

> 221   Ini yang *paling baik* (= *terbaik*). "This one is *the
>   best.*"

The formation *se-* plus a doubled adjective described in Section
B.71, above, is also superlative in meaning, although somewhat
different from the formation described here.

C. Classes of roots

In this section we discuss the classes of roots which are found in Indonesian and the type of meanings which each class has. This classification to a large extent determines the syntactic and morphological properties of the root -- i.e., what sort of affixation the root is capable of and how this affixation affects the meaning of the root. Thus, the meaning of the root is a guide to the affixational possibilities. However, it is not an infallible guide. Many of the most frequently occurring roots have irregular properties and have to be learned individually, and the most common ones could be called downright idiosyncratic. But once these irregularities have been disposed of, the basic outlines of the system reveal themselves, and the student is able to grasp the principles of word formation in Indonesian and thus be well on the road to being able to control and manipulate the productive affixational processes of the language. Some roots have meanings and morphological properties characteristic of more than one class, and one would consider these to belong to several classes. There are a few roots which do not occur with affixes of any sort.

C.1 Adjective and stative roots

This class of roots covers adjectives -- roots which used by themselves refer to qualities, characteristics and the like (e.g. *keras* "hard", *putih* "white", *besar* "great") and statives -- roots which refer to a state or condition something is in (e.g. *hilang* "lost", *mati* "dead", *habis* "used up", *ada* "exist"). The stative group also includes forms which in English are verbs: e.g. words which refer to going or coming: *datang* "come", *pergi* "go away", *masuk* "enter", *naik* "go up, rise", *turun* "go down", *jatuh* "fall". The vast majority of adjectives and statives form abstract nouns with *ke-an* (Sec. B.624) *kekerasan* "hardness", *keputihan* "whiteness", *kebesaran* "greatness", *kehabisan* "state of being used up", *kehilangan* "loss", *kematian* "death", *kedatangan* "coming", *kepergian* "state of being gone, trip", *kemasukan* "entrance", *kenaikan* "rise", *keturunan* "descent".

Most adjective and stative roots add *-kan* to form causative verbs (Sec. B.212): *keraskan* "harden", *putihkan* "whiten", *besarkan* "make big", *hilangkan* "lose something (cause something to get lost)", *matikan* "kill", *habiskan* "use something up", *adakan* "bring something into being", *datangkan* "import", *pergikan* "send away", *masukkan* "put inside", *naikkan* "raise", *turunkan* "lower", etc. Not all adjectives and statives do so. A few take *-i* (Sec. B.222) to form causative verbs: e.g. *cabul* "dirty", *cabuli* "besmear." Some take both *-kan* and *-i*, e.g. *terang* "bright, clear (not confused)", *terangi* "illuminate (make bright)", *terangkan* "explain, clarify"; *bèrès* "in order", *bèrèsi* or *bèrèskan* "put into order". A relatively small number of adjectives can be used as causatives without any affixes other than the active-passive affixation: *rusak* "broken", *merusak* "break something", *dirusak* "be broken"; *buntu* "stopped up", *membuntu* "stop something up". Most of these optionally have *-kan* or *-i* as a causative former, and in these cases there is little or no difference in meaning between a verb form in *-kan* or *-i* and a verb formed on the root alone. E.g., *dirusak* or *dirusakkan*, *dicabul* or *dicabuli*. Some adjective and stative roots have an affix *per-kan* instead of just *-kan* alone, or may have both *per-kan* and *-kan* with no difference in meaning between the two affixed forms (Sec. B.51). For example, *boléh* "may", *boléhkan* or *perboléhkan* "allow"; *siap* "prepared", *siapkan* or *persiapkan* "prepare something".

Most stative and adjective roots are doubled to form words which mean "when [such-and-such a state or condition] comes into being" (Sec. B.64). E.g., *keras-keras* "when it is hard", *putih-putih* "when it is white", *besar-besar* "when it is big", *hilang-hilang* "when [something] gets lost", *habis-habis* "when [something] gets used up".

Most stative and adjectival roots have a nominal formant, *peN-an* (Sec. B.622), which refers to the process of making something into whatever the root refers to, and a formation with *peN-* (Sec. B.63) which refers to the agent or means by which something is made into whatever the root refers to.[1] (This is a direct consequence of the rule stated in Sec. B.622 and B.63 (footnote) that roots which form active verbs [whether or not with suffixes] also form nouns with *peN-an* referring to a process and *peN-* referring to an agent or instrument.) E.g. *pengerasan* "action of making something hard", *pengeras* "instrument for making something hard"; *pemutihan* "process of making white", *pemutih* something to make something else white"; *pembesaran* "process of enlarging", *pembesar* "enlarger"; *penghilangan* "elimination", *penghilang* "something to make something else disappear"; *penghabisan* "the final one, the action of finishing off"; and so forth.

There are other affixes which are productive with adjectival and stative roots, but which by no means occur with all of them. ne which is widespread enough to be worth discussing here is *meN-* "be, become" (Sec. B.12): *memutih* "become white", *mengeras* "become hard", *membesar* "be large", *menghilang* "be lost", *menaik* "be rising", *menurun* "be going down". In some cases the affixed form with *meN-* exists, but it is confined in usage: *mendatang* "(the time) coming up".

Ber- is another affix which is quite common with stative and adjective roots. It forms verbs which mean "be in [such-and-such] state or quality", (Sec. B.312). *Senang* "happy, like" *bersenang* "enjoy oneself"; *siap* "prepared", *bersiap* "get prepared".

C.11 Adjective roots

Adjective roots in addition to the affixes described above also take prefixes *per-* "make something more [adjective]" (Sec.

---

[1] An exception: *pendatang* "an outsider who has come to visit or stay somewhere".

B.51),[2] and *ter-* "most adjective, (Sec.B.75). These affixes occur
with almost all adjective roots, and, in fact, this occurence is
the distinguishing mark of adjective roots: *perkeras* "make harder",
terkeras "the hardest"; *perputih* "make whiter", *terputih* "the
whitest"; *perbesar* "make larger", *terbesar* "largest". Adjectives
also can almost always be doubled to form words which refer to a
manner of action: *keras-keras* "loudly, in a hard way", *putih-putih*
"do in such a way that [something] is white", *besar-besar* "do
something in big chunks".

C.12 Statives

The statives aside from the affixes discussed in C.1 above
almost always have the verbal affix *ke-an* (Sec. B.42) which forms a
word which refers to the subject to whom it happened that there was
[such-and-such] a state: *kehilangan* "lose something", *kematian*
"lose someone or something by death", *kehabisan* "run out of",
kedatangan "have someone come to, drop in on one", *kemasukan* "get
something inside one", *kenaikan* "be affected by a rise", *kejatuhan*
"have something fall on one". Thus, there are two affixes *ke-an*
which are added to statives: (1) the abstract noun former (Sec.
B.624) and (2) the form meaning "affected by" (Sec. B.42): e.g.
kematian "death" or "lose someone or something through death".

> 1   Saya *kematian* ayah. "I *lost* my father".
> 2   Dengan *kematian* ayah saya, saya terpaksa berhenti
>   sekolah. "On account of my father's *death*, I was
>   forced to quit school."

C.121 Statives and adjectives which refer to personal feelings

A large portion of statives which refer to personal feelings
such as *takut* "be afraid", *lupa* "forget", *senang* "like" and
adjectives of this meaning such as *sedih* "sad" occur with a suffix
-kan or *-i* (or in some cases with both) to form verbs which mean
"be in [such-and-such] a state on account of" Secs. B.212 and
B.223): *takutkan*, *takuti* "fear something", *lupakan* "forget
something", *senangi* or *senangkan* "be happy on account of, like
something", *sedihkan* "be sad on account of". Thus the suffix *-kan*
(and *-i*) may have two functions with most verbs of this sort (but
not with all of them): (1) the causative function and (2) the
function discussed here:

> 3   Kejadian itu sangat *menyedihkan* kami. "That event *made*
>   us very *sad*."

---

[2] This statement must be somewhat qualified as there are
exceptions for items of very high frequency. For example, with *baru*
"new" and *baik* "good" there is no *per-* alone, but rather *per-i*:
perbarui "renew", *perbaiki* "repair".

4   Kejadian itu sangat kami *sedihkan*. "We *were* very *sad*
     about that event."

C.122 Statives which refer to motion

Many of the forms which refer to motion[3] are statives in
Indonesian and, as such, they have the affixation which we have
described for statives in general: the abstract former *ke-an* (Sec.
B.624), the affectative former *ke-an* (Sec. B.42), the causative
former *-kan* (Sec. B.212). They further tend to occur with the local
former *-i* (Sec. B.221), *meN-* intransitive (Sec. B.12) and often
occur with *ter-* or *ter-kan* "be accidentally caused to do
[so-and-so]" (Sec. B.41). Examples: *masuk* "go in", *kemasukan*
"entrance" or "get something accidentally into it", *masukkan* "put
inside", *masuki* "enter something", *termasuk* "be included in",
bermasukan "go in (plurally)"; *limpah* "overflow", *kelimpahan*
"overflowing abundance" or "be blessed with an overflowing
abundance of something", *limpahkan* "cause to be in overflowing
abundance", *limpahi* "grant an overflowing abundance to", *melimpah*
"be in overflowing abundance".[4]

---

[3] Not all forms which refer to motion are statives. Some are
verbal roots, e.g. *lari* "run" (Sec. C.22), and a few are nominal
roots (Sec. C.3), e.g. *jalan* "way, road", where the form *jalan*
"walk" is a shortening of *berjalan* (Sec. B.33).

[4] Examples:

5   Dunia ketiga (RRC sendiri juga *masuk* di dalamnya).
     "The Third World. (China *is* also *included* in this)".
6   *Kemasukan* tentara Belanda ke daèrah R.I. "The *entrance*
     of Dutch troops into Indonesian territory."
7   Tuan Yakub *kemasukan* ilham. "Mr. Yakub was divinely
     inspired (*entered into* by a divine inspiration)."
8   Yakub *dimasukkan* di sekolah dèsa. "Yakub was *enrolled*
     (*was caused to enter*) a village school."
9   A.S. *memasuki* abad ketiga kemerdèkaannya. "The U.S. *is
     entering* her third century of independence."
10   Semua lembaga dan praktèknya diperiksa secara terbuka,
     termasuk lembaga intèligènnya.   "All   of   its
     institutions   and   practices   are   open   to   full
     inspection, *including* (lit. *having been included*) its
     intelligence services."
11   Anak-anak   itu   dengan   riang   *bermasukan*   ruang
     sekolahnya. "The children gaily *entered* their school
     room."
12   Dia merasa dirinya bertuah olèh *limpah* kurnia Tuhan.
     "He felt himself doubly blessed on account of the
     abundance the Lord bestowed on him."
13   Dunia   ketiga   ditinggalkan   olèh   *kelimpahan*
     bangsa-bangsa industri. "The third World has been left
     behind by the *abundance* of the industrialized

C.2 Verbal roots

Roots which refer to an action of some sort are verbal roots. Verbal roots are subdivided into types according to the affixes with which they occur and the meaning which these affixes supply. We make the main subdivision among three types: (1) roots which are transitive (that is, roots which are part of passive conjugation -- Sec. B.11), (2) roots which are intransitive (that is, not part of the passive conjugation when unaffixed -- Sec. B.11), and (3) transitive-intransitive roots (roots which occur as part of the passive conjugation in one meaning and in another meaning do not do so).

C.21 Transitive verbal roots

Transitive roots are those which occur with *meN-* to form active verbs and also form passives (Sec. B.11): *baca, membaca, dibaca* "read"; *bawa, membawa, dibawa* "bring"; *bangun* "build"; *lihat* "see"; *angkat* "lift"; *beri* "give"; *beli* "buy"; and so forth. We shall henceforth not discuss further the forms with *peN-an* and *peN-* (Secs. B.622 and B.63) which occur with all roots and bases which have *meN-* active. Usually the *meN-* is droppable (Sec. B.11,12), but in some cases it is not: *membèla* "defend", *mengèjèk* "tease", *mendidik* "educate", and so forth. Most of these roots also occur affixed with *-kan* and *-i*, and we may subdivide them according to the effect that the *-kan* has: (a) those in which *-kan* has the benefactive meaning (Sec. B.214): *beli* "buy", *belikan* "buy for"; *baca* "read", *bacakan* "read out loud to"; etc. (b) those in which the *-kan* has a conveyance meaning (Sec. B.213): *beri* "give to", *berikan* "give something away"; *bayar* "pay to", *bayarkan* "give in payment"; *bagi* "divide up", *bagikan* "divide out"; etc.[5] (c) those in which the form with *-kan* does not substantially differ from the form without *-kan* (Sec. B.213): *buang* = *buangkan* "throw out", *anggap* = *anggapkan* "consider something to be", etc.

---

peoples."
14   Saya *kelimpahan* rezeki. *"I have been granted* wealth *in abundance."*
15   Saya *dilimpahi* rezeki olèh Tuhan. "The Lord has *granted* me wealth *in abundance."*
16   Hasil pisang di Jambi *melimpah*. "Bananas are produced *in overflowing abundance* in Jambi."
17   Tuhan telah *melimpahkan* rezeki yang lebih dari hambaNya yang lain. "The Lord has *granted* a greater *abundance* (to him) than to his other subjects."

[5] *Beli* and, in fact, many of these roots belong to two or more of these subclasses. *Belikan* means "buy for" and also "spend in buying": Saya *beli* jeruk. "I brought an orange." Uang itu saya *belikan* pada jeruk. "I spent this money on oranges." Saya *dibelikan* jeruk. "Someone *bought* an orange *for* me."

On another dimension we can subdivide these roots according to the effect that -*i* has: (a) those in which the verb with -*i* refers to the place of the action (Sec. B.221): *bacai* "read out of", *banguni* "build on", *bawai* "bring on, in", etc.; (b) those in which the root alone and the root affixed with -*i* mean about the same thing: *tambah* = *tambahi* "add to", *jaga* = *jagai* "watch over", etc. These are generally verbs whose object can be viewed as the location at which the action takes place or the place which is affected by the action. Sometimes the affix -*i* has a plural meaning with this type of root (Sec. B.225): *lempar* "throw at", *lempari* "throw (many things, or plural throwers) at"; (c) those with no -*i* suffix. Most of these roots are either roots which already end in -*i*, in which case the -*i* suffix could be thought of as contracting with root-final -*i*, or verbs the object of which can be viewed as referring to the place of the action or person at whom the action is done: *beli* "buy", *bagi* "divide", *lihat* "look at", *bantu* "give help to", *bujak* "coax", etc.

C.22 Intransitive verbal roots

This is a relatively small class of roots.[6] Most of these, when used by themselves, are the same in meaning as the form affixed with *ber-* (Sec. B.32). They commonly refer to motion or some other action which does not devolve on anyone or anything else and also to speaking, asking, making noise, and the like. E.g. *pindah* = *berpindah* "move", *main* = *bermain* "play", *lari* = *berlari* "run", *bicara* = *berbicara* "converse", *tanya* = *bertanya* "ask", *mandi* = *bermandi* "take a bath", etc. A few have *meN-* intransitive (Sec. B.12) in place of *ber-*: *mengalir* "flow", *melapor* "report", *menangis* "cry", *mengerang* "groan", etc.; and a few roots occur with both *ber-* and *meN-* intransitive with a slight difference in meaning; *berangsur* "do bit by bit", *mengangsur* "move bit by bit at a time".[7]

---

[6] However this class is very similar in type to those listed in C.23 below and also many of the nominal and stative roots have affixational patterns of the sort described for this class, so that in fact we are dealing here with a set of patterns which characterizes a very large portion of Indonesian roots.

[7] *Angsur* is also a transitive root meaning "pay off bit at a time".

17   Jangka waktu *mengangsur* pinjaman itu sangat lama. "A great length of time is allowed to pay off that debt."

Examples of *angsur* as an intransitive root:

18   Dengan *berangsur* guru menambah pengetahuan muridnya. "The teacher increases his students knowledge *bit by bit*."

19   Meréka *mengangsur* ke depan. "They *moved* forward *bit by bit*."

In some cases, both *meN-* and *ber-* occur with verbs of this class
with no difference in meaning: *bernyanyi* = *menyanyi* = *nyanyi*
"sing"; *membèlok* = *berbèlok* = *bèlok* "change direction". (Cf.
footnote 21 in Sec. B.322.) In most of these cases the prefix may
be optionally dropped, but there are a few isolated examples in
which the roots affixed with *ber-* and *meN-* have rather different
meanings from the root alone: e.g. *balik* "go back", *berbalik*
"change directions so that front becomes back", *membalik* "turn
one's back". In a few cases the root occurs alone with no
affixation of *ber-* or *meN-* possible: e.g. *tertawa* (= *ketawa*)
"laugh".

Most of these roots occur with *-kan* forming transitive verbs
and often with *-i* as well (Secs. B.213, B.221, B.2211): *pindahkan*
"move something"; *mainkan* "play something"; *larikan* "run off with";
alirkan "make something flow", *aliri* "flow over"; *laporkan* "report
something", *lapori* "report to"; *balikkan* "return something", *baliki*
"return to"; *bicarakan* "discuss something", *bicarai* "discuss with";
and so forth.

A great number of transitive roots also occur with *ber-* to
form intransitive verbs. These verbs differ from those described in
the preceding two paragraphs of this section only in that the root
alone is used as part of the passive verb conjugation and that *meN-*
is the transitive rather than the intransitive affix (Sec. B.11),
and like the roots of C.21, the *ber-* is often dropped (Sec. B.33).
E.g., *bertambah* (=*tambah*) "increase", *menambah* "add to"; *bercukur*
(=*cukur*) "shave (oneself), get a shave", *mencukur* "shave something
off"; *berlawan* (=*lawan*) "be in opposition", *melawan* "oppose
something"; *belajar* "study"[8] *mengajar* "teach to"; *berkumpul* "be
gathered", *mengumpul* "gather something". In a few cases the *ber-* is
almost always dropped: e.g., *periksa* "get an examination",
memeriksa "examine something"; *pijit* "get a massage", *memijit*
"massage someone", etc. (See footnote 23 to B.33.)

These roots normally occur with *-kan* and *-i* to form transitive
verbs in a variety of meanings. These can be subclassed much in the
same way as the transitive roots were (Sec. C.21 above) depending
upon the meaning of *-kan* and *-i*.

C.3 Nominal roots

Roots which function like nouns and have noun-like meanings
(refer to a place or a thing) are nominal roots. We may divide
nominal roots into classes according to their affixational
patterns.

---

[8] *Bel-* (an irregular form of *ber-*) is not dropped in standard
Indonesian, although in colloquial dialects (e.g. the Peranakan
Indonesian of East Java) *ajar* is used in place of *belajar*.

C.31 Nominal roots which do not normally occur with verbal affixes

Proper names and some other roots do not occur with verbal affixes (except in a very changed meaning). E.g. *barang* "thing", *bakul* "vendor", etc.[9]

C.32 Nominal roots which have only *ber-* or *-kan* or only *ber-* and *-kan*

The class of nominals which occur only with *ber-* is large and productive: e.g. *muka* "face", *bermuka* "have a face" and many of the names of the parts of the body; *mobil* "car", *bermobil* "have a car"; *bakat* "talent", *berbakat* "have talent"; *akar* "roots", *berakar* "have roots, take root".

The class which occurs only with *-kan* is limited and most generally *-kan* has the function of forming a verb which means "make into [so-and-so]" (Sec. B.212): *benda* "thing", *bendakan* "consider or make into a thing, reify"; *misal* "example", *misalkan* "exemplify"; *maaf* "pardon", *maafkan* "pardon something"; etc.

The class which occurs with both *ber-* and *-kan* is again large and productive: *bukti* "proof", *berbukti* "have a proof for it", *buktikan* "prove something" (*terbukti* "proven"); *manfaat* "utility", *bermanfaat* "be useful", *manfaatkan* "make use of"; *maksud* "meaning", *bermaksud* "have an intention", *maksudkan* "intend something"; *jilid* "volume", *berjilid* "be bound", *jilidkan* "bind into a volume"; *hasil* "result", *berhasil* "be successful", *hasilkan* "produce something"; etc.

C.33 Nominal roots which have *ber-*, *-kan*, and *-i*

A large number of nominal roots similar in type and meanings to those described in C.32 above also have *-i*. In some cases these roots refer to things which can be supplied (Sec. B.221) e.g. *nama* "name", *bernama* "have a name,, *namakan* = *namai* "give a name to"; *modal* "capital", *bermodal* "having capital", *modalkan* "use as capital", *modali* "supply with capital"; *ongkos* "expense", *berongkos* "cost something", *ongkoskan* "expend in expenses", *ongkosi* "provide expenses for"; etc. Many of the roots in this class refer to something said, noise made, and the like: *kabar* "news", *berkabar* "give news", *kabarkan* "report something", *kabari* "report to"; *kata* "word", *berkata* "say", *katakan* "say something", *katai* "say to"; etc. Nouns which refer to a relationship are in this group: *musuh* "enemy", *bermusuh* "be enemies", *musuhkan* "make an enemy of,

---

[9] The suffix *-kan* can be added to almost any noun to form a verb which means "make something into [whatever the noun refers to]" (Sec. B.212); but with some nouns such as these, it is simply not used. Similarly, any noun can be affixed with *ber-* to form a verb which means "have [whatever the noun refers to]", but again it is not normal usage with roots of the type like *benda* "thing", *misal* "example", etc.

consider as one's enemy", *musuhi* "be inimical toward"; etc. Some of
the roots of this class do not occur with *-kan* affixed in normal
usage: *minyak* "oil", *berminyak* "be oily", *minyaki* "oil something";
batas "boundary", *berbatas* "have bounds", *batasi* "set bounds to";
minat "interest", *berminat* "be interested", *minati* "be interested
in something"; etc. Some roots normally occur only with *-i* and not
with *ber-* and *-kan*, but semantically they may be grouped in this
class: e.g. *berkat* "blessing", *berkati* "bless"; *milik* "property",
miliki "possess"; etc.

C.34 Nominals which are similar to statives

Nominal roots which refer to a state or a condition take
affixational patterns much like the statives. (Most do not occur
with the abstract former *ke-an*, however, although a few do do so.)
In this group we have nouns which refer to meteorological
phenomena, season, or time; nouns which refer to a feeling or state
something is in or which is the result of an action; and nouns
which refer to a place. Many of the roots in this class also are
statives.

C.341 Nominal roots which refer to meteorological conditions, seasons, or time

Nouns in the class take a variety of affixes depending on the
semantic group. Most of them occur with *ke-an* "affected by
[so-and-so]" (Sec. B.42), *meN-* "become [so-and-so]". Some occur
with *ber-*,*-kan* and *-i*. E.g., *hujan* "rain", *kehujanan* "be caught in
the rain", *menghujan* "be raining", *hujani* "rain down upon",
hujankan "rain something down", *berhujan-hujan* "go out in the
rain"; *malam* "night", *kemalaman* "be overtaken by night", *bermalam*
"spend the night", *malamkan* "save something until night, allow to
pass the night".

C.342 Nominal roots which refer to the state or condition of something

Nouns in this class may refer to the form or shape something
is in: *batu* "rock", *batang* "log", *bukit* "hill", *baris* "line", etc.
Some refer to the state one is in and occur as statives as well:
dingin "coldness", *lapar* "hunger", *lemas* "feeling of choking". Some
refer to a condition of something not a person: *masyarakat*
"society", *budaya* "culture". Nouns in this class have the
affixational patterns described for statives. E.g. *batu* "stone",
berbatu "be stony", *membatu* "become hard like stone", *batui* "put
stones on"; *baris* "line", *berbaris* "be in a line" *membaris* "become
a line", *bariskan* "arrange in a line", *barisi* "be in a row on, at";
bukit "hill", *berbukit* "be hilly", *membukit* "become a hill"; *dingin*
"cold", *kedinginan* "feel cold" or "coldness", *mendingin* "become
cold", *dinginkan* = *dingini* "make cold"; *lapar* "hunger", *kelaparan*
"be starved" or "starvation", *berlapar* "go hungry", *laparkan* "allow

to go hungry"; *masyarakat* "society", *memasyarakat* "get to be part of society", *bermasyarakat* "be a society", *masyarakatkan* "bring into a sociable condition, rehabilitate a criminal."

C.343 Nominal roots which refer to a place

Most of these roots occur with *meN-* to form a verb which means "go to [such-and-such] a place": *langit* "heavens", *melangit* "rise to the skies"; *laut* "sea", *melaut* "go to the sea";[10] *dekat* "place nearby", *mendekat* "become near;" *bubung* "rafters", *membubung* "rise to the rafters". If roots in this class occur with *-kan*, they form verbs which mean "put something in [such-and-such] a place": *dekatkan* "place something nearby", *langitkan* "send to the heavens"; *makam* "grave", *makamkan* "bury in the grave"; *dahulu* "before", *dahulukan* "place something beforehand". They also may occur with *-i* to form verbs which mean "be in [such-and-such a position] with regard to": *dekati* "approach"; *dahului* "precede something"; *belakang* "place behind", behind something", *belakangi* "go behind something".

C.344 Nominals which also function as transitive verb roots (C.21 and C.23)

With roots of this class the prefix *meN-* has its active-verb-forming force (Sec. B.1). The root alone functions as part of the passive conjugation (Sec. B.11). One group in this class is the nouns which refer to the result of an action: *bentuk* "shape", *membentuk* "form something into a certain shape", *berbentuk* "be in a certain shape"; *belah* "a section split off", *membelah* "split something into two", *berbelah* "be divided into two"; *bungkus* "pack", *membungkus* "wrap something up"; *lawan* "opponent", *melawan* "oppose", *berlawan* "be in opposition, *lawani* "oppose on account of", *perlawankan* "put in opposition". Another productive class in this group is nouns which refer to instruments: *seterika* "iron", *menyeterika* "iron something", *berseterika* "be well pressed"; *bom* "bomb", *mengebom* "bomb something"; *gosok* "brush", *menggosok* "brush something", *bergosok* "be brushed", *gosokkan* "brush on to something"; etc.[11]

---

[10] *Laut* has two sets of affixational patterns: that described here and that of C.342 above: *melaut* "become a sea", *lautkan* "make big like a sea", *lauti* "sail over the seas". *Dekat* is a stative as well as a noun: Rumah itu *dekat* (= *di dekat*). "That house is *near* (= *in the vicinity*)".

[11] Some very irregular nouns belong in this class. E.g. *anak* "child", *beranak* "have children" or "give birth", *menganak* "be like a child", *peranakkan* "give birth to", *anakkan* "make one's child".

C.345 Numeral roots

The roots which refer to numbers occur with *ke-an* (abstract former), *meN-* (intransitive), *ber-*, and *-kan* (*per-kan*): *satu* "one", *kesatuan* "unity", *menyatu* "become one", *bersatu* "be one", *satukan* (= *persatukan*) "unify"; *sepuluh* "ten", *kesepuluhan* "the tenfoldness", *menyepuluh* "get to be ten", *bersepuluh* "be ten of them", *sepuluhkan* (= *persepuluhkan*) "make ten of them". They also occur with the other morphological formations which are applicable to numbers: doubling or doubling with *ber-* (*satu-satu* = *bersatu-satu* "one at a time" -- Sec. B.64), *ke-* ordinal former (*kesepuluh* "all ten of" or "the tenth" -- Sec. B.65), and *-an* adjective former (*sepuluhan* "worth ten" -- Sec. B.73).

C.4 Other kinds of roots

Other roots are those which never occur without an affix (except in widely differing meaning) and prepositional roots. The prepositional roots, if they occur with affixes at all, have affixational patterns similar to those of nouns which refer to place (C.343): *serta* "together", *beserta* "be together", *sertai* "accompany something"; *antara* "between", *berantara* "be in between", *antarai* "be in among something".

The roots which only occur affixed (except in idioms or in different meanings) have affixational patterns such as those described for the classes above. They will be marked with an asterisk in the glossary. The following form is an example of a root with the pattern of a stative: **laksana*, *laksanakan* "carry out". The following example shows a root with verbal patterns: **cadang*, *bercadang* "be ready as preparation for use in something", *cadangan* "set aside as a reserve". The following forms exemplify roots which have the affixational patterns of nominals **lindung*, *berlindung* "take shelter", *lindungkan* (= *perlindungkan*) "place something where it is sheltered", *lindungi* (= *perlindungi*) "provide shelter for", *kelindungan* "be sheltered; **bayang* (= *membayang*) "for an image to form", *bayangkan* "imagine", *bayangi* "put an image on something"; etc.

EXERCISES ON THE GRAMMAR

1. Review of tense and aspect forms (A.32)

Langkah 1. *Sudah*, *baru*, *belum* dengan pernyataan waktu. Terjemahkanlah kalimat bahasa Inggris yang ada di dalam kurung!

1. (*I have been in Jakarta for a month*), tapi belum juga sempat naik bajaj. 2. (*I have only been two days in Jakarta*), tapi sudah sempat naik segala macam kendaraan. 3. (*I have stayed in America for a long time*), tapi belum juga bisa berbahasa Inggris. 4. (*He hasn't been long in America*), tapi sudah lancar bahasa Inggrisnya. 5. (*They haven't known Javanese for a long time*), tapi sudah lumayan pengertian adat tatacara Jawanya. 6. (*They have known Javanese for a long time*), tapi sama sekali belum bisa menerapkan adat tatacara Jawa. 7. (*The book was just returned yesterday*). Mana bisa saya belajar! 8. (*Even though he hasn't studied Indonesian for a year*), tapi dia masih ingat semuanya. 9. (*I haven't been studying Dutch for even a month*). Jadi, bahasa Belanda saya masih bèngkak-bèngkok seperti pèngkolan jalan. 10. (*He hasn't eaten anything for a week*), tapi adannya masih tetap gemuk saja. 11. (*He only saw the show for a short time*), sudah merasa bosan dia. 12. (*He has been away for ten years*), tapi belum juga ingin pulang menèngok kampung halamannya. 13. (*I have been staying in this jungle for some time*), tapi belum juga bertemu dengan harimau, si raja hutan itu. 14. (*He has been studying in America for more than four years*), tapi belum pernah pergi ke New York. 15. (*He has been studying tennis for three years*), tapi belum bisa-bisa juga. 16. (*I have been studying gamelan for only a semester*), saya sudah bisa memainkan semua instrumènnya. 17. (*He hasn't watched a football game for ten years*), tapi dia masih tetap tahu di mana stadionnya. 18. (*He hasn't been in Indonesia for even a month*), tapi sudah lupa semua bahasa Inggrisnya. 19. (*It was more than ten years ago that he lived in Indonesia*), tapi sampai sekarang bahasa Indónésianya masih baik sekali. 20. (*I have only been reading that book for a half an hour*) sudah mengantuk saya. 21. (*He hasn't been working in Cornell for long*), tapi sudah kenal dengan semua orang. 22. (*He hasn't received a salary increase for ten years*), dan pangkatnya belum naik juga.

Langkah 2. *Hanya*, *baru*, *sudah*. Pilihlah kata yang sesuai dengan kontèks.

1. Saya tidak lama kok di sini. (*Hanya, baru, sudah*) dua hari. 2. Saya belum lama kok di sini. (*Hanya, baru, sudah*) dua hari. 3. Saya cukup lama kok di sini. (*Hanya, baru, sudah*) dua tahun. 4. Saya (*tidak, belum*) lama lagi di sini. (*Hanya, baru, sudah*) tinggal dua hari lagi. 5. Pak Mustafa tidak ada. Beliau (*tidak, belum*) datang hari ini, karena dia masih cuti. Senin depan (*hanya, baru, sudah*) ada. 6. Pak Mustafa pènsiun dan tidak masuk setiap hari. Dia (*hanya, baru,*) bekerja pada hari Senin. 7. Tókó ini (*hanya, baru, sudah*) buka jam lima sorè sampai jam sepuluh malam. 8. Tókó ini (*hanya, baru, sudah*) buka beberapa menit yang lalu. 9. Bis ini (*hanya, baru, sudah*) akan tiba di Malang pukul sebelas malam nanti.

10. Bis ke Malang (*baru, hanya*) satu kali sehari. (*Baru, hanya*) jam sebelas saja. 11. Tidak sembarang orang bolèh memasuki ruang itu. (*Hanya, baru, sudah*) pegawai khusus saja yang diperbolèhkannya. 12. Pelawat diizinkan masuk satu demi satu. Sampai jam sepuluh (*hanya, baru*) seratus orang yang masuk. 13. Meskipun (*hanya, baru, sudah*) seminggu dia tidak makan apa-apa, tapi badannya masih kelihatan gemuk saja. 14. Sesudah dipaksa dan dipukuli (*hanya, baru, sudah*) pencuri itu mau mengakui perbuatannya. 15. Dia (*hanya, baru*) mau mengakui perbuatan yang itu saja. Yang lain tak akan diakuinya. 16. Setiap hari libur koran (*tidak, belum*) datang. Koran datang (*hanya, baru, sudah*) pada hari kerja saja. 17. (*Hanya, baru, sudah*) soré begini korannya kok (*tidak, belum*) datang, ya? 18. Tumbèn sekali ini! (*Hanya, baru, sudah*) jam sekian korannya kok sudah datang. 19. Maaf, sekarang ini saya sibuk. Saya (*hanya, baru, sudah*) mau pulang kalau pekerjaan saya sudah selesai. 20. Saya (*hanya, baru, sudah*) mau pulang sebentar saja kok, sebab pekerjaan di sini masih banyak. 21. Meskipun sudah diberi undangan, dia (*tidak, belum*) mau datang juga. 22. Dia (*tidak, belum*) datang (*hanya, baru*) karena tidak ada yang menjemputnya. 23. Dia ditahan (*hanya, baru, sudah*) empat tahun lamanya. Tapi perkaranya (*hanya, baru, sudah*) disidangkan kemarin. 24. Dia (*hanya, baru, sudah*) mau mengawini gadis itu kalau orang tuanya (*tidak, belum*) lagi menghinanya.

2. Sentence stress (A.1). Garis bawahilah kata-kata yang mendapat tekanan pada kalimat-kalimat di bawah ini.

1. Saya lahir di Surabaya, tapi besar di Singapura. 2. Pak Mustafa ada di rumah atau di kantor? 3. Pak Ali sudah lama di sini atau baru saja datang? 4. Bapak mau beli berapa biji? 5. Bapak mau beli berapa biji lagi? 6. Berapa hari dia di sini? 7. Ada berapa hari dalam bulan Maret? 8. Yang sering menggoda kamu itu siapa? 9. Siapa saja yang suka menggoda kamu? 10. Saya mau minum kopi lagi sekarang. 11. Buku saya diambil lagi? 12. Dia sering juga main-main ke sini. 13. Puntung rokok yang tinggal filternya pun diambilnya juga. 14. Mana bisa dia naik kelas! Kerjanya pacaran melulu, sih! 15. Jangan makan gaji saja. Nanti tidak cukup. 16. Sia-sia belaka usahaku kemarin. 17. Bohong belaka cerita Amin itu. 18. Banyak sekali harta kekayaan bekas menteri itu. 19. Banyak sekali harta warisan orang tuanya. 20. Kekasihnya yang ditunggu-tunggu itu belum juga datang. 21. Bapak tadi beli karcisnya, belum? 22. Amat dimarahi ayahnya karena dia suka bohong. 23. Amat tadi dimarahi ayahnya? 24. Masakannya tiap hari hanya sayur asam melulu. 25. Berapa harga kuè mangkok ini, Pak? 26. Berapa banyak yang diperlukan? 27. Berapa kamus Bapak? 28. Apa nasinya masih? 29. Masih ada nasinya, malahan masih banyak sekali. 30. Budi menempèlèng adik Amin sampai berdarah. 31. Ditempèlèng Budi adik Amin. Maka itu menangis.

3. Placement of the modifier with the stressed word of the predicate (A.22). Sisipkanlah kata-kata di dalam kurung ke dalam kalimat berikut!

1. Jangan takut. Itu anjing saya (*saja*). 2. Itu anjing saya (*saja*). Tidak ada lagi (*mémang*). 3. Itu yang saya dongkolkan (*saja*). Kwitansinya hanya ditulis lima ribu, padahal yang saya bayarkan tadi sepuluh ribu (*saja*). 4. "Pak Ali itu siapa? Gurunya?" "Betul. Pak Ali itu guru saya (*mémang*)." 5. "Siapa gurunya? Pak Ali?" "Betul. Pak Ali guru saya (*mémang*)." 6. Tak usah takut melamar saya, Mas. Ya begitulah sifat ayah saya (*mémang*). 7. Itu maksud saya (*bukan*). Maksud saya lain. 8. Itu yang dikatakannya (*mémang*). 9. Itu yang saya katakan (*bukan*). Mana bisa saya mengatakan begitu! 10. Dia berkata begitu (*mémang*). Dia bicaranya semaunya (*saja*). 11. Itu permintaan saya (*saja*). Tak ada lain. 12. Itu hanya permintaan (*saja*). Itu tuntutan (*bukan*). 13. Itu tuntutan meréka (*mémang*). Meréka menuntut begitu (*mémang*). 14. Jangan cemas ataupun gelisah! Beginilah suara mobil ini (*mémang*). 15. Pencuri dia (*bukan*), tapi bahkan perampok. 16. Ikan ayam yang saya makan (*saja*). Saya tidak makan ikan kerbau (*mémang*). 17. Ikannya dimakan begitu (*saja*). Énak kalau tidak dimasak (*mémang*). 18. Cari kerja di sini sukar sekali, ya? (*mémang*) 19. Apakah di sini dia cari kerja (*mémang, saja*)? Mengapa dia tidak ke tempat lain? 20. Makan sedikit (*saja*), sudah kenyang.

4. Identification of predicate (A.22). Sisipkanlah kata-kata dalam ke kurung dalam kalimat berikut dan ubahlah bila perlu!

1. Yang terutama menarik perhatian kelakuan orang biasa (*lah*). 2. Kelakuan orang biasa yang terutama menarik perhatian (*adalah*). 3. Tokoh-tokoh itu yang menjadi pusat perhatian si pembaca (*bukan*). 4. Pembicaraan yang dikutip oléh penulis itu yang menciptakan suasana gembira (*lah*). 5. Pembicaraan yang dikutip oléh penulis itu yang menciptakan suasana gembira (*adalah*). 6. Maaf. Itu maksud saya (*bukan*). Maksud saya begini (*lah*). 7. Hal yang sangat dipentingkan oléh negara dunia ketiga kesempatan untuk mengejar ketinggalannya (*mémang adalah*). 8. Yang mengarang buku *Formal Indonesian* ini guru di Cornèll (*lah*). 9. Terjadinya kebakaran semalam karena kesalahan pegawainya sendiri (*mémang bukan*). 10. Tidak benar semua berita-berita yang dimuat di surat kabar itu (*adalah*). 11. Sebenarnya tujuan saya ke Surabaya (*bukan*), melainkan ke Singapura. 12. Yang saya tumpangi dari New York ke Hongkong dulu pesawat ini juga (*lah*). 13. Bis dari perusahaan Adam yang paling sering mogok di tengah jalan (*adalah*). 14. Kebutuhan yang paling mendesak bagi rakyat Sinabang sekarang ini hiburan (*mémang adalah*). 15. Kebijaksanaan baru yang dikeluarkan menteri baru itu yang menyebabkan keruhnya situasi sekarang ini (*adalah*). 16. Masalah mengubah jadwal tahun ajaran baru itu perkara mudah (*bukan*). 17. Benyamin dan Bagyo yang menjadi bintang film kesayangan saya (*adalah*). 18. Itu yang ditanyakannya kepada saya (*bukan*). 19. Chairil Anwar yang terkenal sebagai pelopor puisi Angkatan '45 (*lah*). 20. Sukarno dan Hatta yang memproklamirkan kemerdèkaan bangsa dan negara Indónésia (*adalah*).

5.   Identification of the subject and predicate (A.11 and A.111).
Bacalah kalimat-kalimat berikut dengan intónasi yang betul, kemudian baliklah susunan subyèk dan prédikatnya! (*Tutuplah kalimat-kalimat yang ditandai b !*)

1a. Énak dimakan masakan India itu.
 b. Masakan India itu ènak dimakan.
2a. Gampang mencari pekerjaan di sini.
 b. Mencari pekerjaan di sini gampang.
3a. Awas! Dia memegang pisau.
 b. Awas! Memegang pisau dia.
4a. Kok masih kamu pegang pisau itu.
 b. Kok pisau itu masih kamu pegang!
5a. Habis dimakan hama wereng padinya.
 b. Padinya habis dimakan hama wereng.
6a. Hilang dicuri orang semua harta bendanya.
 b. Semua harta bendanya hilang dicuri orang.
7a. Mahal sekali yang satu lagi itu.
 b. Yang satu lagi itu mahal sekali.
8a. Gaji sekian ini tidak mungkin cukup!
 b. Tidak mungkin cukup gaji sekian ini.
9a. Hati-hati, Mas! Di depan jalannya licin.
 b. Hati-hati, Mas! Di depan licin jalannya.
10a. Dia sering mengisap ganja.
 b. Sering mengisap ganja dia.
11a. Ali ditipu kawan sekelasnya tadi malam.
 b. Ditipu kawan sekelasnya Ali tadi malam.
12a. Buku ini dibelinya dengan harga yang amat mahal.
 b. Dibelinya buku ini dengan harga yang amat mahal.
13a. Jangan diambil buku itu! Itu buku Tuti.
 b. Buku itu jangan diambil! Itu buku Tuti.
14a. Orang itu belum pernah membeli buku di sini.
 b. Belum pernah membeli buku di sini orang itu.
15a. Di Filipina banyak terdapat buku bajakan.
 b. Di Filipina buku bajakan banyak terdapat.

6.   *Yang* (A.13)

Langkah 1. Sisipkan kata *yang* pada kalimat-kalimat berikut dan rubahlah bila perlu!

1a. Harga buku itu dua kali lipat dari harga aslinya.
 b. Harga buku itu dua kali lipat dari harganya yang asli.
2a. Anak perempuannya itu kedua-duanya sekolah di Yogya.
 b. Anaknya yang perempuan itu kedua-duanya sekolah di Yogya.
3a. Pengantin baru itu pindah dari rumah lamanya ke rumah barunya.
 b. Pengantin baru itu pindah dari rumahnya yang lama ke rumahnya yang baru.
4a. Isteri tuanya akur sekali dengan isteri mudanya.
 b. Isterinya yang tua akur sekali dengan isterinya yang muda.
5a. Dia tak pernah main-main dengan teman-teman sekelasnya.
 b. Dia tak pernah main-main dengan teman-temannya yang sekelas.

6a. Disisirnya rambut panjangnya itu setiap pagi dan soré.
 b. Disisirnya rambutnya yang panjang itu setiap pagi dan soré.
7a. Semua pakaian sobèknya dibuang ke tempat sampah.
 b. Semua pakaiannya yang sobèk dibuang ke tempat sampah.
8a. Saya harus pulang untuk menolong keluarga dekat saya.
 b. Saya harus pulang untuk menolong keluarga saya yang dekat.
9a. Kamu harus bisa menghilangkan sifat angkuhmu itu.
 b. Kamu harus bisa menghilangkan sifatmu yang angkuh itu.
10a. Pakaian tahan pelurunya tidak pernah lepas dari badannya.
  b. Pakaiannya yang tahan peluru tidak pernah lepas dari badannya.
11a. Ani tercengang kehèranan melihat jam tangan ótómatis bapak.
  b. Ani tercengang kehèranan melihat jam tangan bapak yang ótómatis.
12a. Kacamata hitamnya disembunyikan pacar keduanya.
  b. Kacamatanya yang hitam disembunyikan pacarnya yang kedua.

Langkah 2. (A.13 dan B.42). Rubahlah menurut pola yang diberikan!

1a. Dia benci melihat keburukan mukanya.
 b. Dia benci melihat mukanya yang buruk.
2a. Semua pengunjung pamèran itu tertarik pada keindahan lukisannya.
 b. Semua pengunjung pamèran itu tertarik pada lukisannya yang indah.
3a. Sayang sekali kebaikan jasa Bapak itu tidak diakui pemerintah.
 b. Sayang sekali jasa Bapak yang baik itu tidak diakui pemerintah.
4a. Semua orang mengetahui kejujuran hatinya.
 b. Semua orang mengetahui hatinya yang jujur.
5a. Kerapian pakaiannya itu sesuai dengan kehalusan budinya.
 b. Pakaiannya yang rapi itu sesuai dengan budinya yang halus.
6a. Kenapa dia selalu memperlihatkan kemurungan wajahnya?
 b. Kenapa dia selalu memperlihatkan wajahnya yang murung?
7a. Rakyat menderita akibat ketidak-adilan perlakuan pemerintah.
 b. Rakyat menderita akibat perlakuan pemerintah yang tidak adil.
8a. Dia dituduh membuka rahasia kecurangan pejabat tinggi.
 b. Dia dituduh membuka rahasia pejabat tinggi yang curang.

7. *Yang* **(A.13).** Pilihlah.

1. Setiap permulaan kalimat harus dimulai dengan huruf (*besar, yang besar*). 2. Bermacam-macam ukuran huruf di Papan pengumuman itu. Tapi huruf (*kecil, yang kecil*) di sebelah bawah tidak bisa saya baca karena mata saya sudah rusak. 3. Semua (*datang, yang datang*) terlambat tidak diizinkan masuk. 4. Susah sekali mencari "Langit Makin Mendung" karena buku (*itu, yang itu*) dilarang pemerintah. 5. Bukan buku itu, "Langit Makin Mendung". Tapi buku (*satu lagi, yang satu lagi*). 6. Ikan sebetulnya sudah murah sekarang; tapi (*itu, yang itu*) masih mahal karena susah menangkapnya. 7. Kuè (*di atas, yang di atas*) mèja itu untuk adikmu. Yang untuk kamu saya letakkan di lemari tadi. 8. Tas putih itu bukan punya saya. Tas (*hitam, yang*

hitam) di sebelah sana itu punya saya. 9. Katanya temannya (*datang, yang datang*) hari ini. Tapi mengapa tidak jadi? 10. Katanya temannya (*datang, yang datang*) hari ini pacarnya. 11. Buku dalam ruangan ini boleh diambil semuanya kecuali buku (*di atas, yang di atas*) mèja saya ini. 12. Katanya ikan gerèh sèhat dimakan. Di mana gerèh (*itu, yang itu*) dapat dibeli? 13. Inilah buku (*untuk, yang untuk*) anak saya tadi. 14. Apa masih ada kuè (*untuk, yang untuk*) saya?

8.   *Yang* plus clause (A.13). Terjemahkan kata-kata Inggrisnya!

1. Orang-orang (*whose books were pirated*) tidak menerima bagiannya.
2. Sebuah jam (*the price of which is $125 US in Jakarta*) dapat dibeli dengan harga $75 US di Singapura. 3. Tukang bècak (*whose monthly income is only about Rp 30,000*) tidak dapat diharapkan menunjang pólitik ékónómi pemerintah. 4. Sepèda motor Honda (*of the lowest price*) paling populèr di Indónésia. 5. Entah kenapa Indónésia (*whose natural resources seem to be almost unlimited*) itu masih saja merupakan salah satu negara termiskin di dunia. 6. Kemarin teman saya membeli mobil (*the ignition (=kunci kontak) of which already is no good*). 7. Rokok Jarum (*the cost of which is only about Rp 200 a pack*) ternyata lebih ènak daripada Dji Sam Soe yang berharga dua kali lipat. 8. Profèsor (*whose textbooks are used in many universities*) itu merupakan orang yang terkenal di bidang pengajaran mengenai Indónésia.

9.   *Ini, itu* (A.13). Terjemahkanlah kata-kata Inggrisnya.

1. Merèka mempertengkarkan harta pusaka. (*As a result of this quarrel*) hubungan antar keluarga jadi hancur. 2. Mayoritas penduduk India buta huruf. Namun (*this*) tidak berarti merèka tidak pintar. 3. Kórupsi merupakan masalah pólitik utama di Indónésia. Kapan (*this problem*) bisa diatasi? 4. Pemerintah sudah merencanakan empat program untuk membantu rakyat Jambi memasarkan pisang merèka. (*These four programs*) dimaksudkan untuk mengembangkan daèrah Jambi sehingga dapat berdiri sendiri. 5. Sekalipun biaya transmigrasi tidak sebanding dengan keuntungan yang didapat, namun (*it's precisely this program*) yang merupakan tumpuan harapan pemerintah buat masa depan pulau Jawa. 6. Kemampuan dan keberanian untuk mengadakan pembicaraan secara terus terang dan terbuka, (*isn't this*) merupakan dasar bagi kesanggupan régenerasi suatu bangsa?

10.   *Tempat* as a clause introducer (A.13). Terjemahkanlah kata-kata Inggrisnya dengan menggunakan kata "tempat".

1. Dia sempat melirik waskom (*where the guests put their contributions*). 2. Lautan Nusantara (*where inter-Asian traffic meets*) senantiasa menjadi kerlingan bangsa-bangsa asing. 3. Pinggiran kali Sentiong (*where the people of the neighborhood gather*) tetap saja dipenuhi gubuk orang gelandangan. 4. Tidak gampang berurusan di Jakarta (*where the bureaucracy of the Republic*

of Indonesia has its center). 5. Kakèk ingin mengunjungi Bandung (*where he used to study when he was young*). 6. Kedai kecil (*where Yanto sells his wares*) digusur tanpa diberi ganti rugi. 7. Rumah (*where I was born and raised*) kini sudah' terlalu tua untuk ditempati. 8. Daèrah ladang-ladang minyak (*where the foreigners obtain uncounted profits*) sering merupakan neraka bagi penduduk sekitarnya. 9. Tidak ada orang yang mau tinggal di kamar (*where a girl killed herself a few months ago*). 10. Rumahnya di Bogor, tapi tiap hari ke Jakarta (*where he earns his daily bread*). 11. Daèrah pegunungan (*where the communist guerillas hide out*) dikepung angkatan bersenjata Malaysia. 12. Pulau Bawèan (*where the useless employees are exiled to*) tidak mendapat perhatian selayaknya dari pemerintah. 13. Rumah pelacuran (*where dozens of young girls sell themselves*) juga merupakan tempat tercurahnya air mata merèka. 14. Dia buta huruf karena dèsa (*where he resides*) tidak mempunyai sekolah. 15. Gedung Pegangsaan Timur (*where Soekarno-Hatta proclaimed Indonesian Independence*) kini tidak lagi terawat baik. 16. Kantor (*where I work*) terletak di pusat keramaian kota.

11. **Latihan mengenai** *modals* **(A.23).** Jawablah menurut pola yang diberikan dalam bentuk nègatif! Pakai bentuk pasif jika dapat! Langkah 1.

1a. Apakah Bapak dapat menyelesaikan hal itu dengan cepat?
  b. Hal itu tidak dapat saya selesaikan dengan cepat.
2a. Apakah pemerintah sudah berhasil mencegah inflasi yang semacam itu?
  b. Inflasi yang semacam itu belum berhasil dicegah pemerintah.
3a. Apakah penduduk Nias susah memasarkan nilam itu?
  b. Nilam itu tidak susah merèka pasarkan.
4a. Apakah para petani berencana memasarkan pisang merèka di sana?
  b. Merèka tidak berencana memasarkan pisang merèka di sana.
5a. Apakah Bapak sudah pasti meninggalkan pulau Bawèan?
  b. Pulau Bawèan belum pasti saya tinggalkan.
6a. Apakah merèka berniat meninggalkan kampung halaman merèka?
  b. Merèka tidak berniat meninggalkan kampung halaman merèka.
7a. Apakah Mustafa sudah bisa menempati rumahnya yang baru?
  b. Rumahnya yang baru belum bisa ditempatinya.
8a. Apakah para nelayan sudah bolèh menangkap ikan di daèrah itu?
  b. Ikan belum bolèh merèka tangkap di daèrah itu.
9a. Apakah Ibu cemas meninggalkan anak Ibu sendirian?
  b. Saya tidak cemas meninggalkan anak saya sendirian.
10a. Apakah merèka mampu menempuh jarak lima kilómèter itu dengan dokar?
  b. Jarak lima kilómèter itu tidak mampu merèka tèmpuh dengan dokar.

Langkah 2.

1a. Apakah pembicara itu jadi membicarakan masalah pengangguran?
  b. Masalah pengangguran tidak jadi dibicarakannya.
2a. Apakah Bapak berniat membeli rumah itu?

  b. Saya tidak berniat membeli rumah itu.
3a. Apakah para petani sudah bisa memerangi hama wereng?
  b. Hama wereng belum bisa mereka perangi.
4a. Apakah dia sudah bisa memanfaatkan angkutan laut?
  b. Angkutan laut belum bisa dimanfaatkannya.
5a. Apakah mereka masih ingin melakukan hal yang semacam itu?
  b. Mereka tidak lagi ingin melakukan hal yang semacam itu.
6a. Apakah kita pasti memperoleh tempat yang aman di kota Jakarta?
  b. Tempat yang aman tidak pasti kita peroleh di Jakarta.
7a. Apakah Mus sudah harus mengembalikan buku itu hari ini?
  b. Buku itu belum harus dikembalikannya hari ini.
8a. Apakah ayahmu pasti bersedia membeli rumah kami?
  b. Dia pasti tidak bersedia membeli rumahmu.
9a. Apakah mahasiswa sering mengalami perobahan wataknya di Jakarta?
  b. Perobahan wataknya tidak sering dialaminya di Jakarta.

12. Modals and passives (A.24). Kalau dapat, obyèk dijadikan prédikat. Kalau tidak dapat, ubahlah menjadi pola seperti contoh yang diberikan!

  1a. Saya berhasil menyelesaikan pekerjaan yang besar sekali.
    b. Besar sekali pekerjaan yang berhasil saya selesaikan.
  2a. Pak Ali lupa menyampaikan kabar yang menarik sekali itu.
    b. Menarik sekali kabar itu, dan Pak Ali lupa menyampaikannya.
  3a. Mereka wajib mengambil dua bahasa asing.
    b. Dua bahasa asing yang wajib mereka ambil.
  4a. Saya segan mendekati orang itu karena pangkatnya gedé sekali.
    b. Gedé sekali pangkat orang itu, dan saya segan mendekatinya.
  5a. Saya tidak berani melamarnya karena orang tua gadis itu galak sekali.
    b. Galak sekali orang tua gadis itu, sehingga saya tidak berani melamarnya.
  6a. Saya belum bisa mengerjakan soal-soal yang sukar bukan main itu.
    b. Sukar bukan main soal-soal yang belum bisa saya kerjakan itu.
  7a. Dia tidak mampu mengerjakan soal ujian program Malang yang mudah saja.
    b. Mudah saja soal ujian program Malang yang tidak mampu dikerjakannya.
  8a. Saya bisa menulis skripsi yang sukar sekali ini.
    b. Sukar sekali skripsi yang bisa saya tulis ini.
  9a. Saya takut mendekati harimau itu karena buas sekali.
    b. Buas sekali harimau itu, dan saya takut mendekatinya.
 10a. Saya ingin memberikan hadiah yang lumayan sekali.
    b. Lumayan sekali hadiah yang ingin saya berikan.
 11a. Bapak mengenal cara-cara penipuan yang bermacam-macam?
    b. Bermacam-macam cara penipuan yang Bapak kenal?
 12a. Benyamin disuruh menceritakan kisah Biang Kerok yang lucu sekali itu.

b. Lucu sekali kisah Biang Kerok itu, dan Benyamin disuruh menceritakannya.

13a. Jalal berhasil memainkan sandiwara yang kocak sekali.
  b. Kocak sekali sandiwara yang berhasil dimainkan Jalal.

14a. Saya harus membeli Kamus Bahasa Jawa yang mahal sekali itu.
  b. Mahal sekali Kamus Bahasa Jawa yang harus saya beli itu.

15a. Dia enggan membaca bahan-bahan kuliah yang membosankan sekali itu.
  b. Membosankan sekali bahan-bahan kuliah itu, dan saya enggan membacanya.

16a. Dia dapat memberi gaji yang tinggi sekali.
  b. Tinggi sekali gaji yang dapat diberikannya.

17a. Anak-anak dilarang minum minuman keras itu.
  b. Keras minuman itu, dan anak-anak dilarang meminumnya.

18a. Saya baru selesai menempuh perjalanan yang jauh sekali.
  b. Jauh sekali perjalanan yang baru selesai saya tempuh.

19a. Dia menyesal mengawini gadis yang buta huruf itu.
  b. Buta huruf gadis itu, dan dia menyesal mengawininya.

20a. Saya enggan mendekati orang yang amat sombong itu.
  b. Amat sombong orang itu, dan saya enggan mendekatinya.

13. **Complements of intransitive verbs vs. recipients of action (A.25).** Bentuklah pertanyaan dengan memakai *apa* dan bentuk pasif jika dapat! Jika bentuk pasif tidak dapat dipakai, pakailah pola yang diberikan!

1a. Ibu itu sedang berbahasa Kulawi.
  b. Ibu itu sedang berbahasa apa?

2a. Saya memakai bolpoin untuk menulis.
  b. Apa yang Bapak pakai untuk menulis?

3a. Ibu memakai gelas untuk minum kopi.
  b. Apa yang Ibu pakai untuk minum kopi?

4a. Ali sedang belajar bahasa Indónésia.
  b. Ali sedang belajar apa?

5a. Kakak menggunakan seléndang untuk menggèndong adik.
  b. Apa yang kakak gunakan untuk menggèndong adik?

6a. Ayah memakai kacamata untuk membaca.
  b. Apa yang ayah pakai untuk membaca?

7a. Bibi akan memukul anjing itu dengan tongkat.
  b. Bibi akan memukul anjing itu dengan apa?

8a. Saya suka berolah-raga badminton.
  b. Saudara suka berolah-raga apa?

9a. Murid-murid sedang asyik bermain kucing-kucingan.
  b. Murid-murid sedang asyik bermain apa?

10a. Meréka mempergunakan sampan saja untuk menyeberangi laut seluas itu.
  b. Apa yang meréka pergunakan untuk menyeberangi laut seluas itu?

11a. Dia memerlukan penutur asli untuk mempelajari bahasa asing.
  b. Apa yang diperlukannya untuk mempelajari bahasa asing?

12a. Benyamin sangat berambisi jadi tarsan kota.
  b. Benyamin sangat berambisi jadi apa?

13a. Atèng selalu giat berusaha meninggikan badannya.

  b. Atèng selalu giat berusaha apa?
14a. Mbak Santi memolèskan gincu mèrah di bibirnya.
  b. Apa yang dipolèskan Mbak Santi di bibirnya?
15a. Jalal menggunakan pipa lèding untuk pipa cerutunya.
  b. Apa yang digunakan Jalal untuk pipa cerutunya?
16a. Merèka memakai soga untuk membatik.
  b. Apa yang merèka pakai untuk membatik?
17a. Dia membuat gadó-gadó untuk pèsta nanti malam.
  b. Apa yang dibuatnya untuk pèsta nanti malam?
18a. Bulan depan kita harus berpuasa Ramadhan.
  b. Bulan depan kita harus berpuasa apa?
19a. Saya tadi malam bermimpi digigit ular naga.
  b. Bapak tadi malam bermimpi apa?

14.   Exercises on *bahwa, untuk, supaya* **(A.25, footnote; A.34).**
Pilihlah!

1. Dia menasèhati (*saya untuk, supaya saya*) rajin belajar. 2. Dia
mengusulkan (*saya untuk, supaya saya*) pindah ke Jakarta saja. 3.
Dia menyuruh (*saya untuk, supaya saya*) menunggu beberapa hari lagi.
4. Dia memberitahu (*saya untuk, supaya saya*) datang jam sepuluh
malam. 5. Dia memberitahu saya (*bahwa, supaya, untuk*) dia tidak
bisa datang nanti malam. 6. Menteri mengatakan (*bahwa, supaya,
untuk*) mahasiswa itu tugasnya hanya belajar saja. 7. Saya disuruh
(*bahwa, supaya, untuk*) membelikan kain sarung ke Yogya. 8. Semua
murid diharuskan (*bahwa, supaya, untuk*) memakai pakaian seragam
setiap hari. 9. Pak Séno menyarankan (*bahwa, supaya*) saya mengikuti
mata kuliahnya. 10. Pak Séno mengatakan (*bahwa, supaya*) saya bolèh
mengikuti mata kuliahnya. 11. Rèktor menerangkan (*bahwa, supaya*)
perintahnya itu harus dilaksanakan. 12. Rèktor menyuruh (*bahwa,
supaya*) perintahnya itu dilaksanakan. 13. Datanglah pagi-pagi
(*bahwa, supaya, untuk*) tidak ketinggalan kerèta api. 14. Ini ada
surat (*untuk, supaya*) Bapak tandatangani. 15. Saya bawa buku ini
(*untuk, supaya*) kamu dapat membacanya. 16. Dia menyuruh (*saya
untuk, supaya saya*) mengembalikan uangnya. 17. Dalam perjanjian itu
tertulis (*bahwa, supaya, untuk*) Amérika bersedia membantu
Indónésia. 18. Tulisan itu menyarankan (*bahwa, supaya, untuk*)
Amérika bersedia membantu Indónésia. 19. Urusan itu terus saja
dikerjakan tanpa berhenti (*supaya, untuk*) cepat selesai. 20.
Pekerjaan ini saya bawa pulang saja (*supaya, untuk*) diselesaikan di
sana. 21. Kapan para mahasiswa itu siap (*bahwa, untuk, supaya*)
diterjunkan ke masyarakat? 22. Mahasiswa itu mempersiapkan diri
(*supaya, untuk*) diterjunkan ke masyarakat.

15.   Exercise on *di, ke, atas, untuk, dengan, dari, daripada, dll*.
(A.31). Pilihlah!

1. Barang-barang itu masukkan (*ke, di*) dalam lemari saja. 2. Taruh
(*ke, di*) atas kursi saja buku itu. 3. Simpanlah (*ke, di*) dalam
laci. 4. Pindahkan ini (*ke, di*) atas. 5. Terima kasih (*atas, untuk*)
pertolongannya. 6. Buku Joy of Sex dapat dibeli (*dengan, untuk*)
harga dua puluh dollar. 7. Saya sudah memberi maaf (*atas, untuk*)

kedua kalinya. 8. (*menurut, dalam*) pendapat saya, gerakan Ópstib harus dimulai dari atas. 9. Tujuan untuk menghina orang lain itu sama sekali tidak ada (*di, dalam*) pikiran saya. 10. Perbèdaan (*di antara, antara*) kedua hal itu adalah sebagai berikut. 11. Mobil saya mogok di sebuah dèsa (*di antara, antara*) Malang dan Pandaan. 12. Jelas apel yang ini jauh lebih manis (*dari, daripada*) yang itu. 13. Yogya itu masih jauh kalau (*dari, daripada*) Sala. 14. Tolong sampaikan salamku (*pada, kepada*) isterimu, ya. 15. Itu semua tergantung (*pada, kepada*) kebijaksanaan pemerintah.

16. Exercise in adjective plus prepositions (A.31).
Terjemahkanlah kata-kata bahasa Inggris dalam kurung!

Langkah 1.

1. Saya ragu-ragu (*of*) kemampuannya melaksanakan rencana itu. 2. Indónésia kaya (*in*) sumber alam. 3. Ia sangat gemar (*of*) Rolling Stones dan kelompok musik rok lainnya. 4. Kenapa Présidèn marah (*at*) Menlu? 5. Ghana terkenal (*for*) coklatnya. 6. Cerita itu berakhir (*with*) meninggalnya pelaku utamanya. 7. Kita semuanya harus berterima kasih (*for*) tingkat kehidupan yang kita nikmati. 8. Saya senang (*at*) kesudahannya. 9. Asbak ini harus dibersihkan -- penuh (*of*) abu dan puntung rokok. 10. Orang tua yang baik harus selalu bangga (*of*) anak-anaknya kalau merèka berhasil di sekolah.

Langkah 2.

1. Saya mengunjungi setiap candi yang terletak (*between*) Solo dan Yogya. 2. Entah kenapa, terdapat jurang yang besar (*between*) kami dalam tahun-tahun belakangan ini. 3. Jarak (*between*) Solo dan Yogya delapan puluh enam kilómèter. 4. Terdapat perbèdaan yang besar (*between*) Nasakom dan Pancasila. 5. Kalau dilihat, kita akan menemukan banyak contoh kórupsi baik (*inside*) maupun (*outside*) pemerintah. 6. Banyak lukisan-lukisan yang menarik (*inside*) Keraton yang patut dilihat. 7. Banyak terdapat bahasa perlambang (*in*) cerita Pramoedya. 8. Dia tidak ada (*inside*) rumah. Dia (*out*) sedang bekerja di kebun. 9. Dia tidak ada (*at*) rumah sekarang. 10. (*In*) laci saya ada uang kertas Rp 5.000. 11. (*In*) rapat itu akan dibicarakan masalah gaji dan tanggung jawab.12. Letakkan dompèt ini (*on*) atas mèja. 13. Kembalikan buku ini (*on*) rak. 14. (*In*) jaman Belanda jangan disebut hal-hal seperti kemerdèkaan bangsa Indónésia. 15. (*At*) waktu itu saya sedang mengerjakan PR saya. 16. Silakan datang makan malam ke tempat saya (*at*) jam delapan. 17. Temui saya (*at*) Tugu jam sembilan. 18. Saya tinggal di Yogya (*for*) satu setengah tahun. 19. Saya beli (*for*) dua ribu rupiah. 20. Terima kasih (*for*) hadiahnya yang menarik sekali.

17. Penggunaan kata depan (A.31). Pilihlah!

1. Patung-patung kayu ulin dipakai para penganut agama Kaharingan (*dalam, di*) upacara adat merèka. 2. (*Dalam, di*) Kalimantan Tengah, perburuan barang anèh kini memasuki babak baru. 3. Panglima Dayak

yang meninggal itu ada yang digambarkan (dalam, di) seragam opsir Belanda: bertopi yang tinggi, sepatu bot, duduk (dalam, di) kursi. 4. (Di antara, antara) karya suku Dayak itu ada yang dilègó ke luar negeri dengan harga mahal. 5. Jaèn memainkan peranan penting (dalam, di, pada) pencurian patung itu. 6. Dinas Purbakala berjasa besar (dalam, di, pada) usaha untuk memelihara mónumèn Dayak itu. 7. Sebenarnya jarak (di antara, antara) daèrah Dayak dan dunia luar tidaklah seberapa jauh. 8. Siapakah (di antara, antara) kita ini yang bersedia menyelamatkan benda-benda sejarah itu dari kepunahan? 9. Perbèdaan pendapat (di antara, antara) satu golongan masyarakat dengan yang lain merugikan usaha penyelamatan benda-benda budaya Dayak. 10. Tapi Nèmpèl bersedia menjual patung itu (dengan, untuk) harga Rp 15 ribu sebuah. 11. Banyak orang yang berani membayar harga yang cukup tinggi (dengan, untuk) sebuah patung. 12. (Menurut, dalam) pendapat Reynot Sylvanus, gubernur Kalimantan Tengah, benda-benda budaya Dayak tidak bolèh diangkut ke luar dari daèrahnya. 13. (Menurut, dalam) Tèmpó, (menurut, dalam) pemberitaannya kemarin, banyak benda-benda budaya Dayak yang diperjualbelikan. 14. Berbèda (dengan, dari) di Bali, orang-orang Dayak itu mèmang belum memahat patung (dengan, untuk) diperjualbelikan. 15. Tidak seorang pun (di antara, antara) penduduk Dayak yang menginginkan benda sejarah mereka diangkut ke luar daèrah merèka. 16. Besar bèdanya (di antara, antara) perburuan barang anèh di Kalimantan dulu dan kini.

18.   Latihan mengenai penerapan kata bahasa Inggris "a" ke dalam bahasa Indónésia (A.33). Terjemahkanlah kata-kata dalam bahasa Inggris berikut ini!

1. (It is a burden) yang terlalu berat bagi (a tourist) bila barang yang dibawanya dari luar negeri dikenakan bèa masuk. 2. (An official) di sana berbicara dengan marah kepada saya. 3. Apa bèdanya antara (a businessman and a tourist)? 4. Saya menderita (a loss) yang sangat besar karena pegawai bèa cukai mengenakan (import duty) pada rokok saya. 5. (There is an imposing building) di tengah-tengah perkampungan sederhana. 6. (There is an American Consulate) di Surabaya dan satu lagi di Mèdan. 7. (There is a sort of social pressure) pada discó yang menghendaki mereka mengikuti gaya Barat seperti yang diiklankan di koran dan majalah. 8. Peniruan móde kehidupan Barat ini akan membawa kita sebagai (a country) yang sedang berkembang kepada jalan buntu. 9. (There is a young man) yang bernama Kemas Aman yang punya darah campuran Palèmbang dan Bawèan. 10. Sejarah Australia bermula sebagai (a place for) orang buangan dari masyarakat Inggris. 11. Untuk menempuh (only a short distance) kita harus membayar Rp 2.500. 12. Bukan baru sekarang Sinabang dianggap sebagai (an important area). 13. (A majority of people) yang ikut memilih dalam Pemilu yang baru lalu memberikan suaranya pada Carter. 14. Menteri ingin membentuk (a committee) yang beranggoakan 15 orang ahli pendidikan terkemuka untuk mempelajari masalah tersebut. 15. Apa yang kita harapkan dari Amérika sebagai (a member of the community of nations)? 16. Orang Négró Amérika memulai (a struggle) menuju persamaan yang berjangka lima belas tahun. 17. Merèka membawa pakaian merèka dengan

dibungkus dalam (*a big sheet*). 18. Banyak orang berpendapat bahwa (*a girl*) yang mencari uang dengan menari di discó tak ubahnya seperti (*a prostitute*). 19. (*A certain amount*) dari penghasilan kita akan dibayarkan pada pajak. 20. (*An oplet*) adalah (*a type of public transportation*) yang hanya dipakai di Indónésia.

19.   *Bahkan* (*malah*), *sebenarnya* (**A.35**). Pilihlah!

1. Dia tidak menutup pendapat orang lain. (*Malah, sebenarnya*) dia selalu menyuruh bawahannya untuk mengemukakan pendapatnya. 2. Ongkos dua puluh ribu itu terlalu mahal, Mas! Berapa sih (*malah, sebenarnya*) yang harus saya bayar? 3. Peraturan baru itu bukan saja demi kepentingan rakyat, (*bahkan, sebenarnya*) juga demi kepentingan seluruh masyarakat. 4. Jangankan rumah, (*bahkan, sebenarnya*) pakaian pun dia juga tidak punya. 5. Dia mèmang sudah bisa berbahasa Indónésia, tapi (*malah, sebenarnya*) ucapannya masih belum begitu baik. 6. Dia tidak mengerti maksud perintah gurunya. (*Bahkan, sebenarnya*) dia hanya disuruh menirukan saja. 7. Kurang ajar betul dia itu! Sudah diberi makan, (*malah, sebenarnya*) masih berani minta uang lagi. 8. Anak nakal seperti itu kalau dibiarkan (*malah, sebenarnya*) akan tambah menjadi-jadi nakalnya. 9. Jangan diputar-putar begitu krannya! Nanti (*malah, sebenarnya*) jadi rusak. 10. Siapa (*bahkan, sebenarnya*) yang mendesas-desuskan saya mau kawin lagi itu? Itu berita bohong belaka (*malah, sebenarnya*). 11. Tidak hanya merampok saja yang meréka lakukan. (*Malah, sebenarnya*) membunuh pun pernah meréka lakukan pula. 12. Jangan sering-sering minum APC ataupun Bodrèx, sebab sesungguhnya (*malah, sebenarnya*) bisa merusak jantung. 13. Meskipun rambutnya sudah beruban, tapi (*malah, sebenarnya*) dia baru berusia dua puluh lima tahun saja. 14. Jangan marah, Mas! (*Malah, sebenarnya*) dia tadi hanya bergurau saja. 15. Jangan memberi kata-kata baru terlalu banyak! Meréka nanti (*malah, sebenarnya*) bingung. 16. Saya sudah minum obat itu, tapi (*malah, sebenarnya*) sakit perut saya. 17. Saya sering pergi ke Ngliyep, tapi (*malah, sebenarnya*) masih belum puas. 18. Terus terang saja, (*malah, sebenarnya*) ini bukan rumah saya. Saya anak orang miskin. 19. Terus terang saya tidak tahu mengenai urusan itu. (*Malah, sebenarnya*) Iwan yang lebih tahu tentang hal itu.

20.   **Active-passive (B.11).** Pilihlah kata yang betul!

1. Saya membawa buku untuk (*dibaca, membacanya*) di jalan. 2. Buah itu kelihatan anèh sekali. Bagaimana (*makan, dimakan*), buah itu? 3. Saya bisa berbicara bahasa Tionghóa, tapi (*saya tidak bisa membacanya, tidak bisa saya baca*). 4. Matanya jelèk sekali, sehingga waktu (*dia melihat, dilihat*) buku itu, tidak bisa dibèdakannya apakah ditulis dengan huruf Latin atau dengan huruf Arab. 5. Saya membawa barang-barang untuk (*menjualnya, dijual*) di pasar. 6. Daging itu cukup lunak untuk (*dipotong, memotong*) dengan garpu. 7. Kuè ini busuk. Jangan (*makan, dimakan*). 8. Bis ada, tapi kalau di sini, mesti lama sekali (*menunggu, ditunggu*). 9. Bagaimana cara (*dibaca, membaca*) huruf Jawa itu? Dari kanan ke kiri, atau dari kiri ke kanan? 10. Tempat (*menunggu, ditunggu*) bis ada di

depan rumah itu. 11. Sop itu lebih ènak kalau (*memberi, diberi*) terasi sedikit. 12. Sebelum (*membangun, dibangun*) rumah di daèrah ini, Bapak tinggal di mana? 13. Kalau terus (*mencicipi, dicicipi*) kuè ini, mana lagi yang akan tinggal nanti? 14. Itu penyelèwèngan yang besar. Tidak patut (*kau diam, kau diamkan*) saja. 15. Gampang (*dicari, mencari*) pekerjaan di sini, karena banyak lowongan. 16. Kalau sudah selesai (*dibangun, membangun*) rumah ini, siapa yang akan tinggal di sini? 17. Kalau kamu tidak diajak bicara, sebaiknya kamu (*diam, diamkan*) saja. 18. Apa ènak (*makan, dimakan*) sop yang begitu banyak terasinya? 19. Kalau (*disirami, menyirami*) air kencing, tanaman itu akan melimpah bunganya. 20. Saya minta satu lagi untuk (*dibawa, membawa*) pulang.

21. Active-passive (B.11). Pilihlah kata yang sesuai!

1. Panas-panas begini, ènak sekali (*minum, diminum*) air dingin. 2. Tidak ènak (*minum, diminum*), tèh yang tidak diberi gula. 3. Saudara akan dianggap tengik jika terus-menerus (*ditolak, menolak*) permintaan itu. 4. Saya akan putus asa jika terus-menerus (*ditolak, menolak*) permintaan saya. 5. Saya memakai kaca mata supaya lebih gampang (*melihat, dilihat*) panggungnya. 6. Supaya tidak sukar (*melihat, dilihat*) panggungnya, sebaiknya (*memberi, diberi*) penerangan. 7. Supaya tidak sukar (*melihat, dilihat*) panggungnya, duduklah dekat. 8. Patut (*dipukul, memukul*) anak itu, karena nakal betul. 9. Tidak ènak (*makan, dimakan*) kuè itu karena terlalu banyak gulanya. 10. Apakah sèhat (*makan, dimakan*) nasi tiga kali sehari? 11. Patut (*dipecat, memecat*) orang itu, karena dia malas. 12. Apakah betul-betul harus (*menebang, ditebang*) pohon pisang setelah berbuah? 13. Sebaiknya (*menjaga, dijaga*) koper-kopernya supaya nanti tidak dicuri orang. 14. Dia dihukum karena (*dia membawa, dibawanya*) senapan di tempat ramai. 15. Si Samin ditangkap polisi karena (*dibunuhnya adiknya, dia membunuh adiknya*). 16. Sayang sekali. Mengapa pula (*menebang, ditebang*) pohon kayu besar yang dulu di muka rumah kami? 17. Dia merasa capai karena sehari-harian (*dia menebang, ditebangnya*) pohon kayu besar yang dulu di muka rumah kami. 18. Kalau terus-menerus (*memegang-megang, dipegang-pegang*) makanan itu nanti jadi rusak. 19. Sesudah (*mengepèl, dipèl*) lantai saya capai sekali. 20. Sesudah (*mengepèl, dipèl*), lantainya sekarang berkilau-kilauan.

22. Pasif dan aktif (B.11). Pilihlah kata yang sesuai!

1. Kalau untuk (*makan, dimakan*) di jalan, lebih baik bawa apel saja. 2. (*Makan, dimakan*) dengan apa kuè ini sebaiknya? 3. Kalau sudah selesai (*membangun, dibangun*) rumah ini, siapa yang akan menempatinya? 4. Kalau sudah selesai (*membangun, dibangun*) rumah ini, pak tukang akan kerja di mana? 5. Sebelum (*mendirikan, didirikan*) perumahan di sini, tempat ini keramat kata orang. 6. Sebelum (*mendirikan, didirikan*) perkantoran di sini, pemerintah daèrah bekerja keras mendapatkan tanahnya. 7. Kalau (*memupuk, dipupuk*) cengkèh ini pasti akan banyak hasilnya. 8. Kalau (*memupuk, dipupuk*) cengkèh jangan terlalu dekat ke batangnya. 9. Seandainya

(*membakar, dibakar*) ikan ini pasti akan lebih ènak rasanya daripada digorèng seperti ini. 10. Kalau (*membakar, dibakar*) ikan ini masukkan bumbu ke dalam perutnya. 11. Saya pikir lebih ènak kalau (*memberi, diberi*) terasi gulai ini. 12. Kata ibu lebih gampang (*memberi, diberi*) terasi gulai ini setelah matang. 13. Tidak usah (*meributkan, diributkan*), itu kan masalah kecil saja. 14. Kalau (*meributkan, diributkan*) masalah pólitik, jangan di sini. Pergi ke DPR! 15. Sebenarnya lebih baik (*mendamaikan, didamaikan*) saja masalah itu. Sayang pihak yang bersangkutan tidak setuju. 16. Bapak betul. (*Mendamaikan, didamaikan*) masalah itu mèmang tidak gampang. 17. Lebih baik (*mengeringkan, dikeringkan*) kolam ini beberapa hari sampai bibit ikan yang baru datang. 18. Setelah berpanas-panas (*mengeringkan, dikeringkan*) kolam ikan di belakang rumahnya, ia jatuh sakit.

23. Ber-, meN- (*intransitif*) (B.12)

Langkah 1. Sempurnakanlah kata-kata di dalam kurung berikut ini!

1. Sedap dipandang mata pemandangan di sini dengan hutan-hutan yang (*hijau*) dan padi di sawah yang (*kuning*). 2. Janganlah selalu (*sedih*) hati. Marilah kita (*gembira*) mumpung masih hidup. 3. Kalau keadaan ombak samódera Indónésia lagi (*ganas*), jangan coba-coba cari ikan di sana. 4. Bupati Dalimend agak (*dongkol*), karena hasrat masyarakat menanam nilam (*tingkat*) terus. 5. Keinginan penduduk Nias untuk menanam padi terus (*turun*), sebab itu sama halnya dengan menciptakan penderitaan. 6. Merèka tidak mau (*derita*) akibat susahnya menanam padi. 7. Saya ikut (*dukacita*) atas meninggalnya Camat Idano Gawo. 8. Wajahnya (*seri*) ketika memandang wajah gadis Nias yang cantik itu. 9. Tapi begitu melihat betisnya yang (*otot*) (*tonjol*) itu, dalam hatinya dia (*sesal*). 10. Sedikit saja beras terlambat masuk, harganya bisa (*bubung*) sampai Rp 450 per jumba. 11. Awas, hati-hati! Jalan di depan mulai (*sempit*) dan (*lumpur*). 12. Gunung yang (*julang*) tinggi itu diselimuti hutan tanpa manusia. 13. Pemandangan di pantai selatan Nias itu indah dan (*tarik*) sekali; langit (*biru*), ombak (*derai*), dan anginpun (*desir*) perlahan. 14. Meskipun merèka ditakdirkan sebagai pejalan kaki yang patuh, toh merèka hidup (*bahagia*) juga. 15. Perut wanita yang makin (*bengkak*) itu bukan karena (*kandung*), tapi karena (*penyakit*). 16. Tumpukan sampah yang sudah (*gunung*) itu belum juga dibersihkan. 17. Bangkai kuda yang mati itu sudah mulai (*busuk*). 18. Kapal di sana itu tampak (*jauh*) dan (*kecil*), dan lama-lama hilang dari pandangannya. 19. Dia seorang pemimpin yang berwibawa, tapi tingkah-lakunya selalu (*rendah*). 20. Hari sudah mulai sorè. Matahari mulai (*turun*). 21. Dia tidak takut akan bahaya ombak. Dia terus saja berenang (*tengah*). 22. Bawèan dikelilingi laut dangkal dan (*batu*) karang. 23. Karena dinginnya, dengan cepat air itu (*beku*) dan bahkan (*batu*) jadi ès. 24. Negara-negara (*kembang*) kurang (*satu*), sehingga di antara merèka sendiri sering terjadi konflik. 25. Gaya hidup diskó sudah (*budaya*) di kalangan masyarakat Indónésia. 26. Sebagai bangsa (*budaya*), sikap kita terhadap kebudayaan asing juga harus dipertimbangkan. 27. Dia sudah (*anak*) sebelum kawin. 28. Dia sangat (*sedih*) hati. Tak terasa, air matanya

(*alir*) (*anak*) sungai di pipinya. 29. Tanah pulau Bawèan (*bukit*), sehingga penduduk hanya mengisi sepanjang pantai saja. 30. Tumpukan koran bekasnya sudah (*bukit*), tapi tak bolèh diloakkan.

Langkah 2. With verbs referring to motion (B.12, B.32). Sempurnakanlah!

1. Sesudah (*seberang*) jalan, dia terus (*lari*) ke rumahnya. 2. Wabah muntah bèrak itu sekarang sudah (*jalar*) ke pedalaman Nias. 3. Karena menanam padi tidak ada untungnya, merèka lalu (*alih*) ke tanaman nilam. 4. Dia baru akan (*seberang*) setelah móbil itu (*lalu*). 5. Begitu kudanya (*dekat*), dia terus (*lompat*) ke atas punggungnya. 6. Pagi ini merèka meninggalkan dèsanya untuk (*transmigrasi*) ke Lampung. 7. Baru jam 10:00 nanti kapal ini bolèh (*labuh*) dan (*rapat*) di pelabuhan Tanjung. 8. Sekarang setiap hari sudah ada kapal yang (*layar*) dari Sibolga ke Gunung Sitoli. (*Tolak*) dari Sibolga pukul 09:00. 9. Orang Sumatera, terutama warga Minang, mèmang terkenal suka (*rantau*). 10. Kenapa kamu seringkali (*pindah*) tempat? 11. Pertandingan badminton semalam (*langsung*) seru sekali. 12. Banyak pemuda Bawèan yang (*selundup*) ke Singapura untuk (*cari*) pekerjaan di sana. 13. Agak (*tepi*) sedikit lagi, dong, parkirnya!. 14. Lahar panas gunung Merapi itu (*alir*) deras dan cepat sekali, sehingga penduduk sekitarnya tak sempat (*hindar*) atau pun (*singkir*). 15. Angkat tangan! (*Diri*) di tempat dan jangan (*gerak*)! Kalau tidak, golok ini akan (*layang*) ke lèhèrmu. 16. Pemerintah mulai (*gerak*) memulihkan jalur jalan yang pernah ada. 17. Bantuan Cina yang (*alir*) ke negara-negara sedang (*kembang*) sudah mencapai jutaan dolar. 18. Setiap ada gadis Nias yang (*jalan*) di dekatnya, perhatiannya selalu (*alih*) ke betisnya. 19. Minta tak sanggup membayangkan bila tinja ini (*uap*) di udara ibu kota ini. 20. Tanah (*goncang*) keras akibat terjadinya gempa bumi semalam. 21. Kapal itu terus (*tengah*) menuju ke perairan bèbas. 22. Banyak turis yang suka mandi matahari. Merèka (*baring*) dan (*guling*) di pasir pantai Kuta. 23. Karena sehabis buang air tidak disiram, baunya (*jalar*) sampai ke ruang tamu. 24. Ketika kota Kroh diserbu pasukan Muangthai, semua penduduk buru-buru (*singkir*) dari kota itu. 25. Ombak yang besar itu (*gulung*) dan (*tepi*), lalu menghantam pantai curam yang berbatu karang itu. 26. Penghasilan dasar orang Indónésia (*kisar*) antara Rp 15.000 sampai Rp 250.000. 27. Polisi itu tugasnya cuma (*keliling*) saja. 28. Pasukan keamanan Muangthai (*óperasi*) di kota Betong. 29. Jakarta dinyatakan sebagai kota tertutup, sebab akhir-akhir ini banyak warga dèsa yang (*urbanisasi*) ke sana. 30. Meskipun bangsa Amérika mengorèksi diri sampai betul-betul tuntas, tapi toh (*langsung*) tanpa menggoncangkan élemèn-élemèn orde nasiónal.

Langkah 3. With verbs of speaking (B.12, B.32). Sempurnakanlah kata-kata di dalam kurung berikut ini!

1. Menteri Perhubungan (*pidató*) panjang lèbar dalam upacara peresmian lapangan terbang perintis Binaka di Gunung Sitoli yang lalu. 2. Bupati Dalimend (*kata*), bahwa masyarakat Nias merasa lebih beruntung kalau bertanam nilam. 3. Masyarakat pedalaman Nias (*prótès*) bupatinya agar segera memperbaiki sarana perhubungan Nias.

4. Wartawan Amran Nasution dari Tèmpó sedang (*wawancara*) dengan salah seorang tokoh masyarakat di Idano Gawo. 5. Sesudah itu Amran Nasution (*dialóg*) dengan Bupati Dalimend. 6. Masyarakat (*keluh*) karena bantuan obat-obatan yang merèka harapkan tak kunjung datang juga. 7. Pemerintah (*seru*) agar penduduk suka menanam padi. 8. Seorang kepala suku (*cerita*), katanya keadaan jalan pada jaman Belanda masih jauh lebih baik daripada sekarang. 9. Merèka berjalan naik-turun bukit sambil (*nyanyi*) dan (*gurau*). 10. Gadis-gadis pedalaman Nias (*prótès*) bupatinya sambil (*teriak*) "Lindungilah betis-betis kami!" 11. Camat Telok Dalam sedang (*musyawarah*) untuk meremajakan óbyèk wisata daèrahnya. 12. Saya (*tanya*) kepada petugas BC itu: "Kenapa kwitansinya tak sama dengan uang yang saya bayarkan tadi?" 13. Dan dia (*jawab*): "Biasa, Pak, ada ongkos administrasinya." 14. Dengan agak marah saya (*tegur*): "Tidak bisa. Berikan kepada saya uang kembalinya, atau saya (*lapor*) ke atasan." 15. Dia betul-betul marah dan (*bentak*): "Nih, tidak ada uang rècèh. Sudah biasa begini." 16. Begitu mengetahui bahwa suaminya telah meninggal, nyonya Haji Musa kontan (*jerit*) dan (*pekik*) keras, (*tangis*) tersedu-sedu. 17. Begitu terasa dompètnya dicopèt, dia terus (*teriak*) keras-keras minta tolong. 18. Setelah Mari lobiing kirikanan, seorang petugas RS (*bisik*): "Ada ambulans nganggur, tapi supirnya sakit." 19. Dalam upacara penguburan jenazah itu semua orang (*doa*) untuk arwah almarhum dan keselamatan keluarga yang ditinggalkannya. 20. Malam itu diadakan selamatan tujuh hari wafatnya Haji Musa. Banyak tetangga yang diundang untuk (*tedarus*) dan (*doa*). 21. Kemampuan bangsa Amérika untuk (*dialóg*) dengan dirinya sendiri secara tuntas dan terbuka sangat kita kagumi. 22. Dalam lukisan Kaban Jahé terasa ada ruang karena putih kanvas ikut (*bicara*). 23. Karena peraturan yang jelas (*bunyi*) seènaknya itu, maka Léó Albèrt langsung (*prótès*). 24. Tahanan yang disiksa itu terus-menerus (*erang*) karena kesakitan. 25. Anak yang jatuh terpelèsèt di jalan itu (*tangis*) tersedu-sedu. 26. Begitu loncèng (*bunyi*), murid-murid (*sorak*) dan minta pulang. 27. Dia suka (*bohong*), sehingga teman-temannya tak begitu suka kepadanya. 28. Jam menara Cornèll (*dentang*) duabelas kali setelah melagukan Mars Cornèll. 29. Dia (*bisik*) kepada saya: "Awas, orang itu suka (*bual*)." 30. Kartika mula-mula (*cita-cita*) jadi dokter, tapi tahu-tahu sudah menjadi pelukis. 31. Banyak orang (*pikir*) bahwa blok dan front persatuan masih tetap ada. 32. Masyarakat banyak yang (*gerutu*) dan bahkan (*omèl*), karena pemerintah tidak pernah menepati janjinya.

Langkah 4. With roots that have both (B.12, B.31ff). Pilihlah kata yang tepat dalam kurung!

1. Murid-murid harus (*berbaris, membaris*) sebelum diperbolehkan masuk. 2. Rumah-rumah gelandangan yang dibuat dari plastik bekas tampak (*berbaris, membaris*) di sepanjang tepian rèl kerèta api di Jakarta. 3. RRC merasa bahwa negara-negara (*berkembang, mengembang*) perlu dibantu di bidang ékónómi dan tèknik. 4. Nasi itu tidak (*berasa, merasa*) sama sekali meskipun sudah dipanaskan sampai (*berkembang, mengembang*). 5. Tak ada pantai yang landai di Nias Selatan. Semuanya curam dan (*berbatu, membatu*). 6. Karena dinginnya, cepat sekali air itu (*berbatu, membatu*) jadi ès.

7. Pulaunya (*berbukit-bukit, membukit*), sehingga penduduk hanya mengisi daèrah sepanjang pantai saja. 8. Penghuni rumah itu jorok sekali. Sampahnya sudah begitu (*berbukit, membukit*) tidak juga dibuang. 9. Siapa bilang tidak ada pohon damar di Kalimantan? Pohon-pohon itu sudah (*berhutan, menghutan*) di sana. 10. Pasukan pengawas perbatasan Malaysia ditempatkan di daèrah Kroh yang (*berhutan, menghutan*) belantara itu. 11. Gaya hidup diskó sudah hampir (*berbudaya, membudaya*) di seluruh lapisan masyarakat Indónésia. 12. Sebagai bangsa yang (*berbudaya, membudaya*), maka hak-hak azasi manusia harus kita tegakkan. 13. Saudara-saudara, kita itu hidup (*bermasyarakat, memasyarakat*). Jadi kepentingan orang lain juga harus kita perhatikan. 14. Berbagai jenis kesenian daèrah yang terpendam harus dimunculkan kembali. Dengan demikian (*bermasyarakat, memasyarakat*) pulalah para seniman-seniwatinya. 15. RRC membantu gerakan PLÓ yang (*berpusat, memusat*) di Libanon. 16. Karena konsèntrasinya tidak (*berpusat, memusat*), dia kalah dalam pertandingan semalam. 17. Merèka belum juga (*beranak, menganak*) meskipun sudah lima tahun kawin. 18. Dia menangis tersedu-sedu, air matanya (*beranak, menganak*) sungai. 19. Kalau satu bangsa tidak (*bersatu, menyatu*) pasti mudah dijajah. 20. Seandainya arah garisnya (*bersatu, menyatu*), lukisan ini pasti lebih hidup dan menarik. 21. Semua peserta sidang diharuskan sudah (*berkumpul, mengumpul*) sebelum jam 10:00 untuk menerima keterangan tata-tertib sidang. 22. Kata tukang fótó itu. "Terlalu lèbar! Tolong lebih (*berkumpul, mengumpul*) sedikit lagi, supaya semuanya bisa masuk! 23. Daèrah perbatasan yang (*bergunung-gunung, menggunung*) itu dijadikan daèrah pertahanan gerilyawan kómunis. 24. Tumpukan batu di tepi jalan itu sudah (*bergunung, menggunung*), sehingga mengganggu pandangan para pengemudi kendaraan.

24. Root alone vs. *meN*- intransitive (B.12). Pilihlah kata yang tepat di dalam kurung!

1. Pengetahuan orang itu (*dalam, mendalam*) sekali sehingga ia mampu mengadakan penelitian yang (*dalam, mendalam*). 2. Kesèhatannya (*baik, membaik*) dengan cepat karena dokter yang merawatnya melakukan tugasnya dengan (*baik, membaik*) sekali. 3. Petani bertopi (*kuning, menguning*) itu sedang asyik menunggu padinya yang sudah mulai (*kuning, menguning*). 4. Mungkin batu ini (*kecil, mengecil*). Tahun yang lalu kami lihat tidak sebegini (*kecil, mengecil*). 5. Kasihan, kesèhatannya (*buruk, memburuk*) setiap saat. Apalagi cuaca akhir-akhir ini sangat (*buruk, memburuk*). 6. Nènèk saya dulu (*tinggal, meninggal*) bersama saya sebelum ia (*tinggal, meninggal*) dua tahun yang lalu. 7. Sejak ia (*turun, menurun*) dari jabatannya, pópularitasnya terus (*turun, menurun*). 8. Apa gunanya kau (*tangis, menangis*). Tak ada yang akan mendengar (*tangis, menangis*) mu di sini. 9. Tak semua orang (*merantau, rantau*) karena miskin. Tetapi hidup di (*rantau, merantau*) juga tidak selalu seperti yang diharapkan. 10. Pengaruhnya (*luas, meluas*) sekali di kalangan semua lapisan masyarakat, sekalipun baru mulai (*luas, meluas*) beberapa tahun yang lalu. 11. Anak yang (*menghilang, hilang*) dari dèsanya itu akhirnya dinyatakan (*menghilang, hilang*) setelah dicari beberapa lama tidak juga ketemu.

25. *Di-kan* **vs. root alone (B.212).** Pilihlah kata yang sesuai!

1a. Kalau tidak mengikuti peraturan, anda pasti (*kena, dikenakan*) hukum.
  b. Tapi peraturan itu tidak (*kena, dikenakan*) pada setiap orang.

2a. Anda nanti pasti (*wajib, diwajibkan*) membayar ganti rugi, sebab andalah yang salah.
  b. Saya merasa (*wajib, diwajibkan*) membantu ayah.
3a. Karena kamu tidak hati-hati, banyak sekali piring yang (*pecah, dipecahkan*).
  b. Dengan berusaha keras dapat (*pecah, dipecahkan*) segala kesulitan.
4a. Pulau Bawèan kekurangan beras, sehingga harus (*datang, didatangkan*) dari Jawa.
  b. Laut sekitar Pulau Bawèan banyak sekali ikannya, sehingga banyak nelayan luar daèrah yang (*datang, didatangkan*) cari ikan ke sana.
5a. Adik menghembus api lampu minyak itu sampai (*mati, dimatikan*).
  b. Kalau mendengar sirine bahaya udara, semua lampu harus (*mati, dimatikan*).
6a. Celana ini tolong (*longgar, dilonggarkan*) sedikit perutnya.
  b. Wah, terlalu (*longgar, dilonggarkan*) celana ini bagi saya!
7a. Apakah keterangan saya kemarin perlu (*jelas, dijelaskan*) lagi?
  b. Saya kira tidak perlu, Pak. Sudah cukup (*jelas, dijelaskan*).
8a. Air termasuk benda (*cair, dicairkan*).
  b. Kalau ès mau (*cair, dicairkan*), harus dikasi pemanasan.
9a. Dorongan minggat bagi penduduk Bawèan sudah wajar dan (*biasa, dibiasakan*).
  b. Merèka sudah (*biasa, dibiasakan*) alamnya untuk hidup sederhana.
10a. Sebagian besar orang Bawèan mèmang (*ada, diadakan*) darah pelautnya.
  b. Usaha motorisasi kapal kayu akan segera (*ada, diadakan*) Kemas Aman di Pulau Bawèan.
11a. Dia sangat (*sakit, disakitkan*) hati mendengar ucapan pejabat itu.
  b. Kasihanilah dia. Jangan (*sakit, disakitkan*) lagi hatinya.
12a. Betul kan, uang Bulog Kaltim (*gelap, digelapkan*) Budiadji.
  b. Mana, Din, sènternya? (*Gelap, digelapkan*) sekali, nih!
13a. Mutu karèt yang (*hasil, dihasilkan*) perkebunan Tanjung sudah jauh (*merosot, dimerosotkan*).
  b. Mutu karèt yang (*hasil, dihasilkan*) perkebunan Tanjung sengaja (*merosot, dimerosotkan*) pegawainya sendiri.
14a. Keputusan itu sudah (*tetap, ditetapkan*) kemarin di Malang.
  b. Dia berkeputusan untuk (*tetap, ditetapkan*) tinggal di Malang.
15a. Pèsta perkawinanku sempat (*abadi, diabadikan*) bekas pacarku dulu.
  b. Cincin kawin ini merupakan kenangan (*abadi, diabadikan*) dari isteri saya.
16a. Dia tidak mau (*tinggal, ditinggalkan*) sendirian di kampung.

b. Dia tidak mau (*tinggal, ditinggalkan*) suaminya sendirian di kampung.

17a. Berlomba mencari harta karun di dasar laut itu pekerjaan (*sia-sia, disia-siakan*) saja sebenarnya, sebab tak ada disana.

b. Mentang-mentang jadi menteri, pikiran dan potènsi mahasiswa jangan lantas (*sia-sia, disia-siakan*), dong.

18a. Banyak orang (*mandi, dimandikan*) telanjang di pemandian itu.

b. Setiap hari Udin masih minta (*mandi, dimandikan*) ibunya.

19a. Rumah itu tetap saja (*kosong, dikosongkan*), tak ada yang mau menyewanya.

b. Kalau pencemaran radió-aktif itu tak bisa dicegah, maka daèrah itu harus (*kosong, dikosongkan*).

20a. Èkor layang-layang itu (*panjang, dipanjangkan*) sekali.

b. Celana ini masih terlalu pendek, Mas. Tolong (*panjang, dipanjangkan*) lagi.

21a. Pekerjaan ini (*cocok, dicocokkan*) sekali bagi saya.

b. Tolong catatan ini (*cocok, dicocokkan*) dengan catatan Ali, ya!

22a. Pemerintah berjanji, bahwa gaji pegawai akan (*sesuai, disesuaikan*) dengan keadaan perékónómian sekarang.

b. Hidup di Indónésia itu susah, sebab pendapatan tidak (*sesuai, disesuaikan*) dengan pengeluaran.

23a. Adikku sudah bisa (*jalan, dijalankan*) sendiri tanpa dibimbing.

b. Pembuatan jalan ini (*jalan, dijalankan*) olèh perusahaan asing.

24a. Dalam pertempuran itu kubu pertahanan musuh berhasil (*hancur, dihancurkan*).

b. Pesawat terbang yang jatuh itu (*hancur, dihancurkan*) berkeping-keping.

25a. Menyelèwèng dengan isteri atau suami orang lain sudah dianggap (*umum, diumumkan*) di Nias.

b. Keputusan baru itu (*umum, diumumkan*) présidèn tadi malam lèwat radió dan TV.

26a. Menurut menteri baru itu tugas (*utama, diutamakan*) mahasiswa hanya belajar saja.

b. Kalau mau ke luar negeri, belajar bahasa Inggris harus (*utama, diutamakan*).

27a. Saya doakan semoga adik (*naik, dinaikkan*) kelas.

b. Barang-barang itu (*naik, dinaikkan*) ke atas truk.

28a. Semua korban kecelakaan itu (*jatuh, dijatuhkan*) pingsan.

b. Akhirnya Idi Amin berhasil (*jatuh, dijatuhkan*) gerilyawan Kénya.

29a. Selama masa perpelóncóan cama-cami harus (*tunduk, ditundukkan*) pada peraturan sénior.

b. Kesebelasan Strikers semalam (*tunduk, ditundukkan*) kesebelasan Cosmos, tiga empat.

30a. Akibat keputusan baru itu situasi ékónómi Indónésia betul-betul (*goncang, digoncangkan*).

b. Situasi ékónómi Indónésia (*goncang, digoncangkan*) olèh adanya keputusan baru itu.

31a. Pada acara Malam Kesenian malam nanti dicoba (*tampil, ditampilkan*) pula beberapa tarian khas daèrah Magetan.

b. Ketika pelawak itu (*tampil*, *ditampilkan*) di depan corong, tahu-tahu ada anjing nyelonong ke pèntas.
32a. Seharusnya hutan-hutan alam itu (*lestari*, *dilestarikan*) pemerintah demi kelangsungan hidupnya.
b. Berkat perhatian pemerintah, binatang-binatang di cagar alam itu (*lestari*, *dilestarikan*) hidupnya.
33a. Kita rasakan sekarang bahwa semangat perjuangan sudah (*tumbuh*, *ditumbuhkan*) di kalangan generasi muda.
b. Semangat perjuangan harus (*tumbuh*, *ditumbuhkan*) di kalangan generasi muda.

26. Root alone vs. -*kan* (B.212). Sempurnakanlah!

1. Dia (*rusak*) kain yang mahal. 2. Siapa yang (*tutup*) pintu itu? 3. Ali dimarahi gurunya karena dia telah (*pecah*) kaca jendèla di kelasnya. 4. Penduduk dèsa diharuskan (*hijau*) tanah-tanah yang gundul. 5. Murid-murid tidak ada yang mau (*hapus*) papan tulis. 6. Kasihan Amin, dia dituduh (*hilang*) pulpèn kawannya. 7. Sebetulnya ucapan menteri kemarin itu sangat (*malu*) pemerintah. 8. Kabarnya pemerintah akan (*rubah*) undang-undang kepegawaian. 9. Begitu (*dengar*) suara anèh dari belakang, dia segera (*balik*) badannya. 10. Di mesjid selalu ada tèmbok atau kain yang (*pisah*) tempat orang laki-laki dengan tempat orang perempuan. 11. Normalisasi kampus itu jelas akan (*sempit*) aktivitas mahasiswa. 12. Buku-buku yang bermutu bisa (*luas*) pengetahuan dan pandangan mahasiswa. 13. Jamu cabé puyang dan beras-kencur bisa (*kuat*) badan yang lembèk. 14. Dia tidak berani (*buka*) rahasianya di depan umum. 15. Pernyataan menteri itu bisa (*lemah*) semangat perjuangan kaum generasi muda. 16. Daoed Yoesoef tidak bisa (*selesai*) urusan itu secara baik. 17. Ceramah petugas Puskesmas itu tidak berhasil (*sadar*) pandangan masyarakat akan pentingnya KB [Keluarga Berencana]. 18. Bunyi burung pungguk di tengah malam itu sangat (*takut*) hati kami sekeluarga. 19. Jangan biasa (*agung*) seorang pemimpin, dia nanti akan jadi besar kepala. 20. Para mahasiswa sekarang sedang (*pusat*) pikirannya pada usaha mengatasi keadaan ékónómi negara yang semakin brèngsèk ini. 21. Dosèn penasèhat atau pembimbing harus bisa (*betul*) kesalahan tésis mahasiswa bimbingannya. 22. Tak ada seorang pejabatpun yang mampu (*bubar*) dèmonstrasi mahasiswa itu. 23. Para dèmonstran telah (*bakar*) tókó emas milik Cina WNA [Warga Negara Asing] itu. 24. Hadi agak marah karena Mikó (*putus*) benang layang-layangnya. 25. Kalau besi itu (*panas*), pasti akan mengebang. 26. Pidató Présidèn itu sangat (*bosan*), karena gaya dan nadanya mónótón saja. 27. Pelayanan dan sikap petugas bèa cukai Halim pada umumnya kurang (*puas*) pelancong. 28. Saya terpaksa harus (*lepas*) jam itu dari lukisan tersebut. 29. Rupanya petugas itu jèngkèl, lantas (*sobèk*) kwitansinya yang mèmang salah itu. 30. Pekerjaan rumah itu dianggap (*répot*) mahasiswa. 31. Kamarnya sendiri bocor, sehingga terpaksa (*pindah*) mèja tulisnya ke kamar sebelah. 32. Sikap dan ucapan petugas itu sangat (*dongkol*) hati saya. 33. Amir mencoba (*campur*) garam dengan gula. 34. Berkat adanya transmigrasi, jumlah penduduk di Jambi semakin (*tingkat*). 35. Merèka akan (*merdèka*) bangsanya dari cengkeraman belenggu penjajah. 36. Dinas Pertanian akan (*remaja*) tanaman tradisiónal di seluruh Indónésia.

37. Mampukah pemerintah (*dèwasa*) Jambi untuk bisa berdiri sendiri dalam hal kebutuhan daging? 38. Ada peraturan anèh: "Kepala Dèsa akan (*potong*) kemaluan orang yang kencing di sembarang tempat." 39. Aminah yang (*tumpah*) tinta ke buku-buku itu. 40. Ibu sedang (*lepas*) giwang Tati yang kebesaran itu. 41. Tante Sun sedang (*mandi*) bonèka piaraannya. 42. Regu penolong berhasil (*selamat*) beberapa penumpang kapal Tampómas yang karam itu. 43. Pada usianya yang setua itu, dia berusaha untuk lebih (*dekat*) diri kepada Tuhan. 44. Petugas itu marah-marah sambil (*keluar*) semua uangnya dari dalam tas. 45. Pembajak itu (*ikat*) kain serbèt ke mulut orang-orang yang disanderanya. 46. Anak-anak nakal itu kesenangannya hanya (*ganggu*) gadis-gadis yang sedang lèwat saja. 47. Saya hèran, kenapa Hamidah itu selalu (*sendiri*) saja. 48. Perampok itu berhasil (*ludes*) harta benda kepala dèsa Kemlayan. 49. Tapi akhirnya pólisi berhasil (*tèwas*) perampok-perampok itu. 50. Setiap malam tugasnya (*kunci*) semua pintu masuk gedung itu.

27. **Root alone vs. -*kan* (B.213).** Rubahlah kalimat-kalimat berikut sesuai dengan pola yang diberikan!

1a. Dia mengajar saya bahasa Perancis.
 b. Bahasa Perancis yang diajarkannya kepada saya.
2a. Dia dipukul dengan tongkatnya sendiri.
 b. Tongkatnya sendiri yang dipukulkannya kepadanya.
3a. Ayah mencampur gula itu dengan pasir.
 b. Pasir yang dicampurkan ayah pada gula itu.
4a. Dia melèmpar anjing itu dengan batu.
 b. Batu yang dilèmparkannya pada anjing itu.
5a. Dia sering menggosok giginya dengan abu.
 b. Abu yang sering digosokannya pada giginya.
6a. Dia mau membeli permèn dengan uang ini.
 b. Uang ini mau dibelikannya pada permèn.
7a. Dia memberi semua mahasiswa rokok.
 b. Rokok yang diberikannya pada semua mahasiswa.
8a. Adik menyemir sepatu saya dengan karbon.
 b. Karbon yang disemirkan adik pada sepatu saya.
9a. Saya mencat tèmbok ini dengan kalkarium.
 b. Kalkarium yang saya catkan pada tèmbok ini.
10a. Adik saya siram dengan air dingin.
 b. Air dingin yang saya siramkan pada adik.
11a. Kami menyemprot nyamuk itu dengan Raid.
 b. Raid yang kami semprotkan pada nyamuk itu.
12a. Dia mengisi tong itu dengan air.
 b. Air yang diisikannya ke dalam tong itu.
13a. Mulut buaya itu saya lèmpar dengan kayu.
 b. Kayu yang saya lèmparkan ke mulut buaya itu.
14a. Dia melatih anak-anak saya main pianó.
 b. Main pianó yang dilatihkannya pada anak-anak saya.
15a. Dia menyuntik saya dengan pinisilin.
 b. Pinisilin yang disuntikkannya kepada saya.
16a. Kakak merayu pacarnya dengan kata-kata mesra.
 b. Kata-kata mesra yang dirayukan kakak pada pacarnya.

28.   -*Kan* vs. its absence with transitive verb roots (B.215).
Pilihlah kata yang tepat!

1. Ban sepèda saya yang bocor mau saya (*ganti, gantikan*). 2. Sebenarnya saya tidak mengajar ilmu bumi. Saya hanya (*mengganti, menggantikan*) gurunya yang sakit. 3. Susah sekali (*menanam, menanamkan*) tongkat itu di tanah yang keras. 4. Setiap kami (*menanam, menanamkan*) jagung, selalu saja dihabiskan kera. 5. Bila sedang marah ibu sering (*mengunci, menguncikan*) adik di kamar. 6. Jangan lupa (*mengunci, menguncikan*) kamar setiap hendak bepergian. 7. Saya (*membayar, membayarkan*) tukang yang bekerja di rumah saya terlalu mahal. 8. Saya harus (*membayar, membayarkan*) sebagian besar gaji saya pada hutang. 9. Ayah (*memberi, memberikan*) saya uang belanja setiap bulan. 10. Dermawan itu (*memberi, memberikan*) sebagian kekayaannya kepada orang miskin. 11. Dia. (*menggosok, menggosokkan*) lantai rumahnya sehingga berkilap. 12. Hati-hati kalau (*menggosok, menggosokkan*) obat gosok itu ke punggung adikmu. Nanti luka. 13. Éndang (*menambal, menambalkan*) setiap pakaiannya yang sobèk. 14. Mustafa (*menambal, menambalkan*) kain berbentuk rama-rama pada celananya.

29.   Stative or intransitive plus preposition as opposed to verb containing -*kan* (B.211, B.215, B.221). Rubahlah menurut pola yang diberikan!

1a. Dia bertanya mengenai hasil ujian yang baru lalu.
 b. Dia menanyakan hasil ujiannya yang baru lalu.
2a. Pólisi itu bertanya mengenai pencurian yang terjadi minggu yang lalu.
 b. Pólisi itu menanyakan pencurian yang terjadi minggu yang lalu.
3a. Banyak orang ragu akan kebenaran berita yang dimuat koran pagi tadi.
 b. Banyak orang meragukan kebenaran berita yang dimuat koran pagi tadi.
4a. Setiap bulan saya harus melapor kepada atasan saya mengenai pekerjaan saya.
 b. Setiap bulan saya harus melapori atasan saya mengenai pekerjaan saya.
5a. Untunglah ayah cepat melapor mengenai pencurian di rumah kami kepada kepala kampung.
 b. Untunglah ayah cepat melaporkan pencurian di rumah kami kepada kepala kampung.
6a. Ia selalu risau mengenai masa depannya sehingga badannya makin kurus saja.
 b. Ia selalu merisaukan masa depannya sehingga badannya makin kurus saja.
7a. Tidak seorang pun yang akan peduli tentang hal-hal kecil seperti itu.
 b. Tidak seorang pun yang akan mempedulikan hal-hal kecil seperti itu.
8a. Pak Mardi senantiasa berdoa bagi keselamatan anaknya di perantauan.

  b. Pak Mardi senantiasa mendoakan keselamatan anaknya di
     perantauan.
 9a. Setiap pegawai bersuara mengenai kenaikan gaji karena harga
     semakin melonjak.
  b. Setiap pegawai menyuarakan kenaikan gaji karena harga semakin
     melonjak.
10a. Semua penonton berteriak kepada pemain yang bermain curang.
  b. Semua penonton meneriaki pemain yang bermain curang.
11a. Setiap orang tua pasti bangga dengan anak-anaknya.
  b. Setiap orang tua pasti membanggakan anak-anaknya.
12a. Penduduk resah dengan kenaikan harga yang semakin hari terasa
     semakin memberatkan.
  b. Penduduk meresahkan kenaikan harga yang semakin hari terasa
     semakin memberatkan.
13a. Saya merasa sayang kepadanya karena ia sudah ditinggal orang
     tuanya dari kecil.
  b. Saya menyayanginya karena ia sudah ditinggal orang tuanya
     dari kecil.
14a. Kami merasa sayang atas malapetaka yang menimpa penduduk dèsa
     tetangga kami.
  b. Kami menyayangkan malapetaka yang menimpa penduduk dèsa
     tetangga kami.

**30. Verb with -*i* or -*kan* as opposed to an intransitive plus
preposition (B.211, B.224).** Pilihlah salah satu kata yang benar
dalam kurung!

1. Ketika saya jalan-jalan di pinggir danau, tanpa disangka-sangka
saya (*menemui, bertemu dengan*) teman lama. 2. Dia sudah lama
menunggumu. Kau harus (*menemui, bertemu dengan*)nya sekarang. 3.
Dalam penelitian ini kami akan (*belajar mengenai, mempelajari*)
masalah kependudukan. 4. Dari dulu Tati ingin (*belajar,
mempelajari*) ilmu hukum. 5. Saya tidak mau mengirim utusan. Saya
harus (*berhadapan dengan, menghadapi*)nya sendiri. 6. Setiap kali
anak muda itu (*berhadapan dengan, menghadapi*) lawan jenisnya, ia
selalu salah tingkah. 7. Pèsta ini sengaja kami adakan untuk
(*hormat kepada, menghormati*) kedatangan gubernur. 8. Kelihatannya
ia selalu menghormati saya, tapi dalam hatinya sebenarnya tidak
(*hormat kepada, menghormati*) saya. 9. Saya tersesat di kota tempat
tinggal saya yang baru. Tahu-tahu saya (*datang di, mendatangi*)
tempat pelacuran. 10. Saya sengaja (*datang kepada, mendatangi*)
orangnya ketika ia tidak ada tamu. 11. Saya rindu adik-adik saya
karena sudah lima tahun saya (*menjauhi, berjauhan dengan*) mereka.
12. Mustafa sengaja (*menjauhi, berjauhan dengan*) Tati karena ia
takut suaminya akan cemburu. 13. Belum ditemukan cara yang ampuh
untuk (*berperang dengan, memerangi*) malaria yang berjangkit di dèsa
kami. 14. Waktu Amérika (*berperang dengan, memerangi*) Vietnam di
Indócina, banyak rakyatnya yang tidak setuju. 15. (*Berperang
dengan, memerangi*) bisikan hati sendiri adalah pergumulan yang
paling besar. 16. Bung Karno terkenal pintar (*berpengaruh atas,
mempengaruhi*) pendapat umum. 17. Ia tidak begitu (*berpengaruh atas,
mempengaruhi*) pegawai départemènnya sehingga ia susah memimpin
merèka. 18. Ia selalu saja kalah sekalipun waktu (*bersaing dengan,*

menyaingi) lawan yang lebih lemah. 19. Atlit itu sedang dalam masa jayanya. Tidak seorang pun yang mampu (*bersaing dengan, menyaingi*) prèstasinya. 20. Di dalam kelas, seorang mahasiswa harus selalu (*bersaing dengan, menyaingi*) mahasiswa lainnya. 21. Pekerja yang akan berhasil adalah yang mampu (*berkuasa atas, menguasai*) seluk-beluk yang berhubungan dengan pekerjaannya. 22. Sekalipun ia (*berkuasa atas, menguasai*) proyèk ini, belum tentu ia (*berkuasa atas, menguasai*) semua persoalannya.

31.   Intransitif + kata depan vs. *meN-*, *meN-kan*, *meN-i* (B.211, B.224). Pilihlah kata yang cocok!

1. "Teman saya (*menangis karena, menangisi*) kalung emasnya dijambrèt ketika sedang berjualan di Senayan," tutur Mulyati. 2. Mengapa engkau tetap (*menangis karena, menangisi*) kalung yang telah hilang itu? 3. "Kalau ingin (*berjumpa dengan, menjumpai*) tukang jamu yang bisa dipesan, silahkan datang ke Senèn atau Binaria," jawab Suyati sambil tertawa genit. 4. Ia tidak mau lagi (*berjumpa dengan, menjumpai*) kakaknya setelah dia tidak diperbolèhkan sekolah lagi olèh kakaknya. 5. Janganlah (*tertawakan, tertawa karena*) kemiskinan orang di daèrah minus itu! 6. Dia (*mentertawakan saja, tertawa saja*) karena jamunya tidak laku. 7. Sambil mengangkat jamunya Mulyati berkata bahwa ia selalu (*berdoa agar, mendoakan*) jualannya laku terus, tak pernah bersisa. 8. Ibu Mulyati senantiasa akan (*berdoa agar, mendoakan*) keselamatan anaknya yang tercinta. 9. Mulyati selalu (*berusaha agar, mengusahakan*) para langganannya puas dengan pelayanan yang diberikan. 10. Ia selalu (*berusaha agar, mengusahakan*) permintaan-permintaan pembelinya. 11. Suyati (*kawin dengan, mengawini*) tukang baksó sudah dua tahun lamanya. 12. Karena tidak ada seorangpun yang mau (*kawin dengan, mengawini*) dia, maka tukang jamu yang sering berbuat serong itu jadi gadis tua. 13. Menurut Mulyati andaikata ia mau, ia mampu untuk (*bersaing dengan, menyaingi*) teman sejawatnya yang melakukan jalan bèngkok itu. 14. Karena sadar akan modalnya yang kecil ia selalu berusaha untuk tidak (*bersaing dengan, menyaingi*) teman sejawatnya itu. 15. "Apabila Mas ingin (*bertemu dengan, menemui*) tukang jamu yang bisa dipesan, silahkan Mas datang ke rumah saya," kata tukang jamu itu sambil tersenyum genit. 16. Menurut Suyati ia (*bertemu dengan, menemui*) penolongnya, yang sekarang jadi suaminya itu, ketika ia dijambrèt orang di Senayan.

32.   Intransitive vs. transitive (B.211, B.224). Pilihlah salah satu kata yang benar dalam kurung, atau keduanya!

1. Dia (*bertanya, menanyakan*) anaknya yang hilang ke kantor polisi. 2. Kalau tidak tahu tidak usah malu (*bertanya, menanyakan*). 3. Saya tidak (*takut, menakuti*) kecurian karena daèrah ini aman. 4. Kami (*takut, menakuti*) kekurangan kalau bekalnya tidak ditambah. 5. Teman saya tidak (*takut, menakuti*) pencuri. 6. Orang selalu percaya setiap kali ia (*berjanji, menjanjikan*) karena manakala ia (*berjanji, menjanjikan*) sesuatu, pasti dipenuhinya. 7. Lebih baik tidak (*berjanji, menjanjikan*) apa-apa daripada mungkir setiap kali

(*berjanji, menjanjikan*). 8. Waktu dia (*bercerita, menceritakan*), tidak ada yang mendengarkannya. 9. Guru saya (*bercerita, menceritakan*) pengalamannya waktu jadi mahasiswa dulu. 10. Generasi muda (*berteriak, meneriakkan*) agar generasi tua menghargai merèka sebagai generasi penerus. 11. Para dèmonstran (*berteriak, meneriakkan*) protès terhadap kebijaksanaan pemerintah. 12. Kita hanya payah (*berteriak, meneriakkan*) saja tampaknya. Merèka tidak menghiraukannya. 13. Saya (*sadar, menyadari*) bahwa itu tanggung jawab saya. 14. (*Sadar, Menyadari*) kesalahan sendiri lebih susah dari pada melihat kesalahan orang lain. 15. Sebenarnya pekerjaan itu tidak begitu bermanfaat, tapi ia tidak (*sadar, menyadari*) akan hal itu.

33. Langkah 1. *tahu* vs. *diketahui* **(B.221, B.226). Pilihlah!**

1. Dibiarkannya saja tetangganya kelaparan. Ia mèmang tidak mau (*tahu, diketahui*) urusan orang lain. 2. Petugas itu melaksanakan tugasnya secara diam-diam. Ia tidak mau (*tahu, diketahui*) orang lain. 3. Sampai sekarang belum (*tahu, diketahui*) berapa jumlah buku bajakan yang berèdar. 4. Kalau tidak (*tahu, diketahui*) tidak usah malu bertanya. 5. Mèmang susah melacak pencuri-pencuri itu karena belum semua merèka (*tahu, diketahui*) idèntitasnya. 6. Mèmang susah membujuk anak dèsa bersekolah karena hampir semuanya tidak (*tahu, diketahui*) pentingnya pendidikan. 7. Baru-baru ini diketemukan sebuah batu bertulis, tapi belum (*tahu, diketahui*) apa isinya. 8. Merèka berusaha keras memecahkan rahasia itu, tetapi berhasil atau tidak sulit (*tahu, diketahui*). 9. Merèka berputar-putar saja dalam hutan karena tidak (*tahu, diketahui*) jalan keluar. 10. Sayang ia sudah marah-marah sebelum masalahnya (*tahu, diketahui*).

Langkah 2. *tahu* vs. *mengetahui*. **Pilihlah kata yang tepat di dalam kurung!**

1. Kita tunggu dulu sebentar. Siapa (*tahu, mengetahui*) dia datang terlambat. 2. Tidak (*tahu, mengetahui*)kah anda, bahwa hidup di negeri orang itu mèmang tidak mudah? 3. Mèmang sulit untuk (*tahu, mengetahui*) siapa sebenarnya yang bertanggung jawab atas pembóman itu. 4. Lelaki itu tidak (*tahu, mengetahui*) malu; sudah ditolak masih juga sering datang ke rumahnya. 5. Pak Lurah belum juga mampu (*tahu, mengetahui*) masalah yang sebenarnya, walaupun sudah banyak warga desa yang ditanyainya. 6. Pemerintah DKI akan mengadakan penelitian khusus untuk (*tahu, mengetahui*) jumlah gelandangan di Jakarta yang mungkin ditransmigrasikan. 7. Entahlah, saya tidak (*tahu, mengetahui*). Jangan tanya saya. 8. Alat yang didisain khusus untuk (*tahu, mengetahui*) jumlah kandungan minyak itu diimpor dari Jerman Barat. 9. Ah, saudara pura-pura tidak (*tahu, mengetahui*) saja. Kan kemarin saudara bersama mereka. 10. Itu urusan anda sendiri; saya tidak mau (*tahu, mengetahui*).

34. Paraphrastic expression vs. noun + -*i* (B.221). Ubahlah!

1a. Daèrah Jambi diberi air dari sungai Tembesi.

b. Daèrah Jambi diairi sungai Tembesi.

2a. Kesenian tradisiónil banyak memberi ilham kepada seniman módèren dalam berkarya.

b. Kesenian tradisiónil banyak mengilhami seniman módèren dalam berkarya.

3a. Siapa yang memberi biaya buat pendidikanmu kalau kedua orang tuamu mèmang sudah meninggal?

b. Siapa yang membiayai pendidikanmu kalau kedua orang tuamu mèmang sudah meninggal?

4a. Karena kamu saja yang membubuhkan tanda tangan pada petisi ini, maka terpaksa kamu saja yang diringkus.

b. Karena kamu saja yang menandatangani petisi ini, maka terpaksa kamu saja yang diringkus.

5a. Ia memberi ampun kepada siapa saja yang pernah berbuat salah kepadanya.

b. Ia mengampuni siapa saja yang pernah berbuat salah kepadanya.

6a. Saya tidak tahu siapa yang memasang hiasan dalam gedung itu.

b. Saya tidak tahu siapa yang menghiasi gedung itu.

7a. Tuhan akan memberikan karuniaNya kepada siapa saja yang dikehendakiNya.

b. Tuhan akan mengaruniai siapa saja yang dikehendakiNya.

8a. Pekerjaan anak nakal itu bagaikan racun terhadap perasaan orangtuanya.

b. Pekerjaan anak nakal itu meracuni perasaan orangtuanya.

9a. Ia meminta temannya mencarikan nama buat anaknya yang baru lahir.

b. Ia meminta temannya menamai anaknya yang baru lahir.

10a. Sekalipun selalu diberi nasèhat, nakalnya tidak pernah berkurang.

b. Sekalipun selalu dinasèhati, nakalnya tidak pernah berkurang.

11a. Karena terlalu miskin, Amin tidak mampu mengeluarkan ongkos buat sekolah anaknya.

b. Karena terlalu miskin, Amin tidak mampu mengongkosi sekolah anaknya.

12a. Semakin diberi obat, semakin parah penyakitnya.

b. Semakin diobati, semakin parah penyakitnya.

13a. Dokter sendiri yang memberi batas pada olah raganya.

b. Dokter sendiri yang membatasi olah raganya.

14a. Kabut tebal bagaikan selimut bagi pinggang gunung Merapi.

b. Kabut tebal menyelimuti pinggang gunung Merapi.

35. Conversion of verb plus noun to verb with *-i* **or** *-kan* **(B.213).**
Ubahlah sesuai dengan pola yang diberikan!

1a. Daèrah ini harus diberi air secukupnya.

b. Daèrah ini harus diairi secukupnya.

2a. Anjingnya yang baru lahir itu diberi nama Badut.

b. Anjingnya yang baru lahir itu dinamakan *or* dinamai Badut.

3a. Daèrah Jambi tidak memerlukan penghijauan lagi.

b. Daèrah Jambi tidak perlu dihijaukan lagi.

4a. Nasib rakyat Jambi harus diberi perhatian secara khusus.

b. Nasib rakyat Jambi harus diperhatikan secara khusus.

5a. Daèrah-daèrah yang rusak harus segera diberi perbaikan seperlunya.
 b. Daèrah-daèrah yang rusak harus segera diperbaiki seperlunya.
6a. Pemasaran pisang di Singapura ini harus mendapat persetujuan pemerintah.
 b. Pemasaran pisang di Singapura ini harus disetujui pemerintah.
7a. Jalan-jalan di kampung harus diberi penerangan secukupnya.
 b. Jalan-jalan di kampung harus diterangi secukupnya.
8a. Kepada merèka harus diberi keterangan bagaimana caranya menanam cengkèh.
 b. Kepada merèka harus diterangkan bagaimana caranya menanam cengkèh.
9a. Petani pisang diberi anjuran untuk beralih ke tanaman cengkèh.
 b. Petani pisang dianjurkan untuk beralih ke tanaman cengkèh.
10a. Anak-anak nakal itu dikumpulkan dan diberi nasèhat olèh kepala kampung.
 b. Anak-anak nakal itu dikumpulkan dan dinasèhati olèh kepala kampung.
11a. Hubungan pergaulan antara muda-mudi harus diberi batas secara tegas.
 b. Hubungan pergaulan antara muda-mudi harus dibatasi secara tegas.
12a. Sekeliling penjara itu diberi pagar.
 b. Sekeliling penjara itu dipagari.
13a. Tempat-tempat yang berbahaya harus diberi tanda yang jelas.
 b. Tempat-tempat yang berbahaya harus ditandai yang jelas.
14a. Penduduk sipil tidak diberi ijin memasuki istana negara.
 b. Penduduk sipil tidak diijinkan memasuki istana negara.
15a. Murid-murid yang berprèstasi dalam belajarnya akan diberi biaya oleh pemerintah.
 b. Murid-murid yang berprèstasi dalam belajarnya akan dibiayai oleh pemerintah.
16a. Kasihan sekali anak itu, dia tidur tanpa diberi selimut.
 b. Kasihan sekali anak itu, dia tidur tanpa diselimuti.
17a. Setiap pagi bayi itu diberi tètèk ibunya.
 b. Setiap pagi bayi itu ditètèki ibunya.
18a. Air susunya tidak bisa keluar, sehingga bayinya harus dimintakan tètèk pada orang lain.
 b. Air susunya tidak bisa keluar, sehingga bayinya harus ditètèkkan pada orang lain.
19a. Surat ini tidak sah kalau tidak dibubuhi tanda tangan Rèktor.
 b. Surat ini tidak sah kalau tidak ditandatangani Rèktor.
20a. Pada hari ulang tahunnya, Tuti diberi hadiah orang tuanya sebuah bonèka.
 b. Pada hari ulang tahunnya, Tuti dihadiahi orang tuanya sebuah bonèka.
21a. Baru sesudah lima tahun dari perkawinannya, merèka itu diberi karunia anak.
 b. Baru sesudah lima tahun dari perkawinannya, merèka itu dikaruniai anak.
22a. Tahanan-tahanan di pulau Nusakambangan itu tidak mungkin lagi diberi ampun olèh pemerintah.

b. Tahanan-tahanan di pulau Nusakambangan itu tidak mungkin lagi diampuni pemerintah.

23a. Istilah kebudayaan janganlah diberi arti terlalu sempit.

b. Istilah kebudayaan janganlah diartikan terlalu sempit.

24a. Dia berangkat merantau tanpa diberi bekal uang sepèsèrpun.

b. Dia berangkat merantau tanpa dibekali uang sepèsèrpun.

25a. Hai, dia orang baik-baik. Jangan dibuat celaka dia!

b. Hai, dia orang baik-baik. Jangan dicelakakan dia!

36. Stative or intransitive + preposition vs. root + -*i* (B.221). Rubahlah!

1a. Tuti tidak berani masuk ke dalam kamar yang begitu gelap.

b. Tuti tidak berani memasuki kamar yang begitu gelap.

2a. Susah sekali kalau ingin bertemu dengan pembesar di Jakarta sekalipun jumlahnya tidak sedikit.

b. Susah sekali kalau ingin menemui pembesar di Jakarta sekalipun jumlahnya tidak sedikit.

3a. Tidak ada lagi orang yang percaya dengan omongannya karena janjinya selalu mungkir.

b. Tidak ada lagi orang yang mempercayai omongannya karena janjinya selalu mungkir.

4a. Saya mau belajar mengenai seluk-beluk transmigrasi serta pengaruhnya terhadap masyarakat sekelilingnya.

b. Saya mau mempelajari seluk-beluk transmigrasi serta pengaruhnya terhadap masyarakat sekelilingnya.

5a. Banyak orang sayang kepadanya, tapi ia sendiri ternyata tidak sayang kepada dirinya sendiri.

b. Banyak orang yang menyayanginya, tapi ia sendiri ternyata tidak menyayangi dirinya sendiri.

6a. Apakah sebenarnya artinya kalau ada orang mengatakan bahwa ia cinta kepadamu?

b. Apakah sebenarnya artinya kalau ada orang mengatakan bahwa ia mencintaimu?

7a. Kini ia baru insyaf akan segala kesalahan yang pernah dilakukannya.

b. Kini ia baru menginsyafi segala kesalahan yang pernah dilakukannya.

8a. Merèka selalu merasa senang waktu merèka berkunjung ke Indónésia.

b. Merèka selalu merasa senang waktu merèka mengunjungi Indónésia.

9a. Saya tidak mengerti kenapa ia selalu marah kepada saya.

b. Saya tidak mengerti kenapa ia selalu memarahi saya.

10a. Kita harus cinta kepada orang lain seperti kita cinta kepada diri kita sendiri.

b. Kita harus mencintai orang lain seperti kita mencitai diri kita sendiri.

11a. Orang segan kepada pemimpin yang berwibawa.

b. Orang menyegani pemimpin yang berwibawa.

12a. Banyak orang yang tidak suka kepada pemimpin yang sedang berkuasa di negara kami.

   b. Banyak orang yang tidak menyukai pemimpin yang sedang berkuasa di negara kami.
13a. Mustafa sering berteriak kepada orang yang lèwat di depan rumahnya.
   b. Mustafa sering meneriaki orang yang lèwat di depan rumahnya.
14a. Banyak orang berkerumun di sekeliling tempat kecelakaan itu.
   b. Banyak orang mengerumuni tempat kecelakaan itu.
15a. Siapa yang duduk di atas barang-barang saya ini tadi?
   b. Siapa yang menduduki barang-barang saya ini tadi?
16a. Kami belum lama tinggal di rumah ini.
   b. Kami belum lama meninggali rumah ini.
17a. Kakèk yang diam di pondok itu sudah seratus tahun umurnya.
   b. Kakèk yang mendiami pondok itu sudah seratus tahun umurnya.

37.   Root alone vs. -kan vs. -i or -O (B.2211)

Langkah 1.   Ubahlah menurut pola yang diberikan!

   1a. Pesawat itu menjatuhkan bom keatas bukit.
    b. Bukit mana yang dijatuhinya?
   2a. Merèka menyingkirkan petani kecil itu dari kebunnya.
    b. Kebun mana yang disingkirinya?
   3a. Polisi menanyakan masalah pencurian itu kepada penduduk.
    b. Penduduk mana yang ditanyainya?
   4a. Ia memberitahukan hal ini kepada beberapa pemilik tanah.
    b. Pemilik tanah mana yang diberitahunya?
   5a. Dia mengambilkan saya buku-buku itu dari kantor perusahaannya.
    b. Buku-buku mana yang diambilinya?
   6a. Merèka membayarkan uang itu kepada para pegawainya.
    b. Pegawai mana yang dibayarnya (or: dibayarinya)?
   7a. Merèka memberikan mobil itu kepada temannya.
    b. Teman mana yang diberinya?
   8a. Ayah menuangkan air kedalam gelas.
    b. Gelas mana yang dituanginya?
   9a. Merèka menebang kayu di hutan.
    b. Hutan mana yang ditebanginya?
  10a. Ia hadiahkan gedung mèwah itu kepada sekretarisnya.
    b. Sekretaris mana yang dihadiahinya?
  11a. Ia mengajarkan cara mengemudi mobil yang baik kepada muridnya.
    b. Murid mana yang diajarnya?
  12a. Ia menyumbangkan buku itu kepada perpustakaan universitasnya.
    b. Perpustakaan universitas mana yang disumbangnya?
  13a. Ia mengabarkan didirikannya penerbitan kampus itu kepada kawan-kawannya.
    b. Kawan-kawan mana yang dikabarinya?

Langkah 2.   Ubah menurut pola yang diberikan!

   1a. Kondèktur bis menawarkan karcis kepada para penumpangnya.
    b. Penumpang mana yang ditawarinya?
   2a. Dosèn itu menanyakan bukunya kepada semua mahasiswa.

b. Mahasiswa mana yang ditanyainya?
3a. Ia tuangkan tèh itu ke gelas lainnya.
  b. Gelas mana yang dituanginya?
4a. Ia tambahkan gula itu ke dalam kopinya.
  b. Kopi mana yang ditambahnya?
5a. Ia menitipkan sepèda motornya kepada tukang parkir.
  b. Tukang parkir mana yang dititipinya?
6a. Dia sodorkan permintaan pribadi itu kepada sekretarisnya.
  b. Sekretaris mana yang disodorinya?
7a. Bapak menggosokkan obat kuat ke bagian badannya.
  b. Bagian badan mana yang digosoknya?
8a. Pembesar itu menyerahkan tugasnya kepada sekretarisnya.
  b. Sekretaris mana yang diserahinya?
9a. Ia menujukan suratnya kepada gadis itu.
  b. Gadis mana yang ditujunya?
10a. Penguasa itu membebankan tugasnya kepada bawahannya.
  b. Bawahan mana yang dibebaninya?
11a. Bapak menèmpèlkan hiasan itu di dinding.
  b. Dinding mana yang ditèmpèlinya?
12a. Adik menumpahkan sop di atas méja.
  b. Meja mana yang ditumpahinya?

38.   -i vs. -kan where -kan is in the conveyance meaning and -i is in the locational meaning (B.221 and B.2211). Sempurnakanlah!

1. (*Ikut*) orang itu, biar tahu ke mana perginya. 2. Sebaiknya kau (*ikut*) saja adikmu karena ia sudah lama ingin pergi ke sana. 3. Surat lamaran visa ini harus (*serta*) pula dengan tiga lembar pas fótó. 4. Permohonanmu ditolak karena kamu tidak (*serta*) semua persyaratan dengan lamaranmu itu. Jangan (*duduk*) anakmu di situ, nanti jatuh. 6. Teman saya (*duduk*) jabatan penting di kantor imigrasi. 7. Semua perabot rumah orang kaya itu (*datang*) dari luar negeri. 8. Siapa yang (*datang*) Bapak tadi itu? Baru kali ini saya lihat orangnya. 9. Tolong (*tètès*) mata saya dengan obat tètès ini. 10. Tolong (*tètès*) madu beberapa tètès ke dalam tèh saya. 11. Kata ibu, kamar yang baru disemprot itu jangan kau (*masuk*). 12. (*Masuk*) mèja itu ke ruang kerja ayah. 13. Karena dia yang (*serah*) tugas, dialah yang harus bertanggung jawab. 14. Pencuri yang tertangkap basah itu (*serah*) kepada pólisi. 15. (*Hampir*)nya temannya yang sedang kebingungan itu, lalu diberinya nasèhat. 16. Ia (*dekat*) telinganya ke dinding agar bisa mendengarkan apa yang terjadi di kamar sebelah. 17. Kalau ia sedang marah, jangan (*dekat*). 18. Penduduk selalu (*beban*) bermacam-macam pajak dan tetap hidup melarat. 19. Kepala kantor itu (*beban*) tugas yang terlalu berat kepada bawahannya. 20. Tolong (*tempat*) kamar saya ini selama saya pulang kampung. 21. Kita harus bisa (*tempat*) masalahnya pada próporsi yang sebenarnya. 22. Anak manja itu terlalu (*curah*) kasih sayang di waktu kecil. 23. Kita perlu ada tempat (*curah*) kesusahan dan penderitaan kita. 24. Di tengah jalan tidak sopan (*dahulu*) orang tua tanpa minta permisi. 25. Tidak semua orang tahu pekerjaan mana yang harus (*dahulu*).

39. *-i* **transitive verb former (B.224).** Ubahlah menurut pola yang diberikan!

1a. Kami mengadakan penyelidikan mengenai seni tari Indónésia.
   b. Kami menyelidiki seni tari Indónésia.
2a. Saya sudah berpengalaman mengenai kesusahan hidup.
   b. Saya sudah mengalami kesusahan hidup.
3a. Teman saya punya banyak pengetahuan tentang seluk-beluk masalah kependudukan.
   b. Teman saya banyak mengetahui seluk-beluk masalah kependudukan.
4a. Pelayan restoran itu memberikan pelayanan yang baik sekali kepada tamunya.
   b. Pelayan restoran itu melayani tamunya dengan baik sekali.
5a. Mandor itu melakukan pengawasan yang ketat sekali kepada pekerjanya.
   b. Mandor itu mengawasi pekerjanya dengan ketat sekali.
6a. Semakin kurang orang yang menaruh kepercayaan kepada pólitik pemerintah.
   b. Semakin kurang orang yang mempercayai pólitik pemerintah.
7a. Pemahaman saya tidak begitu baik mengenai strateginya.
   b. Saya tidak begitu memahami strateginya.
8a. Tertuduh memberikan pengakuan terhadap semua tuduhan secara jujur.
   b. Tertuduh mengakui semua tuduhan secara jujur.
9a. Alasan meréka itu hanya memberikan halangan terhadap rencana kita.
   b. Alasan meréka itu hanya menghalangi rencana kita.
10a. Gubernur Jambi berusaha mengadakan perbaikan bagi kehidupan rakyatnya.
    b. Gubernur Jambi berusaha memperbaiki kehidupan rakyatnya.
11a. Sungguh mencengangkan pemerintah mengadakan pengurangan terhadap pungutan pajak.
    b. Sungguh mencengangkan pemerintah mengurangi pungutan pajak.
12a. Walikota memberi penerangan jalan utama kota dengan lampu nèon.
    b. Walikota menerangi jalan utama kota dengan lampu nèon.
13a. Kepala sekolah mengadakan pembaruan terhadap alat-alat sekolah yang sudah usang.
    b. Kepala sekolah memperbarui alat-alat sekolah yang sudah usang.
14a. Ia tidak mempunyai kesadaran terhadap akibat yang bisa ditimbulkan olèh kecerobohannya.
    b. Ia tidak menyadari akibat yang bisa ditimbulkan olèh kecerobohannya.

40. *Ber-* **added to nouns (B.311).** Ubahlah menurut pola yang diberikan!

1a. Dia diberi nama Mustafa.
   b. Dia bernama Mustafa.
2a. Masa mobil sebrèngsèk itu diberi harga sejuta.
   b. Masa mobil sebrèngsèk itu berharga sejuta.

3a. Perempuan cantik yang memakai kacamata hitam itu sebenarnya buta.
 b. Perempuan cantik yang berkacamata hitam itu sebenarnya buta.
4a. Orang yang mengenakan baju mòdèl safari itu ayah saya.
 b. Orang yang berbaju mòdèl safari itu ayah saya.
5a. Jangan minta uang melulu, ah! Saya sudah tidak punya duit.
 b. Jangan minta uang melulu, ah! Saya sudah tidak berduit.
6a. Dia sungguh pengecut, tidak berani memberikan tanggung jawab.
 b. Dia sungguh pengecut, tidak berani bertanggung jawab.
7a. Ani mèmang anak yang rapi. Buku-bukunyapun diberi sampul semuanya.
 b. Ani mèmang anak yang rapi. Buku-bukunyapun bersampul semuanya.
8a. Di dèsa ini hanya dia saja yang mempunyai ijazah sarjana.
 b. Di dèsa ini hanya dia saja yang berijazah sarjana.
9a. Dia termasuk orang yang punya pendidikan tinggi.
 b. Dia termasuk orang yang berpendidikan tinggi.
10a. Merèka sudah empat tahun kawin, tapi belum dikaruniai anak.
 b. Merèka sudah empat tahun kawin, tapi belum beranak.
11a. Saya tidak mengira kalau akhirnya saya mendapat isteri seorang guru juga.
 b. Saya tidak mengira kalau akhirnya saya beristeri seorang guru juga.
12a. Benua Antartika itu meskipun besar tapi tidak ada penduduknya.
 b. Benua Antartika itu meskipun besar tapi tidak berpenduduk.
13a. Betulkah minum aspirin itu tidak menimbulkan akibat sampingan apa-apa?
 b. Betulkah minum aspirin itu tidak berakibat sampingan apa-apa?
14a. Tidak ada daèrah yang ada hutannya di New York State ini.
 b. Tidak ada daèrah yang berhutan di New York State ini.
15a. Mas, kalau ke ruang makan harus pakai dasi dan pakai sepatu.
 b. Mas, kalau ke ruang makan harus berdasi dan bersepatu.
16a. Kalau sudah mencapai usia 70 tahun saya akan pergi naik haji.
 b. Kalau sudah berusia 70 tahun saya akan pergi naik haji.
17a. Ngawur kamu itu! Dia sudah punya suami. Jangan diganggu!
 b. Ngawur kamu itu! Dia sudah bersuami. Jangan diganggu!
18a. Mana mungkin anak sekecil itu bisa mengendarai sepèda.
 b. Mana mungkin anak sekecil itu bisa bersepèda.
19a. Tidak ada kendaraan yang pakai motor di sana. Kita harus menunggang kuda.
 b. Tidak ada kendaraan bermotor di sana. Kita harus berkuda.
20a. Merèka menaiki kapal layar menyeberangi Selat Bali.
 b. Merèka berlayar menyeberangi Selat Bali.

41. Numbers with *ber-* (B.311).

Langkah 1. Pilihlah kata yang benar di dalam kurung!

1. Kami (*dua, berdua*) mau tinggal di sini. 2. Kok baru (*lima, berlima*) yang datang? Mana yang lainnya? 3. Masa tidak bisa (*empat, berempat*) memindahkan lemari ini! 4. Kalau (*dua, berdua*) dengan saya apa berani kamu ke sana? 5. Belum semua menyerahkan tugasnya.

Baru (*tujuh*, *bertujuh*). 6. Tolong sampaikan kepada temanmu yang (*delapan*, *berdelapan*) lagi, bahwa bèsok kita libur. 7. Sudah (*tiga*, *bertiga*) tempat tidur di kamar ini, jadi tidak bisa ditambah lagi. 8. Bagaimana kalau isi kamar ini ditambah (*empat*, *berempat*) lagi? 9. Kalau kamu mèmang mau tinggal (*lima*, *berlima*) di sini, semuanya harus menandatangani kontraknya. 10. Kalau (*enam*, *berenam*) merèka berani, tapi kalau sendiri-sendiri takut.

Langkah 2.   Beri imbuhan kalau bisa!

1. Saya tidak mau (*teman*) dengan orang jahat. 2. Merèka (*teman*) baik sejak SMA dulu. 3. Nangka di halaman (*bunga*) bersamaan dengan (*buah*)nya durian di kebun. 4. Anak itu (*buah*) dari pergaulan kita. 5. Hanya yang sudah (*umur*) 17 tahun saja yang bolèh menonton film itu. 6. Ia dilarang ke sana bukan karena masalah (*umur*). 7. Dia telah terlalu (*umur*) untuk melakukan perjalanan sejauh itu. 8. Anèh ayamku. Daripada (*telur*) di sangkar yang sudah disediakan, ia lebih suka (*telur*) di semak-semak. 9. Kenapa (*telur*) ayam sulit didapat sekarang? 10. Semuanya (*jumlah*) lima ratus. 11. Ini semuanya (*total*) hutang Saudara selama sebulan. 12. Kalau sudah (*hasil*) di sini, masa masih mau pindah! 13. Ia berkecil hati setelah melihat (*hasil*) usahanya selama satu bulan ini. 14. Ia berkecil hati karena usahanya selama ini tidak (*hasil*). 15. Kalau bukan (*saudara*), apa hubunganmu dengan dia? 16. Wah, kalau begitu, banyak sekali dia (*saudara*). 17. Sejak kami (*kongsi*), usaha kami selalu menanjak. 18. Merèka selalu (*bèda*) pendapat dalam setiap masalah. 19. Sebenarnya (*bèda*) kedua gagasan itu tidak terlalu besar. 20. Sekalipun kata orang tempat itu (*bahaya*), ia tidak takut. 21. Tidak usah menyangsikan (*bahaya*) di jalan. 22. Pergi piknik kalau (*dua*) dengan pacar ènak sekali. 23. Kalau hanya kau (*dua*) saja yang bisa menginap di situ, temanmu yang (*tiga*) lagi bermalam di mana? 24. Sebenarnya masih bisa masuk (*lima*) lagi, karena Ani, Tati, dan Éndang bisa (*tiga*) sekamar. 25. "Apa semua sudah datang?" "Belum, masih (*tiga*) lagi." 26. Masa merèka mau (*tujuh*) di rumah sekecil itu. 27. Dulu mèmang (*empat*) orang yang tinggal di rumah saya. 28. Setelah merèka (*dua*) pergi, (*tiga*) temannya yang menggantikannya tidak sebaik merèka.

42. *Ber-;* vs. root alone (B.312). Pilihlah kata yang sesuai!

1. Pèsta itu berlangsung dalam suasana (*santai*, *bersantai*) 2. Inilah satu-satunya tempat (*santai*, *bersantai*) dan (*gembira*, *bergembira*) di Sinabang ini. 3. Dengan (*gembira*, *bergembira*) dia berangkat pulang ke kampung halamannya. 4. Tókó Ratna (*sedia*, *bersedia*) membeli segala macam alat-alat olah raga yang sudah rusak? 5. Tókó Ratna (*sedia*, *bersedia*) segala macam alat-alat olah raga. 6. Dia memberikan hadiah itu dengan (*senang*, *bersenang*) hati. 7. Pasir Putih mémang cocok sekali untuk tempat (*senang-senang*, *bersenang-senang*). 8. Pekerjaannya sudah (*siap*, *bersiap*) apa belum, pak? 9. Begitu Sudomo memerintahkan bahwa korupsi harus diberantas mulai dari atas, banyak pejabat yang segera (*siap*, *bersiap*) untuk berangkat ke luar negeri. 10. Mengapa kau kelihatan murung. Jangan (*sedih*, *bersedih*) hati, sayang! 11. Bar dan night club itu

terkadang bisa juga menimbulkan suasana (*sedih, bersedih*). 12. Ia terkenal sebagai orang (*sabar, bersabar*), dan selalu menganjurkan orang lain agar selalu (*sabar, bersabar*) dalam menghadapi cobaan hidup. 13. Masa bulan madu merupakan masa penuh (*bahagia, berbahagia*). 14. Kedua pengantin itu tampak (*bahagia, berbahagia*) sekali. 15. Anak-anak, semua (*diam, berdiam*)! Pak PS akan memeriksa kelas kita. 16. Sudah sering saya ingatkan, tetapi dia selalu (*keras kepala, berkeras kepala*) untuk tetap akan menikah dengan gadis Amerika itu apapun yang terjadi. 17. Di kelasnya, Amin terkenal sebagai anak yang (*keras kepala, berkeras kepala*). 18. Saya sampai di Kalisari sudah (*malam, bermalam*), sehingga terpaksa (*malam, bermalam*) di sana. 19. Dengan wajah (*seri, berseri*) ia menyambut kedatangan pacarnya. 20. Saya ikut (*duka cita, berduka cita*) atas meninggalnya isteri Saudara. 21. Setiap koran selalu menyediakan kolom berita (*duka, berduka*). 22. Dia mengisahkan cerita yang (*sungguh-sungguh, bersungguh-sungguh*) terjadi itu dengan (*sungguh-sungguh, bersungguh-sungguh*). 23. Kalau terhadap orang tua itu harus (*sopan santun, bersopan santun*). 24. Kamu kan tidak mau kalau dikatakan sebagai anak yang tidak tahu (*sopan santun, bersopan santun*)! 25. Bagaimana suasana keluarga bisa (*damai, berdamai*) kalau bapak dan ibunya tidak (*damai, berdamai*). 26. "Laki-laki tidak (*malu, bermalu*)!" teriaknya. 27. Kerja sebagai pengantar koran itu tidak apa-apa, itu pekerjaan baik juga. Kenapa kamu (*malu, bermalu*)? 28. Mengapa akhir-akhir ini pemimpin kita bersifat (*besar kepala, berbesar kepala*)? 29. Baru punya pendukung sepuluh orang saja sudah (*besar kepala, berbesar kepala*). 30. Kedua orang tuanya sangat (*besar hati, berbesar hati*) begitu mendengar anaknya lulus ujian sarjananya. 31. Dia menerima ijazahnya dengan (*besar hati, berbesar hati*). 32. Barang siapa yang mandi (*telanjang, bertelanjang*) di kolam renang ini akan dikenakan sangsi denda. 33. Ia tertangkap basah dalam keadaan (*telanjang, bertelanjang*).

43. *MeN-* intransitive *ber-* root alone (B.312). Pilihlah!

1. Penerbit-penerbit asing di Manila banyak yang tidak (*senang, bersenang*) terhadap undang-undang darurat yang dikeluarkan pemerintah Filipina. 2. Kedatangan dirèktur Prentice-Hall International ke Manila tersebut bukan untuk (*senang-senang, bersenang-senang*) melainkan hendak menemui Marcos untuk memprotès. 3. Dengan (*kurangnya, berkurangnya*) jumlah butahuruf di negara ini, pendapatan rata-rata penduduk makin meningkat. 4. Harga buku ini Rp 350. Uang Saudara hanya Rp 300, jadi masih (*berkurang, kurang*) Rp 50 lagi. 5. Ribuan ternak dan harta benda yang lain hanyut terbawa (*membanjir, banjir*) yang melanda daèrah itu semalam. 6. Akibat undang-undang tersebut kini di Filipina buku-buku tèks (*membanjir, banjir*) di pasaran dari penerbit-penerbit dalam negeri. 7. Dengan berlakunya kebijaksanaan mónetèr yang baru keadaan ékónómi sudah mulai (*baik, membaik, berbaik*). Maka itu lebih (*baik, membaik, berbaik*) kebijaksanaan itu jangan ditinjau lagi. 8. Kedua anak yang baru bertengkar tadi itu kini telah (*membaik, berbaik, baik*) kembali. 9. Sejak terjadinya pertentangan mereka mengenai masalah Kambója hubungan antara kedua negara itu makin lama semakin

(*memburuk, buruk*) pula. 10. Dengan pakaiannya yang sudah kumal lagi (*buruk, memburuk*) ia menyusuri lorong-lorong kota Jakarta mencari orang yang memerlukan tenaganya. 11. Buku ékónómi tulisan Dr. Paul Samuelson yang baru dibelinya itu (*menghilang, hilang*) ketika ia sedang berhimpitan dalam bis kota. 12. Orang yang menerbitkan bukunya itu selalu (*menghilang, hilang*) setiap kali ia datang untuk meminta bayarannya. 13. Sesudah kedua partai tersebut (*satu, bersatu*), meréka dengan mudah dapat menendang Jepang dari tanah airnya. 14. Tèh ini kurang manis, tolong (*bertambah, tambah*) gulanya (*bersatu, satu*) sèndok lagi. 15. Kesèhatannya semakin lama semakin (*bertambah, tambah*) baik sejak ia membiasakan minum jamu setiap hari. 16. Penerbit-penerbit Filipina ini mémang tidak (*bermalu, malu*) sama sekali. Meréka menerbitkan tulisan-tulisan orang lain tanpa seijin penerbit dan penulis aslinya. 17. Janganlah tidur di tempat yang (*berangin, angin*). Nanti kau bisa masuk angin. 18. Karena kematian (*berangin, angin*), maka perahu-perahu layar yang sepenuhnya tergantung pada (*berangin, angin*) itu tidak bisa bergerak sama sekali. 19. Menurut meréka modal yang Rp 500 itu sehari bisa (*bengkak, membengkak*) sampai Rp 5.000. 20. (*Membengkak, Bengkak*) di kakinya itu kini telah menyusut setelah dibawanya ke dokter beberapa kali.

44. *Ber-* vs. *meN-* transitive (B.32). Pilihlah kata yang cocok!

1. Meréka (*berjumpa, menjumpai*) di bar-bar dan rèstoran-rèstoran untuk saling memamèrkan gaya konsumsi Barat. 2. Bagi golongan rendahan, untuk (*berjumpa, menjumpai*) orang-orang dari golongan masyarakat discó merupakan hal yang sulit sekali. 3. Anggota masyarakat ini pada umumnya (*beranggapan, menganggap*) bahwa berbusana a la Barat merupakan ciri dari orang módèren. 4. Meréka (*beranggapan, menganggap*) móbil sebagai status sósialnya yang nomor satu agar jangan sampai tertinggal olèh sesamanya. 5. Agar status sósial itu tetap (*bertahan, mempertahankan*), syarat kedua yang harus dilengkapi adalah cara berbusana. 6. Syarat yang lain untuk (*bertahan, mempertahankan*) gaya hidup ini ialah memiliki barang-barang pelengkap seperti barang-barang antik, tape recorder, dan sebagainya. 7. Ada semacam tekanan sósial dalam gaya hidup discó yang menyebabkan anggota-anggotanya (*bersaing, menyaingi*) dalam mengikuti móde barat yang diiklankan dalam berbagai koran dan majalah. 8. Karena saling (*bersaing, menyaingi*) antara sesama anggota, kadang-kadang meréka melupakan bahwa sebenarnya gaya hidup ini di luar jangkauan penghasilan yang normal. 9. Meréka (*berpandangan, memandang*) lumrah, apabila orang memiliki korèk api mahal, menghisap rokok impor, memakai kalung dan medali seperti di Barat dalam gaya hidup macam ini. 10. Pada umumnya meréka (*berpandangan, memandang*) bahwa memiliki barang-barang antik, alat-alat penyejuk udara, dan tape recorder merupakan keharusan dalam gaya hidup ini. 11. Sepanjang jalan menuju kebudayaan discó (*bertebaran, menebarkan*) berbagai perangkap seperti iklan, hotèl-hotèl mèwah, móbil mèwah dengan AC, dan peralatan èlèktrónik mutakhir lainnya. 12. Dèkórasi dalam discó-discó (*bertebaran, menebarkan*) keinginan menciptakan lingkungan yang sama dalam rumah tangga seperti perabot módèren, barang-barang antik, dan

sebagainya. 13. Merèka saling (*berkunjung, mengunjungi*) rumah masing-masing bukan sekedar ingin bersantai, tetapi yang lebih penting adalah untuk melihat perabot-perabot módèren yang telah dimiliki masing-masing. 14. Merèka yang (*berkunjung, mengunjungi*) ke discó tanpa mengindahkan undang-undang tak tertulis itu akan merupakan bahan tertawaan dan lelucon yang menyegarkan. 15. Dari segi daya (*berpikir, memikirkan*) mémang meréka lemah karena pada umumnya hanya tamatan SD saja, tetapi dari segi kemauan bekerja meréka patut dibanggakan. 16. "Sudahlah, jangan selalu (*berpikir, memikirkan*) kalung yang telah hilang itu. Yang penting sekarang kau harus berusaha lebih keras untuk membeli lagi," nasèhat Mulyati kepada teman sejawatnya. 17. Walaupun sudah beberapa kali (*berobat, mengobati*) ke dokter, akan tetapi air susunya belum bancar juga. 18. Menurut Mulyati, jamu cabé puyang misalnya berguna untuk (*berobat, mengobati*) pegal-linu, lemas, dan sebagainya. 19. Meskipun hanya sempat mengumpulkan Rp 600 sampai Rp 700 bersih untuk sekali berjualan, Suyati sudah cukup (*berbahagia, membahagiakan*). 20. Walaupun hanya sebagai tukang jamu, pekerjaan itu terasa begitu (*berbahagia, membahagiakan*) dirinya. 21. Meréka sudah (*berjanji, menjanjikan*) bahwa hari ini mau beróperasi di daérah Cempaka Putih. 22. Meréka telah (*berjanji, menjanjikan*) kepada saya mau membawakan selèndang dan angkin hari ini. 23. Banyak orang (*beranggapan, menganggap*) bahwa para bakul jamu itu bisa dipesan. 24. Suyati telah (*beranggapan, menganggap*) Mulyati sebagai adik kandungnya sendiri. 25. Mulyati, yang lima tahun yang lalu hanya menggèndong delapan botol whisky, sekarang (*bertambah, menambah*) menjadi dua puluh botol. 26. Wanita itu toh tidak merasa cukup tenang kalau tidak (*bertambah, menambah*) usahanya dengan menjual kain.

45. Ber- (*reflexive*) vs. meN-, meN-kan (B.32). Pilihlah!

1. Orang itu kini tidak dapat (*bergerak, menggerakkan*) kakinya lagi. 2. Yang tidak punya móbil atau sepèda motor (*bergerak, menggerakkan*) di kota Jakarta atas risikó sendiri. 3. Petani kecil buah-buahan itu dipaksa olèh Badan Pembèbasan Tanah untuk (*berpindah, memindahkan*) ke pinggiran kota. 4. Badan Pembèbasan Tanah telah berusaha untuk (*berpindah, memindahkan*) meréka ke pinggiran kota, tapi sampai sekarang masih belum berhasil juga. 5. Walaupun meréka anak-beranak hanya hidup dari berjualan buah-buahan dan tinggal di pondok sederhana, tetapi meréka cukup (*berbahagia, membahagiakan*) juga. 6. Untuk (*berbahagia, membahagiakan*) anak-isterinya, terpaksa ia menjual tanahnya yang telah dimiliki berketurunan itu. 7. Dengan hati berat, terpaksa ia meninggalkan kampung halamannya (*berpisah, memisahkan*) dengan sanak-saudara, untuk merantau ke negeri orang. 8. Sebuah gedung mèwah berpagar tinggi sekelilingnya (*berpisah, memisahkan*) penghuninya dari masyarakat sekitarnya. 9. Perusahaan-perusahaan swasta itu berusaha keras untuk (*bertukar, menukarkan*) tanahnya yang di pinggiran kota dengan tanah milik petani-petani itu. 10. Petani-petani pemilik tanah mau (*bertukar, menukar*) tanah dengan meréka asal harganya sesuai. 11. Dia bercerita kepada saya sambil (*bergerak-gerak, menggerak-gerakkan*) tangannya menirukan sekretaris yang berusaha

menghalanginya menemui pembesar itu. 12. Penguasa yang terkena
serangan jantung itu untuk sementara masih dapat (*bergerak-gerak*,
menggerak-gerakkan) walaupun kemudian diam untuk selama-lamanya.
13. Berbagai cara telah dilakukan untuk (*berobat*, *mengobati*)
penyakit tekanan darah tingginya, namun demikian masih belum
membawa hasil juga. 14. Di kota kosmópólitan ini untuk sekali
(*berobat*, *mengobati*) saja diperlukan uang paling sedikit sepuluh
ribu rupiah. 15. Para mahasiswa ini, rèla (*berkorban*, *mengorbankan*)
apabila masalah itu menyangkut cita-cita merèka. 16. Demi
perkembangan kota Jakarta, petani-petani pemilik tanah itu dengan
rèla (*berkorban*, *mengorbankan*) tanah merèka yang telah didiami
berketurunan. 17. Hidup kemahasiswaan di Jakarta tidak pernah
menjemukan karena di samping (*belajar*, *mengajar*) merèka juga
diajari menghadapi berbagai tantangan hidup. 18. Kehidupan di kota
kosmópólitan ini juga (*belajar*, *mengajar*) merèka agar ulet dalam
menghadapi tantangan dan godaan. 19. Walaupun kehidupan di kota
kosmópólitan ini senantiasa penuh tantangan dan godaan, tetapi
merèka tetap (*berpegang pada*, *memegang*) prinsipnya bahwa kedatangan
merèka adalah untuk belajar. 20. Pólisi harus (*berpegang pada*,
memegang) senjata kalau dia melaksanakan tugasnya. 21. Penghuni-
penghuni gedung mèwah di tengah perkampungan rakyat biasa itu
selalu (*berpaling*, *memalingkan*) mukanya apabila berjumpa dengan
petani-petani di sekitarnya. 22. Gadis penjual jamu di daèrah
Cempaka Putih itu kini (*berpaling*, *memalingkan*) dari kekasihnya
yang lama setelah ia berjumpa dengan kondèktur bis kota.

46. *Ber-* vs. *di-kan* (**B.32**, **B.212**). Pilihlah!

   1a. Perópelètan di Indónésia (*berkembang*, *dikembangkan*) dengan
      pesatnya.
    b. Kemajuan besar tersebut mungkin tercapai karena perópelètan
      itu (*berkembang*, *dikembangkan*) dengan sadar olèh orang yang
      mengerti seluk-beluknya.
   2a. Pelaksanaannya sangat berlainan dengan yang umum (*berlaku*,
      dilakukan).
    b. Penggusuran di kota baru akan (*berlaku*, *dilakukan*) pada
      minggu pertama bulan depan.
   3a. Usahanya terpaksa (*berhenti*, *dihentikan*) karena peraturan
      pemerintah yang membatasi rute ópelèt.
    b. Hujan sudah (*berhenti*, *dihentikan*). Lalu kami kembali
      melanjutkan perjalanan.
   4a. Ékónómi rakyat secara mikró, mulai dari menyerut kayu,
      mengetok dan menggunting sèng, (*bergerak*, *digerakkan*) olèh
      tèknólógi ópelèt.
    b. Perèkónómian rakyat di kota besar (*bergerak*, *digerakkan*) maju
      pelan sekali karena beratnya tantangan hidup di kota.
   5a. Mungkin mòdèl tèknólógi ópelèt dapat (*berkembang*,
      dikembangkan) lagi sehingga dapat menjembatani tèknólógi
      "putar sekrup" ke arah yang lebih konkrit.
    b. Karena usaha yang gigih dari semua pihak, tèknólógi ópelèt
      dapat (*berkembang*, *dikembangkan*) menurut semestinya.
   6a. Ia tidak (*bersedia*, *disediakan*) bekerja di sini kalau segala
      sesuatu yang diperlukan tidak (*bersedia*, *disediakan*).

   b. Hanya seorang yang (*bersedia, disediakan*) datang; yang
      lainnya   tidak   (*bersedia,   disediakan*)   karena   katanya
      pengangkutan tidak (*bersedia, disediakan*).
  7a. Para pengusaha ópelèt cepat menjadi kaya karena meréka
      orang-orang yang suka (*berhèmat, dihèmat*).
   b. Mesin ópelèt harus (*berhèmat, dihèmat*) pemakaiannya karena
      suku cadangnya tidak dipróduksi lagi.
  8a. Usahanya (*berjalan, dijalankan*) lancar sekalipun banyak
      gangguan dari sana-sini.
   b. Semua   usaha   yang   (*berjalan,   dijalankan*)   dengan
      sungguh-sungguh ada harapan akan berhasil baik.
  9a. Para pengusaha ópelèt perlu dibimbing sehingga usaha meréka
      dapat (*bertingkat, ditingkatkan*).
   b. Karena tingkat usaha meréka tidak sama, bimbingan yang
      diberikan harus (*bertingkat, ditingkatkan*) pula.

47. *Ber-* **+ attribute vs.** *meN-* **transitive (B.32).** Pilihlah kata
yang cocok!

1. Di samping (*berjual, menjual*) jamu sebagai mata pencaharian
pokok, ia kadang-kadang juga (*berjual, menjual*) kain yang dibawanya
dari Solo. 2. Tidak menghèrankan, karena penghasilannya yang besar,
seorang bakul jamu dapat (*berkirim, mengirim*) uang dua puluh ribu
sebulan ke udik. 3. Walaupun tidak begitu lanjut sekolahnya dia
masih sanggup (*berkirim, mengirim*) surat pada orang tuanya. 4.
Suyati   membenarkan   adanya   bakul   jamu   yang   juga   (*bekerja,
mengerjakan*) pekerjaan yang lain. 5. Para bakul jamu itu harus
(*bekerja, mengerjakan*) siang dan malam untuk membantu suaminya
mencukupi kebutuhan keluarganya. 6. Tidak ada satu botol pun yang
masih (*berisi, mengisi*) jamu ketika ia pulang soré harinya. 7.
Untuk (*berisi, mengisi*) kesepiannya, karena tak bersekolah lagi, ia
berjualan jamu di rumah. 8. Khusus untuk yang hampir ambruk, ada
jamu cap Orang Tua yang (*berbuat, membuat*) badan menjadi stèrek. 9.
Dengan pendapatan yang begitu besar, apakah meréka masih tergoda
untuk (*berbuat, membuat*) jalan bèngkok. 10. Dengan (*bermodal,
memodali*) sekitar Rp 300 untuk sekali jualan, Mulyati sempat
mengumpulkan Rp 600 sampai Rp 700 bersih. 11. Walaupun ibunya telah
(*bermodal, memodali*) dirinya dengan uang yang berlimpah-limpah
tetapi akhirnya habis juga karena tidak ada bakat berjualan. 12.
Kedua orang itu (*bertukar, menukar*) pendapat. 13. Tak ada yang mau
(*bertukar, menukar*) kain kebaya yang sobèk itu dengan yang baru.
14. Dia (*bertukar, menukar*) pakaian supaya kelihatan rapi. 15.
Suaminya yang (*berbuat, membuat*) jamu itu dan dia yang (*berjual,
menjual*)nya. 16. Dia mau (*berbuat, membuat*) apa saja asal
menghasilkan uang. 17. Dia (*berbuka, membuka*) acara perpisahan itu
sesudah semua orang (*berbuka, membuka*) puasa.

48. *Ber-* **+ preposition vs.** *meN-kan, meN-i* **(B.321, B.211, B.224).**
Pilihlah kata yang cocok!

1. Saya tidak mau (*berpengaruh pada, mempengaruhi*) rèktor dalam hal
itu. Biar dia mengambil keputusannya sendiri. 2. Demikian pula

dengan dékórasi yang terdapat dalam discó-discó. Dékórasi ini juga banyak (*berpengaruh pada, mempengaruhi*) keinginan untuk menciptakan hal yang sama dalam rumah tangga. 3. Keputusan yang diambil itu (*bertujuan pada, menuju*) pembangunan pola hidup yang baru. 4. Penduduk di daèrah-daèrah pertanian pun kini telah tak bisa membèbaskan diri dan nampaknya telah pula (*bertujuan pada, menuju*) gaya hidup macam ini. 5. Dia tidak mau duduk (*berhadapan dengan, menghadapi*) kepala kantornya. 6. Dia tidak mau (*berhadapan dengan, menghadapi*) kenyataan yang pahit itu. 7. Merèka (*bertemu dengan, menemui*) sesama anggota bukan sekedar untuk bersantai dan bersenang-senang melainkan untuk memamèrkan gaya konsumsi Barat. 8. Saya kebetulan (*bertemu dengan, menemui*) dia di tempat bersantai. 9. Dia beréaksi tanpa (*berpikir tentang, memikirkan*) akibatnya. 10. Orang tua itu pusing kepalanya (*berpikir tentang, memikirkan*) tingkah laku anak-anaknya yang anèh-anèh. 11. Dia tidak mau (*tampil dengan, menampilkan*) berbusana seperti orang Indónésia umumnya karena ia tahu teman-temannya akan mentertawakannya. 12. Karena isterinya dianggap tidak bisa mengikuti móde, ia malu (*tampil dengan, menampilkan*)nya dalam pertemuan-pertemuan resmi. 13. Ledakan nafsu konsumsi di satu pihak ataupun frustrasi di lain pihak (*lahir karena, melahirkan*) tekanan sósial dan móril melalui barang-barang dan jasa-jasa ini. 14. Peniruan cara hidup Barat akan membawa kita kepada jalan buntu, yang akan (*lahir karena, melahirkan*) réaksi-réaksi untuk merubah keadaan secara révólusiónèr.

49.   *Ber-* vs. *meN-*, *meN-kan* (B.32 and B.211). Pilihlah!

1. Penduduk daèrah itu mengeluh karena merèka harus (*berdesak, mendesak*) antri setiap pagi menunggu bis. 2. Karena keperluannya yang begitu (*berdesak, mendesak*), Minta buru-buru ke Kali Sentiong tanpa sempat minta diri pada teman-temannya. 3. Walaupun berbagai macam cara telah dilakukan, namun demikian belum berhasil juga ketua RT itu (*berusaha, mengusahakan*) kakus umum bagi warga di kawasannya. 4. Minta sudah beberapa kali (*berusaha, mengusahakan*) mendaftarkan diri sebagai pekerja di bidang pertinjaan DKI. 5. Sebagai ketua RW di kawasannya, Minta selalu (*bertindak, menindak*) adil. 6. Ia selalu (*bertindak, menindak*) barang siapa yang membuang tinja di sebarang tempat sesuai dengan peraturan yang berlaku di kawasannya. 7. Sebagai pekerja di bidang pertinjaan, Minta punya kebanggan yang anèh. Ia (*beranggapan, menganggap*) bahwa setiap kali memasuki kotak kakus berarti partisipasi. 8. Warga kampung di bilangan Tangsi Penggorèngan (*beranggapan, menganggap*) Minta sudah miring otaknya karena kebanggaannya yang anèh itu. 9. Ketua RW di kawasan ini tidak mempunyai pendirian yang tegas. Ia selalu (*berèkor, mengèkor*) pendapat warganya saja, sehingga usaha-usaha yang ditempuh untuk mengadakan kakus umum selalu mengalami kegagalan. 10. Karena tidak ada seorangpun dari warganya yang bersedia memotong tanahnya untuk kakus bersama, persoalannya menjadi (*berèkor, mengèkor*) panjang dengan timbulnya wabah penyakit perut di kawasan itu. 11. Berdasarkan rapat kilat RT dan RW yang diadakan, maka diputuskan untuk (*berbentuk, membentuk*) panitia pembangunan kakus umum. 12. Kakus umum yang direncanakan itu

(*berbentuk, membentuk*) kotak dengan empat buah kaki menancap di sungai. 13. "Berapa banyak, ya, anu di Jakarta setiap harinya?" tanya Minta kepada temannya yang sedang (*berjaga, menjaga*) malam di kantor pertinjaan DKI. 14. Untuk (*berjaga, menjaga*) jangan sampai kakus-kakus umum yang akan dibangun itu cepat penuh, Minta mengusulkan agar kakus-kakus itu diberi *septic tank*.

50. *Ber-* vs. *meN-kan* (B.32 and B.211). Pilihlah!

1. Sejak sang suami dirawat di rumah sakit, warung Nyonya Musa yang di depan rumah praktis tidak (*berhasil, menghasilkan*) apa-apa. 2. Walaupun Mardi sudah lobiing kirikanan, akan tetapi ia tidak (*berhasil, menghasilkan*) juga mendapatkan móbil ambulans pengangkut jenazah ayahnya. 3. Anak-anak meréka belum ada yang mampu membantu; Sutar belum tiga bulan kawin dan hanya (*bekerja, mengerjakan*) sebagai kenèk sementara truk pengangkut pasir di Cikarang. 4. Sópir cadangan móbil ambulans pengangkut jenazah itu mau (*bekerja, mengerjakan*) permintaan Mardi, asalkan Mardi bersedia membayar Rp 10.000. 5. Sekejap janda haji Musa (*berpikir, memikirkan*). Kemudian ia menarik tangan anaknya yang tertua ke dalam kamar dan menyuruhnya menjual seuntai rantai emas di lèhèrnya. 6. Dengan berbagai alasan, meréka memanfaatkan saat-saat duka seperti ini untuk memperolèh keuntungan tanpa (*berpikir, memikirkan*) penderitaan orang yang ditimpa musibah kematian itu. 7. Nyonya Musa sempat melirik ke kedua waskom tempat meletakkan uang bèla sungkawa. Ia (*berharap, mengharapkan*) mudah-mudahan uang itu cukup untuk selamatan malam nanti. 8. Sebenarnya dalam hati nyonya Musa tidak (*berharap, mengharapkan*) kematian suaminya akan secepat itu terjadi, karena mémang ia belum siap menerima hal itu. 9. Ketika mendengar kabar kematian suaminya, nyonya Musa menangis, meraung, (*berteriak, meneriakkan*), dan berlari ke sana ke mari bagaikan orang kesétanan layaknya. 10. Beberapa orang tetangga pengelawat telah berusaha untuk menyadarkannya, namun demikian janda itu tetap saja (*berteriak, meneriakkan*) nama suaminya yang telah meninggal itu. 11. Ketika Sutar menyodorkan uang Rp 32.000 kepada ibunya, pada saat yang sama seorang pengelawat (*bertanya, menanyakan*) uang pembeli kain kafan dan wangi-wangian untuk jenazah. 12. Tanpa (*bertanya-tanya, menanyakan*) lagi, juru kunci kuburan itu akan menyatakan hilang setiap kuburan yang melèwati waktu tiga tahun tidak diurus. 13. Sebelum suaminya meninggal, janda haji Musa (*bermimpi, memimpikan*) seakan-akan melihat suaminya mengendarai kuda putih dan pergi meninggalkannya. 14. Dia telah cukup berbahagia dengan pendapatan yang sedikit saja, walaupun tak bisa dihindari kadang-kadang ia juga (*bermimpi, memimpikan*) kehidupan yang mèwah baginya. 15. Setelah (*bermusyawarat, memusyawaratkan*) sebentar, janda haji Musa anak-beranak itu memutuskan untuk menyanggupi tarif yang diminta olèh sópir ambulans itu. 16. Meréka kini sedang (*bermusyawarat, memusyawaratkan*) persiapan pemakaman ayah meréka di warung yang kini praktis tidak berfungsi lagi. 17. Sambil merenung di sisi kuburan suaminya, janda itu (*berkhayal, mengkhayalkan*) peristiwa demi peristiwa yang dilèwati suaminya ketika haji Musa masih hidup. 18. Dalam perjalanan pulang, janda

haji Musa sempat (*berkhayal, mengkhayalkan*) betapa ia merasa ngeri untuk mati.

51. *Ber-*.

Langkah 1.   *ber-* vs. *di-* (B.321). Pilihlah!

1. Kalau kran itu (*berputar, diputar*) pasti akan keluar airnya. 2. Dia (*berputar, diputar*) balik karena ada sesuatu yang ketinggalan. 3. Dulu orang Indónésia (*belajar, diajar*) benci pada tuan kulit putih. 4. Asal mau (*belajar, diajar*) dengan tekun, kamu bisa berhasil. 5. Berkat adanya transmigrasi, jumlah penduduk Jambi makin lama-makin (*bertambah, ditambah*). 6. Jenis tanaman yang dikembangkan di daèrah Jambi harus (*bertambah, ditambah*). 7. Sangkar burungnya (*bergantung, digantung*) di pohon sawó. 8. Setelah semalam suntuk meludesakan buah-buahan, kelelawar itu (*bergantung, digantung*) di pohon kelapa yang tinggi. 9. Bangunan tua itu dirombak begitu saja tanpa (*berpikir, dipikir*) untung ruginya. 10. Tidak ada orang yang (*berpikir, dipikir*) mengenai adanya bahaya polusi udara. 11. Kamar ini bocor. Tempat tidurnya harus (*berpindah, dipindah*) ke kamar sebelah. 12. Karena kamar ini bocor, kita harus (*berpindah, pindah*) ke kamar sebelah. 13. Botol itu jangan (*berisi, diisi*) air. 14. Buku ini (*berisi, diisi*) cerita-cerita yang menarik. 15. Di Jabung tak ada dokter. Kalau mau (*berobat, diobat*) harus pergi ke Jambi. 16. Luka itu harus (*berobat, diobat*) segera. 17. Berkat adanya program penghijauan, daèrah Bungo Tèbo (*berobah, diobah*) menjadi daèrah yang sangat subur. 18. Latihan pola kalimat ini harus (*berobah, diobah*) sebab tidak sesuai dengan polanya. 19. Rumah (*bercat, dicat*) biru muda itu peninggalan Belanda. 20. Rumah itu tak pernah (*bercat, dicat*) sehingga kelihatan jelèk sekali. 21. Saya marah karena pulpèn saya (*bertukar, ditukar*) dengan yang brèngsèk. 22. Kamar ini disediakan khusus untuk (*bertukar, ditukar*) pakaian.

Langkah 2.   *ber-* vs. *di-kan* (B.321, B.212). Pilihlah!

1. Kalau tidak (*berpindah, dipindahkan*) ibunya, Anik tidak bisa (*berpindah, dipindahkan*) sendirian. 2. Peternakan sapi tidak mungkin bisa (*berkembang, dikembangkan*) di Jambi tanpa (*berkembang, dikembangkan*) pemerintah daèrah. 3. Dia suka (*berkorban, dikorbankan*) apa saja pada orang lain. 4. Untunglah kalau semangat bertani (*bergerak, digerakkan*) lagi olèh pemerintah. 5. Gerakan penghijauan ini tak mungkin bisa (*berhenti, dihentikan*) siapapun sampai betul-betul berhasil. 6. Kalau sudah habis bènsinnya mobil itu akan (*berhenti, dihentikan*) sendiri. 7. Peraturan ini (*berlaku, dilakukan*) untuk seluruh própinsi Jambi. 8. Merèka tidak mau (*berpaling, dipalingkan*) dari tanaman pisang. 9. Kepalanya tidak bisa (*berpaling, dipalingkan*). 10. Karena hasil pisang di Jambi sangat (*berlimpah, dilimpahkan*), maka urusan pemasarannya lantas (*berlimpah, dilimpahkan*) kepada pemerintah daèrah setempat. 11. Sungai itu (*bernama, dinamakan*) Batanghari, karena merupakan jantung kehidupan penduduk sekitarnya. 12. Yang menjadi gubernur própinsi Jambi sekarang (*bernama, dinamakan*) Jamaluddin Tambunan.

13. Meskipun sungai itu (*berbahaya, dibahayakan*), banyak juga ternak yang (*mandi, dimandikan*) di sana. 14. Orang dilarang mandi di pantai Ngliyep, sebab (*berbahaya, dibahayakan*) oléh adanya ombak yang besar serta pantai yang curam dan karang yang tajam. 15. Bayinya (*berbaring, dibaringkan*) di lantai, sementara dia sendiri (*berbaring, dibaringkan*) tergolèk di kasur empuk. 16. Pejabat-pejabat Jambi yang tidak becus dibuang dan (*berpindah, dipindahkan*) ke pulau Enggano. 17. Para pelamar guru yang (*bertempat, ditempatkan*) di luar kota sebaiknya (*bertempat, ditempatkan*) di tempat asalnya saja. 18. Sebaiknya sangkar burungnya (*bergantung, digantungkan*) di depan rumah. 19. Para transmigran dari gunung Kidul itu akan (*bermukim, dimukimkan*) pemerintah Jambi di Kabupatèn Sarólangun Bangkó. 20. Truk besar itu (*berjalan, dijalankan*) oléh nènèk tua. 21. Biasanya anak baru mulai bisa (*berjalan, dijalankan*) pada umur tiga tahun.

Langkah 3.   *ber-* vs. *di-i* **(B.321, B.224). Pilihlah!**

1. Jika pemerintah Jambi ingin meningkatkan pendapatan daérahnya hasil pisang yang berlebihan harus (*berimbang, diimbangi*) dengan sarana pemasaran yang baik. 2. Supaya tidak terjerat hutang, harus diusahakan agar pemasukkan (*berimbang, diimbangi*) dengan pengeluarannya. 3. Dia sama sekali tidak (*berjiwa, dijiwai*) pemimpin. 4. Setiap peraturan yang dibuatnya tidak pernah (*berjiwa, dijiwai*) oléh azas kemanusiaan. 5. Tolong ini nasinya (*berkurang, dikurangi*). Ndak habis saya nanti. 6. Peristiwa kecelakaan lalu lintas tahun ini sudah banyak (*berkurang, dikurangi*) kalau dibandingkan dengan tahun yang lalu. 7. Kopi ini harus (*bertambah, ditambahi*) gula sedikit lagi. 8. Kekayaannya makin (*bertambah, ditambahi*) saja rupanya. 9. Dia selalu bersikap serius, tidak pernah mau (*bergurau, diguraui*) dengan temannya. 10. Dia sering (*bergurau, diguraui*) temannya karena sikapnya yang sok serius itu. 11. Di bawah tulisan pengumuman "Dilarang kencing di sini" itu (*bertulis, ditulisi*) orang "Ah, masa iya!" 12. Tolong buku ini (*bergaris, digarisi*) dulu! Saya kan tadi menyuruh beli buku (*bergaris, digarisi*). 13. Kaki saya yang bengkak ini ternyata (*berair, diairi*) juga. 14. Sawah itu harus segera (*berair, diairi*) secukupnya supaya padinya tidak mati. 15. Supaya tidak layu, setiap pagi bunga-bunga itu harus (*bersiram, disirami*). 16. Sebelum pergi arisan, tante Sun mesti pergi ke salon dulu untuk (*bersiram, disirami*) air susu. 17. Ayahnya sih orang (*bermodal, dimodali*). Kalau dia mau juga berdagang pasti (*bermodal, dimodali*). 18. Periuknya tidak perlu (*berminyak, diminyaki*), sebab lemak itu sudah (*berminyak, diminyaki*). 19. Sudah malam tuh Min, ayam-ayamnya segera (*berkurung, dikurungi*)! 20. Perintah (*berkurung, dikurungi*) berlaku di kota kami karena keadaan kota yang tidak aman.

Langkah 4.   *ber-* vs. *di-, di-kan, di-i* **(B.321, B.212, B.221). Pilihlah!**

1. Keputusan yang (*hasil*) dalam rapat kemarin menyatakan bahwa usaha pemasaran pisang harus terus dilancarkan sampai (*hasil*). 2. Kenapa orang-orang itu pada (*kerumun*)? Apa yang (*kerumun*)? 3. Pabrik karèt Mèdan dilarang (*próduksi*) lagi, karena karèt yang

(*próduksi*) tahun yang lalu sangat jelèk mutunya. 4. Penduduk Kerinci (*jumlah*) 186.615 orang. Kalau (*jumlah*) dengan penduduk Jambi, maka semuanya akan (*jumlah*) 345.214 orang. 5. Asal semuanya dapat (*jalan*) lancar, jarak antara Jambi dan Singapura dapat (*jalan*) dalam kira-kira sepuluh jam saja. 6. Perombakan undang-undang itu sudah mulai (*laku*) pemerintah. Sebentar lagi semua undang-undang lama akan dinyatakan tidak (*laku*). 7. Upaya pemasaran pisang ke Singapura terus (*usaha*). Pemerintah (*usaha*) keras dalam hal ini. 8. Jumlah mahasiswa mémang kita harapkan semakin (*tambah*). Tapi mahasiswa ini tidak bolèh (*tambah*) di kelas itu. Kelas itu tidak boleh ditambah lagi. 9. Tolong plastik ini (*tutup*) di botol-botol yang belum (*tutup*). 10. Supaya ketrampilan bertani masyarakat bisa (*kembang*), pendidikan pertanian harus (*kembang*) di daèrah setempat. 11. Setelah dimandikan anak itu terus (*bedak*). 12. Ibu selalu (*bedak*) dulu sebelum keluar dari rumah. 13. Dokter bilang bahwa penyakitnya harus (*óperasi*), tapi dia tidak punya uang untuk óperasi. 14. Karena terjadinya kegaduhan, rapat itu segera (*akhir*) pimpinan. 15. Kali Sentiong yang airnya tak mengalir ini (*akhir*) di muara sungai Citarum. 16. Kepala dèsa se-Muara Sabak disuruh (*kumpul*) di kantor Kecamatan untuk dikasi indoktrinasi. 17. Untung yang lumayan itu (*kumpul*), lalu dibelikan baju, emas, atau dikirim pulang ke orang tuanya di dèsa. 18 Sesudah jenazah itu dimasukkan, kamar mayat itu lalu (*kunci*) rapat-rapat. 19. Apakah pintu ini (*kunci*)? Kalau tidak, mari kita buatkan kunci dulu. 20. Tentu ini kenang-kenangan yang paling (*harga*) bagi nyonya itu dari almarhum suaminya. 21. Kematian haji Musa terus (*buntut*) kesulitan yang harus dipecahkan keluarga itu. 22. Buaya biasanya (*tempat*) di rawa-rawa atau muara sungai. 23. Banyak pejabat yang tidak (*tempat*) pemerintah sesuai dengan keahlian masing-masing. 24. Ketrampilan seseorang itu janganlah hanya (*nilai*) dari ijazah merèka yang formil saja. 25. Bantuan AS kepada negara-negara Dunia Ketiga yang (*nilai*) jutaan dolar itu (*nilai*) pósitif olèh semua pihak. 26. Tatahubungan ékónómi kita masih meneruskan pola hubungan ékónómi kólónial dan imperial, hanya (*serta*) berbagai révisi sana-sini. 27. Pembinaan kesenian tradisiónal (*serta*) seniman-seniwatinya perlu dilakukan secara terus-menerus. 28. Kemarin jam dinding itu mati karena lupa tidak (*putar*). 29. Karena bingung, dua jam penuh dia hanya (*putar*) di daèrah Planèt Senèn saja.

52.   *Ber-* (*refleksif*) vs. *di-i* (B.321). Pilihlah kata yang cocok!

1. Penduduk pulau Bawèan tidak mau (*berteman dengan, ditemani*) pendatang-pendatang baru karena merèka dianggap mau menjajahnya. 2. Karena takut pada penduduk asli pulau itu, pejabat-pejabat ini selalu minta (*berteman dengan, ditemani*) bawahannya apabila merèka mau meninjau daèrah itu. 3. Untuk memperjuangkan kemerdèkaan merèka, penduduk pulau ini terpaksa mengangkat senjata (*berperang dengan, diperangi olèh*) Belanda. 4. Penduduk pulau Bawèan sangat takut terhadap pendatang baru ke pulaunya sehingga setiap pendatang yang terdampar di sana selalu (*berperang dengan, diperangi*). 5. Wartawan Kompas (*berteman dengan, ditemani olèh*) Kemas Aman sejak merèka sama-sama belajar di pondok pesantrèn Gontor. 6. Ke

mana-mana ia selalu sendirian, tak pernah (*berteman dengan, ditemani oléh*) siapapun. 7. Wartawan Kompas (*berjumpa dengan, dijumpai oléh*) kawan lamanya, ketika ia berkunjung ke pulau Bawèan. 8. Orang Bawèan asli kini hampir tidak bisa (*berjumpa dengan, dijumpai*) jejaknya lagi karena meréka telah terdesak pendatang-pendatang baru yang datang ke pulau itu. 9. Dulu mémang perusahaan pemerintah selalu berhasil (*bersaing dengan, menyaingi*) perusahaan swasta, tapi kini ganti perusahaan pemerintah yang (*bersaing dengan, disaingi*) perusahaan swasta. 10. Dilarang mengimpor barang buatan luar negeri yang (*bersaing dengan, disaingi oléh*) produksi dalam negeri yang semacamnya. 11. Setelah terlebih dahulu (*bersalaman dengan, disalami oléh*) pejabat-pejabat di pulau itu, kemudian wartawan tersebut menuturkan keperluannya mengunjungi pulau itu. 12. Sebelum naik ke perahu yang akan membawanya pulang ke Bawèan, dia (*bersalaman dengan, disalami*) kiyai-kiyai, teman-teman, dan guru-gurunya yang mendidik-besarkannya di pondok Gontor itu. 13. Pertandingan sèpak bola antara kesebelasan pulau Bawèan dengan kesebelasan Belanda (*berakhir dengan, diakhiri*) 2-0 untuk kemenangan kesebelasan pulau Bawèan. 14. Karena dendam yang begitu mendalam, pertempuran antar suku di pulau ini (*berakhir dengan, diakhiri oléh*) hancurnya penduduk asli pulau tersebut. 15. Meskipun ia telah (*berbekal dengan, dibekali oléh*) orang tuanya dengan harta berlimpah-limpah, akhirnya habis juga karena tidak pandai menggunakannya. 16. Karena meréka datang ke ibukota hanya (*berbekal dengan, dibekali oléh*) kemauan dan tangan kosong saja akhirnya meréka menjadi warga kota yang tersia-sia. 17. Orang Bawèan asli kini hampir tidak ditemukan lagi jejaknya karena meréka telah (*bercampur dengan, dicampuri*) pendatang-pendatang baru yang tinggal di pulau tersebut. 18. Pejabat-pejabat di pulau marah-marah karena urusannya (*bercampur dengan, dicampuri oléh*) Kemas Aman. 19. Dengan (*beserta dengan, disertai oléh*) seluruh anggota keluarganya ia minggat dari pulau Bawèan yang berbukit-bukit itu. 20. Pemerintah membuang pejabat-pejabatnya yang tidak dipakai lagi (*beserta dengan, disertai oléh*) seluruh keluarganya ke pulau Bawèan untuk ditugaskan di sana.

53.   *Ber-* vs. *di-, di-kan, di-i* (B.321). Pilihlah!

1. Keputusan tentang normalisasi kampus ini (*berlaku, dilakukan*) bagi siapa saja, termasuk rèktor dan para dosèn. 2. Menurut Menteri, tindakannya itu (*berlaku, dilakukan*) demi menyelamatkan nama mahasiswa dari tanggapan jelèk masyarakat. 3. Rèktor ataupun dosèn yang tidak melaksanakan keputusan itu akan (*berhenti, dihentikan*) dari jabatannya. 4. Selesai menyerahkan medali, Menteri (*berhenti, dihentikan*) sebentar untuk menjawab pertanyaan wartawan tentang konsèpnya mengenai pembaruan pendidikan. 5. Konsèp pembaruan pendidikan ini, menurut dia, dicarinya sendiri dengan jalan (*belajar, diajari*) di perpustakaan. 6. "Meréka perlu (*belajar, diajari*) lagi berpikir secara rasiónal, karena sebenarnya meréka masih bodoh dan perlu didik," kata Menteri dengan tandas. 7. Beberapa mahasiswa menilai bahwa normalisasi kampus ini bertujuan mempersempit meréka untuk (*bergerak, digerakkan*). 8. Menteri menandaskan bahwa protès-protès mahasiswa itu pastilah (*bergerak,*

digerakkan) olèh segolongan orang yang tidak bertanggung jawab. 9. Bagi para mahasiswa yang membèlot akan dikenakan tindakan administratif dan merèka akan (*bercap, dicap*) sebagai golongan mèrah. 10. Ketika menemui para wartawan itu, Menteri memakai baju batik yang (*bercap, dicap*) pohon beringin. 11. Semua mahasiswa diperintahkan (*berkumpul, dikumpulkan*) di aula untuk mendengarkan ceramah Menteri mengenai normalisasi kampus. 12. Konsèp-konsèp tentang pembaruan pendidikan ini (*berkumpul, dikumpulkan*) ketika ia masih berstatus mahasiswa. 13. Dengan adanya normalisasi kampus ini, menurut penilaian beberapa mahasiswa, gerakan-gerakan merèka praktis (*berbatas, dibatasi*). 14. "Seluruh jagad raya yang tidak (*berbatas, dibatasi*) ini terbuka untuk alam pikiran dan tidak bisa dikuasai siapa pun juga!" kata Menteri. 15. Karena tidak pernah (*bersatu, disatukan*) mahasiswa-mahasiswa tersebut selalu mengalami kegagalan dalam usaha merèka memperjuangkan tuntutannya. 16. Setelah kedua partai tersebut berhasil (*bersatu, disatukan*), maka dengan mudah Chiang dapat menendang Jepang dari daratan Cina. 17. Petani-petani di pulau ini terpaksa (*berpindah, dipindahkan*) ke tanaman nilam, karena menanam padi menurut merèka bahkan menyebabkan penderitaan besar. 18. Pejabat-pejabat yang tidak melaksanakan instruksi ini akan ditindak atau minimal merèka akan (*berpindah, dipindahkan*) ke pulau Bawèan. 19. Gerakan bawah tanah yang berusaha mengadakan perebutan kekuasaan itu dapat (*bergulung, digulung*) sebelum berhasil melaksanakan niatnya. 20. Karena tidak dibelikan jamu anak itu menangis sambil (*bergulung-gulung, digulung-gulung*). 21. Olèh dokter ia dianjurkan (*berjemur, dijemur*) setiap pagi agar badannya lekas sèhat kembali. 22. Ikan-ikan itu akan kehilangan bobotnya kalau (*berjemur, dijemur*) terlalu lama. 23. Walaupun sudah (*berobat, diobati*) ke mana-mana akan tetapi orang tua itu tidak berhasil juga memulihkan kesehatannya. 24. Orang tua itu menyadari bahwa penyakitnya tidak mungkin dapat (*berobat, diobati*) lagi, olèh karena itu ia sudah tidak berhasrat (*berobat, diobati*) ke mana-mana lagi. 25. Baju miliknya yang tinggal satu-satunya itu hangus ketika sedang (*bersèterika, disèterika*). 26. Walaupun sebagai pegawai rendahan, Minta selalu pergi ke kantor dengan baju yang (*bersèterika, disèterika*). 27. Karena keliru mengatakan kepada tukang cukur itu, maka rambutnya yang berombak itu (*dicukur, bercukur*) habis olèh tukang cukur tersebut. 28. Belum ada sebulan ia (*bercukur, dicukur*) tetapi rambutnya sudah panjang lagi. 29. Perempuan itu tinggal di sebuah rumah mèwah (*berpagar, dipagari*) sekelilingnya di kawasan Tanah Tinggi. 30. Untuk mengamankan pohon buah-buahan dari gangguan tangan-tangan jahil, kebun itu (*berpagar, dipagarinya*) dengan tumbuh-tumbuhan berduri sekelilingnya. 31. Suku-suku yang tinggal di pulau itu jarang yang mau (*bercampur, dicampurkan*) dengan yang lain, sehingga merèka sulit dipersatukan. 32. Menteri itu tidak mau urusannya mengenai sistem pendidikan di Indónésia (*bercampur, dicampuri*) sistem-sistem dari luar.

54.   *Ber-* vs. *di-, di-kan, di-i* **(B.321).** Pilihlah!

1. Selama berkobarnya révólusi kebudayaan di negerinya, bantuannya kepada negara-negara (*berkembang, dikembangkan*) terpaksa dikurangi.

2. Menurut Cina dalam perióde 1970-1978 jumlah bantuan yang diberikan itu akan (*berkembang, dikembangkan*) menjadi dua kali lipat dari jumlah sebelumnya. 3. Karena pergolakan-pergolakan yang terjadi di negerinya, bantuan yang diberikan kepada negara-negara tersebut terpaksa (*berkurang, dikurangi*) secara drastis. 4. Walaupun negara ini telah mengalami kegagalan di mana-mana, akan tetapi hasratnya untuk selalu mencampuri urusan negara lain tidak pernah (*berkurang, dikurangi*). 5. Pertempuran antara Amérika dan Viètnam Utara (*berkobar, dikobarkan*) lagi setelah tidak tercapai kesepakatan pendapat antara keduanya untuk mengadakan gencatan senjata. 6. Menurut kantor berita Hsinhua révólusi ini (*berkobar, dikobarkan*) oléh golongan mahasiswa dan buruh yang tidak puas dengan sistem pemerintahan Maó. 7. Pergolakan-pergolakan ini makin lama makin (*bertambah, ditambah*) meluas sehingga akhirnya meletuslah perang saudara. 8. Bantuan yang 1.500 milyar rupiah ini, menurut Cina masih belum mencukupi, sehingga perlu (*bertambah, ditambah*) 25 persèn lagi. 9. Baru tahun 1972 bantuan itu mulai (*berjalan, dijalankan*) lancar setelah hubungan diplómatik kedua negara tersebut pulih kembali. 10. Pólitik front persatuan ini pertama kali (*berjalan, dijalankan*) ketika Jepang merupakan targèt perjuangan meréka. 11. Ditambahkan oléh Wagemans bahwa bantuan ini sangat (*berguna, digunakan*) khususnya bagi negara-negara berkembang untuk memperbaiki perékónómian meréka. 12. Lókómótif-lókómótif bantuan dari RRC itu rusak dalam perjalanan, sehingga ketika sampai di Tanzania sudah tidak dapat (*berguna, digunakan*) lagi. 13. Bantuan yang diberikan oléh Cina ini (*berbèda, dibèdakan*) antara negara yang menganut kómunisme dan yang tidak. 14. Walaupun keduanya sama-sama negara kómunis, tetapi karena kunci pemikirannya (*berbèda, dibèdakan*), akhirnya meréka saling bertentangan. 15. Negara itu kini (*berpaling, dipalingkan*) ke Amérika setelah hubungannya dengan Rusia memburuk. 16. Bantuan itu kini sebagian besar (*berpaling, dipalingkan*) ke Afrika setelah gagal menanamkan pengaruhnya di Asia tenggara. 17. Cina berpendirian bahwa selama ada keinginan mencari keuntungan, maka bantuan itu tak boléh (*bernama, dinamakan*) bantuan, lebih-lebih lagi kerjasama. 18. Seorang kolumnis majalah Onze Wereld (*bernama, dinamakan*) Willy Wagemans mengatakan bahwa Cina membantu Dunia Ketiga itu berdasarkan dua alasan. 19. Dengan jatuhnya Viètnam Selatan maka (*berakhir, diakhiri*)lah sudah pertempuran Amérika melawan Cina Kómunis. 20. Karena makin memburuknya hubungan diplómatik antara Cina dan Tanzania, maka untuk sementara bantuan pada negara tersebut oléh Cina (*berakhir, diakhiri*) dengan proyèk Tan-Zam. 21. Bank Dunia menganggap proyèk Tan-Zam merupakan proyèk yang tidak (*bernilai, dinilai*) sama sekali dan tak rendabel. 22. Mahasiswa itu marah-marah karena pekerjaan rumahnya tidak (*bernilai, dinilai*) oléh gurunya. 23. Botol jamu itu sudah tidak (*berisi, diisi*) lagi karena jamunya telah diminum habis. 24. Sepèda motor ini baru saja (*berisi, diisi*) bènsin, tetapi mengapa sekarang tidak bisa (*berjalan, dijalankan*)? 25. Makin lama jumlah penduduk dunia tidak makin (*berkurang, dikurangi*) melainkan makin (*bertambah, ditambah*). 26. Uang ini harus (*bertambah, ditambah*) lagi karena tidak cukup untuk beli jamu satu botol. 27. Ia tak pernah melanggar peraturan. Semua perintah (*berjalan, dijalankan*)nya dengan baik. 28. Semua kegiatan telah (*berjalan, dijalankan*) lancar. 29. Perselisihan itu

bisa (*berakibat dengan, diakibatkan*) hal yang lebih hèbat lagi. 30. Perang dunia (*berakibat dengan, diakibatkan olèh*) hal yang kecil sekali.

55.   *Ber-* vs. *meN-* in verbs where *ber-* is not a transformation of *di-* (B.3211). Pilihlah!

1. Jangankan (*berbuat, membuat*) jalur jalan baru, memulihkan jalan yang pernah ada saja tidak pernah berhasil. 2. Nasution pun ketika itu toh tidak bisa (*berbuat, membuat*) apa-apa, sebab tidak (*berpegang, memegang*) kómandó. 3. Karena kapalnya ditimpa angin kencang dan dia takut jatuh, maka dia (*berpegang, memegang*) kuat-kuat pada kursi di depannya. 4. Cara-cara bangsa Amérika mengorèksi diri seringkali (*berbuat, membuat*) kita (*bertahan, menahan*) nafas. 5. Pasukan gerilya itu tetap (*bertahan, menahan*) di daèrah perbatasan. 6. Sejak dulu kala merèka itu hidup dengan (*bertanam, menanam*) padi, tapi sekarang pindah ke tanaman lain. 7. Sejak kecil merèka sudah diajar caranya (*bertanam, menanam*) padi. 8. Menteri akan (*bertindak, menindak*) rèktor ataupun dosèn yang tidak melaksanakan normalisasi kampus. 9. "Sekali kita berani (*bertindak, menindak*) révólusiónèr, tetap kita harus berani (*bertindak, menindak*) révólusiónèr," kata Bung Karno dalam pidatónya tahun 1956. 10. Para pendukung kebijaksanaan buku murah ini (*berbantah, membantah*) bahwa yang merèka lakukan adalah pembajakan besar-besaran. 11. Antara penerbit dan pengarang sedang ramai (*berbantah, membantah*), mempertengkarkan mengenai siapa yang sebenarnya berhak menerima honor lebih banyak. 12. Keputusan itu diambil tanpa ada seorang anggotapun yang berani (*berdèbat, mendèbat*). 13. Ruang ini disediakan khusus sebagai tempat (*berdèbat, mendèbat*). 14. Banyak orang yang (*berpesan, memesan*) jamu kepada Suyati. 15. Saya (*berpesan, memesan*) kepada Suyati supaya dia datang ke sini setiap soré. 16. "Keluar bedebah!" perintahnya kepada perempuan itu. "(*Berlawan, melawan*) inipun aku mau." 17. Sihanouk itu orang baik; dari seorang pangèran, budhis dan pasifis, ia menjadi pejuang (*berlawan, melawan*) imperialis, padahal ia bukan seorang marxis. 18. Begitu turun dari mobilnya, ia mau (*berjabat, menjabat*) tangan dengan para pemuka masyarakat. 19. Siapa yang berani (*berjabat, menjabat*) tangan saya yang berkudis ini. 20. Dia (*berjabat, menjabat*) sebagai menteri keuangan. 21. Yang kita butuhkan amat (*berdesak, mendesak*) sekarang adalah sikap progrésif AS. 22. Orang-orang tambah (*berdesak, mendesak*) memberi jalan kepada orang Nippon itu. 23. Hari ini dia sibuk (*berkemas, mengemas*), sebab bèsok mau berangkat ke luar negeri. 24. Tapi Napel bersedia (*berjual, menjual*) patung itu seharga Rp 15.000 untuk sebuah patung. 25. Katanya, (*berjual, menjual*) jamu mémang tidak memerlukan keahlian apa-apa. 26. Wah, nasinya belum masak, nih, masih keras. Siapa tadi yang (*bertanak, menanak*)? 27. Makan kita tidak (*bergulai, menggulai*), hanya (*bersayur, menyayur*) saja. 28. Dia sudah pandai (*bergulai, menggulai*) ayam.

56. *Ber-* vs. root alone with verbs of action (B.322). Sempurnakanlah kata-kata yang dikurung!

1. Anak itu (*lari*) di pekarangan rumah. 2. Dia telah (*datang*) di halaman rumah. 3. Mulyati sudah lima tahun jadi hakul jamu di Jakarta. Dia (*óperasi*) di daèrah Mèntèng. 4. Menteri Perhubungan (*kunjung*) ke Nias untuk meresmikan lapangan terbang Binaka. 5. Sesudah itu Menteri langsung (*terbang*) ke Jakarta. 6. Dari Sibolga, merèka akan (*layar*) ke Gunung Sitoli. 7. "Merèka merasa lebih untung (*tanam*) nilam," kata Bupati Dalimend. 8. Sedikit saja penduduk Nias yang mata pencahariannya (*dagang*). 9. Pedagang-pedagang beras di Nias pada umumnya (*datang*) dari daèrah lain. 10. Hampir semua penduduk Nias sudah biasa (*jalan*) berpuluh-puluh kilómèter naik-turun bukit dengan belasan kiló beras di punggungnya. 11. Penduduk Lahèwa kalau mau (*pergi*) ke Gunung Sitoli terpaksa harus (*jalan*) kaki 60 km lebih. 12. Penduduk Nias tidak suka (*ternak*) kuda, karena bisa mendatangkan perkelahian. 13. Meskipun betis merèka berotot menonjol, tapi gadis Nias tidak pernah (*main*) sèpak bola. 14. Setiap hari merèka (*latih*) menunggang kuda. 15. Penduduk pedalaman Nias jarang yang bisa (*obat*) ke dokter. Tak ada dokter yang (*óperasi*) di sana. 16. Amran Nasution tetap (*sangsi*) terhadap kemampuan pemerintah daèrah Nias untuk memperbaiki jalan-jalan di sana. 17. Orang yang (*kerja*) di bidang penelitian pertanian tidak bolèh (*ragu-ragu*) dalam melakukan percobaan. 18. (*Puasa*) di Ithaca berat sekali, sebab jam 03.30 sudah (*sahur*) dan jam 21:20 baru bolèh (*buka*). 19. Para migran di kota besar pada umumnya enggan (*pulang*) ke dèsanya sendiri. 20. Jaga baik-baik kesèhatanmu di sini, sebab di sini tak ada yang (*jual*) obat-obatan. 21. Orang-orang yang (*migrasi*) ke kota itu pada akhirnya banyak yang hanya (*kerja*) sebagai buruh pabrik atau pengambil puntung rokok, kalèng, dan koran bekas. 22. Tapi penghasilan para migran di kota masih jauh lebih baik dari pada (*tani*) di dèsa. 23. Masyarakat Gunung Kidul dianjurkan (*kemas*) untuk segera (*transmigrasi*). 24. D. Penny dan M. Singarimbun menjelaskan bahwa data hasil Penelitian Kasus Kemiskinan Pedèsaan tahun lalu sudah (*hilang*) semuanya. 25. Kalau anggota masyarakat *jet society*, (*belanja*) pun, ya ke Paris, paling dekat ke Singapura.

57. *Ber-kan* (B.341). Ubahlah menurut pola yang diberikan!

1a. Merèka merasa tidak pantas punya teman orang semiskin saya.
 b. Merèka merasa tidak pantas bertemankan orang semiskin saya.
2a. Kalau punya isteri orang kaya mémang agak susah.
 b. Kalau beristerikan orang kaya mémang agak susah.
3a. Orang kaya itu malu punya famili orang hina.
 b. Orang kaya itu malu berfamilikan orang hina.
4a. Pemerintah menuduh setiap gerakan mahasiswa punya mótivasi pólitik.
 b. Pemerintah menuduh setiap gerakan mahasiswa bermótivasikan pólitik.
5a. Tidak baik punya hajat yang terlalu muluk-muluk.
 b. Tidak baik berhajatkan yang terlalu muluk-muluk.

6a. Keterangannya tidak punya dasar pikiran yang bisa diterima umum.
  b. Keterangannya tidak berdasarkan pikiran yang bisa diterima umum.
7a. Isi pidatónya kemarin banyak hal-hal yang terselubung.
  b. Pidatónya kemarin banyak berisikan hal-hal yang terse-lubung.
8a. Kota Jakarta mandi dengan cahaya yang gemerlapan.
  b. Kota Jakarta bermandikan cahaya yang gemerlapan.
9a. Dengan punya modal kemauan keras saja, ia berhasil dengan memuaskan.
  b. Dengan bermodalkan kemauan keras saja, ia berhasil dengan memuaskan.
10a. Novel Busye kali ini punya tèma kehidupan rakyat dèsa.
  b. Novel Busye kali ini bertèmakan kehidupan rakyat dèsa.

58. *Ber-kan* vs. *ber-* **(B.34).** Pilihlah kata dalam kurung yang paling tepat!

1. Teman saya (*beristerikan, beristeri*) bangsawan dari negeri seberang. 2. Lebih baik (*beristerikan, beristeri*) satu saja. 3. Sudah lama ibunya (*berhajatkan, berhajat*) anak laki-laki. 4. Karim susah sekali menghadapi isterinya yang (*berhajatkan, berhajat*) terlalu besar itu. 5. Karena ia miskin, semua orang malu (*berfamilikan, berfamili*)nya. 6. Semua orang akan bangga (*berfamilikan, berfamili*) termasyhur seperti Andi itu. 7. Rakyat dibentak kalau diam, tapi kalau bergerak dituduh (*bermótivasikan, bermótivasi*) pólitik. 8. Ia berhasil baik karena (*bermótivasikan, bermótivasi*) besar. 9. Danau (*berdasarkan, berdasar*) dangkal di dekat dèsa kami banyak menghasilkan ikan. 10. Ia dihukum (*berdasarkan, berdasar*) undang-undang yang berlaku. 11. Karena (*bermodalkan, bermodal*) kecil, usahanya tidak begitu pesat perkembangannya. 12. Dengan (*bermodalkan, bermodal*) semangat dan ketekunan, ia berhasil menjinakkan kebuasan kota Jakarta. 13. Peraturan baru pemerintah kelihatannya tidak (*berjiwakan, berjiwa*) falsafah dasar negara. 14. Orang yang (*berjiwakan, berjiwa*) besar lebih tenang menghadapi masalah.

59. *Ber-* vs. *ber-an* **(B.342).** Pilihlah kata dalam kurung yang paling tepat!

1. (*Berhubung, berhubungan*) banyak yang tidak datang, rapat terpaksa diundur. 2. Kemiskinan (*berhubung, berhubungan*) erat dengan tingkat pendidikan. 3. Karena yang (*bersangkut, bersangkutan*) sendiri keberatan, usul Bapak terpaksa tidak dapat diterima. 4. Tidak satu bidangpun yang berdiri sendiri. Semua (*bersangkut, bersangkutan*) satu dengan yang lainnya. 5. Sudah lama saya tidak (*berkirim, berkiriman*) surat ke kampung. 6. Orangtua gadis itu terlalu kolot. (*Berkirim, berkiriman*) surat dengan laki-lakipun anaknya tidak dibolèhkannya. 7. Karena ngeri ia selalu (*berpegang, berpegangan*) pada pegangan tangga itu setiap menuruninya. 8. Di dèsa-dèsa dianggap tidak sopan bila gadis dan

jejaka berjalan (*berpegang, berpegangan*) tangan di depan umum. 9.
Badai dan hujan lebat melanda dèsa kami dalam waktu yang (*bersama,
bersamaan*). 10. Kami akan sangat senang sekali kalau Bapak bisa
datang (*bersama, bersamaan*) isteri Bapak. 11. Kamarnya sudah tidak
terurus lagi. Semua isinya (*bertebar, bertebaran*) di sana-sini. 12.
Anjing dan kucing selalu (*berlawan, berlawanan*), tidak pernah
damai. 13. Orang tidak mau lagi mempercayai peramal itu karena
ramalannya selalu (*berlawan, berlawanan*) dengan kenyataan.

60. *Ter-* vs. root alone (B.41). Pilihlah!

1. Toko kami hari Minggu juga (*buka, terbuka*). 2. Makanan itu kotor
sekali karena sudah beberapa lama (*buka, terbuka*) dan dihinggapi
lalat. 3. Musim panèn sekolah-sekolah di dèsa (*tutup, tertutup*)
karena anak-anak membantu orang tua mereka di sawah. 4. Sayang,
sekolah itu (*tutup, tertutup*) buat pribumi. 5. Pulau Bali tidak
(*masuk, termasuk*) kepulauan Nusa Tenggara. 6. Indónésia (*masuk,
termasuk*) PBB dalam zaman pemerintahan Sukarno. 7. Énak sekali
berbaring di bawah kerindangan pohon itu, ya, sampai kamu (*tidur,
tertidur*) saya lihat. 8. Karena tersesat, saya terpaksa (*tidur,
tertidur*) di atas pohon dalam hutan. 9. Karena alat pengangkutan
tidak (*sedia, tersedia*), hasil pertanian banyak yang terbuang saja.
10. Demi negeri, penduduk (*sedia, tersedia*) mengorbankan milik
mereka. 11. Ia sudah (*biasa, terbiasa*) tinggal di kota besar,
sehingga tidak canggung lagi kelihatannya. 12. Andi sudah (*biasa,
terbiasa*) dengan kehidupan mèwah di kota, sehingga tidak betah lagi
di kampungnya yang serba kekurangan. 13. Dalam segi kehidupan,
orang dèsa jauh (*tinggal, tertinggal*) dibandingkan dengan orang
kota. 14. Kami (*tinggal, tertinggal*) jauh di pedalaman Sumatra. 15.
Setiap warga negara harus (*tunduk, tertunduk*) pada undang-undang
yang berlaku. 16. Ia (*tunduk, tertunduk*) waktu mendengarkan berita
sedih yang melanda kampungnya. 17. Teman saya sampai (*kencing,
terkencing*) ketakutan waktu dikejar harimau tèmpó hari. 18.
Sekalipun sudah dilarang, banyak juga orang yang (*kencing,
terkencing*) dekat kuburan itu. 19. Untunglah ia bisa menguasai
dirinya waktu jatuh, sehingga ia hanya (*duduk, terduduk*) saja. 20.
Orang tidak bolèh (*duduk, terduduk*) saja di restoran itu. Harus
membeli sesuatu. 21. Kuli itu (*bungkuk, terbungkuk*) memikul beban
yang sangat berat. 22. Nènèk saya sudah (*bungkuk, terbungkuk*)
karena dimakan usia.

61. *Ter-*

Langkah 1. *ter-* vs. *di-* (B.42). Pilihlah!

1. Gaji tidak cukup untuk hidup sebulan. Pegawaipegawai (*terpaksa,
dipaksa*) mencari tambahan penghasilan mereka. 2. Waktu Posma (=
perpelóncóan) cama-cami (*terpaksa, dipaksa*) senior mereka melakukan
hal-hal yang tidak masuk akal. 3. Gas beracun di gunung Dièng tidak
berwarna dan tidak berbau sehingga (*terhirup, dihirup*) olèh banyak
pengunjung. 4. Lidah Mustafa (*terbakar, dibakar*) waktu kopi panas
itu (*terhirup, dihirup*)nya. 5. Kolèra berjangkit di daèrah kami.

Setiap orang merasa (*terancam, diancam*). 6. Tadi malam sópir taksi itu (*terancam, diancam*) seorang penumpangnya sehingga ia harus menyerahkan semua uangnya. 7. Sekalipun hari gelap, tiba-tiba sebuah bayangan (*terlihat, dilihat*) olèhnya di balik pohon besar itu. 8. Sebenarnya ia merantau tidak begitu jauh, tapi setiap bulan selalu (*terlihat, dilihat*) ibunya. 9. Ia selalu dicurigai karena namanya sudah lama (*tercatat, dicatat*) sebagai penjahat. 10. Sekalipun semua keperluannya sudah (*tercatat, dicatat*) sebelum ke tókó, masih ada juga yang kelupaan. 11. Sebelum cita-citanya (*tercapai, dicapai*) ia belum akan menikah. 12. Setelah bekerja keras beberapa tahun, akhirnya semua keinginannya berhasil juga (*tercapai, dicapai*)nya. 13. Tidak semua orang (*tergoda, digoda*) olèh godaan yang ada di kota besar. 14. Sekalipun (*tergoda, digoda*) setiap hari olèh iklan kemèwahan hidup, ia tetap hidup sederhana. 15. Sebetulnya saya mau Batik Keris tadi, tapi karena tergesa-gesa (*terbeli, dibeli*) yang mèrek lain. 16. Karena barang ini dulu (*terbeli, dibeli*) dengan harga tinggi terpaksa (*terjual, dijual*) dengan harga tinggi pula. 17. Karena harganya jauh lebih murah daripada di tempat lain, dagangan Pak Ali (*terjual, dijual*) habis dalam beberapa jam saja. 18. "Masa perhiasan itu kautemukan tadi di tong sampah!" --"Mungkin tanpa sengaja (*terbuang, dibuang*) olèh pembantu." 19. Setelah hadiah bekas kekasihnya (*terbuang, dibuang*)nya, baru ia merasa menyesal. 20. Kata orang nasib setiap orang sudah (*tertulis, ditulis*) di telapak tangannya. 21. Sekalipun batu itu (*tertulis, ditulisi*) sudah lebih sepuluh abad yang lalu, masih banyak orang yang bisa membacanya.

Langkah 2. *ter-* vs. *di-kan* (B.42). Pilihlah!

1. Petani (*tergolong, digolongkan*) warga negara yang berpenghasilan sangat kurang. 2. Pembayaran pajak (*tergolong, digolongkan*) menurut besarnya penghasilan merèka. 3. Apa ini dompèt Ali yang hilang itu? Sudah beberapa hari saya lihat (*terletak, diletakkan*) di sini. 4. Obat kuat itu (*terletak, diletakkan*) di atas lemari supaya tidak terjangkau olèh adik. 5. Tidak mungkin alam ini (*tercipta, diciptakan*) begitu saja, pasti ada yang menciptakannya. 6. Konon Hawa itu (*tercipta, diciptakan*) dari tulang rusuk Adam. 7. Program ini (*terbentur, dibenturkan*) pada masalah biaya. 8. Mobilnya terpaksa (*terbentur, dibenturkan*) ke tebing waktu rèmnya putus, sebab di pinggir jalan yang satu lagi (*terbentang, dibentangkan*) jurang yang dalam. 9. Permadani dalam ruang itu tampaknya (*terbentang, dibentangkan*) dengan perhitungan yang baik. Manis sekali kelihatannya. 10. Karena terlalu tergesa-gesa banyak sekali barangnya yang (*tertinggal, ditinggalkan*). 11. Lebih baik kopor ini (*tertinggal, ditinggalkan*) di rumah Ali saja, karena ia selalu ada di rumah. 12. Kau harus bekerja keras. Tidak mungkin pekerjaan itu akan (*terlaksana, dilaksanakan*) dengan sendirinya. 13. Kalau kau tidak ingin kehilangan pekerjaan itu, segala perintah atasanmu harus (*terlaksana, dilaksanakan*) dengan baik. 14. Watak seseorang (*tercermin, dicerminkan*) pada air mukanya. 15. Sekalipun kórupsi tidak bisa (*terbukti, dibuktikan*), akibatnya terasa sekali pada kehidupan bangsa. 16. Sekalipun kesalahannya tidak (*terbukti, dibuktikan*), ia dihukum juga. 17. Semakin hari semakin kuat

(*terjalin, dijalin*) hubungan antara merèka. 18. Mana yang baik, ya, rambut saya ini? (*Terjalin, dijalin*) dua atau satu saja?

Langkah 3. *ter-* vs. *di-* or *di-kan* **(B.42).** Berilah kata-kata dalam kurung imbuhan yang tepat!

1. Semua orang (*haru*) mendengar berita sedih itu. 2. Sekalipun pencurinya licik sekali, pencurian itu berhasil juga (*bongkar*) pólisi. 3. Setiap masalah harus (*lihat*) dari berbagai segi agar dapat (*pecah*) dengan mudah. 4. Rupanya makanan itu ènak sekali. Tidak satupun yang (*sisa*). 5. Orang masih berbantahan apakah manusia ini (*cipta*) begitu saja atau (*cipta*) olèh Sang Pencipta. 6. Dulu saya dengar kamu kan ke luar negeri. Tiba-tiba kok (*cogok*) di sini? 7. Sebagai réalisasi hasil pertemuan pemimpin kedua negara, maka mulai tahun lalu (*jalin*) kerja sama ékónómi antara keduanya. 8. Kasih sayang yang (*curah*) dari seorang ibu tiri biasanya tidak seperti yang (*curah*) ibu kandung. 9. Sekalipun hidup (*sia-sia*) di kota besar, merèka tidak juga (*dorong*) untuk bertransmigrasi. 10. Entah kenapa, anak dari dèsa (*pencil*) itu selalu (*pencil*) teman-temannya. 11. Penjahat itu tidak akan mengaku kalau tidak (*paksa*) dengan berbagai macam siksaan. 12. Kalau melèwati arus deras, perahunya harus (*kendali*) dengan hati-hati sekali. 13. Semenjak ia (*tinggal*) olèh suaminya, kehidupannya kini jauh (*tinggal*) dibandingkan teman-temannya dulu. 14. Jangan masuk-masukkan kelèrèng itu ke dalam mulut. Nanti (*telan*). 15. Kalau obat itu (*telan*) dengan pisang tidak akan terasa pahitnya. 16. Merèka enggan masuk Sekolah Pembangunan karena tidak mau (*jadi*) kelinci percobaan. 17. Setiap kali (*jadi*) malapetaka, mahasiswa selalu (*salah*). 18. Tidak adil rasanya kalau pelamar-pelamar itu (*nilai*) hanya dari ijazahnya saja. 19. Sayang ia meninggal sebelum cita-citanya (*laksana*). 20. Saya tidak mengerti kenapa barang-barang berharga itu (*sia-sia*) begitu saja. Padahal ada yang bersedia membeli merèka juga tidak mau jual.

Langkah 4. *ter-* vs. *ber-* **(B.42).** Pilihlah!

1. Banyak orang (*terkumpul, berkumpul*) di lapangan ingin mendengarkan pidató gubernur. 2. Sekalipun kekayaannya sudah banyak (*terkumpul, berkumpul*), ia masih belum puas juga. 3. Malam Minggu orang-orang (*terdesak, berdesak*) di depan lokèt bióskop membeli karcis. 4. Penduduk asli semakin (*terdesak, berdesak*) ke pedalaman. 5. Kalau hujan turun orang-orang dèsa lebih senang (*terkurung, berkurung*) saja di rumah. 6. Karena hèbatnya blokade musuh, pasukan kami (*terkurung, berkurung*) beberapa hari dalam hutan. 7. Kalong kalau tidur selalu (*tergantung, bergantung*) pada pohon. 8. Penduduk menemukan orang yang bunuh diri itu (*tergantung, bergantung*) di atas sebatang pohon. 9. Langkahnya (*terhenti, berhenti*) ketika tiba-tiba di depannya berdiri orang yang sudah lama dicarinya. 10. Masa tidak bolèh (*terhenti, berhenti*) di depan kuburan Bung Karno itu! 11. Syukurlah hati orang kaya itu (*tergerak, bergerak*) untuk membantu orang miskin. 12. Karena mèdan yang sulit, pasukan kami terpaksa (*tergerak, bergerak*) pelan sekali. 13. Karena diburu harimau, beberapa èkor rusa (*tercerai, bercerai*) dari kelompoknya. 14. Semenjak merèka (*tercerai, bercerai*), kehidupan merèka

masing-masing susah. Maka merèka rujuk lagi. 15. Sebenarnya tempat tinggal merèka tidak (*terpisah*, *berpisah*) terlalu jauh. 16. Tampaknya ia enggan (*terpisah*, *berpisah*) dengan orang tuanya, tapi demi karir apa bolèh buat.

62. *Di-*, *di-kan* vs. *ter-* (B.411). Pilihlah!

1. Discó-discó dan bar-bar a la Amérika atau Erópa kadang-kadang menyebabkan kita (*diingatkan*, *teringat*) pada zaman kólónial. 2. Saya hampir lupa mengembalikan buku itu ke perpustakaan. Untung (*diingatkan*, *teringat*) teman saya. 3. Cara konsumsi Barat ini sekarang telah (*dijalin*, *terjalin*) dalam gaya hidup beberapa golongan masyarakat Indónésia. 4. Semua alat-alat ini harus disimpan baik-baik. Tidak bolèh (*tertinggal*, *ditinggalkan*) begitu saja. 5. Golongan masyarakat discó harus melengkapi dirinya dengan mobil sebagai status sósialnya, tidak bolèh (*ditinggal*, *ditinggalkan*, *tertinggal*) olèh sesamanya. 6. Jangan letakkan barang-barang kecil itu di luar. Harus (*dimasuk*, *dimasukkan*, *termasuk*) ke dalam lemari. 7. Golongan mana sajakah yang (*dimasuk*, *dimasukkan*, *termasuk*) golongan discó? 8. Mobil-mobil mèwah jenis ini (*dilarang*, *terlarang*) Dinas Bèa Cukai masuk ke Indónésia, karena (*dimasukkan*, *termasuk*) barang yang dianggap merusak moral masyarakat. 9. Sandal-sandal dan sepatu buatan setempat tidak dapat (*ditampil*, *ditampilkan*, *tertampil*) karena (*dianggap*, *dianggapkan*, *teranggap*) tidak sesuai dengan suasana. 10. Merèka memakai pakaian-pakaian yang (*dibuatkan*, *terbuat*) dari bahan halus, (*dibuat*, *dibuatkan*, *terbuat*) di Perancis atau Italia. 11. Kadang-kadang kita (*dihadapkan*, *terhadap*) pada keadaan-keadaan yang irónis, dan (*dipaksa*, *dipaksakan*, *terpaksa*) gèlèng-gèlèng kepala melihat orang yang (*dinama*, *dinamakan*, *ternama*) "jet society" itu. 12. Móde yang belum (*dikenal*, *terkenal*) secara menyeluruh olèh masyarakat Eropah lebih dulu (*disebar*, *disebarkan*, *tersebar*) di Jakarta. 13. Sekalipun mobil-mobil mèwah (*dinyatakan*, *ternyata*) sebagai barang (*dilarang*, *terlarang*), namun berhasil juga (*dimasukkan*, *termasuk*) orang-orang tertentu ke Indónésia. 14. Hal itu mungkin (*dijadikan*, *terjadi*) karena adanya dana-dana yang melimpah dan alat transpor módèren yang (*disediakan*, *tersedia*). 15. Baru sekarang (*dipikir*, *dipikirkan*, *terpikir*)nya masalah itu, selama ini tak pernah (*dipikir*, *dipikirkan*, *terpikir*) olèhnya. 16. Orang discó juga gemar akan barang-barang pelengkap yang (*disebut*, *disebutkan*, *tersebut*) "accessories". 17. Hal (*disebut*, *disebutkan*, *tersebut*) tidak perlu (*disebut*, *disebutkan*, *tersebut*) padanya karena saya dengar hal itu sering (*disebut*, *disebutkan*, *tersebut*)nya. 18. Merèka hanya mengunjungi tempat-tempat yang (*ditentukan*, *tertentu*) saja, sekalipun sebenarnya tidak (*ditentukan*, *tertentu*) siapa-siapa. 19. Gaya hidup discó (*dilihat*, *terlihat*) di tengah-tengah masyarakat sekalipun biaya hidup seperti itu sebenarnya tidak (*dijangkau*, *dijangkaukan*, *terjangkau*) olèh penghasilan kebanyakan anggota masyarakat. 20. (*Dilihat*, *dilihatkan*, *terlihat*) dari sudut sósial ékónómi, masyarakat Indónésia tidaklah akan begitu (*dipengaruh*, *dipengaruhkan*, *terpengaruh*), kalau saja gaya hidup discó hanya (*dibatas*, *dibataskan*, *terbatas*) pada golongan minóritas saja. 21. Janganlah

merèka (*dipaksa, dipaksakan̈, terpaksa*), karena apa saja yang (*dipaksa, dipaksakan, terpaksa*) biasanya tidak baik hasilnya. Akan lebih baik kalau merèka merasa (*dipaksa, dipaksakan, terpaksa*) melakukannya. 22. Ia bukan (*ditinggal, ditinggalkan, tertinggal*), tapi èmang sengaja (*ditinggalkan, tertinggal*) teman-temannya. 23. Pantas saja dia kelihatan tidak (*diurus, diuruskan, terurus*), segalanya masih (*diurus, diuruskan, terurus*) orang lain. 24. Tidak ada lagi yang harus (*diurus, diuruskan, terurus*). Semuanya sudah selesai. 25. Kasihan, ya, merèka (*dianiaya, teraniaya*) sekali kelihatannya. Tapi apa bolèh buat, merèka (*dianiaya, teraniaya*) bangsanya sendiri. 26. Permintaannya selalu (*dikabulkan, terkabul*), tetapi permintaan kakaknya jarang (*dikabulkan, terkabul*) ayahnya. 27. Kalau mémang (*dilupakan, terlupa*) tidak apa-apa, asal jangan sengaja (*dilupakan, terlupa*). 28. Tidak usah (*diingat, diingatkan, teringat*) lagi yang sudah berlalu itu. Tapi biasanya mémang (*diingat, diingatkan, teringat*) lagi bila (*diingat, diingatkan, teringat*) orang lain. 29. Ia (*digambar, digambarkan, tergambar*) orang sebagai pria yang gagah berani. Hal itu (*dilukiskan, terlukis*) pada sebuah lukisan yang (*dilukis, dilukiskan, terlukis*) seorang pelukis terkenal, Basuki Abdullah.

63. *Di-* vs. *ke-an* (**B.42**). Rubahlah menurut pola yang diberikan!

1a. Tutilah satu-satunya anak yang disayangi ibu.
 b. Tutilah satu-satunya anak kesayangan ibu.
2a. Satu-satunya yang diingini penduduk dèsa adalah kebèbasan mengeluarkan pendapat.
 b. Satu-satunya keinginan penduduk dèsa adalah kebèbasan mengeluarkan pendapat.
3a. Yang dimau masyarakat dèsa pada umumnya adalah bèbas menentukan nasib sendiri.
 b. Kemauan penduduk dèsa pada umumnya adalah bèbas menentukan nasib sendiri.
4a. Hanya satu itu sajalah sekolah yang dipunyai dèsa ini.
 b. Hanya satu itu sajalah sekolah kepunyaan dèsa ini.
5a. Kami menyanyikan lagu yang dicintai ibu.
 b. Kami menyanyikan lagu kecintaan ibu.
6a. Presidèn akan menerima tamu yang dihormati dari negeri Belanda.
 b. Presidèn akan menerima tamu kehormatan dari negeri Belanda.
7a. Aku tidak bisa melayani segala yang kamu senangi.
 b. Aku tidak bisa melayani segala kesenanganmu.
8a. Oplèt dapat berhenti di mana saja yang dimaui penumpang.
 b. Oplèt dapat berhenti di mana saja kemauan penumpang.
9a. Lukisan Kartika itu banyak meniru gaya yang disukai ayahnya.
 b. Lukisan Kartika itu banyak meniru gaya kesukaan ayahnya.
10a. Permainan yang digemari Hadie adalah main layang-layang.
 b. Permainan kegemaran Hadie adalah main layang-layang.
11a. Yakup merupakan satu-satunya anak yang dipercayai ibunya.
 b. Yakup merupakan satu-satunya anak kepercayaan ibunya.
12a. Sihanouk sajalah yang dimesrai Péking tahun lalu.
 b. Sihanouk sajalah kemesraan Péking tahun lalu.
13a. Hari ini kerja bakti memperbaiki rumah yang didiami lurah.

   b. Hari ini kerja bakti memperbaiki rumah kediaman lurah.
14a. Dia menghidangkan makanan yang saya bosani.
   b. Dia menghidangkan makanan kebosanan saya.

64. *Di-* vs. *ke-an* (B.42).

Langkah 1. Rubahlah menurut pola yang diberikan!

   1a. Rumah kami ditutupi pohon yang rindang.
    b. Rumah kami ketutupan pohon yang rindang.
   2a. Jakarta banyak didatangi para migran dari dèsa.
    b. Jakarta banyak kedatangan para migran dari dèsa.
   3a. Kota Jakarta sekarang dibanjiri gelandangan.
    b. Kota Jakarta sekarang kebanjiran gelandangan.
   4a. Di dèsa perut merèka sering tidak dimasuki apa-apa.
    b. Di dèsa perut merèka sering tidak kemasukan apa-apa.
   5a. Siang nanti dèsa kita akan ditamui seorang pejabat dari
       Jakarta.
    b. Siang nanti dèsa kita akan ketamuan seorang pejabat dari
       Jakarta.
   6a. Penduduk dèsa di pedalaman banyak yang dijangkiti penya-
       akit.
    b. Penduduk dèsa di pedalaman banyak yang kejangkitan penya-
       akit.
   7a. Rapat ini akan dihadiri seorang peninjau.
    b. Rapat ini akan kehadiran seorang peninjau.
   8a. Kepalanya luka karena dijatuhi kalèng bekas temannya.
    b. Kepalanya luka karena kejatuhan kalèng bekas temannya.
   9a. Daèrah perbatasan Malaysia sudah dimasuki gerilyawan
       Muangthai.
    b. Daèrah perbatasan Malaysia sudah kemasukan gerilyawan
       Muangthai.
  10a. Daèrah Glodok sudah dipadati orang-orang Cina.
    b. Daèrah Glodok sudah kepadatan orang-orang Cina.
  11a. Tidak ada tanah kosong lagi di Jakarta.   Semua sudah
       ditempati manusia.
    b. Tidak ada tanah kosong lagi di Jakarta.   Semua sudah
       ketempatan.
  12a. Tanah-tanah gersang di daèrah Jambi sudah ditanami pohon
       cengkèh.
    b. Tanah-tanah gersang di daèrah Jambi sudah ketanaman pohon
       cengkèh.
  13a. Ruangan itu terang sekali setelah disinari lampu seribu watt.
    b. Ruangan itu terang sekali setelah kesinaran lampu seribu
       watt.
  14a. Merèka tidak kebagian tempat karena sudah didului orang-orang
       kaya.
    b. Merèka tidak kebagian tempat karena sudah keduluan
       orang-orang kaya.
  15a. Karena disaingi tèkstil luar negeri, maka pasaran tèkstil
       dalam negeri jatuh.
    b. Karena kesaingan tèkstil luar negeri, maka pasaran tèkstil
       dalam negeri jatuh.

16a. Bantuan itu dihalangi negara-negara imperialis.
  b. Bantuan itu kehalangan negara-negara imperialis.
17a. Rusia dijuluki imperialis sósialis.
  b. Rusia kejulukan imperialis sósialis.
18a. Banyak jalur jalan di kota-kota besar yang tidak boléh dilalui bècak.
  b. Banyak jalur jalan di kota-kota besar yang tidak boléh kelaluan bècak.
19a. Daèrah pedalaman Nias tidak pernah disinggahi mobil.
  b. Daèrah pedalaman Nias tidak pernah kesinggahan mobil.
20a. Sudah sejak dulu Sinabang diduduki orang-orang Belanda.
  b. Sudah sejak dulu Sinabang kedudukan orang-orang Belanda.
21a. Samudra Indónésia banyak didekami pulau-pulau.
  b. Samudra Indónésia banyak kedekaman pulau-pulau.
22a. Kas Pemda Acèh banyak dijejali uang penghasilan daèrah pulau itu.
  b. Kas Pemda Acèh banyak kejejalan uang penghasilan daèrah pulau itu.
23a. Setiap hari Jumat Nyonya Musa dirasuki arwah suaminya.
  b. Setiap hari Jumat Nyonya Musa kerasukan arwah suaminya.
24a. Setiap hari Jakarta ditumpahi tinja yang bukan main banyaknya.
  b. Setiap hari Jakarta ketumpahan tinja yang bukan main banyaknya.
25a. Kematian Haji Musa masih terus dibuntuti kesulitan yang banyak sekali.
  b. Kematian Haji Musa masih terus kebuntutan kesulitan yang banyak sekali.
26a. Bayi itu jarang ditunggui ibunya sehingga sering menangis.
  b. Bayi itu jarang ketungguan ibunya sehingga sering menangis.
27a. Singapura banyak diselundupi pendatang liar dari pulau Bawèan.
  b. Singapura banyak keselundupan pendatang liar dari pulau Bawèan.
28a. Tingkah laku dan bicaranya seperti orang yang disurupi sètan.
  b. Tingkah laku dan bicaranya seperti orang yang kesurupan sètan.

Langkah 2. Pilihlah!

1. Kelakuan seperti itu tidak (*saya senangi, kesenangan saya*). Jangan diulangi lagi! 2. Kami bersama-sama menyanyikan lagu yang menjadi (*disenangi, kesenangan*) ibu. 3. Tingkah laku tuan Yakub persis seperti orang (*dimasuki, kemasukan*) sètan. 4. Rumah itu harus (*dimasuki, kemasukan*) secara diam-diam. 5. Segala macam penjajahan dan kebengisan tidak (*disukai, kesukaan*) bangsa Indónésia. 6. Minuman ini satu-satunya (*disukai, kesukaan*) saya. 7. Terjadinya tindakan kekerasan itu bukan atas (*saya maui, kemauan saya*). Jangan salahkan saya. 8. RRC tidak hanya sekedar mau meminjami. Bahkan membantu sepenuhnya itulah yang (*mereka maui, kemauan mereka*) sebenarnya. 9. (*Dipunyai, kepunyaan*) siapa buku yang tertinggal di kelas kemarin? 10. Perabot rumah tangganya mèwah sekali. Bahkan piring emaspun (*mereka punyai, kepunyaan mereka*). 11. Main layang-layang ini (*digemari, kegemaran*) saya. 12. Ayam

gorèng masakan restoran Madura itu sangat (*digemari, kegemaran*) isteri saya. 13. Tuti tidak pernah (*disayangi, kesayangan*) orangtuanya, sehingga sekarang dia lari mengejar kekasihnya yang menyayanginya. 14. Tuti selalu memperhatikan kebutuhan saya. Sejak itulah Tuti (*saya sayangi, kesayangan saya*) sepenuh hati. 15. Kalau bisa, isteri harus (*dicintai, kecintaan*) selamanya. 16. Sikapnya yang lembut itu lama-lama menimbulkan (*saya cintai, kecintaan saya*) secara diam-diam kepadanya. 17. Ali itu sukar (*kita percayai, kepercayaan kita*). Jangan terlalu dekat dengan dia. 18. Kita harus memberi hadiah lebaran kepada pegawai (*kita percayai, kepercayaan kita*). 19. Bangsa Indónésia menerima kedatangan Présidèn Carter sebagai tamu (*mereka hormati, kehormatan merèka*). 20. Setiap kamu harus (*kita hormati, kehormatan kita*). Jagalah baik-baik harga diri bangsa kita.

65. *Ke-an* vs. statives (B.42). Ubahlah menurut pola yang diberikan!

1a. Anjing saya mati.
  b. Saya kematian anjing.
2a. Begitu selesai pemakaman itu, uang Nyonya Musa habis.
  b. Begitu selesai pemakaman itu, Nyonya Musa kehabisan uang.
3a. Fungsi trótóir di Jakarta sudah hilang.
  b. Trótóir di Jakarta sudah kehilangan fungsi.
4a. Kunci dulu dong pintunya! Nanti pencuri bisa masuk.
  b. Kunci dulu dong pintunya! Nanti bisa kemasukan pencuri.
5a. Kawan bapak datang tadi malam.
  b. Bapak kedatangan kawan tadi malam.
6a. Tamu présidèn akan hadir nanti soré.
  b. Présidèn akan kehadiran tamu nanti sorè.
7a. Patung asli dèsa Ampah hampir punah.
  b. Dèsa ampah hampir kepunahan patung asli.
8a. Beras di pedalaman Nias masih kurang.
  b. Pedalaman Nias masih kekurangan beras.
9a. Kamu tidak bolèh iri kepadanya. Uang Amin lebih sih.
  b. Kamu tidak bolèh iri kepadanya. Amin kelebihan uang sih.
10a. Hutang Ali banyak, sehingga dia bingung sendiri sekarang.
  b. Ali kebanyakan hutang, sehingga dia bingung sendiri sekarang.
11a. Anak Tuti tambah satu lagi.
  b. Tuti ketambahan anak satu lagi.
12a. Rahasia dinas intèl Angkatan Darat Indónésia sudah bocor.
  b. Dinas intèl Angkatan Darat Indónésia sudah kebocoran rahasia.
13a. Darah Yakub campur Belanda sedikit.
  b. Yakub kecampuran darah Belanda sedikit.
14a. Harta benda Cik Rahman sudah cukup.
  b. Cik Rahmaan sudah kecukupan harta benda.
15a. Penumpang bis itu penuh.
  b. Bis itu kepenuhan penumpang.
16a. Tidur Siti nyenyak.
  b. Siti kenyenyakan tidur.
17a. Penyakit paru-paru Kadir berjangkit lagi.
  b. Kadir kejangkitan penyakit paru-paru lagi.
18a. Kandungan Maryati gugur, gara-gara memikirkan cacian itu.
  b. Maryati keguguran kandungan, gara-gara memikirkan cacian itu.

19a. Pikiran gila Cik Rahman hinggap lagi.
  b. Cik Rahman kehinggapan pikiran gila lagi.

66. Stative or passive vs. *ke-an* (B.42). Pilihlah!

1. Mana dompètnya? Kok bisa (*hilang, kehilangan*)? 2. Kamu kok bisa (*hilang, kehilangan*) kunci itu bagaimana, sih? 3. Wah, kamu ini boros! Nanti kalau (*habis, kehabisan*) uang, salahmu sendiri. 4. Kita tidak bisa melanjutkan perjalanan lagi. Bekal kita sudah (*habis, kehabisan*). 5. Dari jauhpun (*didengar, kedengaran*) juga ributnya, sehingga semua tetangga terganggu. 6. Teman saya ini agak tuli sedikit. Mungkin tidak (*didengarnya, kedengaran*) apa yang Bapak katakan tadi. 7. Kopi ini pahit sekali, Bu. Harus (*ditambah, ketambahan*) gula sedikit. 8. Daèrah ini ramai sekali sekarang, sebab baru saja (*ditambah, ketambahan*) beberapa keluarga dari dèsa. 9. Sebetulnya dia orang Jawa. Tapi bahasa dan tingkah lakunya sudah banyak (*dicampuri, kecampuran*) Belanda. 10. Di asrama mahasiswa sini kamar mahasiswa laki-laki dan perempuan (*dicampuri, kecampuran*) saja. 11. Uang itu tadi kan sudah dihitung di sini. Kok bisa (*kurang, kekurangan*) itu bagaimana? 12. Gelandangan yang tinggal di bawah jembatan itu setiap pagi (*jatuh, kejatuhan*) tinja. 13. Tak disangka-sangka buah durian yang sudah masak itu (*jatuh, kejatuhan*) ketika dia lèwat. 14. Petugas bèa cukai itu tidak mau mengembalikan uang (*lebih, kelebihan*) saya. 15. Saya hanya bisa membayar sebanyak yang tertulis di kwitansi saja, Pak, sebab saya tidak punya uang (*lebih, kelebihan*). 16. Binatang liar di hutan-hutan Indónésia sudah hampir (*punah, kepunahan*), sebab terlalu bèbas berburu di sana. 17. Margasatwa dan cagar alam di Ujung Kulon (*punah, kepunahan*) gajah Jawa, karena orang terlalu bèbas berburu. 18. Kalau botol itu (*disumbat, kesumbatan*), airnya akan cepat dingin. 19. Bawalah jaketmu supaya tidak (*dingin, kedinginan*) di puncak gunung nanti. 20. Kopi saya jangan (*ditutup, ketutupan*) supaya cepat (*dingin, kedinginan*). 21. Pakailah payung kalau tidak mau (*panas, kepanasan*)! Udara siang ini mèmang (*panas, kepanasan*) sekali. 22. Dia (*ènak, keènakan*) duduk di bawah pohon itu sampai lupa waktu. 23. Dia (*ènak, keènakan*) saja duduk di bawah pohon itu tanpa alas apa-apa.

67. Ke-an not used with a specific agent (*B.42*). Ubahlah sesuai dengan kata-kata yang diberikan dalam kurung!

1a. Dulu rumah kami ketutupan pohon kayu yang besar. (*pohon kayu yang baru ditebang itu*)
  b. Dulu pohon kayu yang baru ditebang itu menutupi rumah kami.
2a. Kemarin malam rumah Aminah kemasukan pencuri. (*pencuri yang baru saja tertangkap itu*)
  b. Kemarin malam pencuri yang baru saja tertangkap itu memasuki rumah Aminah.
3a. Sekarang kota Jakarta sudah kebanjiran barang-barang mèwah. (*barang mèwah dari luar negeri*)
  b. Sekarang barang mèwah dari luar negeri sudah membanjiri kota Jakarta.

4a. Sudah lama penduduk pedalaman Nias kejangkitan penyakit anèh. (*penyakit malaria itu*)
 b. Sudah lama penyakit malaria itu menjangkiti penduduk pedalaman Nias.
5a. Sejak tahun lalu rumah ini ketempatan mahasiswa asing. (*si Jon*)
 b. Sejak tahun lalu si Jon menempati rumah ini.
6a. Rumah kami sering kedatangan tamu. (*si Ketut*)
 b. Si Ketut sering mendatangi rumah kami.
7a. Tadi kepala saya kejatuhan buah mangga. (*cecak yang sedang bercumbu*)
 b. Tadi cecak yang sedang bercumbu menjatuhi kepala saya.
8a. Tadi malam rapat dèsa di Kelurahan Sélosari kehadiran seorang tamu dari luar negeri. (*Pak Santoso*)
 b. Tadi malam Pak Santoso menghadiri rapat dèsa di Kelurahan Sélosari.
9a. Mungkin orang itu sedang kerasukan sétan. (*arwah ayahnya yang baru saja meninggal*)
 b. Mungkin arwah ayahnya yang baru saja meninggal merasuki orang itu.
10a. Dalam perjalanan menuju gunung Bromo kemarin, saya kedahuluan orang lain. (*si Nyoman*)
 b. Dalam perjalanan menuju gunung Bromo kemarin si Nyoman mendahului saya.
11a. Suami Aminah sudah ketularan Pak Mardi; setiap malam ia berjudi. (*Pak lurah*)
 b. Pak lurah sudah menulari suami Aminah; setiap malam ia berjudi.
12a. Sialan! Baju baru saya keludahan si Bobi. (*isteri saya*).
 b. Sialan! Isteri saya meludahi baju baru saya.
13a. Pejabat tinggi itu selalu kedampingan sekretaris pribadinya ke mana saja ia pergi. (*si Ketut*)
 b. Si Ketut selalu mendampingi pejabat tinggi itu ke mana saja ia pergi.
14a. Tiap bulan dèsa Jabung kesinggahan tamu dari luar negeri. (*bekas lurahnya*)
 b. Tiap bulan bekas lurahnya menyinggahi dèsa Jabung.

68. Per- vs. -kan with adjective (B.51). Beri imbuhan jika dapat!

1. Rumah saya akan saya (*besar*) lagi dengan menambah kamar tidur di sebelah selatannya. 2. Saya (*besar*) olèh nènèk saya, karena ibu saya meninggal. 3. Meréka tidak pernah (*indah*) nasèhat gurunya. 4. Kamar ini akan saya (*indah*) dengan beberapa hiasan dinding. 5. Kontrak kerjanya (*panjang*) satu tahun lagi. 6. Kalau rambutnya (*panjang*) seperti ini, dia tampak lebih cantik. 7. Saya belum bisa (*pèndèk*) celana panjang. 8. Jangan merokok terlalu banyak! Itu sama saja dengan (*pèndèk*) umur. 9. Kapan kamu (*dalam*) ilmu pengajaran bahasa itu? 10. Sungai ini bisa dilalui kapal karena cukup (*dalam*) dan tak perlu (*dalam*) lagi. 11. (*Kenal*), Pak, nama saya Mahmud. 12. Meskipun kamar tidurnya sudah cukup (*luas*), tapi masih mau meréka (*luas*) lagi. 13. Normalisasi kampus (*sempit*) aktivitas mahasiswa. 14. Aktivitas mahasiswa yang terbatas itu masih (*sempit*) olèh

adanya normalisasi kampus. 15. Pacar saya membelikan baju terlalu besar, sehingga harus (*kecil*). 16. Kerugian negara hanya bisa (*kecil*) dengan cara menyingkirkan pejabat-pejabat yang berhobby korupsi. 17. Jangan suka (*jelèk*) orang lain, ya! 18. Kepercayaanku ini makin (*tebal*) pula olèh tingkah laku orangtuaku yang bergaya Belanda. 19. Kita harus (*tebal*) iman kita masing-masing. 20. Bedak cap Viva sanggup (*cantik*) wajah anda. 21. Dia (*sulit*) pemerintah, sehingga sulit baginya untuk bisa pergi ke luar negeri. 22. Sebaiknya soal-soal ujian tahun ini kita (*sukar*). Tahun lalu murid-murid merasa tidak sukar. 23. Ia (*halus*) wajahnya yang sudah halus itu dengan sabun Lux. 24. Masa (*runcing*) potlot saja kok tidak bisa. 25. Jangan suka (*runcing*) keadaan! Bisa ditangkap Opstib kamu nanti.

69. Per- (B.51). Buatlah pertanyaan dengan memakai apa atau siapa dan kata kerja dengan per-!

1a. Orang itu sedang berkenalan.
 b. Siapa yang memperkenalkan merèka itu?
2a. Orang itu sedang sibuk bersiap-siap.
 b. Apa yang dipersiapkannya?
3a. Semua makanan sudah siap.
 b. Siapa yang mempersiapkannya?
4a. Banyak pejabat pemerintah yang berselish setelah Knop 15.
 b. Apa yang merèka perselisihkan?
5a. Akhirnya Ali Sadikin dan pemerintah berdamai juga.
 b. Siapa yang memperdamaikan meréka?
6a. Setelah Ópstib gagal, mereka bermusyawarah lagi.
 b. Apa yang meréka permusyawarahkan?
7a. Barang itu barangkali bisa berguna.
 b. Siapa yang bisa mempergunakannya?
8a. Alat ini tidak berguna untuk bangunan rumah Ali.
 b. Apa yang dipergunakannya?
9a. Merèka sedang asyik bercakap-cakap.
 b. Apa yang merèka percakapkan?
10a. Nyatanya banyak juga orang yang berani bercakap-cakap tentang kecurangan présidèn.
 b. Siapa yang berani mempercakapkannya?
11a. Rupanya merèka itu sedang bertengkar.
 b. Apa yang merèka pertengkarkan?
12a. Banyak yang bertengkar pendapat mengenai cara pemberantasan kórupsi di Indónésia.
 b. Siapa yang mepertengkarkannya?
13a. Pada tahun 1966 mahasiswa berjuang mati-matian.
 b. Apa yang diperjuangkannya?
14a. Kemerdèkaan negara tercapai sesudah berjuang mati-matian selama 350 tahun lebih.
 b. Siapa yang memperjuangkannya?
15a. Merèka sedang ramai berdèbat.
 b. Apa yang merèka perdèbatkan?
16a. Jangan suka berdèbat tentang agama. Itu hanya Tuhan saja yang tahu.
 b. Siapa yang memperdèbatkannya?

17a. Pasukan perbatasan Malaysia bertahan di dèsa Kroh.
  b. Apa yang mereka pertahankan?
18a. Setelah bertahan gigih dari serangan musuh, akhirnya daèrah itu bisa direbut.
  b. Siapa yang mempertahankan?
19a. Cik Rahman sedang berbincang-bincang dengan isterinya.
  b. Apa yang mereka perbincangkan?
20a. Pengantin laki-laki akan bertemu pengantin perempuan pada pèsta nanti malam.
  b. Siapa yang mempertemukannya?
21a. Biasanya banyak orang berdagang di sini.
  b. Apa yang mereka perdagangkan?
22a. Dilarang berdagang tèkstil di pasar ini.
  b. Siapa yang memperdagangkannya?
23a. Pasar ini ramai dengan orang yang sedang berjual-beli.
  b. Apa yang mereka perjual-belikan?
24a. Di negara manapun dilarang berjual-beli budak.
  b. Siapa yang memperjual-belikannya?
25a. Ali dan Norton akan bertanding nanti malam.
  b. Apa yang mereka pertandingkan?

70. Per-kan vs. -kan (B.51). Berilah imbuhan kata-kata dalam kurung!

1. Dia senang (*lihat*) kepandaiannya berdandan. 2. Saya (*lihat*) dia pandai berdandan. 3. Kalau hiasan itu jelèk, jangan (*lihat*) orang lain, dong! 4. Kerjanya hanya (*main*) temannya saja. 5. Kerjanya hanya (*main*) pianó saja. 6. Dia (*main*) peranan penting dalam sandiwara itu. 7. Kita harus (*hati*) semua keterangan guru. 8. Banyak tenaga ahli RRC yang (*bantu*) di negara-negara berkembang. 9. Kita wajib (*bantu*) orangtua kita masing-masing. 10. Rudy Hartono berhasil (*tahan*) gelar juara All England untuk yang kedelapan kalinya. 11. Juara (*tahan*) tinju kelas berat masih tetap dipegang olèh Muhammad Ali. 12. Banyak di antara mahasiswa dèmonstran yang (*tahan*) polisi. 13. Karena takutnya, prèsidèn memakai pakaian (*tahan*) peluru. 14. Saya sama sekali tidak (*kira*) kalau saya bisa ke Amérika. 15. Penghasilan bersih para pengumpul puntung rokok (*kira*) rata-rata Rp 500 sehari. 16. Anak-anak, pelajaran pertama hari ini adalah (*hitung*). 17. Sebelum bertindak untung ruginya harus kita (*hitung*) dulu. 18. Kalau (*hitung*) uang jangan sampai terjadi salah (*hitung*). 19. Nanti malam saya mau (*ton-ton*) wayang orang. 20. Kalau musim panas banyak cèwèk yang (*ton-ton*) bentuk tubuhnya. 21. Alat ini (*untuk*) apa, Pak? 22. Ini hadiah khusus yang (*untuk*) buat Mas Sinder Asem. 23. Pakaian modèl Bali susah (*olèh*) di sini. 24. Sialan benar hari ini! Berdagang sehari penuh tidak (*olèh*) untung sepèsèrpun. 25. Kemerdèkaan bangsa dan negara harus (*juang*) sampai titik darah yang penghabisan. 26. Para generasi muda sedang giat (*juang*) hak-hak azasi manusia. 27. Kelihatannya mobilnya tidak ada bèdanya dengan mobil saya. Tapi sebenarnya (*bèda*). 28. Anak kecil belum bisa (*bèda*) mana yang salah dan mana yang benar. 29. Kedua terdakwa (*salah*) telah mencuri sepotong ayam gorèng di warung Pak Amat. 30. Kita harus (*tindak*) adil. Siapa yang (*salah*) harus (*salah*), dan siapa yang (*benar*) harus (*benar*).

31. Saya hèran setiap hari merèka (*selisih*). Entah apa yang merèka (*selisih*). 32. Sesudah pekerjaan itu (*siap*), barulah kalian bolèh (*siap*) pekerjaan lainnya. 33. Para tamu (*sila*) duduk. 34. Knop 15 baru akan (*laku*) tanggal 16 Nópèmber 1978. 35. Para petugas bèa cukai sering (*laku*) para turis secara tidak wajar. 36. Peraturan itu belum (*laku*). Saya tidak mau (*laku*) seperti ini. 37. Kalau tidak ada hal penting yang perlu (*cakap*), tak usah (*cakap*) sajalah. 38. Saya (*dengar*) dia belum pernah (*dengar*) lagu itu. Bagaimana kalau nanti kita (*dengar*) kepadanya? 39. (*Dengar*) anak-anak! Bu guru mau bercerita. 40. Meskipun dia mèmang (*bodoh*), tapi jarang (*bodoh*) orang lain. 41. Jangan (*bodoh*) orang lain! Mungkin dia cuma berpura-pura (*bodoh*) saja. 42. (*Kerja*) hitungan ini dulu sebelum (*kerja*) soal-soal ilmu bumi. 43. Kalau mau (*kerja*) seseorang, carilah yang pernah (*kerja*) di bidang yang sana. 44. Siapa yang (*tanya*) itu lagi? Itu kan tadi sudah (*tanya*) Amin! 45. Jangan (*takut*). Tak ada yang perlu (*takut*).

71. Ber- vs. per-kan (B.51). Berilah imbuhan kalau bisa!

1. Merèka semua sudah (*siap*) di lapangan. 2. Semua bahan kuliah harus (*siap*) secara matang. 3. Marilah kita (*juang*) demi kebenaran dan keadilan. 4. Wahai generasi muda! (*juang*) hak-hak azasi manusia sampai benar-benar terwujud. 5. Rupanya merèka sedang (*selisih*). Tapi tak tahulah apa yang merèka (*selisih*). 6. Dia terkenal banyak (*cakap*). Dia mèmang suka (*cakap*). 7. Masalah kórupsi itu telah banyak (*cakap*) orang. 8. Moh. Roem dan Moh. Hatta pernah (*runding*) di gedung ini. 9. Para pengurus RT akan (*musyawarah*) lagi minggu depan. 10. Saya kira hal ini tidak perlu (*musyawarah*) lagi. 11. Para tamu (*sila*) duduk (*sila*) di lantai. 12. Jangan minta (*henti*) sekarang! Kami nanti bisa-bisa (*henti*) dengan tidak hormat. 13. (*Guna*) waktumu sebaik-baiknya dengan mengerjakan sesuatu yang (*guna*). 14. Saya belum (*kenal*) dia. Saya ingin (*kenal*) dengannya. Lalu saya (*kenal*) teman saya kepadanya. 15. Beliau (*bolèh*) saya merokok, meskipun sebenarnya tidak (*bolèh*) di sini. 16. Pesan Jèndral Sengkuni: "(*tahan*) daèrah ini sampai betul-betul kalian tak mampu lagi (*tahan*). Baru kemudian lari" 17. Masalah penipuan itu telah (*dèbat*) kemarin olèh orang yang suka (*dèbat*). 18. Segala sesuatu tindakan harus (*hitung*) dulu untung ruginya. 19. "(*Hitung*) jumlah ini dengan ini, Min," kata Pak Guru dalam pelajaran (*hitung*) tadi. 20. Ia orang (*dagang*). Semua barangnya akan (*dagang*). Tapi anaknya tidak bisa (*dagang*). 21. Saya sering (*main*) orang itu. 22. Dalam drama itu dia (*main*) baik sekali. 23. Jam berapa filmnya (*main*), Mas? 24. Bukan (*main*) pandainya dia (*main*) orang lain. 25. Siapa yang (*laku*) tidak adil harus (*laku*) secara tidak adil pula.

72. Per-kan vs. -kan (B.51). Berilah imbuhan yang diperlukan!

1. (*Dengar*) lagu itu baik-baik! 2. Titiek Puspa (*dengar*) suara merdunya dalam fèstival lagu-lagu pop semalam. 3. Pada musim panas banyak cèwèk yang suka (*lihat*) kemolèkan tubuhnya. 4. Kalau ke sekolah, tolong sekaliannya (*lihat*) nomor ujian saya, ya, Dul. 5. Jangan (*kerja*) orang yang helum punya pengalaman. Tak ada hasilnya

nanti. 6. Sebelum tugas ini kamu (*kerja*), saya tidak akan memberi gaji. 7. Dalam sandiwara itu dia (*main*) peranan penting. 8. Jangan suka (*main*) orang lain. Kamu nanti pasti akan (*main*) juga. 9. Katakèsmus itu bisa (*bodoh*) orang. 10. Kurangilah kebiasaanmu (*bodoh*) orang lain. Itu tidak baik. 11. Kalau sampai di Sidoarjo tolong (*ingat*) saya, ya. Saya mau beli bandeng asep. 12. Mestinya merèka (*ingat*) dulu. Kalau membandel, Baru kemudian ditindak. 13. Polisi tidak bolèh (*laku*) para tahanan pólitik secara sewenang-wenang. 14. Pemerintah tidak bisa (*laku*) tindakan pencegahan inflasi dan kórupsi. 15. Kekurangan gaji Saudara baru akan bisa (*hitung*) tahun depan. 16. Mat, bapak itu mau beli tègel lima ribu. Tolong (*hitung*), ya! 17. Setiap orang selalu berusaha (*tahan*) kedudukan masing-masing, supaya bisa (*tahan*) lama. 18. Kenapa soal itu (*tanya*) lagi dalam sidang ini? Ini sudah kita bahas. 19. Dia sering (*tanya*) HR-nya yang sudah terlambat dua bulan itu. 20. Ia pergi ke rumah sakit untuk (*timbang*) bayinya. 21. Apakah rencanamu itu sudah kamu (*timbang*) masak-masak? 22. Sebelum di sini ini saya (*bantu*) di Kantor Kas Negara. 23. Pertandingan bulu tangkis itu untuk (*rebut*) piala Thomas. 24. Dia mau (*bunga*) uangnya melalui kóperasi dèsa. 25. Bosan, ah! Jangan (*cakap*) lagi hal itu. 26. Semua barangnya itu akan (*dagang*) lagi. 27. Kenapa masalah ini mau (*dèbat*) lagi? 28. Adiknya disuruh (*hitung*) uangnya, sebab dia sendiri tidak tahu hitungan. 29. Ia tidak pernah (*hitung*) masa depannya. 30. Pemerintah (*kira*) 10.000 turis asing akan mengunjungi Indónésia tahun depan.

73. Di-, di-kan, diper-kan, vs. men-, (B.212, B.51). Pilihlah!

1. Tenaga-tenaga ahli Cina yang (*diperbantukan, membantu*) pada proyèk Tanzam ini diberi gaji sama besarnya dengan gaji yang berlaku setempat. 2. Tenaga-tenaga ahli yang (*diperbantukan, membantu*) ke Tanzania ini ditugaskan untuk (*diperbantukan, membantu*) pembangunan jalan kerèta api di negeri tersebut. 3. Jurang antara negara-negara berkembang dengan negara-negara industri makin lama makin (*dalam, diperdalam*). 4. Walaupun sumur itu sudah (*dalam, diperdalam*) tetapi masih belum keluar juga airnya. 5. Dirèktur muséum itu barangkali tidak merèlakan patung tersebut (*pulang, dipulangkan*) ke negeri asalnya. 6. Para tukang jamu itu telah berjanji bahwa merèka tidak akan (*pulang, dipulangkan*) sebelum hari lebaran. 7. Pinjaman-pinjaman itu selalu dengan jangka waktu mengangsur cukup lama dan (*sesuai, disesuaikan*) dengan keadaan negara peminjam. 8. Sandal-sandal maupun sepatu-sepatu buatan dalam negeri tidak bisa ditampilkan karena dianggap tidak (*sesuai, disesuaikan*) dengan kebudayaan discó. 9. Sebagai suatu negara yang sedang berkembang Cina menganggap (*perlu, diperlukan*) membantu negara-negara lain yang senasib. 10. Kaum Kuómintang yang sudah tidak (*perlu, diperlukan*) lagi itu akhirnya ditentang dan ditendang ke Taiwan. 11. Tanpa (*mengingat, diperingatkan*) keadaan negerinya sendiri yang morat-marit, RRC tetap merasa perlu membantu negara-negara berkembang di bidang ékónómi dan tèhnik. 12. Dia sebenarnya sudah beberapa kali (*mengingat, diperingatkan*) agar jangan berjualan di daèrah itu, akhirnya sekarang kena batunya karena kalungnya dijambrèt orang.

13. Polisi yang mengurus perkara penyelèwèngan bantuan Cina itu menemui jalan buntu karena tidak terdapat bukti-bukti yang (*jelas, diperjelas*). 14. Uraian Terrill tentang strategi Cina di dunia ini (*jelas, diperjelas*) lagi dengan bukti-bukti yang menunjukkan hal itu. 15. Dalam périóde 1975-1979 jumlah bantuan ini akan (*membesar, diperbesar*) menjadi dua kali lipat dari bantuan périóde sebelumnya. 16. Nyala api itu makin lama makin (*membesar, diperbesar*) sehingga dalam sekejap habislah bangunan itu. 17. Jurang pemisah antara Cina dan Rusia ini makin (*lèbar, diperlèbar*) dengan timbulnya perselisihan merèka mengenai masalah Kamboja. 18. Jalan ini kan sudah cukup (*lèbar, diperlèbar*), mengapa mau (*lèbar, diperlèbar*) Lagi? 19. Karena tidak pernah diobati, luka di kakinya itu makin lama makin (*melèbar, diperlèbar*). 20. Walaupun sudah (*banyak, diperbanyak*) negara-negara berkembang yang dibantunya, tetapi demi penanaman pengaruhnya, Maó masih berhasrat untuk menambahnya lagi. 21. Meskipun gaji merèka sudah (*banyak, diperbanyak*) sedikitnya 25 persèn, merèka tidak mau dikirimkan ke negara itu. 22. Dengan hanya berbekal kemauan dan kerja keras tukang jamu itu (*datang, didatangkan*) ke ibukota mengadu untung. 23. Merèka (*datang, didatangkan*) pemerintah Tanzania dalam rangka kerja sama negara tersebut dengan Cina. 24. Dengan mudah Jepang dapat (*kalah, dikalahkan*) setelah kaum Cina kómunis mau merangkul sahabatnya kaum nasiónalis. 25. Dalam perjudian itu dia (*kalah, dikalahkan*) banyak sekali, sehingga tanah yang telah didiaminya berketurunan itu terpaksa dijual. 26. Ahli-ahli Cina itu terpaksa dipulangkan kembali karena merèka tidak mau (*tunduk, ditundukkan*) terhadap ketentuan-ketentuan yang berlaku di negara setempat. 27. Viètnam Selatan dengan mudah berhasil (*tunduk, ditundukkan*) setelah negara itu tidak mendapat bantuan dari Amérika. 28. Mulyati masih senang hidup sendirian, karena dengan demikian, menurut cèwèk itu, dia (*bèbas, dibèbaskan*) melakukan segala sesuatu tanpa seorangpun yang menghalanginya. 29. Karena tidak terdapat bukti-bukti yang menyatakan bahwa tukang bakso itu yang melakukan penjambrètan, maka hakim memutuskan agar orang tersebut (*bèbas, dibèbaskan*). 30. Dengan putusnya hubungan diplómatik dengan negara-negara di Afrika, maka (*hilang, dihilangkan*) sudah harapan Cina untuk menanamkan pengaruhnya di benua itu. 31. Dengan sengaja cincin pertunangan itu (*hilang, dihilangkan*), karena mèmang sejak semula gadis itu tidak menyukai calon suaminya. 32. Karena dia terkenal sebagai tukang pijit yang mahir, banyak orang-orang yang (*pijit, dipijit*) ke rumahnya.

74. *Per-kan* vs. *-kan* (B.51). Lengkapilah kata-kata dalam kurung dengan imbuhan jika dapat!

1. Jèndral Nasutionlah pemimpin Indónésia yang dulu paling gigih (*juang*) pemberantasan kórupsi. 2. Éksistènsi Rèpublik Indónésia harus (*selamat*) lebih dulu, sehingga gerakan antikorupsipun terpaksa mengalah. 3. Jèndral Nasution (*kira*) bahwa Operasi Budhi telah berhasil menyelamatkan uang negara sebanyak Rp 11 milyar. 4. Keadaan kemelut semacam itu (*guna*) olèh para pemberontak untuk menggerogoti eksistènsi Rèpublik. 5. Terlalu jauh memberantas kórupsi pada waktu itu akan berarti (*taruh*) èksistènsi Rèpublik. 6.

Keamanan negara harus (*taruh*) pada tingkatan teratas dalam susunan prióritas; hal-hal lain harus dinomorduakan. 7. Soekarno sendiri yang (*tegas*) bahwa prèstise dirinya lebih penting dari terhapusnya kórupsi di Indónésia. 8. Sudomo ternyata mèmang sedikit banyak (*terus*) usaha Nasution sebelumnya. 9. ABRI waktu itu tidak mau membiarkan Présidèn (*singkir*). 10. Sudomo datang ke rumah Nasution dengan maksud (*temu*) pendapat mereka yang seolah-olah berbèda itu. 11. Akhirnya Sudomo (*temu*) jalan untuk memberantas kórupsi, yaitu dengan melancarkan Opstib. 12. Walaupun Sudomo menghormati Ali Sadikin, rupanya beliau tidak mau (*kerja*) dia dalam Opstib. 13. Tak banyak yang dapat (*kerja*) Nasution sebagai Menkó Hankam-Kasab. 14. Kedatangan Sudomo ke kediaman Nasution hendak (*tanya*) maksud pernyataan Jèndral tersebut. 15. Bahwa prèstasi Présidèn sangat penting tidak usah (*tanya*) lagi, demikian kata Soekarno.

75. -Nya (B.61). Beri imbuhan dan -*nya* jika perlu!

1. Selama (*kobar*) révolusi kebudayaan di RRC, bantuannya kepada negara lain jauh berkurang. 2. Dengan (*jatuh*) AS di Vietnam Selatan, bagi Cina musuh terbesar sekarang adalah Rusia. 3. Rangsangan ékónómi bagi (*cipta*) urbanisasi mèmang sangat kuat. 4. Dengan (*laku*) usaha-usaha itu, maka fèstival Jakarta akan jadi lebih bermutu. 5. Gubernur Kalimantan Selatan melarang (*angkut*) benda-benda budaya Dayak. 6. Akibat (*berat*) beban Tuan Yakup, sampai-sampai dia jadi setengah gila. 7. Di sinilah tempat (*santai*) para pejabat kita setiap malamnya. 8. Akibat dari (*alih*) pandangan Cina itu, maka kedua negara raksasa dunia itu jadi kebingungan sendiri. 9. Pejabat sih ènak saja ngomongnya. Rakyat kecil itu yang kasihan, karena mereka hanya kebagian (*dengar*) dan (*bayar*) saja. 10. Sesudah (*angkut*) jenazah itu ke pemakaman, keadaan rumah itu jadi sepi. 11. Harapanmu itu sama seperti mengharap (*datang*) hujan di musim kemarau. 12. Akibat (*banyak*) para transmigran yang pulang kembali ke Jawa, maka program transmigrasi dibubarkan. 13. (*Merosot*) harga pasaran karèt itu sangat menggelisahkan hati petani karèt di Jambi. 14. Susah sekali mencari pekerjaan di Indónésia, sebab sangat tergantung (*ada tidak*) kónèksi dan uang pelicin. 15. Akibat (*jadi*) peristiwa itu, maka perpelóncóan dinyatakan dilarang di seluruh Indónésia. 16. Dokter itu berusaha keras demi (*henti*) pendarahan si pasiènnya. 17. (*Henti*) mobil di depan itu mengakibatkan macetnya lalu lintas di jalan ini. 18. AS bersedia membantu negara mana saja bagi (*bèbas*) mereka dari belenggu penjajahan. 19. Langkah ini hanya bertujuan demi (*hasil*) usaha perbaikan dan peningkatan gizi makanan bayi. 20. Sebenarnya semu rakyat kecil beruntung berkat (*laku*) peraturan baru itu. 21. Dengan (*ada*) Knop 15 maka sebagian besar rakyat Indónésia akan menjadi semakin menderita hidupnya. 22. Kita tidak tahu sejak kapan (*muncul*) problém itu. 23. Dengan (*pilih*) Darsono sebagai menteri penerangan olèh présidèn, maka kekosongan itu sudah tertutup lagi. 24. Akibat (*angkat*) Andi menjadi ketua asrama, semua penghuni asrama memprotès menantangnya. 25. Marilah kita berjuang demi (*singkir*) para pejabat kórup di negeri kita ini. 26. Kegagalan usaha transmigrasi yang pertama itu mengakibatkan (*kurang*) minat penduduk pedèsaan untuk ikut bertransmigrasi. 27. Jelaslah bahwa

impor tèkstil itu akan menyebabkan (*pukul*) próduksi dan pasaran tèkstil dalam negeri. 28. Semua orang bercita-cita dan berusaha demi (*wujud*) kesejahteraan dan kebahagiaan hidup masing-masing.

76. Verb transformed into verb plus -*nya* (B.61). Lengkapanlah kalimat-kalimat yang dikurung!

    1a. Hasil pisang daèrah Jambi melimpah, karena itu membawa suatu masalah bagi pemerintah daèrah. (*Yang membawa suatu masalah...*)
     b. Yang membawa suatu masalah bagi pemerintah daèrah adalah melimpahnya hasil pisang daèrah itu.
    2a. Sarana angkutan terbatas sehingga pengangkutan membutuhkan waktu lama. (*Pengangkutan membutuhkan waktu lama disebabkan...*)
     b. Pengangkutan membutuhkan waktu lama disebabkan terbatasnya sarana angkutan.
    3a. Usaha pemasaran akan dilancarkan terus sehingga nasib rakyat Jambi dapat diperbaiki. (*Dengan...*)
     b. Dengan terus dilancarkannya usaha pemasaran, nasib rakyat Jambi dapat diperbaiki.
    4a. Penduduk Jambi bertambah dengan pesat akibat transmigrasi. (*Transmigrasi menyebabkan...*)
     b. Transmigrasi menyebabkan bertambahnya penduduk Jambi dengan pesat.
    5a. Distribusi penduduk di kedua daèrah itu tidak seimbang dan hal itu menimbulkan masalah baru pula. (*Masalah baru timbul akibat...*)
     b. Masalah baru timbul akibat tidak seimbangnya distribusi penduduk di kedua daèrah itu.
    6a. Mayoritas penduduk itu terancam lapangan hidupnya karena harga karèt merosot. (*Dengan...*)
     b. Dengan merosotnya harga karèt, mayoritas penduduk itu terancam lapangan hidupnya.
    7a. Tanaman tradisiónil Jambi diremajakan dengan bantuan Bank Dunia. (*Bantuan Bank Dunia terlihat dengan...*)
     b. Bantuan Bank Dunia terlihat dengan diremajakannya tanaman tradisiónil Jambi.
    8a. Pemasaran hasil produksi masih terancam karena pengangkutan masih sulit. (*Ancaman hasil produksi berasal dari...*)
     b. Ancaman hasil produksi berasal dari masih sulitnya pengangkutan.
    9a. Rakyat menderita karena undang-undang darurat berlaku. (*Penderitaan rakyat disebabkan...*)
     b. Penderitaan rakyat disebabkan berlakunya undang-undang darurat.

77. Verb or noun with *peN-* vs. *ter-verb-nya* or *ber-verb-nya* (B.61 and B.622). Pilihlah!

1. Buku bajakan itu telah membanjiri pasaran sejak (*melakukan, berlakunya*) undang-undang darurat. 2. Karangan yang ditulisnya

sejak (*pencapaian, tercapainya*) kemerdèkaan RI 17 Agustus 1945 itu belum juga diterbitkan. 3. Usaha (*pencapaian, tercapainya*) kemerdèkaan bangsa itu telah dimulai sejak tahun 1920. 4. Sebelum (*pendirian, berdirinya*) Rèpublik Indónésia, banyak terdapat kerajaan di tanah Jawa. 5. Maksud (*pendirian, berdirinya*) mónumèn itu ialah untuk mengenang dan menghormati pahlawan kemerdèkaan kita. 6. Kómisi ini bertugas merancang undang-undang (*pemilihan, terpilihnya*) présidèn. 7. Akibat (*pemilihan, terpilihnya*) Suklowor sebagai menteri pertahanan, di setiap kampung didirikan sekolah militèr. 8. Usaha (*pemberantasan, terberantasnya*) kórupsi di kalangan atas susah dilaksanakan. 9. Perpustakaan umum harus dilaksanakan demi (*pemberantasan, terberantasnya*) buta huruf di kalangan kaum muda. 10. Jenazah akan segera dikebunikan tanpa menunggu (*pengumpulan, berkumpulnya*) semua anak cucu. 11. Siapa yang menangani urusan (*pengumpulan, berkumpulnya*) dana bencana alam itu? 12. Oknum yang melakukan (*pembunuhan, terbunuhnya*) terhadap anak jèndral itu sudah berhasil diringkus. 13. Keris Empu Gandring menyebabkan (*pembunuhan, terbunuhnya*) lima orang raja secara berturut-turut. 14. Sering terjadinya penyelèwèngan di pihak atasan itu mengakibatkan (*pengobaran, berkobarnya*) api kemarahan rakyat. 15. Prèsidèn Soekarno pandai melakukan (*pengobaran, berkobarnya*) semangat rakyat melalui setiap pidatónya. 16. Upacara (*pengibaran, berkibarnya*) bendèra setengah tiang dilakukan untuk menghormati kepala negara yang meninggal semalam. 17. Para pahlawan berjuang dengan segala jiwa raga demi (*pengibaran, berkibarnya*) sang Saka Mèrah Putih di persada tanah air Indónésia. 18. Sudah wajar kalau penguasa melakukan usaha (*penyingkiran, tersingkirnya*) terhadap golongan ópósisi. 19. Merèka berusaha mati-matian sampai (*penyingkiran, tersingkirnya*) semua lawan pólitiknya. 20. Semua anak isteri Bung Karno tidak sudi menghadiri upacara (*pemugaran, terpugarnya*) makam Bung Karno di Blitar.

78. Noun root (*C.3 and B.6ff.*). Ubahlah kalimat di bawah ini menurut pola yang diberikan!

1a. Barang yang dihasilkan pabrik itu baik mutunya.
 b. Barang hasil pabrik itu baik mutunya.
2a. Anjuran yang diamanatkan présidèn harus dijalankan.
 b. Anjuran amanat présidèn harus dijalankan.
3a. Hadiah yang dianugerahkan raja itu berupa topi emas.
 b. Hadiah anugerah raja itu berupa topi emas.
4a. Tanggungan yang dibebankan Amin berat sekali.
 b. Tanggungan beban Amin berat sekali.
5a. Dongèng yang diceritakan ayah kemarin menarik sekali.
 b. Dongèng cerita ayah kemarin menarik sekali.
6a. Film yang dikatakan Aminah kemarin tidak diputar lagi.
 b. Film kata Aminah kemarin tidak diputar lagi.
7a. Korban jiwa yang diakibatkan perang Vietnam banyak sekali.
 b. Korban jiwa akibat perang Vietnam banyak sekali.
8a. Kayu yang diganjalkan pada ban truk itu terlalu kecil.
 b. Kayu ganjal ban truk itu terlalu kecil.
9a. Barang yang dihadiahkan perusahaan itu berupa sebuah TV berwarna.

  b. Barang hadiah perusahaan itu berupa sebuah TV berwarna.
10a. Uang yang diusahakan Ketut belum juga datang.
  b. Uang usaha Ketut belum juga datang.
11a. Jamu yang diikhtiarkan Pak Sastro manjur sekali.
  b. Jamu ikhtiar Pak Sastro manjur sekali.
12a. Tugas yang diperintahkan atasan belum tentu tepat.
  b. Tugas perintah atasan belum tentu tepat.
13a. Obat dokter itu manjur sekali.
  b. Obat injèksi dokter itu manjur sekali.
14a. Air yang diisikan ke botol itu masih panas.
  b. Air isi botol itu masih panas.
15a. Tanda-tanda yang diisyaratkan kapal terbang itu susah diterima pengawas menara.
  b. Tanda-tanda isyarat kapal terbang itu susah diterima pengawas menara.

79. Root alone vs. -an (B.621). Pilihlah!]

1. Sèwa hotèl sepuluh ribu itu sudah termasuk (*makan, makanan*) tiga kali sehari. 2. (*Makan, makanan*) di warung itu ènak sekali, kata orang. 3. Dia datang dengan banyak membawa (*bungkus, bungkusan*). 4. Jangan merokok lebih dari dua (*bungkus, bungkusan*) sehari! 5. Masih banyak terdapat ikan hiu di tengah (*laut, lautan*) India. 6. (*Laut, lautan*) Jawa tak begitu besar gelombangnya. 7. Jam berapa (*pasar, pasaran*) ini bukanya? 8. Di Indónésia (*pasar, pasaran*) Vèspa masih tetap yang paling tinggi. 9. Saya tidak bisa menangkap maksud kalimat pada (*baris, barisan*) ke dua ini. 10. (*Baris, barisan*) buruh pabrik yang berdèmonstrasi itu menuju istana présidèn. 11. Nènèk moyang kita menyeberangi laut Cina Selatan hanya memakai (*rakit, rakitan*) saja. 12. Semua mobil Jepang yang ada di Indónésia adalah (*rakit, rakitan*) dalam negeri sendiri. 13. Maaf, Pak, Bapak (*pènsiun, pènsiunan*) apa? 14. Kapan Bapak mulai (*pènsiun, pènsiunan*)? 15. (*Pasang, pasangan*) suami-isteri itu tampak berbahagia sekali. 16. Dia dituduh mencuri sepuluh (*pasang, pasangan*) anting-anting. 17. Buku *Joy of Sex* yang dibajak itu tanpa (*gambar, gambaran*) seperti yang ada pada buku aslinya. 18. Kesulitan perhubungan antar pulau itu merupakan suatu (*gambar, gambaran*) dari wajah Nias secara keseluruhan. 19. Bik, memasak (*sayur, sayuran*) apa siang ini? 20. Halaman rumahnya banyak ditanami (*sayur, sayuran*). 21. Rakyat sangat menderita di bawah (*pemerintah, pemerintahan*) rezim sekarang ini. 22. Kebijaksanaan baru (*pemerintah, pemerintahan*) itu justru tambah membuat sengsara rakyat kecil. 23. Selama (*berkobarnya, kobaran*) révólusi kebudayaan di RRC, bantuannya kepada dunia ketiga menurun secara drastis. 24. (*Berkobarnya, kobaran*) api bertambah besar karena ada tangki bènsin yang meledak. 25. Peristiwa (*jatuhnya, jatuhan*) Viètnam ke tangan kómunis itu sangat kita sesalkan. 26. Batu-batu ini merupakan benda (*jatuhnya, jatuhan*) dari langit. 27. Kurangnya sarana (*diangkutnya, angkutan*) mengakibatkan sulitnya pemasaran pisang di Jambi. 28. (*Diangkutnya, angkutan*) patung-patung Ampah olèh orang asing itu membuat marahnya pejabat pemerintah setempat. 29. Amin sedang mengingat-ingat (*terjadinya, kejadian*) tadi malam yang

mengakibatkan tèwasnya isteri tercinta. 30. (*Terjadinya, kejadian*) peristiwa itu baru tadi malam.

80. Noun with -*an* (B.621). Ubahlah menurut pola yang diberikan!

1a. Buku yang dikarangnya akan diterbitkan PT Gramèdia.
 b. Buku karangannya akan diterbitkan PT Gramèdia.
2a. Buku-buku yang diterbitkan PT Gunung Agung mahal harganya.
 b. Buku-buku terbitan PT Gunung Agung mahal harganya.
3a. Sepèda motor yang dibuat Jepang cukup pópulèr di Indónésia.
 b. Sepèda motor buatan Jepang cukup pópulèr di Indónésia.
4a. Mobil-mobil yang dikeluarkan pabrik Ford mulai membanjiri Indónésia.
 b. Mobil-mobil keluaran pabrik Ford mulai membanjiri Indónésia.
5a. Gigi palsu yang dibikin tukang gigi ini tidak baik.
 b. Gigi palsu bikinan tukang gigi ini tidak baik.
6a. Novel yang diterjemahkan Rèndra itu menarik sekali.
 b. Novel terjemahan Rèndra itu menarik sekali.
7a. Menteri yang diutus pemerintah Malaysia itu sudah pulang lagi.
 b. Menteri utusan pemerintah Malaysia itu sudah pulang lagi.
8a. Uang yang disimpannya bukan main banyaknya.
 b. Uang simpanannya bukan main banyaknya.
9a. Puisi yang ditulis Rémy Sylado itu kurang ajar isinya.
 b. Puisi tulisan Rémy Sylado itu kurang ajar isinya.
10a. Beban yang ditanggung Tuan Yakup cukup berat.
 b. Beban tanggungan Tuan Yakup cukup berat.
11a. Syair yang digubah Trió Bimbó itu melangkolis sekali.
 b. Syair gubahan Trió Bimbó itu melangkolis sekali.
12a. Ikan yang ditangkapnya tadi malam hilang.
 b. Ikan tangkapannya tadi malam hilang.
13a. Barang-barang yang dicurinya belum sempat dijual di pasar.
 b. Barang-barang curiannya belum sempat dijual di pasar.
14a. Barang yang dijualnya tidak laku sama sekali.
 b. Barang jualannya tidak laku sama sekali.
15a. Baju yang disulamnya baik sekali.
 b. Baju sulamannya baik sekali.

81. Noun with *peN*-*an* (B.622). Ubahlah menurut pola yang diberikan!

1a. Usaha memasarkan pisang ke Singapura akan dilaksanakan.
 b. Usaha pemasaran pisang ke Singapura akan dilaksanakan.
2a. Rencana membeli daging dari luar kota dibatalkan.
 b. Rencana pembelian daging dari luar kota dibatalkan.
3a. Ongkos memasukkan barang-barang èlèktronik ke Indónésia mahal sekali.
 b. Ongkos pemasukan barang-barang èlèktronik ke Indónésia mahal sekali.
4a. Biaya mengangkutnya tidak sesuai dengan harga penjualannya.
 b. Biaya pengangkutannya tidak sesuai dengan harga penjualannya.
5a. Uang biaya mendirikan sekolah ini ditanggung secara gotong-royong.

   b. Uang biaya pendirian sekolah ini ditanggung secara gotong royong.
  6a. Rencana membangun perumahan rakyat itu belum terlaksana.
   b. Rencana pembangunan perumahan rakyat itu belum terlaksana.
  7a. Rencana mengumpulkan dana itu sudah disetujui atasan.
   b. Rencana pengumpulan dana itu sudah disetujui atasan.
  8a. Rencana memasang listrik di dèsa itu menemui jalan buntu.
   b. Rencana pemasangan listrik di dèsa itu menemui jalan buntu.
  9a. Upacara melantik menteri baru itu dilaksanakan secara singkat saja.
   b. Upacara pelantikan menteri baru itu dilaksanakan secara singkat saja.
 10a. Acara meresmikan gedung itu akan segera dimulai.
   b. Acara peresmian gedung itu akan segera dimulai.
 11a. Usaha membuat jalan layang di Jakarta hampir saja macet.
   b. Usaha pembuatan jalan layang di Jakarta hampir saja macet.
 12a. Gerakan menculik bayi mulai muncul di Indónésia.
   b. Gerakan penculikan bayi mulai muncul di Indónésia.
 13a. Usaha membèbaskan tahanan pólitik belum berhasil.
   b. Usaha pembèbasan tahanan pólitik belum berhasil.
 14a. Program memperbaiki kesejahteraan rakyat sering diadakan.
   b. Program perbaikan kesejahteraan rakyat sering diadakan.

82. Nouns with *peN-an* (B.622). Ubahlah menurut pola yang diberikan!

  1a. Cara memberitahu Lurah seperti itu kurang sopan.
   b. Pemberitahuan Lurah seperti itu kurang sopan.
  2a. Cara menalar mahasiswa sekarang ini masih kurang sekali.
   b. Penalaran mahasiswa sekarang ini masih kurang sekali.
  3a. Sebenarnya cara berpikir menteri itu salah sama sekali.
   b. Sebenarnya pemikiran menteri itu salah sama sekali.
  4a. Nyatanya cara mengambil keputusan itu ditentang rakyat.
   b. Nyatanya pengambilan keputusan itu ditentang rakyat.
  5a. Cara mengatur ruangan ini baik sekali.
   b. Pengaturan ruangan ini baik sekali.
  6a. Cara menyajikan acaranya cukup baik.
   b. Penyajian acaranya cukup baik.
  7a. Cara menyidang seperti ini sama sekali tidak adil.
   b. Persidangan seperti ini sama sekali tidak adil.
  8a. Cara menyembelih ayam ini tidak menurut peraturan agama.
   b. Penyembelihan ayam ini tidak menurut peraturan agama.
  9a. Cara mengumpulkan dana itu tidak bolèh dengan memaksa.
   b. Pengumpulan dana itu tidak bolèh dengan memaksa.
 10a. Di hotèl ini cara melayani tamunya kurang baik.
   b. Di hotèl ini pelayanan tamunya kurang baik.

83. Nouns which refer to place (B.62ff.). Ubahlah kalimat yang mengandung kata kerja menjadi kalimat dengan kata benda!

  1a. Dia kecurian di rumah tempat dia menginap tadi malam.
   b. Dia kecurian di rumah penginapannya tadi malam.
  2a. Lubang tempat dikuburnya jenazah itu sudah jadi.

  b. Lubang kuburan jenazah itu sudah jadi.

3a. Banyak mahasiswa yang sibuk mencari rumah tempat meréka mondok.

  b. Banyak mahasiswa yang sibuk mencari rumah pondokan (or: pemondokan) meréka.

4a. Saya harus segera pulang ke rumah tempat saya menumpang.

  b. Saya harus segera pulang ke rumah tumpangan saya.

5a. Saya tersesat memasuki lókalisasi tempat melacur.

  b. Saya tersesat memasuki lókalisasi pelacuran.

6a. Dia akan sampai di daèrah tempatnya meneliti bulan depan.

  b. Dia akan sampai di daèrah penelitiannya bulan depan.

7a. Di mana letaknya próyèk tempat menampung para transmigran itu?

  b. Di mana letaknya próyèk penampungan para transmigran itu?

8a. Para delegasi sudah siap di mèja tempat meréka berunding.

  b. Para delegasi sudah siap di mèja perundingan meréka.

9a. Dia memasuki ruang tempat menatar dosèn-dosèn sastra.

  b. Dia memasuki ruang penataran dosèn-dosèn sastra.

10a. Kolam tempat memelihara ikannya kecil saja.

  b. Kolam pemeliharaan ikannya kecil saja.

11a. Jaksa dan hakim keluar dari ruang tempat mengadili.

  b. Jaksa dan hakim keluar dari ruang pengadilan.

12a. Di mana lokèt tempat membayarnya?

  b. Di mana lokèt pembayarannya?

13a. Dilarang masuk! Ini kamar tempat memeriksa penyakit dalam.

  b. Dilarang masuk! Ini kamar pemeriksaan penyakit dalam.

14a. Saya mau mencari kantor tempat menukar tikèt.

  b. Saya mau mencari kantor penukaran tikèt.

15a. Adakah pabrik tempat menggiling padi di sini?

  b. Adakah pabrik penggilingan padi di sini?

84. -kan (B.211), peN-an **(B.622).** Ubahlah menurut pola yang diberikan!

1a. Ali Sadikin berusaha menertibkan keadaan lalu lintas di Jakarta.

  b. Ali Sadikin mengusahakan penertiban lalu lintas di Jakarta.

2a. ITB sekarang giat membangun pabrik perakitan mobil.

  b. ITB sekarang menggiatkan pembangunan pabrik perakitan mobil.

3a. Indónésia berencana mengembangkan sistem tèknólógi putar sekrup.

  b. Indónésia merencanakan pengembangan sistem tèknólógi putar sekrup.

4a. Pemerintah ingin membagikan pinjaman krèdit BIMAS secara merata.

  b. Pemerintah menginginkan pembagian pinjaman krèdit BIMAS secara merata.

5a. Pemerintah berhenti memberikan krèdit akibat sesuatu hal.

  b. Pemerintah menghentikan pemberian krèdit akibat sesuatu hal.

6a. Cukong-cukong itu berusaha menghapuskan usaha perópelètan wira usaha pribumi.

  b. Cukong-cukong itu mengusahakan penghapusan usaha perópelètan wira usaha pribumi.

7a. Pemerintah berjanji menyediakan lapangan kerja bagi ribuan tukang kecil.
  b. Pemerintah menjanjikan penyediaan lapangan kerja bagi ribuan tukang kecil.
8a. Kita berhasil meningkatkan usaha perópelètan.
  b. Kia menghasilkan peningkatan usaha perópelètan.
9a. Tukang-tukang kecil bekerja menyerut kayu dan menggunting sèng.
  b. Tukang-tukang kecil mengerjakan penyerutan kayu dan pengguntingan sèng.
10a. Nasution berusaha mendaftarkan kekayaan para pejabat dan bekas pejabat.
  b. Nasution mengusahakan pendaftaran kekayaan para pejabat dan bekas pejabat.
11a. Nasution bertèkad bulat melaksanakan Óperasi Budhi.
  b. Nasution membulatkan tèkad pelaksanaan Óperasi Budhi.
12a. Présidèn bersiap memberangkatkan Ibnu Sutowo ke luar negeri.
  b. Présidèn menyiapkan keberangkatan Ibnu Sutowo ke luar negeri.
13a. Nasution berdiskusi menyelamatkan uang negara sebanyak 11 milyar rupiah dengan Menko Hankamnas.
  b. Nasution mendiskusikan penyelamatan uang negara sebanyak 11 milyar rupiah dengan Menko Hankamnas.
14a. Présidèn Soekarno bersiap memberitahu Ibnu Sutowo agar bersiap-siap untuk suatu pemeriksaan.
  b. Présidèn Soekarno menyiapkan pemberitahuan agar Ibnu Sutowo bersiap-siap untuk suatu pemeriksaan.
15a. Para pemimpin bersidang menetapkan cara pelaksanaan Ópstib.
  b. Para pemimpin menyidangkan penetapan cara pelaksanaan Ópstib.

85. *Per-an, peN-an, -an* (B.622, 23, 24). Pilihlah!

1. Sampai sekarang pemerintah tidak mampu mengadakan réhabilitasi jalan-jalan (*perbuatan, pembuatan, buatan*) Belanda dulu, apalagi melaksanakan rencananya untuk (*perbuatan, pembuatan, buatan*) jalan baru. 2. Mencuri itu (*perbuatan, pembuatan, buatan*) yang amat tercela. Jangan sekali kali anda melakukannya. 3. Pabrik ini terpaksa tutup untuk sementara, sebab (*persediaan, penyediaan*) bahan bakunya habis. 4. Indónésia sudah siap melakukan (*persediaan, penyediaan*) minyak mentah bagi Amérika. 5. Tujuan utama rapat ini hanyalah untuk saling mengadakan (*pertukaran, penukaran*) pendapat saja. 6. Mohon tanya, Pak, di mana ya, lokèt (*pertukaran, penukaran*) uang itu? 7. Warga Srimulat berhasil menampilkan sebuah (*pertunjukan, penunjukan*) sandiwara yang menarik sekali tadi malam. 8. Pengangkatan dèkan dan pembantu dèkan sekarang ini dilakukan atas dasar (*pertunjukan, penunjukan*) menteri. Alamat apa ini? 9. Sering ditampilkannya tari-tarian tradisiónal anat membantu usaha (*perkembangan, pengembanan*) kebudayaan daèrah. 10. Penampilan tari-tarian tradisiónal sama sekali tidak menghambat (*perkembangan, pengembangan*) tari-tarian módèrn. 11. Prof. Wolters mengemukakan hasil (*pertemuan, penemuan*) barunya mengenai letak asal mula kerajaan Sriwijaya. 12. Setiap bulan ada (*pertemuan, penemuan*) khusus antara orang Indónésia yang berada di Ithaca. 13. Karena tidak adanya (*persatuan, penyatuan, satuan*) antara negara-negara

anggota ÓPÉC, maka harga minyak tetap stabil. 14. Pimpinan sidang berusaha keras untuk melakukan (*persatuan, penyatuan, satuan*) pendapat di antara para anggotanya. 15. Di dèsa Kroh ditempatkan lima (*persatuan, penyatuan, satuan*) pasukan pertahanan keamanan Malaysia. 16. Usaha (*perkumpulan, pengumpulan, kumpulan*) dana untuk korban banjir itu diprakarsai olèh gubernur Jawa Timur. 17. Akhir-akhir ini banyak orang yang mencari (*perkumpulan, pengumpulan, kumpulan*) cerita pèndèk Pramudya Ananta Tur. 18. Pak Sastro Darsono menjadi pimpinan (*perkumpulan, pengumpulan, kumpulan*) wayang orang RRI Sala. 19. Ismail Sunny, yang profèsor itu, tetap gigih melakukan (*perdèbatan, pendèbatan*) terhadap kebijaksanaan pemerintah sekarang ini. 20. Tadi malam terjadi (*perdèbatan, pendèbatan*) sengit antara wakil golongan kiri dan wakil golongan kanan.

86. *peN-an* vs. *ke-an* vs. *per-an* (B.622, 23, 24). Pilihlah!

1. Operasi tertib agar dimulai dari atas. Begitu (*penyataan, kenyataan, pernyataan*) Ali Sadikin. 2. Tapi (*penyataan, kenyataan, pernyataan*)nya, óperasi itu dimulai dari bawah. 3. Ramai-ramai antara Sudomo dan Nasution tentang pungli berakhir dengan suatu (*penemuan, pertemuan*) di rumah Nasution. 4. Mèmang terdapat perbèdaan pendapat dalam hal (*pelaksanaan, perlaksanaan*) pemberantasan pungli. 5. Akhirnya Nasution memahami tèkad bulat Sudomo. (*Pemahaman, kepahaman*) seperti itu perlu di antara sesama pemimpin. 6. Waktu itu bagi saya (*penyelamatan, keselamatan*) Républik lebih penting dari apa saja. 7. Itulah sebabnya usaha (*penyelamatan, keselamatan*) èksistènsi Républik lebih saya pentingkan daripada pemberantasan korupsi. 8. SOB ternyata tidak dapat berfungsi menurut (*penggunaan, kegunaan*)nya yang semestinya, karena hak (*penggunaan, kegunaan*)nya tidak sepenuhnya berada di tangan saya. 9. (*Pembatasan, perbatasan*) posisi saya menyebabkan sulit bagi saya untuk bertindak. 10. Sekarang kita berada di daèrah (*perbatasan, pembatasan*) Indónésia-Malaysia. 11. (*Pelaksanaan, kelaksanaan, perlaksanaan*)nya ternyata tidak sesuai dengan (*pengiraan, perkiraan*) semula. 12. Apa bolèh buat, (*penghancuran, kehancuran*)itu diderita olèh rakyat banyak. Padahal (*penghancuran, kehancuran*)nya hanya dilakukan olèh sekelompok kecil orang saja. 13. (*Pengadilan, keadilan*) merupakan cita-cita yang masih jauh dari jangkauan sekalipun (*pengadilan, keadilan*) senantiasa meneriakkan semboyan itu. 14. (*Pengumpulan, perkumpulan*) itu berusaha mengumpulkan dana sebanyak-banyaknya dan usaha (*pengumpulan, perkumpulan*) dana tersebut disokong olèh semua anggota. 15. Usaha (*penyatuan, kesatuan*) sudah lama diusahakan, tapi sayang (*penyatuan, kesatuan*) itu belum juga tercapai. 16. Wah, itu mèmang suatu (*penimbangan, pertimbangan*) yang masuk akal sekali. 17. Kapan dilaksanakan (*penimbangan, pertimbangan*) gabah di kóperasi kita?

87. Exercise on modifiers of nouns derived from verbs (B.62ff. and A.13, A.31). Terjemahkanlah kata-kata dalam bahasa Inggris yang ada dalam kurung!

1. (*A people's understanding of their own history*) belum pasti seperti yang sebenarnya terjadi. 2. (*The government's formulation of a foreign policy*) akan sangat dipengaruhi ketergantungan pólitis. 3. (*An intelligent person's daily reading of the newspaper*) berbèda dengan bacaan orang bodoh. 4. (*Libya's recent grant of military aid to the PLO*) ada hubungannya dengan perubahan pólitik dalam negeri Libya sendiri. 5. (*My love of God*) tidak terhingga. 6. (*The businessman's bribing of government officials*) semakin menjadi jadi akhir-akhir ini. 7. (*His interpretation of Pancasila differs from the governement's interpretation*). 8. (*Kisssinger's explanation of his proposal*) tidak dapat diterima PBB. 9. (*China's rejection of Vietnam's most recent plans for peace in Southeast Asia*) baru-baru ini sebenarnya tidaklah beralasan. 10. (*The American people's removal of Richard Nixon*) merupakan tanda pósitif kehidupan dèmokrasi di negeri itu. 11. (*My way out of this feeling of boredom*) adalah -- maaf -- permainan sèks.

88. Nominal and verbal formation

Langkah 1. Noun forming *ke-an* (B.624) and *-kan* (B.215). Ubahlah menurut pola yang diberikan!

1a. Saya patut merasa bangga, karena keadaan kota Jakarta bersih.
 b. Kebersihan keadaan kota Jakarta patut saya banggakan.
2a. Kita sangat merasa sayang, karena penindakan terhadap praktèk kórupsi sulit.
 b. Kesulitan penindakan terhadap praktèk kórupsi itu sangat kita sayangkan.
3a. Kami sangat menyesal, karena waktu itu kami tidak berwenang untuk memeriksa Ibnu Sutowo.
 b. Ketidakberwenangan kami untuk memeriksa Ibnu Sutowo waktu itu sangat kami sesalkan.
4a. Kita wajar kalau mengeluh, karena masyarakat bawah miskin.
 b. Kemiskinan masyarakat bawah wajar kalau kita keluhkan.
5a. Sangat gelisah, karena Óperasi Budhi gagal.
 b. Kegagalan Óperasi Budhi sangat kami gelisahkan.
6a. Saya sangat hèran, bahwa opelèt uzur itu mampu mengangkut sepuluh orang.
 b. Kemampuan opelèt uzur itu menangkut sepuluh orang sangat saya hèrankan.
7a. Kami harus merenung, mengapa jumlah pengusaha opelèt merosot.
 b. Kemerosotan jumlah pengusaha opelèt harus kámi renungkan.
8a. Merèka sangsi, bahwa pejabat BIMAS itu jujur.
 b. Kejujuran pejabat BIMAS itu merèka sangsikan.
9a. Dia mengadu, karena pemberian kredit BIMAS itu tidak adil.
 b. Ketidakadilan pemberian kredit BIMAS itu diadukannya.
10a. Merèka menyesal, karena opelèt di Jakarta semua sudah uzur dan brèngsèk.
 b. Keuzuran dan kebrèngsèkan opelèt di Jakarta merèka sesalkan.

Langkah 2. Root alone, *ke-an* (B.624); root alone, *-i* (B.223).
Ubahlah menurut pola yang diberikan!

1a. Saya mèmang kagum terhadap Nasution yang begitu ulet dan bijaksana dalam usaha itu.
 b. Keuletan dan kebijaksanaan Nasution dalam usaha itu mèmang saya kagumi.
2a. Kita wajib bersyukur, karena Nasution telah berhasil menyelamatkan èksistènsi Républik.
 b. Keberhasilan Nasution menyelamatkan èksistènsi Républik wajib kita syukuri.
3a. Merèka perlu sadar, bahwa menyelamatkan èksistènsi Républik itu penting.
 b. Kepentingan menyelamatkan èksistènsi Républik itu perlu merèka sadari.
4a. Kami harus berperang terhadap para pejabat yang biasa kórupsi.
 b. Kebiasaan korupsi para pejabat itu harus kami perangi.
5a. Dia maklum, bahwa wewenang Nasution waktu itu terbatas.
 b. Keterbatasan wewenang Nasution waktu itu dimakluminya.
6a. Kita pantas salut sama dia, karena dia telah suksès menemukan jenis padi unggul.
 b. Kesuksèsannya menemukan jenis padi unggul itu pantas kita saluti.
7a. Kita harus tahu, mengapa lalu lintas di Jakarta begitu aman.
 b. Keamanan lalu lintas di Jakarta harus kita ketahui.
8a. Kita mesti faham, mengapa opelèt di Jakarta begitu tua dan uzur.
 b. Ketuaan dan keuzuran opelèt di Jakarta mesti kita fahami.
9a. Merèka harus patuh terhadap peraturan krèdit BIMAS yang masih kacau itu.
 b. Kekacauan peraturaan krèdit BIMAS itu harus merèka patuhi.

Langkah 3. *-kan*, *-i*, *ke-an* (B.624). Ubahlah menurut pola yang diberikan!

1a. Para pemilik opelèt sangat suka kalau pemerintah memberi krèdit BIMAS secara pasti.
 b. Kepastian pemerintah memberi krèdit BIMAS sangat disukai para pemilik opelèt.
2a. Masyarakat mengeluh, karena sistem pembagian krèdit tidak bèrès.
 b. Ketidakbèrèsan sistem pembagian krédit dikeluhkan masyarakat.
3a. Pemerintah sering lupa, bahwa tèknólógi ini tidak sesuai lagi.
 b. Ketidaksesuaian tèknólógi ini sering dilupakan pemerintah.
4a. Ribuan tukang kecil tetap jèngkèl, karena keadaan ékónómi brèngsèk.
 b. Kebrèngsèkan keadaan ékónómi tetap dijèngkèlkan ribuan tukang kecil.
5a. Supir-supir selalu kuatir, karena pólisi lalu-lintas sering tidak jujur.
 b. Ketidakjujuran pólisi lalu-lintas selalu dikuatirkan oleh supir-supir.

6a. Nasution akhirnya faham akan tèkad Sudomo yang sudah bulat untuk memberantas "pungli" itu.
  b. Kebulatan tèkad Sudomo untuk memberantas "pungli" akhirnya difahami Nasution.
7a. Sudomo merasa yakin, bahwa Opstib yang dilancarkannya itu memakai konsèpsi matang.
  b. Kematangan konsèpsi Opstib yang dilancarkannya diyakini Sudomo.

89. Agent nouns (B.63)

Langkah 1. Ubahlah menurut pola yang diberikan!

 1a. Truk yang mengangkut padi itu rusak.
  b. Truk pengangkut padi itu rusak.
 2a. Badan yang mengurus kewartawanan di Indónésia disebut PWI.
  b. Badan pengurus kewartawanan di Indónésia disebut PWI.
 3a. Kapal yang membawa pengungsi dari Viètnam itu sudah datang.
  b. Kapal pembawa pengungsi dari Viètnam itu sudah datang.
 4a. Panitian yang menyelenggarakan rapat ini belum berpengalaman.
  b. Panitia penyelenggara rapat ini belum berpengalaman.
 5a. Lembaga yang menampung segala usul dan aspirasi rakyat disebut DPR.
  b. Lembaga penampung segala usul dan aspirasi rakyat disebut DPR.
 6a. Kucing termasuk binatang yang makan daging.
  b. Kucing termasuk binatang pemakan daging.
 7a. Pejabat yang melakukan kórupsi itu belum juga diadili.
  b. Pejabat pelaku kórupsi itu belum juga diadili.
 8a. Dia bukan bendaharawan yang membayar gaji.
  b. Dia bukan bendaharawan pembayar gaji.
 9a. Di Amérika jarang terdapat reparasi yang menambal ban.
  b. Di Amérika jarang terdapat reparasi penambal ban.
10a. Pimpinan mahasiswa yang menuntut kebèbasan bersuara itu masih ditahan.
  b. Pimpinan mahasiswa penuntut kebèbasan bersuara itu masih ditahan.

Langkah 2. Ubahlah menurut pola yang diberikan!

 1a. Setiap orang yang menangkap ikan di sini harus membayar pajak.
  b. Setiap penangkap ikan di sini harus membayar pajak.
 2a. Siapa yang memperkosa Sum Kuning itu sebenarnya?
  b. Siapa pemerkosa Sum Kuning itu sebenarnya?
 3a. Orang yang membajak pesawat terbang itu tertèmbak mati.
  b. Pembajak pesawat terbang itu tertèmbak mati.
 4a. Yang mendukung kebijaksanaan buku murah itu siapa?
  b. Pendukung kebijaksanaan buku murah itu siapa?
 5a. Mana orang yang mencuri celanaku kemarin?
  b. Mana pencuri celanaku kemarin?
 6a. Kita kekurangan orang yang membina bahasa Indónésia.
  b. Kita kekurangan pembina bahasa Indónésia.

7a. Siapa yang mempelopori kemerdèkaan itu?
 b. Siapa pelopor kemerdèkaan itu?
8a. Yang membuka jalan ini Jalal.
 b. Pembuka jalan ini Jalal.

90. *Ke-an, per-an, peN-an, -an* (B.621ff.). Jika perlu, berilah imbuhan pada kata-kata dalam kurung!

1. Orang itu tidak perlu ditolong. Dia sama sekali tidak memerlukan (*tolong*). 2. Daoed Yoesoef tidak mau dinasèhati. Dia tidak memerlukan (*nasèhat*) dari siapapun. 3. Pedagang itu berjualan sampai (*jual*)nya habis. Tapi merèka tidak melakukan (*jual*) barang-barang gelap. 4. Pedagang gembira karena kebijaksanaan baru itu bisa merangsang (*dagang*), sehingga barang-barang (*dagang*) merèka laku laris. 5. Merèka bertahan di sekitar sungai Brantas secara mati-matian. Berkat (*tahan*) merèka, kota Surabaya terhindar dari bahaya. 6. Para mahasiswa yang ditahan diperlakukan sebagai (*tahan*) kriminal, karena dituduh merongrong (*tahan*) nasiónal. 7. Bangsa Indónésia mèmang bangsa yang berani. Daya tahannya cukup mengejutkan dunia luar. Mèmang perjuangan kemerdèkaan itu memerlukan (*berani*) dan (*tahan*) jiwa. 8. Orang yang kurang sanggup bekerja pada pemerintah dibuang ke pulau Bawèan. Sudah sejak dulu pulau itu dipakai sebagai tempat (*buang*) bagi orang yang tidak punya (*sanggup*) kerja. Kenapa dia dijadikan sebagai orang (*buang*) di pulau itu? 9. Kami telah berjanji kemarin. Dan menurut (*janji*) itu dia akan menunggu sampai jam 19.00. Tapi nyatanya dia ingkar (*janji*). 10. Tèkstil dalam negeri harus dikembangkan. Pemerintah harus membantu dalam usaha (*kembang*) ini, supaya (*kembang*)nya teratur dan merata di seluruh daèrah di Indónésia. 11. Mahasiswa Indónésia di Ithaca cukup bersatu. Semuanya masuk (*satu*) Mahasiswa Indónésia di Ithaca. Dalam setiap rapat selalu ada (*satu*) pendapat di antara merèka. 12. Kalau antar suku bangsa belum bersatu, kepala negara harus mengusahakan (*satu*) antara suku bangsa yang satu dengan yang lain. 13. Pekerjaannya hanyalah menggambar. Salah satu karyanya ialah (*gambar*) Kartini yang merupakan (*gambar*) kehidupan wanita pada masa itu. Tapi dia mèmang nostalgis, suka melakukan (*gambar*) terhadap peristiwa masa silam. 14. Padi merupakan (*tanam*) pokok di Jawa. Tapi kata para ahli, sistim (*tanam*)nya banyak yang tidak baik. 15. Bukan karena Nasution tidak berani bertindak. Tapi karena dasar hukumnya kurang kuat, (*tindak*) secara hukum agak sulit. Apalagi terhalang olèh (*tindak*) Soekarno yang melindungi Ibnu Sutowo dengan menyuruhnya pergi ke luar negeri itu. 16. Kapan pisang-pisang ini diangkut ke Palèmbang, Pak? Rupanya sarana (*angkut*) di sini mèmang kurang baik,ya? Kenapa pemerintah setempat tidak segera memperbaiki kekurangan (*angkut*) umum ini? 17. Dalam bacaan "Ramai-ramai Membajak Buku di Manila" disebutkan bahwa tindakan (*bajak*) itu tidak hanya terjadi di Filipina saja. Dan mèmang harga buku (*bajak*) itu jauh lebih murah daripada harga buku aslinya. 18. Pemerintah Jambi mau mencoba memasarkan pisang hasil próduksi daèrahnya ke Singapura, karena harga (*pasar*) pisang di (*pasar*) Jambi rendah sekali. Usaha (*pasar*) ini juga didukung olèh pemerintah pusat. 19. Berhubung Arab dan Israèl sampai kini belum juga berdamai, maka menteri (*hubung*) Amérika berusaha keras untuk

memulihkan kembali (*hubung*) kedua negara itu. 20. Keadaan (*pemerintah*) Indónésia masih juga kacau. Semasa (*pemerintah*) Soekarno banyak pemberontakan, sedangkan dalam masa (*pemerintah*) Soeharto ini banyak kórupsi, inflasi, manipulasi,˙dan démonstrasi. 21. Usaha peremajaan tanaman cengkèh di Sinabang sudah berhasil dengan baik. (*Hasil*) cengkèhnya melimpah sekarang, dan bahkan menjadi sumber (*hasil*) utama masyarakat dan pemerintah daèrah Sinabang. 22. Siapa yang membiayai sekolah anak itu? (*Biaya*) sekolah sekarang mahal, lhó! O, rupanya dia mendapat sumber (*biaya*) sekolahnya dari Pusat Bahasa Nasiónal. 23. Sebelum memasuki ruang perundingan, pimpinan gerilyawan itu diisyaratkan untuk melepaskan semua senjatanya dan beberapa (*syarat*) lain lagi. (*Syarat*) itu dipenuhinya. Tapi begitu masuk ruang sidang, dia ditodong. Akhirnya dia menyerah tanpa (*syarat*). 24. Merèka akan melanjutkan sidangnya minggu depan, sebagai tindak (*lanjut*) dari hasil keputusan sidang hari ini. Sidang (*lanjut*) minggu depan itu akan menampilkan dua orang saksi lagi. Tapi bagaimana (*lanjut*) acara persidangan itu saya tidak mau tahu, karena saya sudah akan pergi ke luar negeri. 25. Orang tua saya mau menyiapkan (*alat*) menyunatkan adik saya. Pagi tadi ibu sudah membeli (*alat*) dapur serta (*alat*) menggunting kertas.

91. *Ber-number* vs. *ke-number* vs. *number* (B.65). Beri imbuhan yang diperlukan!

1. Saya mau (*dua*) dengan dia di sini. 2. Tidak ada lagi yang tinggal. (*Empat*) merèka sudah pergi. 3. (*Dua*)nya berapa harganya? 4. Saya tidak mau semuanya, hanya (*empat*) yang di sudut itu saja. 5. Hanya tinggal (*lima*) ini saja. Kalau ambil (*lima*)nya hanya separoh harga. 6. Daripada (*tiga*) di kamar sekecil ini, lebih baik pindah ke hotèl lain saja. 7. Kok mirip merèka? Barangkali (*tiga*)nya bersaudara. 8. Apa (*empat*) merèka akan tinggal seminggu di sini? 9. Rasanya saya pernah kenal dengan (*lima*) merèka. Tapi yang (*dua*) di sebelah kiri kok berubah sekali kelihatannya? 10. Kalau (*tiga*) saudara kembar jalan sama-sama, susah membèdakannya. 11. Ia kemarin ke sini (*empat*) dengan temannya. 12. Jeruk Marto tinggal (*lima*). Biasanya (*dua*) harganya Rp 500,- tapi kalau diborong (*lima*)nya bolèh Rp 1000,- saja. 13. Anak Ali masih kecil-kecil. (*Lima*) merèka belum ada yang sekolah. 14. Apa (*empat*) temanmu yang dulu itu mau datang ke sini? 15. (*Dua*) orangtua saya sekarang masih tinggal di dèsa kami.

92. Latihan mengenai kata-kata yang memakai bentuk *se-* (B.71). Terjemahkanlah kata-kata Inggris dalam kurung!

1. Jika industri berkembang, pekerjaan-pekerjaan tambahan akan tersedia sehingga daya tarik kota juga (*proportionately all the more*) meningkat, kecuali jika pendapatan di pedèsaan turut meningkat dengan kepesatan yang (*is of the same proportions*). 2. Maksudnya, tidak saja meningkatkan kemampuan merèka sebagai seniman-seniwati, tetapi juga (*correspondingly*) dalam memberikan penghargaan dan kesempatan kepada merèka. 3. (*In accordance*) dengan

persetujuan ini, diadakan óperasi bersama antara kedua belah pihak.
4. Sarung yang indah dan tradisiónil tidak dianggap (*fitting*)
dengan kebudayaan discó. 5. (*For the length of time*) berkobarnya
révólusi kebudayaan di RRC, bantuannya kepada negara-negara
berkembang terpaksa dikurangi dengan drastis. 6. Semua lembaga dan
praktèknya diperiksa (*in a manner that was*) terbuka termasuk
lembaga intèligènnya. 7. Pemerintah akan berusaha supaya pemasaran
próduksi di masa depan (*comes into accordance*) dengan sarana
angkutan yang tersedia. 8. Tentara terpaksa naik gunung (*to the
height of*) lima ribu mèter dalam pengejaran pasukan gerilyawan
komunis. 9. Negara-negara ÓPÉC baru membuat persetujuan untuk
menjual minyak tanahnya (*at the price of*) kurang lebih dua puluh
dolar AS per barèl. 10. Pesawat terbang milik Angkatan Udara AS
pernah melèwati perbatasan Sóvyèt Rusia sampai (*to the distance of*)
seratus lima puluh kilomèter. 11. Gajinya hanya cukup buat (*to the
extent of*) hidup sedehana saja. 12. Pegawai-pegawai kantor imigrasi
pernah dituntut karena merèka tidak melakukan tugasnya (*in the
manner that*) mestinya. 13. Rencana anak bangsawan itu untuk
mengawini seorang gelandangan ditolak orangtuanya karena calon
suaminya tidak (*of the same rank*) dengan dia.

93. Exercise on *se-adjective-nya* (B.71). Terjemahkanlah kata-kata Inggris yang dikurung!

1. Ia tidak melakukan tugasnya menurut (*as he should*). 2. (*Should
have*) kau menemui professor itu dulu. 3. (*It's natural*) mèmang dia
yang dinaikkan pangkatnya. 4. (*It's only natural*) anak muda
tertarik dengan lawan jenisnya. 5. (*It's only logical*) orang sakit
asma berhenti merokok. 6. (*Relatively speaking*), mahasiswa
universitas ini lebih dari yang di universitas lain di kota itu. 7.
(*It's only fair*) mahasiswa yang lebih baik mendapat pekerjaan yang
lebih baik pula. 8. Apa sudah melapor ke kantor Rektor? (*You should
have done so*) waktu pertama sampai dulu. 9. (*It's only proper*) kamu
menghormati yang lebih tua. 10. Pembunuh itu (*it is only just*)
menerima hukuman mati. 11. (*It is only just*) saya mendapat bagian
yang paling besar. Kan saya yang paling tua.

KEY TO THE EXERCISES

1. **Langkah 1.** 1. Saya sudah sebulan di Jakarta. 2. Saya baru dua hari di Jakarta. 3. Saya sudah lama tinggal di Amérika. 4. Belum lama dia di Amérika. 5. Meréka belum lama bisa berbahasa Jawa. 6. Meréka sudah lama bisa berbahasa Jawa. 7. Bukunya baru dikembalikan kemarin. 8. Meskipun dia sudah setahun tidak belajar bahasa Indónésia. 9. Saya belum sebulan belajar bahasa Belanda. 10. Sudah seminggu dia tidak makan apa-apa. 11. Baru sebentar saja melihat pertunjukan itu. 12. Sudah lebih dari sepuluh tahun dia merantau. 13. Sudah beberapa lama saya tinggal di hutan ini. 14. Dia sudah lebih dari empat tahun kuliah di Amérika. 15. Sudah tiga tahun dia belajar tènnis. 16. Baru satu semèster saja belajar main gamelan. 17. Sudah sepuluh tahun dia tidak pernah melihat pertandingan sépak bola. 18. Belum lagi sebulan di Indónésia. 19. Sudah lebih dari sepuluh tahun yang lalu dia tinggal di Indónésia. 20. Baru setengah jam saya membaca buku itu. 21. Dia belum lama bekerja di Cornèll. 22. Sudah sepuluh tahun gajinya tidak dinaikkan.

Langkah 2. 1. hanya. 2. baru. 3. sudah. 4. tidak, hanya. 5. tidak, baru. 6. hanya. 7. hanya. 8. baru. 9. baru *or* sudah. 10. hanya, hanya. 11. hanya. 12. baru. 13. sudah. 14. baru. 15. hanya. 16. tidak, hanya. 17. sudah, belum. 18. baru. 19. baru. 20. hanya. 21. tidak. 22. tidak, hanya. 23. sudah, baru. 24. hanya, tidak.

2. 1. Surabaya, Singapura. 2. rumah, kantor. 3. lama, saja. 4. biji. 5. lagi. 6. hari. 7. berapa. 8. siapa. 9. saja. 10. lagi. 11. lagi. 12. juga. 13. juga. 14. bisa, melulu. 15. saja, cukup. 16. belaka. 17. belaka. 18. sekali. 19. sekali. 20. juga. 21. beli. 22. ayahnya, bohong. 23. ayahnya. 24. melulu. 25. berapa. 26. banyak. 27. berapa. 28. masih. 29. ada, sekali. 30. Amin, berdarah. 31. Budi, menangis.

3. 1. Jangan takut. Itu anjing saya saja. 2. Itu saja anjing saya. Mémang tidak ada lagi. 3. Itu saja yang saya dongkolkan. Kwitansinya hanya ditulis lima ribu saja, padahal yang saya bayarkan tadi sepuluh ribu. 4. "Pak Ali itu siapa? Gurunya?" "Betul. Pak Ali itu mémang guru saya." 5. "Siapa gurunya? Pak Ali?" "Betul. Mémang pak Ali guru saya." 6. Tak usah takut melamar saya, Mas. Ya mémang begitulah sifat ayah saya. 7. Bukan itu maksud saya. Maksud saya lain. 8. Mémang itu yang dikatakannya. 9. Bukan itu yang saya katakan. Mana bisa saya mengatakan begitu! 10. Dia mémang berkata begitu. Dia bicaranya semaunya saja. 11. Itu saya. Tak ada lain. 12. Itu hanya permintaan saja. Itu bukan tuntutan. 13. Mémang itu tuntutan meréka. 14. Jangan cemas ataupun gelisah! Mémang beginilah suara móbil ini. 15. Bukan pencuri dia, tapi bahkan perampok. 16. Ikan ayam saja yang saya makan. Saya mémang tidak makan ikan kerbau. 17. Ikannya dimakan begitu saja. Mémang énak kalau tidak dimasak. 18. Cari kerja di sini mémang

sukar sekali, ya? 19. Apakah mémang di sini saja dia cari
kerja? Mengapa dia tidak ke tempat lain? 20. Sedikit saja
makan, sudah kenyang.

4. 1. Kelakuan orang biasalah yang terutama menarik perhatian.
2. Yang terutama menarik perhatian adalah kelakuan orang
biasa. 3. Bukan tokoh-tokoh itu yang menjadi pusat perhatian
si pembaca. 4. Pembicaraan yang dikutip oléh penulis itulah
yang menciptakan suasana gembira. 5. Yang menciptakan suasana
gembira adalah pembicaraan yang dikutip oléh penulis itu.
6. Maaf. Bukan itu maksud saya. Beginilah maksud saya. 7. Hal
yang sangat dipentingkan oléh negara dunia ketiga mémang
adalah kesempatan untuk mengejar ketinggalannya. 8. Guru di
Cornèllah yang mengarang buku *Formal Indonesian* ini.
9. Terjadinya kebakaran semalam mémang bukan karena kesalahan
pegawainya sendiri. 10. Berita-berita yang dimuat di surat
kabar itu adalah tidak benar semua. 11. Sebenarnya tujuan saya
bukan ke Surabaya, melainkan ke Singapura. 12. Pesawat ini
jugalah yang saya tumpangi dari New York ke Hongkong dulu.
13. Yang paling sering mogok di tengah jalan adalah bis dari
perusahaan Adam. 14. Hiburan mémang adalah kebutuhan yang
paling mendesak bagi rakyat Sinabang sekarang ini. 15. Yang
menyebabkan keruhnya situasi sekarang ini adalah kebijaksanaar
baru yang dikeluarkan menteri baru itu. 16. Masalah mengubah
jadwal tahun ajaran baru itu bukan perkara mudah. 17. Yang
menjadi bintang film kesayangan saya adalah Benyamin dan
Bagyo. 18. Bukan itu yang ditanyakannya kepada saya.
19. Chairil Anwarlah yang terkenal sebagai pelopor puisi
Angkatan '45. 20. Yang memproklamirkan kemerdékaan bangsa dan
negara Indónésia adalah Sukarno dan Hatta.

7. 1. besar. 2. yang kecil. 3. yang datang. 4. itu. 5. yang satu
lagi. 6. yang itu. 7. yang di atas. 8. yang hitam *or* hitam.
9. datang. 10. yang datang. 11. yang di atas. 12. itu.
13. yang untuk. 14. untuk.

8. 1. yang bukunya dibajak. 2. yang berharga 125 US dollars di
Jakarta. 3. yang penghasilan bulanannya hanya sekitar Rp
30.000. 4. yang berharga paling murah. 5. yang kekayaan
alamnya hampir tak terhingga. 6. yang tidak baik lagi kunci
kontaknya. 7. yang harganya hanya Rp 200 sebungkus. 8. yang
bukunya banyak dipakai di universitas-universitas.

9. 1. sebagai akibat pertengkaran ini. 2. itu. 3. masalah ini.
4. keempat program itu. 5. justru program inilah. 6. bukankah
ini.

10. 1. tempat para tamu meletakkan sumbangannya. 2. *tempat
bertemunya lalu lintas antar Asia.* 3. *tempat orang-orang
sekitar berkumpul.* 4. *tempat berpusatnya birókrasi Républik
Indónésia.* 5. *tempat ia belajar pada masa mudanya dulu.*
6. *tempat Yanto berjualan.* 7. *tempat saya dulu dilahirkan.*
8. *tempat orang asing beroléh keuntungan tak terhitung.*
9. *tempat seorang gadis bunuh diri beberapa bulan yang lalu.*

10. tempat ia mencari nafkah. 11. tempat gerilyawan kómunis bersembunyi. 12. tempat pegawai-pegawai tak terpakai dibuang *or* tempat pembuangan pegawai-pegawai tak terpakai. 13. tempat puluhan gadis-gadis menjual diri. 14. tempat ia tinggal. 15. tempat Soekarno-Hatta mempróklamasikan kemerdékaan Indónésia. 16. tempat saya bekerja.

14. 1. saya untuk. 2. supaya saya. 3. saya untuk. 4. saya untuk. 5. bahwa. 6. bahwa. 7. untuk. 8. untuk. 9. supaya. 10. bahwa. 11. bahwa. 12. supaya. 13. supaya. 14. untuk. 15. supaya. 16. saya untuk. 17. bahwa. 18. supaya. 19. supaya. 20. untuk. 21. untuk. 22. untuk.

15. 1. ke. 2. di. 3. di. 4. ke. 5. atas. 6. dengan. 7. untuk. 8. menurut. 9. dalam. 10. antara. 11. di antara. 12. daripada. 13. dari. 14. kepada. 15. pada.

16. **Langkah 1.** 1. akan *or* atas. 2. dengan *or* akan. 3. akan *or* pada. 4. kepada. 5. dengan. 6. dengan. 7. atas. 8. dengan. 9. dengan. 10. dengan *or* akan *or* terhadap.

Langkah 2. 1. di antara. 2. di antara. 3. antara. 4. antara. 5. di dalam, di luar. 6. di dalam. 7. dalam. 8. di dalam, di luar. 9. di. 10. di *or* di dalam. 11. pada *or* dalam. 12 di. 13. ke. 14. pada. 15. pada *or* nothing. 16. pada *or* nothing. 17. di. 18. selama. 19. seharga *or* dengan harga. 20. atas.

17. 1. dalam. 2. di. 3. dalam, di. 4. di antara. 5. dalam. 6. dalam. 7. antara. 8. di antara. 9. antara. 10. dengan. 11. untuk. 12. menurut. 13. menurut, dalam. 14. dengan, untuk. 15. di antara. 16. antara.

18. 1. adalah beban, seorang turis. 2. seorang pegawai. 3. pengusaha dan turis. 4. kerugian, béa masuk. 5. Ada sebuah gedung méwah. 6. Ada Konsulat Amérika. 7. Ada semacam tekanan sósial. 8. sebuah negara. 9. Ada seorang pemuda. 10. tempat untuk. 11. jarak yang dekat saja. 12. daérah penting. 13. kebanyakan orang *or* sebagian besar. 14. kómisi. 15. sesama keluarga umat manusia. 16. perjuangan. 17. sehelai seprèi besar. 18. seorang gadis, pelacur. 19. sebagian tertentu. 20. opelèt, semacam kendaraan umum.

19. 1. malah. 2. sebenarnya. 3. bahkan. 4. bahkan. 5. sebenarnya. 6. sebenarnya. 7. malah. 8. malah. 9. malah. 10. sebenarnya, sebenarnya. 11. malah. 12. malah. 13. sebenarnya. 14. sebenarnya. 15. malah. 16. malah. 17. sebenarnya. 18. sebenarnya. 19. malah.

20. 1. dibaca. 2. dimakan. 3. saya tidak bisa membacanya. 4. dia melihat. 5. dijual. 6. dipotong. 7. dimakan. 8. menunggu. 9. dibaca *or* membaca. 10. menunggu. 11. diberi. 12. membangun. 13. dicicipi. 14. kaudiamkan. 15. mencari. 6. dibangun. 17. diam. 18. dimakan. 19. disirami. 20. dibawa.

21. 1. minum. 2. diminum. 3. menolak. 4. ditolak. 5. melihat.
6. dilihat, diberi. 7. melihat. 8. dipukul. 9. dimakan.
10. makan. 11. dipecat. 12. ditebang. 13. dijaga. 14. dia
membawa. 15. dia membunuh adiknya. 16. ditebang. 17. dia
menebang. 18. dipegang-pegang. 19. mengepèl. 20. dipèl.

22. 1. dimakan. 2. dimakan. 3. dibangun. 4. membangun.
5. didirikan. 6. mendirikan. 7. dipupuk. 8. memupuk.
9. dibakar. 10. membakar. 11. diberi. 12. memberi.
13. diributkan. 14. meributkan. 15. didamaikan.
16. mendamaikan. 17. dikeringkan. 18. mengeringkan.

23. **Langkah 1.** 1. menghijau, menguning. 2. bersedih, bergembira.
3. mengganas. 4. mendongkol, meningkat. 5. menurun.
6. menderita. 7. berdukacita. 8. berseri. 9. berotot,
menonjol, menyesal. 10. membubung. 11. menyempit, berlumpur.
12. menjulang. 13. menarik, membiru, berderai, mendesir.
14. bahagia. 15. membengkak, mengandung, berpenyakit.
16. menggunung. 17. membusuk. 18. menjauh, mengecil.
19. merendah. 20. menurun *or* turun. 21. menengah. 22. berbatu.
23. membeku, membatu. 24. berkembang, bersatu. 25. membudaya.
26. berbudaya. 27. beranak. 28. bersedih, mengalir, menganak.
29. berbukit-bukit. 30. membukit.

Langkah 2. 1. menyeberang, berlari. 2. menjalar. 3. beralih.
4. menyeberang, berlalu. 5. mendekat, melompat.
6. bertransmigrasi. 7. berlabuh, merapat. 8. berlayar,
bertolak. 9. merantau. 10. berpindah *or* pindah.
11. berlangsung. 12. menyelundup, mencari. 13. menepi.
14. mengalir, menghindar, menyingkir. 15. berdiri, bergerak,
melayang. 16. bergerak. 17. mengalir, berkembang.
18. berjalan, beralih. 19. menguap. 20. bergoncang.
21. menengah. 22. berbaring, berguling. 23. menjalar.
24. menyingkir. 25. bergulung, menepi. 26. berkisar.
27. berkeliling. 28. beróperasi. 29. berurbanisasi.
30. berlangsung.

Langkah 3. 1. berpidató. 2. berkata. 3. memprotès.
4. berwawancara. 5. berdialóg. 6. mengeluh. 7. berseru.
8. bercerita. 9. menyanyi, bergurau. 10. memprotès, berteriak.
11. bermusyawarah. 12. bertanya. 13. menjawab. 14. menegur,
melapor. 15. membentak. 16. menjerit, memekik, menangis.
17. berteriak. 18. berbisik. 19. berdoa . 20. bertedarus,
berdoa. 21. berdialóg. 22. berbicara. 23. berbunyi, memprotès,
or protès 24. mengerang. 25. menangis. 26. berbunyi, bersorak.
27. berbohong. 28. berdentang. 29. berbisik, membual.
30. bercita-cita. 31. berpikir. 32. menggerutu, mengomèl.

Langkah 4. 1. berbaris. 2. membaris. 3. berkembang. 4. berasa,
mengembang. 5. berbatu. 6. membatu. 7. berbukit-bukit.
8. membukit. 9. menghutan. 10. berhutan. 11. membudaya.
12. berbudaya. 13. bermasyarakat. 14. memasyarakat.

15. berpusat. 16. memusat. 17. beranak. 18. menganak.
19. bersatu. 20. menyatu. 21. berkumpul. 22. mengumpul.
23. bergunung-gunung. 24. menggunung.

24. 1. dalam, mendalam. 2. membaik, baik. 3. kuning, menguning.
4. mengecil, kecil. 5. memburuk, buruk. 6. tinggal, meninggal.
7. turun, menurun. 8. menangis, tangis. 9. merantau, rantau.
10. luas, meluas. 11. menghilang, hilang.

25. 1a. kena. b. dikenakan. 2a. diwajibkan. b. wajib. 3a. pecah.
b. dipecahkan. 4a. didatangkan. b. datang. 5a. mati.
b. dimatikan. 6a. dilonggarkan. b. longgar. 7a. dijelaskan.
b. jelas. 8a. cair. b. dicairkan. 9a. biasa. b. dibiasakan.
10a. ada. b. diadakan. 11a. sakit. b. disakitkan.
12a. digelapkan. b. gelap. 13a. dihasilkan, merosot. b. hasil,
dimerosotkan. 14a. ditetapkan. b. tetap. 15a. diabadikan.
b. abadi. 16a. tinggal. b. ditinggalkan. 17a. sia-sia.
b. disia-siakan. 18a. mandi. b. dimandikan. 19a. kosong.
b. dikosongkan. 20a. panjang. b. dipanjangkan. 21a. cocok.
b. dicocokkan. 22a. disesuaikan. b. sesuai. 23a. jalan.
b. dijalankan. 24a. dihancurkan. b. hancur. 25a. umum.
b. diumumkan. 26a. utama. b. diutamakan. 27a. naik.
b. dinaikkan. 28a. jatuh. b. dijatuhkan. 29a. tunduk.
b. ditundukkan. 30a. goncang. b. digoncangkan.
31a. ditampilkan. b. tampil. 32a. dilestarikan. b. lestari.
33a. tumbuh. b. ditumbuhkan.

26. 1. merusak *or* merusakkan. 2. menutup. 3. memecahkan.
4. menghijaukan. 5. menghapus. 6. menghilangkan. 7. memalukan.
8. merubah. 9. mendengar, membalikkan. 10. memisahkan.
11. menyempitkan. 12. meluaskan. 13. menguatkan. 14. membuka.
15. melemahkan. 16. menyelesaikan. 17. menyadarkan.
18. menakutkan. 19. mengagungkan. 20. memusatkan.
21. membetulkan. 22. membubarkan. 23. membakar.
24. memutuskan. 25. dipanaskan. 26. membosankan.
27. memuaskan. 28. melepas *or* melepaskan. 29. menyobèk.
30. merépotkan. 31. dipindahkan. 32. mendongkolkan.
33. mencampur. 34. meningkat. 35. memerdékakan.
36. meremajakan. 37. mendéwasakan. 38. memotong.
39. menumpahkan. 40. melepas *or* melepaskan. 41. memandikan.
42. menyelamatkan. 43. mendekatkan. 44. mengeluarkan.
45. mengikatkan. 46. mengganggu. 47. menyendiri.
48. meludeskan. 49. menéwaskan. 50. mengunci.

28. 1. ganti. 2. menggantikan. 3. menanamkan. 4. menanam.
5. mengunci. 6. mengunci. 7. membayar. 8. membayarkan.
9. memberi. 10. memberikan. 11. menggosok. 12. menggosokkan.
13. menambal. 14. menambalkan.

30. 1. bertemu dengan. 2. menemui. 3. mempelajari. 4. belajar.
5. menghadapi. 6. berhadapan dengan. 7. menghormati.
8. menghormati. 9. datang di. 10. mendatangi. 11. berjauhan
dengan. 12. menjauhi. 13. memerangi. 14. berperang dengan *or*
memerangi. 15. memerangi. 16. mempengaruhi. 17. berpengaruh

atas. 18. bersaing dengan. 19. menyaingi. 20. bersaingan dengan. 21. menguasai. 22. berkuasa atas *or* menguasai, menguasai.

31. 1. menangis karena. 2. menangisi. 3. berjumpa dengan (better) *or* menjumpai. 4. menjumpai (better) *or* berjumpa dengan. 5. tertawakan. 6. tertawa saja. 7. berdoa agar. 8. mendoakan. 9. berusaha agar. 10. mengusahakan. 11. kawin dengan. 12. mengawini *or* kawin dengan. 13. menyaingi *or* bersaing dengan. 14. bersaing dengan *or* menyaingi. 15. bertemu dengan *or* menemui. 16. bertemu dengan.

32. 1. menanyakan. 2. bertanya. 3. takut. 4. takut. 5. takut. 6. berjanji, menjanjikan. 7. menjanjikan or berjanji, berjanji. 8. bercerita. 9. menceritakan. 10. berteriak. 11. meneriakkan. 12. berteriak. 13. sadar or menyadari. 14. menyadari. 15. sadar.

33. **Langkah 1.** 1. tahu. 2. diketahui. 3. diketahui. 4. tahu. 5. diketahui. 6. tahu. 7. diketahui. 8. diketahui. 9. tahu. 10. diketahui.

    Langkah 2. 1. tahu. 2. tahu. 3. mengetahui. 4. tahu. 5. mengetahui. 6. mengetahui. 7. tahu. 8. mengetahui. 9. tahu. 10. tahu.

38. 1. ikuti. 2. ikutkan. 3. disertai. 4. menyertakan. 5. dudukkan. 6. menduduki. 7. didatangkan. 8. mendatangi. 9. tètèsi. 10. tètèskan. 11. masuki. 12. masukkan. 13. diserahi. 14. diserahkan. 15. dihampiri. 16. mendekatkan. 17. didekati or dekati. 18. dibebani. 19. membebankan. 20. tempati. 21. menempatkan. 22. dicurahi. 23. mencurahkan. 24. mendahului. 25. didahulukan.

41. **Langkah 1.** 1. berdua. 2. lima. 3. berempat. 4. berdua. 5. tujuh. 6. delapan. 7. tiga. 8. empat. 9. berlima. 10. berenam.

    Langkah 2. 1. berteman. 2. teman *or* berteman. 3. berbunga, berbuah. 4. buah. 5. berumur. 6. umur. 7. berumur. 8. bertelur, bertelur. 9. telur. 10. berjumlah. 11. total. 12. berhasil. 13. hasil. 14. berhasil. 15. saudara. 16. bersaudara. 17. berkongsi. 18. berbéda. 19. béda. 20. berbahaya *or* bahaya. 21. bahaya. 22. berdua. 23. berdua, tiga. 24. lima, bertiga. 25. tiga. 26. bertujuh. 27. empat. 28. berdua, tiga.

42. 1. santai. 2. bersantai, bergembira. 3. gembira. 4. bersedia. 5. sedia. 6. senang. 7. bersenang-senang. 8. siap. 9. bersiap. 10. sedih *or* bersedih. 11. sedih. 12. sabar, bersabar *or* sabar. 13. bahagia. 14. berbahagia *or* bahagia. 15. diam. 16. berkeras kepala *or* keras kepala. 17. keras kepala. 18. malam, bermalam. 19. berseri. 20. berduka cita. 21. duka. 22. sungguh-sungguh, bersungguh-sungguh. 23. bersopan santun.

24. sopan santun. 25. damai, berdamai. 26. bermalu. 27. malu.
28. besar kepala. 29. berbesar kepala *or* besar kepala.
30. berbesar hati. 31. besar hati. 32. telanjang *or*
bertelanjang. 33. telanjang.

43. 1. senang. 2. bersenang-senang. 3. berkurangnya. 4. kurang.
5. banjir. 6. membanjir. 7. membaik, baik. 8. berbaik.
9. memburuk *or* buruk. 10. buruk. 11. hilang. 12. menghilang.
13. bersatu. 14. tambah, satu. 15. bertambah *or* tambah.
16. malu *or* bermalu. 17. berangin. 18. angin, angin.
19. membengkak. 20. bengkak.

44. 1. berjumpa. 2. menjumpai. 3. beranggapan *or* menganggap.
4. menganggap. 5. bertahan. 6. mempertahankan. 7. bersaing.
8. bersaing (better) *or* menyaingi. 9. memandang.
10. berpandangan *or* memandang. 11. bertebaran. 12. menebarkan.
13. mengunjungi. 14. berkunjung. 15. berpikir. 16. memikirkan.
17. berobat. 18. mengobati. 19. berbahagia. 20. membahagiakan.
21. berjanji. 22. menjanjikan *or* berjanji. 23. beranggapan *or*
menganggap. 24. menganggap. 25. bertambah. 26. menambah.

45. 1. menggerakkan. 2. bergerak. 3. berpindah. 4. memindahkan.
5. berbahagia. 6. membahagiakan. 7. berpisah. 8. memisahkan.
9. menukarkan. 10. bertukar. 11. menggerak-gerakkan.
12. bergerak-gerak. 13. mengobati. 14. berobat. 15. berkorban.
16. mengorbankan. 17. belajar. 18. mengajar. 19. berpegang
pada. 20. memegang. 21. memalingkan. 22. berpaling.

46. 1a. berkembang. b. dikembangkan. 2a. berlaku. b. dilakukan.
3a. dihentikan. b. berhenti. 4a. digerakkan. b. bergerak.
5a. dikembangkan. b. berkembang. 6a. bersedia, disediakan.
b. bersedia, bersedia, disediakan. 7a. berhémat.
b. dihématkan. 8a. berjalan. b. dijalankan. 9a. ditingkatkan.
b. bertingkat.

47. 1. berjual *or* menjual, menjual. 2. mengirim. 3. berkirim.
4. mengerjakan. 5. bekerja. 6. berisi. 7. mengisi. 8. membuat.
9. berbuat. 10. bermodal. 11. memodali. 12. bertukar.
13. menukar. 14. bertukar. 15. membuat, menjual. 16. berbuat.
17. membuka, berbuka.

48. 1. mempengaruhi. 2. berpengaruh pada. 3. bertujuan pada.
4. menuju. 5. berhadapan dengan. 6. menghadapi. 7. menemui.
8. bertemu dengan. 9. memikirkan *or* berpikir tentang.
10. memikirkan. 11. tampil dengan. 12. tampil dengan *or*
menampilkan. 13. lahir karena. 14. melahirkan.

49. 1. berdesak. 2. mendesak. 3. mengusahakan. 4. berusaha.
5. bertindak. 6. menindak. 7. beranggapan *or* menganggap.
8. menganggap. 9. mengékor. 10. berékor. 11. membentuk.
12. berbentuk. 13. berjaga. 14. menjaga.

50. 1. menghasilkan. 2. berhasil. 3. bekerja. 4. mengerjakan.
5. berpikir. 6. memikirkan. 7. berharap. 8. mengharapkan.

9. berteriak. 10 meneriakkan. 11. menanyakan.
12. bertanya-tanya. 13. bermimpi. 14. memimpikan.
15. bermusyawarat. 16. memusyawaratkan. 17. mengkhayalkan.
18. berkhayal.

51. **Langkah 1.** 1. diputar. 2. berputar. 3. diajar. 4. belajar.
5. bertambah. 6. ditambah. 7. digantung. 8. bergantung.
9. dipikirkan. 10. berpikir. 11. dipindahkan. 12. pindah.
13. diisi. 14. berisi. 15. berobat. 16. diobat. 17. berubah.
18. diubah. 19. bercat. 20. dicat. 21. ditukar. 22. bertukar.

Langkah 2. 1. dipindahkan, berpindah. 2. berkembang,
dikembangkan. 3. berkorban. 4. digerakkan. 5. dihentikan.
6. berhenti. 7. berlaku. 8. berpaling. 9. dipalingkan.
10. berlimpah, dilimpahkan. 11. dinamakan. 12. bernama.
13. berbahaya, dimandikan. 14. mandi, dibahayakan.
15. dibaringkan, berbaring. 16. dipindahkan. 17. bertempat,
ditempatkan. 18. digantungkan. 19. dimukimkan. 20. dijalankan.
21. berjalan.

Langkah 3. 1. diimbangi. 2. berimbang. 3. berjiwa. 4. dijiwai.
5. dikurangi. 6. berkurang. 7. ditambahi. 8. bertambah.
9. bergurau. 10. digurau. 11. ditulisi. 12. digarisi,
bergaris. 13. berair. 14. diairi. 15. disirami. 16. bersiram.
17. bermodal, dimodali. 18. diminyaki, berminyak.
19. dikurungi. 20. berkurung.

Langkah 4. 1. dihasilkan, berhasil. 2. berkerumun, dikerumuni.
3. berpróduksi, dipróduksi. 4. berjumlah, dijumlahkan,
berjumlah. 5. berjalan, dijalani. 6. dilakukan, berlaku.
7. diusahakan, berusaha. 8. bertambah, ditambahkan, ditambahi.
9. ditutupkan, bertutup *or* ditutupi. 10. berkembang,
dikembangkan. 11. dibedaki. 12. berbedak. 13. dióperasi,
beróperasi. 14. diakhiri. 15. berakhir. 16. diserap.
17. berkumpul. 18. dikumpulkan. 19. dikunci. 20. berkunci.
21. berharga. 22. dibuntuti. 23. bertempat. 24. ditempatkan.
25. dinilai. 26. bernilai, dinilai. 27. disertai. 28. beserta.
29. diputar. 30. berputar.

52. 1. berteman dengan. 2. ditemani. 3. berperang dengan.
4. diperangi. 5. berteman dengan. 6. ditemani oléh.
7. berjumpa dengan. 8. dijumpai. 9. menyaingi, disaingi.
10. bersaing dengan. 11. bersalaman dengan. 12. disalami.
13. berakhir dengan. 14. diakhiri dengan. 15. dibekali oléh
16. berbekal dengan. 17. bercampur dengan. 18. dicampuri.
19. disertai. 20. beserta dengan.

53. 1. berlaku. 2. dilakukan. 3. dihentikan. 4. berhenti.
5. belajar. 6. diajari. 7. bergerak. 8. digerakkan. 9. dicap.
10. bercap. 11. berkumpul. 12. dikumpulkan. 13. dibatasi.
14. berbatas. 15. bersatu. 16. disatukan. 17. berpindah.
18. dipindahkan. 19. digulung. 20. bergulung-gulung.
21. berjemur. 22. dijemur. 23. berobat. 24. diobati, berobat.
25. diseterika. 26. berseterika *or* diseterika. 27. dicukur.

28. bercukur. 29. berpagar. 30. dipagari. 31. bercampur.
32. dicampuri.

54. 1. berkembang. 2. dikembangkan. 3. dikurangi. 4. berkurang.
5. berkobar. 6. dikobarkan. 7. bertambah. 8. ditambah.
9. berjalan. 10. dijalankan. 11. berguna. 12. digunakan.
13. dibédakan. 14. berbéda. 15. berpaling. 16. dipalingkan.
17. dinamakan. 18. bernama. 19. berakhir. 20. diakhiri.
21. bernilai. 22. dinilai. 23. berisi. 24. diisi, dijalankan.
25. berkurang, bertambah. 26. ditambah. 27. dijalankan.
28. berjalan. 29. berakibat dengan. 30. diakibatkan oléh.

55. 1. membuat. 2. berbuat, memegang. 3. berpegang. 4. membuat,
menahan. 5. bertahan. 6. bertanam. 7. menanam. 8. menindak.
9. bertindak, bertindak. 10. membantah. 11. berbantah.
12. mendébat. 13. berdébat. 14. memesan. 15. berpesan.
16. berlawan. 17. melawan. 18. berjabat. 19. menjabat.
20. menjabat. 21. mendesak. 22. berdesak. 23. berkemas.
24. menjual. 25. berjual. 26. menanak. 27. bergulai, bersayur.
28. menggulai.

56. 1. berlari *or* lari. 2. datang. 3. beróperasi. 4. berkunjung.
5. terbang. 6. berlayar. 7. bertanam. 8. berdagang. 9. datang.
10. berjalan *or* jalan. 11. pergi, berjalan *or* jalan.
12. beternak. 13. bermain *or* main. 14. berlatih. 15. berobat,
beróperasi. 16. sangsi. 17. bekerja, ragu-ragu. 18. berpuasa,
sahur, berbuka. 19. pulang. 20. jual. 21. bermigrasi, bekerja
or kerja. 22. bertani. 23. berkemas, bertransmigrasi.
24. hilang. 25. berbelanja *or* belanja.

58. 1. beristerikan. 2. beristeri. 3. berhajatkan. 4. berhajat.
5. berfamilikan. 6. berfamili. 7. bermótivasikan.
8. bermótivasi. 9. berdasar. 10. berdasarkan. 11. bermodal.
12. bermodalkan *or* bermodal. 13. berjiwakan *or* berjiwa.
14. berjiwa.

59. 1. berhubung. 2. berhubungan. 3. bersangkutan.
4. bersangkutan. 5. berkirim. 6. berkiriman. 7. berpegang.
8. berpegangan. 9. bersamaan. 10. bersama. 11. bertebaran.
12. berlawan. 13. berlawanan.

60. 1. buka. 2. terbuka. 3. tutup. 4. tertutup. 5. termasuk.
6. masuk. 7. tertidur. 8. tidur. 9. tersedia. 10. sedia.
11. biasa. 12. terbiasa. 13. tertinggal. 14. tinggal.
15. tunduk. 16. tertunduk. 17. terkencing. 18. kencing.
19. terduduk. 20. duduk. 21. terbungkuk. 22. bungkuk.

61. **Langkah 1.** 1. terpaksa. 2. dipaksa. 3. terhirup. 4. terbakar,
dihirup. 5. terancam. 6. diancam. 7. terlihat. 8. dilihat.
9. tercatat. 10. dicatat. 11. tercapai. 12. dicapai.
13. tergoda. 14. digoda. 15. terbeli. 16. dibeli, dijual.
17. terjual. 18. terbuang *or* dibuang. 19. dibuang.
20. tertulis. 21. ditulis.

Langkah 2. 1. tergolong. 2. digolongkan. 3. terletak.
4. diletakkan. 5. tercipta. 6. diciptakan. 7. terbentur.
8. dibenturkan, terbentang. 9. dibentangkan. 10. tertinggal.
11. ditinggalkan. 12. terlaksana. 13. dilaksanakan.
14. tercermin. 15. dibuktikan. 16. terbukti. 17. terjalin.
18. dijalin.

Langkah 3. 1. terharu. 2. dibongkar. 3. dilihat, dipecahkan.
4. tersisa. 5. tercipta, diciptakan. 6. tercogok. 7. dijalin
or terjalin. 8. tercurah, dicurahkan. 9. disia-siakan or
disia-sia, terdorong. 10. terpencil, dipencilkan. 11. dipaksa.
12. dikendalikan. 13. ditinggalkan, tertinggal. 14. tertelan.
15. ditelan. 16. dijadikan. 17. terjadi, disalahkan.
18. dinilai. 19. terlaksana. 20. disia-siakan.

Langkah 4. 1. berkumpul. 2. terkumpul. 3. berdesak.
4. terdesak. 5. berkurung. 6. terkurung. 7. bergantung.
8. tergantung. 9. terhenti. 10. berhenti. 11. tergerak.
12. bergerak. 13. tercerai. 14. bercerai. 15. terpisah.
16. berpisah.

62. 1. teringat. 2. diingatkan. 3. terjalin. 4. ditinggalkan.
5. tertinggal. 6. dimasukkan. 7. termasuk. 8. dilarang,
termasuk. 9. ditampilkan, dianggap. 10. terbuat, dibuat.
11. dihadapkan, terpaksa, dinamakan. 12. dikenal, tersebar.
13. dinyatakan, terlarang, dimasukkan. 14. terjadi, tersedia.
15. dipikirkan, terpikir. 16. disebut. 17. tersebut,
disebutkan, disebut or disebutkan. 18. tertentu, ditentukan.
19. terlihat, terjangkau. 20. dilihat, terpengaruh, terbatas.
21. dipaksa, dipaksakan, terpaksa. 22. tertinggal,
ditinggalkan. 23. terurus, diuruskan or diurus. 24. diurus.
25. teraniaya, dianiaya. 26. dikabulkan or terkabul,
dikabulkan. 27. terlupa, dilupakan. 28. diingat or diingatkan,
teringat, diingatkan. 29. digambarkan, terlukis, dilukis.

64. **Langkah 2.** 1. saya senangi. 2. kesenangan. 3. kemasukan
4. dimasuki. 5. disukai. 6. kesukaan. 7. kemauan saya.
8. meréka maui. 9. kepunyaan. 10. meréka punyai.
11. kegemaran. 12. digemari. 13. disayangi. 14. saya sayangi.
15. dicintai. 16. kecintaan saya. 17. kita percayai.
18. kepercayaan kita. 19. kehormatan meréka. 20. kita hormati.

66. 1. hilang. 2. kehilangan. 3. kehabisan. 4. habis.
5. kedengaran. 6. didengarnya. 7. ditambah. 8. ketambahan.
9. kecampuran. 10. dicampur. 11. kurang. 12. banyak,
kebanyakan. 13. kelebihan. 14. lebih. 15. punah.
16. kepunahan. 17. disumbat. 18. kesumbatan. 19. kedinginan.
20. ditutup, dingin. 21. kepanasan, panas. 22. keénakan.
23. énak.

68. 1. perbesar. 2. dibesarkan. 3. mengindahkan. 4. perindah.
5. diperpanjang. 6. dipanjangkan. 7. meméndékkan.
8. memperpéndék. 9. mendalami. 10. dalam, diperdalam.
11. kenalkan. 12. luas, memperluas. 13. mempersempit or

menyempitkan. 14. dipersempit. 15. dikecilkan. 16. diperkecil.
17. menjelèkkan. 18. dipertebal *or* ditebalkan. 19. mempertebal
or menebalkan. 20. mempercantik. 21. dipersulit. 22. persukar.
23. memperhalus. 24. meruncingkan. 25. memperuncing.

70. 1. memperlihatkan. 2. lihat. 3. diperlihatkan.
    4. mempermainkan. 5. main *or* memainkan. 6. memainkan.
    7. memperhatikan. 8. diperbantukan. 9. membantu.
    10. mempertahankan. 11. bertahan. 12. ditahan. 13. tahan.
    14. mengira. 15. diperkirakan. 16. berhitung.
    17. perhitungkan. 18. menghitung, hitung. 19. menonton or
    nonton. 20. mempertontonkan. 21. untuk. 22. diperuntukkan.
    23. diperoléh. 24. memperoléh, beroléh. 25. diperjuangkan.
    26. memperjuangkan. 27. berbéda. 28. membédakan *or*
    memperbédakan. 29. dipersalahkan *or* disalahkan. 30. bertindak,
    bersalah *or* salah, disalahkan *or* dipersalahkan, benar,
    dibenarkan. 31. berselisih, diperselisihkan. 32. siap,
    menyiapkan *or* mempersiapkan. 33. dipersilakan. 34. berlaku.
    35. memperlakukan. 36. berlaku, diperlakukan.
    37. dipercakapkan, bercakap. 38. dengar, mendengarkan,
    perdengarkan. 39. dengarkan. 40. bodoh, diperbodoh.
    41. memperbodoh, bodoh. 42. kerjakan, mengerjakan.
    43. mempekerjakan, bekerja. 44. menanyakan, ditanyakan.
    45. takut, ditakutkan.

71. 1. siap. 2. dipersiapkan *or* disiapkan. 3. berjuang.
    4. perjuangkanlah. 5. berselisih, perselisihkan. 6. cakap,
    bercakap. 7. dipercakapkan. 8. berunding. 9. bermusyawarah.
    10. dimusyawarahkan. 11. dipersilakan, bersila. 12. berhenti,
    diberhentikan. 13. gunakan *or* pergunakan, berguna. 14. kenal,
    berkenalan, diperkenalkan *or* dikenalkan. 15. memperboléhkan *or*
    memboléhkan, diperboléhkan *or* diboléhkan *or* boléh.
    16. pertahankan, bertahan *or* mempertahankannya.
    17. diperdébatkan, berdébat. 18. diperhitungkan.
    19. hitunglah, berhitung. 20. dagang, diperdagangkan,
    berdagang. 21. dipermainkan. 22. bermain. 23. main. 24. main,
    mempermainkan. 25. berlaku, diperlakukan.

72. 1. dengarkan. 2. memperdengarkan. 3. memperlihatkan.
    4. lihatkan. 5. pekerjakan. 6. kerjakan. 7. memainkan.
    8. mempermainkan, dipermainkan. 9. memperbodoh.
    10. memperbodoh *or* membodohkan. 11. ingatkan.
    12. diperingatkan. 13. memperlakukan. 14. melakukan.
    15. diperhitungkan. 16. hitungkan. 17. mempertahankan,
    bertahan. 18. ditanyakan. 19. menanyakan. 20. menimbangkan.
    21. pertimbangkan. 22. diperbantukan. 23. memperebutkan.
    24. membungakan . 25. dipercakapkan *or* percakapkan.
    26. diperdagangkan. 27. diperdébatkan. 28. menghitungkan.
    29. memperhitungkan. 30. memperkirakan.

73. 1. diperbantukan. 2. diperbantukan, membantu. 3. dalam.
    4. diperdalam. 5. dipulangkan. 6. pulang. 7. disesuaikan.
    8. sesuai. 9. perlu. 10. diperlukan. 11. mengingat.
    12. diperingatkan. 13. jelas. 14. diperjelas. 15. diperbesar.

16. membesar. 17. lébar. 18. lébar, diperlébar. 19. melébar.
20. banyak. 21. diperbanyak. 22. datang. 23. didatangkan.
24. dikalahkan. 25. kalah. 26. tunduk. 27. ditundukkan.
28. bébas. 29. dibébaskan. 30. hilang. 31. dihilangkan.
32. pijit.

74. 1. memperjuangkan. 2. diselamatkan. 3. memperkirakan.
4. dipergunakan *or* digunakan. 5. mempertaruhkan. 6. ditaruh.
7. menegaskan. 8. meneruskan. 9. disingkirkan.
10. mempertemukan. 11. menemukan. 12. mempekerjakan.
13. dikerjakan. 14. menanyakan *or* mempertanyakan.
15. dipertanyakan.

75. 1. berkobarnya. 2. jatuhnya. 3. terciptanya. 4. dilakukannya.
5. diangkutnya. 6. beratnya. 7. bersantainya. 8. beralihnya.
9. dengarnya, bayarnya. 10. diangkutnya. 11. datangnya.
12. banyaknya. 13. merosotnya. 14. ada-tidaknya.
15. terjadinya. 16. berhentinya *or* terhentinya.
17. berhentinya *or* dihentikannya *or* terhentinya.
18. terbébasnya. 19. berhasilnya. 20. berlakunya. 21. adanya.
22. munculnya. 23. terpilihnya. 24. diangkatnya.
25. tersingkirnya. 26. berkurangnya. 27. terpukulnya.
28. terwujudnya.

77. 1. berlakunya. 2. tercapainya. 3. pencapaian. 4. berdirinya.
5. pendirian. 6. pemilihan. 7. terpilihnya. 8. pemberantasan.
9. terberantasnya. 10. berkumpulnya. 11. pengumpulan.
12. pembunuhan. 13. terbunuhnya. 14. berkobarnya.
15. pengobaran. 16. pengibaran. 17. berkibarnya.
18. penyingkiran. 19. tersingkirnya. 20. pemugaran.

79. 1. makan. 2. makanan. 3. bungkusan. 4. bungkus. 5. lautan.
6. laut. 7. pasar. 8. pasaran. 9. baris. 10. barisan.
11. rakit. 12. rakitan. 13. pènsiunan. 14. pènsiun.
15. pasangan. 16. pasang. 17. gambar. 18. gambaran. 19. sayur.
20. sayuran. 21. pemerintahan. 22. pemerintah.
23. berkobarnya. 24. kobaran. 25. jatuhnya. 26. jatuhan.
27. angkutan. 28. diangkutnya. 29. kejadian. 30. terjadinya.

85. 1. buatan, pembuatan. 2. perbuatan. 3. persediaan.
4. penyediaan. 5. pertukaran. 6. penukaran. 7. pertunjukan.
8. penunjukan. 9. pengembangan. 10. perkembangan.
11. penemuan. 12. pertemuan. 13. persatuan. 14. penyatuan.
15. satuan. 16. pengumpulan. 17. kumpulan. 18. perkumpulan.
19. pendébatan. 20. perdébatan.

86. 1. pernyataan. 2. kenyataan. 3. pertemuan. 4. pelaksanaan.
5. pemahaman. 6. keselamatan. 7. penyelamatan. 8. kegunaannya,
penggunaannya. 9. pembatasan. 10. perbatasan. 11. pelaksanaan,
perkiraan. 12. kehancuran, penghancuran. 13. keadilan,
pengadilan. 14. perkumpulan, pengumpulan. 15. penyatuan,
kesatuan. 16. pertimbangan. 17. penimbangan.

87. 1. Pengertian orang terhadap sejarahnya sendiri. 2. Rumusan
pólitik luar negeri pemerintah. 3. Bacaan koran tiap hari
orang yang pintar. 4. Bantuan militèr Libya kepada PLO
belakangan ini. 5. Cintaku kepada tuhan. 6. Penyogokan
penguasa terhadap pegawai pemerintah. 7. Tafsirannya tentang
Pancasila berbéda dengan tafsiran pemerintah. 8. Keterangan
Kissinger tentang usulnya. 9. Penolakan Cina terhadap rencana
perdamaian di Asia tenggara baru-baru ini. 10. Pemecatan
Richard Nixon olèh warga negara Amérika. 11. Jalan keluar bagi
saya dari kebosanan.

90. 1. pertolongan. 2. nasèhat. 3. jualan, penjualan.
4. perdagangan, dagangan. 5. pertahanan. 6. tahanan,
ketahanan. 7. keberanian, ketahanan. 8. pembuangan *or* buangan,
kesanggupan, buangan. 9. perjanjian, janji. 10. pengembangan,
perkembangan. 11. persatuan, kesatuan. 12. penyatuan.
13. gambar, gambaran, penggambaran. 14. tanaman, penanamannya.
15. penindakan, tindakan. 16. pengangkutan *or* angkutan.
17. pembajakan, bajakan. 18. pasaran, pasar, pemasaran.
19. perhubungan, hubungan. 20. pemerintah, pemerintahan,
pemerintahan. 21. hasil, penghasilan. 23. biaya, pembiayaan.
23. syarat *or* persyaratan, persyaratan, syarat. 24. lanjut,
lanjutan, kelanjutan. 25. peralatan, peralatan *or* alat, alat.

91. 1. berdua. 2. keempat. 3. keduanya. 4. empat. 5. lima, kelima.
6. bertiga. 7. ketiga. 8. keempat, dua. 9. kelima, kedua.
10. ketiga. 11. berempat. 12. lima, dua, kelima. 13. kelima.
14. keempat. 15. kedua.

92. 1. semakin, sebanding *or* sama. 2. sepadan. 3. sesuai.
4. sesuai. 5. selama. 6. secara. 7. sesuai. 8. setinggi.
9. seharga. 10. sejauh. 11. sekedar. 12. secara.
13. setingkat.

93. 1. semestinya. 2. seharusnya. 3. selayaknya. 4. sewajarnya.
5. sudah selayaknya. 6. secara rélatif. 7. sudah sepatutnya.
8. semestinya. 9. sepatutnya. 10. sepatutnya. 11. sepatutnya.

Kunci untuk Wawancara

INI 1. Di Kantor Imigrasi. Y dengan orang Indónésia.

Y: Selamat pagi, Bu!
B: Selamat pagi.
Y: Mau tanya, di mana saya bisa mengurus Kartu Izin Menetap?
B: Ó, baiklah. Biasanya yang mengurus hal ini, itu ... Baiklah Tuan
menjumpai pak Yanto saja. Masuk pintu yang di sebelah kiri itu.
Y: Ó, ya, terima kasih, Bu. Permisi!
B: Ya, mari! Mari!
Y: Mau tanya sebentar, Bu, apakah di sini kantornya pak Yanto?
C: Ó, ya, betul. Di sini kantornya pak Yanto. Silakan duduk, Tuan,
sambil menunggu kedatangan pak Yanto.
Y: Apakah pak Yanto masih lama, Bu, datangnya?

C: Ó, sebentar lagi. Biasanya, e, jam sekian ini ya sudah datang.

Y: Iya. Soalnya begini, Bu, saya mau mendapatkan Kartu Izin Menetap untuk tinggal di daèrah Malang. Apakah yang bisa melayani itu hanya pak Yanto saja, Bu?

C: Ó, sebenarnya tidak harus selalu pak Yanto. E, pak Makso yang itu, yang kantornya di lantai dua pun bisa juga melayani Kartu Izin Menetap.

Y: A, kalau begitu, Bu, sebaiknya saya menjumpai pak Makso saja.

C: Ó, baiklah. Silakan!

Y: Apakah di sini kantor pak Makso?

D: Ó, betul. Di sini kantornya pak Makso.

Y: Soalnya saya mau mendapatkan Kartu Izin Menetap untuk tinggal di daèrah Malang.

D: Ó, ya. Jadi, e, apakah tuan ingin mendapatkan Kartu Izin Menetap itu?

Y: Iya, Pak. Lalu untuk itu apakah saya diperbolèhkan menjumpai pak Makso?

D: Ó, sudah barang tentu, bolèh.

Y: E, sebelum saya bertemu dengan pak Makso, mungkin ada persyaratan-persyaratan yang harus saya penuhi, Pak?

D: Ó, ya, ada. Sebaiknya tuan, e, membeli formulir dulu, di lantai bawah. Kemudian mengisinya sebelum menemui pak Makso.

Y: Lalu di mana, Pak, tempat saya bisa mendapatkan formulir itu?

D: E, turun saja Tuan ke bawah, nanti di pintu itu, bèlok ke kiri, di ruang nomor tiga. Ada lokèt untuk mendapatkan formulir itu.

Y: Ó, iya. Lalu selain itu, masih adakah persyaratan lain, Pak?

D: Ó, ada, Tuan. Jadi, selain formulir, Tuan harus menyerahkan dua pas fótó ukuran empat-enam.

Y: Apakah di sini betul tempat pembelian formulir?

E: Ya, betul, Tuan.

Y: Berapa harga formulir itu?

E: E, harganya tiap satu formulir, e, seratus rupiah.

Y: Rangkap berapa formulir itu harus diisi?

E: Itu untuk perpanjangan atau untuk mendapatkan izin menetap?

Y: Untuk mendapatkan kartu KIM.

E: Ó, kalau itu, rangkap tiga.

Y: Kalau begitu, saya mau membeli formulir itu tiga lembar, Pak. Ini uangnya. Lhó, kok cuma seratus rupiah kembalinya?

E: Ó, betul. Begini, Tuan. Jadi, Tuan tadi menyerahkan lima ratus rupiah. Sekarang, tiga lembar formulir ini tiga ratus rupiah. Yang seratus rupiah ini untuk biaya administratif.

Y: Apa itu diwajibkan?

E: Ya, mémang. Begitulah peraturannya.

Y: Ya, baiklah. tapi nanti saya minta kwitansinya.

E: Ya, tentu saja, Tuan.

Y: Terima kasih, ya, Pak.

E: Terima kasih kembali, Tuan.

Y: Ó, ya. Apakah saya bisa mendapatkan dua helai karbon supaya saya bisa mengisi formulir ini tiga lembar sekaligus?

INI 2. Di Kantor Gubernur. J dengan orang Indónésia (L).

J: Permisi, Bu, mohon tanya sebentar. Di mana saya bisa mendapatkan izin sebagai orang asing untuk mengadakan riset di Indónésia?

L: Ó, untuk urusan riset. Sebaiknya Tuan menemui pak Marto saja, di ruang sebelah itu. Kalau ndak salah, itu ruang tiga. Silakan datang saja kepada pak Marto, Tuan.

J: Terima kasih, Bu.

J: Maaf, Bu, mengganggu sebentar. Apakah di sini kantor pak Marto?

N: Betul. Di sini kantornya pak Marto.

J: Ya. Lalu, apakah pak Marto ada, Bu?

N: Ó, pak Marto belum datang.

J: Ó, ya. Lalu, biasanya, jam berapa pak Marto datang?

N: Biasanya jam tujuh sudah datang. Tetapi, sampai jam sekian kok belum datang, ya? Mungkin ada sesuatu. Saya kurang tahu.

J: Apakah tidak ada pesan atau apa, kalau pak Marto tidak datang, Bu?

N: Biasanya kalau pak Marto tidak datang atau ada sesuatu, beliau mesti memberi kabar kepada kami. Tapi hari ini tidak ada kabar apa-apa.

J: Terus terang, begini, Bu. Saya sebagai seorang asing yang datang dari Amérika, saya mau mengadakan riset di Indónésia ini.

N: Ya?

J: Lalu, apakah dalam hal ini hanya pak Marto saja yang bisa melayani untuk itu?

N: Ó, mémang, Tuan. Yang melayani izin riset, baik proyèk itu dari orang asing maupun dari orang Indónésia sendiri, itu hanya pak Marto sendiri yang berhak untuk memberikan izin itu.

J: Ya. Lalu, bagaimana seandainya pak Marto tidak datang hari ini?

N: Kalau pak Marto terpaksa tidak datang hari ini, persyaratannya bisa diserahkan dulu kepada saya, dan akan saya daftar serta akan dilayani sesuai dengan nomor urutannya.

J: Baik. Saya mengerti, Bu. Lalu, apakah persyaratan yang diperlukan untuk mendapatkan izin riset tersebut?

N: Seperti biasanya, siapa saja yang ingin mengadakan riset harus mengajukan disain risetnya, atau menyerahkan kopi disain risetnya, dan surat izin dari LIPI.

J: Ya, saya mengerti, Bu. Dan kebetulan ini disain risetnya serta surat-surat lain dari LIPI juga saya bawa. Ini, Bu.

N: Ó, ya. E, disain riset ini bisa diserahkan untuk saya daftar. Nanti akan saya sampaikan kepada pak Marto.

J: Ya. Lalu, pada hari ini saya sudah dapat nomor berapa, Bu?

N: Kebetulan, Tuan John pada hari ini masih, e, mendapatkan nomor pertama. tapi ada yang sudah mendaftar kemarin, belum sempat kami layani.

J: Wah, kalau begitu, saya harus menunggu yang kemarin, untuk bisa dilayani itu?

N: Ó, tidak. Jadi, kalau hari ini mereka datang terlambat, terpaksa akan dilayani belakangan.

J: Saya mengerti, Bu. E, sebaiknya saya tunggu di sini saja. Apakah Ibu tidak keberatan seandainya saya menunggu di sini saja, Bu?

N: Ó, bolèh saja. Nah, itu kebetulan pak Marto datang. Silakan menghadap langsung saja, Tuan John, kepada pak Marto.

J: Selamat pagi, pak Marto!

M: Selamat pagi. Apakah betul ini disain risetnya Tuan John?
J: Betul, Pak.
M: Lalu, apa yang ingin Tuan kerjakan atau ketahui di dalam riset
   ini nanti?
J: Begini, Pak. E, saya sebagai seorang asing yang datang dari
   Amérika ... Sebelumnya saya pernah mempelajari tentang bagaimana
   prosès pelaksanaan keluarga berencana. Untuk itu, untuk mencari
   data-data kongkritnya, saya mau mempelajari tentang bagaimana
   pelaksanaan program keluarga berencana di pedèsaan, khususnya di
   Malang.
M: Ó, ya. Betul, betul. Saya mengerti. E, tetapi di sini, saya
   lihat Tuan John akan bekerja sama dengan PLKB Cabang Malang.
   Lalu di sini belum ada surat persetujuan dari PLKB Cabang
   Malang.
J: Ya, Pak. Saya mengerti. Mémang belum ada surat itu, surat
   persetujuan dari PLKB Cabang Malang. E, lalu bagaimana, Pak,
   seandainya surat persetujuan itu saya susulkan kemudian? Jadi,
   untuk sementara ini, saya serahkan surat ijin dari LIPI untuk
   mengadakan riset tersebut.
M: Kalau begitu, saya belum bisa melayani. Untuk bisa dilayani,
   Tuan harus segera menyerahkan surat ijin itu ke sini. Itu baru
   bisa dilayani.
J: Ó, ya. Lalu, seandainya surat itu nanti saya kirim lèwat pos,
   bagaimana? Soalnya begini. Saya merasa keberatan sekali kalau
   tiap kali pulang balik ke kantor gubernur ini.
M: Ó, bolèh saja. Bisa saja dikirim lèwat pos. Tetapi ada masalah
   lain yang ingin saya tanyakan kepada Tuan John: apakah Tuan ada
   rencana untuk menggunakan beberapa tenaga dari PLKB Cabang
   Malang?
J: Menurut rencana yang ada pada disain riset itu, saya tidak akan
   menggunakan tenaga PLKB. Lalu, setelah surat ijin gubernur itu
   selesai, apakah saya harus mengambil ke sini? Dan di samping
   itu, apakah ada syarat-syarat yang lain yang harus saya penuhi?
M: Ó, seharusnya, Tuan John harus kembali ke sini mengambilnya
   sendiri. Tapi tentang tembusan-tembusannya, bisa saya kirim saja
   dari sini ke kantor-kantor yang bersangkutan.
J: Maaf, Pak. Bagaimana seandainya surat ijin dari gubernur ini
   nanti setelah selesai dikirimkan saja? Jadi, saya tidak usah
   datang ke sini lagi.
M: Kalau begitu yang Tuan inginkan, itu bisa saja, asalkan tuan
   sanggup menambah biaya administrasi itu dengan ongkos perangkó
   untuk pengiriman surat ijin itu nanti.
J: Terima kasih, Pak, atas kebijaksanaan Bapak. Berapa saya harus
   bayar?

INI 3.   Pemasaran Pisang di Jambi. Wawancara antara Tuan Brown
dengan seorang pegawai Dinas Pertanian Rakyat Cabang Jambi.

Y: Saya sangat tertarik sewaktu naik kapal di sepanjang sungai
   Batangtoru. Saya lihat kebun pisang merimbun di sepanjang tepian
   sungai itu dan hèbat juga. Lalu bagaimana, Pak, dengan hasil
   próduksi pisang di daèrah ini, Pak?

P: Ya. Mémang benar, Tuan Brown. Daèrah Jambi mémang merupakan daèrah penghasil pisang yang cukup lumayan artinya. Rupanya hasilnya tidak hanya mampu mencukupi kebutuhan rakyat setempat saja, tetapi bahkan bisa melebihi kebutuhan penduduk daèrah sini. Tetapi akibat dari melimpahnya hasil pisang tersebut, justru menimbulkan kesulitan baru, Tuan Brown.

Y: Mengapa dengan melimpahnya pisang yang melebihi kebutuhan, justru menimbulkan kesulitan? Saya kira dengan penghasilan yang cukup melimpah itu, justru kesejahteraan penduduk cukup terpenuhi. Kesulitan yang macam apa itu, Pak?

P: Ó, ya. Mémang betul, Tuan Brown. Karena hasilnya melimpah, sudah barang tentu kita akan menduga bahwa pendapatan akan bertambah juga. Tetapi rupanya tidak demikian. Masalahnya adalah pemasaran yang cukup sulit.

Y: Ó, masalah pemasaran! Rintangan-rintangan apa yang menyulitkan pemasaran itu? Apakah pisangnya yang tidak laku, atau pemasarannya yang tidak ada sarananya, atau karena yang lain-lain, Pak?

P: Begini, Tuan Brown. Di daèrah sini, sarana angkutanlah yang menjadi kesulitan utama, karena masih sangat terbatas sekali. Hanya melalui lalu lintas sungai saja.

Y: Kalau melalui sungai itu memakan waktu yang terlalu lama. Sedangkan pisang tidak tahan lama.

P: Ya, mémang begitulah. Padahal jarak antara satu daèrah dengan yang lain cukup jauh. Namun sebenarnya sarana angkutan yang memakan waktu lama ini masih bisa diatasi. Hanya, masalahnya sekarang timbul lagi, yaitu ongkos angkutan yang bagi daèrah setempat, yakni daèrah Jambi, merupakan hambatan yang paling dirasakan sekali.

Y: Ó, jadi masalah ongkos angkutan! Jadi, harga pembeliannya ditambah ongkos angkutannya tidak seimbang dengan harga penjualannya. Jadi, kasarnya saja tidak ada laba setelah pisang itu dipasarkan.

P: Ya, mémang begitu. Karena harus dipasarkan ke luar daèrah yang jauh, dan sarana angkutannya terbatas, maka ongkosnya mahal. Walaupun harga pembelian pisang itu murah, tidak cocok atau tidak seimbang dengan harga penjualannya. Sehingga rakyat hanya mendapat untung yang sedikit sekali, bahkan mungkin tidak dapat untung. Inilah kesulitan kita.

Y: Apakah tidak ada pikiran lain, Pak? Misalnya memasarkan pisang itu ke daèrah lain, seperti Singapura. Saya lihat Singapura merupakan daèrah pemasaran yang terdekat. Hanya sekitar sepuluh jam dari sini dengan kapal bermotor.

P: Betul. Betul, Tuan Brown. Terima kasih sekali atas saran Tuan Brown itu. Mémang hal itu sudah pernah kita coba. Terus terang, pemerintah Jambi atau daèrah setempat sudah pernah mencoba itu. Tetapi rupanya sampai sekarang usaha itu gagal. Dicoba sekali, gagal. Kedua kali, gagal lagi. Dan sampai sekarang.

Y: Ha, saya kira pemerintah Jambi bisa mengadakan kerja sama dengan Konsulat Indónésia yang di Singapura. Kan demi kebaikan nasib penduduk Jambi! Lagi pula, seingat saya, harga pisang di Singapura cukup tinggi. jadai kalau dipasarkan di sana sudah barang tentu akan mendapatkan untung yang cukup lumayan.

P: Ya. Mémang betul, Tuan Brown. Ya, mémang begitulah. Gubernur Jambi bertékad betul-betul untuk terus melancarkan atau meningkatkan usaha pemasaran pisang ini sampai betul-betul berhasil.

Y: Saya kira itu suatu usaha yang cukup séhat dan baik. Tetapi dalam hal lain, saya masih melihat adanya kekurangan penduduk di daérah Jambi, Pak. Apakah untuk mengatasi ini sudah diadakan transmigrasi atau usaha yang lain?

P: Ya. Ó, ya, Tuan Brown. Betul juga. Sekedar data agar Tuan Brown ketahui, bahwa selama sepuluh tahun terakhir ini Jambi mengalami pertambahan penduduk sekitar tiga koma satu persèn setiap tahunnya. Tetapi dengan pertambahan penduduk yang tiga koma satu persèn itupun kita mengkhawatirkan adanya kepadatan penduduk di daérah Jambi ini.

Y: Jadi, dengan pertambahan penduduk yang semacam itu sudah khawatir nanti penduduknya terlalu padat. Bagai mana penyebaran penduduk di daérah Jambi ini, Pak? Apa ada yang masih kekurangan penduduk?

P: Di sini ada kekurang-seimbangan penduduk antara dèsa dengan kota. Kekurang-seimbangan dalam hal masalah penduduk ini pulalah yang menjadi persoalan kita. Juga ada masalah pertanian yang harus kita perhatikan.

Y: Apakah kebanyakan penduduk sini masih hidup dari pertanian karèt?

P: Iya. Benar, tuan Brown. Delapan puluh persèn penduduk Jambi, mémang hidup dari karèt. Jadi, penghidupannya dari perkebunan karèt.

Y: Ó, delapan puluh persèn dari seluruh penduduk! Saya kira itu suatu persèntasi yang cukup tinggi. Ini harus kita hubungkan dengan pasaran karèt. Saya lihat pasaran karèt di dunia sekarang sudah jauh merosot.

P: Ya.

Y: Apakah hal ini tidak mengancam penghidupan penduduk nanti?

P: Benar, tuan Brown. Kita sangat merasakan dan khawatir sekali akan perkembangan harga karèt di pasaran dunia yang cukup merosot itu. Dan itulah sebabnya, maka pemerintah Jambi merencanakan beberapa program, yaitu di antaranya untuk meragamkan tanaman pertanian.

Y: Ini mémang salah satu di antara beberapa usaha yang bisa diambil pemerintah daérah Jambi. Langkah lain yang mungkin bisa diambil, adalah peremajaan kebun karèt.

P: Ya, mémang betul. Betul, Tuan. Peremajaan karèt juga harus dilakukan. Dan di samping itu, yang jelas dalam usaha untuk peremajaan tanaman karèt tersebut, juga perlu penambahan ragam tanaman. Yaitu sistim pertanian multikultur.

Y: Apa yang telah dilakukan oléh pemerintah Jambi untuk bisa mencukupi kebutuhan pangan daérah?

P: Maaf, tuan. Terpaksa kita tidak bisa membicarakan hal itu pada saat ini, karena saya ada janji jam sebelas nanti. Lain kali saja.

Y: Kalau begitu, saya mengucapkan terima kasih banyak atas kesediaan Bapak untuk berbicara dengan saya. Terima kasih, Pak.

INI 4. Wawancara dengan Ketua Jurusan Indónésia.

R: Menurut pendapat saya, Jurusan Indónésia merupakan jurusan yang paling penting, setidak-tidaknya di antara jurusan-jurusan bahasa yang ada.

I: Ya, dalam arti jurusan itu seharusnya yang paling sibuk mengadakan penelitian dan yang mempunyai daya tarik terbesar.

R: Saya perhatikan bahwa sebenarnya tidak begitu banyak mahasiswa yang mendaftarkan diri ke Jurusan Indónésia. Apa sebabnya?

I: Barangkali masyarakat berpendapat, bahwa lapangan kerja bagi sarjana lulusan jurusan ini sangat sempit. Tidak banyak menghasilkan uang dan tidak mendapat penghargaan tinggi.

R: Keadaan ini berbéda dengan lulusan jurusan Inggris, misalnya. Karena tidak saja meréka lebih gampang mencari pekerjaan, tapi juga lebih banyak mendapat penghargaan karena dapat berbahasa Inggris sekedarnya. Dan saya perhatikan mahasiswa jurusan ini lancar sekali bahasa Inggrisnya.

I: Boléh dikatakan semua Fakultas Sastra yang ada di Indónésia ini, negeri maupun swasta, memiliki jurusan Inggris. Tetapi tidak semua Fakultas Sastra swasta tertarik untuk memiliki jurusan Indónésia. Setiap tahun beribu-ribu calon mahasiswa menunjukkan nafsu yang besar untuk menjadi mahasiswa jurusan Inggris, dan bukan jurusan Indónésia.

R: Apakah ini karena meréka bercita-cita ingin menjadi ahli bahasa dan sastra Inggris?

I: Kita boléh yakin, bahwa meréka itu sekedar ingin dapat bercakap dan membaca Inggris.

R: Sesudah tamat, meréka mendapat pekerjaan apa?

I: Setelah tamat, kebanyakan meréka cukup puas mencari nafkah dengan mengajar *conversation* di kursus-kursus atau menjadi *guides*.

R: Tapi karena meréka sudah sarjana, apakah meréka tidak berkewajiban untuk menggunakan pengetahuan meréka untuk mengembangkan bahasa dan sastra Indonesia?

I: Justru meréka adalah lulusan jurusan Inggris, meréka tidak merasa berkewajiban untuk ikut pusing-pusing memikirkan tentang bahasa Indónésia.

R: Saya sadar bahwa kekurangmampuan berbahasa Inggris merupakan penghalang yang besar bagi mahasiswa jurusan Indónésia untuk mengembangkan bahasa dan sastra Indónésia.

I: Hanya dengan tékad yang besar, sebagian kecil dari tamatan jurusan Indónésia mampu mengalahkan kekurangan itu.

R: Apakah ada juga hambatan administratif dalam pengembangan jurusan Indónésia?

I: Masing-masing jurusan mempunyai staf pengajar serta staf administrasi sendiri-sendiri. Tetapi jurusan Inggris selalu lebih kaya, karena faktor jumlah mahasiswa dan bantuan asing yang mengambil bentuk bermacam ragam.

R: Kalau Indónésia mau memikirkan pengembangan bahasa dan sastra Indónésia, kita memerlukan sarjana yang berpendidikan luas dan mampu memahami persoalan yang bersangkut-paut dengan bahasa dan sastra Indónésia.

I: Saya seratus persèn setuju dengan anda. Saran-saran apakah yang bisa anda berikan untuk mengatasi kekurangan ini?

R: Bagaimana kalau sistim penjurusannya dilaksanakan bukan menurut
jenis bahasanya, melainkan menurut mata pelajarannya? Kalau
dilaksanakan secara begini, maka akan ada jurusan bahasa dan
ilmu bahasa serta jurusan sastra, tetapi tidak ada lagi jurusan
Indónésia ataupun Inggris.

I: Mungkin penjurusan yang baru itu kiranya bisa menekan
kekurangan-kekurangan yang ada di kedua jurusan tersebut. Tetapi
bagaimana anda mengajarkan ketrampilan berbahasa?

R: Untuk meréka yang ingin trampil dalam bahasa asing, kiranya
sudah cukup dengan mengadakan kursus-kursus dan akademi-akademi
yang melayani semua séktor dari masyarakat.

INI 5. Transmigrasi Khusus. Seorang Amérika (D) mewawancarai orang
Indónésia (B).

B: Pak Badu, bagaimana, ya, rupa-rupanya pertambahan penduduk
Jakarta ini, situasinya bagaimana?

D: Ya, mémang sekarang penduduk Jakarta ini padat sekali. Setiap
tahun, terus bertambah, terutama melalui urbanisasi.

B: Ó. Lalu, dari sekian banyak penduduk itu, apakah ada yang sampai
tidak bekerja, begitu, di antara meréka itu?

D: Banyak pendatang yang dari luar kota itu tidak dapat pekerjaan.
Dan banyak yang menjadi gelandangan. Dalam tahun seribu sembilan
ratus tujuh puluh dua, sudah ada tujuh puluh ribu gelandangan di
Jakarta.

B: Kalau begitu masalahnya, lalu, apa yang dilakukan pemerintah
Jakarta untuk mengatasi arus urbanisasi yang terus mengalir ke
Jakarta ini, Pak?

D: Sebelumnya, Jakarta dinyatakan pemerintah sebagai kota tertutup.
Tapi ini tidak berhasil. Dari sekian banyak gelandangan atau
dari ribuan gelandangan itu, banyak yang tidak punya rumah. Nah,
sehingga banyak yang tak punya pekerjaan. A, ini, persoalan ini,
menimbulkan persoalan-persoalan sósial yang sangat pelik.

B: Ó, ya, Pak? Kalau begitu, untuk mengatasi masalah gelandangan
itu, pemerintah Indónésia mengambil langkah-langkah yang
bagaimana?

D: Ya, yang sudah dilaksanakan pemerintah Indónésia, transmigrasi.
Nah, tapi untuk Jakarta dilaksanakanlah transmigrasi khusus,
dengan rencana mentransmigrasikan limabelas ribu orang ke
Kendari, Sulawesi tenggara.

B: Ó, ya. Kenapa dinamakan transmigrasi khusus? Apakah karena
meréka datang dari Daérah Khusus Ibukota (DKI)?

D: Dinamakan transmigrasi khusus bukan karena meréka datang dari
Daérah Khusus Ibukota, melainkan karena meréka bukan lagi
langsung dari désa. Sehingga, cara berpikir meréka pun sudah
cara berpikir kota. Sesudah bermukim di Jakarta, meréka sudah
lebih banyak mengetahui soal-soal kehidupan kota, sehingga
meréka perlu dilatih atau diteliti latar belakangnya, begitu.

B: Mm. Apakah tidak ada jalan lain, selain transmigrasi, untuk
mengatasi masalah-masalah gelandangan dan sebagainya itu?

D: Sebenarnya, ada. Misalnya, merazzia meréka dan mengembalikannya
ke tempat asal meréka. Tapi tidak pernah berhasil.

B: Umumnya merèka tidak akan bertahan lama di dèsa tempat asal merèka. Lalu, bagaimana dengan hal itu?

D: Ya, benar, benar. Karena sesudah beberapa lama di dèsa, merèka kembali lagi ke Jakarta. Ya, mémang itu susah.

B: Ya. Saya kira merèka lebih senang hidup di Jakarta daripada merèka menetap di dèsanya.

D: Ya, mémang susah. Sekarang pemerintah menempuh cara lain. Misalnya diadakan razzia, dan dalam hal ini diasramakan di Panti Pendidikan Calon transmigran DKI Jaya. A, sehingga di sana merèka disiapkan sebelum diberangkatkan ke daèrah transmigrasi.

B: Ya, kalau mengadakan razzia, saya kira itu kurang wajar. A, itu bisa Bapak pikirkan sendiri. Merèka kan manusia juga seperti kita! Jadi, kita membatasi hak pilihan bébasnya.

D: Ya, mèmang kalau ditinjau dari segi pilihan bébas, itu mémang suatu cara yang kurang wajar. Tapi, saya kira penampungan itu, ya, itu bisa diterima. Saya menganggap itu suatu penyaluran yang baik, bila ditinjau dari segi masa depan para gelandangan itu sendiri.

B: Ya, mémang mungkin itu diterima, dari segi keamanan kota Jakarta sendiri; dan dari segi masalah sósial, mungkin juga dapat diterima.

D: Sukar sekali untuk mengatur dan memimpin para gelandangan itu. Dan merèka mempunyai pola kepemimpinan istiméwa.

B: Mungkin karena itulah, maka merèka dikatakan transmigrasi khusus. Bagaimana pola kepemimpinan merèka?

D: Merèka mempunyai pemimpin kelompok yang lebih berwibawa dari pegawai atau para petugas Dinas transmigrasi sendiri.

B: Kalau begitu, sebaiknya diadakan kerja sama antara pimpinan kelompok merèka ini dengan para petugas Dinas transmigrasi.

D: Mémang itulah yang diadakan.

B: Saya kira itu salah satu jalan untuk mengatasi beberapa kesulitan. Apakah masih ada persoalan lain yang timbul dalam pelaksanaan transmigrasi khusus ini?

D: Ada masalah lain. Misalnya, karena merèka sudah lama di Jakarta atau di kota, semangat atau sikap bertani merèka sudah hilang.

B: Padahal di lokasi transmigrasi, mata pencarian satu-satunya adalah bercocok tanam.

D: Nah, ini susahnya sesudah merèka di sana.

B: Karena sikap bertaninya sudah hilang. Mémang sulit, Pak.

D: Ya, sulit. Dan juga ada masalah lain lagi. Misalnya jika merèka sudah kecéwa di sana, jadi, transmigran yang dari kota ini lebih cepat berèaksi terhadap kekecèwaan.

B: Kalau begitu, merèka mèmang perlu dibina di daèrah transmigrasi sana. Perlu dibina mulai pada babak-babak permulaan.

INI 6. Orang Amérika (S) dengan usahawan Indónésia (I).

S: Maaf, pak Indra, ya. Saya sepertinya melihat semacam kelesuan industri tèkstil di Indónésia ini. Lalu, saya ingin tahu, sejauh mana kebijaksanaan yang diambil pemerintah untuk mengatasi hal itu?

I: Ya, benar seperti apa yang tuan katakan, mémang sekarang ini terjadi kelesuan industri tèkstil di Indónésia. Nah, untuk itu, pemerintah Indónésia mengambil kebijaksanaan yang pada garis besarnya meliputi pembatasan impor tèkstil. Terus, impor benang tenun hanya dilaksanakan olèh pemerintah dan hanya untuk cadangan nasiónal semata-mata, dan pemerintah akan memberi subsidi impor kapas kepada para importir.

S: Tapi rasanya saya masih belum ada gambaran yang jelas tentang bagaimana pelaksanaan serta pembatasan impor tèkstil itu sendiri.

I: Ya, secara singkat, impor tèkstil dibatasi dengan cara pelarangan penggunaan merchant L/C dalam impor tèkstil.

S: Kalau itu yang dilakukan, menurut pendapat saya, saya sepertinya melihat suatu akibat yang kurang baik dari langkah kebijaksanaan yang Bapak utarakan itu.

I: Ya, mémang benar seperti apa yang tuan pikirkan. Mémang, karena jika pembatasan impor tèkstil itu giat dilaksanakan, mémang jelas penyelundupan akan semakin meningkat.

S: Nah, ini pasti akan memukul industri tèkstil dalam negeri kembali.

I: Ya, mémang. Dan selama ini, kita juga harus memikirkan ketidak-seimbangan dalam perlindungan pemerintah terhadap bidang-bidang usaha. Selama ini bidang usaha assembling mendapat perlindungan baik dari pemerintah -- yaitu yang meliputi kendaraan bermotor dan èlèktrónika, seperti radió dan televisi, dan alat-alat èlèktrónis lainnya.

S: Apakah itu berarti bahwa pemerintah melarang pengimporan barang ini ke Indónésia dalam keadaan jadi?

I: Ya, barang ini tidak bolèh diimpor ke Indónésia dalam keadaan jadi.

S: Bagaimana kebijaksanaan yang diambil terhadap percétakan dan industri lain-lain? Mungkin industri itu meminta keringanan bèa masuk bahan baku juga, maksudnya supaya meréka bisa menyaingi barang sejenis yang diimpor.

I: Ini mémang kebijaksanaan yang diambil.

S: Rupanya, yang pak Indra kemukakan itu bersangkut-paut dengan apa yang disebut Pakèt 9 April. Saya sebenarnya merasa kurang jelas tentang ruang lingkup dari Pakèt 9 April itu sendiri.

I: Hm, sebenarnya, ya, dalam garis besarnya, Pakèt 9 April berisi atau memuat peraturan-peraturan yang meliputi bidang mónetèr, fiskal, dan perdagangan.

S: Ó, maksudnya Pakèt 9 April itu diarahkan pada pengetatan krèdit.

I: Mémang sekarang ini, banyak pengusaha Indónésia, yang cenderung untuk berpendapat bahwa Pakèt 9 April itu hanya sebagai pengetatan krèdit. Jadi, meréka lupa bahwa sebenarnya tujuan utama dari Pakèt 9 April adalah untuk menyeimbangkan jumlah uang berédar dan jumlah barang yang terdapat di dalam negeri.

S: Tapi, ya, sebenarnya anggapan meréka dapat dibenarkan, karena selama ini, setelah Pakèt 9 April dilaksanakan, usaha-usaha yang berhasil dilakukan olèh pemerintah adalah pengurangan jumlah uang berédar.

I: Mémang betul, karena pemerintah tidak berhasil dalam merangsang próduksi dalam negeri.

S: Ya, ini mémang yang bolèh dikatakan persoalan rumit. Yang perlu diperhatikan adalah pengaruh peraturan-peraturan mónetèr terhadap batang tubuh ékónómi, ékónómi nasiónal. Misalnya, saya semacam mendengar pendapat yang mengatakan bahwa ékónómi Indónésia sebenarnya mampu menerima tambahan uang berédar tanpa bahaya besar. Lalu, bagaimana kebenaran tentang pendapat ini, Pak?

I: Ya, maaf, saya sendiri tidak bisa menjawabnya, karena, itu, ya, sudah meliputi ékónómi umum. Jadi, ya, mémang masih perlu diteliti masalahnya.

S: Mémang persoalan ini cukup sukar juga. Misalnya, kita harus banyak mempunyai data untuk masalah itu.

I: Ya, benar. tapi saya sendiri tidak bisa memberi.

S: Begini. Sebaiknya, menurut anggapan saya, kita harus melihat kembali unsur-unsur dalam Pakèt 9 April itu sendiri. Itu harus kita tinjau kembali, sejauh mana bisa diterapkan dengan kebijaksanaan ékónómi lain yang pernah diambil.

I: Ya, saya kira mémang masih ada beberapa unsur-unsur yang perlu disesuaikan menurut perkembangan kini. Dan juga harus kita sesuaikan dengan keadaan ékónómi dunia.

S: Mémang, karena yang terjadi di Indónésia ini, saya kira juga terjadi di mana-mana di seluruh dunia. Saya kira, keadaan ékónómi Indónésia tidak bisa terlepas dari kontèks ékónómi dunia

I: Ya, saya kira, begitu juga.

S: Jadi, ya, terima kasih atas pembicaraan ini. Semoga kita bisa bertemu kembali.

I: Dan saya juga berharap begitu. Saya mengucapkan terima kasih atas kritik-kritik atau pendapat-pendapat yang tuan kemukakan tentang masalah ékónómi Indónésia

S: Terima kasih kembali, Pak.

INI 7. Ujian. Percakapan antara orang Amérika (Y) dengan beberapa orang Indónésia (B dan M).

Y: Selamat pagi, Bu. Saya ingin bertemu dengan pak Makso. Apakah dia ada?

B: Tidak ada pak Makso, di sini.

Y: Maksudnya, pak Makso tidak bekerja di sini?

B: Tidak.

Y: Apa ini betul tempat orang mendapatkan ijin untuk mengadakan riset?

B: Ó, mau mengadakan riset di sini, Tuan?

Y: Ya.

B: Ya, mémang. Semua orang yang ingin mengadakan riset di Jawa Barat datang ke sini dulu untuk mendapatkan ijin.

Y: Kepala kantornya di sini, siapa namanya?

B: Yang di sini, pak Marto. Silakan duduk, Tuan.

Y: Jadi, pak Marto yang akan melayani saya?

B: Betul, Tuan. Silakan duduk dulu sebentar.

Y: Saya duduk di ruang sebelah, tidak apa-apa, ya, Bu?

B: Bolèh saja, Tuan. Yang lain yang di sana semuanya menunggu pak Marto datang.

Y: Ó, belum datang? Apa biasanya jam sekian belum ada?

B: Biasanya ada. Nanti sebentar lagi beliau datang.

Y: Apakah saya baru dapat dilayani kalau semua orang yang menunggu di luar itu sudah selesai dilayani?

B: Ó, ya, nanti saya tanya sama pak Marto, apakah tuan bisa dilayani duluan.

Y: Terima kasih banyak, Bu. [beberapa saat kemudian] Boléh saya duduk di sini, Mas?

M: Mari, silakan.

Y: Saudara juga menunggu pak Marto untuk minta ijin mengadakan riset di sini?

M: Ya, betul, Tuan. Saya akan meneliti transmigrasi ke kota Bandung.

Y: Boléh saya minta keterangan mengenai prósedurnya? Bagaimana biasanya orang mendapatkan ijin itu? Umpamanya persyaratannya, dan sebagainya.

M: Ini ada daftar persyaratannya yang dikumpulkan oléh ITB. Silakan, Tuan.

Y: Terima kasih. Hm, ini disebut disain risetnya. Apa kira-kira itu harus dengan bahasa Indkonésia ?

M: Entah, Tuan, ya. Tapi saya rasa meréka sudah bisa mengerti bahasa Inggris.

Y: Lalu, di sini disebut persetujuan dari instansi-instansi yang bersangkutan. Ini ada surat dari LIPI yang menyatakan bahwa saya akan bekerja sama dengan ITB Bandung. Apakah kira-kira saya memerlukan surat persetujuan dari ITB juga?

M: Boléh saya lihat sebentar? Ya, mémang, dalam hal ini lembaga yang bersangkutan barangkali ITB. Tapi saya rasa gampang saja menemui réktornya dan mendapatkan surat persetujuan dari beliau.

Y: Soalnya belum ada itu. Andaikan saya serahkan surat-surat yang sudah ada dulu dan nanti saja disusulkan surat-surat yang masih kurang, bagaimana? Apakah boléh begitu?

M: Mémang biasanya begitu prósedurnya. Kalau surat-surat belum lengkap, boléh disusulkan belakangan.

Y: Nunggunya selalu lama mesti, ya?

M: Lama. Dan kadang-kadang pak Marto ndak datang.

Y: Andaikan pak Marto tidak datang, tidak ada orang lain yang bisa melayani, atau hanya beliau saja yang bisa melayani keperluan riset?

M: Tidak ada, kecuali pak Gubernur sendiri.

Y: Andaikata pak Marto tidak muncul, bagaimana?

M: Bagaimana lagi! Harus kembali lagi lain hari.

Y: Aduh! Tapi kalau orang sanggup untuk menambah sedikit biaya administrasi, mungkin lebih cepat dilayani. Tapi, apa sebenarnya yang akan Saudara selidiki di Bandung?

M: Nah, disamping kuliah di ITB, saya menjadi pegawai Dep. TKTK.

Y: TKTK itu apa, ya? Apa itu kepèndèkan dari Departemèn Tenaga Kerja?

M: Mm. Departemèn Tenaga Kerja, Transmigrasi, dan Kóperasi. Dan saya di bagian gelandangan.

Y: Jadi, Saudara bekerja di bagian penduduk yang menganggur yang bermukim di kota Bandung.

M: Betul, betul. Kami ingin mengambil tindakan untuk mengatasi persoalan yang timbul akibat bertambahnya penduduk di kota ini.

Y: Mémang kota Bandung padat sekali penduduknya. Bagaimana kalau kota Bandung dinyatakan sebagai kota tertutup saja?

M: Sudah dicoba itu, tapi belum berhasil.

Y: Kenapa merèka itu tidak mengadakan razzia saja? Umpamanya, kalau ada orang yang tidak mempunyai kartu penduduk, orang itu dikembalikan ke dèsa tempat asalnya saja.

M: Tapi, itu kalau ditinjau dari segi anu ...

Y: Ditinjau dari segi kemanusiaan atau dari pilihan bèbas, mémang kurang wajar. Tapi saya kira kalau ditinjau dari segi masa depan gelandangan itu sendiri, inilah satu-satunya cara yang akan berhasil.

M: Ya, tapi tidak berhasil, karena merèka terus datang kembali.

Y: Dan transmigrasi juga tidak berhasil, karena kebanyakan dari gelandangan itu sudah tidak bersikap petani lagi. Semangat merèka untuk bertani di suatu tempat yang jauh dari tempat merèka lahir bolèh dikatakan kurang.

M: Banyak dari merèka menemui kekecéwaan di tempat transmigrasi merèka.

Y: Pantas begitu kalau tidak diberi pimpinan yang bijaksana dalam daèrah transmigrasi merèka.

M: Rupanya Tuan banyak mengetahui mengenai persoalan-persoalan yang dihadapi negara yang sedang berkembang seperti Indónésia

Y: Ó, tidak. Tapi terus terang saja, saya pernah belajar di Universitas Cornèll dan di sana menerima pendidikan yang bermutu tinggi.

M: Ó, ya. Lha bagaimana pendapat tuan mengenai sistim pengajaran yang diadakan di Indónésia ini?

Y: Ó, baik sekali. Tapi, ya, maaf, ya, kalau saya mengatakan pendapat saya dengan terus terang saja.

M: Ó, ya. Tidak apa-apa, Tuan. Bagaimana kesan tuan mengenai sistim pengajaran di sini?

Y: Pada dasarnya sistim pengajaran di Indónésia ini baik sekali, tetapi Bahasa Indonésia kok tidak begitu dititik-beratkan? Saya mendapat kesan seolah-olah Bahasa Inggris mendapat perhatian lebih dari Bahasa Indonésia dan itu di negaranya sendiri.

M: Betul begitu. Jurusan Inggris yang paling banyak mendapat duit, yang paling banyak menghasilkan kesempatan untuk bekerja dan paling banyak menarik pelamar.

Y: Tetapi saya rasa merèka itu bukanlah tertarik untuk menjadi ahli bahasa dan kesusastraan Inggris, melainkan kebanyakan dari merèka itu hanya sekedar ingin dapat berbicara dan membaca Inggris.

M: Betul, Tuan. Saya seratus persèn setuju dengan tuan.

Y: Tapi, saya sebagai orang asing tidak berhak untuk memberi komentar mengenai hal-hal yang sebenarnya bukan urusan saya.

M: Ó, sama sekali tidak, Tuan. Kami harus menyadari kekurangan sistim kami, supaya dapat kami atasi.

Y: Betul. Bagaimana lagi kita dapat mengatasi kekurangan kita, kecuali kalau mendapat kritik.

M: Dan saya lihat di disain riset Tuan, bahwa tuan adalah ahli dalam bidang ékonómi.

Y: Ó, nggak. Saya baru mulai, kok.

M: Bolèh saya menanyakan pendapat tuan mengenai Pakèt 9 April yang baru diumumkan itu?

Y: Kebetulan, itu hal yang mau saya selidiki selama saya di Indónésia ini.

M: Lalu bagaimana menurut pikiran Tuan?
Y: Nah, begini, Mas. Pakèt itu pada garis besarnya adalah untuk membatasi impor tèkstil, supaya próduksi dalam negeri dapat bersaing.
M: Mémang saya perhatikan, bahwa industri dalam negeri mengalami suatu kelesuan, lebih-lebih industri tèkstil.
Y: Maka itu, pemerintah Indonésia mengambil suatu kebijaksanaan untuk mengatasi persoalan itu.
M: Bagaimana caranya untuk mengurangi pengimporan bahan tèkstil? Menurut apa yang telah saya baca di koran, ini akan dilaksanakan dengan pelarangan penggunaan merchant L/C.
Y: Kalau itu satu-satunya cara yang dilakukan, saya rasa tidak akan berhasil. Di samping mengetati krédit merèka juga harus memberi subsidi impor kapas.
M: Apakah masih ada persoalan-persoalan lain yang bisa timbul?
Y: Ó, ya. Terang ada, dong. Jika pembatasan impor tèkstil itu giat dilaksanakan, sudah jelas penyelundupan akan semakin meningkat. Dan ini, pasti akan memukul industri tèkstil dalam negeri kembali.
M: Menarik, ya, Tuan. Permisi sebentar, ya, Tuan. Saya baru dipanggil.
Y: Mari, Mas. Nanti sesudah selesai menghadap, kita bisa omong-omong lagi. Masih banyak yang harus kita diskusikan.
M: Mémang. Baiklah. Mari.

INI 8. Orang Indonésia (K) dan orang Amérika (A).

K: Saya tertarik akan hal ini. Mengapa buku-buku jauh lebih murah di Filipina daripada di Amérika, padahal kita mendapat buku yang sama juga dengan yang di Amérika.
A: Jawabnya sederhana saja: Filipina telah menjadi pusat pembajakan buku yang menyebabkan Manila menjadi saingan terdekat Taiwan dalam hal buku-buku bajakan.
K: Bagaimana Filipina bisa sampai ke urusan pembajakan buku-buku begitu itu?
A: Dalihnya adalah Martial Law, seperti halnya dengan apa saja yang terjadi di Filipina.
K: Saya dengar harga buku best-seller *The Joy of Sex* cuma Rp 550,-.
A: Benar. Itu kira-kira hanya seperempat dari harga aslinya di Amérika tetapi itu yang bersampul kertas tipis, dan minus gambar-gambar yang menghiasi buku aslinya.
K: Tapi lanjutannya, buku *More Joy* ada fóto-fótónya juga.
A: Ya, benar. Tapi alat-alat itunya ditutupi. Buku ini dijual dengan harga Rp 800,-, sedangkan harga aslinya di Amérika mencapai Rp 5.000,-.
K: Bagaimana cara pemerintah Filipina menyongsong tindakan-tindakan palsu dan tidak adil itu?
A: Peraturan ini sudah terbukti populèr di masyarakat Filipina. Sebab buku-buku pelajaran yang dulunya jarang dapat dibeli olèh mahasiswa karena harganya yang mahal, sekarang dalam jangkauan mahasiswa biasa. Kan mahasiswa Filipina jarang punya uang.
K: Ó, berarti pemerintah menutup mata terhadap pembajakan buku itu. Pasti ini berpengaruh pada pasaran buku.

A: Ya, ada pengaruhnya. Pasaran buku-buku impor jadi merosot hébat. Salah seorang dari *salesman* kami yang dulu biasanya keluyuran mendatangi universitas, sekarang tidak begitu lagi.

K: Saya lihat, dalam buku-buku bajakan itu jelas-jelas disebutkan bahwa buku itu dicétak tidak untuk diékspor.

A: Ya, mémang begitu. Tapi bagaimana cara melarang pengékspor buku itu? Jadi, ya, tidak menghérankan kalau sebentar lagi buku-buku bajakan itu juga akan segera muncul di pasaran negara-negara Asia Tenggara.

K: Saya, sebagai seorang mahasiswa yang dulunya juga miskin, menaruh simpati pada praktèk pembajakan buku-buku pelajaran itu. Tak ada jalan lain bagi mahasiswa-mahasiswa negara-negara berkembang untuk memiliki buku-buku pelajaran, sebab pemerintah tidak bersedia memberi subsidi terhadap buku-buku impor -- malah sebaliknya, dikenakan pajak yang tinggi.

A: Tapi pembajakan buku-buku itu sama sekali tidak terbatas pada buku-buku pelajaran saja. Sebenarnya, kebanyakan judul-judul yang dapat dijumpai di rak tóko-tókó buku di Manila adalah buku-buku *best-seller*.

K: Berapa jumlah buku *best-seller* bajakan yang sudah dicétak?

A: Jumlah buku bajakan yang telah dicétak tak dapat diketahui. Hanya diketahui, bahwa sejak *best-seller* pertama muncul di rak toko buku di Manila sampai sekarang sudah dapat dijumpai sekitar tiga ratus judul, semuanya hasil bajakan.

K: Para pendukung kebijaksanaan buku murah ini membantah bahwa yang meréka lakukan adalah pembajakan besar-besaran. Meréka menunjuk pada peraturan yang mengatakan akan memberi bayaran kepada pengarang.

A: Tapi itu tak ada artinya. Dalam peraturan itu disebutkan, bahwa si pengarang memperoléh tiga persèn dari harga écèran, tapi si pengarang harus datang sendiri ke Filipina untuk mendapatkannya, dan lagi pula dalam bentuk mata uang pésos, serta harus dihabiskan di situ.

K: Jelas peraturan itu berbunyi seénaknya. Apakah penerbit-penerbit asing belum mengajukan protès?

A: Sudah. Dirèktur Prentice Hall International sudah menemui Marcos untuk memprotès. Dan karena protès ini, Marcos setuju untuk mengadakan beberapa perubahan dalam peraturan itu.

K: Apa saja perubahan-perubahan itu?

A: Menurut peraturan baru ini, pengarang boléh menerima uangnya di luar negeri dan dalam bentuk mata uang apapun. Namun, konsèsi ini pasti menuntut imbalan.

K: Mémang. Marcos takkan memberi konsèsi kalau tak ada imbalannya.

A: Saya kira, bukanlah semata-mata kebetulan saja kalau tak lama kemudian Prentice Hall International menerbitkan kitab suci 'Marcosisme', *the Democratic Revolution in the Philippines* atau démokrasi a la Marcos.

K: Ya, setidak-tidaknya pengarang mendapat sedikit.

A: Jangan terlalu cepat menarik kesimpulan. Tak mungkin Marcos tanpa tipu muslihat, sebab ternyata peraturan itupun tak begitu menguntungkan meréka yang bukunya dibajak.

K: Kok bisa begitu?

A: Ya, soalnya pembayaran yang seharusnya diterima oléh si pengarang masih harus dipotong pajak tiga puluh lima persèn.

Jadi, dengan peraturan baru itu tak ada yang tersisa bagi pengarang ataupun penerbit.

K: Kok begitu jadinya?

A: Tak usah kita berhitung, to! Sebagai contoh, dapat kita lihat buku *Organic Chemistry* yang banyak dipakai, yang menguntungkan penerbit Filipina tak kurang dari 11.700 dolar, sedangkan untung yang dibagi oléh penerbit asli dan pengarang atau penulis asli cuma 2 dolar 34 sèn thok.

K: Nah, saya mengerti sekarang kenapa kalangan penerbit asing merasa pahit.

A: Ya, kami merasa pahit; dan terima kasih atas simpati saudara. Namun tak banyak yang dapat kami lakukan.

INI 9. Orang Indonésia (T) dengan orang Amérika (J).

T: Tuan adalah seorang ahli dalam bidang politik RRC. Saya ingin mewawancarai tuan mengenai politik luar negeri Cina déwasa ini dan juga peranannya di dunia ini.

J: Dengan senang hati saudara akan saya layani. Apa yang ingin saudara tanyakan?

T: Agak lucu, Tuan. Meskipun keadaan di dalam negerinya sendiri masih morat-marit, RRC toh merasa perlu untuk membantu negara-negara berkembang.

J: Betul. Khususnya di bidang ékónómi dan tèhnik.

T: Apa pengaruh berkobarnya révólusi keybudayaan di Cina terhadap kebijaksanaan luar negerinya?

J: Selama berkobarnya révólusi itu, bantuannya kepada negara-negara berkembang terpaksa dikurangi dengan drastis.

T: Berapa lama pengurangan ini berlangsung, Tuan?

J: Hingga tahun 1970. Mulai tahun 1970 terjadilah penggiatan lagi yang mengagumkan dunia. Dalam période 1970-1974, jumlah bantuan dari Cina menjadi dua kali lipat jika dibandingkan dengan bantuannya dalam perióde 1955 sampai 1970.

T: Apa alasan yang mendorong meréka untuk memberi bantuan asing yang begitu banyak?

J: Ada dua alasan. Pertama, adalah faktor idéólógi Cina ingin membantu negara-negara dunia ketiga untuk berdiri sendiri dalam ékónóminya

T: Ó, ya. Kómunis selalu merasa bahwa negara-negara imperialislah yang menghalang-halangi prosès tersebut.

J: Juga, faktor yang lain adalah Cina takut akan ancaman negara-negara raksasa lainnya terhadap dunia.

T: Ya. Sudah saya dengar itu. Menurut pandangan Cina, kedua imperialis itu tidak akan segan-segan mempergunakan senjata untuk menghancurkan dunia ini.

J: Mémang begitu. Menurut pandangan Cina, baik Amérika maupun Rusia sama-sama imperalis. Bahkan Rusia dijulukinya dengan sebutan imperalis sosial.

T: Barangkali setelah Amérika Serikat mengalami kekalahan pahit di Asia Tenggara dengan jatuhnya Vièrnam, Cina menganggap Rusia sebagai musuhnya yang terbesar.

J: Itu masih bersifat spèkulatif. Namun, kemungkinan besar saudara benar.

T: Di samping itu, saya ingin tahu sedikit mengenai efisiènsi bantuan Cina itu. Bagaimana itu menurut pengamatan tuan?

J: Ya, tak usah diragukan lagi, bahwa nilai dalam bantuan yang dikeluarkan olèh Cina dalam program bantuan asingnya jauh lebih besar jika dibandingkan dengan yang disediakan olèh negara-negara Barat maupun negara-negara sósialis.

T: Kenapa kok bisa begitu, Pak?

J: Ya, soalnya biaya-biaya sarana jauh lebih murah bagi orang Cina. Contohnya ini: tenaga-tenaga Cina yang diperbantukan menerima gaji yang sesuai dengan taraf hidup setempat, sedangkan tenaga Barat digaji sesuai dengan gaji di negerinya sana.

T: Ya, betul, Pak. Dan lagi pula, saya lihat merèka masih menikmati berbagai fasilitas, di samping tak kena tarikan bermacam-macam pajak.

J: Dengan demikian kita perhitungkan, bahwa jumlah bantuan yang diberikan Cina bukan hanya 1.500 milyar, tetapi paling sedikit 25 persèn di atasnya.

T: Tentu saja proyèk terbesar yang telah dikerjakan olèh Cina, adalah proyèk jalan kerèta api Tan-Zam di Tanzania. Apakah mótif-mótif Cina dalam melaksanakannya?

J: Saya kira, itu semata-mata hanya sebagai proyèk prestise. Sesuai dengan apa yang merèka nyatakan, merèka ingin menunjukkan bahwa merèka sanggup mengerjakan proyèk yang murah, cepat selesai, dan tanpa ikatan apa-apa.

T: Pernah saya baca pernyataan dari Bank Dunia, bahwa proyèk ini betul-betul tidak rèndabel (tidak membawa keuntungan).

J: Itulah salah satu pokoknya. Merèka ingin membuktikan bahwa pernyataan itu salah.

T: Apakah dalam pendapat tuan merèka betul-betul ikhlas dengan kebanggaannya itu?

J: Ya, saya yakin bahwa merèka sanggup memberi bantuan yang lebih èfèktif daripada yang dari negara-negara lain di dunia ini. Tapi saya masih sangat ragu, entahlah kalau Cina mempunyai motif tersembunyi dengan bantuannya itu.

T: Bagaimana menurut tuan, apakah bantuan itu melulu politis, atau apakah sebagai wujud dari rasa sólidaritas dengan sesama negara-negara tertindas?

J: Saya kira, maksud merèka bukanlah melulu politis. Merèka tidak menyebutnya "bantuan", melainkan "kerjasama" di bidang ékónómi dan pólitik dengan negara-negara berkembang.

T: Tapi Cina pasti mendapat keuntungan dari bantuannya, seperti yang dilakukan olèh kekuatan-kekuatan Barat.

J: Itulah perbédaan bantuan negara-negara Barat dengan bantuan Cina. Cina berpendirian, bahwa selama ada keinginan mencari keuntungan, meski hanya sedikit saja, itu tak bolèh disebut bantuan, apalagi kerjasama.

T: Apakah hal ini dapat dibuktikan?

J: Buktinya begini. Dari seluruh kerjasama dengan negara-negara non-sósialis, dalam périóde 1956-1973, 89 persèn berupa pinjaman yang tak menarik bunga sama sekali. Yang 9 persèn dirèlakan olèh Cina sebagai semacam hadiah.

T: Jadi, hanya dua persèn yang dikenakan bunga?

J: Ya. Dan lagi pula, bunga itu rendah sekali, serta umumnya jangka waktu mengangsurnya pinjaman tersebut amat lama dan selalu disesuaikan dengan situasi negara peminjam.

T: Cina seringkali membicarakan front sebagai lawan dari blok. Apa maksudnya?

J: Mémang. Cina mencoba membentuk suatu front persatuan, sedangkan Rusia membentuk blok. Dalam front, anggota-anggota front dapat diambil dari pihak mana saja; sedangkan dalam blok, anggota-anggota blok tak mungkin lain kecuali negara sesama sosialis.

T: Seperti halnya dulu pada tahun 1930, Kómunis ikut bergabung dengan Kuomintang.

J: Yang sesudahnya ditentangnya dan ditendang ke Taiwan. Mémang kawan kini, dapat saja menjadi lawan nanti.

T: Mungkin tuan tahu akan perumpamaan terkenal dari Maó Tse-Tung yang memisalkan suatu negara sebagai seorang pemain pianó. Kesepuluh jari harus dipergunakan untuk mencapai èfèk yang maksimum. Tetapi ini tidak berarti bahwa kesepuluh jari itu harus digunakan pada suatu ketika, ataupun sekaligus semuanya.

J: Ya, letak seni mainnya justru ini. Dia bilang: jari yang tepat harus digunakan untuk tugas yang tepat pada saat yang tepat dalam mengikuti alunan lagunya ataupun irama musiknya.

T: Terima kasih atas kesediaan bapak untuk menjawab pertanyaan saya. Dari percakapan ini saya mendapat tambahan pengetahuan mengenai Cina.

J: Terima kasih kembali.

INI 10. Orang Amérika (Y) dengan pak Hartono (H).

Y: E, pak Hartono, saya sebetulnya ingin mendapatkan sedikit informasi mengenai kehidupan orang miskin di Jakarta. E, misalnya, kenapa meréka tertarik untuk pindah ke kota, padahal kota sebenarnya penuh dengan kejahatan dan kekerasan.

H: Ya, agak sukar juga untuk menjawab pertanyaan saudara. Dari penelitian yang diadakan, terlihat bahwa orang-orang miskin itu nampaknya merasa lebih sejahtera sesudah di kota, biarpun meréka tetap miskin.

Y: Wah, itu kedengarannya agak anèh, Pak. E, sejauh ini penelitian apa yang telah dilakukan untuk mengetahui pendapatan orang-orang miskin itu? E, misalnya, dapatkah meréka hidup di Jakarta, padahal kota Jakarta ini adalah kota yang penuh dengan masalah-masalah dan tekanan-tekanan ékónómi?

H: Lihat saja! Sesudah di kota, pendapatan meréka meningkat dua pertiga. Pada tahun 1971 -- sebelum adanya beberapa kebijaksanaan pemerintah, pendapatan meréka nyaris berganda.

Y: Ya, mémang sekalipun misalnya pendapatan meréka itu bisa dikatakan lebih tinggi, tetapi itu kan tidak seimbang dengan biaya hidup di Jakarta.

H: Ya. Biaya hidup di kota jauh lebih tinggi. Tetapi secara obyèktif, pendapatan rata-rata di kota jauh lebih tinggi daripada pendapatan di pedèsaan.

Y: E, rupa-rupanya dari tahun ke tahun arus urbanisasi semakin meningkat. Nah, apakah ini diakibatkan oléh naiknya pendapatan di kota, atau apakah ada faktor-faktor lain yang mendukungnya?

H: Ya, begitu. Karena banyak yang berhasil sesudah di kota. Bayangkan! Bahkan pendapatan pengumpul-pengumpul puntung rokok dan kertas buangan mencapai Rp 400,-. Pendapatan tahunan meréka bisa mencapai tiga kali pendapatan meréka sebelum bermigrasi. Inilah yang semakin merangsang bermigrasi.

Y: Saya pernah melihat hasil penelitian mengenai studi pedésaan di daérah Yogyakarta. Menurut laporan dari sana, upah harian rata-rata antara tahun 1967-1968 adalah sebesar Rp 30,-.

H: Wah, itu mémang rendah sekali.

Y: E, masih ada lagi, Pak. Sebenarnya untuk suatu keluarga mémang lebih mudah mencari pekerjaan di désa, misalnya bertani bersama-sama. Dan bisa saja meréka itu memperoléh pendapatan seperti misalnya yang bisa didapat di kota. Lha, lalu sebetulnya mengapa kecenderungan untuk pindah ke kota terus berlangsung?

H: Sebab kalau di kota, meréka bisa mendapat pelbagai kerja sambilan yang bisa memberi upah yang lebih baik.

Y: Masih ada lagi satu faktor yang harus kita perhatikan, Pak. Banyak barang dan jasa yang sebenarnya jauh lebih murah di désa, misalnya: beras, sayur-sayuran, buah-buahan dan sebagainya. Saya kira, ini juga ikut mempengaruhi penyebaran pendapatan.

H: Ó, tidak begitu mempengaruhi. Gampangnya begini. Bandingkan saja, gaji seorang pencari nafkah di désa -- yang katakanlah paling kecil Rp 40,-, sedangkan di kota Rp 250,-. Jadi, pendapatan tahunan berbanding kira-kira Rp 5.600,- banding Rp 75.000,-. Jelas lebih énak di kota. Apalagi kadang-kadang harga bahan-bahan sama antara désa dan kota.

Y: Saya tahu kesempatan kerja banyak sekali di kota. Nah, untuk ini saya ingin mendapatkan sedikit gambaran tentang penyebaran kerja di antara penduduk Jakarta. Pekerjaan macam apa, Pak, yang paling banyak dimasuki orang?

H: Ya, itu menarik sekali. Sebab dari hasil survey, hampir separuh yang bekerja di bidang perdagangan dan jasa.

Y: Dan tampaknya, bidang industri dan dómèstik tidaklah banyak menyerap tenaga kerja.

H: Bukan. Sebab kalau industri berkembang, sekaligus jumlah orang yang berpendapatan tinggi pun bertambah. Dan pekerjaan tambahanpun bertambah pula. Nah, inilah yang membuat daya tarik kota semakin meningkat.

Y: Ya, mémang benar. Tetapi juga perlu diingat, kecuali pendapatan di kota dan di daérah pedésaan tidak meningkat dengan kepesatan yang sebanding, arus urbani sasi takkan menurun. Lha, saya ingin bertanya, Pak, apakah ada keuntungan-keuntungan lain yang dimiliki oléh orang-orang miskin di kota dibandingkan dengan orang miskin di désa.

H: Ya, ada. Yang jelas, pendapatan orang migran jauh lebih tinggi dari pendapatan orang miskin di pedésaan. Dan juga, para migran punya kesempatan untuk berpendapatan lebih tinggi lagi.

Y: Saya pernah ketemu dengan seorang pengumpul puntung rokok. Dia bilang, bahwa kalau di désa mémang dia sering lapar. Tetapi kalau di Jakarta, dia selalu bisa mengisi perut. Dan saya kira, rupa-rupanya rangsangan ékónómi yang seperti inilah yang menyebabkan semakin pesatnya atau semakin cepatnya arus urbanisasi.

H: Benar. Itu dia! Sebab untuk ukuran Indonésia pendapatan seorang bujangan di kota sudah cukup tinggi.

Y: Apalagi kalau kita lihat, bahwa banyak sekali daya tarik-daya tarik lain yang ada di kota. Ya bukan saja misalnya tempat-tempat hiburan atau lampu-lampu gemerlapan dan sebagainya. Tetapi yang paling mendasar adalah masalah sekolah, sebetulnya. Pada umumnya di kota meréka dapat kesempatan yang lebih baik untuk mendidik anak-anak. A, untuk itu saya ingin bertanya, Pak, program bagaimanakah yang diambil oléh pemerintah untuk mengatasi keadaan seperti ini?

H: Ya, itulah! Masalah pendidikan juga yang sangat pokok. Apalagi menurut anggapan umum, sekolah di Jakarta dinilai yang terbaik di seluruh Indónésia. Mémang susah!

Y: Ya, ya. Kita bisa mengerti sebetulnya. Tapi saya kira yang harus dilakukan oléh pemerintah adalah meningkatkan mutu pendidikan di pedèsaan. Ya, berhubung sudah banyak yang diberikan oléh pak Hartono kepada saya, saya ingin mengucapkan terima kasih atas kesediaan bapak untuk memberikan jawaban-jawaban.

H: Ya, terima kasih juga saya ucapkan atas minat saudara terhadap masalah-masalah di Indonésia ini.

INI 11. Orang Amérika (T) dengan Jèndral Malaysia (A).

T: Selamat pagi, Pak Abdul Fatah. Saya ingin berbicara dengan Bapak sebentar mengenai percèkcokan yang sedang terjadi di sekitar Betong dan Kroh. Apakah benar pasukan keamanan Malaysia ditarik dari Betong?

A: Sebenarnya, saya tidak berhak membicarakan hal semacam ini dengan wartawan, tapi sekedar informasi bagi saudara, biarlah. Ya, benar apa yang disiarkan oléh pèrs, bahwa pasukan Malaysia sudah ditarik mundur. Sekarang ditempatkan di Kroh. Kota ini berhadapan letak dengan Betong.

T: Bagaimana perhubungan antara kedua kota itu? Apakah tidak mungkin terjadi pelanggaran-pelanggaran, sebab letaknya sangat berdekatan?

A: Mémang. Kedua kota itu terletak di daèrah pegunungan yang berhutan lebat dan dihubungkan dengan jalan beraspal selébar empat mèter. Tapi kita tidak mengharapkan pelanggaran-pelanggaran, sebab sudah dicegah sebelumnya.

T: Ini masih agak membingungkan, Pak. Bagaimana mula terjadinya semuanya ini? Kenapa sampai pasukan Malaysia memasuki wilayah Muangthai? Apakah itu tidak dianggap melanggar kedaulatan Muangthai?

A: Baik. Dulunya itu begini. Di sekitar perbatasan ada gerilyawan kómunis yang berjumlah sekitar tiga ribu orang. Untuk memberantas gerilyawan inilah maka diadakan perjanjian óperasi bersama. Pasukan Malaysia ditempatkan di Betong.

T: Dan saya dengar, bahwa menurut perjanjian itu kedua pasukan negara boléh melèwati perbatasan masing-masing dalam usaha mengejar para gerilyawan. Lalu, kenapa pasukan Malaysia ditarik

Minggu lalu? Apa terjadi pelanggaran, atau apakah ada pengingkaran janji antara kedua belah pihak?

A: Bukan, bukan. Bukan karena adanya pelanggaran ataupun pengingkaran janji, melainkan karena tekanan démonstrasi penduduk Betong. Meréka menuduh pasukan kami mengadakan pemboman dan penèmbakan terhadap rumah-rumah penduduk, sewaktu mengejar gerilyawan kómunis.

T: O, begitu! Lalu, bagaimana tanggapan pemerintah Malaysia terhadap tuduhan itu? Kenapa langsung menarik pasukan mundur?

A: Terus terang kami menolak tuduhan itu. Tetapi karena penduduk Betong tetap menuntut, terpaksa penarikan diadakan. Kami sangat prihatin atas hal ini, dan ini sudah diutarakan oléh tuan Tan Sri Ghazali dan Brigjèn Jafaar Onn.

T: Jadi, sudah ada langkah yang akan diambil oléh kedua pemerintah? Misalnya pembuatan perjanjian perbatasan. Ini saya kira perlu, sebab kalau sempat terjadi dóminasi kómunis di wilayah Betong, dan pasukan Muangthai tidak menggantikan pasukan Malaysia, pasti payah!

A: Benar, Tuan, benar. Sayang, kemungkinannya kecil Muangthai akan mengijinkan penempatan pasukan kami di wilayahnya. Tuan Jafaar Onn sudah memperkirakan, kegiatan gerilyawan kómunis akan lebih terorganisir dan lebih bernafsu perang. Ini pasti merépotkan, seperti tuan kemukakan. Payah!

T: Saya lihat, Muangthai tidak memperhatikan bahaya kómunis di wilayahnya bagian tenggara. Padahal bagi Malaysia sendiri, terbébasnya wilayah itu dari para gerilyawan kómunis merupakan syarat mutlak bagi berhasilnya pembinaan keamanan di dalam negeri.

A: Ya, itulah! Muangthai malah justru lebih mementingkan perlawanan terhadap gerilyawan Muslim di wilayahnya bagian Selatan. Perbèdaan sudut pandangan ini pulalah yang membuat keadaan semakin payah!

T: Iya, apalagi tercermin juga dalam usul Menlu Muangthai tentang persetujuan perbatasan yang baru. Dia usulkan, kedua pasukan negara bolèh melakukan pengejaran melèwati perbatasan negara tetangga sampai sejauh sepuluh mil, tetapi pengejaran itu dibatasi sampai daèrah sekitar própinsi Narathiwat Selatan, dan Kelantan di Malaysia. Bagaimana pemecahannya, Pak?

A: Ya, sampai sekarang belum ada apa-apa. Masih terus dirundingkan. Lihat, betapa pandainya Muangthai! Kalau persetujuan ini dilaksanakan, pasukan Malaysia dapat mengejar gerilyawan kómunis di wilayah Kelantan yang berbasis di Narathiwat, sedangkan pasukan Muangthai dapat mengejar gerilyawan Muslim dari Muangthai Selatan yang lari ke Kelantan. Ya, kan?

T: Mémang di situlah rumitnya, Pak. Usaha untuk memadukan pandangan yang berbéda itu. Usul saya ialah: ada baiknya kalau kedua negara mencoba meminta jasa-jasa baik dari negara ASEAN lainnya. Saya kira cukup sampai di sini saja dulu, ya, Pak. Terima kasih banyak atas kesediaan Bapak melayani saya. Sampai ketemu lagi.

A: Saya juga mengucapkan terima kasih atas gagasan-gagasan saudara. Terima kasih.

INI 12. Wawancara antara Menteri P dan K (M) dan seorang wartawan Amerika (R).

R: Bersediakah pak Menteri menjawab pertanyaan wartawan asing?

M: Kenapa tidak!

R: Saya telah beberapa kali mendengar istilah "normalisasi" dalam konperènsi pèrs ini. Tetapi sebagai orang asing, saya belum begitu mengerti apa maksud istilah itu sebenarnya.

M: Apa lagi kalau bukan kembali ke keadaan yang normal.

R: Mungkin sebaiknya saya jelaskan pertanyaan saya: saya dengar lembaga kemahasiswaan yang lama akan dihapuskan, sehingga kegiatan mahasiswa disempitkan.

M: Mémang ada yang berpendapat begitu. Tetapi saya menegaskan, pendapat itu sama sekali tidak benar.

R: Ya. Saya dengar konsèp normalisasi malah memperluas kegiatan mahasiswa di bidang yang memerlukan kegiatan meréka.

M: Ya. Meréka bertugas memperkuat penalaran individuil. Kan meréka masih bodoh, dan perlu dididik.

R: Konsép yang Bapak ajukan kepada meréka sebenarnya merupakan tantangan bagi meréka. Jika meréka hendak memperbaharui masyarakat, maka meréka harus melakukannya dengan memperkuat penalaran individunya.

M: Mémang mahasiswa diagungkan masyarakat, tapi nyatanya meréka telanjang seperti raja dalam cerita Andersen.

R: Mémang. Di lingkungan universitas siapa yang paling lemah pengetahuannya? Mahasiswa, kan? Semestinya mahasiswa menyadari kenyataan itu, walaupun mémang pahit.

M: Saudara cukup mengerti masalahnya!

R: Tampaknya beberapa universitas mempertahankan lembaga kemahasiswaan yang lama. Apakah Bapak akan melakukan sesuatu tindakan?

M: Tentu. Saya akan menindak rèktor atau dosèn yang tidak melaksanakan normalisasi.

R: Tentu. Meréka itu pegawai negeri yang harus melaksanakan kebijaksanaan pemerintah, ya, kan? Dan saya harap supaya mahasiswa yang membèlot juga akan dikenai tindakan sesuai dengan jenjangnya.

M: Karena itu saya menyarankan agar mahasiswa menggunakan otak terlebih dahulu.

R: Terus terang saja, menurut pendapat saya, pada asasnya meréka setuju dengan program Bapak, asal tetap ada Déwan Mahasiswa, sehingga meréka tidak kehilangan muka. Bagaimana pendapat Bapak tentang hal ini?

M: Ini égosèntris. Saya mau jangan égosèntris.

R: Lalu, bolèhkah saya bertanya mengenai pembaharuan pendidikan yang sedang Bapak kembangkan?

M: Tentu.

R: Saya dengar konsèp yang Bapak usulkan mirip dengan konsèp taman Siswa.

M: Tidak benar. Konsèp itu saya cari sendiri dengan jalan belajar di perpustakaan, dan tidak minta konsèp siapapun.

R: Pèndèknya, jika kemudian konsèp itu ternyata sesuai dengan konsèp atau idé salah satu lembaga atau seseorang, maka itu hanyalah kebetulan.

M: Saya cukup banyak membaca, tetapi saya memilih apa yang harus dijalankan di negeri ini.

R: Saya setuju sekali bila segala sesuatu yang berhubungan dengan pendidikan dan perkembangan kebudayaan harus dihasilkan olèh otak orang Indonésia sendiri, bukan tiruan idè dari luar.

M: Saya tidak perlu konsultasi dari negara manapun mengenai apapun.

R: Apakah itu berarti Bapak akan menutup pendapat orang lain?

M: Sama sekali tidak. Saya merencanakan akan membentuk satu Kómisi Pembaharuan Pendidikan yang anggotanya nanti maksimal berjumlah 15 orang.

R: Apakah kómisi itu nanti bersifat permanèn atau hanya bersifat sementara yang akan dibubarkan manakala tugasnya selesai?

M: Saya belum memutuskan hal itu. Saya memperkirakan awal Agustus mendatang kómisi ini sudah dapat mulai bekerja.

R: Apakah Bapak merencanakan bahwa komisi itu terdiri dari para ahli yang berdasarkan tulisan-tulisannya ternyata memikirkan masalah pendidikan?

M: Saat ini saya belum bisa mengumumkan susunan anggota kómisi tersebut.

R: Saya kira saya harus memberi kesempatan pula pada wartawan lain untuk bertanya. Terima kasih banyak atas kesediaan Bapak untuk menjawab pertanyaan saya.

M: Kembali.

INI 13. Antara orang Indónésia (L) dan orang Amérika (T).

T: Bapak Profèsor Lapihan, apakah yang sangat mengesankan bagi para cendekiawan Indónésia tentang Amérika Serikat? Apakah yang mengesankan itu tentang suksès kami dalam mendaratkan manusia di bulan dan Mars?

L: Sebenarnya hal-hal tadi memberikan rasa bangga yang besar sekali pada Amérika, tetapi menurut saya, yang paling mengesankan adalah kemampuan orang Amérika melaksanakan dialóg terbuka yang benar-benar tuntas.

T: Tentunya rakyat Indonésia sangat terkejut dengan adanya skandal Watergate, bukan? Juga kekalahan Amérika di Vièlnam merupakan malu yang sangat besar, bahkan mungkin lebih besar dari penyerangan Pearl Harbor pada Perang Dunia kedua yang lalu.

L: Mémang kita gelèng-gelèng kepala. Namun kita lebih tercengang lagi akan kemampuan dan keberanian morilnya untuk mengorèksi présidèn Nixon secara konstitusional.

T: Mémang hal itu merupakan suatu perjuangan berat dan selama beberapa bulan saya sendiri tertanya-tanya bukankah kekuasaan itu sedikit banyak berada di atas hukum -- terutama jika hukum tidak bisa dipergunakan untuk memenuhi kebutuhan ·suatu kekuasaan?

L: Semua bangsa, semua pemimpin berbuat salah. Tetapi di AS ada keberanian dan ketahanan jiwa, ada mékanisme lembaga yang setiap kali mampu mengorèksi.

T: Mémang benar bahwa sistim mengorèksi diri di Amérika telah membuat bangsa-bangsa lain di dunia menahan nafas. Terutama tentang bisanya mendapat sorotan umum bagi semua lembaga dan tindakan. Bahkan dinas rahasia pun tidak terkecuali dari sorotan dan korèksi tersebut.

L: Di negara lain teriakan kepentingan nasional pasti akan mampu membungkam usaha pembongkaran praktèk-praktèk buruk dari dinas rahasia. Tetapi bukan di AS.

T: Kami sangat bangga tentang hal ini, terutama karena kesemuanya ini dapat berlangsung tanpa membahayakan keamanan nasiónal di waktu itu dan tanpa menggoncangkan kestabilan internasiónal.

L: Kemampuan dan keberanian berdialóg dengan dirinya sendiri secara tuntas dan terbuka, bukankah itu pangkal dari kesanggupan régenerasi?

T: Amérika sebagai anggota dari masyarakat dunia juga mempunyai kewajiban-kewajiban. Amérika dengan segala tèknólógi ékónómi dan semangatnya mempunyai peranan penting di dalam percaturan dunia pólitik ékónómi dan sebagainya.

L: Ya, kita hidup di suatu dunia di mana sepertiga masyarakatnya hidup dalam keadaan melimpah ruah, sedangkan dua pertiga lainnya hidup dalam kemiskinan yang hina-dina.

T: Mémang demikian, Pak. Setiap tahun perbédaan antara negara-negara industri dengan negara-negara yang sedang berkembang semakin besar. Ada jurang perbédaan antara kemampuan tèknólógi pengumpulan modal serta rintangan-rintangan kebudayaan yang tiada habisnya.

L: Tetapi sebab pokok bukan di sana.

T: Menurut pendapat Bapak, apakah yang menjadi sebab-sebab utama tentang semakin besarnya perbédaan-perbédaan di dalam standar hidup antara negara-negara yang sudah berkembang dengan negara-negara yang sedang berkembang?

L: Sumber pokok adalah tata hubungan ékónómi yang belum berobah secara fundamèntil, yang masih meneruskan pola hubungan ékónómi kólónial dan imperialis

T: Mémang benar demikian, Pak. Pada hakékatnya mémang dasar daripada tata ékónómi itu belum berubah. Walaupun demikian, di sana-sini telah mengalami perbaikan.

L: Negara-negara industri mempunyai kewajiban moril untuk membantu negara-negara yang sedang berkembang mencapai kehidupan yang sejahtera dan bahagia bagi masyarakatnya.

T: Betul demikian, Pak. Terutama karena negara-negara industri telah dapat mengumpulkan kekayaan meréka dengan jalan, sebagian besar, memperbudak (mengèksploatir) negara-negara yang sedang berkembang, meréka kini harus memberi kepada negara-negara yang terbelakang itu kesempatan yang adil dan sama rata

L: Dan untuk semua itu, bukan lagi hanya idé atau konsèpsi yang diperlukan. Idé sudah lama ada. Yang dibutuhkan amat mendesak olèh kita dari negara sedang membangun sekarang adalah sikap prógrèsif AS di forum-forum dialóg Utara-Selatan seperti di Nairobi, di Paris, di PBB. Inilah gejolak suara hati umat manusia sekarang.

T: Kita memerlukan sokongan pendapat umum di Amérika. Pendapat umum itu harus digerakkan sedemikian rupa sehingga dapat menekan serta mendorong wakil-wakil rakyat di dalam kongrès serta di dalam cabang-cabang lembaga pemerintah lainnya.

L: Seringkali kita dibuat kecéwa karena bangsa Amérika itu tidak memihak pada perjuangan dan usaha besar untuk mempertahankan kehidupan manusia yang mengusahakan kesejahteraan.

T: Di Amérika seringkali kepentingan perusahaan lebih diutamakan daripada hak-hak manusia. Sebagai akibatnya, Amérika tidak selalu berada di pihak rakyat yang sedang berjuang untuk mendapatkan kemerdékaan meréka.

L: Ya, benar. Martabat manusia dan segala hak-hak azasi yang dibawanya sejak lahir merupakan fikiran séntral dalam déklarasi kemerdékaan Amérika.

T: Demi memperkembangkan martabat manusia inilah bangsa-bangsa yang terjajah telah berjuang untuk mendapatkan kemerdékaan meréka.

INI 14. Pembicaraan antara mahasiswa Amérika (R) dan Jéndral Nasution (N).

R: Pak Nas, saya merasa gembira bahwa saya dapat mewawancarai Bapak setelah bertahun-tahun mempelajari karir Bapak.

N: Saya merasa gembira bahwa ada orang Amérika yang tertarik pada sejarah Indónésia módèren.

R: Mémang. Soalnya masalah-masalah tahun-tahun yang silam masih hangat sekali déwasa ini -- umpamanya masalah kórupsi yang telah begitu menyita karir Bapak.

N: Ya, hal itu masih benar-benar merupakan masalah, sehingga pernah saya kritik Ópstib yang dilancarkan Sudomo tahun yang lampau.

R: Ó, ya, saya ingat betul. Bapak pernah mengatakan bahwa koperasi ini dilancarkan tanpa sistim dan konsepsi. Dan Sudomo kontan menanggapinya dengan keras, kan?

N: Ya, tapi ketika dia datang ke rumah saya untuk lebih menjelaskan óperasi itu, saya paham bahwa Sudomo benar-benar bertékad bulat.

R: Ya, karena Sudomo mengatakan bahwa óperasi itu harus dimulai dari paling bawah sebab di sanalah pungli paling dirasakan olèh masyarakat.

N: Ya, saya setuju dengan Ali Sadikin, yang menyarankan agar óperasi ini dimulai dari atas.

R: Mungkin Bapak benar, tapi ada juga Bapak katakan bahwa tékad bulat dan keberanian jauh lebih penting dari segala macam konsepsi.

N: Ya, itu saya ketahui dari pengalaman saya sendiri. Perlu saya beritahukan kepada saudara bahwa saya tidak pernah merasa berhasil dalam berbagai macam óperasi yang saya pimpin dalam usaha memberantas kórupsi, dan sebab utamanya ialah tidak adanya tékad atau keberanian untuk menghapuskan kórupsi dari pihak yang berkuasa -- yakni Presidèn Sukarno sendiri.

R: Benar, Bapak pasti menghadapi sejumlah besar rintangan; terutama bahwa wewenang yang diberikan kepada Bapak tidak cukup untuk melaksanakan tugas itu.

N: Nah, kalau kita bandingkan dengan wewenang KÓPKAMTIB, yang berdasarkan TAP MPR, saya rasa rintangan-rintangan yang saya hadapi waktu itu bolèh dikatakan sudah tidak ada lagi.

R: Saya tahu bahwa usaha Bapak memerintahkan para pejabat dan bekas pejabat melaporkan kekayaan meréka tidak berhasil karena tidak ada dasar hukum untuk melaksanakan perintah-perintah Bapak.

N: Saya memperolèh bantuan sepenuhnya dari Kejaksaan Agung, tetapi tidak ada hasilnya, dan akhirnya Kabinèt mengambil alih urusan tersebut.

R: Kalau saya tidak salah ingat, waktu itu pecah pemberontakan PRRI-Permèsta, bukan? Pemberontakan ini mengancam èksistènsi Républik, terutama karena adanya intervènsi tertutup dari negara-negara Barat, sehingga saya rasa barangkali tidak banyak yang bisa kita perbuat terhadap kórupsi.

N: Eksistènsi Républik sendiri sedang terancam waktu itu sehingga masalah kórupsi jelas tidak seimbang dengan usaha menyelamatkan negara.

R: Apa sebenarnya kedudukan Bapak pada tahun 1961, ketika Bapak sekali lagi mencanangkan gerakan antikórupsi?

N: Waktu itu saya diserahi tugas sebagai Menkó Hankam-Kasab, namun saya tidak berwewenang banyak, karena saya tidak lagi berada dalam pósisi kómandó. Kómandó berada dalam tangan Présidèn dan tugas saya terbatas pada kóordinasi melulu.

R: Ya, tapi waktu itu Bapak bisa membentuk PARAN dan menggerakkan Óperasi Budhi, yang memungkinkan Bapak mengusut seorang pejabat tinggi.

N: Tidak terlampau berhasil, begitu; kalau bolèh saya tambahkan, karena saya langsung dipanggil ke Istana bersama Ketua Mahkamah Agung dan diberitahu tegas-tegas bahwa prèstise Présidèn lebih penting.

R: Ó, jadi itu to, yang terjadi ketika PARAN dibubarkan dan diganti dengan KÓTRAR.

N: Tapi sayangnya KÓTRAR tidak meneruskan Óperasi Budhi.

R: Sayang sekali mémang, karena dalam tiga bulan, kan Óperasi Budhi telah berhasil menyelamatkan uang negara sebanyak Rp 11 milyar. Tapi tak bolèh kita lupakan bahwa waktu itu kita sedang berkonfrontasi dengan Malaysia. Maka itu, kewenangan keadaan darurat tidak berada di tangan Bapak sebagai Menkó Hankam, melainkan di tangan Présidèn.

N: Saya dapat berhasil hanya kalau menggunakan wibawa pribadi.

R: Apakah sebabnya Bapak tidak dapat menindak Ibnu Sutowo?

N: Ó, jelas itu intervènsi Présidèn. Ibnu malah pernah diberitahu agar bersiap-siap untuk suatu pemeriksaan. Akhirnya ketika saya tiba di tempat itu untuk mengadakan pemeriksaan, dia ada di luar negeri.

R: Apakah Bapak merasa bahwa pada tahun 1964 Bapak sudah sampai pada batas kewenangan?

N: Ó, jelas saya merasa begitu.

R: Secara obyèktif hanya satu kesimpulan yang bisa ditarik, yaitu hanya terbuka satu jalan untuk dilalui: Présidèn harus disingkirkan.

N: Percayalah, hal itu saya pikirkan berulang kali.

R: Tapi Bapak tidak pernah bertékad sekian jauh?

N: Jangan lupa saya tidak lagi memegang kómandó -- hanya kóordinator.

R: Sedangkan mayoritas ABRI ketika itu tidak bisa membiarkan kup.

N: Saya pikir begitu. Saya sebetulnya ingin meneruskan wawancara ini, tapi saya kira...

R: Ó, ya. Sudah malam ini; sebaiknya saya minta diri. Terima kasih atas wawancara ini, Pak.
N: Terima kasih atas kedatangannya. Silakan.

INI 15. Orang Indónésia (D) dan orang Amérika (T).

D: Saya tertarik sekali akan penyelidikan saudara mengenai urbanisasi ke kota. Bagaimana pendapat orang-orang yang bergulat di kota itu menurut hasil penyelidikan Saudara?
T: Saya sebetulnya belum mengadakan penelitian yang menyeluruh dan mendalam. Namun dalam saringan sekenanya dari 1.000 penduduk, terlihat bahwa pendapatan meréka meningkat dua pertiga setelah meréka meninggalkan dèsanya.
D: Melihat lébarnya jurang antara orang berada dan orang miskin di kota, saya cenderung ragu-ragu apakah meréka betul-betul hidup lebih sejahtera dibanding ketika di dèsa asalnya dulu.
T: Saya sendiri kadang-kadang cenderung beranggapan begitu, mengingat bahwa banyak barang dan jasa justru lebih murah di dèsa daripada di kota. Hidup di kota mémang lebih mahal daripada di dèsa, lebih-lebih pada pos angkutan. Tetapi biaya pangan dan sandang sebaliknya lebih murah di kota.
D: Bagaimana masalah kesempatan kerja di kota?
T: Di situlah letak daya tarik kota. Menurut data-data resmi yang saya peroléh dari pemerintah daèrah Kotamadya Jakarta, rata-rata upah harian di kota kira-kira tiga kali lipat dari upah harian di dèsa.
D: Apakah kebanyakan dari meréka bekerja di bidang industri?
T: Tidak. Pada tahun 1975 industri bukan penampung tenaga kerja yang besar. Kebanyakan dari meréka bekerja di bidang jasa.
D: Benar atau tidak, bahwa pendapatan rata-rata menanjak terus?
T: Betul! Kalau pendapatan di pedèsaan tidak meningkat dengan kepesatan yang sebanding dengan pendapatan di kota, arus urbanisasi sukar sekali dicegah.
D: Bagaimana masalah urbanisasi dari sudut pandangan penduduk dèsa sendiri?
T: Saya kira itulah cara yang paling bermanfaat untuk menelaahnya. Saya ambil dèsa Karang Garing sebagai contoh. Kepadatan penduduk di situ tidak kalah dengan kepadatan di Yogya, dan peningkatan penduduk setiap tahunnya mencapai lima persèn.
D: Sadarkah pemerintah akan keadaan di daèrah itu?
T: Sadar sih sadar, tapi semua usaha pemerintah untuk mengembangkan daèrah Karang Garing itu gagal.
D: Apa penghasilan utama daèrah itu?
T: Seluruh daèrah Gunung Kidul terkenal dengan hasil buminya. Hasil ketéla pohonnya malah melebihi kebutuhan daérah itu sendiri. Sayangnya, hasil ketéla itu sukar dipasarkan.
D: Bagaimana kok bisa begitu?
T: Perintang utama adalah kurangnya sarana angkutan. Mémang sudah ada jalan beraspal yang menghubungkan Karang Garing dengan dunia luar, tapi biaya angkutan melebihi harga pasaran ketéla itu sendiri. Berhubung berhentinya sèrvis bis, untuk mencapai lima mil saya terpaksa sampai berjam-jam lamanya. Dengan merosotnya

harga ketéla, lama-lama penghasilan pertanian tidak memadai lagi, sehingga pertanian itu semakin tersingkir.

D: Menghérankan juga kalau penduduk itu tetap tinggal di daérah tersebut.

T: Betul, menghérankan. Mémang perantauan adalah produk wajar dari alam yang kikir.

D: Ke mana umumnya meréka merantau?

T: Biasanya Jakarta dan Surabaya adalah pilihan tempat meréka merantau. Tapi tidak sedikit pula yang merantau ke Yogya.

D: Sungguh kelihatan bahwa daérah itu sudah terlupakan!

T: Dari tahun ke tahun, jurang antara pendapatan di daérah makmur dengan pendapatan di wilayah Gunung Kidul semakin melèbar. Dan sayangnya, penduduk dèsa tidak pernah diberi kesempatan yang wajar untuk mengejar ketinggalannya.

D: Jadi, apa pengaruh kegiatan gerilya di daèrah ini?

T: Meningkatnya kegiatan gerilya telah memperkuat rangsangan untuk merantau. Di dèsa Karang Garing sendiri sebenarnya kita menempatkan sekitar 300 orang pasukan keamanan, dan pasukan ini bèbas melakukan pengejaran terhadap gerilya di daérah mana saja.

D: Ini berbahaya sekali terhadap hasil bumi di daèrah itu.

T: Mémang berbahaya, tapi syarat mutlak bagi tercapainya keamanan di seluruh negeri adalah bébasnya daèrah ini dari gerilyawan kómunis.

D: Pendapat siapa itu? Pendapat Saudarakah atau pemerintah Indónésia?

T: Benar, sampai kini kegiatan-kegiatan gerilya masih terbatas sampai daèrah-daèrah sekitar dèsa Karang Garing itu, tetapi kegiatan gerilyawan baru-baru ini meningkat dengan pesatnya sehingga sungguh-sungguh mengagumkan para pejabat pemerintah.

D: Saya setuju dengan pendapat Laksamana Sudomo, bahwa walaupun peningkatan kegiatan gerilyawan sangat mengagumkan, toh dipandang belum berbahaya.

T: Saya yakin bahwa kegiatan gerilyawan tersebut sama sekali tidak akan mengancam èksistènsi negeri. Di samping adanya intervènsi tertutup olèh kómunis.

D: Saya rasa masalah pungli jauh lebih mendesak.

T: Ya, mémang. Saya setuju dengan pendapat pak Domo, bahwa gerakan (óperasi) anti kórupsi yang telah dilaksanakan harus dimulai dari paling bawah, karena di sanalah kórupsi (pungli) paling dirasakan.

D: Saya kira óperasi anti kórupsi olèh Sudomo sama dengan koperasi yang dijalankan pak Nasution semasa Sukarno dulu.

T: Rintangan terbesar yang dihadapi pak Nasution justru Sukarno sendiri, karena Sukarno tidak punya tékad atau keberanian untuk bertindak terhadap pejabat-pejabat tinggi.

D: Akan tetapi karena wibawa pribadi yang dimiliki pak Nasution, dia berhasil mencapai sejumlah hasil.

T: Tetapi terbatas betul, karena pada tahun 1964 Nasution mencapai yang dipandangnya merupakan batas kemampuannya dan bahkan ditarik kesimpulan bahwa hanya terbuka satu jalan untuk dilalui, yakni menyingkirkan Présidèn tapi beliau tidak bertékad sekian jauh -- apalagi karena mayoritas ABRI ketika itu tidak bisa membiarkan kup.

D: Berbicara mengenai tékad, saya kagum atas tékad Menteri Pendidikan menindak mahasiswa yang menolak program normalisasi.

T: Ya. Tugas mahasiswa ialah memperkuat penalaran individuil, karena meréka masih bodoh dan memerlukan pendidikan lebih lanjut.

D: Saya kira tepat sekali ketika pak Menteri membandingkan mahasiswa dengan raja kisah karya Andersen.

T: Mémang. Sekalipun itu pahit untuk disadari, tetapi meréka harus menerima kenyataan bahwa di lingkungan universitas, orang yang memberikan pendidikanlah (pendidiklah) yang lebih tahu!

D: Meréka ingin memperbaharui masyarakat, dan jelas meréka sangat terpengaruh oleh propaganda Cina.

T: Ya, mémang. Propaganda Cina sangat éféktif, tetapi tindakan-tindakan Cina sangat dipengaruhi kekhawatirannya terhadap negara-negara raksasa. Dalam pendapat Cina, jika perlu, kedua negara raksasa itu tak akan segan-segan menggunakan senjatanya untuk menghancurkan negara dunia ketiga.

D: Tak mungkin Cina bertindak tanpa tipu muslihat. Saya kira salah satu senjatanya yang paling ampuh adalah program bantuan luar negerinya.

T: Cina sendiri menegaskan, bahwa bantuan yang diberikan itu tidak mengandung ikatan apa-apa, tapi masih banyak pihak yang meragukannya.

D: Saya sendiri cenderung meragukan itu. Tidak ada tindakan Cina yang tidak bermótifasikan pólitik.

T: Meréka tidak menyangkal bahwa bantuan itu diberikan atas alasan pólitik, sebab sudah meréka tandaskan dengan jelas bahwa bantuan itu atau disebut dengan istilah yang lebih meréka senangi, kerjasama, diberikan untuk membantu negara-negara berkembang dalam usahanya untuk berdikari. Sebab usaha ini terus-menerus dihalangi oléh negara-negara imperialis.

D: Meréka menyatakan bahwa proyèk bantuan luar negerinya itu sama sekali berbéda dengan yang diberikan oléh negara Barat maupun sósialis. Benarkah ini atau cuma nama atau sebutan lain saja bagi bantuannya itu?

T: Yah. Saya sih setuju kalau bantuan meréka itu berlainan. Paling tidak, pelaksanaannya sangat berlainan dari yang umum berlaku.

D: Berlainan dalam hal apa?

T: Dalam satu hal adalah bahwa lebih dari 90 persèn dari pinjaman yang meréka berikan sama sekali tidak kena tarikan bunga, dan kalaupun bunga dipungut, bunganya paling tinggi dua persèn dan umumnya jangka waktu mengangsur pinjaman itu amat lama.

D: Ya, paling tidak dapat dikatakan Cina sangat lunak atas bantuannya.

T: Ya terang, dan juga dèwasa ini bantuan luar negeri yang mengalir dari Cina meningkat dengat pesat. Dalam périóde tahun 1970-1974 jumlah bantuan dari Cina menjadi dua kali lipat jika dibandingkan dengan dalam 15 tahun sebelumnya. Nilai bantuan Cina semuanya kalau diukur dengan mata uang kita sekarang adalah sebesar 1.500 milyar rupiah.

D: Tapi jangan sangka bahwa yang mendorong Cina adalah kemurahan hati yang sungguh!

T: Tidak, tapi tujuan utama meréka adalah untuk mewujudkan kesejahteraan umat manusia, sedangkan bantuan yang mengalir dari Barat kebanyakan didorong oléh kepentingan kelompok kapitalis.

D: Terus terang saja saya lebih senang hidup di Amèrika daripada di Cina!

T: Ya, jelas. Biarpun Amérika adakalanya tidak memihak pada perjuangan bangsa-bangsa lain demi kemerdèkaan, namun Amérika selalu memberi tanda bahwa ia sadar akan kewajibannya sebagai sesama keluarga umat manusia.

D: Saya sungguh mengagumi sistim pemerintahan Amérika. Karena di Amérika itu, ya, siapa saja dapat ditindak. Tak peduli betapapun tinggi atau kuat jabatan orangnya.

T: Penyingkiran Présidèn Nixon adalah satu bukti bahwa di Amérika kekuasaan ditundukkan pada hukum. Di Amérika ada sarana untuk bébas dari kórupsi, sekalipun kadang-kadang kita dibuat menahan nafas atas cara-caranya.

D: Amérika itu adalah negara hèbat karena sangat setia pada azas-azas undang-undang dasarnya.

T: Konstitusi Amérika berlandaskan martabat manusia dan pada hak-hak azasi yang dibawa sejak kelahirannya.

This glossary contains all forms which occur in the reading selections. The listing is confined to forms and their meanings which actually occur and to forms which are needed to explain the actually occurring forms. The student will, of course, be able to produce and understand a good number of other forms by means of the rules for affixation presented in the grammar sections. The reference is to the first occurrence of each form. The first number of the reference refers to the unit number and the number following it refers to the line number. The line numbers of the reading selections are given in the margin.

A

abad century 13.35. dwi -- bicentennial 13.1. -i eternal 5.23.

ABRI /abri/ acronym for Angkatan Bersenjata Républik Indónésia Armed Forces of the Republic of Indonesia 14.23.

acuh care. -kan care about 7.7.

ada exist, there is, are 1.2. -- kala(nya) occasionally 13.48. -lah 1 is 1.8. 2 now (it is the case that) there is 1.4. -nya presence, existence 1.2. -pun now (it is the case that) there is 6A20. -- tidaknya whether or not there is, are 5.45. ber- be at, in 3.20. -kan bring into being 8.27. ke-an situation, condition 4.14.

adat tribal law, tradition(al) 17.3.

adil just 13.37.

administratif having to do with administration 12.21.

adu pitting, matching in a contest. -kan bring complaint against 17.15.

aduk mix. campur -- all mixed up 2.29.

agak rather 5.42. -nya it might be, possibly be the case 5.36.

agama religion 17.3. ber- follow a religion 17.12.

agar 1 so that. 2 (hope, ask, desire, etc.) that 1.9.

agung great. kejaksaan -- attorney general's office 14.14. mahkamah -- supreme court 14.26. -kan glorify 12.15.

ahli expert 9.15. ke-an expertise 15.33.

Agustus August 12.38.

air water 5.32. tanah -- homeland 1.2. -- muka facial expressson 15.4. -- susu milk 15.82. -i irrigate 5.35. peN-an irrigation 5.32.

ajaib miraculous. ke-an miracle 19.8.

ajak invite (to come along) 15.19.

ajar teach, educate. bel- study 6B8. pel-i study (something) 2.35. tahun -an school year 12.39. peN- teacher 20.17. pel-an lesson 1.21.

ajek constant 20.14.

*aju (cf. MAJU). -kan bring forward, present 8.28.

akal idea 18.8.

akan 1 future marker 1.2. 2 concerning, at, about 10.13. 3 for 7.17. -- tetapi however 8.17. se-2 as if 4.8.

akar root 4.34. ber- take root 19.26.

akhir end, final 8.44. -nya

finally 1.21. **-2 ini** lately 5.19. **ter-** latest, last, most recent 3.19.

akibat result, consequence 1.2.

akrab close in personal relations 20.2.

aktif actively 13.55.

aktivitas activity 12.1.

*aku **meN-** admit to (being, doing) 15.23. **-i** recognize as correct, admit to the correctness 2.13.

akumulasi accumulation 13.32.

*ala -- **kadarnya** sufficient, just enough and no more than necessary 15.33.

alam$_1$ world, nature 5.5. 2 atmosphere, world of a certain sort 7.8. -- **pikiran** the world of ideas 12.3.

alam$_2$ **-i** experience 2.34. **peN-an** experience 1.3.

*alang **-kah** how very! 19.31.

alas base. **-an** basis, reason, excuse 6B54.

alat tool, instrument 4.15. **per-an** appliances, instruments 4.21.

alhamdulillah Praise be to God! 14.12.

alias 1 alias. 2 in other words 15.36.

alih change, move. **mengambil** -- take over 2.10. **ber-** change over, move 16.11.

*alir **meN-** to flow 6.9. **-an** the flow 6.10.

Aljazair Algeria 9.3.

Allah God. **karena** -- pro Deo, free 6B45.

almarhum the late (so-and-so) 6B3.

aman safe 19.16. **ke-an** security 11.1.

amat extremely 6B50.

ambil take 8.24. **meN-alih** take over 2.10.

ambisi ambition. **ber-** be ambitious 18.67.

ambruk collapsed 15.53.

ambulans ambulance. -- (**pengangkut**) **jenazah** hearse 6B11.

anak 1 child 6B6. 2 members of

a certain group 17.41. **ber-** have children 15.69.

ancam threaten. **ter-** threatened 2.27. **-an** threat 9.12.

anda you (impersonal, advertising term) 9.50.

anèh strange, odd 6A13.

anéka various 9.9.

anggap consider 4.10. **-an** opinion 12.39.

*anggar **-an** an estimate 16.33.

anggota member 4.4.

*anggur **N-, meN-** 1 unemployed. 2 not in use 6B12.

angin wind 5.50. **menggergaji** -- tack 5.51.

angka numeral 8.21.

angkat lift, raise 18.50. **ber-** leave 15.60. **-an** branch of armed forces 14.23.

angkin women's waistband 15.34

angkut to transport 3.7. **-an** transport 2.5. **peN-** carrier 6B7. **peN-an** transportation 4.3.

*angsur **meN-** pay back by installment 9.39.

antar **inter-** 17.9.

antara among, between 2.5.

anti anti- 14.19.

antik antique, something of value no longer produced 4.23.

anu hesitation word 6A16. **mèrek** -- (such-and-such) a brand 15.80.

anut follow a belief. **peN-** adherent 17.3.

apa 1 yes-no question particle 2.29. 2 what? 5.57. **-kah** 1 what is it? 13.1. 2 it is the case that? 7.24. **-pun** any(thing) at all 8.28. **-2** anything 6B5. -- **bolèh buat** what can be done 6B9. -- **lacur** in vain, without result 1.11. -- **yang** that which 7.26. **ber-** how much/many 8.19. **beber-** some, a few, a little 4.19. **seber-** as much, that much 16.46. **ken-** why? 15.66. **-lagi** what's more, or

even, not to mention 5.19.
meN- why? 1.17. **si-** who?
12.10. **si-pun** anyone 12.3.
aparat machinery 5.57.
aparatur machinery 14.25.
APBD /a pé bé dé/ abbreviation
for **Anggaran Pendapatan dan
Belanja Daèrah** Regional
Revenue and Budgeting 16.33.
api fire 7.29. **keréta** -- train,
railroad 8.21. **korèk** -- match,
lighter 4.17.
apkir put aside as non-
functioning 18.7.
aprésiasi appreciation 20.16.
arah direction, intention 2.19.
arkéólóg archeologist 17.45.
arti meaning 5.20. **ber-** means,
have meaning 6A15
aruh name of the festivals of
the Lawangan Dayak 17.24.
arus current 13.48.
AS /a ès/ abbreviation for
Amérika Serikat the U.S. 8.1.
*****asa putus** -- lose hope 5.65.
asal 1 origin 6A22. 2 as long
as 12.25. -- **usul** the very
origins 18.17. **ber- dari**
source originally from 6A18.
ber- [noun] of [noun] origin
8.21.
asas principle. **pada -nya** in
principle 12.25. **-i** basic.
hak2 -i basic rights 13.45.
ASEAN /aséan/ acronym for the
Association of South-east
Asian Nations 11.23.
asing foreign 8.26.
asli original 5.12. **ke-an**
genuiness, as something was
originally 13.49.
aspal asphalt. **ber-** pave with
asphalt 11.3.
atas 1 above 2.6. 2 on account
of, in the face of 13.21. 3
with, for 2.17. **-i** surpass, go
above 4.14.
atau or 2.7. **-pun** or even 9.35.
atur arrange, regulate, keep in
order 2.22. **per-an** regulations
4.5.
awal beginning 2.27.
awan cloud 18.10.

B

bab chapter 9.40.
babah Chinese born in Malaysia
or Indonesia 7.24.
babak 1 episode or act in a
play. 2 phase, stage 5.1.
babi pig 16.52.
baca read 12.44.
badai sudden storm 16.7.
badan body 2.6.
bagai as, like. **ber-** various
4.12. **-kan** like, as 14.10.
pel- various 10.15. **-mana**
how? 1.21. **se-** as, in the
capacity of 1.4. **se-mana** in
the same way as 4.9. **dan
se-nya** and so forth 4.17.
bagi 1a for the sake of 6B1.
1b for, on the part of 1.4. 2
divide 8.45. 3 give, allot
13.54. **ber-** share with each
other 8.43. **ke-an** get a share
2.11. **-an** part, portion,
share, section 1.9. **se-an** a
part, portion of 9.29.
bagus good, nice(ly) 15.82.
bahagia happiness 15.61. **ber-**
happy 13.36.
bahan raw material 4.11.
baharu = BARU.
bahaya danger 2.18.
bahkan in fact even, moreover
even 5.2.
bahu shoulder. -- **meN-**
shoulder-to-shoulder 2.28.
bahwa particle introducing a
clause: that 3.15.
baik 1 good, well 9.49. 2 --
..., **maupun** not only ... but
also 4.33. **ada -nya** there is
something good about it 4.40.
-lah 1 all right.2 agree
6B14. **per-an** improvement
3.16. **per-i** repair 8.35. **ter-**
the best 4.17. **se-nya** the
best thing to do would be
12.33. **se-2nya** the best
possible 1.21.
bajaj /bajay/ a light
motorized vehicle used for

short distance transportation 2.19.

bajak to pirate 8.1. **-an** something pirated 8.2. **peN-an** pirating 8.8.

baju shirt or blouse 15.40.

bak like (Minangkabau form) 7.17.

bakal future marker: will 5.40.

bakar burn. **ke-an** fire 8.27.

bakat aptitude 15.24.

baksó dish of broth and meat balls 15.83.

bakul 1 vendor 15.1. 2 large basket 15.21.

balai hall 18.1.

balik di -- behind 19.25. **se-nya** on the contrary 2.36.

balok lumber cut into long blocks 7.6.

bancar flowing copiously 15.73.

banding compare 5.18. **-kan** compare 9.8. **se-** of comparable sort 10.27.

bangga proud. **ke-an** source of pride 6A13.

bangkit rise. **peN-** generator 19.4.

bangku bench 10.36.

bangsa nation, people 2.38.

bangun build, erect 2.5. **-an** building 6A56. **peN-an** development 16.38.

banjir a flood. **meN-** to flood 4.12.

bantah 1 quarrel, argue. 2 contradict, deny 8.22.

bantai slaughter 17.29.

bantu help, assist 6A7. **-an** aid, help given 2.34. **peN-** assistant 6A16. **per-kan** offer the services of someone 9.16.

bangun build, erect 2.5. **-an** building 6A56. **peN-an** development 16.38.

banyak much, many 1.3. **-- sedikitnya** amount, extent 14.33. **ke-an** the majority 2.20. **-nya** amount, number 5.1. **se-** to the amount of 3.23. **ter-** the greater part 5.17.

bapak father, reference to head of an office or teacher, you 2.25.

barang 1 thing, matter 1.4. 2 goods 4.36. **-kali** perhaps 4.40.

barat west 4.1.

bareng with (Javanese word). **-i** accompany 20.9.

baris row, line. **-an** 1 things put in a row, line. 2 military force or the like 2.35.

baru 1 new 2.28. 2 recently. 3. only (so much) till now 5.58. 4 only then was 4.15. **-- saja** just recently 6B20. **per-i** repair, renew, reform 12.8. **peN-an** renewal, reform 12.31.

basah wet 6B41.

basis military base 11.21.

batang log, trunk of tree 17.28.

batas limits 14.38. **-i** set limits to 11.20. **ter-** limited 3.6. **per-an** borders 11.1.

batin internal being, mind 18.21.

batu stone. **ber-** stoney, have stones 5.3.

bawa bring, carry, take 1.4.

bawah low 13.9. **di, ke --** below, underneath 2.16. **-i** be below, subordinate to 14.23.

*bayang **-kan** imagine, form an image in the mind 6A21.

bayar pay 2.10. **-an** payment made 10.19. **-kan** pay for 1.15. **-nya** payment, actions of making payment 19.4. **peN-an** payment, action of paying 8.23.

BC abbreviation for **Béa Cukai**, Bureau of Customs 1.9.

béa tax, duty 1.2.

beban burden 1.2.

bébas free, unhampered 13.36. **ke-an** freedom 9.42. **-kan** free someone 4.33. **peN-an** 1 liberation 9.27. 2 release 2.6. **ter-** get freed from 11.16.

béda difference. **ber-** be different 4.20. **per-an** difference 9.47.

bedak face powder 15.80.

begini (from bagai ini) in this way, like this 15.13.

begitu (from bagai itu) in only that way, like that 4.24

bekas 1 former 14.13. 2 remains, left over 5.37.

béla -- sungkawa condolences 6B35.

belah 1 split into two. 2 one part of two equal parts 11.6. se- side 11.17.

belakang rear 6A7. di -- behind 9.40. -an ini lately, recently 17.13.

Belanda Dutch 7.4.

belanja expenditure 16.33.

belantara jungle 11.4.

*belas se, tiga -- dll. eleven, thirteen etc. 11.5. -an teens (age or amount between 11 and 20) 10.11.

beli buy 1.8. ter- can be bought 8.7. peN- buyer 8.3. peN-an 1 purchace price 1.4. 2 purchase, buying 4.12. per-kan buy and sell 17.27.

bèlot be a traitor 12.21.

belum 1 not yet 1.21. 2 this does not include 6B47. -- juga still not yet 6A5. -- lagi 1 still not yet 4.38. 2 and that does not even include 9.27. se- before 5.26. se-nya before that, previously 10.23.

beluntang term for a statue in Lawangan Dayak 11.34.

*benam ter- set (of sun) 17.27.

benar true, genuine 6B15. -kan confirm 15.17. se- nya in reality, actually 8.50.

benci hate 18.46.

benda article, thing 17.16.

bengèk tètèk -- red tape, unnecessary and petty difficulties 6B24.

bengkak swollen 15.12.

bèngkok bent. melakukan jalan -- do something immoral 15.13.

bènsin gasoline 6B16.

bentak snap, growl at 19.20.

bentuk 1 the form, shape 6A11. 2 form something, give something its shape 5.13.

*bentur ter- come to a stop or

grief because of colliding with something 4.37. ke- (= TER-) 14.34.

benua continent 9.3.

bérak defecate. muntah -- intestinal flu or cholera 16.41.

berani dare, brave, courageous 12.9. ke-an courage, daring 13.9.

berantakan in disorder 17.28.

berantas fight against to extinguish 5.5.

berapa see APA.

beras hulled, uncooked rice 10.20. -- kencur a medicinal concoction 15.51.

berat 1 heavy. 2 burdensome 1.4. -kan make things difficult 1.21. -nya weight 10.21.

berdikari be self-sufficient (Acronym for berdiri di atas kaki sendiri stand on your own two feet) 10.11.

bèrès in good order 15.4.

beri 1 give to 3.37. 2 give something 1.21. -- tahu inform 1.36. -kan give something 1.9. peN-tahuan notice, announcement 2.6.

berita news 11.18.

berkat blessing 14.34.

berontak revolt. peN-an revolt, rebellion 14.16.

bersih clean, net (profit) 8.33.

besar big, large 1.4. -2an in a big way, on a grand scale 8.2. -kan raise to maturity. didik -kan give education to 5.54. -nya size 9.16. peN- big shot 2.23. se- to the amount of 1.7. ter- biggest, largest 9.14.

besi iron. kayu -- a kind of hardwood 17.28.

betah stand to do 5.25.

betapa to what an extent, how! 2.37.

betis calf of leg 16.55.

betot remove with force 15.84.

betul true 9.25. -2 truly 19.26. ke-an by chance, it so

happened that 6B12. **se-nya** actually 6B55.

BH /bé ha/ (from Dutch bustehouder) bra 6B41.

biar so that 15.26. **-kan** allow something to be, happen 14.41.

biasa usual, ordinary 1.11. **luar** -- extraordinary 13.35. **-nya** usually 6B47. **ter-** have gotten accustomed to 5.8.

biaya funds, money expended for something 3.7. **-i** finance, provide the funds for 4.21. **peN-an** financing 4.30.

bibir lips 15.26.

bicara speak, talk. **ber-** talk 18.7.

bidang field, sector 4.2.

bijaksana wise. **ke-an** policy 8.7.

biji seed, kernel. **se-** a single, one (small thing) 7.30.

bikin make 1.2. **-2** fabricate, make up something not real 18.14.

bila if, when 1.4.

bilang say, tell 15.7. **-an** 1 amount. 2 area 6A5. **ter-** be counted among 7.2.

Bimas acronym for **Bimbingan Massal** guidance for the masses 3.33.

bimbang be uneasy because of doubt 15.30.

bimbing guide 17.33.

bina 1 a building 15.18. 2 to cultivate, develop 15.18. **peN-an** development, construction (usually of something abstract) 2.34.

bingung not know what to do because of confusion 2.23. **-kan** 1 confusing. 2 (figurative) disrupt 6A10.

birókrasi bureaucracy 2.21.

bis bus 2.18.

bisa can, able 4.33.

bisik whisper. **-kan** whisper something 6B12.

blok bloc 9.40.

bobot 1 weight, heaviness. 2 quality 18.41.

bodoh not knowing anything 12.9.

bola ball. -- **kaki** football (soccer) 16.55.

bolèh 1 may 8.24. 2 can 9.36. **apa** -- **buat** what can one do? 6B9.

*bolu kué -- kind of homemade cupcake 6A17.

bom bomb 19.4. **peN-an** bombing 11.7.

bongkar 1 force open by breaking in. 2 demolish. **peN-an** action of forcing out into the open or action of demolishing 13.12.

borong buy up the whole stock 17.1.

bót boot 4.13.

botol bottle 15.20.

brigade brigade 11.12.

brigjèn acronym for **Brigadir Jèndral** Brigadier General 11.12.

buah 1 fruit. 2 general counter for objects, actions, and abstract nouns 5.41. **se-** one, a 1.4. **-2an** fruits of various kinds 2.3.

buang 1 throw away, discard 6A20. 2 exile 5.60. -- **hajat** humorous euphemism for defecate 6.12. **-an** 1 refuse 10.9. 2 exile 5.59. **peN-an** exiling 5.64. **ter-** be thrown out 6A15.

buat 1 make something 2.10. 1a cause 13.21. 2 (short for **ber-**) do. 3 for 8.7. **apa bolèh** -- what can one do? 6A9. **-an** something made 4.9. **ber-** do 13.19. **diper-** be done 7.24.

bubar dispersed. **-kan** disperse, break up a group 14.35.

bubung rafters, roof from the inside. **meN-** rise to the rafters 16.21.

budaya culture, civilization 13.32. **ke-an** culture, civilization 4.10.

budhi (an archaizing spelling of **budi**) good character 14.25.

budhis Buddhist 9.49.

bujang unmarried person. **-an** unmarried person 10.29.

bujuk sweet-talk, persuade 6A7.

buka open. **peN-** opener, initiator 13.27. **peN-an** opening 20.1. **ter-** open 6A20.

bukan 1 negator for nominals or nominal phrases: no, is not 1.2. 2 it is not the case that ... (but rather) 6.3. **-nya** it is not the case that ... 9.19. **-- pula** nor is it the case that 14.32.

bukit hill 16.48. **ber-2** hilly 5.4.

bukti proof, evidence 9.37. **-kan** prove something 9.23. **ter-** proven 17.44.

buku book 8.1.

bulan 1 moon 13.2. 2 month 4.26.

bulat 1 round. 2 complete. **tèkad --** complete determination 14.7.

bumi earth, land 5.57. **pri-natives** (as opposed to **peranakan**, people born in the land of foreign descent) 15.72.

bunga 1 flower. 2 interest 9.37.

bungkam 1 silenced, gagged. 2 silence, gag 13.12.

bungkus wrap up 13.38.

buntang ritual feast of the Lawangan Dayaks 17.35.

buntu blocked. **jalan --** dead end 4.38.

buntut end, tail. **-i** follow immediately on the heels 6A17.

bunyi a sound. **ber-** make a sound 8.26.

bupati regent, head of a provincial sub-district 17.12. **kabupatèn** area headed by a **bupati**, roughly equivalent to a county 3.39.

buru chase. **-2** (short for **ber-2** or **ter-2**) hurry 6.12. **ber-** hunt. **peN-** hunter 17.20. **per-an** hunting 17.1.

buruh laborer 6A22.

buruk bad, rotten 5.56.

busana clothing 4.15. **ber-** be dressed (up) 4.7.

butuh be needed. **-kan** require something 3.6. **ke-an** need 3.3.

C

cabé red pepper. **-- puyang** a type of medicinal plant 15.50.

*cadang **-an** reserve 6B12.

cair 1 molten, liquified. 2 weak, thinned out 5.14.

cakrawala 1 heavens. 2 universe 13.27.

camat head of an administrative subdistrict of a **kabupatèn** 5.61. **ke-an** subdistrict of a **kabupatèn** 5.40.

campur mixed. **-- aduk** all mixed up 2.29. **-an** mix- ture 5.53.

canang a crier's gong. **-kan** proclaim 14.20.

cantik pretty (girl) 7.20.

cap 1 stamp. 2 trademark 15.53.

capai attain, reach a goal 9.51. **ter-** reached, achieved 2.22.

capèk (colloquial for CAPAI) tired 15.60.

cara way, manner of doing 1.21. **se-** in [such-and-such] a manner 4.7.

cari look for 1.13. **peN-** one who looks for 5.2. **peN-an** 1 search. 2 occupation, livelihood 18.1.

catat note down 9.9. **-an** note 5.5. **ter-** noted down 2.21.

cècèr scattered because of neglect. **ter-** neglected and scattered 18.12.

cegat stop something as it is going somewhere 12.6.

cekik strangle. **-an** strangulation 19.30.

celana pants, trousers 4.13.

-- dalam underpants 17.19.
celetuk N- inject a remark 14.1.
cempaka gardenia or frangipangi.
cendekiawan intellectual 2.35.
cenderung inclined to 4.29.
cengang amazed, astonished. ter- amazed 13.9.
cengkèh cloves 3.36.
centil coquettish 15.26.
cepat quick, fast 9.24.
cerai divorced. ber- be divorced 18.33. per-an divorce 18.42.
cerèwèt difficult or contrary in personality 19.13.
cerita story, tale 6A1. ber- tell 14.37.
cermin mirror. ter- mirrored 11.18.
cétak print 8.14. peN- publisher 8.14. -an printing 8.10.
cèwèk girl (colloquial form in Jakarta) 15.16.
cincin ring 6B32.
cingcong ado, fuss 18.27.
cinta love 4.32.
cipta -an creation 4.7. -kan create 4.23. peN- creator 17.9. ter- created 10.32.
ciri identifying mark. -- khas identifying mark 16.55.
cita deep feeling. -2 what one aspires to 2.37.
ciut narrow 6B58.
coba try. per-an attempt 3.10.
cocok fitting, the right thing 5.31.
cogok stand erect. ter- standing erect 6A10.
colok thrust, pierce into a hole (especially the eyes). meN- /menyolok/ glaring 5.5.
contoh example, specimen 1.5.
copet pickpocket 2.18.
cuaca weather 16.7.
cuci wash. N- do the laundry 15.95.
cukai duty, toll 1.3.
cukup sufficient 6B37.
cuma only 5.27.
*curah ter- poured out 1.3.

curi steal. peN-an theft 17.22.
cuti leave of absence, time off 1.22.

D

dada chest, breast 7.18.
*dadak meN- suddenly without warning 13.7.
daèrah area, region, district 2.9.
daftar list, roster. -kan register, enroll 14.13.
dagang trade. -an goods used in trade 15.35. ber- trade in certain goods 17.35. pe- trader 1.2. per-an trade 2.27.
daging meat 3.40.
dah colloquial particle with a statement giving assurance 15.49.
dahulu = DULU 2.25.
dalam 1 inside, within 4.3. 2 prepositional uses: 2a in, within a place or figurative place 2.11. 2b within a time 8.2. 2c in the form of, capacity of 6A11. -- kenyataan in reality, as it turns out 4.34. meN- going deeply 13.10. pe-an interior regions 16.15.
dalih dishonest excuse, subterfuge 8.1.
dan and 1.11.
dana funds 4.15.
danau lake 5.34.
dandan get dressed up 15.25. -an clothes one is dressed up in 15.4.
dangkal shallow 5.3.
dapat$_1$ can, be able 1.10. -- can, be -- saja could very well be 9.46.
dapat$_2$ obtain, get 2.6. -kan obtain, obtain possession 1.14. peN- opinion 12.5. sepeN- of the same opinion

13.16. **peN-an** income 10.2. **berpeN-an** have an income 10.27. **ter-** can be found 5.34.

dara maiden 7.20.

darah blood 15.24. -- **tinggi** high blood pressure 2.22. **tanah tumpah** -- fatherland 5.57.

darat land. -an mainland 16.6. **peN-an** landing 13.2.

dari from 1.2. -**pada** 1 from. 2 (rather) than 1.12.

darurat emergency 8.1.

dasar basis, basic 2.38. **sekolah** -- elementary school 10.36. **ber-kan** be based on 9.10.

dasawarsa decade 9.2.

datang come 5.27. **ber-an** for several people to come 5.2. -**i** come to (a place) 8.13. -**kan** bring in, import 3.40. **ke-an** arrival 3.25. **meN-** next, the coming 13.47. -**nya** arrival 17.41. **peN-** newcomer 5.1.

daun leaf 7.17.

daya power, ability 5.23. -- **tarik** ability to attract 5.22.

*****dekam** **meN-** be somewhere crouched or out of sight 7.7.

dekat place close by, near 5.34. **ber-an** near each other 17.36. **meN-** come near 6B42. **peN-an** approach, way of coming close to something 11.22. **ter-** nearest 3.8.

déklarasi declaration 13.26.

dékórasi decoration 4.23.

demikian in that way 8.21.

demi 1 for, in the name of 2.4. 2 [quantity] -- [quantity] bit by bit, step by step 2.9.

démókrasi democracy 8.30.

démonstrasi demonstration 11.7.

dengan 1 with, together with 1.7. 1a while 1.9. 1b by means of 20.19. 2 in [such-and-such] a way 5.42. **sama, se-** [adjective] -- as [adjective] as 1.4.

dengar hear 6A17.

depan front 6B4.

departemèn department 12.6.

derai sound of heavy rain-fall 7.17.

derajat degree, level 17.60.

dèrèt line. **ber-2** be in lines, rows 4.5.

*****derita** **meN-** suffer 9.14. **peN-an** suffering 16.13.

dèsa village 5.8. **pe-an** rural areas 10.1.

*****desak** **meN-** 1 push on something, press. 2 pressing, urgent 13.40.

dévisa /défisa/ foreign exchange 19.29.

déwan council 12.25.

déwasa 1 time. 2 adult. -- **ini** recently 13.52. -**kan** bring to maturity 3.41.

di at, in, on 1.3.

dia 1 he, she 5.55. 2 it, they 2.5.

dialóg dialogue 13.14. **ber-** have (a) dialogue 13.6.

diam be silent. -**kan** keep silent about 1.18.

didik educate, bring up 12.9. **berpeN-an** be educated 15.27. -- **besarkan** raise and educate 5.54. **peN-an** education 13.33.

*****dikit** **se-** a little 9.36

dinas government service or department 13.12. -- **Purbakala** Archeological Service 17.43.

dinding inner wall of a house 1.7.

dirèktur director 8.7.

*****diri**₁ **ber-** stand 3.41. -**kan** erect, build 17.28. **peN-an** erection, establishment 17.44. **berpeN-an** have an opinion 9.36. **ter-** **dari** consist of 12.36.

diri₂ the self 1.2. **mawas** -- introspection 13.10. -**nya** **sendiri** oneself 6B48. **sen-** see SENDIRI.

Dirut acronym for **Dirèktur Utama** Chairman of the board 14.37.

Dirjèn acronym for **Dirèktur Jèndral** Director General 1.21.

discó /diskó/ disco 4.1.

disiplin disciplined 17.24.

distribusi distribution 3.20.

divèrsifikasi diversification 3.35.

DKI /dé ka i/ foreign for Daèrah Khusus Ibukota The Special District of the Capital (Jakarta) 6A10.

doa prayer 6B42. -kan pray for 6B45.

dokar two-wheeled carriage 5.40.

dokter doctor, physician 15.58.

dolar dollar 7.8.

dómèstik domestik 10.26.

dominasi domination 11.13.

dong particle implying that the interlocutor should know already by himself 15.42.

dongkol be irked. -kan hati be irksome 1.20.

dorong push 4.22. -an push, impetus 4.39. ter- pushed 5.25.

dosèn lecturer 12.19.

dóyan be fond of 15.23.

DPRD /dé pé èr dé/ abbreviation for Déwan Perwakilan Rakyat Daèrah, the Provincial Legislature 5.43

drama drama. -tik 18.13. -is dramatic 18.9. -tisir dramatize 18.13. -wan playwright 18.49.

drastis drastic(ally) 8.6.

dua two. 1.6. ke- 1 the two (of) 6B20. 2second 3.34.

duduk sit, take a seat 17.33. tempat -- seat 19.21. -i occupy, inhabit 3.25. ke-an location 7.5. peN- inhabitant 2.5. kartu peN- residence card 14.11. berpeN- have as population 3.21.

duga to guess, gauge. tak ter- unexpectedly, one could guess that ... 18.6.

duillah exclamation (from adu plus Allah) Good Heavens! 6B24.

duit money 7.13. ber- have money 8.7.

duka grief 6B53. suka -- joys and sorrows 15.1.

dukung support 2.37. -an support 13.43. peN- supporter 8.22.

dulu 1 former, of former times 7.2. 2 earlier, beforehand 2.25. lebih -- first, before someone else 4.15.

dunia world 3.34. meninggal -- pass away 6B2.

DUPPA abbreviation for Dinas Urusan Perlindungan dan Pelestarian Alam the Bureau for the Protection and Preservation of Nature 17.36.

Dusun name of a group of Dayaks 17.4.

dwi- two. -abad bicentennial 13.1.

E

*ècèr -an retail, sold on a small sale 8.24.

édar -kan circulate something 15.36.

édisi edition 8.10.

èfèk effect 9.51.

èfèktif effective 9.15.

égósèntris egocentric 12.24.

*èjèk -an something said in derision 9.23.

ékónómi economy, economics 8.7.

ékónómis economic 4.31.

èkor 1 tail. 2 counter for animals. se- one (animal) 16.51.

èksemplar copy 8.41.

èksès excess 2.42.

èksistènsi existence 14.17.

èksploatir exploit 13.37.

èkspor export 3.37.

èksprèsi expression. -kan express 20.5.

èkstrim extreme 4.40.

èlèktrónik electronic 4.17.

élemèn element 13.21.

èmang (colloquial Jakartan for MEMANG). -nya of course 15.14.

emas gold 6B9.

èmbèr pail 15.21.

èmbrió embryo 13.23.

émósiónil emotional 18.6.

empat four 3.29. ke- 1 the four 3.41. 2 fourth 3.39. per- quarter. seper- one quarter 8.3.

ènak nice, pleasant to the senses 15.25. -an it's better, more pleasant 15.65. se-nya do as one likes (disregarding propriety) 8.26.

enam six 1.7.

ènerjètik energetic 18.22.

entah I don't know. -- ... atau ..., -- ... -- ... it is not known whether ... or ... 5.61.

erat tight, closely joined 11.11.

Érópa, Eropah Europe 4.1.

érotis erotic 15.6.

*erti (see also ARTI). meN- understand 19.4. peN-an understanding 4.2.

ètnis ethnic 5.14.

F

faham = PAHAM 6B55.

fasilitas facilities 5.36.

fihak = PIHAK 7.7.

fikir = PIKIR 6B14.

filem /filem/ movies 4.33.

formil formal 20.18.

fótó photograph 8.4.

frustrasi frustration 4.37.

fundamèntil fundamental 13.4.

fungsi function 2.14. ber- function, have a function 4.1.

G

gadis girl, virgin 7.20.

gaigal fail 3.11.

gaji wages 9.16.

*gala se- all, every(thing) 2.32. se- sesuatu each and everything 12.40.

gali dig 20.4. peN- digger

6B28.

gambar picture 8.3. -an picture, image given 4.16. -kan portray 17.33. peN-an depiction 17.32.

ganas vicious, savage. ke-an ferocity 7.16.

ganda double or several fold. ber- be two- or more-fold 2.10.

ganti exchange 6B50. -- tanya ask another question instead of answering 5.58. -kan replace 11.13.

gantung hang. ter- depend on 3.41.

ganggu disturb 7.16.

garap work land, work on. -an something that is worked, worked on 5.33.

garis line 18.6. -- tengah diameter 5.28. -kan underline something state emphatically 12.2.

*gaul per-an association, social intercourse 4.8.

gaya style manner 4.1.

gebrak /gebrak/ strike a surface so that makes a cracking ("brak") sound 5.57.

gedé big (colloquial form) 15.54.

gedong 1 well constructed house of stone, a mansion. -an people rich enough to live in a fancy house 15.36.

gedung a large and sturdily built building 2.1.

gegap noisy. -- gempita tumultuous 13.51.

gejolak flames flaring up 13.41. ber- flare up 18.14.

gelang bracelet 6B9.

gelap dark. pekerja -- worker not legally in the country 5.20.

gelas glass 15.21.

*gèlèng -2 shake the head 13.8.

gelintir counter for tiny objects. se- a tiny number 17.46.

gemar be fond of, enjoy 18.72.

gembira glad, gay 17.34. -kan

gladden 16.17.

gemerlap shine, give off bright light. -an characterized by shining brightly 13.33.

gemilang brilliant, shining 5.18.

gempita gegap -- tumultuous 13.51.

genap complete, full. -kan round out, even out 6B22.

gèndong carry on the back 15.20.

generasi generation 12.23.

genit coquettish 16.19.

gerak action of moving 20.5. ber- move 2.17. -an (political) movement 9.27. -kan set in motion, move 5.50.

beram angry 5.57.

gerbang gate. pintu -- gate 20.1.

gergaji saw. meN- angin tack 5.51.

gerilya guerrilla 11.14. -wan guerrilla 11.4.

gesit nimble 15.3.

getar tremble. -an vibration, vibrancy produced 20.6.

giat energetic, active. ke-an activity 4.34. peN-an activation 9.7.

gilir take turns. -an one's turn to do 9.4.

giwang earstud 6B31.

goda tempt. -an temptation 2.13. ter- tempted 14.13. 1.21.

*golong -an group, classification 4.2. -kan classify 16.33. ter- be one of certain group 9.21.

goncang shaking violently. -kan shake violently 13.21.

grafik curve on a graph 5.22.

gubernur governor 3.14.

gudang storehouse, warehouse 7.27.

gulung roll something up. ber- be rolled up, in (to) a roll 18.10. ter- rolled up 6B48.

guna 1 use. 2 for the purpose of, to be used as 17.43. -kan use, utilize 1.11. per-kan use, utilize 5.49.

gunting 1 scissors. 2 cut with a scissors 19.26.

gunung mountain 5.34. pe-an mountain range 2.20.

guru teacher. maha- professor 8.38.

gusur remove something large away from a place to clear it, condemn property for right-of-way 2.9. ter- be completely removed 4.34.

H

ha. /hèktar/ abbrevation for hectare 3.33.

habis all gone 6B16. -- [verb] after [do]ing 15.28. -kan use up 8.25.

*hadap -an place in front. di -an before 1.3. ber-an facing each other, face to face with 11.2. meN- be facing in a certain direction 17.30. -i face someone, something 1.21 -kan bring face to with 4.14. ter- toward, in regard to 1.5.

hadiah gift 9.38.

hadir be present. ke-an presence 2.13.

hajat desire 17.17. membuang -- euphemism for defecate 6A12.

haji title for one who has made the pilgrimage to Mecca 6B1.

hak /hak/ one's right 8.38 ber- have the right 8.32.

hal matter 1.20. pada- whereas actually 3.43. satu --, suatu -- a certain, particular matter 18.25. sesuatu -- something 12.2. seperti -nya as in the case of 7.7.

halaman yard. kampung -- one's native place 5.23.

*halang -i obstruct, block something 4.8.

halau chase away 18.33.

Halim (Perdana Kusumah or PK)

the international airport serving Jakarta 1.3.

halus 1 fine, refined 4.13. 2 refined in manners 15.3.

hambat hamper 13.55. -an obstacle 3.5.

hampir nearly, almost 1.4. -2 very nearly 2.13.

hancur destroyed, shattered, dissolved 5.38. -kan destroy, shatter 4.40.

Hankam acronym for **Pertahanan dan Keamanan** peace and security 14.22.

hansip policeman in the civil defense service (acronym for **pertahanan sipil** civil defense) 6B18.

hangat 1 warm 15.47. 2 having warm feelings, enthusiastic 20.14. **meN-** excite create warm feelings 20.19. **-kan** heat something up 18.14.

hanya 1 only 3.8. 2 ([so-and-so] is true) only (something else also has to be considered) 5.50.

hapus erase, wipe away. front **-kan** wipe out 13.55.

harap kindly (do) 2.25. **-an** hope, expectation 19.34. **-kan** hope for something expect 1.9. **meN-** hope 18.45.

harga price 1.4. **ber-** 1 valuable 2.35. 2 be priced at 11.16. **-i** value something 18.31. **peN-an** placing value on 20.10. **se-** at the price of 15.80.

hari 1 day 6A16. 2 time of day: **sore, siang, dll.** -- evening, noon, etc. 6B41. **mata-** sun 2.16. **-an** daily 13.14. **ber-2** for days on end 5.56. **se-** for one day 10.11. **se-2** everyday, ordinary 3.37.

harta wealth 14.13.

*haru **ter-** deeply moved, touched 6B48.

harus must, have to 2.8. **ke-an** necessity 4.7. **se- nya** properly, should be 19.7.

hasil product 3.3. **ber-** successful 2.35. **-kan** produce

6B5. **peN-an** production 3.30.

hati liver, heart as seat of emotions 1.20. **per-an** attention 1.21. **per-kan** pay attention to 8.3.

hayat life. **-i** understand, get into something 20.5. **peN-an** appreciation, understanding 20.8.

hèbat to a great degree, great (good) or dreadful, terrible 6B2. **yang -2** terrific things 19.4. **ke-an** things which astound 19.25.

hèboh fuss, stir. **-kan** cause a commotion 17.13.

hèlicak a motorized three-wheeled motorbike with enclosed passenger cab in (like a **bécak**) 2.19.

hèmat thrifty. **peN-an** economizing 19.29.

hendak 1 want to, desire 2.19. 2 future marker 2.3. **-i** desire 7.4.

henti **ber-** stop 19.24. **ter-** come to a stop 5.56.

hèran surprised 2.14. **-kan** surprising 4.4.

*hias **-i** decorate 1.7. **per-an** decoration, ornament 6B34.

*hibur **-an** entertainment 7.1.

hidup 1 be alive 6B56. 2 life 2.31. 3 live, stay at 2.6. **-kan** bring to life 20.9. **ke-an** life 4.31. **perike-an** way of life 13.31.

hijau green 15.20. **meN-** be green 2.1.

hilang disappear 6B57. **ke-an** 1 loss 12.22. 2 lose 2.14.

himpit pressed close together. **ber-an** be pressing close to one another 2.18.

*himpun **-an** group 16.4.

hina humble. **peN-an** humiliation 13.7.

hingga 1 until 16.7. 2 to the point that 2.16. **se-** with the result that, so that [such-and-such] might result 5.2.

hirup sip, inhale. **ter-** inhaled 6B21.

hisap 1 suck. 2 to smoke 4.17.
históris historic 13.51.
hitam black 18.1.
hitung count 9.20. -2 counting up 6B27. ber- reckon 10.28. per-kan calculate something 10.22.
horison horizon 18.11.
hormat respect, respectful. ke-an respect shown 4.3. ter- respected. yang ter- dear (in letter greeting) 1.1.
hotèl hotel 2.7.
*hubung -an connection 5.36. tata -an pattern of connections 13.34. ber- be connected with 12.40. -kan connect 5.39. peN- connector 5.40. per-an communications, connection 16.9. Menteri Per-an Minister of Communications and Transportation 16.5.
hujan rain 6B1. sawah tadah -- wet ricefields watered by rain fall (not irrigated) 5.33.
hukum law 13.15. secara - legally 14.14.
hulu upstream, head of river 17.11.
*huni meN- dwell in 15.83. peN- inhabitant 2.2.
hutan forest 16.28. ber- forested, having a forest 11.3.

I

ia = DIA. -lah is 1.17.
ibadah religious duties 17.7.
ibtidaiyah primary grades in religious school 6B8.
ibu 1 mother 6B23. 2 Mrs. 15.58. -- kota capital city 5.40.
idé idea 12.31.
ijazah diploma 20.18.
ijin = IZIN.
ikan fish 5.2.
ikat to tie 2.38. -an tie, connection 5.8.

iklan poster advertisement 4.35. -kan advertise through posters 4.12.
iklim climate 17.47.
ikut 1 join in (doing) 2.11. 2 (colloquial) live together with someone in his house 15.29. ber- next, following 6B11. -i follow, go along with 4.12. -- sertanya action of accompanying 18.21. -- sertakan make something go along 2.11.
ilham divine inspiration. -i inspire 4.20.
*imbal -an recompense 20.17.
imbang balanced. se- of equal weight, importance, or amount 3.20.
imperial imperialist 13.34. -is imperialist 9.11.
*impi -an a dream 2.37.
impor 1 imported 4.17. 2 to import 4.13.
inang 1 nursemaid. 1a housemaid in general. 2 humorous euphemism for prostitute 6B9.
*inap meN- spend the night. peN-an guest house 18.13.
inci see PERINCI.
indah beautiful 4.10. ke-an beauty 7.17.
individuil individual 14.2.
industri industry, industrial 10.26. -alisasi industrialization 4.38.
Inem 1 typical name of peasant girl. 2 humorous reference to housemaids (from the name of a popular movie Inem Pelayan Sèksi "Inem, the Sexy Maid") 15.36.
infantri infantry 11.12.
ingat 1 keep in mind 4.3. 2 remember 9.50. -kan remind 4.1.
ingin want, desire to 8.23. -kan want, desire something 11.20. ke-an desire 4.20.
ini this 1.3. -- itu this and that 6B21.
INPRÈS acronym for Instruksi Présidèn funds allocated by instructions from the

President, outside of the regularly appropriated budget 19.34.

inskripsi inscription 18.44.

inspirasi inspiration 18.8.

institut institute 19.2.

instruksi order, instructions 12.5.

intelijèn intelligence service 13.11.

interior interior 18.29.

internasiónal international 1.3.

intervènsi intervention 14.17.

inti nucleus, core 4.14.

invèstasi investment. **-kan** invest 9.22.

irónis ironic 4.14.

iseng pass time amusing oneself 6A16.

isi 1 contents. 2 fill something out, in 5.4. **ber-** having something in it 15.51. **se-** everyone in a place 17.34.

isólasi isolation 5.55.

isólir isolate. **ter-** isolated 17.34.

istana palace 14.26.

isteri wife 6B20.

istilah term, terminology 6A4.

ITB /i té bé/ abbrevation for Institut Tèknólógi Bandung, the Bandung Institute of Technology 19.2.

itu that, the 1.4. **ini --** this and that 6B21. **ya-** that is to say ... 7.6.

izin permission 6B19. **-kan** permit something 6B47.

J

***jabat* pe-** official 5.60.

jadi 1 become, be 2.5. 2 therefore 8.45. **meN-** 1 become, be 1.17. 2 be a [noun] 5.35. **-kan** make something become, make into 2.30. **ter-** happen, take place 1.5.

jagad world. **-- raya** the entire world 12.3.

jagung maize, corn 3.45.

jajah colony. **peN-an** colonialization 2.38.

jaksa prosecutor. **ke-an** the prosecutor's office. **Ke-an Agung** office of the attorney general 14.14.

jalan 1 road, way 1.15. 2 go. 3 method, way 12.32. **-- béngkok** (do) immoral work, stray 4.13. **-- buntu** dead end 4.38. **-- kaki** go by foot, walk 16.42. **-- raya** highway, main road 2.13. **ber-** run, be moving 13.14. **ber- kaki** go by foot 2.13. **-kan** carry something out 12.44. **pe- kaki** one on foot 16.43. **per-an** journey, trip 3.8. **se-** in accordance with, appropriate 3.47.

***jalar* meN-** spread creeping 4.32.

jalin braid, entwine. **ter-braided** together, interconnected 4.2.

jalur strip, stripe, broad line 14.23.

jam 1 watch, clock 1.7. 2 hour 3.8.

jaman era, times 5.18.

jambrèt snatch 15.43.

jamu herbal medicine 15.1.

janda widow or divorcee 6B1.

jangan don't let it be (that) 14.23. **-- sampai** don't let it go so far as to 4.4. **-kan** much less, not to mention 14.32.

jangka time span 9.39.

jangkau extend the arms to reach. **-an** the reach, length one can reach 4.28.

janji 1 promise. 2 appointment 2.25. **per-an** mutual promise, agreement 11.5.

jantung heart 2.22.

jarak distance 4.3.

jarang rarely, seldom 5.50.

jari finger 8.41.

jasa service rendered 4.21.

jatah allocation 3.37.

jatuh fall 9.14. **-kan keputusan** make a decision

13.42.

jauh 1 far, distant 4.3. 2 far, to a greater extent 4.14. se- as far as 11.19.

jawab 1 the answer 6B26. 2 to answer 6A17. bertanggung -- be responsible 11.12. tanya -- questions and answers 12.39.

*jawat -an government office. se- 1 colleague, one who works in the same office. 2 (humorously used) 15.17.

jean /jin/ jeans 4.13.

jègal trip, make fall flat on its face 18.21.

jejak trail, foot prints 5.12.

*jejal -i stuff 7.12.

jèjèr row. -an row 18.11.

jelas clear, plain to see 4.4. peN-an explanation 9.50.

jembatan bridge 16.48. -i provide a bridge for 19.29.

jemu be bored. -kan boring, tiresome 14.31.

jenazah corpse 6B13.

jènderal general (rank) 14.1.

jenis kind, sort 4.5. se- nya its kind, ilk 4.7.

jenjang 1 ladder, steps. 2 rank, grade 12.21.

jengkal span of hand, length between thumb and one of the other finger tips 6A8.

jepit squeeze between pincers. ter- squeezed 18.37.

jika if, when (not past) 4.5.

jinak tame not wild 16.7.

jinjing carry something light in the hands 16.15.

jitu precisely as it should be 9.50.

jiwa 1 soul, spirit 13.20. 2 soul, individual 3.17. ber- have spirit 18.20. ke-an state of having spirit 13.26.

jual sell 2.2. -an 1 things for sale 15.62. 2 ber-an 15.29. ber-an sell commercially 15.84. -kan sell for someone 6B34. per-belikan buy and sell commercially 17.27.

*juang ber- fight, struggle 13.46. pe- one who engages in a struggle 9.49. per-an fight, struggle 2.37.

judul title 8.18.

juga 1 also 1.16. 2 rather 14.41. 3 nevertheless 6B14. [interrogative] pun -- no matter who, why, when, how, etc. 12.3. sekarang -- right now 13.41.

julang raise into the air. meN- soar 18.10.

*juluk -an nickname. -i give the nickname to 9.14.

Jumat Friday 6B1.

jumba a weight used in Nias 16.17.

jumlah sum total 2.23. ber- to total 12.36. se- a certain portion of 10.4.

jumpa meet. -i come across, meet 8.18.

Juni June 11.9.

junjung carry on the head. ter- carried on the head 16.47.

jurang ravine, gap 13.37.

juru [verb] one who does. -- kunci caretaker, one who locks up 6B47.

jurus straight. -an direction, place headed for 5.46.

justru precisely, just exactly 4.40.

juta a million 3.17.

K

kabar news. -kan give a report about 17.11. -nya they say 7.18.

kabupatèn see BUPATI.

kabur vague, blurred, not clearly discernable. -kan becloud, make vague 13.49.

kadang-kala sometimes 18.28. -2 sometimes 4.1.

kadar degree, level of quality. ala -nya as much as need be and no more 15.33.

kafan shroud 6B38.

kagum astonished. -kan astonish 9.7.

-kah question particle 13.23.
alang- ... -nya how very ...!
19.31. apa- 1 what? 13.1. 2
question marker 7.24.

Kaharingan the religion of the
Dayaks 17.3.

kain cloth 6B38.

kakak elder sister or brother
15.29.

kaku stiff, inflexible. tinju
-- an inflexibly clenched fist
(which can do nothing other
than strike) 9.41.

kaki 1 foot 6A12. 2 foot of
mountain 5.35. bola --
football (soccer) 16.55. jalan
-- walk 2.13.

kakus toilet, outhouse 6A5.

*kala ada -nya at times
13.48.kadang- sometimes 18.28.
mana- at whatever time that
12.35. purba- ancient times
17.43. tat- at the time that
13.7.

kalah defeated, bested 2.36.
tidak -- no less 5.27. -kan
defeat, best something 9.7.
ke-an defeat 9.14.

*kalang -an circles, those in a
certain group 2.37.

kalau 1 if, when (future) 2.19.
2 particle with theme of
sentence: as for 15.15. --
saja if only it were the case
4.31.

kali₁ river, stream 6A1.

kali₂ time in series of events
2.19. se-, dua --, dll. 1 one,
two, etc. times. 2 two, three,
etc. fold. -an you all
(intimate) 12.16. se-gus at
one time 19.15.

kali₃ se- very 9.38. tidak sama
se- not at all 9.37. se-pun
even though 13.21.

kali₄ = BARANGKALI.

kalung necklace or pendant worn
around the neck 4.17.

kamar room 6B3. N- go into a
room for a certain purpose
15.19.

kambuh relapse 6B2.

kamera camera 4.17.

Kamis Thursday 20.1.

kampung village. -- halaman
place of one's birth 5.23.
per-an settlement 2.1.

kampus campus 2.38.

kan isn't that the case?
12.11.

kanan right. kiri -- to the
left and right, everywhere
6B12.

kandung womb. meN- contain
9.24.

kantong pocket 1.12. -i to
pocket 8.34.

kantor office 2.28. per-an
place where there are offices
2.7.

kanvas canvas for painting
18.6.

kapal ship, boat 5.1. per-an
shipping industry 5.17.

kapan when? 1.2.

kapital capitalist 9.30.

karang coral 5.3.

*karang- pe-an yard 17.46.

karena because 1.12. olèh --
for the reason that 10.35.
-nya for that reason 16.23.

karèt rubber 3.26.

Karó the Karo Batak, an ethnic
group of N. Sumatera 18.29.

karósèri automobile body
19.11.

kartu card. -- penduduk
certificate of residence
15.71.

karung sack 16.14.

karya work(s) 12.14. -- seni
works of art 20.16. -wan
official, employee 17.11.

kas cash register, treasury
1.11.

Kasab acronym for Kepala Staf
Angkatan Bersenjata Chief of
Staff of the Armed Forces
14.23.

kasar rough, crude. pekerja --
manual laborer 5.17.

kasi give. -- [verb] cause to
do 15.28.

kasih love, pity. -an have
pity for 15.79.

kasir cashier 1.9.

kasus something of concern
12.27.

kata word. -- [genetive] [so-and-so] said 6B20. ber- say 9.48. -kan to say something 1.15.

kategori category 10.11.

kaum group of people classified together by virtue of some unifying feature (kinship, class, political attiliation, etc.) 9.45.

kawan friend 9.46.

*kawas -an region 6A5.

kawin 1 married 6B7. 2 combined 18.8.

kaya wealthy 2.33. cari -- look for wealth 19.25. ke-an wealth 4.19.

kayu wood 5.1. -- besi a kind of hardwood 17.28. -- manis cinnamon 15.48. per-an timber industry 7.6.

ke to, into, going to 1.2. -pada to a person or organization 1.10.

kebaya traditional woman's blouse 15.20.

kebun garden 2.5. per-an plant-ation 5.21.

kebut N- speed, drive too quickly 19.16.

kecèwa disappointed 13.50.

kecil small 2.3. rakyat -- the common people 2.5. uang -- change (money) 1.12. meN- become small 18.11.

kecuali except 9.43.

kecut 1 shriveled. 2 (= -- hati) frightened. -an something from which something else shrinks back in fright 19.1. -kan frightening 13.10.

*kedar se- only enough to [do], to serve as 15.72. (Cf. KADAR.)

kédawung a tree producing medicinal products 15.72.

kedelai soybeans 3.45.

kejar chase 11.7. peN-an action of chasing 11.6.

*kejut ter- startled. -an something at which one feels surprise 19.2. -kan startling 19.6.

kelahi quarrel. ber- to quarrel 17.25. per-an a quarrel 16.51.

Kelantan Province in NE Malaysia bordering Thailand 11.20.

kelapa coconut 3.34.

kelas class 6B8.

*kelawat (a reformation of selawat, salwat) peN- those who attend a funeral 6B35.

keliling area around. -i sur-round 5.3. se- all the way around 2.2.

kelompok group 10.3. peN-an grouping 17.44.

keluarga family 3.31.

*keluh meN- sigh, complain 6A5.

kembali return 1.2. [verb] -- [do] again 1.21. -an change (money) 1.17. -kan return something 1.10.

kembang expand, spread out. ber- develop 9.1. -kan dev-elop something 3.29. peN-an making something develop, building up 3.32. per-an dev-elopment 2.8.

kemèja shirt, blouse 4.13.

kemudian later, after that time 1.12.

kena$_1$ 1 be touched, struck, adversely affected by 2.18. 2 be subject to 9.18. -i (= -kan (1)) 12.21. -kan 1 subject (to something) 1.7. 2 set as something to which something else is subject. se-nya at random 10.25.

*kena$_2$ -kan 1 put on clothing 17.19. 2 (figuratively) use as 15.6.

kenal know, be acquainted with 5.63. -an acquaintance 6A16. -kan to introduce 5.55. ter-famous, known as 15.6.

*kenang -2an rememberance, something to remember by 6B33.

kenapa why? 15.66.

kencang fast 19.16.

kencur a plant the roots of which are used for medicinal purposes (*kameferia galanga*).

beras -- a popular concoction containing this medicine 15.5.

kendali bridle or reins. ter- restrained 18.6.

*kendara -an vehicle 5.39. ber-an ride a vehicle 16.34.

kenduri ritual meal 17.34.

kenèk assistant to a truck or bus driver 6B7.

kepala head 13.8. -- kampung village headman 17.20. -- keluarga rumah tangga family head 3.31.

kepingin want 5.14.

kerah corvee, public labor. -kan gather a labor force, call someone to do a job 11.13.

keramik ceramics 17.2.

kerangka see RANGKA.

kerap often 7.16.

keras hard, harsh 14.6.

kerasan feel at home, like it somewhere 5.14.

kerbau buffalo 3.39.

kerèta car, cart. -- api railroad 9.21.

kering dry, dried up 18.19.

kerja 1 to work 19.29. 2 work, job 5.21. -- sama cooperative effort 9.32. partner -- some- one can work together with 9.43. tenaga -- manpower 10.26. be- work 5.21. be- sama engage in a cooperative pro- ject 3.15. -kan do something 5.57. -in take care of 15.92. pe- worker 5.17. pe-an work, job 10.17.

*kerling meN- look at out of the corner of one's eye. -an something which people look at furtively 7.8.

kertas paper 10.9.

keruk noise of scraping. meN- scrape off or up, dredge 6A10.

kesan impression. -kan give an impression 13.1.

ketat tight so that movement is hindered 4.13.

ketawa see TAWA.

ketika when (past) 6A10. -- itu at that time 14.21. pada -- at the time that 10.1. pada suatu

-- once upon a time 2.29.

ketok knock on, pound on 19.26.

kg abbreviation for kilógram 16.16.

khas especial, peculiar to a certain thing 5.34.

khasiat special property, peculiar virtue 15.49.

khawatir be concerned about 11.13.

khusus special 2.19. -nya especially 17.3.

kian all the more. se- so-and-so much, such-and-such an amount 5.13. demi- in this way, in that way 4.34.

kikir stingy 5.27.

kiló kilogram, kilometer 16.47.

kilómèter kilometer 5.40.

kini now, the present era 3.47.

kira think something to be 16.1. -nya could possibly, perhaps 1.21. -2 1 approx- imately 5.41. 2 might poss- ibly be 1.2. per-an reckoning 10.22. per-kan reckon 4.30. se- approximately 3.8. se-nya if so-and-so should be the case 4.4.

kiri left. -- kanan to the left and right 6B12.

kirim send 15.40. -kan send off 15.12.

kisah story, tale 5.18.

kisar turning. ber- 1 revolve. 2 be approximately 4.26.

kita we, our (inclusive) 2.29.

kitab book. -- Suci the Holy Book 8.8.

*kitar se- 1 around (an area) 2.2. 2 around (a certain amount) 3.17.

klab club. -- malam night club 4.1.

klentèng Chinese temple 18.19

km abbreviation for kilómèter 3.17.

kobar ber- flare up 9.6.

kodi measurement for cut cloth of twenty pieces 15.39.

kóinsidènsi coincidence 13.52.

kólónial colonial 4.1.
kolumnis columnist 9.10.
kómandó military commander 14.22.
kómèntar comment 3.14.
kómisi comission 12.34.
kompósisi composition 5.11.
kómunis communist 9.44.
konfrontasi confrontation,the name of Indonesia's foreign policy toward Malaysia 1963-1966 14.31.
kongkrit concrete, solid.
konsèsi concession 8.21.
konsèp 1 concept. 2 draft manuscript 12.1.
konsèpsi concept 13.38.
konstitusiónil constitutional 13.9.
konsulat consulate 3.15.
konsultasi consultation 12.41.
konsumsi consumption 4.1.
kontan directly, immediately 14.5.
kontemplatif contemplative 18.23.
kontinyu continuous 20.14.
kontras contrast 2.1.
Konggrès the Congress 13.43.
kóordinasi coordination 14.24.
kopra copra 7.6.
koran newspaper 4.12.
korban victim 16.41.
korèk scrape. -- api lighter or matches 4.17.
korèksi to correct 13.9.
kórupsi corruption. anti -- anti-corruption 14.19.
kosmétik cosmetics 4.17.
kosmópólitan cosmopolitan 4.3.
kosong empty 5.27.
kota city 2.1. ibu -- capital 6A5.
kotak box 6A15.
Kóti acronym for Kómando Tertinggi Commander-in- Chief.
KÓTRAR acronym for Kómandó Tertinggi Rituling Aparatur Révólusi, the Commander-In-Chief for the reorganization of the mach- inery of the Revolution 14.28.

KPM /ka pé èm/ abbreviation, for Koninglijke Prauwenvaart Maatschapai The Royal Dutch Shipping Company 5.56.
krédit credit 15.37. -kan sell on credit 15.39.
KSAD /ka ès a dé/ abbreviation for Kepala Staff Angkatan Darat Chief of of the Army 14.10.
kualitas quality 20.8.
kuasa power, authority. -i have power over 12.3. ke-an power 13.15. peN- one who has power 2.29.
kuat strong 3.37.ke-an strength 13.4. peN- something to make strong 6A12. per- strengthen 5.14.
kubu fortification.
kubur grave 6B28. -an grave 6B24. peN-an burial 6B19.
*kucil (= -kan) exile, ostracise 17.22.
*kucur ber- flow down in quantity, pour down 6B1.
kuda horse 16.49.
kudéta coup d'état 9.5.
kué cake. -- bolu kind of cupcakes in the shape of an egg made from flour, sugar and eggs 6A17.
kuli laborer, porter, coolie 5.17.
kulit skin 3.36. ber- have skin 14.54.
kulkas icebox 7.29.
*kultur multi- raising various crops, mónó- raising only one crop 2.1.
kulturil cultural 13.37.
kumpul gather. -kan gather something 15.40. peN- one who gathers 10.9. ter- be gathered 6B14.
kunci key 9.40. juru -- the keeper of the keys 6B47.
kuning yellow 14.54.
*kunjung[1] -an visit paid 11.18. -i visit a place -- 1.20. peN- visitor 4.8.
*kunjung[2] tak -- never happen,

despite expectation that it should 13.32

*kuntit meN- follow on the heels of 15.9.

kunyah chew 6A17.

kup coup d'état 14.41.

kurang 1 less 5.44. 2 insufficient, insufficiently 3.23. --lebih more or less, approximately 11.3. -i subtract from 8.43.

kurikulum curriculum 20.15.

kursi chair 17.33.

kursus technical or vocational course, usually on a part-time basis 6A8.

kurung cage. ter- out of reach 16.39.

kurus 1 skinny. 2 barren 5.25.

kutang chemise 6B48.

kutuk to curse. -an 7.27.

kwitansi receipt 1.12.

L

labuh hanging down. ber- anchor, stop somewhere 13.2. pe-an airport, harbor 1.3. pe-an udara airport 1.20.

lacur failure, working out poorly. apa -- what can be done about it? 1.11. peN- prostitute 10.29.

ladang dry fields 18.58.

*ladèn -i serve 15.95.

lagi 1 particle final in predicate and stressed: [verb] -- do further, again 8.35. [noun] -- another, additional 8.35. [adjective, stative] -- even more ... 5.14. lebih [adjective], [stative] -- even more 13.9. paling penting -- most importantly 19.26. [quantity] -- an additional [so-and-so] many 5.13. sekali, dua kali, dll. -- once, twice, etc. more 14.20. sebentar -- in a little while 8.14. belum -- (a) still not yet 4.38. (b) not to mention ..., and this

does not include ... 9.27. bukan, tidak -- no longer 5.21. tak salah -- make no mistake about it, would think this is because ... 16.11. la initial in phrase: further 6B10. ditambah, masih -- furthermore, in addition 7.30. soalnya -- another problem is ... 6A8. apa- (a) all the more so, especially 5.19. (b) all the more so because ... 7.20. (c) tidak, bukan...,apa- not even do, be ..., much less ... 19.13. -2 all the more so 16.20. -pula furthermore 7.4. 1b final in phrase and unstressed: (a) and what's more 19.12. (b) and what's more [so-and-so] is the case when it should not be 19.31. 2 particle preceding the predicate: in the process of 2.29.

lagu song 4.22.

lah 1 particle following stressed of the predicate 4.28. la with emphasized modifier of predicate 4.4. 2 particle urging action: let's [do] 10.21. jangan- don't 20.18. ada-, ia- particle preceding nominal predicate 1.4.

lahap eat with lust, greedily 18.26.

lahir be born 18.32. -nya act of being born 18.23. -kan 1 give birth to. 2 give rise to, cause 4.37. ke-an birth 5.8.

lain other, another 3.4. antara -- among others 11.12. dan -2 et cetera 5.13. satu sama -- with one another 11.3. [number] -nya the other [so-and-so] may 3.37. ber-an be different from each other 9.34. me-kan but rather 9.19. se- besides ..., 16.18.

lajim customarily 5.26.

laki husband. orang -- husband 15.92. -2 male, man 6B42. le- = -2 17.29.

laksamana admiral 14.2.

laksana the way something is, quality or characteristic of something. -kan carry out, bring to realization 12.19. peN-an way, action of carrying something out 9.34. ter- brought to realization 16.38.

*laku₁ -kan carry out, do 18.69.

*laku₂ sell well 18.73.

lalu 1 gone by. bulan, minggu, dll. (yang) -- last month, week, etc. 2.14. 2 particle: (a) further, next 9.3. (b) also 6B19. -- traffic 19.16. -i go by way of 3.6. meN-i by means of 16.33. se- always 2.24. ter- too much, too [adjective] 1.4.

lama 1 long time 3.6. 2 old, not new 12.18. se- 1 during, for the time that 3.19. 2 so long as 9.36.

lambang symbol. -kan be a symbol of, represent 9.41.

lambat late, slow 11.9. ter- too late 16.21.

lampu electric lights 10.33.

lancar smooth, fluent 6A21. -kan make something function smoothly 3.15.

landa overrun, affect seriously 5.26.

langgan always buy something. -an steady customer 15.57.

langgar going against something. meN- break a law 4.11.

langit sky 15.10.

langka rare 7.16.

langkah step. se- one step. se-demi se- bit by bit 2.9.

langsat a small light yellow fruit (lansium domesticum) 16.54.

langung direct, directly 10.32. ber- take place 13.21.

lanjut 1 long, advanced (in age) 1.11. 2 further 9.29. -an following on something else 16.21. ke-an continuation 8.4. se-nya 1 furthermore 12.13. 2 after that 9.4.

*lantar₁ ter- neglected 17.40.

*lantar₂ -an cause 7.29.

lapang wide, spacious. -an field 6A20. -an terbang, udara airport 1.3. -an hidup, pekerjaan employment opportunities 10.24.

lapar hungry 10.30.

lapis a layer. -an layer, social class 4.14.

lapor to report 6B23. surat tanda -- mati death certificate 6B19. -an report 10.3. -kan report 10.11.

larang to prohibit 4.5. -an prohibition 17.10. ter- prohibited 5.25.

laras pitch, key of music. se- in harmony with 20.3. se-kan bring into harmony with 4.25.

larat carried by the current, all the more. meN- in dire poverty 13.30. meN-kan bring into dire poverty 15.14.

lari run, run away 11.21. ber- run 6A34.

larut carried along by the current, gone along in time. ber-2 dragged on and on in time (without getting done) 14.16.

latih train, exercise. ter- be trained 16.56.

laut sea 5.1. peN- sailor 5.6.

lawan 1 opponent 9.46. 2 fight against, oppose 9.49. per-an opposition 11.17.

layak proper, fitting, in accordance with one's rights 2.15.

*layan -i serve 18.60.

layar sail. perahu -- sailboat 5.56. pe-an navigation 5.17.

lazim = LAJIM 7.23.

lèbar wide 16.33. -nya width 11.3. meN- be wide 4.13.

lebat dense 11.3.

lebih more. 5.29. kurang -- more or less 11.3. -- adjective [adjective]-er 1.12. -- verb do [verb] more 20.5. -- lagi all the more 5.14. -- dahulu beforehand 4.15. -2 especially 16.46.

ter- dahulu way beforehand 2.25. **ke-an** 1 surplus 1.9. 2 have too much of something 7.13. **se-nya** the remainder 16.4.

*ledak -an explosion 4.36.

légó transfer 17.2.

lèhèr neck 6B31.

lelucon joke 4.11.

lemah weak 9.28.

lemas weak such that one droops 15.50.

lembaga institutions 12.18.

lembar counter for string or paper 6B36. **-an** bill (paper money) 6B46.

lempuyang kind of herb of the ginger group 15.48.

lengkap complete 17.39. **-i** to equip with, provide something with something to make it complete 4.4. **peN-** equipment, something which makes something else complete 4.16.

lenyap disappeared. **-kan** make something disappear 15.50.

lepas 1 freed, made loose. **la** former, ex- 14.10. 2 to free, set loose 1.9. **peN-an** action of setting free, making something be apart from what it had been connected to 7.21.

lestari everlasting. **-kan** to make something last forever 20.9. **ke-an** endurance, lasting forever 20.4.

letak location, place 11.2. **-kan** put down 6A35. **ter-** be located 3.8.

lètjèn short for **Lètnan Jèndral** Lieutenant General 14.1.

*letus -an explosion 4.37. **peN-an** making something explode 4.2.

lèwat 1 via, by way of 2.19. 2 go by 15.2. **-i** go past, beyond 6B57.

lhó 1 initial: particle expressing surprise upon finding out that something is different from what speaker thought 15.91. 2 medial/final: particle warning interlocutor that something is different

from what he thought 15.56.

libur holiday.**-an** holidays 4.35.

lihat see 4.5. **ke-an** visible, can be seen, looking like 1.11. **per-kan** show 5.22. **ter-** can be seen 8.29.

liliput liliputian 14.10.

lima five 1.7. **seper-** one fifth 10.25.

limpah abundant. **-ruah** be overflowing in abundance. **meN-** be abundant 3.3. **ke-ruahan** overflowing abundance 13.31.

lin route 5.56.

*lindung -i protect 17.43.

lingkar something made into a circle or coiled. **-i** encircle 5.29.

lingkung circle, perimeter. **-an** area within a certain perimeter, area appertaining to someone specific 4.23.

lintas lalu -- traffic 19.16. **meN-** quickly pass by, through 15.2.

lipat fold. **satu, dua, tiga** dll. **kali** -- two --, three --, etc. -- fold 8.8.

lipstik lipstick 15.80.

*liput -i cover, include 3.34.

lirik a glance out of the corner of the eye. **meN-** glance at stealthily 6B35.

listrik electric, electricity 19.4.

*liuk meN- bending over or to the side 18.17.

lobiing run around trying to arrange things (from English lobbying) 6B12.

logam metal. **uang** -- coin 6B36.

Lon Nol Prime Minister of Cambodia before 1975 9.48.

longgar loose, not tight 5.10.

luar outside 3.40. -- **biasa** extraordinary 10.35. -- **negeri** abroad, from abroad 1.4. **di** -- 1 outside of 4.28. 2 apart from 2.20. **ke** -- come out, get out of, be out side of 5.40. **ke-kan** bring, take out 6B46.

luas wide, width 3.17. masyarakat -- the masses 14.2. meN- spread, extend 4.32. per-broaden 12.1.

ludes all gone. -kan wipe out 7.27.

*lukis -an painting 1.7. meN- to paint 18.24. peN-an action of painting a picture 18.13.

*lulu meN- see MELULU.

lulus get through a narrow opening, pass an exam 15.28.

lumayan fairly good 5.34.

lumrah normal, usual 4.17.

lupa forget 10.13. -kan forget about something 18.3.

lurah village chief. ke-an village as an administrative unit 6B18.

luruh area (archaic form). se-all, whole 9.9. menye- be entire, whole 4.15. kese-an entirety 16.9.

*luyur ke-an come around to a place 8.13.

M

maaf 1 forgiveness 19.23. 2 excuse me 1.15.

macam kind, sort. -2 various sorts 1.21. segala -- 1 all sorts of 14.8. 2 various 19.14. se- like, the same kind as 4.12.

madrasah Islamic primary school 6B8.

maha great, highly, very [adjective]. -guru professor 8.38. -siswa student at college or university 2.31.

mahal expensive 2.20. se- as expensive as 6B52.

mahkamah court of justice. -- Agung Supreme Court 14.26.

main play 9.53. -kan play something 13.26. peN- player 9.50. per-an playing, game 7.21.

majalah magazine 4.12.

maju advance (cf. AJU) 13.55. ke-an progress, development 5.57.

maka particle introducing the main clause of a sentence with a clause indicating a condition or cause: accordingly, therefore, then 2.8. -nya for that reason 20.6.

makam grave, burial plot. peN-an burial 6B17.

makan eat. -an food 10.6.

makin increasingly, all the more 7.8. se- increasingly, all the more 10.8.

makmur prosperous. ke-an prosperity 13.3.

maksimal at the maximum 12.34.

maksimum maximal 9.51.

maksud 1 intention. 2 meaning 20.10. -kan intend as 3.41.

malah -an (not only so-and-so) but in fact even 20.12.

malam night 1.17. -- nanti tonight 6B37. klub -- night club 4.1.

mampu 1 afford to 5.40 2 have power to do 13.20. ke-an capability, ability 13.6.

mana 1 where 4.14. 2 which (of several) 4.15. bagai- how 1.21. sebagai- like, as 4.9. -- saja anyone at all, anywhere at all 9.43. -pun anywhere, anyone at all 12.41. -kala when, at whatever time 12.35.

mancing see PANCING.

mandeg come to a stop 5.65.

mandi take a bath, bathe -kan bathe something 6B38. ber-kan be swimming in 5.27.

*mandir mundar -- go back and forth 6B6.

manfaat use, benefit. -kan make use of, take advantage of an opportunity 6B53.

mangkal see PANGKAL.

manis 1 sweet. 2 cute, nicely 15.7. kayu, kulit -- cinnamon 3.36.

mantap steady 10.29.

manusia human being, mankind

18.24. **ke-an** humanity 18.28.
-wi human 20.6.
marah 1 anger. 2 angry 15.14.
-2 scold 1.11.
marga clan 16.51.
marinir naval 14.1.
***marit morat** -- in chaos 9.1.
martabat dignity, high status 13.45.
masa time, period 4.40.
masak cook 15.95.
masalah problem 3.2.
masih still 2.25. -- **lagi** and furthermore 9.18.
***masing -2** each 9.42.
maskapai company 7.5.
massa mass. **média** -- mass media 13.43.
masuk 1 come in, enter 1.12. 2 be a member of, belong to a certain group 9.12. **bèa** -- customs 1.2. **-i** enter something 6A12. **-kan** cause to enter, put in 6A21. **peN-an** import, causing to enter 4.5. **ter-** be a member of, belong to a certain group 6A20.
masyarakat society 2.2- **meN-** be a member of society 20.13. **ke-an** having to do with society 20.5.
mata eye. **kaca-** glasses 1.11. **-hari** sun 2.16. -- **uang** kind of currency 8.25. **se-2** only, purely 6B45.
matang mature. **ke-an** maturity 13.22.
mati die, dead 6B51. **ikatan** -- completely bound 5.8. **peti** -- coffin 17.7. **setengah** -- exhausting 5.51. **ke-an** death 6B4.
mau 1 want, would like to 6B47. 2 future marker 19.2. **-pun** and as well, or also, nor 1.2.
mawas -- **diri** self introspection 13.10.
mayat corpse 6B3.
mayoritas majority 3.27.
medali medal 4.17.
média media. -- **massa** mass media 13.43.
Mèi May 7.27.
mèja table 5.57.

mèkanisme mechanism 13.20.
melèsèt slip, fail to hit the mark 5.62.
melulu only, nothing but 7.41.
mèmang 1 yes (so-and-so) is indeed the case 6B55. 2 (so-and-so) is true, to be sure, but ... 9.25.
menang win. **peN-** winner 12.6.
mending it is, would be pretty good 18.55.
Menkó short for **Menteri Kóordinator** Minister of Coordination 14.22.
Menlu short for **Menteri Luar Negeri** Minister of Foreign Affairs 11.18.
Mèntèng name of a fancy district in Jakarta 15.16.
menteri minister 1.21.
mèrah red 15.26.
merdèka free, independent 7.8. **ke-an** freedom, independence 2.37.
mèrek brand 15.80.
merèka they, their, them 2.3. -- **itu, ini** they (as opposed to others) 9.18.
merosot 1 slip down. 2 decrease, go down in quality, price 3.27.
merpati 1 pigeon 2 name of an airline company 16.8.
mesin engine 19.9.
Mesir Egypt 9.4.
meski although, in spite of the fact that 7.17. -- **begitu** nevertheless 14.25. **-pun** although 2.23.
mesra 1 fused. 2 very intimate in friendship 9.48.
mèter meter 6A1. **-an** taxi (electric, etc.) meter 2.20.
meterai 1 revenue stamp, seal. 2 affix a revenue stamp or seal 17.46.
mèwah luxurious 2.1. **ke-an** luxury 5.27.
migran migrant 10.1.
migrasi migrate 10.8.
mikró micro 19.26.
mil mile 7.1.
milik property, possession 1.7. **-i** own, possess 4.3.

peN- owner 2.8. **peN-an** ownership 19.25.

militèr military 13.37.

milyar billion 9.9.

minat interest. **peN-** fan 20.19.

minggat get the h-ll out of (coarse language) 5.15.

minggir see PINGGIR.

minggu week 6B2. **ber-2** for weeks at a time 5.56.

mini ukuran -- small scale 19.32. **-car** minicar, small taxi 2.19.

minóritas minority 4.31.

minta ask for 12.13. **meN-** ask for 6B16. **per-an** request 8.28.

minum drink 15.54.

minus minus 15.1.

minyak oil 17.11. -- **tanah** kerosene, oil 7.29.

mirip resemble 5.26.

misal example. **-nya** for example 4.35.

miskin poor 2.33.

mobil automobile 2.12.

móbilisasi mobilization 13.42.

modal capital (money) 13.32. **ber-** have capital 15.11.

móde fashion 4.12.

módèl model 5.26.

módèren modern 4.15.

mohon request humbly 1.21. **per-an** request 6B19.

molèk pretty, charming. **ke-an** beauty, charm 7.17.

mondial worldwide 13.25.

mónókultur planting only one sort of crop 3.35.

mónópóli monopoly 19.30.

montir mechanic 6B8.

mónumèn monument 17.43.

morat see MARIT.

móril moral 4.36.

mótif motif 18.72.

mótifasi motivation. **ber-kan** have as a motivation 9.29.

motor engine, motor. **sepèda** -- motorcycle 2.17.

motorisasi motorization 5.55.

MPR /èm pé èr/ short for **Majelis Permusyawaratan Rakyat** The Indonesian appointed parliamant 14.10.

*mua se- all 1.11.

Muangthai Thailand 11.1.

muda young. **peN-** youth, young man 5.52. -- **mudi** young men and women 7.19.

mudah easy, easily 2.22. **-2an** I hope 6B37.

mudi see MUDA.

mudik go upstream, go upcountry 15.35.

muka 1 face 15.84. 2 face, reputation 12.23. **air** -- facial expression 15.4. **kehilangan** -- loose face 12.22. **ke-kan** propose, suggest 8.36. **peN-** leader 17.31.

mula beginning 14.1. **-2** at first 6B18. **-i** begin, starting from 6B57. **per-an** beginning 6B1. **se-nya** in its origin 9.35.

multikultur planting many crops 3.1.

muncul appear, show up suddenly 4.39. **-kan** make something appear 12.28.

mundar see MANDIR.

mundur see UNDUR.

mungkin perhaps, possible 6A17. **-kan** make possible 4.15. **ke-an** possibility 2.32.

muntah vomit. -- **bèrak** intestinal flu 16.41.

murah cheap 8.7.

murni pure. **ke-an** purity 4.39.

murung gloomy, depressed 6B1.

Musa a name: Moses 6B1.

muséum museum 18.45.

musik music 4.22.

mustahil impossible 8.2.

musuh enemy 9.14.

mutakhir latest, most modern 4.13.

mutlak absolute, unconditional 10.28.

mutu quality. **ber-** have a high quality 10.19.

m^3/mèter kubik/ cubic meter 6A17.

N

nada tone 5.57.

nafas breath 2.22.

nafkah subsistence, a living 5.5.

nafsu desire, passion 4.36. ber- have a passionate desire 11.14.

nah particle preceeding a question or statement which draws something to its conclusion: now, well 7.21.

naik 1 go up, go on to 5.22. 2 ride, board on a vehicle 2.13. -- turun go up and down 16.48. ke-an increase 10.22.

nakal naughty, misbehaving 2.20.

nalar judgement, reason. peN-an power of reasoning 12.2.

naluri instinct 5.11.

nama name 5.52. -kan give a name to 4.14.

nampak see TAMPAK.

namun nevertheless 3.15.

nanas pineapple 3.45.

nanti later, future marker 6B14. malam -- tonight, this evening 6B37.

nasi cooked rice. periuk -- 1 ricepot, 2 livelihood 19.25.

nasib fate, destiny 3.16. ber- have a fate 7.7. se- sharing the same fate 9.33.

nasiónal national 13.12.

Nasution the Indonesian chief of Staff under Sukarno 14.1.

negara state, country 1.12.

negeri country, land. luar -- abroad 1.4.

nelayan fisherman 5.6.

ngeri horrifying 6B51.

nggak colloquial for TIDAK 15.15.

nih short for INI, 1.11.

nikah be married. per-an marriage 17.34.

nikmat delicious, pleasant. -i enjoy something 9.18.

nilai 1a value 9.9. 1b standards 4.31. 2a. judge, the value of 10.37. 2b judge as 12.5. peN-an judging 9.15.

nilam patchouli (a shrubby mint which yields an oil used as a perfume base) 16.11.

nipah a palm of the swamps (Nipa fruticans) 3.8.

no. abbreviation for nomor number 14.10.

non non- 9.37.

normal normal, average 4.28.

normalisasi normalization 12.1.

nóta bène doubtlessly (NB: this meaning is different from the original Latin) 19.31.

nuklir nuclear 4.2.

nun yonder (poetic word) 16.42.

nyaman feeling healty, pleasant 6A12.

nyaris nearly, almost 7.23.

nyata obvious. -kan declare, state 6B57. ke-an fact 4.32. ter- as it turn out 8.32.

nyiur coconut palm 7.17.

nyonya 1 Mrs. 6B3. 2 lady 7.24.

O

obah see ROBAH.

obral 1 clearance sale. 2 do something without prior consideration 18.17.

obyèk object or subject of attention 18.9.

obyektif objective 10.7.

O.K. /ókèi/ O.K. 19.32.

oknum a person in a certain capacity, personage 1.13.

olah 1 manner, way of doing things. 2 cultivate, turn something into something better 2.7.

olèh by means of 2.36. per- obtain 4.30.

ombak wave 16.7.

omong talk. N- talk 15.5.

*ongkang -2 sit around doing nothing 15.72.

ongkos cost, expense 6B3.

opelèt jitney 19.1.

óperasi operation, undertaking 11.6. ber- operate, carry out one's activities 6B47.

oplèt = OPELÈT 2.19.

opsir officer 17.33.

orang 1 person 2.12. 2 people in general 4.17. 3 counter for people 1.4. 4 followed by name of place: one from [such-and-such] a place 4.8. [noun] -- somebody's [noun] 4.19. -- asing foreigner 17.10. -- laki husband 15.92. -- tua parents 5.53. -nya the way a person is 17.25. se- 1 one (person). 2 = SESEORANG 19.22. sese- a certain person 1.21.

orde -- nasiónal national structure 13.21. -- lama the old order (the hegemony of colonial days) 13.50.

organisir organize 17.22. ter- organized 11.14.

otak brain 12.23.

otot muscle. ber- have muscles 16.55.

P

P dan K /pé dan ka/ abbreviation for Pendidikan dan Kebudayaan The Department of Education and Culture 12.1.

pabrik factory 6A22.

pada₁ preposition indicating place (near an abstract place or a person) at, to 4.14. 1a preposition indicating place near a thing 6.58. 2 preposition indicating figurative place: at, in, on 5.45. 3 preposition of time: at, on, in 2.29. 4 preposition preceeding the recipient of an intransitive verb 15.20. ke- to (a person or abstract place) 1.21. dari- 1 instead of 1.12. 2 after comparative: than 10.7. -hal but ... though 3.43. -- umumnya in general 5.26.

pada₂ plural verb marker 5.2.

padam extinguished. peN- instrument to extinguish a fire 7.30.

padan equal, match. se- of equal quality, value 20.10.

padang plain, field 17.46.

padat solid, dense. ke-an density 3.18.

padi rice (with husk) 3.37. -- unggul miracle rice 19.4.

padu solid, compact -kan bring together, unify 11.22.

pagar 1 fence. 2 to fence 2.2.

pagi morning, in the morning 6A2.

paham understand. -i understand something 14.7.

pahat 1 chisel. 2 carve with a chisel 17.28. peN- sculptor, carver 17.9.

pahit bitter 8.35. -an characterized by bitterness 15.52. -2an in a bitter way 13.6.

pajak tax 8.32.

*pajang -an window dressing 18.45.

pakai 1 use 4.17. 2 wear 4.13. -an clothing. ber-an be dressed (in) 4.6. ter- useable 5.60.

paksa compel, force. ter- be forced, compelled 6B12.

paku nail 6A22.

Palapa name of Indonesia's communication satellite 19.4.

paling 1 followed by adjective or word referring to quality: most [adjective] 3.25. 2 at most 15.88.

pamèr show off. -kan exhibit 4.1. -an exhibition 4.18.

pancing fishing pole or hook. N- fish with a hook and line or pole 6A2.

pandai know how to 2.22.

pandang 1 a look. 2 look at 9.30. -an point of view, the way one looks at something 5.1.

panèn (from ani) harvest 7.10.

pangan foodstuff 3.32.

pangèran prince 9.49.

panggil call 14.26. -an a call 15.24.

pangkal base, beginning point 13.23. ber- originate 6B58. N- be based somewhere, start one's business round from a certain base 15.67.

panglima commander 11.12.

pangti short for **Panglima Tertinggi** commander-in-chief 14.32.

panitia committee 14.25.

panjang long. **se-** 1 all along 3.1. 2 as far as 16.22.

panórama panorama 7.17.

pantai beach, seashore 5.4.

papan board 6B28.

para plural marker preceeding a word which refers to people in a certain capacity 1.3.

Paran short for **Panitia Rituling Aparatur Negara** The Committee for the Reorganization of Government officials 14.25.

pariwisata tourist, tourism 16.24.

parkir park, parking 19.37.

partai political party 7.4.

partisipasi participation 6A14.

partitur rhythm 9.53.

*paru -2 lungs 6.21.

paruh half. se- a half 10.25.

pas exact 1.15. uang -- exact change 1.13.

pasang 1 tide. 2 install 2.20. -- laut tide coming in 7.16. -- surut low tide 3.20.

pasang pair. se- a pair 6B9.

pasar market 6B34. harga -- market price 2.6. -an markets 8.14. -kan market something 3.4. peN-an marketing 3.1.

pasifis pacifist 9.49.

pasir sand 6B7.

pasti sure, certain 2.35.

pasukan troops 11.1.

patuh obedient, submissive 16.43.

patung statue, carving 17.1.

payung umbrella. ber- with an umbrella 6B42.

PBB /pé bé bé/ abbreviation for **Perserikatan Bangsabangsa** United Nations 13.40.

pecah broken, smashed -kan 1 break 5.55. 2 resolve a problem 6B17.

pecat fire from a job 17.24.

pegal stiff from weariness 15.50.

pegang 1 hold. 2 hold a position 14.42.

pegawai white-collar worker, employee -- **negeri** civil servant 12.20.

peka sensitive. ke-an sensitivity 18.31.

pelbagai see BAGAI.

pelihara take care of, nurture 2.35.

pelita acronym for **Pembangunan Lima Tahun** Five-year Development Plan 3.31.

Pemda acronym for **Pemerintah Daèrah** Regional Government 7.2.

pemuda see MUDA.

*pencil ter- isolated 5.65.

pendam hide underneath, bury. ter- hidden underneath 20.12.

pèndèk short. -nya in short 7.13.

pengaruh influence 17.33. -i influence 4.31.

pengelawat see *KELAWAT.

pentas stage. -kan perform on stage 20.3.

penting important 7.4. ke-an importance 13.12.

penuh full 2.1. -i fulfill 4.37. ter-i be fulfilled 2.37. se-nya completely, fully 14.14.

perabot furniture 4.23.

perahu boat 5.1.

peran actor. -an role, part 13.26. -kan play a role 20.8.

Perancis France 4.13.

perang war 5.18.

perangkap trap 4.35.

peras 1 press, squeeze. 2 exploit 9.30.

percaya 1 believe 6B44. 2 believe something 7.28.

perempuan women, female, lady 17.32.

pergi go 18.4.

peri- characteristics, manner. -kehidupan lay of life 13.31.

*perinci -an reckoning in detail, breakdown of the figures 9.22.

periksa investigate, examine 13.11. peN-an investigation 14.36.

perintah an order, command -kan to order 1.13. peN- government 2.28. peN-an 1 the government as held by a certain group 7.5. 2 governmental bodies 13.43.

périóde period of time 9.8.

peristiwa event 7.23.

periuk clay, cooking pot. -- nasi livilihood 19.25.

perkara 1 legal case. 2 matter 7.15.

perlu be needed, necessary 9.13. -- [verb] have to [do] 6A5. -kan need, require 4.21.

pernah ever, it has happened that ... 1.20. tak, tidak -- never was, is, will be 1.21.

pèrs press, newspaper service 12.5.

persèn per cent 3.24.

persèntase percentage 9.35.

persónal individual 20.5.

Pertamina acronym for Perusahaan Tambang Minyak Nasiónal National Oil Company 14.35.

*perti se- as, like 1.20.

perunggu bronze 17.2.

perut stomach 10.31.

pesan 1 message, order or request 19.24. 2 to make a request, order something to be served 15.14.

pesantrèn see SANTRI.

pesat very quick. ke-an great speed 10.27.

pesawat 1 machine. 2 airplane 16.8.

pesen = PESAN.

pesisir coastal area 3.8.

pèsos the Philippine peso 8.25.

pèsta party, festival 17.29.

peta map 13.28.

peti case, box 6A10. -- mati coffin 17.7.

pianó piano 9.50.

pihak 1 side, quarters 6A53. kedua belah -- both sides 11.6. meN- take sides with 13.50.

pikir think. ber- think 9.47. -an thought, idea 12.2. alam -an the world of ideas 12.3. -kan think about 12.3. peN-an way of thinking 9.40.

pikul carry on the shoulders (usually with a pole) 16.14.

pilih choose, select, elect 12.44. -an choice 5.16.

pimpin lead, guide. peN- leader 13.19.

pinang areca palm.

pindah move 2.9. -kan move something 6B55.

pinjam borrow 19.31. -an loan 9.22. peN- borrower 9.39.

pinggir edge, side. -an kota suburbs 2.9. N- 1 go to the side of the street, pull over. 2 command to driver to let one off 19.24.

pintu door 6B35. -- gerbang gate 20.1.

piónir pioneer 5.55.

pisah separated. -kan separate 2.2.

pisang banana 3.1. kebun -- banana plantation 3.1.

planit planet 13.2.

plastik plastic 15.21.

PLO abbreviation for the English phrase, Palestinian Liberation Organization 9.27.

plus plus 6B16.

pohon tree 2.16.

pokok main, basic 13.33.

pola pattern 13.34.

polah activity 7.27.

polès polish. -an something polished 18.31.

pólisi police, policeman 5.61.

pólitik politics, politically 9.29.

pondok 1 hut 2.3. 2 school where pupils stay with teacher to learn Muslim scriptures from him 5.54.

pópulèr popular 16.52.

pos 1 mail, post. 2 item in book keeping 10.4.

pósisi position 14.24.

pótènsi potentiality 13.23.

potong 1 cut into two, off. la subtract 6A7. 2 cut in general.

potrèt photograph, picture. -- diri self-portrait 15.20.

praktèk practices 13.11. -kan put into practice 4.31.

praktis practically 6.6

présidèn president 13.9. wakil -- vice president 20.2.

prèstasi achievement 13.1.

prèstise prestige 9.23.

pribumi native, indigenous 7.25.

pria man, male (honorific) 4.9.

pribadi private, personal 4.24.

prihatin concerned, apprehensive 11.11. ke-an concern, apprehensiveness 11.12.

próduk product 3.43.

próduksi production 3.47.

prófèsiónil professional 4.34.

profèsor professor 8.36.

program program 3.29.

prógrèsif progressive 13.40.

própinsi province 3.2.

prósèn per cent 5.13.

prótès 1 protest 8.27. 2 to protest 8.26.

proyèk project 9.21.

PRRI/Permèsta acronym for Pemerintahan Révólusiónèr Républik Indónésia/Perjuangan Semesta Revolutionary Government of Republic of Indonesia/ The Overall Struggle, the name given to a revolutionary movement in the 50's 14.16.

puak group, tribe 17.36.

puas satisfied 1.2.

pubs pubs 4.1.

puisi poetry 18.21.

puja worship 18.3.

pukau enchantment 18.23.

pukul strike 9.41. -kan strike something against something else 9.52.

pula also, as well 2.3. bukan -- ... melainkan also not ... but 14.32. lagi -- furthermore 7.4. tambahan -- in addition 10.37.

pulang go, come home 6B50.

pulau island 5.1. ke-an archipelago 7.9.

pulih recovered, restored -kan bring back to its former condition 16.32.

*puluh ten. se-, lima --, tujuh -- dll. ten, fifty, seventy etc. 1.7. -an ten's of (dozen's of) 2.7. ber-2 by the ten's 16.14.

pun 1 also, as well 5.11. la even 5.45. 2 particle placed after a subject in continuation: and so ... 7.18. [interrogative] -- any body, thing, place, etc. at all 6A28. ada- furthermore 6A20. atau- or, ... either 9.35. mau- and also 6A7. baik ... mau- ... either ... or ... 4.33. [negative] ... mau- ... neither ... nor ... 1.2. meski- even though 2.23. sekali- although 13.21. walau- even though 4.3. tak [number] -- not even [so-and-so many] 7.30.

punah exterminated 17.1.

puncak 1 summit, peak. 2 climax 13.7.

punggung one's back 16.47.

pungli acronym for pungutan liar unauthorized collections made by governmental bodies 2.2.

puntung butt 10.9.

punya have, own. -i have, own 1.3.

pupus budding leaf. hijau -- green like a new leaf 15.20.

*pura -2 pretend 15.19.

purba ancient. -kala ancient times 5.36.

purnawirawan honorary rank given to a retired or dead military officer (usually a rank one step above his highest rank while in service) 14.3.

pusat 1 navel. 2 center 2.21. **ber-** be centered 9.27.

pustaka magical book. **per-an** library 9.28.

putar turn. -- **sekrup** turn the screws 19.3. **se-** around 11.12.

putih white 18.7. **hitam** -- black and white 18.1. **kacamata** -- glasses 1.11.

putri 1 female (honorific). 2 daughter (honorific) 18.32.

putus broken off. **ke-an** decision 12.39. -- **asa** hopeless 5.65. **-kan** decide 12.40.

puyang = LEMPUYANG. **cabé** -- kind of vine with medicinal uses (unidentified) 15.50.

R

rabu Wednesday 3.14.

rada rather, somewhat 17.19.

radió radio 4.33.

ragam kind, sort. **se-** uniform 17.33.

ragu hesitant, in doubt. **-kan** be in doubt about 9.25.

rahasia a secret. **dinas** -- intelligence services 13.12.

raih gather, scoop in to oneself 15.27.

raja king 12.14.

rak shelf 8.18.

rakit raft. **per-an** assembling 19.2. **-an** something assembled 19.11.

raksasa giant 9.12.

rakyat people 3.16. -- **biasa, kecil** common people 2.1.

ramah friendly. -- **tamah** friendly, hospitable 1.21.

ramai crowded, noisy. **-2** together, in a large group 8.1. **ber-2** do together in a large group 8.1.

rampok rob 15.44.

ramu forage around for things to use. **-2an** various

ingredients gotten from the wild for medicine 15.45.

rancang plan 16.35.

rangka framework. **dalam** -- in the framework of 9.53. **ke-** framework, draft 12.37.

rangkai combination. **-an** series, chain 11.4.

rangkap double, two- or more-fold **meN-** to serve in two or several capabilities at once 19.15.

*__rangkul__ **meN-** hug, embrace 9.45.

rangsang stimulate 4.23. **-an** stimulation 10.8.

rantai chain 6B31. **ber-** coming in a sequence 4.25.

rantau 1 reaches of a river or coastal region. 2 place away from home. **meN-** go abroad to seek one's livelihood 5.9. **peN-an** 1 act of leaving one's own home area 5.18. 2 place to which one migrates 5.25.

rapat hold a meeting 2.24. **ruang** -- meeting room 2.26.

rapi neat, tidy 15.4.

rasa feeling 7.18. **meN-** 1 feel (good, cold, etc.) 1.2. 2 think, consider 18.72. **-kan** feel, taste, experience 14.2. 2 have the feeling that 5.57. **per-an** feeling 4.39. **ter-** can be felt 18.7.

rasi constellation determining one's fate. **se-** in accordance with, fitting 4.10.

rata flat, level. **-2** on the average 3.18. **peN-an** leveling out, spreading out to all levels of society 19.29.

*__ratus__ **se-, tiga, tujuh, dll.** one, three, seven, etc. hundred 1.7. **-an** 1 worth a hundred. 2 by the hundred 2.7.

rawat take care of a sick person 6B5. **per-an** treatmnt of a sick person 6B10.

*__raya__ **jagad** -- universe 12.3. **jalan** -- highway 2.13. **-kan** celebrate 13.53. **peN-an** celebration 20.15.

réaksi reaction 4.39.
réalistis realistic 18.16.
rècèh uang -- change, small money 1.11.
redaksi editorial staff 1.1.
rèflèksi reflection 18.38.
régenerasi regeneration 13.23.
régistratér register 17.46.
réhabilitir rehabilitate 16.33.
rèktor rector, university president 12.19.
rèla willing, consent to. -kan turn over willingly 9.38.
rélatif secara -- relatively 4.31.
remaja adolescent. -kan rejuvenate 3.34.
rencana plan 3.31.
rèndabel economically sound 9.23.
rendah low 2.6.
*renung -kan ponder on 19.28.
rèpot troublesome, go to the trouble to do 19.37.
républik republic 6A15.
resmi official 8.21. -kan inaugurate official 8.21.
rèspondèn respondent 10.16.
rèstoran restaurant 4.1.
rétribusi fees 19.14.
révisi revision 13.34.
révólusi revolution 9.6.
révólusiónèr revolutionary 4.39.
rias dress up, make oneself up meN- diri dress up, make up 15.28.
Riau name of a province in Sumatra. kepulauan -- the Riau archipelago off the east coast of Sumatra 7.9.
*ribu se-, dua --, beberapa -- dll. a, two, several, etc. thousand 1.7. -an thousands of, by the thousands 2.23. ber- = -AN 5.65.
ribut noisy. ke-an noise 15.3.
rimbun leafy, lifting and spreading with many leaves and branches. meN- be thick with leaves 3.1.
rindang leafy and shady 2.16.
ringan light in weight, not burdensome or important 6B50.

ringkas brief, concise. -nya in short 10.28.
rintang be preoccupied. -an hindrance, obstacle 14.2.
rintis do pioneering work, clear a new path in the jungle. peN- one who clears a path 16.5.
risikó risk 2.17.
rituling reorganization (from English retooling) 14.25.
robah see UBAH.
roda wheel. -- kehidupan fortunes 19.27.
rokǫk cigarette 4.17.
rómantis romantic 15.10.
rongga hollow, cavity 6A21.
rosot see MEROSOT.
Rp abbreviation for rupiah, the Indonesian unit of currency 1.7.
RRC abbreviation for Républik Rakyat Cina, the People's Republic of China 9.1.
RS abbreviation for rumah sakit, hospital 6B12.
RT abbreviation for rukun tangga, the smallest urban governmental devision 6B8.
*ruah kelimpah-an overflowing abundance 13.31.
ruang 1 room 2.26. 2 space 18.21.
rubah see UBAH.
rugi loss 1.2.
rumah house 2.5. -- adat traditional house 17.7. -- sakit hospital 6B2. -- tangga family 4.23. -2an toy house 17.7. per-an housing 2.7.
rumus formula. -kan formulate 12.37.
rupa shape, appearance 2.32. meN-kan constitute, be, form 2.16. ber- be in the form of 9.37. -nya apparently 9.29. se- the same 4.16.
rupiah the Indonesian unit of currency 1.7.
rusak 1 damaged. 2 damage 16.51.
rute route 19.22.
rutin routine 16.37.
ruwet complicated, difficult

16.20.
RW abbreviation for Rukun Warga, a group of several RT's 6B8.

S

saat moment, time 6B53.
sabun soap 6A10.
sadar conscious, be aware of 19.35. -i realize 12.13.
Sadikin Ali -- the governor of Jakarta until 1976 14.1.
sah valid, legal 5.57.
saing a match, equal. -i compete with 18.2.
saja 1 merely, no more (better) than 5.4. 1a with commands: [so-and-so] is a small thing to do 1.12. 1b just [predicate] is best under the circumstances 1.12. 1c with a subject or a phrase preceeding the main clause: just [so-and-so], even [so-and-so] alone 6B47. 2 with bisa, mau, tentu, boléh, dapat, etc. of course 7.12. 3 even, nevertheless, despite everything 4.39. 4 with interrogatives: anything, anyone, any time, etc. at all 9.43. baru -- just now 6B20. begitu -- without further 1.18. bukan, tidak -- not only 4.1. kalau -- if only 4.31. mirip, sama -- exactly alike, the same 5.26. terus -- keep on doing despite everything 9.11. tiba-tiba --suddenly just like that 12.5.
sakit sick 6B12. rumah -- hospital 6B2.
saksi a witness. -kan witness something 13.52.
salah₁ wrong 9.23. berbuat -- do something wrong 13.19. tak -- lagi no doubt about it 16.11. -2 in the worst case, it might just so happen that 5.56.

salah₂ -- satu, seorang, seèkor dll. one out of a group 5.65.
*saling -- [verb] [do] to one another 2.29.
sama 1 same 4.23. 2 prepositional uses: 2a with (=dengan) 11.3. 2b by (=olèh) 15.28. 2c preceding the recipient of an intransitive verb (= pada) 15.79. -- [adjective] just as ... 1.7. kerja- cooperation 9.36. bekerja- cooperate 3.15. -- saja exactly the same 10.20. -- sekali absolutely, completely 9.37. -2 1 together. 2 do, be the same 7.7. ber- 1 together with 6B18. 2 cooperative 6A7. ber-2 do something together 6A21. -kan compare with, consider the same as 4.2. se- [noun] fellow -- 4.4.
sambil while doing something else 1.11. -an something done on the side 10.19.
sambut welcome, receive guest 2.25.
sampah rubbish 6A10.
sampai 1 arrive 4.38. 2 up to, as far as 3.15. 2a up to the point that [so-and-so] happened 9.7. jangan -- don't go so far as to 4.4.
sampel sample 10.11.
samping side 6A7. di -- 1 at the side. 2 beside 9.18.
sampul covering. ber- have a certain cover 8.3.
samudra ocean 7.7.
sana there (far away) 5.20.
sandal sandals 4.9.
sandang clothing 10.6.
sang an epithet preceding the names or of divinities or demigods, certain ancient royal titles and somewhat humorously to people or animals in a certain capacity or having of a certain characteristic 6B5.
sangat very, to a great degree 2.23.

sanggup able, capable 6A21.
ke-an capability 13.23.

sangkut connection. ber-an be connected with, have a connection 17.44.

sangsi 1 be in doubt. 2 be suspicious 15.11.

santai relaxed 18.59. ber- relax, amuse oneself in a relaxed atmosphere 4.1.

santri one who strictly adheres to Islam. pesantrèn = PONDOK 25.54.

sapa greet 15.5.

sapi cow, cattle 3.39.

saran suggestion. -kan suggest 12.23.

sarana means, facilities 3.6.

sari essence -kan condense 8.50.

saring 1 filter, strain. 2 select a small number from a large group 10.25.

sarung skirt made by sewing together the ends of a piece of cloth 4.10.

satu 1 one 4.3. 2 -an (unde-termined) 2.16. -- dua one or two, a few 18.6. -- sama lain with one another 11.3. per-an association 9.40. -2nya the only one 5.34.

sawah ricefield 5.33.

saya I, me, my 1.5.

sayang it's a pity 6A19. -nya it's a pity 19.31.

SD abbreviation for Sekolah Dasar elementary school 15.27.

s/d abbreviation for sampai dengan up to and including 18.1.

sebab 1 reason 7.7. 2 because 3.40. -kan cause 7.11.

sebagai see BAGAI.

*sebar ter- be spread around 4.15.

sebentar short while. -- lagi just a while longer 8.14.

seberang place across the street, river, sea, etc. meN- cross the street, river, etc. 16.48.

sebut 1 mention 8.13. 2 call, name 4.16. -an name given

9.14. -kan mention something 8.14. ter- the above mentioned 1.8.

sedang 1 in the process of being, doing 1.22. 2 while at the same time 3.22. -kan whereas 8.4.

sederhana simple 2.3.

sedia ready, prepared. ber- be willing 6A7. -kan prepare something 1.17. peN-an action preparation 19.29. ter- be ready, available 3.6.

sedikit see DIKIT.

segala see GALA.

segan 1 feel reluctant in the presence of someone of higher status or to do something which one is not considered to have sufficient status to do. 2 be unwilling in general. -2 be reluctant to 9.13.

segar fresh 15.47.

seger = SEGAR.

segera immediately 4.34.

segi 1 angle or side. 2 aspect from which something is looked at 19.29.

sèhat healthy 15.51. ke-an health 15.78.

sejahtera prosperous 13.36. ke-an proserity 13.50.

sejak since, from the time that 2.38.

sejarah history 9.44. ber- historic 17.16.

sejuk cool and fresh. peN- instrument for cooling the air 4.24.

sekaligus all at one time, place 17.7.

sekarang now 3.40. -- ini, juga right now 8.1.

sekolah 1 school 8.20. 2 attend school, study. kasi -- send to school 15.28.

sekretarese female secretary 2.25.

sekretaris secretary 2.25.

sekrup screw 19.3.

sèks sex 7.21.

sela small opening, gap 6B48.

selalu always 13.47.

selamat safe. -an religious, ritual meal 6A37. -kan save, make safe 14.18.

Selasa Tuesday 1.6.

selatan south 9.14.

selèndang a stole worn over the shoulder or head 15.34.

*selenggara -kan carry out, or work something 12.6.

selesai be finished 9.24.

*selèwèng -kan divert something from its proper path 19.13.

selimut blanket. -i blanket something 12.28.

*selinap meN- move in such a way as to be unseen 15.3.

selokan gutter 6A20.

selubung veil 15.6.

*selundup meN- smuggle oneself in to a place 5.20. peN- smuggler 1.2.

seluruh see LURUH.

semangat spirit, enthusiasm 18.31. ber- spirited 18.30.

sembilan nine 18.66.

sementara 1 temporary 6B7. 2 while 10.25. 3 some of 18.17. -- itu in the meantime 6B35.

seminar seminar 2.24.

semir apply polish 10.19. peN- shoeshine boy 10.11.

sempat have time, opportunity 6B35. ke-an opportunity 10.28.

sempit narrow. per-, -kan narrow something 12.1.

sempurna 1 perfectly, complete. 2 completely 5.38.

semua see *MUA.

sèn cent 8.43.

senantiasa always 2.32.

senang 1 like 1.12. 2 happy 15.32. ber-2 enjoy oneself 4.1. ke-an pleasure 4.35.

sendat tight, choked ter-2 be blocked, stopped 6A9.

sendiri 1 oneself (the intensifier) 1.4. 2 own 2.17. 2a do oneself or on one's own 2.20. 3 alone 2.4. berdiri -- be self-sufficient 3.41. dirinya -- oneself 6B48. dengan -nya it is self-understood 4.7. -an alone 18.34.

Senèn 1 Monday. 2 a district in Jakarta named after the Monday Market (Pasar Senèn) -- well known as a district with many prostitutes 6B9.

sèng zinc 19.11.

sengit violently with stinging words 18.33.

seni art 9.53. ke-an art 20.3. -man artist 20.2. -wati female artist 20.2.

Senin = SENEN.

senjata weapon 9.13.

sèntral central 13.45.

senyum smile 15.26.

sèpak kick. -- terjang behavior 15.4.

sepatu shoes 4.9. -- bót boots 4.13.

sepèda bicycle 2.13. -- motor motorbike 2.17.

seperti see *PERTI.

sepi quiet and lonely. ke-an loneliness 7.18.

*serah -kan hand in 6B49.

*sèrak ber-2 scattered 2.5.

serang onslaught. -an an attack 2.22. meN- to attack 10.7.

serap meN- absorb 3.32.

serba 1 all sorts of. 2 in every respect 2.3.

serbèt napkin 15.38.

serdadu soldier 2.36.

sèrèt 1 drag along. 2 drag along, involve 16.51.

seri brightness, shining. ber- shine 15.54.

serikat united, allied. Amérika -- USA 8.33.

sering often 2.29. -kali often 13.21.

serta with, and 2.28. ikut -- participate. ikut -kan cause to participate 2.11. be- together with 20.14. -i accopany 13.34.

*seruduk meN- come, go crouching 15.3.

sesajèn (from saji) a ritual offering 17.7.

sesak choked, crowded. -i cause a choking feeling to arise in 7.18.

sesuai see SUA.

setia loyal 19.14.

setor 1 deposit money. 2 humorous for move the bowels 6A4.

sèwa 1 rent 5.4. 2 rental 6B28. -an hired 2.36.

si 1 particle before a name or title demoting familiarity. 2 particle before a name or title referring to a person in a particular capacity: the particular, above-mentioned 1.13.

*sia -2 in vain, useless. ter-2 wasted, not being put to use 5.27.

siang daytime 12.6.

siap ready 6B4. per-an preparation 6B17. per-kan prepare 18.58. ber-2 get ready 14.36.

siapa who? 6A8.

*siar -kan spread about, scatter out among 2.38.

siasat tactics, strategy 12.22.

Siberut name of island in west of Sumatra 7.7.

sibuk busy 2.24.

sidang session, meeting 12.6.

sifat quality, characteristics 12.24. ber- have the characteristics of 12.34.

sih 1 particle with questions indicating casualness: by the way 5.57. 2 particle with preposed theme: well, maybe [so-and-so], (but actually) ... 15.19.

sikap attitude 8.12.

sikat 1 brush. 2 brush something. 2a make disappear, swallow up, clean out 17.17.

siksa to torture. -an torture 2.16.

silakan please! 2.26.

silam 1 for the sun to be set. 2 [expression of time] (yang) -- (= LALU) ago 5.13.

simpan keep, put away for safekeeping 15.42. -an savings 6B15.

sinar ray 2.16.

*singkir meN- evacuate 2.8.

-kan cause to step aside, leave one's position 14.39. ter- avoided 5.7.

sini here 17.26. di -- here 2.28. ke -- to this place 15.29. di sana- -- here and there 13.32.

sip sure, not endangered 7.22.

sisa something lift-over, remains or remainder 1.12. -kan leave over 8.35. ter- be left over 6B10.

sisi side, edge 6B42.

sistim system 6B57.

siswa student. maha- student at the tertiary level 2.31. Taman -- system of lower secondary education school founded by Ki Hadjar Dewantoro 12.31. kemaha-an pertaining to students 2.31.

sita confiscate 17.20.

situ there 1.11.

situasi situation 9.39.

skala scale 13.25. ber- be on a certain scale 10.25.

skandal scandal 7.23.

skèts sketch 18.40.

skup scope 18.26.

soal problem 6B11. -nya the problem is 6A6. per-an problems 16.20.

SOB an abbreviation for the Dutch Staat van Oorlog en Beleg: state of war and siege 14.10.

*sodor -kan hand over 6B38.

Soekarno old-style spelling for Sukarno, the name of the first president of Indonesia 14.26.

sokong support 19.27.

solidaritas solidarity 9.28.

solok meN- very apparent 5.5.

sopan showing proper respect 15.4.

sopir = SUPIR.

soré afternoon, evening 6B41.

sósial social 4.4.

sósialis socialist 9.15.

sport sport 4.35.

stabil stable 12.18. ketak-an instability 13.21.

staf staff 14.23.

status status 4.4. **ber-** be in a certain status 6B7.

stèrek strong and healthy 15.53.

strategi strategy 9.40.

studi a study 10.14.

sua cause to meet. **se-i** in accordance with 1.15. **se-ikan** adapt, bring something into conformance 9.17.

suami husband 6B3. **ber-** have a husband 15.68.

suara voice 2.38. **-kan** voice something 7.12.

suasana atmosphere, conditions or feeling which characterize a place or time 14.31.

suatu a certain unknown or unstated 4.3. **--** **ketika** at a certain time, once upon a time 2.29. **se-** something 15.78. **segala se-** each and everything 12.40. **se-** **hal** something 12.2.

subur fertile, reproducing well 16.52.

suci pure. **Kitab** -- the Holy Book 8.8.

sudah 1 as of now, already 1.11. **--** **lama** has [done] for a long time 7.26. **--** **termasuk** also includes 6B24. **se-** after 18.58.

sudut 1 corner, angle 18.28. 2 point of view 19.7. **--** **pandangan** point of view 11.18.

suka 1 like 15.54. 2 tend to do 17.25. **--** **duka** joys and sorrows 15.1. **ke-an** something one likes. **-i** like something.

suku tribe 16.50.

sulit difficult 3.1. **ke-an** difficulty 6B3.

sumbang contribute. **-an** contribution 2.35.

sumber source 3.30.

sungai river 3.1.

sungguh truly 1.20. **se-nya** in reality 10.13.

sungkawa mourning. **uang bèla-** contribution to a bereaved family to help defray the funeral expenses 6B35.

suntik inject. **-an** injection 16.18.

supaya so that, in order to 2.6.

supir chauffeur, driver 2.20.

surat 1 letter. 2 document 6B19.

suruh tell someone to do something 15.64.

surut go back to a lesser state, ebb. **pasang** -- coming in and going out of the tide 3.20. **ke-an** withdrawal 13.10.

survé 1 survey. 2 to survey 10.25.

susah difficult, hard to come by 6B54.

susu milk, breast. **air** -- milk 15.82.

susul 1 follow and catch up with. 2 follow, be next in turn 3.45.

susur edge. **meN-** go along the edges 16.24.

swasta of private ownership 2.7.

syarat condition, stipulation 4.3. **per-an** set of conditions stipulated 6A19.

T

tabah determined, resolute 19.32.

tabèl table, chart 10.2.

tadah catch something falling 5.33.

tadi a while ago. **-nya** formerly, a short while ago 8.7.

tahan 1 hold up, last 19.6. 2 hold back, restrain 13.21. **ke-an** endurance 13.18. **per-kan** defend, allow something to endure 4.6.

tahu know 1.21. **beri** -- inform someone 14.36. **pemberi-an** notification 2.6. **ke-i** know something 8.19. **penge-an** knowledge 2.35. **-nya** on finding out about it 15.19.

tahun year 3.3. **-an** on a

yearly scale 10.22. **ber-2** for years on end 6A10.

tajam sharp. **ke-an** sharpness 18.31.

tak = TIDAK. -- **akan** is not likely to be 8.13.

takdir ordained by God. **-kan** be fated to be 16.43.

takjub astonished. **-kan** astonish 7.10.

taksi taxi 2.20.

takut afraid 17.23. **-i** be afraid of 12.14.

*****tama** **pertama** first 3.10. **per-2** at very first 5.1.

*****tamah** see RAMAH.

taman park 20.1. -- **Siswa** see SISWA.

tambah add to 6A15. **-an** something additional 2.19. **-i** add to something 15.34. **-kan** give or say something in addition 2.15. **-nya** he said in addition 9.19. **per-an** addition, growth 2.19.

tambat tie something with a long rope. **-kan** = TAMBAT 17.28.

tampak 1 visible. 2 appear to be 5.18. **-nya** apparently 5.27. **N-** = TAMPAK. **N-nya** = TAMPAKNYA 11.15.

tampil appear before an audience, in public 4.15. **-kan** show something in public, to an audience 4.9. **-nya** public appearance 20.15.

tampung receive, take in. **peN-** something that accepts or takes in 10.26.

tamu guest 2.25. **ber-** pay a visit to a person 14.6.

tanah 1 land 2.6. 2 soil 5.25. **minyak** -- oil 7.29. -- **air** fatherland 1.2.

tanam plant 16.13. **-an** plants 3.1. **ber-** plant as an occupation 16.12. **-i** plant on 2.37. **-kan** emplant 2.29.

*****tancap** **meN-** be emplanted, stuck into something 6A12.

tanda sign, mark 17.34. **surat** -- **lapor kematian** death certificate 6B19. -- **tanya**

question mark 1.17. **per-** sign, indication, omen 7.11.

tandas firm, explicit in what is meant. **-kan** state firmly 1.11.

tangan hand 5.27. **-i** handle, manage to take care of a problem 9.42.

tangga ladder. **rumah** -- household 4.23. **te-** neighbor 2.7.

tanggal date 1.6.

tanggap listen attentively, note carefully. **-i** reply to something 14.5.

tanggung guaranty. -- **rugi** undergo a loss 1.2. **ber-jawab** be responsible 11.12.

tangkap seize 6B36.

tangkis parry 1.16.

tani farmer 3.37. **pe-** farmer 2.3. **per-an** agriculture 3.26.

tanjung cape 1.20.

tanpa without 1.2.

tantang to challenge **-an** a challenge 2.32.

tanya 1 ask (= BER-) 6B25. 2 ask a person 1.18. **tanda** -- question mark 1.17. -- **jawab** question and answer session 12.39. **-kan** ask about 6B20. **per-an** question 1.3.

TAP /tap/ abbreviation for **ketetapan** decision 14.10.

tapi but 3.4. **te-** = TAPI.

taraf level, degree 4.38. **ber-** be of a certain level, up to certain standards 2.7.

target target 9.45.

tarik 1 pull, draw 6B30. 2 attract the attention 2.37. 2 collect fees 8.28. 3 with-draw, pull out 11.1. **-an** something drawn, taken 9.18. **peN-an** the action of pulling, pulling out 11.7.

tarip tariff 15.45.

taruh put. **per-an** bet, gambling 14.19.

tatkala see KALA.

*****tata** form found only in compounds: the arrangement of, system of -- **dunia** the way the world is ordered

13.53. -- hubungan ékónómi the
world economic order 13.34.
*tawa ke- laugh 15.14. ter-
laugh 15.9. ter-an something
to laugh at 4.11.
tawar bargain about. -kan offer
to 19.34. -- meN- bargain back
and forth 2.19.
tebal thick 17.28.
tebang cut down, fell. -i fell
in quantity 2.16.
tebar throw so as to make
something spread, like a net.
ber- be scattered around or
spread out over an area 5.1.
ber-an = BER- 17.46.
tegak erect 14.38.
tegang taut, tense. ke-an
tension 16.50. bersi- insist
without compromise 1.12.
tegas firm, resolute 12.18.
-kan state firmly 12.1. -nya
he (she) affirmed 12.4.
*tegun ter- stopped in
surprise, taken aback 6B65.
tèhnik 1 technical (fields)
9.1. 2 technique.
tèkad determination to do. --
bulat complete determination
14.7. ber- be determined
14.40.
tekan exert pressure with a
flat surface. -an pressure
4.12. -kan emphasize 2.32.
tèknik = TEHNIK.
tèknis technical 20.8.
tèknólógi technology 13.26.
telah by now, as of a certain
point in time 2.6. se- after
6B2.
telan 1 swallow 6B41. 2
(figurative) consume 4.35.
téléfón telephone (citified
pronounciation) 2.26.
televisi television 4.33.
telinga ear
telok = TELUK.
teluk bay 7.3.
teman friend, companion 6A17.
tèmbak fire a weapon peN-an
shooting 11.7.
tembus having a hole through
it. meN- penetrate, go through
something thick 11.3.

temen = TEMAN.
tempat 1 place 2.36. 2 used as
a conjuction: where, the
place that 5.16. ber- take
place, have as its location
12.6. -i something in, on, at
6B57. peN-an placing,
stationing 11.6. se- local,
of the same place 4.9.
tèmpó 1 time. 2 name of news
magazine 14.10.
tempuh 1 attack, go in the
face of. 2 go through or over
something 4.3.
*tempur ber- fight 18.33.
*temu -i go to meet 6B35. -kan
find, come across 5.12.
per-an meeting 4.1.
tenaga 1 power, strength
15.33. 2 manpower 9.16.
tenang calm 15.34.
tendang kick, kick out 9.45.
tengah middle 2.1. -2 in the
midst of 4.29. ke-kan bring
to everyone's attention, put
out in the middle 12.14. meN-
middle (not high and not low)
4.33. per-an midpoint, middle
7.27. se- 1 half 9.38. 2
half-way 6B44. se- mati
exhausting 5.51. se--2 in a
half-way manner 13.15.
tenggara southeast 8.14.
tengkorak skull 17.7.
tèngok 1 see. 2 go see 6B6.
tentang 1 concerning, about
9.25. 2 oppose 9.45.
tentara army, member of the
army 5.61.
tentu sure, certain(ly) 1.3.
-- saja of course 7.12. -kan
ascertain 20.7. ter- certain
specified ones 1.21.
tepat exact 9.53.
tepi edge 6A10. -an edges,
where the edge is 3.1.
terang clear. ke-an
explanation, information
8.25.
*terap install masonry, lay
bricks, put stones in a
setting. -kan adjust
something to allow it to fit
into a new milieu. peN-an

process of adjustment 4.14.

terbang fly. lapangan -- airfield 4.14.

terbit 1 for heavenly bodies to rise 17.34. 2 for a book to be published 8.5. -an publication, something published 8.14. -kan publish 8.23. peN- publisher 8.1. peN-an publication 2.38.

teriak to shout, scream. -an a shout, scream 13.12. ber- to shout, scream 12.28.

terik painfully tight, piercingly hot 2.16.

terima receive, accept 6B4.

terjang kick, trample. sèpak -- behavior 15.4.

ternak livestock. pe-an raising of livestock 3.39.

tertib in order, behaving correctly so that disorder is avoided 14.1.

terus continuing on 3.15. -kan cause something to continue, continue something 13.34. -- meN- continuing on and on 4.39.

tèst test 10.13.

tetap 1 steadfast, constant 5.56. 2 constantly, always without fail 5.64. -kan determine, set 3.38.

tètèk teat 15.73. -i breast-feed 15.82.

*tètèk -- bengèk red tape, fuss over trifles 6B24.

tèwas be slain. -kan kill 7.29.

tiada 1 fancy style for TIDAK. 2 fancy for TIDAK ADA there isn't. ke-an non-existence 4.37.

tiang pole emplanted somewhere, post 17.7.

tiap each, every 3.18. se- each single 3.37.

tiba arrive 1.6.

tiba -2 suddenly 6B51.

tidak no, not 1.12.

tidur sleep 15.36.

tiga three 3.35. ke- 1 third 4.16. 2 all three 14.26. Dunia Ke- the third world 9.1. per- thirds 13.2.

tilik look at something to see how it is, inspect 15.20.

TIM /tim/ abbreviation for Taman Ismail Marzuki, a complex in Jakarta containing museums and theaters 18.2.

timbang weigh. ke- compared with. lebih ... ke- more ... than ... 17.10.

timbul emerge, arise 3.42. -kan give rise to 10.21.

timpa fall on and strike. ter- be hit with 5.51

timur east 3.8.

tindak step, action. meN- take action against 12.18. -an action taken against one 12.21. peN-an the process of taking action 14.14.

tindih oppose by pushing down from above 6B57.

tinggal 1 remain 16.29. 2 stay, live 3.24. -kan leave something or a place, leave behind 2.26. ke-an state of being left behind, backwardness 13.37. meN- (dunia) die 6B2. peN-an something left behind 6.33. ter- get left behind 4.4.

tinggi high 2.2. ter- the highest 14.28.

tingkah 1 action. 2 over-action, action that is unsuitable by being too much 19.31. -- laku way one comports oneself 4.20.

tingkat raised level 6B8. -an levels 4.18. meN -kan raise to a higher level 19.33. meN- rise to higher level 10.2. peN-an process of raising to a higher level 3.19.

tinja feces 6B15. per-an processing of feces 6B16.

tinjau observe, look at with consideration 1.27.

tinju fist 1.21.

tipe type 5.65.

tipis thin 8.3.

tiru imitate 4.20. -an imitation 4.23. peN-an action of imitation 4.38.

toh nevertheless, anyway 3.42.

tokh = TOH.
tókó store 7.27.
tokoh figure, a person regarded as a personality 17.32. -i lead, be the person of importance in a certain group 20.2.
tolak 1 push away. 2 reject 11.9.
tolong help someone in need 6B16. per-an help 16.42.
ton ton 16.18.
tonjok 1 nudge with extended finger, shove with a blunt object. 2 (figurative) cause 18.23.
tonjol a bulge. meN- bulge, stick out 16.55. -kan cause to stick out, show 9.24.
tonton watch a spectacle. peN- audience 17.21. per-kan show off 4.17.
topi hat. ber- wear a hat 17.33.
Toraja an ethnic group living in the interior of South Celebes 17.37.
tradisiónil traditional 3.34.
trampil adroit. ke-an skill 18.12.
transmigran transmigrants 3.25.
transmigrasi transmigration 3.19.
transpor transportation 4.15.
trotoir /trotwar/ sidewalk 2.14.
truk truck 6B7.
tua old 6B2. orang -- parents 5.53. ke- chief, head 6B18.
tubuh body 6A22.
tuduh accuse 11.7. -an accusation 11.9.
tugas duty 9.14. ber- have the duty of 12.2. pe- employee 1.3.
Tuhan the Lord 7.27.
tuju aim. meN- aim at, head for 4.35. -an aim 20.4. ber-an have a one's aim 4.40. se- be in agreement 8.27. perse-an agreement scached 11.6.
tujuh seven 1.7.
tukang blue-collar worker 6B38.
tulis write 9.10. -an writings

8.5. peN- author 8.14. ter- written down 4.11.
tumbuh grow. -kan cause to grow 20.16.
tumbuk pound 15.45.
tumpah spilt. tanah -- darah homeland, where one was born. ter- get, be spilled 6B17.
tumpang join in with someone else, e.g. in his house or on his vehicle. peN- one who does this, passenger 5.45.
tumpuk small heap. -an something that has been piled up 6A21.
tunduk bow the head as a sign of submission. -kan make subservient to 13.15.
tunggal sole, single. ke-an uniqueness, being singular 5.13.
tunggang ride a horse or vehicle. -an something to ride. kuda -an a horse used for riding 18.55.
tunggu wait 2.25.
tunjang 1 support. 2 support the development of 5.11.
tunjuk point 8.23. -kan show, point something out 1.11.
tuntas exhaustive, complete and through 13.6.
tuntut demand 11.9.
turun go down, become lower 8.20. naik -- go up and down 16.48. ke-an descendant. berke-an for generations 2.6.
turut follow a previously indicated line or path, also do something someone else has started to do 10.27. meN- according to 2.6.
tutup 1 closed. 2 close something 6B55. 2a fulfill a need 7.17. 2b close one's mind to 12.43. -i cover over 8.4. ter- 1 be covered over 6A8. 2 under-cover, secret 14.17.
tutur speak 14.33. -kan relate say something 15.10.

U

uang money 1.9. **ke-an** funds, monetary matters. **Menteri** -- Secretary of the Treasury 1.21.

uap₁ vapor, steam. **meN-** to steam 6A21.

*uap₂ meN- yawn 15.59.

ubah something different. **ber-** change 6B40. **meN-** change something 4.39. **per-an** change made 8.27.

ucap to utter, express 15.29. **-an** utterance 2.15.

udara air 4.24. **lapangan** -- airport 1.3.

udik area upstream, inland (rural) areas 15.12.

ujar utterance, something said 14.19.

ujung end point 5.46.

ukir carve, incise a design. **-an** carving 17.37.

ukur measure 9.9. **-an** 1 size 19.32. 2 standards by which something in measured 4.5.

ulang repeat 18.18. -- **tahun** birthday 10.1. **-i** repeat something 15.46.

ulet able and willing to take up challenges 18.22.

ulin kind of hardwood 17.3.

umat community 13.24.

umpama example. **-nya** for example 4.3.

umum general, public. **-nya** generally, in general 4.8.

umur age 6A1. **ber-** be [so-and-so] old 10.11.

*undang -2 laws 4.11. **per-an** laws 8.16.

*undur m- retreat, take a step back 12.22.

unggul superior in class. **padi** -- miracle rice 19.4.

unik unique 5.43.

unit units 6A20.

universitas university 2.35.

unsur element 4.34.

untai counter for something which hangs down or dangles 6A12.

untuk 1 for, for the sake of 1.17. 2 for to do 1.9.

untung 1 profit 8.41. 2 luckily 6A9. **-kan** bring a profit 8.32. **ke-an** profits 2.10.

upacara official ceremony 17.1.

upah wages 10.14.

urai untied, unfastened. **-kan** 1 unravel, undo. 2 solve a problem 9.40.

urus manage, make arrangements, take care of something that has to be done 6B19. **-an** matter, problem to be arranged 14.15. **ber-an** have dealings, have a problem to take care of 2.22.

usaha 1 effort, undertaking 3.15. 2 enterprise 19.33. **wira** -- entrepreneur 19.32. **ber-** 1 make an effort 14.13. 2 engage in business 7.11. **-kan** make an effort to accomplish something 3.33. **peN-** entrepreneur 2.28. **per-an** business enterprise 2.7.

usia age 1.11. **ber-** be [so-and-so] old 15.74.

usir meN- chase away 5.25.

usul₁ suggestion. **-kan** suggest 11.19.

*usul₂ asal -- the very origins 19.17.

utama most important 3.5. **ter-** most especially 1.3.

utara₁ north 9.2.

*utara₂ -kan express, state 10.30.

utuh whole, entire with nothing removed 17.28. **ke-an** totality, state of being complete with nothing lost 2.35.

uzur enfeebled from illness or age 19.7.

W

wabah epidemic 16.41.

wajah face, countenance (fancy word) 6B40.

wajar in accordance with what is real, normal, or should be 5.9.

wakil 1 representative 13.43. 2 lieutenant, vice- 20.2. -i represent, stand for group 10.9. per-an house of representatives 7.2.

waktu 1 time 3.6. 2 when, at the time that 6B42. se- at the time that 1.8.

walau although 19.17. -pun although 4.3.

wanita lady, woman 4.13.

wangi fragrant. -2an perfumes, incense 6B38.

Wanra acronym for Perlawanan Rakyat, a movement of the Dayak to preserve their culture 17.17.

Waperdam acronym for Wakil Perdana Menteri the vice-premier 14.26.

warga citizen 5.27.

warna 1 color 15.20. 2 (figurative) pattern 5.26.

*warsa see DASAWARSA.

warta report, news. -wan journalist 1.22.

warung small shop or foodstall usually located in a shack or in a simple block of stores 6B.5.

waskom basin 6B35.

watak character 2.24.

wawancara an interview 14.10. -i to interview 10.34.

wenang = WE-. we- powers which derive from the position one holds 14.10.

wedana district chief. ke-an a district, smaller than a town or county, but larger than the smallest units 7.2.

wibawa power over others deriving from one's personal characterictics 14.33.

wilayah district, region 6B2.

wira man, hero. per- see PERWIRA. purna-wan retired officer. -- usaha entrepeneur 19.32.

wujud shape into which something has been formed 17.32.

Y

ya 1 yes 15.7. 2 a particle of colloquial speech asking the interlocutor if it is all right to pose the question 6A16.

yaitu that is to say 7.6.

yakni that is to say 4.20.

Yaman Yemen 9.4.

yang specifying marker 1.3.

Yang Terhormat (in salutation) 1.1.

Yth. abbreviation for Yang Terhormat. see YANG.

Z

zaman = JAMAN.

INDEX

Reference is to the grammar section.

Active verbs: affixation of, B.11; use of, B.11.

Adjective: affixes which form, B.73, B.74, B.75; definition of, A.13; verb formations with -- roots, C.1, C.11; which refer to personal feelings, B.212, B.223, C.12.

-an, B.621; adjectives with, B.73; with doubled adjectives, B.72; with numeral roots, C.345.

Apposititives, A.14.

Aspect, A.32.

Bahkan, A.35.

ber-, B.3 ff; dropping of, B.33; forming verbs of action, B.32, C.22; together with other affixes, B.34; with doubled roots, C.32, C.33, C.34 ff.

ber-an, B.342; doubling with, B.342.

ber-kan, B.341.

Clause: used as subject, A.112, A.113.

Complements, A.25; verbal -- compared to modals A.24.

Demonstratives, A.13; in subject, A.111.

di-, B.1.

Dropping: of **ber-,** B.33; of parts of predicate, A.11; of subject, A.11.

Doubling: of adjectives, B.63; of nouns, B.64; of numeral roots, C.345; with -an, B.73; with **ber-,** B.72; with **ke-an,** B.72; with negatives, B.72; with **se-nya,** B.71; with **ter-,** B.72.

Genitives, A.13; making a subject specific, A.111.

-i, B.22 ff; comparison of -i with -kan, B.2211; with doubling, B.52; with nominal roots, C.33, C.34; with roots which refer to personal feelings, B.223, C.121; with verbal roots, C.21, C.22.

Information: old and new --, A.11.

Interrogative words, A.11.

Intransitive verbs, B.11, B.3 ff., C.21.

Kalau: in topics, A.12; introducing clauses, A.113.

-kan: B.21 ff; causative meaning of, B.211, C.121; comparison of -i and -kan, B.2211; with doubling, B.52; with nominal roots, C.32, C.33, C.34; with verbal roots, C.21, C.22.

ke-an: accidental verbal affix, B.42, C.34 ff; noun former, B.624; with adjectives, B.72; with numeral roots, C.345.

Malah, malahan, A.35.

Manner expressed by predicate, A.112,

meN-, B.1; alternative shapes of, B.11; intransitive --, B.12; with doubling B.52; with nominal roots, C.341 ff.; with verbal, C.21, C.22.

Modals, A.23; compared to verbal complements, A.24; with verb, B.11.

Modifiers: as central part of predicate, A.26; stressing of, A.11; compared to modals, A.23; of predicates, A.22; within predicate, A.11.

nge-, B.11.

Nominal roots: affixational patterns of --, C.3 ff.

Nominals: as subject, A.111.

Noun-forming affixes, B.6 ff.

Numbers: affixed forms of --, C.345; with -an, B.73; with **ke-,** B.65.

Numeral roots, C.345.

-nya, B.61; in modifying phrases, A.13.

387

Lightning Source UK Ltd.
Milton Keynes UK
UKHW050350070920
369273UK00020BA/1184